JERUSALEN
EN TIEMPOS DE JESUS

BIBLIOTECA BIBLICA
CRISTIANDAD

La dirige
A. DE LA FUENTE ADÁNEZ

Títulos publicados:

COMENTARIO BIBLICO «SAN JERONIMO». 5 tomos

I. Antiguo Testamento I. 886 págs.
II. Antiguo Testamento II. 766 págs.
III. Nuevo Testamento I. 638 págs.
IV. Nuevo Testamento II. 605 págs.
V. Estudios sistemáticos. 956 págs.

L. ALONSO SCHÖKEL/J. L. SICRE: *Profetas. Comentario teológico y literario.* 2 vols. 1381 págs.

G. E. WRIGHT: *Arqueología Bíblica.* 402 págs. y 220 ilustraciones.

R. DE VAUX: *Historia Antigua de Israel.* 2 tomos. 454 y 366 págs.

W. EICHRODT: *Teología del Antiguo Testamento.* 2 tomos.

I. Dios y pueblo. 478 págs.
II. Dios y mundo.—Dios y hombre. 558 págs.

M. NOTH: *El mundo del Antiguo Testamento. Introducción a las ciencias auxiliares de la Biblia.* 400 págs.

J. JEREMIAS: *Jerusalén en tiempos de Jesús. Estudio económico y social del mundo del Nuevo Testamento.* 410 págs.

J. LEIPOLDT/W. GRUNDMANN: *El mundo del Nuevo Testamento.* 3 tomos.

I. Estudio histórico-cultural. 750 págs.
II. Textos y documentos de la época. 447 págs.
III. El mundo del NT en el arte. 80 págs. y 323 ilustr.

P. BONNARD: *Evangelio según san Mateo.* 632 págs.

V. TAYLOR: *Evangelio según san Marcos.* 848 págs.

C. H. DODD: *Interpretación del cuarto Evangelio.* 476 págs.

C. H. DODD: *La tradición histórica en el cuarto Evangelio.* 450 págs.

R. E. BROWN: *El Evangelio según Juan.* 2 vols. 1562 págs.

J. MATEOS/J. BARRETO: *El Evangelio de Juan. Análisis lingüístico y comentario exegético.* 1095 págs.

JOACHIM JEREMIAS

JERUSALEN EN TIEMPOS DE JESUS

ESTUDIO ECONOMICO Y SOCIAL DEL MUNDO DEL NUEVO TESTAMENTO

EDICIONES CRISTIANDAD
Huesca, 30-32
MADRID

Este libro fue publicado por la editorial
Vandenhoeck & Ruprecht, Gotinga [3]1969
con el título
JERUSALEM ZUR ZEIT JESU
Eine kulturgeschichtliche Untersuchung zur neutestamentlichen Zeitgeschichte

* * *

Lo tradujo al castellano
J. LUIS BALLINES

Segunda edición: 1980

Depósito legal: M. 23.541.—1980 ISBN: 84-7057-211-3

Printed in Spain
ARTES GRÁFICAS BENZAL - Virtudes, 7 - MADRID-3

CONTENIDO

PRIMERA PARTE

SITUACION ECONOMICA

(6-70 d. C.)

SEGUNDA PARTE

SITUACION SOCIAL

RICOS Y POBRES

TERCERA PARTE

CLASES SOCIALES

CUARTA PARTE

LA PUREZA DEL PUEBLO

PRESENTACION

Si existiera un Nobel para la investigación bíblica, hace tiempo que Joachim Jeremias —en atención a sus magistrales estudios sobre el Nuevo Testamento— sería uno de los galardonados.

Nacido en 1900, en Dresde, este alemán tenaz y preciso pasó su juventud en Jerusalén. Allí entró en contacto con el mundo de la Biblia, y de entonces arranca su gran interés por la vida que late en las páginas de los evangelios. Ya en 1925 lo encontramos explicando exégesis del Nuevo Testamento en la Universidad de Gotinga. Poco después es llamado a Leipzig y luego a Berlín, pero será de nuevo Gotinga la sede permanente de su actividad académica y publicística.

La gran preocupación intelectual y cristiana de Jeremias, más o menos explícita en todas sus obras, se cifra en escuchar, tras el texto actual de nuestros evangelios, las «mismísimas palabras» de Jesús. Y para ello sigue la doble senda emprendida por su maestro Gustaf Dalman: reconstruir el arameo que subyace tras el griego del texto evangélico y penetrar en el ambiente real del mundo neotestamentario. Se trata, en el fondo, de tender un puente entre la imagen de Jesús que nos ha legado la Iglesia primitiva y lo que efectivamente hizo y dijo Jesús en su vida terrena.

Jerusalén en tiempos de Jesús *es una obra que, entre las que estudian el mundo del Nuevo Testamento, ha sido calificada repetidas veces de «clásica en su género». Fue publicada inicialmente en cuatro fascículos entre 1923 y 1937. Una segunda edición (1958) reunió en un solo volumen todo el conjunto sin apenas modificaciones. En cambio, la tercera y definitiva (1962) es fruto de una profunda reelaboración, sobre todo en cuanto se refiere a las partes primera y segunda, que el autor consideraba un tanto como obra de juventud. El hecho es que hoy el lector de lengua española tiene en sus manos una obra de madurez.*

Ante obras de este tipo es obligado felicitarnos. Con demasiada frecuencia se nos ofrecen traducciones de obras divulgativas, sin duda útiles e incluso necesarias, pero se olvida que también necesitamos leer en nuestra lengua las obras maestras que constituyen el manantial de esa divulgación. Y una de ellas es Jerusalén en tiempos de Jesús, *escrita precisamente por un hombre que vivió en esta ciudad los años más gozosos de su vida.*

ALFONSO DE LA FUENTE

ABREVIATURAS DE LOS LIBROS BIBLICOS

Abd.	Abdías
Ag.	Ageo
Am.	Amós
Ap.	Apocalipsis
Bar.	Baruc
Cant.	Cantar de los cant.
Col.	Colosenses
1 Cor.	1.ª Corintios
2 Cor.	2.ª Corintios
1 Cr.	1.° Crónicas
2 Cr.	2.° Crónicas
Dn.	Daniel
Dt.	Deuteronomio
Ecl.	Eclesiastés
Eclo.	Eclesiástico
Ef.	Efesios
Esd.	Esdras
Est.	Ester
Ex.	Exodo
Ez.	Ezequiel
Flm.	Filemón
Flp.	Filipenses
Gál.	Gálatas
Gn.	Génesis
Hab.	Habacuc
Heb.	Hebreos
Hch.	Hechos
Is.	Isaías
Jr.	Jeremías
Job.	Job
Jl.	Joel
Jon.	Jonás
Jos.	Josué
Jn.	Juan
1 Jn.	1.ª Juan
2 Jn.	2.ª Juan
3 Jn.	3.ª Juan
Jds.	Judas
Jdt.	Judit
Jue.	Jueces
Lam.	Lamentaciones
Lv.	Levítico
Lc.	Lucas
1 Mac.	1.° Macabeos
2 Mac.	2.° Macabeos
Mal.	Malaquías
Mc.	Marcos
Mt.	Mateo
Miq.	Miqueas
Nah.	Nahún
Neh.	Nehemías
Nm.	Números
Os.	Oseas
1 Pe.	1.ª Pedro
2 Pe.	2.ª Pedro
Prov.	Proverbios
1 Re.	1.° Reyes
2 Re.	2.° Reyes
Rom.	Romanos
Rut.	Rut
Sab.	Sabiduría
Sal.	Salmos
1 Sm.	1.° Samuel
2 Sm.	2.° Samuel
Sant.	Santiago
Sof.	Sofonías
1 Tes.	1.ª Tesalonicenses
2 Tes.	2.ª Tesalonicenses
1 Tim.	1.ª Timoteo
2 Tim.	2.ª Timoteo
Tit.	Tito
Tob.	Tobías
Zac.	Zacarías

ABREVIATURAS DE LOS ESCRITOS RABINICOS

1. *Misná*

ʿA.Z. (ʿAboda zara)
ʿAr. (ʿArakin)
B.B. (Baba batra)
B.M. (Baba meṣiʿa)
B.Q. (Baba qamma)
Bek. (Bekorot)
Ber. (Berakot)
Bik. (Bikkurim)
ʿEd. (ʿEduyyot)
ʿEr. (ʿErubin)
Giṭ. (Giṭṭin)
Ḥag. (Ḥagiga)
Hor. (Horayot)
Ḥul. (Ḥullin)
Kel. (Kelim)
Ker. (Keritot)
Ket. (Ketubot)
Kil. (Kilayim)
M.Q. (Moʿéd qatan)
M.Sh. (Maʿasér shéni)
Maʿas. (Maʿasrot)
Mak. (Makkot)
Maksh. (Makshirin)
Meg. (Megilla)
Men. (Menaḥot)
Mid. (Middot)
Miqw. (Miqwaot)
Naz. (Nazir)
Ned. (Nedarim)
Neg. (Negaʿim)
Ohal. (Ohalot)
Pes. (Pesaḥim)
P.A. (Pirqé abot)
Qid. (Qiddushin)
R.H. (Rosh ha-shana)
Sanh. (Sanhedrin)
Shab. (Shabbat)
Shebu. (Shebuʿot)
Sheq. (Sheqalim)
Taʿan. (Taʿanit)
Tem. (Temura)
Ter. (Terumot)
Yad. (Yadayim)
Yeb. (Yebamot)
Zeb. (Zebaḥim)

2. Para citar la Tosefta se indica el título del libro precedido de la abreviatura Tos.
3. El Talmud babilónico se señala con una b. antes del título.
4. El Talmud de Jerusalén se indica con una j.

b. = ben.
bar. = baraíta (tradición antigua no incluida en la Misná).
R. = Rabbí.

PRIMERA PARTE

SITUACION ECONOMICA

SITUACION ECONOMICA DE JERUSALEN BAJO LA DOMINACION ROMANA HASTA SU DESTRUCCION POR TITO (6-70 d. C.)

No será posible un cuadro económico completo de una ciudad del Antiguo Oriente sin conocer sus profesiones, su comercio y el movimiento, religioso o turístico, de extranjeros. Si se desea destacar las peculiaridades de esa ciudad, será preciso investigar además las causas que condujeron a tal situación.

CAPITULO I

LAS PROFESIONES

La forma típica de actividad profesional es en esta época el artesanado. En este tipo de empresa, el trabajador es dueño de todos los medios de producción, fabrica los productos y, sin circulación de bienes, los entrega él mismo a los consumidores y clientes.

El judaísmo de la época tenía en gran estima las profesiones. «Quien no enseña un oficio a su hijo es como si le enseñara el bandidaje» [1]. Sobre Jerusalén tenemos un testimonio particular: «R. Yojanán decía tres cosas en nombre de las gentes de Jerusalén: ... Haz de tu mismo sábado un día de la semana, antes que recurrir a los hombres» [2].

La práctica se ajustaba a esta teoría. *Bik.* III 3, describe la entrada en Jerusalén de las procesiones de las primicias, a cuyo encuentro salían los más altos funcionarios del templo, y menciona como particularidad que hasta los artesanos de Jerusalén se levantaban al pasar la procesión y la saludaban. Era un signo extraordinario de respeto, porque todo el mundo tenía que saludar a los doctores poniéndose en pie, mientras que los artesanos no estaban obligados a levantarse a su paso durante el trabajo [3]. La gran estima que se tenía por los artesanos y su trabajo se refleja también en el hecho de que en esta época la mayoría de los escribas ejercía una profesión. Pablo, que había estudiado en Jerusalén (Hch 22,3), era *skēno-*

[1] b. *Quid.* 29ª.
[2] b. *Pes.* 113ª y par.
[3] Cf. b. *Quid.* 33ª.

poios (Hch 18,3): fabricaba tiendas (R. Knopf) o, según otros, tejía tapices (H. Achelis) o telas de tiendas (J. Leipoldt). Entre las profesiones que ejercían los más antiguos doctores mencionados en el Talmud figuran las siguientes: sastre, fabricante de sandalias, carpintero, zapatero, curtidor, arquitecto, barquero [4].

Esto no excluye que hubiera también oficios despreciados; por ejemplo, el de tejedor [5]. Poseemos varias listas de oficios despreciados. Los motivos son diversos: por sucios, por ser notoriamente fraudulentos, por relacionarse con mujeres. Hablaremos de estos oficios más adelante [6].

Después de esta ojeada a los oficios del judaísmo de entonces, volvámonos a la ciudad de Jerusalén.

[4] Cf. Billerbeck II, 745s.
[5] Cf. *infra*, pp. 21s.
[6] *Infra*, pp. 316ss. Los oficios que se pueden constatar en Jerusalén aparecen impresos en cursiva.

I

LAS PROFESIONES Y SU ORGANIZACION EN JERUSALEN

En primer lugar debemos determinar la situación de los hechos: ¿qué profesiones se pueden constatar en Jerusalén y cuál era su organización? En este punto permiten descubrir las fuentes que el templo, tanto durante su construcción como ya en funciones, constituía un centro profesional para sus necesidades. Por tanto, hay que considerarlo aparte, fuera de la sección dedicada a las profesiones de interés general.

1. PROFESIONES DE INTERES GENERAL

La provincia de Judea pertenecía a la de Siria geográfica, cultural y políticamente (es difícil determinar las relaciones entre el gobernador de Siria y el de Judea, pero poco importa; de hecho, parece que el último estaba subordinado al primero). Los más significativos productos fabricados en la provincia siria de entonces eran productos de lana, tales como tapices, mantas, tejidos, además de ungüentos y resinas olorosas [7]. Y estos objetos se encuentran también entre los productos de Jerusalén.

Vamos a ocuparnos primero de las profesiones que satisfacían las necesidades de uso doméstico; luego, de las de la alimentación; después, de las dedicadas a la fabricación de artículos de lujo, y finalmente, de los oficios de la construcción.

a) *Artículos de uso doméstico*

En *B. Q.* X 9, se dice: «Sin embargo, se puede comprar a las mujeres *géneros de lana* en Judea y de lino en Galilea». Según esto, tenía Judea la especialidad en la preparación de la lana. Su elaboración aparece en *Ket.* V 5 como una de las obligaciones de la mujer en el matrimonio. En Jerusalén se vendía lana en uno de los bazares de la ciudad. *'Er.* X 9, dice: «R. José decía que aquello había sucedido en la callejuela de los cardadores de lana» [8]. J. Levy traduce con igual derecho: «En el mercado de los vendedores de lana» [9], pues el vocablo que designa a fabricantes y vendedores del producto es el mismo. Sabemos por *B. j.* V 8, § 331, que el mercado de lana de Jerusalén se encontraba en los arrabales de la ciudad, en la llamada «ciudad nueva». Las lanas, después de cardadas, tenían que ser hiladas, y así quedaban listas para tejer.

También se ejercía en Jerusalén el *arte textil*. En el Apocalipsis siríaco de Baruc, compuesto poco después del 70 d. C., las jóvenes de Jerusalén son interpeladas así: «Y vosotras, doncellas, que tejéis hilos de lino y seda con el oro de Ofir» [10]. Esta mención, unida a la disputa sobre las 82 don-

[7] Guthe, *Griech.-röm. Städte*, p. 40.
[8] Cf. b. *'Er.* 101ª.
[9] Levy, *Wörterbuch* IV, 200 *a*.
[10] *Baruc siríaco* X 19.

cellas tejedoras del templo [11] y una nota de Josefo, podría llevarnos a concluir que el arte textil era cosa sólo de mujeres. En efecto, en *Ant.* XVIII 9,1, § 313, habla Josefo de dos judíos de Babilonia que aprendían a tejer, «porque entre los nativos (de Mesopotamia) no era indecoroso, ya que entre ellos también los hombres elaboraban la lana». Pero lo cierto es que la industria textil, cuando era ejercida por hombres, era una industria despreciada. En Palestina, un tejedor no podía llegar a Sumo Sacerdote. El rincón de los tejedores se encontraba en Jerusalén en el despreciado barrio de la Puerta de la Basura [12]. Se cuenta como signo de liberalidad que Hillel y Shammay admitieron, en una discusión, el testimonio de dos honrados tejedores de Jerusalén [13]. Probablemente tenemos un testimonio sobre los artistas tejedores de Jerusalén en la expresión *tarsiyyîm* [14].

El oficio de *batanero* está estrechamente ligado al de tejedor. El batanero tenía que impermeabilizar, convirtiendo en fieltro la pelusilla de la lana, los tejidos procedentes del telar. Los bataneros, en su mayor parte, no eran judíos; su barrio se hallaba situado en la parte alta de la ciudad [15]. También se constata en otros lugares la existencia de bataneros en Jerusalén. El llamado monumento del batanero constituía el ángulo nordeste de la muralla más septentrional [16]. Y fue un batanero quien remató con su propio bastón a Santiago el Justo, el hermano de Jesús, a quien los judíos habían arrojado, el año 62 d. C., desde el pináculo del templo [17].

Después del batanero, recibía los géneros *el sastre.* Se habla de los sastres de Jerusalén en el Midrás [18]. Y se constata la existencia de un mercado de vestidos en la ciudad nueva [19].

La industria del cuero colabora también con la del vestido. Pero no se puede concluir con certeza si existían *curtidurías* en Jerusalén. Según *B. B.* II 9, tenían que distar cincuenta codos de una (o de la) ciudad, y sólo podían establecerse al este. Como Jerusalén es la ciudad por anto-

[11] Véase *infra,* p. 42.
[12] *'Ed.* I 3.
[13] *Ibíd.*
[14] En b. *Meg.* 26ª se habla de la sinagoga de los *tarsiyyîm* de Jerusalén. Esta palabra significa o la pertenencia a la ciudad de Tarso o un oficio. Si no se traduce esta palabra por «habitantes de la ciudad de Tarso» (la traducción correcta, según nuestro parecer), entonces se considera a esta gente como fundidores de cobre (Delitzsch, *Jüd. Handwerkerleben,* 38; Schürer, II, 524, n. 77, cf. p. 87, n. 247), tejedores o mineros (Levy, *Wörterbuch* II, 193 *b),* artesanos en hilo y metal (Dalmann, *Handwörterbuch,* p. 177 a, el cual, junto a estos dos sentidos, señala igualmente el de «habitantes de Tarso») o, mejor aún, fabricantes de vestidos de Tarso (Krauss, *Talm. Arch.* II, 625, n. 67). C. Wessely, *Studien zur Paläographie und Papyruskunde* (Leipzig 1901) 2s, ha probado, basándose en la denominación de *tarsikarios,* que aparece en varios papiros, que este último sentido era verosímil. Remite al «Edicto del maximum» de Diocleciano, cap. 26-28, donde se habla de artículos de lino tarso-alejandrinos.
[15] Véase *infra,* p. 35.
[16] *B. j.* V 4,2, § 147.
[17] Eusebio, *Hist. Eccl.* II 23,18; cf. *Ant.* XX 9,1, § 200.
[18] *Lam. R.* 1,2 sobre 1,1 (18ª 31); 1,9 sobre 1,1 (21ª 17).
[19] *B. j.* V 8,1, § 331.

nomasia [20], es probable que esta prescripción se refiriese originariamente a ella. Por lo menos, la prescripción relativa a los sepulcros, que se encuentra en este mismo texto de la Misná, se observaba en Jerusalén, como puede comprobarse. Por consiguiente, si la prescripción relativa a las curtidurías se refería originariamente a Jerusalén, entonces es que había allí curtidores; pero sus talleres tenían que estar situados fuera de los muros de la ciudad. Y, en verdad, no carecían de materiales. Según R. Jananya [21], jefe del clero, la piel de la víctima de todos los sacrificios pertenecía a los sacerdotes; incluso cuando la víctima resultaba impura después de su sacrificio [22]. Los posaderos de Jerusalén tenían la costumbre de quitar por la fuerza a los peregrinos las pieles de las víctimas sagradas [23] (sobre todo de la víctima pascual, que era sacrificada por su propietario y, por tanto, su piel no pertenecía al sacerdote). Por lo menos es cierto que se mencionan *comerciantes de sandalias* en Jerusalén [24].

También tenemos noticia de algunos oficios que se dedicaban principalmente a la fabricación de objetos de uso doméstico. En *B. j.* V 8,1, § 331, se indica el bazar de *los herreros*. Esta industria tenía su sede en la ciudad nueva. En *M. Sh.* V 15, y *Sota* IX 10, se menciona a los herreros como «operarios del bronce y hierro» que trabajaron los días semifestivos [25] (en los que se prohibían trabajos ruidosos) hasta que les fue prohibido por el sumo sacerdote Yojanán (Juan Hircano, 134-104 a. C.). Durante la guerra judía contra los romanos (66-70 d. C.), esta industria parece haberse transformado rápidamente en una industria de guerra: «En Jerusalén se pusieron de nuevo en funciones... muchas máquinas de guerra, y por toda la ciudad se construían proyectiles y armas» [26].

Por supuesto, en Jerusalén no podía haber talleres de *alfareros* a causa del humo; así enseña el Talmud [27]. Sin embargo, Jr 18,2-3 habla de un taller de alfarero en Jerusalén, y Mt 27,7, del Campo del Alfarero; y estos datos pesan más que la tradición rabínica. Pero, en verdad, sólo el primer pasaje constituye un testimonio seguro, pues Mt 27,7, como veremos más adelante [28], podría haber sido influido por Jr 18,2-3.

b) *La alimentación*

Entre los productos alimenticios hay que mencionar en primer lugar *el aceite*. Eupólemo y el Pseudo-Aristeas cuentan que los alrededores de Jerusalén eran ricos en olivares. Para el Pseudo-Aristeas, § 112, los olivos

[20] Por ejemplo, *Sanh.* I 5: «No se añade nada a la ciudad ni a los atrios del templo».
[21] Muchos manuscritos leen Janina.
[22] ʿ*Ed.* II 2.
[23] b. *Yoma* 12ª.
[24] *Lam. R.* 1,14 sobre 1,1 (22ᵇ 4).
[25] Tos. *Sota* XIII 10 (320,4).
[26] *B. j.* II 22,1, § 648s; cf. VI 6,2, § 327.
[27] b. *B. Q.* 82ᵇ; b. *Zeb.* 96ª. Estas prescripciones rituales relativas a Jerusalén no son fidedignas; véase *infra*, pp. 58s (jardines), p. 64, n. 153 (gallinas).
[28] Véase *infra*, p. 159.

ocupaban el primer lugar entre los árboles y plantas de la ciudad y sus alrededores. Efectivamente, el suelo es muy apto para el cultivo del olivo. De hecho, en tiempos de Jesús estaban los olivares mucho más extendidos que en la actualidad; pues, debido a la mala explotación del gobierno turco, el número de árboles en toda Palestina es extraordinariamente inferior al de épocas anteriores. Respecto a Jerusalén ya constituyen un indicio de esto diversos nombres compuestos con «aceite», «aceitunas» y «olivos». Al este de la ciudad se encuentra el «Monte de los Olivos» [29] o «Monte de los olivares» [30]; el Talmud dice *tûr zêta,* es decir, «Montaña de las aceitunas» [31]. Difícilmente se hubiera dado ese nombre a la colina si sus plantaciones de olivos no fuesen claramente superiores a las de los alrededores; ni se hubiese hecho tampoco si las aceitunas no hubiesen sido importantes para la economía de la ciudad. El Talmud confirma el cultivo del Monte de los Olivos: según b. *Pes.,* 14ª, en la época del último templo se trabajaba el Monte de los Olivos. Respecto al sur de la ciudad, consta por san Jerónimo la existencia de olivos en el valle Hinnón [32]. Sobre los nombres de lugar compuestos con «aceite», «aceitunas» y «olivos» en los alrededores más apartados de Jerusalén, consúltese Smith, I, p. 300, n. 3.

En Jerusalén y sus alrededores se elaboraban las aceitunas. Según *Men.* VIII 3, una parte del aceite necesario para el templo se traía de Perea. A la dificultad de compaginar la santidad del aceite con su transporte por territorio pagano responde el Talmud: a Perea sólo se iba a buscar las aceitunas, pero la elaboración se hacía en Jerusalén [33]. De hecho, al norte de la ciudad se han encontrado varios lagares. Además, leemos en el NT: «Fueron a una finca llamada Getsemaní» [34]; y Jn 18,1, a propósito de este lugar, dice: «Había allí un jardín». Getsemaní significa lagar de aceite o ungüentos [35]. En la Misná se encuentran prescripciones relativas a los lagares de aceite, «cuyas puertas están dentro (de la ciudad) y sus bodegas fuera» [36]. Pero es muy difícil imaginar que se hubiesen construido lagares de aceite precisamente en las murallas de la ciudad; por lo que debemos suponer que no se habla propiamente de Jerusalén, sino de una zona más amplia de la ciudad [37], o debemos pensar que se habla de los lagares de aceite como de un ejemplo de la casuística. Pero el hecho es ése: también este pasaje de la Misná supone la existencia de lagares de aceite en Jerusalén. Sabemos además que el número de comerciantes de aceite y vino en Jerusalén era considerable [38].

[29] Mc 21,1; 24,3 y *passim.*
[30] Lc 19,29; 21,37; Hch 1,12; *Ant.* VII 9,2, § 202.
[31] El Targum (cf. Billerbeck I, p. 840); j. *Taʿan* IV 8,69ª 35 (IV/1,191).
[32] San Jerónimo, *In Hieremiam* II 45 sobre Jr 7,30-31 (CCL 74, 83s).
[33] j. *Hag.* III 4,79ᶜ 3 (IV/1,298).
[34] Mc 14,32; Mt 26,36; cf. Lc 22,39.
[35] G. Dalman, *Grammatik des jüdisch-palästinischen Aramäisch* (Leipzig ²1905, reimpresa en Darmstadt 1960) 191.
[36] *M. Sh.* III 7.
[37] Véase *infra,* pp. 58 y 78; cf. Billerbeck I, 840.
[38] b. *Besa* 29ª.

Jr 37,21 supone la existencia, en la época antigua, de un bazar de *los panaderos*. También se habla de los panaderos de Jerusalén a propósito de una época de escasez [39]. La existencia de esta profesión, como indica este último texto, no es una cosa absolutamente obvia, pues ordinariamente el pan se hacía en casa.

Los carniceros de Jerusalén [40], como los de otras partes, se agrupaban en la «calle de los carniceros» [41]. Había, además, en la ciudad un mercado donde se vendían aves cebadas [42].

Se habla también de un ateniense que trae los huevos y el queso del mercado de Jerusalén [43].

Notemos, finalmente, la profesión de *aguador,* tan curiosa para nosotros. Josefo habla del comercio de agua durante los años de sequía: «Antes de su llegada (la de Tito), como sabéis, se había agotado la fuente de Siloé, lo mismo que todas las demás situadas delante de la ciudad; por lo que el agua tenía que ser comprada por cántaros» [44]. Mc 14,13 menciona un aguador («Id a la ciudad y encontraréis un hombre que lleva un cántaro de agua»); podemos citar aquí este texto, a no ser que se trate de un sirviente.

c) *Artículos de lujo*

También *la elaboración de ungüentos y resinas* aparece como una actividad de Jerusalén. Se cuenta que los «comerciantes (o fabricantes) de aromas [45] de Jerusalén decían: Si se pusiese en los perfumes de quemar un poco de miel, su olor sería tan intenso que no se soportaría en el mundo entero» [46]. A este respecto hay que recordar una leyenda del Talmud: «En los bosques de Jerusalén había cinamomos; cuando se quemaban, se esparcía un agradable olor» [47]. Según esta afirmación, en Jerusalén se habrían cultivado cinamomos. Pero esto, naturalmente, queda totalmente excluido. Una sola cosa es cierta: entre los perfumes que se quemaban en el templo se hallaba el cinamomo [48].

La *venta de ungüentos* en Jerusalén está comprobada. Se dice de las mujeres galileas que acompañaron a Jesús junto a la cruz que «compraron

[39] *Ant.* XV 9,2, § 309.
[40] Cf. *infra,* p. 316.
[41] Tos. *Nidda* VI 17 (648,21); b. *Nidda* 57[b].
[42] *‘Er.* X 9.
[43] *Lam. R.* 1,10 sobre 1,1 (21[b] 1).
[44] *B. j.* V 9,4, § 410.
[45] *Pattamîm;* así traduce Dalman, *Handwörterbuch,* 331 b (en su primera edición traducía «fabricantes de aromas»). Según Levy, *Wörterbuch* IV, 27 a, «boticarios».
[46] j. *Yoma* IV 5,41[d] 37 (III/2,209). Se encuentra el mismo término *pattamîm* en *‘Er.* X 9 y j. *Sota* VIII 3,22[c] 16, par. j. *Sheq.* VI 1,49[c] 47 (III/2,300); es posible que también aquí se trate de fabricantes (mercaderes) de aromas. Pero ordinariamente en estos pasajes se da al término otro sentido: «comerciantes de ganado cebado».
[47] b. *Shab.* 63[a].
[48] *B. j.* VI 8,3, § 390.

perfumes (mezclados con ungüentos) para ir a embalsamar a Jesús» [49]; y Jn 19,39 cuenta que Nicodemo fue al sepulcro de Jesús «con una mixtura de mirra y áloe, como de cien libras (romanas)».

Debemos suponer que ya entonces se fabricaba en Jerusalén esencia de rosas. Según b. *B. Q.*, 82ᵇ, los jardines estaban prohibidos en Jerusalén [50]; pero se hace expresamente la excepción de la rosaleda [51]. Los comerciantes de ungüentos desempeñaron un gran papel en la literatura talmúdica [52]. La corte de Herodes el Grande, con su boato y gran número de mujeres, contribuyó al desarrollo de estas industrias de Jerusalén.

La corte herodiana hizo prosperar sobre todo las industrias de artículos de lujo. Hay que mencionar en primer lugar la artesanía de *objetos artísticos.* Estos artífices estaban situados en la parte superior de la ciudad. Ya en el tiempo de Pompeyo tenemos noticia de una singular obra maestra de oro procedente de Jerusalén; «bien fuese una viña o un jardín, se la llamaba *terpōlē* (regocijo de los ojos)», cuenta el capadocio Estrabón [53].

Se oye hablar con bastante frecuencia de un adorno llamado *ʿîr sel zahab,* es decir, «ciudad de oro» [54]. Este adorno también es llamado *yᵉrûsalayim dᵉdahᵉba,* es decir, «Jerusalén de oro» [55]. Se discute si las mujeres pueden llevar adornos el sábado, y se menciona la «Jerusalén de oro» entre los adornos de la cabeza [56]. Según ARN rec. B, cap. 12, 30ᵇ, 10, y *passim,* sólo las mujeres distinguidas llevaban dicho adorno. De donde se deduce que la «Jerusalén de oro» era un valioso adorno femenino. Habrá que imaginárselo como una especie de diadema con almenas. Y es muy probable (el mismo nombre nos hace suponerlo) que ese adorno se fabricase originariamente en Jerusalén. Actualmente, la fabricación de recuerdos de Jerusalén constituye un floreciente ramo de la artesanía artística de la ciudad. En tiempo del apóstol Pablo existía en Efeso, como se puede constatar, una industria de esta clase. En Hch 19,23-40 se narra una sublevación de los fabricantes de aquellos recuerdos (19,24: «un platero, llamado Demetrio, que hacía hornacinas de plata de Artemisa»). Si se considera la gran importancia que para la ciudad santa tenían las peregrinaciones anuales, se llega a la conclusión de que esos adornos se compraban frecuentemente como recuerdos de Jerusalén.

La fabricación de sellos con representaciones simbólicas es testimoniada indirectamente por R. Eleazar ben Sadoc (hacia el año 100 d. C.), al decir: «En Jerusalén había toda clase de figuras en los sellos, con excepción de rostros humanos *(parsûpôt,* del griego *prosōpon)»* [57].

[49] Mc 16,1; cf. Lc 23,56-57.
[50] La crítica de este dato puede verse *infra,* pp. 58s.
[51] *Maʿas.* II 5; Tos. *Neg.* VI 2 (625,15).
[52] Krauss, *Talm. Arch.* I, 242.
[53] Citado por Josefo, *Ant.* XIV 3,1, § 35.
[54] *Kel.* XI 8; *Shab.* VI 1; b. *Sota* 49ᵇ; j. *Sota* IX 16,24ᶜ 6 (IV/2, 341s).
[55] b. *Shab.* 59ᵃ; b. *Ned.* 50ᵃ.
[56] Tos. *Shab.* IV 6 (115,19).
[57] Tos. *ʿA. Z.* V 2 (468,15); el par. *ʿA. Z.* III 1,42ᶜ 58 (VI/2,209) menciona como autor a R. Eleazar ben Simeón (hacia el 180 d. C.).

La profesión de *copista* formaba parte igualmente de los oficios artísticos. En b. *B. B.*, 14ª, se describe el procedimiento de los copistas de Jerusalén al enrollar los libros [58].

d) *La construcción*

Los príncipes de la familia herodiana eran soberanos amantes de las construcciones. Y su ejemplo indujo a la imitación. Por eso la industria de la construcción alcanzó durante su gobierno y en la época posterior en Jerusalén gran importancia. Mencionemos a continuación las principales edificaciones.

1. Construcciones.

Herodes el Grande (37-4 a. C.).

— Restauración del templo [59] (20-19 a. C. hasta el 62-64 d. C.).

— Construcción del palacio de Herodes, cerca de la muralla oeste, junto a la «Puerta occidental que conduce a Lydda» [60], actualmente Puerta de Jaffa [61].

— Construcción, en el mismo lugar, de las tres torres de Herodes: Hippicus, Fasael y Mariamme [62].

— Al norte del templo, dominándolo, se construyó la torre Antonia, emplazada en el mismo lugar, según nuestra opinión, en que se había levantado anteriormente la fortaleza del templo llamada Bîrah y Bâris [63].

— El magnífico sepulcro que Herodes se hizo construir en vida [64]; pero no fue utilizado, ya que al rey se le enterró en el Herodium.

— El teatro construido por Herodes en Jerusalén [65].

— En cuanto al hipódromo de Jerusalén [66], pudiera ser que perteneciese también a la época de Herodes [67].

[58] Sobre las construcciones artísticas, véase *infra,* pp. 32s.

[59] Véase *infra,* pp. 38ss.

[60] *Lam. R.* 1,32 sobre 1,5 (29ᵇ 5).

[61] *B. j.* V 4,4, § 176ss.

[62] *B. j.* V 4,3-4, § 161ss.

[63] *B. j.* V 5,8, § 238ss.

[64] *B. j.* V 3,2, § 108 y *passim:* «hasta la tumba de Herodes».

[65] *Ant.* XV 8,1, § 268.

[66] *Ant.* XVII 10,2, § 255; *B. j.* II 3,1, § 44.

[67] Pero esto no es posible si el «gimnasio» y el «lugar de ejercicio», mencionados por 1 Mac 1,14; 2 Mac 4,9.12.14, son considerados como un estadio y se los identifica con el hipódromo (Dalman, *Orte und Wege* [Gütersloh ³1924] 293, n. 5; diversa opinión sostiene en *Itinéraires,* como puede verse, un poco más adelante, en esta nota). En este caso, el hipódromo habría sido construido entre el 174-171 antes de Cristo. Pero en 2 Mac 4,14 se habla de una *palaistra.* Por lo que el gimnasio, según parece, era una palestra. Y, en ese caso, habría que identificarlo más bien con el Xisto (Guthe, PRE VIII, 684; Dalman, *Itinéraires,* p. 359, aunque manifiesta reservas en la nota 5); aquí se corresponden sobre todo los datos topográficos. El nombre actual de la calle, *jaret el-Meidân,* calle del hipódromo (ordinariamente tales tradiciones son fidedignas), permite buscar el hipódromo en la parte alta de

— Construcción de un acueducto [68].
— Monumento sobre la entrada al sepulcro de David [69].

Agripa I (41-44 d. C.). Según *B. j.* II 11,6, § 218; *Ant.* XIX 7,2, § 326; *B. j.* V, 4,2, § 148.152-155, Agripa I construyó la muralla más septentrional de Jerusalén, que abarcaba una zona considerable. Según Josefo, tenía alrededor de 3.530 m [70]. El se hace lenguas de la solidez de esta muralla. Tenía, según se dice, 10 codos de espesor, y estaba construida con bloques de piedra de 20 codos de largo y 10 de ancho.

Debemos decir aquí una palabra sobre la antigua medida del codo, ya que nos es necesario para hacer los cálculos (véase en concreto *infra,* pp. 97ss). No hay acuerdo sobre las dimensiones del codo utilizado en Palestina en aquella época. Hay que observar en primer término que incluso en la misma Jerusalén se usaban distintas clases de codos. En *Kel.* XVII 9, se dice: en una sala del templo «había dos codos, uno en la esquina nordeste y otro en la sudeste. El primero era medio dedo más largo que el codo mosaico; y el segundo era medio dedo más largo que el primero (es decir, un dedo más largo que el codo mosaico). A los operarios se les encomendaba el trabajo según el codo mosaico, pero ellos tenían que presentarlo según el codo más largo»; es decir, los encargos de oro y plata, según el codo, media pulgada más largo, y los otros, según el de una pulgada más. Los rabinos distinguen nada menos que seis codos diferentes: *a)* codo de la construcción; *b)* codo de las herramientas; *c)* codo de la base del altar; *d)* codo del contorno del altar; *e)* codo mosaico; *f)* codo real. El templo fue edificado según el codo de construcción [71]

Es digno de notar que las medidas del templo proporcionadas por Josefo coinciden en algunos tramos con las que nos ofrece la Misná en el tratado *Middot;* por ejemplo, respecto a la longitud y altura de la fachada del Santuario. Josefo puede haber empleado dos clases de codos:

a) El *codo romano (cubitus),* de 6 *palmi* (longitud de la mano) de 74 mm = 444 mm de longitud [72]. Ciertamente, Josefo tenía posesiones en Judea [73], pero, sin embargo, vivió y escribió en Roma [74]; por lo que es verosímil que haya empleado el codo romano.

la ciudad. En este caso es posible, e incluso probable, que fuese construido por Herodes. En cuanto al «gran anfiteatro construido en el valle» *(Ant.* XV 8,1, § 268), podría buscarse su emplazamiento en la llanura de Jericó *(Ant.* XVII 8,2, § 194; *B. j.* I 33,8, § 666).

[68] Véase *infra,* p. 31.

[69] *Ant.* XVI 7,1, § 182; cf. VII 15,3, § 394.

[70] 6.105 m (33 estadios, que era el perímetro total de la ciudad según *B. j.* V 4,3, § 159) menos 2.575 m aproximadamente (los tramos este, sur y oeste anteriores a Agripa I).

[71] F. Hultsch, *Griechische und römische Metrologie* (Berlín [2]1882) 441.

[72] Así, Krauss, *Talm. Arch.* II, 388ss, según F. Übker, *Reallexikon des classischen Altertums* (Leipzig [7]1891).

[73] *Vita* 76, § 422.

[74] Véanse sus relaciones con los soberanos romanos en *Vita* 76, § 422ss; Schürer I, 76.

b) El *codo del sistema filetérico.* Este sistema, llamado filetérico por el apodo de los reyes de Pérgamo *(Philetairos),* estuvo vigente en el oriente del Imperio desde la constitución de la provincia de Asia en el 133 antes de Cristo. El codo filetérico tenía 525 mm de longitud [75]. Esta medida se empleaba realmente en Palestina y Egipto, según sabemos por Julián de Ascalón (¿autor bizantino?) [76]; no había sido reemplazado por el codo romano. Este dato vale también para la época anterior a Julián de Ascalón; respecto de Egipto, lo confirma Dídimo de Alejandría (al final del siglo I antes de nuestra Era). Según Dídimo, el codo egipcio de la época romana valía pie y medio del sistema ptolemaico = 525 mm, es decir, la misma longitud que ya estaba vigente en Egipto en el siglo III ante de nuestra Era [77]. Por consiguiente, tenemos derecho a suponer que el codo filetérico estaba vigente también en la Palestina del siglo I de nuestra Era. De donde se deduce que el codo de la literatura rabínica era de 525 mm. Ya hemos visto un poco antes que Josefo emplea la misma clase de codos que la Misná, es decir, el codo filetérico de 525 mm.

En consecuencia, los bloques de piedra de la muralla de Agripa I tendrían 10,5 m de largo y 5,25 de ancho, y la muralla, 5,25 m de espesor.

La muralla estaba protegida por noventa fuertes torres [78]. La más fuerte era la torre octogonal de Psefino, situada al noroeste, de la que se dice que tenía 70 codos de altura, es decir, 36,75 m [79]. El emperador Claudio, debido a una denuncia del gobernador de Siria, C. Vibio Marso, mandó interrumpir la construcción de esta muralla [80]. Y hasta el comienzo de la insurrección (66 d. C.) no fue terminada [81].

Agripa II (50-53, rey de Calcis; 53-100, rey de Batanea, Traconítide, Gaulanítide, Abilene y un territorio junto al Líbano llamado eparquía de Varus) [82].

a) Agrandó el palacio de los Asmoneos (Macabeos). Este edificio estaba situado en el extremo noroeste de la colina, ocupando la parte alta de la ciudad, al este del templo y por encima del Xisto [83]. No parece que Agripa II haya hecho una nueva construcción, sino que agrandó el palacio ya existente: «Construyó un grandioso edificio en el palacio de Jerusalén, cerca del Xisto. Este palacio había sido construido en otro tiempo por los Asmoneos» [84]. En todo caso, desde este palacio (lo que no sucedía antes)

[75] Hultsch, *op. cit.,* 597ss; O. Holtzmann, *Neutestamentliche Zeitgeschichte* (Friburgo 1895) 118, y su edición del tratado *Middot* de la Misná (col. *Die Mischna,* Giessen 1913) 12-15.

[76] E. F. Hultsch, *Metrologicorum scriptorum reliquiae* I (col. Teubner) (Leipzig 1864) 54s y 200s.

[77] O. Holtzmann, *Middoth,* 14.

[78] *B. j.* V 4,3, § 158.

[79] *Ibíd.,* § 159s.

[80] *Ant.* XIX 7,2, § 326s.

[81] *B. j.* II 20,3, § 563s; V 4,2, § 152-155; VI 6,2, § 331.

[82] *B. j.* II 12,8, § 247; *Ant.* XX 7,1, § 138; cf. Schürer I, 587.

[83] *Ant.* XIV 1,2, § 7; *B. j.* I 6,1, § 122; *Ant.* XIV 4,2, § 59; *B. j.* I 7,2, § 143; cf. Lc 23,7-11.

[84] *Ant.* XX 8,11, § 189ss.

podía contemplar el rey toda la explanada del templo. Lo cual indujo a los sacerdotes a construir un muro que impidiese esta panorámica. Las disputas surgidas con este motivo llegaron hasta Nerón [85]. Este palacio tenía probablemente un balcón para las audiencias [86], como indican antiguas representaciones egipcias y confirma 2 Re 9,30 respecto del palacio de Ajab y Jezabel [87]. Este edificio, según *B. j.* II 17,6, § 427, fue incendiado al comienzo de la insurrección por el enardecido pueblo.

b) La terminación de la construcción del templo (entre el 62-64 después de Cristo) indujo a Agripa II a emprender otra obra. Más de 18.000 trabajadores quedaron entonces sin pan. El rey podía disponer del tesoro del templo, y, empujado por la población de Jerusalén, en un gesto de carácter social, intentó proporcionar trabajo a toda aquella gente. En efecto, para remediar la miseria mandó adoquinar, con cargo al tesoro del templo, la ciudad de Jerusalén con piedras blancas (piedra caliza, sin duda) [88].

Se ha descubierto en Jerusalén una calle empedrada, cuyo trazado, según se ha comprobado, se extendía a lo largo del muro occidental de la explanada del templo y de una parte del meridional. Este pavimento de piedra, a trece metros por debajo del nivel actual, soportaba las dovelas del «arco de Robinson» (así se llaman los restos, descubiertos por Robinson, de un arco que unía en otro tiempo la explanada del templo con la parte alta de la ciudad); lo que apunta a una época anterior al año 70 de nuestra Era [89]. Al norte de la piscina de Siloé descubrió Bliss otra calle empedrada, de 7,50 m de ancho por algunas partes; tal vez era continuación de la anterior. Muestra huellas de un intenso tráfico de peatones. Ahora bien, como esta calle se encuentra en la parte sur de la ciudad, parte que desde el tiempo del emperador Adriano no volvió a estar dentro de las murallas, su pavimentación pudiera ser también anterior a la destrucción de Jerusalén en el año 70. Es, pues, posible que, en estos dos lugares, tengamos restos de la pavimentación realizada en tiempos de Agripa II.

c) Sin embargo, esta ocupación no duró mucho. Por eso, probablemente, Agripa II, para salir al paso del nuevo desempleo que amenazaba a los obreros del templo, emprendió antes del 66, de acuerdo con los jefes de los sacerdotes y el pueblo, nuevos trabajos de construcción en el templo [90].

Los *príncipes de Adiabene,* reino situado en la frontera del Imperio romano y parto, hicieron construir otros grandes edificios [91]. Oímos hablar de un palacio del rey Monobazo [92]; el contexto nos hace situarlo en la parte

[85] *Ant.* XX 8,11, § 194s.
[86] *B. j.* II 16,3, § 344; 17,1, § 406.
[87] H. Gressmann, *Der Messias* (Gotinga [2]1929) 45s.
[88] *Ant.* XX 9,7, § 222.
[89] P. Thomsen, *Denkmäler Palästinas aus der Zeit Jesu* (Leipzig 1916) 29s.
[90] Véase *infra,* pp. 38s y 43.
[91] *B. j.* II 19,2, § 520; VI 6,4, § 356; *Naz.* III 6; j. *Sukka* I 1,51[d] 22 y 25 (IV/1,2); j. *Naz.* III 6,52[d] 38 (V/2,116).
[92] *B. j.* V 6,1, § 252.

sur de la colina oriental. Josefo, en *B. j.* VI 6,3, § 355, menciona el palacio de la reina Helena de Adiabene. Este palacio estaba situado en el centro del Akra; también, por consiguiente, sobre la colina oriental [93]. La situación exacta del palacio de la princesa Grapte de Adiabene es incierta. Se puede deducir por el contexto que no estaba lejos del templo; tendremos que buscarlo también sobre la colina oriental [94]. La reina Helena se construyó, tres estadios al norte de Jerusalén, un sepulcro en forma de triple pirámide. Eusebio menciona las columnas de este monumento [95]; según Pausanias [96], su magnificencia igualaba la del mausoleo de Halicarnaso. Era, por tanto, una obra imponente, extraordinaria para su época.

Entre las grandes obras en el campo de la construcción tenemos que mencionar finalmente el acueducto construido por *Poncio Pilato* [97]. Al tomar el dinero del templo para aquella obra provocó una revuelta popular. Para calmar a la turba irritada tuvo que acudir a los garrotes de los soldados. El acueducto, como el que nos describe el Pseudo-Aristeas, § 90, fue revestido sin duda con plomo y argamasa.

Se han descubierto cerca de Jerusalén restos de dos acueductos que llevaban el agua a la ciudad [98]. La conducción «superior» es romana (según una inscripción del 165 d. C.). La «inferior» es más antigua; su técnica corresponde a la empleada en el acueducto construido por Herodes para llevar el agua al monte de los Francos (cerca de Belén), sobre el que se asentaba la fortaleza del Herodium que él había mandado construir [99]. No se puede poner en duda que la conducción inferior es la que llevó a cabo Pilato.

Finalmente, respecto a la época de que nos ocupamos, tenemos noticia de la construcción, o restauración, sobre el Ofel de una sinagoga con un albergue para forasteros y una instalación de baños [100].

2. Los obreros de la construcción.

Construcción corriente.

La piedra era el principal elemento de la construcción. Lo primero que hizo Herodes cuando emprendió la restauración del templo, fue proveerse de 1.000 carros destinados al arrastre de las necesarias piedras [101]. En *B. j.* VII 2,2, § 26, se cuenta la huida de un jefe de los judíos insurrectos, Simón, que intentó huir, junto con su séquito, a través de un subterráneo; por lo que «llevaron consigo *canteros* provistos de los instrumentos necesarios». Las cavernas reales mencionadas en *B. j.* V 4,2,

[93] *B. j.* V 4,1, § 137.
[94] *B. j.* IV 9,11, § 567.
[95] *Hist. Eccl.* II 12,3.
[96] *Descr. Graeciae* VIII 16.
[97] *B. j.* II 9,4, § 175; *Ant.* XVIII 3,2, § 60.
[98] Guthe, PRE VIII, 682 y 686.
[99] *Ant.* XV 9,4, § 323ss.
[100] Según una inscripción descubierta por R. Weill; texto en CIJ II, n.º 1.404.
[101] *Ant.* XV 11,2, § 390.

§ 147, a lo largo de las cuales pasó más tarde la tercera muralla septentrional según Josefo, pudieron haber servido durante mucho tiempo de canteras. Aún existe hoy una gigantesca cueva, llamada «caverna del algodón», que pasa por debajo de una parte de la ciudad y se extiende, desde la actual muralla, 196 m hacia el sur. Su entrada se encuentra bajo la actual muralla norte. En b. *'Er.* 61b se habla de la Caverna de Sedecías, cueva particularmente grande y desierta; según el Midrás *Tanjuma* [102], tenía, según dicen, 12 millas de extensión (probablemente se trate de millas egipcias de 1.575 m), es decir, unos 18,900 km. Es posible que esta caverna sea una de las dos cuevas antes mencionadas; si el trazado de la muralla más septentrional se hace coincidir con la actual muralla norte [103], cabe la posibilidad de identificar las tres cavernas. Según *Para* III 3, «bajo la colina del templo y los atrios había una caverna». Los pasos subterráneos de la ciudad desempeñaron un gran papel en la conquista de Jerusalén; mucho tiempo después de la caída de la ciudad, aún continuaban allí escondidos algunos habitantes.

Se constata la existencia en Jerusalén, en época anterior a su destrucción, de un tal Simón, de la aldea de Siknín, que *excavaba fuentes, pozos y cuevas* [104]. También se menciona un instalador de hornos [105].

Construcciones artísticas.

Las construcciones anteriormente mencionadas son, en su mayor parte, edificios suntuosos; los oficios artísticos encontraban en ellos un amplio campo de trabajo. Especialmente el palacio de Herodes, según la descripción de Josefo [106], era rico en singulares obras de arte. Los más diversos oficios habían rivalizado tanto en el ornato exterior como en la decoración interior, lo mismo en la elección de los materiales que en su aplicación, tanto en la variedad como en el lujo de los detalles. Según *B. j.* V 4,4, § 178ss, intervinieron escultores, artistas tejedores, instaladores de jardines y surtidores, plateros y orfebres.

Los *escultores* sobre todo tuvieron trabajo en Jerusalén, como indican los restos de las construcciones de esta época que llegaron hasta nosotros. Los principales son los sepulcros llamados «tumbas de los reyes» y los tres monumentos funerarios del valle Cedrón, actualmente sepulcros de Absalón, de Santiago y de Zacarías.

Las «tumbas de los reyes» son el panteón de Helena de Adiabene [107]: *B. j.* V 4,2, § 147, «enfrente del sepulcro de Helena»; *Ant.* XX 4,3, § 95, «en las tres pirámides que su madre había mandado construir a tres estadios de la ciudad» [108]. Se encuentra en bastante buen estado una cornisa

[102] *Tanjuma, bemidbar,* § 9, 485, 7; cf. Billerbeck II, 592s.
[103] Véase *supra,* p. 28.
[104] *Qoh. R.* 4,18 sobre 4,17 (91b 12).
[105] *Lam. R.* 1,15 sobre 1,1 (23a 9).
[106] *B. j.* V 4,4, § 176ss.
[107] Cf. *supra,* p. 31.
[108] Cf. *B. j.* V 2,2, § 55; 3,3, § 119.

con guirnaldas de frutos y follaje en forma de volutas. Ante la entrada que conduce a la instalación funeraria yacen restos de columnas, entre las cuales se encuentran capiteles corintios. En la tumba de Absalón se conservan capiteles dóricos y jónicos, semicolumnas y pilastras. E inmediatamente sobre los capiteles se encuentra un friso decorado; el arquitrabe es dórico. En la tumba de Santiago hay columnas con capiteles dóricos, y encima un friso dórico con triglifos [109]. En la de Zacarías se pueden ver cuatro capiteles jónicos. Estos cuatro monumentos son los únicos testimonios que tenemos para conocer las aportaciones de Jerusalén, antes de su destrucción por los romanos, a la escultura monumental.

Finalmente, entre los oficios artísticos en el campo de la construcción hay que señalar a *los constructores de mosaicos.* En diversos lugares de Jerusalén, por ejemplo, al sudeste del Cenáculo, han sido encontrados suelos con mosaicos; podrían pertenecer, en parte, a la época anterior al 70 d. C.

La conservación de los edificios.

Además de obreros y artistas se necesitaban también otras personas para la conservación de los edificios.

La conservación del «canal de las aguas» [110], de las murallas, de las torres y de todo lo necesario para la ciudad era pagado por el tesoro del templo [111]. Formaba parte de esto la conservación de fuentes y cisternas, la limpieza y vigilancia de las calles. Se comprende así lo que dice b. *Besa* 29ª bar.: los bienes que no hay que adjudicar ni al templo ni a sus dueños son empleados por los tesoreros del templo para las necesidades públicas, a saber: en pozos, cisternas y subterráneos, o sea, en abastecer de agua a la ciudad de Jerusalén [112]. En b. *B. M.* 26ª se habla probablemente de *los barrenderos de las calles* de la ciudad: «Según R. Shemaya bar Zeera, las calles de Jerusalén se barrían todos los días» [113]. Este dato sobre la limpieza de las calles de Jerusalén concuerda con el hecho de que el valle Hinnón era el lugar de la basura y desperdicios. Josefo menciona [114] un

[109] La época de estos monumentos debe ser fijada según los datos de la historia del arte. El sepulcro de Absalón y la pirámide de Zacarías son mencionados por primera vez en el año 333 d. C. *(Itin. Burdigalense* 595, ed. P. Geyer, *Itinera hierosolymitana saeculi III-VIII:* CSEL, 39, 1898, p. 23, líneas 10-13). No hay duda, sin embargo, de que estos monumentos son de la época anterior a la caída de Jerusalén en el año 70 d. C.

[110] Según J. J. Rabe, *Mischnah* II (Onolzbach 1761) p. 147 sobre *Sheq* IV 2, se trataría del canal que iba desde el atrio exterior al valle Cedrón (véase *infra,* páginas 60ss). Pero se puede pensar también en el acueducto antes mencionado. Así que Pilato, al echar mano del tesoro del templo para la construcción del acueducto, castigaría con esa autoritaria medida la negligencia de la administración pública de Jerusalén, el Sanedrín, que no cumpliría satisfactoriamente sus obligaciones. Por consiguiente, habría empleado los fondos del templo completamente conforme a su destino.

[111] *Sheq.* IV 2

[112] Cf. b. *B. Q.* 94ᵇ.

[113] Cf. b. *Pes.* 7ª.

[114] *B. j.* V 4,2, § 145.

lugar llamado *Bēsou* (variante *Bēthsō);* según la etimología propuesta por Neubauer, este nombre significa «lugar de la basura» [115]. Según Josefo, este lugar estaba situado al sur, entre la torre Hippicus y la Puerta de los esenios. Cerca del valle Hinnón se encontraba asimismo la Puerta de Jerusalén, llamada Puerta de la Basura [116]. Concuerda con esto el hecho de que el valle Hinnón estuviese desacreditado desde los tiempos antiguos: estaba relacionado con el culto a Molok [117]; pasaba por el lugar de la Gehenna (infierno), de donde tomó su nombre. Aún hoy día se vierten allí escombros, desechos y toda clase de desperdicios.

Hay que mencionar también aquí la existencia en Jerusalén de desagües; y algunas de estas instalaciones están plenamente a la altura de las de la época moderna. Bliss ha constatado su existencia en diversos lugares. Tenían por dentro una altura de 1,78 a 2,36 m, y de ancho, entre 0,76 y 0,91 m. Parecen haber estado provistos de orificios para recibir las aguas de la calle; lo mismo que de registros para el servicio de limpieza [118].

Según Krauss, también es posible que hubiese *guardianes de sepulcros* [119]; se apoya en la mención de una cámara habitable en la tumba de Absalón [120].

e) *Otras profesiones*

Actualmente nadie considera a un médico como artesano. Entonces, sin embargo, como se puede comprobar, *el médico* era considerado como artesano conforme al sentido que esta palabra tenía en aquella época. El término con que se designa un oficio es *'ûmmanut* = oficio, profesión, destreza; un *'ûmman ('ûmmana)* es un artesano, un artista, un sangrador, un cirujano, un barbero y uno que realiza la circuncisión. En otras palabras: el término con que se indica un operario significa también médico. Por consiguiente, entre los oficios debemos tratar también de la profesión de médico.

Según el Talmud, había médicos en todas las ciudades y pueblos. En *B. Q.* VIII 1 se prescribe que, en caso de lesiones y heridas, los honorarios del médico deben ser pagados por el culpable. Podemos comprobar la existencia de médicos, en el siglo I de nuestra Era, en Pega [121] y Lydda [122]. Josefo se trató médicamente [123] de una caída de caballo en Kefarnokos (sin duda = Kefarnomos = Kefarnaúm = Cafarnaún) [124]. En un lugar situado junto al lago de Genesaret, tal vez Cafarnaún, viene a Jesús una mujer

[115] Neubauer, *Géogr.*, pp. 139ss.
[116] *'Ed.* I 3; cf. *supra,* p. 22, el emplazamiento de la industria textil, oficio despreciado.
[117] 2 Re 23,10; Jr 2,23 y *passim.*
[118] P. Thomsen, *Denkmäler Palästinas aus der Zeit Jesu* (Leipzig 1916) 25.
[119] Krauss, *Talm. Arch.*, II, 80ss.
[120] *'Er.* V 1; b. *'Er.* 51a; Tos. *'Er.* VI 5 (144,25).
[121] Tos. *Yeb.* VI 7 (248,6).
[122] Tos. *Ohal.* VI 2 (600,29).
[123] *Vita* 72, § 403s.
[124] *B. j.* III 10,8, § 519.

que había sido tratada sin éxito por muchos médicos [125]. Se menciona expresamente un médico de Jerusalén llamado Tobías [126]; y Herodes tiene médicos personales [127]. La Misná contiene una información interesante respecto de los médicos de Jerusalén: éstos tenían procedimientos particulares para tratar a los enfermos en los días de fiesta sin contraer la impureza legal establecida en el Levítico. «Así hacían en Jerusalén los que tenían úlcera: la tarde de Pascua iban al médico; éste la cortaba (la úlcera) hasta que no quedase más que el espesor de un grano de cebada, y después la ataba a un espino; entonces el enfermo (para que se desprendiese la úlcera) tiraba hacia arriba. De esta manera podían uno y otro celebrar la Pascua» [128].

La existencia de *barberos* en Jerusalén puede deducirse, según parece, de Ez 5,1 [129]. En *B. j.* I 27,5s, § 547-551, y *Ant.* XVI 11,6, § 387s, se menciona un tal Trifón, barbero de la Corte.

La colada era normalmente asunto de mujeres; sin embargo, había también lavadores profesionales [130].

Por último, se mencionan expresamente *cambistas* relacionados con el templo [131]. Estos debieron de desempeñar también algún papel en el cambio de dinero profano; se deduce fácilmente de lo que se dirá más adelante [132] sobre las diferentes monedas.

En conclusión, las principales actividades de Jerusalén eran la artesanía artística y la construcción monumental, la construcción ordinaria, la industria textil y la elaboración del aceite.

Hemos ofrecido así una panorámica de los oficios de Jerusalén anteriores al año 70 d. C. (exceptuados los que trabajaban para el templo). El cuadro, sin embargo, no está completo. En Oriente, aún hoy, los oficios están rigurosamente organizados. Así sucedía también hace mil novecientos años. Por eso, para completar el cuadro debemos exponer la organización de las distintas profesiones.

f) *Organización interna de las distintas profesiones*

La disposición de la ciudad.

La ciudad estaba dividida en dos partes, separadas por el valle Tiropeón [133]: la parte alta *(sûq ha-ʿelyon)*, al oeste, y la baja *(sûq ha-tajtôn* = Akra) [134]. Tanto el nombre griego, «mercado superior e inferior», como el

[125] Mc 5,26; cf. Lc 8,43.
[126] *R. H.* I 7; b. *R. H.* 22ª.
[127] *B. j.* I 33,5, § 657.
[128] *Ker.* III 8.
[129] Cf. *infra,* p. 43.
[130] Tos. *Miqw.* IV 10 (656,36).
[131] Billerbeck I, 761ss.
[132] *Infra,* p. 49.
[133] *B. j.* V 4,1, § 136ss; Tos. *Hul.* III 23 (508,28); Tos. *Sanh.* 14 (437,28); *Lam. R.* 1,40 sobre 1,16 (35ª 24) y *passim.*
[134] *B. j.* V 4,1, § 137.

indígena son significativos [135]. *Suq* significa aún hoy en árabe «bazar». Por tanto, en la parte superior e inferior de la ciudad se encontraban los dos principales bazares. Lo que se confirma con el llamado Plano de Madaba, mosaico del siglo VI de nuestra Era, que aún se puede ver en la iglesia griega de Madaba. Como el Oriente es conservador en este tipo de establecimientos, apenas habrá cambiado la situación entre el año 70 después de Cristo y el siglo VI. Según este plano, cruzan la ciudad dos calles con columnatas: la gran calle del mercado y la pequeña calle del mercado. El trazado de la primera corresponde a la actual *sûq Bâb el-ʿAmud* (bazar de la Puerta de Damasco) y a su prolongación por jaret en-Nebî Dâûd; atravesaba los arrabales y la ciudad alta. La segunda calle de columnatas corresponde a la actual calle el-Wâd; seguía poco más o menos el fondo del valle Tiropeón. Según Josefo [136], la segunda muralla septentrional encerraba la parte norte del barrio del Akra (= ciudad baja) [137]; constata así la extensión del barrio del Akra hacia el norte, más allá de la colina sudeste (Ofel). Debido a la extensión del templo, el valle Tiropeón constituía el único enlace entre el barrio norte y el barrio sur del Akra. Por consiguiente, el barrio atravesado por la pequeña calle de columnatas pertenece aún a la ciudad baja.

Estas dos principales calles comerciales estaban unidas por numerosas calles transversales, las cuales procedían del este y del oeste y atravesaban el valle Tiropeón [138]. La más importante de estas transversales era la calle que iba desde el palacio de Herodes al templo, alcanzándolo en el puente de Xisto; corresponde actualmente al tarîq Bâb es-Silsileh, uno de los principales bazares comerciales.

Distribución de las profesiones en la ciudad.

Las tiendas *(janûyôt)* de los artesanos se hallaban en las calles. Las procesiones festivas con las primicias de las gavillas pasaban probablemente por la pequeña calle de columnatas, que era el bazar de la parte baja de la ciudad, hasta el puente de Xisto, y desde allí se dirigían al templo. Sabemos [139] que en el bazar de la ciudad baja los artesanos trabajaban sentados en sus talleres, que daban a la calle [140]. También en la explanada del templo había probablemente tiendas [141]. En las cercanías se hallaban las tiendas del Monte de los Olivos [142] y las de Beth Hino [143], lo mismo que las de los Benê Janún o Janán [144]; las dos últimas probablemente se

[135] *Ibíd.*
[136] *B. j.* V 4,2, § 146.
[137] *B. j.* V 4,1, § 137.
[138] *Ibíd.*, § 140.
[139] Véase *supra*, p. 19.
[140] *Bik.* III 3; b. *Qid.* 33ᵃ.
[141] b. *R. H.* 31ᵃ; b. *Shab.* 15ᵃ; b. *Sanh.* 41ᵃ; b. *ʿA. Z.* 8ᵇ; *Lam. R.* 4,7 sobre 4,4 (57ᵇ 9); sobre este punto, véase *infra*, pp. 65s.
[142] *Lam. R.* 2,5 sobre 2,2 (44ᵃ 1).
[143] b. *B. M.* 88ᵃ; b. *Hul.* 53ᵃ.
[144] j. *Pea* I 6,16ᶜ 47 (II/1,28); *Sifré* Dt 14,22 § 105 (42ᵃ 165, 33); cf. *infra*, p. 65.

refieren a una sola tienda. Como hemos visto ya [145], en las tiendas se realizaba tanto la elaboración del producto como su venta.

Ya hemos comprobado anteriormente que cada oficio tenía sus tiendas en el mismo barrio de la ciudad [146]. Efectivamente, es probable que cada gremio tuviese su bazar *(sûq)*.

Los sastres, según parece, estaban situados junto a las puertas. Así lo da por supuesto, respecto a Jerusalén y Tiro, el *Midrás* [147]; y concuerda con ello el que «el mercado de vestidos», según Josefo [148], se encontraba en el suburbio norte, en la «ciudad nueva». También se hallaba en esta parte nueva de la ciudad el bazar de los comerciantes de lana *(sûq sel sammarîm)* [149] y el de los herreros [150].

La industria de objetos artísticos se hallaba probablemente en la parte alta de la ciudad [151]. Además habitaban allí los bataneros paganos [152]; por lo que el esputo de un habitante de la ciudad alta era tenido por impuro [153].

A esto se añaden las indicaciones del AT. En Sof 1,10-11 se lanza un oráculo contra la parte norte de la Jerusalén de entonces: Puerta del Pez, Ciudad Nueva, colinas, *maktés* (de significación dudosa; originariamente «mortero»), con lo que indica que el enemigo viene del norte. En el v. 11 se dice: «Gemid, habitantes del *maktés,* porque es destruido todo el pueblo de Canaán». Estas últimas palabras aluden, sin duda, a los comerciantes fenicios, cuya existencia en Jerusalén se constata en Neh 13,16. Una simple mirada a un plano indica que es sobre todo el noroeste el que está en juego. La Puerta del Pez, situada en la intersección de la segunda muralla septentrional con el valle Tiropeón [154], toma su nombre de los mercaderes tirios de pescado; se constata también con ello la existencia de paganos en el norte de la ciudad. Y la costumbre de que los artesanos y mercaderes paganos habitasen al noroeste de la ciudad pudo muy bien haberse conservado hasta la época de Jesús.

El despreciado oficio de los tejedores tenía su sede en la parte meridional de la ciudad baja, en la Puerta de la Basura [155].

Organización de las distintas profesiones.

Sobre este punto tenemos muy pocos datos. Sin embargo, del hecho de que cada profesión se agrupase en un mismo lugar se puede deducir alguna organización. Si los artesanos de idéntica profesión se establecían en los mismos barrios de la ciudad, no sería sólo por costumbre, sino que es probable que lo hiciesen también por cierta necesidad del gremio.

[145] *Supra,* pp. 19ss.
[146] *Supra,* pp. 21ss.
[147] *Lam. R.* 1,2 sobre 1,1 (18ª 31).
[148] *B. j.* V 8,1, § 331.
[149] *B. j.* V 8,1, § 331; *'Er.* X 9; b. *'Er.* 101ª.
[150] *B. j.* V 8,1, § 331.
[151] *Supra,* p. 26.
[152] j. *Sheq.* VIII 1,51ª 20 (III/2,319).
[153] *Sheq.* VIII 1.
[154] Neh 3,3; 12,39; Sof 1,10; 2 Cr 33,14.
[155] Véase *supra,* pp. 21s, 34.

En b. *Sukka* 28ª y b. *B. B.* 134ª se habla de «fábulas de los bataneros y de los zorros». De donde concluye Delitzsch que los gremios «formaban un círculo con mentalidad característica; sus ideas sólo eran comprensibles para quien estaba familiarizado con aquella mentalidad» [156]. Por el contexto es fácil formarse esta última opinión. Hemos visto anteriormente [157] que los médicos de Jerusalén poseían sus propios métodos curativos. Los fabricantes de los panes de la proposición y de los perfumes de quemar para el templo tenían, según nos dicen [158], ciertos secretos de fabricación que guardaban celosamente.

Si constase que los *tarsiyyîm* [159] de Jerusalén eran artistas tejedores o artesanos del cobre, o incluso fabricantes de vestidos de Tarso (lo que no nos parece probable en el pasaje en cuestión, aunque no se pueda dudar de que el término ha tenido esa significación), entonces se constataría la existencia en Jerusalén de una sinagoga para esta profesión.

En resumen, la organización de los oficios se manifestaba principalmente en su agrupación local; pero es probable que de ahí surgiese una organización corporativa.

2. PROFESIONES RELACIONADAS CON EL TEMPLO

a) *La construcción del templo*

«En cuarenta y seis años se construyó este templo, ¿y tú lo levantarás en tres días?» (Jn 2,20), dicen los judíos a Jesús hacia el año 27. En aquella época las obras aún no estaban terminadas. Herodes había comenzado las nuevas construcciones en el año 19-20 antes de nuestra Era [160]. Y no se terminaron definitivamente hasta el año 62-64 d. C., en tiempo del gobernador Albino [161]. Las innovaciones fueron éstas: elevación del edificio del santuario de 60 a 100 codos; construcción de una gran puerta entre el atrio de las mujeres y el de los israelitas; ampliación del atrio exterior hacia el norte y hacia el sur, por medio de gigantescos cimientos; construcción de pórticos alrededor de la explanada del templo [162]. Apenas terminadas las nuevas construcciones, y antes de estallar la insurrección del 66, se decidió hacer nuevas obras; tal vez fue debido a motivos sociales, para ocupar a los obreros del templo que habían quedado sin trabajo [163].

[156] Delitzsch, *Jüd. Handwerkerleben,* 37.
[157] *Supra,* pp. 34s.
[158] *Yoma* III, 11.
[159] *Supra,* p. 22, n. 14.
[160] En *Ant.* XV 11,1, § 380, se dice en el año 18 de su reinado; y en *B. j.* I 21,1, § 401, se habla del año 15 de su reinado. Ahora bien, Herodes el Grande fue nombrado rey de Judea el año 40 a. C.; pero hasta la conquista de Jerusalén, en el año 37 a. C., no llegó a poseer efectivamente su gobierno. Según esto, había una doble computación de los años de su reinado *(B. j.* I 33,8, § 665; *Ant.* XVII 8,1, § 190s).
[161] *Ant.* XX 9,7, § 219.
[162] Schlatter, *Gesch. Isr.,* p. 240.
[163] *Supra,* p. 30.

El edificio del santuario debía ser provisto de nuevos cimientos y había que elevarlo unos 20 codos más. La madera para la construcción, traída del Líbano, ya había sido preparada [164] cuando estalló la insurrección del 66 contra los romanos.

Con la terminación de las obras quedaron sin recursos, según se dice, más de 18.000 trabajadores (62-64) [165]. Y se dice que al comienzo de las obras hubo que ocupar 10.000 obreros laicos y 1.000 sacerdotes adiestrados. Aun teniendo en cuenta la continua exageración de Josefo, muy oriental, hay que admitir que se ocupó a un verdadero ejército de obreros.

Principalmente se necesitaron canteros, carpinteros, plateros, orfebres y fundidores de bronce. Para la construcción de los sagrados recintos, prohibidos a los laicos, tuvieron que ser adiestrados sacerdotes [166]; es significativo que a unos se les haya enseñado la talla de la piedra y a otros la carpintería.

Los *canteros* tenían que extraer primeramente su material de las canteras; y cuanto mayores fuesen los bloques, mejor. No podemos, sin embargo, creer a Josefo [167] cuando habla de bloques de 45 codos (23,625 m) de largo, 5 codos (2,625 m) de alto y 6 codos (3,15 m) de ancho. Parte del material era muy valioso. Según b. *Sukka* 51[b], el templo fue hecho de mármol amarillo, negro y blanco. También se adoquinó la explanada del templo con piedras de distintas clases [168]. Los *escultores* tuvieron también trabajo. A ellos se les encomendó esculpir los capiteles de las 162 columnas corintias del pórtico meridional llamado «real» [169] y tallar las balaustradas de piedra: unas, de tres codos de altura, separaban el atrio interior y el exterior, accesible a los paganos; otras, de un codo de altura, separaban, en el atrio más interior, a los sacerdotes y al pueblo. También tuvieron que esculpir las inscripciones de piedra que estaban colocadas a trechos sobre la balaustrada exterior y advertían, en latín y griego, a todos los no judíos, bajo amenaza de muerte, que no traspasasen aquella balaustrada [170].

Los *carpinteros* tenían que preparar las maderas, que en parte eran de cedro [171]; los troncos se traían del Líbano. Los pórticos que rodeaban la explanada del templo estaban cubiertos con artesonados de madera de cedro. También se empleó esa misma madera en los cimientos del santuario.

En los relatos de Josefo, más aún que en la Misná, el oro del templo reluce por todas partes. El Talmud nos previene contra estos datos: «Además, quería (Herodes) revestirlo (el templo) de oro. Pero los sabios le

[164] *B. j.* V 1,5, § 36.
[165] *Supra*, p. 30.
[166] *Ant.* XV 11,2, § 390.
[167] *B. j.* V 5,6, § 224.
[168] *B. j.* V 5,2, § 192.
[169] *Ant.* XV 11,5, § 414.
[170] Una de estas inscripciones en piedra fue encontrada en 1871; véase Clermont-Ganneau, *Une stèle du Temple de Jérusalem:* «Revue Archéologique», n.° 23 (1872) 214-234 y 290-296; otra fue publicada en 1936, véase CIJ II, n.° 1.400.
[171] *Mid.* III 5,8; IV 5.

decían: Déjalo, así está mejor; se parece a las olas del mar»[172]. Hay que notar que Josefo, al hablar del aspecto del templo, dice expresamente que relucía deslumbradoramente aun en aquellas partes que no habían sido recubiertas de oro[173]. Pero, aun tomando las noticias de Josefo con la necesaria reserva crítica, no se puede dudar de lo siguiente: el templo fue construido de la forma más grandiosa posible, y ofreció un amplio campo de actividad a los artistas en trabajos de oro, plata y bronce.

Al entrar en el templo, por cualquier parte que se viniese, había que pasar por portones recubiertos de oro y plata. Había una sola excepción, como dice la Misná en concordancia con Josefo: «Todas las puertas que allí había estaban doradas, exceptuada la puerta de Nicanor, pues en ella había sucedido un milagro; según otros, porque su bronce relucía (como el oro)»[174].

Una vez dentro, en el atrio de las mujeres vemos candelabros de oro, con cuatro copas de oro en su vértice[175]. En una de las tesorerías[176] podemos contemplar copas y utensilios sagrados de oro y plata[177]. Algunas de estas copas *(bᵉzíkín)* no tenía pie[178]; lo que es signo de la conservación de una antigua tradición. Pero los utensilios que usaban en el día de la Expiación tenían mangos de oro; los había mandado hacer el rey Monobazo de Adiabene[179].

La mayor suntuosidad, sin embargo, la encontramos en el edificio mismo del templo y en su interior. Según Josefo, la fachada del templo, que medía 100 codos cuadrados (= 27,5 m^2), estaba recubierta de placas de oro; también lo estaban la pared y la puerta entre el vestíbulo y el Santo[180]. Y no exagera, como indica Tos. *Men* XIII 19 (533,27): el vestíbulo estaba enteramente recubierto con placas de oro «de 100 codos cuadrados y del grosor de un denario de oro». Sobre el tejado había agudas puntas de oro para ahuyentar los pájaros, como «defensa contra los cuervos»[181]. De las vigas del vestíbulo colgaban cadenas de oro[182]. Allí mismo había dos mesas, una de mármol y otra de oro[183]; esta última, según *B. j.* VI 8,3,

[172] b. *Sukka* 51ᵇ.
[173] *B. j.* V 5,6, § 223.
[174] *Mid.* II 3; cf. *B. j.* V 5,3, § 201. En efecto, la Puerta de Nicanor, entre el atrio de las mujeres y el de los israelitas, era de bronce de Corintio (b. *Yoma* 38ᵃ; Tos. *Yoma* II 4 [183,20]). Esta puerta representaba algo especial, como se confirma por el apelativo de «hermosa» que nos transmite Hch 3,2. Concuerda con estos datos la descripción de Josefo *(B. j.* V 5,3s, § 201ss): nueve puertas, junto con dinteles y jambas, estaban completamente revestidas de oro y plata; una sola era de bronce de Corinto, la cual superaba con mucho a las otras en valor *(B. j.* V 5,3, § 201). Al incendiar las puertas para tomar el templo, se fundió el revestimiento y las llamas alcanzaron así las partes de madera *(B. j.* VI 4,2, § 232).
[175] *Sukka* V 2.
[176] Mc 12,41; Lc 21,1.
[177] *Yoma* IV 4 y *passim.*
[178] *Pes.* V 5; b. *Pes.* 64ᵃ.
[179] *Yoma* III 10.
[180] *B. j.* V 5,4, § 207ss.
[181] *Mid.* IV 6; *B. j.* V 5,6, § 224.
[182] *Mid.* III 8.
[183] *Men* XI 7.

§ 388, era de oro macizo. Sobre la entrada que conduce del vestíbulo al Santo se extendía una parra de oro [184], la cual crecía continuamente con las donaciones de sarmientos de oro que los sacerdotes se encargaban de colgar [185]. Además, sobre esta entrada pendía un espejo de oro, que reflejaba los rayos del sol saliente a través de la puerta principal (la cual no tenía hojas) [186]; era una donación de la reina Helena de Adiabene [187]. Se encontraban sin duda en este vestíbulo otras ofrendas. El emperador Augusto y su esposa habían regalado antaño unos jarrones de bronce [188] y otros presentes [189]; su yerno Marco Agripa también había hecho regalos [190].

En el Santo, situado detrás del vestíbulo, se hallaban singulares obras maestras; constituyeron más tarde el punto culminante del cortejo triunfal de Tito [191], siendo expuestas luego, junto con los objetos más bellos del mundo, en un templo de Roma. Eran éstas el candelabro macizo de siete brazos, de dos talentos de peso, y la mesa maciza de los panes de la proposición, también de varios talentos de peso [192]. Llegamos finalmente al vacío *Sancta-sanctorum,* cuyas paredes estaban recubiertas de oro [193]. Tan grande debe de haber sido la riqueza de oro de Jerusalén, y sobre todo del templo, que, después de la conquista de la ciudad, inundó la provincia de Siria una gigantesca oferta de oro; lo que trajo como consecuencia, según Josefo [194], que «la libra de oro se vendiese a la mitad de precio que antes».

En *Tamid* I 4; III 8; *Yoma* III 10 y b. *Yoma* 37ª se menciona explícitamente un artista que inventó un mecanismo para los pilones de agua del templo.

b) *El culto*

En los ochenta y dos u ochenta y cuatro años que duró la restauración del templo [195] no se suspendió el culto ni una sola hora.

Entre los artesanos que proveían a las necesidades del culto debemos mencionar en primer lugar los que preparaban *los panes de la proposición y los perfumes de quemar.* La elaboración de los panes de la proposición estaba encomendada a la familia de Garmo [196]; esta familia tenía que preparar también las frituras de sartén para la ofrenda diaria del sumo sacer-

[184] *B. j.* V 5,4, § 210.
[185] *Mid.* III 8.
[186] b. *Yoma* 37ᵇ.
[187] *Yoma* III 10.
[188] *B. j.* V 13,6, § 562.
[189] Filón, *Leg. ad Caium,* § 156 y 312ss.
[190] *Ibíd.,* § 296.
[191] *B. j.* VII 5,5, § 148s.
[192] *C. Ap.* I 22, § 198; *B. j.* VI 8,3, § 388; VII 5,5, § 148; b. *Men.* 98ᵇ; véase el arco de triunfo de Tito en la *via sacra* de Roma.
[193] *Mid.* IV 1; Tos. *Sheq.* III 6 (178,7); cf. Misná *Sheq.* IV 4.
[194] *B. j.* VI 6,1, § 317.
[195] Véase *supra,* p. 38.
[196] *Yoma* III 11; *Sheq.* V 1; *Tamid* III 3.

dote[197]. La elaboración de los perfumes de quemar pertenecía hereditariamente a la familia de Euthinos[198]. Se nos habla de una huelga de estas dos familias; pero el relato es fragmentario[199]. Se termina con la vuelta al trabajo después de obtener la duplicación del salario; de donde se puede deducir que se trataba de una huelga salarial.

También había que cuidar constantemente de *las cortinas del templo.* «Eleazar estaba encargado de (mandar hacer) nuevas cortinas (cuando era necesario)», dice *Sheq.* V 1 en una lista de altos empleados del templo. Los artistas tejedores y los realizadores de labores de punto tenían que confeccionar todos los años para el templo dos cortinas de 20 codos de ancho y 40 de largo. Según b. *Yoma* 54ª y b. *Ket.* 106ª, estas cortinas estaban colgadas en trece lugares del templo. Cada una de ellas, según se dice, estaba tejida con 72 cordones, de 24 hilos cada uno, y a seis colores[200]. Según la Misná[201], 82 doncellas confeccionaban cada año dos cortinas[202].

Los *orfebres* trabajaron durante la construcción del templo, y hasta después hubo continuamente necesidad de ellos. Según *Sheq.* IV 4, se compraban placas de oro con el excedente de la tasa satisfecha todos los años por los judíos de todo el mundo, bajo la forma del impuesto de las dos dracmas[203]; y según Tos. *Sheq.* I 8 (174,13), el mismo empleo estaba reservado al recargo que se debía pagar cuando no se cambiaba el dinero conforme a las prescripciones[204]. Estas placas de oro se empleaban en revestir el *Sancta-sanctorum.*

Un *maestro fontanero*[205] era el responsable del servicio de agua en el templo.

Hay que mencionar también el *médico del templo*[206]. Tenía que intervenir cuando se herían los sacerdotes al realizar sus funciones[207]. Además, tenía una amplia clientela debido principalmente a estos dos motivos: los sacerdotes tenían que andar descalzos, incluso en invierno, sobre las losas de la explanada del templo, por lo que fácilmente enfermaban; asimismo, se alimentaban constantemente de carne y no bebían más que agua, pues el vino les estaba prohibido, lo que les ocasionaba muy frecuentemente daños en la salud[208].

[197] *Men.* XI 3; *Tamid* I 3; cf. Tos. *Yoma* II 5 (183,25); Tos. *Men* IX 2 (525,31); b. *Zeb.* 96ª; *Mid.* I 6.

[198] *Sheq.* V 1; *Yoma* I 5; III 11; *Sheq.* IV 5.

[199] b. *Yoma* 38ª.

[200] *Sheq.* VIII 5; b. *Yoma* 71ᵇ; Tos. *Sheq.* III 13 (178,20); *B. j.* V 5,4, § 212s: cuatro colores.

[201] *Sheq.* VIII 5 (variantes), cf. b. *Ket.* 106ª; j. *Sheq.* VIII 4,51ᵇ 13 (III/2,320).

[202] La crítica, véase *infra,* p. 52, n. 48.

[203] Ex 30,13; Mt 17,24-27; *Ant.* III 8,2, § 194; XVIII 9,1, § 312; *B. j.* V 5,1, § 187; VII 6,6, § 218; Misná y Tosefta, tratado *Sheqalim;* Filón, *De spec. leg.* I, § 77s y *passim.*

[204] *Sheq.* I 6s.

[205] *Sheq.* V 1.

[206] *Sheq.* V 1; j. *Sheq.* V 2,48ᵈ 26 (III/2,293).

[207] ‘*Er.* X 13s.

[208] *Sheq.* V 1; j. *Sheq.* V 2,48ᵈ 26 (III/2,293).

Finalmente, también tuvo que haber habido en el templo *barberos.* Así lo presupone la ceremonia que se realizaba en el voto nazireo, en la consagración de los levitas y en la purificación de los curados de lepra.

c) *Organización de los empleados del templo*

El templo constituía así el centro de una colonia de profesiones, sobre todo durante su construcción, pero también durante el continuo ejercicio del culto; con el tiempo se habían formado sólidas tradiciones. El trabajo se hacía a destajo. Para evitar posibles engaños al santuario, se utilizaban dos medidas diferentes: una en el encargo de los trabajos y otra en la recepción de los mismos [209].

Los salarios eran muy altos; a propósito de la huelga salarial [210], se dan cifras fantásticas. Se pagaba en el acto, aunque el obrero hubiese trabajado una sola hora [211]. El tesoro del templo estaba obligado a socorrer a los obreros que se quedasen sin trabajo. Eso se pretendía seguramente, al finalizar las obras de restauración del templo, cuando se emprendió la pavimentación de las calles de Jerusalén [212], y probablemente tuvo también el mismo objetivo la decisión, tomada poco tiempo después, de continuar las obras del templo [213]. Estas ventajosas condiciones salariales convertían a los obreros del templo en los obreros mejor situados de la ciudad.

Ciertos oficios, que servían al culto del templo, eran privilegio de algunas familias; estos oficios se transmitían de padres a hijos: así sucedía con la preparación de los panes de la proposición y de los perfumes de quemar [214].

[209] *Kel.* XVII 9; cf. *supra,* p. 28.
[210] *Supra,* p. 42.
[211] *Ant.* XX 9,7, § 220.
[212] *Supra,* p. 30.
[213] *Supra,* pp. 30 y 38s.
[214] *Supra,* pp. 41ss.

II

PECULIARIDAD DE JERUSALEN Y SU INFLUENCIA EN LAS PROFESIONES

1. SITUACION DE LA CIUDAD

Jerusalén, según vimos anteriormente [215], era parte de la provincia de Siria, hasta el punto de que los principales oficios de esta provincia se contaban también en Jerusalén entre los más importantes.

Jerusalén, sin embargo, se distinguía fundamentalmente de todas las otras grandes ciudades de la provincia, ya que estaba en una región extraordinariamente desfavorable para los oficios. La única materia prima que en gran cantidad ofrecían los alrededores era la piedra. Por lo demás, los rebaños de las montañas de Judea suministraban lana y pieles, y los olivares, madera de olivo y aceitunas. Eso era todo; faltaba la mayor parte de las materias primas. No existían en absoluto ni metales ni minerales nobles; incluso la arcilla suministrada por los alrededores era de mala calidad. Faltaba sobre todo el agua. Jerusalén no tenía más que una fuente de cierta importancia: la de Siloé, situada al sur de la ciudad. Aunque no había que comprarla por cántaros, como en épocas de escasez [216], era preciso, sin embargo, economizar el agua de las cisternas, o bien había que traerla de lejos por acueductos. Una prueba de lo poco apropiada que era la situación de Jerusalén para el desarrollo de los oficios la constituye el hecho de no encontrar en el curso de su historia una sola industria cuyos productos fuesen una especialidad de Jerusalén.

2. IMPORTANCIA POLITICA Y RELIGIOSA DE LA CIUDAD

A pesar de esta situación desfavorable, el Pseudo-Aristeas, § 114, dice que la ciudad es «rica en oficios», y lo dice con razón. A causa precisamente de su situación desfavorable, Jerusalén, ciudad de 25.000 habitantes aproximadamente en tiempo de Jesús, como veremos más adelante, necesitaba del comercio, ya que debía importar las materias primas. Jerusalén dependía más del comercio con las regiones vecinas que del comercio con países lejanos.

¿De qué medios o recursos disponía la ciudad para financiar este comercio? Intentemos reunir los principales elementos.

a) En primer lugar están los fuertes ingresos del templo. Proceden de donaciones provenientes de todo el mundo, de las tasas previstas por la ley bajo la forma del impuesto de las dos dracmas [217], del comercio de víctimas, del pago de los votos, de las entregas de madera, etc., además

[215] *Supra,* pp. 21-27.
[216] *Supra,* p. 25.
[217] *Supra,* p. 42.

de las rentas de sus inmuebles. Es verdad que, frente a estos ingresos, había también gigantescos gastos, principalmente debidos a la construcción del templo.

b) Otra fuente de ingresos para la ciudad era la presencia en ella de extranjeros. Esta afluencia era especialmente importante en las peregrinaciones a las fiestas. Todo piadoso israelita estaba obligado a gastar en Jerusalén un diezmo del producto agrícola, el llamado segundo diezmo [218].

c) Hay que mencionar también los ingresos por impuestos, al menos durante las épocas en que los soberanos independientes residían en Jerusalén (hasta el 6 d. C., Arquelao; del 41 al 44 d. C., Agripa I). Según Josefo, Arquelao obtenía anualmente de Idumea, Judea y Samaría seis millones de dracmas (*Ant.* XVII 11,4, § 320), y Agripa obtenía de su reino, mucho mayor, doce millones de dracmas (XIX 8,2, § 352). La mayor parte de estas sumas [219] se gastarían sin duda en Jerusalén en el sostenimiento de la corte y en las construcciones.

d) Hay que recordar finalmente que Jerusalén atrajo siempre a los grandes capitalistas: comerciantes al por mayor, recaudadores de impuestos, judíos de la diáspora que se habían hecho ricos; más de uno se retiraba a descansar a Jerusalén por motivos religiosos.

Estos ingresos bastaban para hacer frente a las importaciones. La ciudad, a su vez, fabricaba, además de productos de uso diario, artículos de lujo, tales como ungüentos y cosas por el estilo. El «frasco de alabastro lleno de perfume de nardo puro», mencionado al narrar la unción de Jesús en Betania (Mc 14,3), contenía sin duda un producto de Jerusalén.

Sólo este esbozo hace ver ya que la importancia política y, sobre todo, religiosa de la ciudad contribuyeron a desarrollar toda clase de oficios.

La afición de la corte a las construcciones y al boato fomentó siempre —véanse los relatos del AT referentes al rey Salomón— el desarrollo en la capital de la industria de la construcción y de objetos de arte. Durante la época de que nos ocupamos, Jerusalén sólo fue corte durante un pequeño período, del 41 al 44 d. C., bajo Agripa I. Con todo, los miembros de la familia herodiana (por ejemplo, Herodes Antipas [Lc 23,7] y Agripa II) venían a Jerusalén a las fiestas cuando no habitaban allí permanentemente [220]. Se sentían ligados a Jerusalén; prueba de ello es que Agripa II hizo nuevas construcciones en el palacio de los asmoneos.

Los cortesanos y los poseedores del capital nacional establecidos en Jerusalén tenían gran cantidad de necesidades para su vida de gentes civilizadas, y favorecían así las industrias que fabricaban objetos de lujo.

Más decisivo que el factor político fue la importancia religiosa: Jerusalén era la ciudad del templo. Es cierto que el hecho de vivir en la ciudad

[218] *Ma'aser senî*, cf. *infra*, p. 63, n. 151.

[219] Para evaluar el poder adquisitivo de estas sumas véanse más adelante los datos sobre los salarios de los obreros (p. 131) y el precio de los artículos (pp. 139-142).

[220] *B. j.* 3,4, § 140s habla de dos hombres de la familia real que vivían en Jerusalén; y en *B. j.*, ibíd., se constata la existencia en Jerusalén de un hombre de la familia real, a quien, debido a su prestigio, se habían confiado las finanzas públicas; cf. Filón, *Leg. ad Caium*, § 278.

santa imponía ciertas obligaciones. Las durísimas prescripciones sabáticas (véase el tratado *Shabbat* de la Misná), que prohibían todo trabajo, eran observadas en ella más escrupulosamente que en otras partes. También las prescripciones sobre la pureza legal, que llevaban consigo tantas molestias en la vida diaria [221], desempeñaron en ella muy diverso papel que en otras ciudades donde vivían muchos paganos.

Las ventajas, sin embargo, que el templo proporcionaba a los operarios eran incomparablemente mayores. Corría a cargo de los fondos del templo la conservación de los edificios de la ciudad [222], los cuidados de limpieza [223], la pavimentación de las calles [224] y tal vez también la conservación del servicio de agua [225].

Pero la importancia del templo se extendía mucho más allá de los límites de la ciudad. Desde la reforma del rey Josías (621 a. C.), que centralizó el culto en Jerusalén conforme a las prescripciones deuteronómicas, se encontraba en Jerusalén el único santuario de los judíos. La importancia del templo de Onías en Leontópolis (del 170 a. C. al 73 d. C. aproximadamente) era tan escasa, que prácticamente el templo de Jerusalén era el único santuario judío del mundo. A él se dirigían tres veces al año los peregrinos del orbe entero. Entre estos peregrinos se encontraban gentes ricas, como los miembros de la casa real de Adiabene, cuyos amplios programas de construcción [226] favorecieron los oficios de la construcción, y el ministro de finanzas de la reina de Etiopía (Hch 8,27). Los peregrinos constituían un gran recurso para la ciudad. Al comprar presentes para el templo, daban a los artesanos del mismo la posibilidad de ganar dinero [227]. Eran los peregrinos quienes daban vida a la industria de recuerdos [228].

Pero el templo, sobre todo, constituía el centro de una colonia de oficios. En su construcción participó un ejército de obreros, y el culto necesitaba operarios sin cesar.

De donde resulta esta característica imagen: la situación de la ciudad era totalmente desfavorable para el desarrollo de los oficios; Jerusalén, sin embargo, por su importancia económica, política y religiosa, ofrecía una floreciente industria.

[221] Misná, los 12 tratados de la VI sección, *Tohorot*.
[222] *Supra*, p. 33.
[223] *Supra*, p. 33.
[224] *Supra*, p. 30.
[225] *Supra*, pp. 34 y 31.
[226] *Supra*, pp. 30s.
[227] *Supra*, pp. 41s.
[228] *Supra*, p. 26.

CAPITULO II

EL COMERCIO

I

INDICACIONES SOBRE EL COMERCIO DE JERUSALEN

1. GENERALIDADES

El grado de desarrollo comercial en que se encontraba Jerusalén antes del 70 d. C. es, en términos generales, el de una economía urbana, tanto en el sentido en que entiende esta expresión Bücher [1] (economía de un período en el que los bienes pasan directamente del fabricante al consumidor) como en el que la entiende Schmoller [2] (economía de un período en el que la ciudad tiene una organización económica).

La profesión de comerciante era muy estimada. Incluso había sacerdotes dedicados al comercio: Tos. *Terum.* X 9 (43,4) y j. *Pea* I 6,16ᶜ 53 (II/1,28) hablan de la tienda de un sacerdote. Tos. *Besa* III 8 (205,26) menciona a dos doctores de Jerusalén, Eleazar ben Sadoc y Abbá Shaul, hijo de la batanea, que fueron comerciantes «durante toda su vida» [3]. La familia del Sumo Sacerdote ejercía también un floreciente comercio [4].

Intentemos primeramente esbozar la ruta de las mercancías hacia Jerusalén y dentro de ella.

Las mercancías eran transportadas a Jerusalén desde lejos por medio de caravanas de camellos, con frecuencia muy importantes [5]. Para el comercio con las regiones vecinas se empleaban también asnos como bestias de

[1] C. Bücher, *Die Entstehung der Volkswirtschaft* (Tubinga [8]1911).

[2] G. Schmoller, *Grundriss der allgemeinen Volkswirtschaftslehre* II (Leipzig 1904).

[3] R. Eleazar (ben Sadoc) el Anciano tuvo que haber nacido poco después del 35 d. C., ya que era todavía un niño en la época de Agripa I (41-44), y estudiaba la Torá durante la escasez padecida entre el 45 y 50 (véase *infra,* pp. 141 y 163). Abba Shaul ben Batnit vivió también en Jerusalén antes de la destrucción del templo; así se deduce del siguiente dato: entregaba con escrupulosidad al tesorero del templo la espuma del vino (b. *Besa* 29ª bar.).

[4] *Infra,* p. 65.

[5] *Lam. R.* 1,2 sobre 1,1 (18ª 29) habla de una caravana de 200 camellos que se dirigía a Jerusalén pasando por Tiro.

carga [6]. Dado el estado generalmente malo de los caminos, sólo se empleaban carros para las pequeñas distancias; Herodes mandó construir 1.000 para transportar las piedras destinadas a la construcción del templo [7]. Los productos de los alrededores más próximos eran traídos a la ciudad por los mismos campesinos.

La seguridad de los caminos era un problema vital para el comercio. Herodes había procedido enérgicamente contra el bandolerismo entonces reinante. Procuró asegurar la tranquilidad en el interior del territorio y mantener en sus fronteras a las tribus limítrofes del desierto. En las décadas siguientes, el gobierno romano se preocupó también de proteger el comercio. Ya en la época primitiva existía una línea de protección contra las gentes del desierto; así lo ha demostrado Paul Karge [8]. Bajo la dominación de Trajano, los romanos emprendieron de nuevo la protección de las fronteras levantando el *limes* [9]. La literatura rabínica, sin embargo, menciona frecuentemente atracos [10], lo que hace suponer que tales cosas no eran nada raras. Respecto de Jerusalén en particular, oímos hablar repetidas veces de casos temidos o acaecidos y de la necesidad de combatir el bandolerismo.

Llegados sanos y salvos al mercado de Jerusalén, había que satisfacer los derechos del recaudador que había tomado en arriendo la aduana del mercado de la ciudad [11]. Ciertamente, los recaudadores, como indican los evangelios, eran en su mayoría judíos. El cobro de los derechos era inexorable. Desde el 37 d. C., sin embargo, se produjo un aligeramiento debido a que el gobernador Vitelio suprimió los impuestos sobre la venta de las cosechas [12].

Una vez pagada la aduana se dirigía uno al bazar correspondiente a la mercancía en cuestión. Había varios mercados: de cereales, de frutas y legumbres, de ganado, de madera. Existía un mercado de reses cebadas e incluso había un lugar especial para exposición y venta pública de los esclavos; allí se exponían y vendían los esclavos. Los comerciantes atraían a su clientela ponderando la mercancía, y la animaban a comprar haciendo la propaganda a gritos; respecto de Jerusalén, nos consta esto expresamente por b. *Pes.* 116[a]. En el momento de la compra había que prestar gran atención al peso, pues Jerusalén tenía su propio sistema. En Jerusalén se contaba principalmente por *qab,* y no, como en otras partes, por «décimas» [13]. Por lo demás, esta medida del *qab* tenía claramente un valor especial; en todo caso, b. *Yoma* 44[b] menciona un *qab* de Jerusalén. La medida superior de capacidad, la *s*[e]*ah,* era en Jerusalén un quinto mayor que

[6] *Demay* IV 7.
[7] *Ant.* XV 11,2, § 390.
[8] Paul Karge, *Rephaim,* en *Collectanea Hierosolymitana* I (Paderborn 1917).
[9] Guthe, *Griech.-röm. Städte,* 33ss.
[10] *Ber.* I 3; *Shab.* II 5; *B. Q.* VI 1 y *passim;* cf. Levy, *Wörterbuch* II, 503s y S. Krauss, *Griechische und lateinische Lehnwörter im Talmud, Midrasch und Targum* II (Berlín 1899, reimpreso en Hildesheim 1964) 315ss.
[11] *Ant.* XVII 8,4, § 205: «La aduana percibe en las compras y ventas».
[12] *Ant.* XVIII 4,3, § 90.
[13] *Men.* VII 1-2; Tos. *Men.* VIII 16 (524,16).

«la del desierto», y, en contrapartida, resultaba un sexto menor que la *s^e'ah* de Séforis [14]. Para hacer las cuentas, los comerciantes y peregrinos podían cambiar el dinero que traían en los puestos de los cambistas [15].

Por supuesto, Jerusalén tenía también monedas propias: Tos. *M. Sh.* II 4 (88,16) habla de *ma'ah* de Jerusalén; j. *Ket.* I 2,25^b 10 (V/1,7s) de *sela'* de Jerusalén. *Bek.* VIII 7 y Tos. *Ket.* XIII 3 (275,22) equiparan una moneda de plata de Jerusalén a una de Tiro. Resulta curioso a primera vista. Se explica, sin embargo, cuando se lee la siguiente observación tannaíta: «¿Qué es una moneda de Jerusalén? (Una pieza que muestra) a David y Shelomô (Salomón) por un lado y a Jerusalén por el otro» [16]. Se trata de las monedas de plata acuñadas en Jerusalén en el año cuarto de la primera rebelión (68/69 d. C.). Tienen en el anverso *sheqel Yisrael shd,* y en el reverso, «Jerusalén la (ciudad) santa» [17]. Se interpretaba *shd* como «Sh(elomô y) D(avid)» en lugar de *sh^{e}nat 'arba'* = «el año cuatro» [18].

Sobre las transacciones comerciales, aparte de las prescripciones generales sobre la santificación del sábado y el comercio con los paganos, regían en Jerusalén prescripciones especiales; b. *B. Q.* 82^b menciona una referente a la venta de casas. Sobre todo se vigilaba severamente la importación de reses, carnes y pieles impuras. Respecto de la época un poco posterior al año 198 a. C., tenemos sobre este punto un edicto del rey seléucida Antíoco III el Grande [19]. Si no había dificultades de orden cultual para la transacción, entonces se fijaba el precio. Jerusalén, por ser una gran ciudad, tenía precios altos. *Ma'as* II 5 pone en nuestras manos un caso concreto interesante: en Jerusalén se compraban tres o cuatro higos por un *as,* mientras que en el campo se obtenían por ese precio diez o incluso veinte (*Ma'as* II 6). Los terrenos cercanos a Jerusalén eran especialmente caros, como hace suponer [20] j. *Yoma* IV 1,41^b 49 (III/2,201).

La policía se ocupaba de garantizar el orden en el comercio. El Talmud habla de encargados [21], tasadores [22] y vigilantes del mercado [23]. Nos ha sido transmitida una decisión de uno de los tres jueces de Jerusalén «en lo criminal» en materia de derecho comercial: se trataba de saber si la venta de un asno incluía también los aparejos [24]. Se nos relata, además, un caso de fijación del precio máximo: el que fijó, de manera indirecta, Simeón, hijo de Gamaliel I, el maestro de Pablo (Hch 22,3); este Simeón aparece en la

[14] *Men.* VII 1; b. *'Er.* 83^{a-b}; Tos. *'Ed.* I 2 (454,31).
[15] *'Ed.* I 9-10; *Sheq.* I 3.
[16] b. *B. Q.* 97^b.
[17] A. Reifenberg, *Ancient Jewish Coins* (Jerusalén ^{2}1947) 58.
[18] L. Goldschmidt, *Der babylonische Talmud neu übertragen,* vol. VII (Berlín 1933 = 1964) 337, n. 103.
[19] *Ant.* XII 3,4, § 146; véase *infra*, pp. 62s.
[20] Cf. Levy, *Wörterbuch,* II, 369 b en *kesep,* e *infra,* p. 139.
[21] j. *B. B.* V 11,15^a 61 (VI/1,194); Tos. *Kel. B. Q.* VI 19 (576,31); j. *Demay* II 1,22^{c}21 (II/1,140).
[22] b. *'A. Z.* 58^a; b. *B. Q.* 98^a.
[23] b. *B. B.* 89^a.
[24] *B. B.* V 2.

época de la guerra judía como miembro del Sanedrín [25]. «Antes, en Jerusalén, dos *qinnîm* (nidos; aquí dos pájaros para el sacrificio: cf., por ejemplo, la presentación de Jesús en el templo narrada por Lc 2,24) llegaron a costar un denario de oro (cada uno). Entonces Rabbán Simeón, hijo de Gamaliel, dijo: '¡Por esta casa (el templo)! No iré esta noche a dormir antes de haber conseguido que cuesten sólo un denario (de plata)'. Así que se dirigió al tribunal y enseñó este principio: en ciertos casos, en vez de cinco sacrificios de pájaros es suficiente ofrecer uno (temía que, con aquellos precios tan altos, los pobres no pudiesen ofrecer más sacrificios). Y aquel mismo día los dos *qinnîm* bajaron a 1/4 de denario (de plata) cada uno» [26]. Como un denario de oro equivalía a 25 de plata, la disposición del Sanedrín, según la Misná, produjo una reducción del precio en una proporción de 100 a 1.

Examinemos ahora al comerciante mismo. Los productos de las aldeas circundantes pasaban directamente de las manos del productor a las del consumidor. También el comercio de intercambio era ampliamente usado entonces en Palestina [27]. El Midrás nos cuenta un caso de intercambio en Jerusalén: «Una mujer dijo a su marido: coge un collar o un anillo de la nariz y vete al mercado a comprar a cambio de ello algo para comer» [28]. De este relato, sin embargo, no se pueden sacar muchas conclusiones, pues se trata realmente de las especiales circunstancias acaecidas durante el asedio de los romanos en el 70 d. C.

Los negocios son todavía pequeños cuando no hay más que un solo intermediario, como es el caso de los tenderos [29] o revendedores minoristas de Jerusalén. También podía suceder que los particulares ejerciesen el comercio; una vez, un sastre de Jerusalén compró en pública subasta a una caravana un gran cargamento de pimienta, vendiéndolo a su vez a un colega de trabajo, el cual lo distribuyó entre la gente [30].

En j. *Pes.* X 3,37^{d} 9 (III/2,150) se habla de comerciantes ambulantes por Jerusalén que venden especias, y en el pasaje paralelo b. *Pes.* 116ª son llamados *tagg^{e}rê jarak,* es decir, «comerciantes de granos tostados» [31].

Pero también hay grandes comerciantes; se entiende por tales a hombres de negocios que tenían empleados a su servicio y que viajaban. Eran éstos, principalmente, los que se servían de la sala de cuentas de Jerusalén [32]. Evidentemente, allí se realizaban también negocios monetarios en

[25] Debió de tener influencia en la asamblea gubernamental: *Vita* 38s, § 189ss.
[26] *Ker.* I 7.
[27] Krauss, *Talm. Arch.* II, 351, con pruebas.
[28] *Lam. R.* 2,20 sobre 2,12 (48^{a} 1).
[29] Tos. *Besa* III 8 (205,27).
[30] *Lam. R.* 1,2 sobre 1,1 (18^{b} 4).
[31] Cf. *infra,* p. 121, n. 26. Una variante dice: *tagg^{e}rê ha-dak,* o sea, «traficantes de producto molido». Una conjetura mencionada por Krauss, *Talm. Arch.* II, 688, n. 314, propone *tagg^{e}rê jaran,* es decir, «negociantes de Jarrán». En este caso se trataría de comerciantes de Jarrán (ciudad de Mesopotamia llamada Carrhae por los romanos); sin duda, de Mesopotamia se importaban especias (véase *infra,* p. 53).
[32] *Pesiqta rabbati* 41, 173^{a} 7.

gran escala. Se dice que, después de las grandes operaciones, podía suceder allí, al saldar las cuentas, que uno hubiese perdido toda su fortuna [33].

Los comerciantes de Jerusalén prestaban gran atención al momento de las cuentas; no firmaban antes de saber quiénes eran los cofirmantes [34].

2. EL COMERCIO CON LOS PAISES LEJANOS

Después de este esbozo consideremos los artículos concretos del comercio. Nos ocuparemos primeramente del comercio con los países lejanos, comenzando por Grecia.

El influjo de *Grecia* sobre el comercio de Palestina, bien directamente, bien a través de la cultura helenista en general, fue extraordinariamente grande. Así lo indica el gran número de palabras de origen griego que se encuentran en la Misná; se refieren a todos los sectores de la vida diaria, pero principalmente al comercio. También se encuentran, aunque en número menor, palabras latinas [35]. Como en Judea es predominante la importancia de Jerusalén, debemos considerar el influjo extranjero, respecto a la época anterior al 70 d. C., concentrado principalmente en Jerusalén; fue sobre todo la corte de Herodes quien lo introdujo en la ciudad.

Mencionemos algunos datos concretos del comercio con Grecia. En tiempo de Hircano II (76-67, 63-40 a. C.) había en Jerusalén comerciantes de Atenas. Este es sin duda el sentido de la afirmación de que los atenienses se encontraban en Jerusalén por asuntos privados y no sólo con carácter oficial. Tuvo que haberse tratado de relaciones duraderas e intensas; pues, de lo contrario, no se hubiera otorgado a Hircano II, en señal de agradecimiento, la corona de oro de Atenas ni se le hubiese erigido allí una estatua [36]. La más valiosa puerta del templo, según los testimonios concordes de Josefo y del Talmud, estaba hecha de bronce de Corinto [37].

Poco antes del 66 d. C., Agripa II, de acuerdo con el pueblo y los sacerdotes principales, decidió poner nuevos cimientos al santuario y elevarlo 20 codos más; para ello, a costa de enormes gastos, hizo traer del *Líbano* la madera, troncos largos y sin defecto [38]. Del Líbano procedía igualmente la madera de cedro con que estaban cubiertos los pórticos [39] y el matadero del templo [40].

[33] *Ex. R.* 54,4 sobre 39,32 (116ᵇ 17). Según este texto, el edificio estaba fuera de Jerusalén, para que, en caso de grandes pérdidas, no se afligiese uno en Jerusalén. Pues en Jerusalén hay que estar alegre. Algo parecido se dice en *Lam. R.* 2,24 sobre 2,15 (48ᵇ 12), refiriéndose al Sal 48,3: «Alegría de toda la tierra». No podemos conceder a esta especulación ningún valor histórico.

[34] *Lam. R.* 4,4 sobre 4,2 (57ᵃ 8).

[35] Schürer II, 71ss.

[36] *Ant.* XIV 8,5, § 153.

[37] *Supra,* p. 40, n. 174.

[38] *B. j.* V 1,5, § 36.

[39] *B. j.* V 5,2, § 190.

[40] *Mid.* III 5; respecto a la madera de cedro empleada en el templo, véase también *Mid.* III 8; IV 5.

La industria principal de *Sidón* era la cristalería [41]. *Kel.* IV 3 habla de platos o copas de Sidón. Un jerosolimitano, Yosé ben Yojanán, dispuso, junto con Yosé ben Yoezer de Serada, que los vasos de cristal fuesen susceptibles de contraer impureza ritual [42]. Estos dos hombres, del año 150 antes de Cristo aproximadamente, pertenecen a los más antiguos escribas mencionados en el Talmud; por consiguiente, la importación de cristal a Jerusalén debió de comenzar muy pronto.

Ya nos hemos encontrado anteriormente [43] con comerciantes de pescado y de otras cosas de *Tiro;* éstos vendían sus mercancías en la parte norte de la ciudad. Tiro, lo mismo que Sidón, era famosa por su cristalería y también por su púrpura.

La moneda de Jerusalén es evaluada frecuentemente según el valor de la moneda de Tiro [44], lo que supone relaciones comerciales entre las dos ciudades. Según Tos. *Ket.* XIII 3 (275,22) y *passim,* el patrón monetario de Jerusalén correspondía al de Tiro. Este predominio del patrón monetario de Tiro se explica por las intensas relaciones comerciales y también por el hecho de que en el templo sólo tenía curso el valor monetario de Tiro.

Los esclavos de ambos sexos venían principalmente de Siria a través de Tiro; a veces procedían de más lejos, pasando, como mercancía de tránsito, por el gran mercado de esclavos de Tiro. La importación de esclavos ha desempeñado un considerable papel: en Jerusalén había un lugar donde se exponían los esclavos a la venta pública [45]. Josefo habla muy frecuentemente de esclavos de ambos sexos, especialmente a propósito de la corte de Herodes el Grande. La literatura rabínica menciona también muy a menudo a los esclavos; se habla, por ejemplo, de un ateniense que compró un esclavo en Jerusalén [46].

La reina Helena de Adiabene, en una época de hambre en Palestina, hizo venir de *Chipre* unos cargamentos de higos secos [47].

Babilonia suministraba telas preciosas: de jacinto, escarlata, seda y púrpura. Estas telas eran empleadas, por ejemplo, para hacer el velo del Santo [48] y la tiara del sumo sacerdote [49]. Las vestiduras del sacerdote en funciones eran de seda [50]; también se empleaba esta materia en la liturgia del día de la expiación; entre el sumo sacerdote y el pueblo se extendía

[41] Schürer II, p. 81, n. 229.
[42] b. *Shab.* 14^{b}; j. *Shab.* I 7,3^{d}37 (III/1,20); cf. j. *Ket.* VIII 11, 32^{c}4 (V/1,110).
[43] *Supra,* p. 37; Neh 13,16.
[44] *Supra,* p. 49; Tos. *Ket.* XIII 3 (275,22) y *passim.*
[45] *Sifra,* Lv 25,42 (55^{c} 220,16); *Sifré* Dt 3,23, § 26 (31^{c} 124,11); Krauss, *Talm. Arch.* II, 326.
[46] *Lam. R.* 1,13 sobre 1,1 (22^{a} 1).
[47] *Ant.* XX 2,5, § 51.
[48] *B. j.* V 5,4, § 212s; esta noticia es más fidedigna que los relatos talmúdicos acerca de las 82 doncellas de Jerusalén que tejían estas cortinas cf. *supra,* p. 42. Pero se puede pensar, me parece, en reparaciones u otros arreglos hechos en el mismo templo.
[49] *B. j.* V 5,7, § 235.
[50] *Ibid,* § 229.

una tela de seda[51]. Además, en el templo había gran surtido de telas de púrpura y escarlata para las cortinas[52]. Lc 16,19 menciona la púrpura y la seda como vestidos de la gente rica. El tirano Simón, cuando trató de huir[53], puso sobre sus ropas un vestido de púrpura con el fin de asustar a los soldados romanos[54]. Para burlarse de Jesús, los soldados romanos le pusieron un manto (el manto escarlata de que habla Mt 27,28). Pero, naturalmente, no era de púrpura, sino un manto de soldado de color escarlata.

Si la corrección de b. *Pes.* 116[a], indicada por Krauss[55], es exacta, entonces se importaban especias de Mesopotamia. Esto queda confirmado, según parece, con el siguiente dato: una caravana de doscientos camellos pasa por Tiro y se presenta en Jerusalén con un cargamento de pimienta[56].

Respecto a las relaciones con *Persia,* tenemos una indicación en el bajorrelieve de la puerta oriental del templo: una representación de la ciudad de Susa[57], lo que resulta extraño; pudiera tratarse de una donación votiva.

El templo traía telas incluso de la *India:* «La tarde (del día de la expiación) el sumo sacerdote se vestía con telas (vestiduras) de la India»[58].

Las relaciones comerciales con Oriente, sobre todo con *Arabia,* fueron siempre muy intensas: «Los árabes suministran al país una gran cantidad de aromas (probablemente materias primas para la fabricación en Jerusalén de perfumes, de los cuales ya hablamos anteriormente), piedras preciosas y oro»[59]. Ya en el AT se menciona el incienso de Arabia[60]. Los perfumes quemados en el templo procedían en su mayor parte del desierto[61]. En *B. j.* VI 8,3, § 390, se mencionan como perfumes del templo el cinamomo y la cañafístula, plantas de clima tropical o subtropical. La importación de cobre y hierro de Arabia consta, según parece, por el testimonio del Pseudo-Aristeas, § 119.

Herodes organizaba en Jerusalén luchas de fieras[62]; para ello era preciso traer del desierto de Arabia leones y otras bestias salvajes. En el siglo II antes de nuestra Era menciona Eupólemo diversas entregas de bestias de carne procedentes de Arabia[63]; pero para entender este texto hay que tener en cuenta lo que se dice más adelante sobre la extensión del Imperio nabateo en tiempos de Eupólemo[64].

[51] *Yoma* III 4.
[52] *B. j.* VI 8,3, § 390.
[53] *Supra,* p. 31.
[54] *B. j.* VII 2,2, § 29.
[55] Véase *supra,* p. 50, n. 31.
[56] *Lam. R.* 1,2 sobre 1,1 (18[a] 29).
[57] *Kel.* XVII 9.
[58] *Yoma* III 7.
[59] Pseudo-Aristeas, § 114.
[60] Is 60,6; Jer 6,20.
[61] *B. j.* V 5,5, § 218.
[62] Ant. XV 8,1, § 273.
[63] Eusebio, *Praep. Ev.* IX 33,1 (*GCS* 43,1, 540s).
[64] Véase *infra,* p. 54, n. 69.

En una época de hambre mandó traer Herodes el Grande trigo de *Egipto*[65]; lo mismo hizo Helena de Adiabene cuando surgió en su tiempo una gran escasez de víveres[66]. Tos. *Maksh* III 4 (675,22) habla de trigo de Egipto importado en Jerusalén.

De la parte oriental del delta del Nilo procedía el lino de Pelusa, con el que se vestía el Sumo Sacerdote en la mañana del día de la expiación[67]. En la cruel historia de la familia de Herodes el Grande desempeñó el veneno un importante papel; en *B. j.* I 30,5, § 592, se menciona un veneno que Antipas, hijo de Herodes el Grande, hizo traer de Egipto. Según j. *Sota* I 6,17ª 19 (IV/2,235), la mujer sospechosa de adulterio era atada en la explanada del templo con cuerdas egipcias.

El comercio con los países lejanos tuvo gran importancia para Jerusalén, aunque, en verdad, los datos que de él tenemos se deben al azar. El templo tuvo una participación en él especialmente importante; se trataba generalmente de productos alimenticios, metales preciosos, artículos de lujo y telas.

3. EL COMERCIO CON LAS REGIONES PROXIMAS

Antes como ahora, el comercio con las regiones próximas tenía que asegurar sobre todo el abastecimiento de la gran ciudad. ¿Cuáles eran los principales productos importados? A este respecto, tenemos dos noticias que nos dan una ligera imagen.

Poco después del 150 a. C. escribió Eupólemo su obra *Sobre la profecía de Elías,* en la que se encuentra una carta ficticia de Salomón al rey de Tiro; en ella se trata de la alimentación de los obreros enviados por este último a Judea: «He encargado a Galilea, Samaría, Moab y Amón que les suministren lo que necesiten: 10.000 *kor* de trigo mensuales...; aceite y otros víveres se los suministrará Judea; Arabia proveerá de animales de carne»[68]. Según estos datos, los principales víveres que se importaban en Jerusalén eran trigo, aceite y ganado. Judea suministraba aceite o aceitunas; el resto de Palestina, el trigo. El ganado se traía de Transjordania[69]. Sin duda reproduce Eupólemo la situación de su tiempo[70]. Los

[65] *Ant.* XV 9,2, § 307.
[66] *Ant.* XX 2,5, § 51.
[67] *Yoma* III 7.
[68] Extracto de Alejandro Polyhistor, del 40 a. C. aproximadamente, transmitido por Eusebio, *Praep. Ev.* IX 33,1 (*GCS* 43,1, 540ss).
[69] Respecto a la importación de reses de Arabia, hay que hacer una observación. En la época en que escribió Eupólemo, las tribus nabateas no se circunscribían ya a la región de Petra, sino que habían extendido sus dominios hasta una parte de la Transjordania. Poco tiempo después, sus incursiones hacían temblar a los egipcios y sirios (1 Mac 5,25; 9,35; Justino, *Histor. Philippic.* XXXIX 5,5-6). En consecuencia, cuando se habla de los animales de carne importados de Arabia se trata en gran parte de ganado procedente de esas regiones de la Transjordania; en la época en que escribe Eupólemo estaban habitadas por judíos, pero sometidos a los árabes.
[70] Smith, I, 315.

hechos, sin embargo, concuerdan igualmente con los dos siglos siguientes a la época de Eupólemo.

La literatura rabínica suministra otra información relativa a las necesidades de Jerusalén en productos alimenticios. Según b. *Git.* 56ª, cuando estalló la insurrección contra los romanos, tres consejeros [71] (probablemente miembros del Sanedrín) [72] decían que iban a asegurar ellos el abastecimiento de la ciudad durante veintiún años. El primero suministraría trigo y cebada; el segundo, vino, sal y aceite; el tercero, leña. En estas previsiones falta, como se puede observar, el ganado.

a) *Trigo*

Con razón los dos documentos que acabamos de citar hablan en primer lugar del trigo. Precisamente de su importación dependía la existencia de los habitantes de la ciudad; en épocas de penuria escaseaba sobre todo este producto, que constituía, como se puede suponer, el grueso de las importaciones de víveres. ¿De dónde se importaba?

En las cercanías de Jerusalén se cultivaba trigo. Según el Pseudo-Aristeas, § 112, el campo de Jerusalén estaba todo plantado de cantidad de olivos, cereales y leguminosas. Simón de Cirene, quien llegaba a la ciudad por el norte o el oeste cuando fue detenido para que llevase la cruz de Jesús, venía «del campo» (Mc 15,21; Lc 23,26). En la primitiva comunidad cristiana de Jerusalén había propietarios de fincas (Hch 4,34.37; 5,1-10). Josefo menciona los campos que él poseía «en Jerusalén» [73]. *Men.* X 2 repite la prescripción de que la gavilla de presentación, hecha de espigas de trigo, debía proceder de los alrededores de Jerusalén. *Bik.* II 2 se extiende sobre cómo se debe proceder con el trigo de las primicias mezclado con el trigo ordinario en el caso de que éste haya sido sembrado en Jerusalén; al hablar de Jerusalén se tiene que referir allí [74] al distrito de la ciudad. En *Demay* VI 4 se discute el caso de un campesino que tomó en arriendo la mitad de un campo a un vecino de Jerusalén. Y en b. *B. M.* 90ª se habla de trillos existentes en el interior de Betfagé.

Hay que hacerse, sin embargo, esta pregunta preliminar: Estos «campos», «fincas» y «posesiones», ¿no comprendían también las huertas de frutales? Además, el Pseudo-Aristeas, en el mismo contexto de los pasajes antes mencionados, manifiesta que los productos del campo procedían principalmente de Samaría y de la «llanura fronteriza con Idumea» [75]. Hay que considerar, por otra parte, que el suelo pedregoso y calcáreo de las montañas de Judea es poco apropiado para el cultivo del trigo. El terreno

[71] La misma cifra en *Gn. R.* 42,1 sobre 14,1 (85ª 4). Por el contrario, *Lam. R.* 1,32 sobre 1,5 (28ᵇ 5) habla de cuatro, debido claramente a una equivocación.

[72] Cf. *Gn. R.* 42,1 sobre 14,1 (85ª 4): «grandes de la ciudad». *Qoh. R.* 7,18 sobre 7,11 (104ª 9); *Lam. R.* 1,32 sobre 1,5 (28ᵇ 5): bûlewᵉtés = *bouleutés.*

[73] *Vita* 76, § 422.

[74] Véase *supra,* p. 24.

[75] Pseudo-Aristeas, § 107.

de los alrededores de Jerusalén, según *'Ar.* III 2, es notoriamente inferior. Lo que queda confirmado con los nombres de las aldeas. Efectivamente, sabemos que algunas aldeas deben sus nombres a los productos agrícolas que les son característicos. Ahora bien, en los actuales alrededores de Jerusalén, en un radio aproximado de 18 km, se encuentra sólo un nombre compuesto con el sustantivo «trigo» [76]. Si añadimos a todo esto los datos de Eupólemo sobre la importación de cereales en Jerusalén [77], nos convenceremos de que los alrededores de la ciudad y Judea sólo podían cubrir una pequeña parte de la demanda de trigo.

La harina para el templo tenía que ser de primera calidad. Según *Men.* VIII 1, era traída de Micmas y de Zanoah, y en segundo término, de «la llanura» de Efraín (Hafaraín) [78]. Micmas estaba al nordeste de Jerusalén, y Zanoah al sudoeste; ambas se hallaban en Judea. La tercera localidad, si se la identifica con Aifraín [79], se encontraba cinco millas romanas (7,390 km) al este de Betel [80]. Si esta localización es exacta, estaba en territorio judío [81] y no en el samaritano [82], cosa esta última totalmente improbable, ya que se trataba del suministro de la harina del templo. Pero, como esa localidad es situada «en la llanura», hay que leer probablemente Hafaraín, y entonces esta tercera localidad habría que buscarla en el extremo occidental de la fértil llanura de Esdrelón. Por consiguiente, la harina para el templo se traía principalmente de Judea. Este dato, sin embargo, no autoriza a sacar conclusiones sobre la importancia que tenía Judea en el abastecimiento de trigo a Jerusalén; pues se trataba de trigo para el templo, por lo que quedaban excluidas Samaría y Perea [83].

La mayor parte del trigo lo suministraba Transjordania [84]. Haurán era el granero de Palestina y Siria. Herodes se había preocupado de mantener la seguridad de la Transjordania. Es verdad que con el traslado de 3.000 idumeos a la Traconítide no logró el éxito esperado; pero con el establecimiento de Zámaris, el valiente judío de Babilonia, junto con sus seguidores en la región de Batanea, al oeste de la Traconítide [85], se afianzó la seguridad de la región. Esta medida fue tomada en los últimos años antes de nuestra Era. Fue entonces cuando comenzó a prosperar la Transjordania.

Entre las regiones productoras de trigo menciona Eupólemo a Samaría y Galilea al lado de la Transjordania. De la ciudad de Samaría hizo

[76] Smith, I, p. 298.
[77] *Supra,* p. 54.
[78] *Men.* VIII 1. Según I. Kahan, se trataría de Hafaraín, cerca de Séforis (Jos 19,19); Hafaraín es la lectura de muchos manuscritos, cf. R. N. Rabbinowicz, *Sepher diqdûqé sôphᵉrîm* (en hebreo = *Variae lectiones in Mischnam et Talmud Babylonicum),* t. XV (Munich 1886) sobre *Men.* VIII 1.
[79] Eusebio, *Onomasticon* 223 *(GCS* 11,1, 28).
[80] Cf. Jn 11,54; b. *Men.* 85ᵃ.
[81] Así también en 1 Mac. 11,34; *Ant.* XIII 4,9, § 127.
[82] Neubauer, *Geogr.,* 155, la sitúa en territorio samaritano.
[83] Cf. *supra,* p. 24.
[84] Cf. Eupólemo, *supra,* p. 54.
[85] *Ant.* XVII 2,1-3, § 23ss.

traer Herodes trigo, vino, aceite y carne cuando asediaba a Jerusalén; pues las tropas romanas enviadas en su ayuda se quejaban de la escasez de víveres [86]. A propósito de la gavilla de presentación y de los dos panes del templo, se dice en b. *Men.* 85ª: «Se hubiese traído también el trigo de Koraziyîm [87] y de Kefar-Akim si estos lugares estuviesen más cerca de Jerusalén». Estas dos localidades son, sin duda, Corazeín [88], cerca de Cafarnaún, y la propia Cafarnaún [89]. Según este pasaje, por consiguiente, el trigo de Galilea era considerado en Jerusalén como de primera calidad y, por tanto, utilizable en el templo. Pero, a causa de su transporte por territorio pagano, no se podía utilizar en el templo, sólo servía para la población de la ciudad.

Respecto al comercio de trigo en Jerusalén, oímos decir que había un mercado de trigo, con transacciones considerables [90], y que la venta de la harina comenzaba inmediatamente después de la ofrenda de la gavilla de presentación el 16 de *nisân* [91].

Es chocante que sean escasas las noticias concretas sobre el suministro de trigo a Jerusalén. El motivo podría ser éste. El trigo se traía de regiones lejanas. Los productos de los alrededores inmediatos eran llevados personalmente al mercado por el pequeño comerciante; pero el transporte de largas distancias era cuestión de caravanas. Los grandes comerciantes, no siempre honestos, encontraban en este comercio un campo de actividad particularmente apto para sus negocios [92]; así es aún hoy y así era ya en tiempos antiguos, como prueba la predicación social de los profetas del Antiguo Testamento. Por tanto, el comercio de trigo en Jerusalén, a pesar de su importancia, no se hacía a la luz del día, sino más bien entre bastidores.

b) *Frutas y hortalizas*

En segundo lugar, b. *Git.* 56ª y Eupólemo [93] mencionan la importación de frutas y de productos derivados.

También sobre este punto hay que preguntarse primeramente: ¿Qué sabemos sobre el cultivo de frutas y hortalizas en los alrededores de la Jerusalén de entonces?

El terreno calcáreo de los alrededores de la ciudad es apropiado sobre todo para el cultivo de olivos y, en menor grado, para el del trigo y la vid. Este es precisamente el orden que sigue el Pseudo-Aristeas, § 112, en su descripción de los alrededores de Jerusalén: «Toda la campiña está plan-

[86] *B. j.* I 15,6, § 297ss.
[87] Variantes: Barziyim, Karwis. Tos. *Men.* IX 2 (525,34): Barjaïm; cf. Rabbinowicz, *Variae lectiones* (citado *supra,* n. 78).
[88] Mt 11,21; Lc 10,13.
[89] Así L. Goldschmidt, *Der Babylonische Talmud* VIII (Leipzig 1909 = La Haya 1933) 705, n. 79.
[90] *Lam. R.* 1,2 sobre 1,1 (18ᵇ 16).
[91] *Men.* X 5; b. *Git.* 56ª.
[92] Véase *supra,* pp. 50s.
[93] Véase *supra,* p. 54.

tada de cantidad de olivos, cereales, leguminosas; (abunda) además en viñedos y miel, sin tener en cuenta los dátiles y demás frutos». Pero son más comúnmente admitidos los datos del libro de Henoc (I de Henoc) y de Josefo. El libro de Henoc, escrito después de la invasión de los partos en los años 40-38 a. C., dice de los alrededores de Jerusalén en comparación con el valle Hinnón: «¿Por qué esta tierra está bendita y toda llena de árboles, mientras que ese barranco en medio de ella está maldito?» [94]. Sabemos por Josefo que Herodes, durante su asedio en el año 37 a. C., taló las inmediaciones de la ciudad [95], aunque sólo por el norte probablemente. El arbolado, sin embargo, debió de haber sido repoblado, o bien la tala no fue general; pues los romanos, en su asedio del 70 d. C., talaron primeramente las inmediaciones de la ciudad [96], después un radio de 90 estadios (o sea, 16,650 km) [97] y finalmente otro de 100 estadios (o sea, 18,500 km) [98]; devastaron así una comarca hasta entonces llena de árboles y jardines de recreo [99]. En ella había también viñedos, como se desprende de *Ta'an.* IV 8, donde Simeón ben Gamaliel dice que las doncellas de Jerusalén, en la gran fiesta popular, celebrada el 15 de *ab,* danzaban en los viñedos ante los jóvenes.

Como hemos visto anteriormente [100], las noticias del Pseudo-Aristeas sobre un abundante cultivo de trigo parecen exageradas. Por eso debemos aceptar también con prudencia sus restantes noticias sobre el cultivo de frutas en los alrededores de Jerusalén. Quien tenga, sin embargo, una idea del daño ocasionado por la mala explotación turca en materia de arbolado aceptará desde un principio que, en tiempos antiguos, la comarca tenía más plantaciones de árboles que en la actualidad. Efectivamente, se puede constatar esto lo mismo en la parte occidental del Jordán que en la oriental. También es verdad que dos grandes asedios llevaron consigo la tala de los alrededores de la ciudad (Pompeyo en el 63 y Herodes en el 37 a. C., aunque sólo en parte probablemente); pero se repoblaron muy rápidamente, y desde el 37 a. C. hasta el 66 d. C. no hubo ningún asedio. Añadamos a todo esto la aptitud del suelo para el cultivo del olivo y, en menor grado, para el de la vid [101]. Podemos así considerar la existencia de una más densa plantación de árboles que en la actualidad.

Las indicaciones concretas confirman esta conclusión. En la misma Jerusalén, según b. *B. Q.* 82b, no podía haber ningún jardín. El Talmud [102] menciona una sola excepción: una rosaleda de la época de los profetas [103]. En *M. Sh.* III 7 se discute el caso de un árbol plantado dentro del recinto de la muralla de Jerusalén, y cuyos frutos caen hacia fuera. Como nos es

[94] I Hen XXVII 1, cf. XXVI 1; sobre el valle Hinnón, véase *supra,* p. 34.
[95] *B. j.* I 17,8, § 344.
[96] *B. j.* V 6,2, § 264.
[97] *B. j.* V 12,4, § 523; VI 1,1, § 5.
[98] *B. j.* VI 2,7, § 151.
[99] *B. j.* VI 1,1, § 6.
[100] *Supra,* p. 55.
[101] Véase *supra,* p. 57.
[102] b. *B. Q.* 82b; *Ma'as.* II 5; Tos. *Neg.* VI 2 (625,14).
[103] Véase *supra,* p. 26.

imposible imaginarnos la existencia de árboles sobre las murallas de la ciudad, debemos pensar, como en el parecido caso de los lagares de aceite [104], que la palabra «Jerusalén» designa el distrito urbano y no la ciudad propiamente dicha. Según Jn 12,13: «Arrancaron las ramas de las palmeras y salieron a su encuentro»; lo que indica que en Jerusalén había palmeras. En el relato de los sinópticos, sin embargo, quienes rindieron homenaje a Jesús no fueron las multitudes de Jerusalén salidas a su encuentro, sino los peregrinos a la fiesta que acompañaban a Jesús camino de Jerusalén. Además, según el relato de los sinópticos, el paso de Jesús no fue adornado con ramas de palmera arrancadas en Jerusalén, sino con ramajes arrancados de los árboles que había entre Betania, o Betfagé, y Jerusalén [105]. Tengamos, sin embargo, en cuenta lo siguiente: aún hoy existen algunas palmeras en Jerusalén, y el Pseudo-Aristeas, § 112, enumera también dátiles entre las frutas de Jerusalén [106]. Por consiguiente, la noticia de Juan está plenamente dentro de lo posible. Así, pues, llegamos también aquí [107] a la conclusión de que las prohibiciones mencionadas en b. *B. Q.* 82^b, válidas, por supuesto, para Jerusalén, son meras especulaciones. En Jerusalén había una rosaleda, en la que se encontraban además higueras [108]; también existían palmeras.

Demos ahora una vuelta alrededor de la ciudad. Ya hemos constatado la existencia de olivos al este y al sur de la misma [109]. Junto a la torre noroeste de la muralla más septentrional, la torre de Psefino, se vio Tito en dificultad a causa de una patrulla; en efecto, los huertos, con sus cercas y vallados, le hicieron retrasarse [110]. Toda la parte norte, desde hacía mucho, estaba llena de jardines (o más exactamente de huertos). Ya antes de la construcción de la tercera muralla septentrional por Agripa I (41-44 después de Cristo) había huertos en aquellos terrenos del norte, los cuales quedaron después dentro de la muralla. Esto es lo que indica el mismo nombre de la puerta que formaba el punto de arranque de la segunda muralla: Puerta de los Jardines *(Gennath)* [111]. De su situación sólo sabemos con certeza que estaba en la primera muralla septentrional; lo demás es apasionadamente discutido por los sabios cristianos que investigan sobre la topografía de la antigua Jerusalén. En efecto, de la situación de la Puerta de los Jardines, es decir, del punto de partida de la segunda muralla norte, depende en parte la localización de la colina del Gólgota y, por consiguiente, la autenticidad del emplazamiento de la actual iglesia del Santo Sepulcro. Pues cerca de la colina del Gólgota, situada fuera de la segunda muralla septentrional, pero dentro de la tercera después de su construcción (41-44 d. C.), se hallaba el huerto del sanedrita José de Arimatea (Jn 20,15; 19,41), que era cuidado por un hortelano (Jn 2,15). Pero des-

[104] *Supra,* p. 24.
[105] Mc 11,1.8; Mt 21,1.8.
[106] Véase *supra,* p. 58.
[107] Véase *supra,* p. 23, e *infra,* p. 64, n. 153.
[108] *Ma'as.* II 5.
[109] Véase *supra,* pp. 23s.
[110] *B. j.* V 2,2, § 57.
[111] *B. j.* V 4,2, § 146.

pués que la tercera muralla septentrional encerró en el recinto de la ciudad los huertos situados fuera de la segunda muralla, aún había huertos al norte. Tito avanzó con su ejército desde el monte Scopus, situado al norte de Jerusalén, y tropezó con huertos, plantaciones de árboles y rincones llenos de árboles selectos [112].

Vayamos a la parte oriental de la ciudad. Según Jn 18,1, en el curso superior del valle Cedrón había un huerto, junto al lagar de Getsemaní. Era probablemente un olivar, como indica el lagar de aceite. En el camino entre Jerusalén y Betania, que está al este, había árboles [113]. Los evangelios narran la maldición de una higuera [114]; se trata, evidentemente, de una higuera que se distinguía de los otros árboles situados a lo largo del camino. Betfagé, que muy probablemente hay que traducir por «casa de los higos verdes» [115], se encontraba en este mismo camino entre Jerusalén y Betania. Si nos dirigimos hacia el sudeste, llegamos al curso inferior del Cedrón. Este valle, en ese punto, era especialmente idóneo para el cultivo de huertos. Ciertamente, el valle Cedrón es un *wadi* que sólo tiene agua en invierno [116]; pero un riego singular, la sangre de las víctimas procedente del templo, le daba una fertilidad extraordinaria. La explanada del templo estaba enlosada y ligeramente en declive para que se pudiera lavar fácilmente la sangre de las víctimas [117]. El canal de desagüe comenzaba junto al altar [118]; la sangre de las víctimas no aptas para los sacrificios caía directamente al alcantarillado [119]. Este canal de desagüe se dirigía bajo tierra al valle Cedrón [120]. Los hortelanos compraban la sangre a los tesoreros del templo para utilizarla como fertilizante; quien la aprovechaba sin pagar cometía un robo contra el templo [121].

Sobre la colina occidental del valle Cedrón, al sur de la explanada del templo, se cultivaba sin duda la vid. Así piensa Dalman, apoyándose en las excavaciones realizadas por R. Weill, desde el 5 de noviembre de 1913 hasta el 8 de marzo de 1914, en la ladera oriental del Ofel [122]. Weill encontró allí tres mesetas en forma de terraza, con pequeños restos de muros, un muro transversal de 40 m de largo y una torre redonda; según Dalman, pertenecían a un viñedo [123].

[112] *B. j.* V 3,2, § 107.
[113] Mt 21,8; Mc 11,8.
[114] Mc 11,13-14; Mt 21,18-22.
[115] Otras hipótesis sobre la derivación de la palabra véanse en Dalman, *Itinéraires*, 332 y n. 2.
[116] *Ant.* VIII 1,5, § 17; Jn 18,1.
[117] Pseudo-Aristeas, § 88 y 90.
[118] *Mid.* III 2.
[119] *Zeb.* VIII 7.
[120] *Tamid* IV 1; *Mid.* III 2; *Yoma* V 6; *Pes.* V 8; *Meʿila* III 3 y *passim.*
[121] *Yoma* V 6. Tiene que haberse tratado de grandes cantidades de sangre, sobre todo durante las fiestas; así lo indica b. *Pes.* 65b cuando dice: «El orgullo de los hijos de Aarón consistía en andar por la sangre (de las víctimas) hasta los tobillos» (este texto habla de la abundancia de sangre en el atrio de los sacerdotes, pero no en el canal).
[122] Cf. *ZDPV* 45 (1922) 27.
[123] Cf. Zac 14,10; véase un poco más adelante.

Más hacia el sur, por debajo de la piscina de Siloé, los huertos del valle Cedrón recibían las aguas de «la fuente» de Siloé (en realidad, la fuente nacía más al norte = fuente de Guijón) [124]. En la confluencia de los valles Cedrón e Hinnón se encontraban, ya desde muy antiguo, los jardines reales, en los cuales nacía una fuente [125]: En-Rogel, según la tradición [126]. En estos jardines se hallaban los lagares reales [127].

Al sudoeste de la ciudad, el nombre de la aldea *Erebinthōn oĩkos* alude al cultivo de garbanzos [128].

Las noticias particulares confirman las afirmaciones generales sobre la existencia de suficientes plantaciones de frutales y legumbres en los alrededores próximos de Jerusalén. Estas plantaciones suministraban legumbres, aceitunas, uvas, higos y garbanzos.

Además de los frutos producidos por los alrededores de Jerusalén, se traían sobre todo de Judea aceitunas (aceite) y uvas (vino).

En el templo se utilizaba vino en las libaciones. Según *Men.* VIII 6, se traía principalmente de Qeruhaím o Qeruthim (situado probablemente en el *wâdi Far'ah,* al norte de Jericó) y de Atulaím (al norte del Gilgal); eran menos apreciadas las cosechas de Beth Rimá y Beth Labán, localidades situadas en la montaña, y de Kefar Seganá, situada en la llanura [129]. Según se dice en la continuación del texto de la Misná, las otras comarcas de Palestina habrían podido igualmente suministrar el vino del templo; lo que permite buscar esas cinco localidades en Judea, según se hace corrientemente. Añadamos a esto otros tres grupos de datos: los frecuentes nombres de localidades judías que aluden al cultivo del vino, los numerosos restos de lagares de vino y, finalmente, el que tanto el AT [130] como el Talmud [131] presentan a Judea como la región de los viñedos por excelencia. Así, pues, podemos afirmar que Judea suministraba vino y uvas a Jerusalén.

Entre los frutos que producía Judea, el más importante era sin duda la aceituna; Eupólemo [132] y el Pseudo-Aristeas [133] coinciden en este punto. El nombre de numerosas localidades judías [134], lo mismo que las condiciones del terreno [135], confirman estos datos. Según *Men.* VIII 3, el aceite para el templo era traído de Técoa, en Judea, y de Ragab, en Perea [136].

[124] *B. j.* V 9,4, § 410.
[125] *Ant.* VII 14,4, § 347.
[126] 1 Re 1,9.
[127] Zac 14,10. Este dato parece indicar los límites de la ciudad por el sur.
[128] *B. j.* V 12,2, § 507.
[129] Sobre su localización véase Neubauer, *Géogr.,* 82ss y S. Klein, en *Festschrift Schwarz,* 391.
[130] Smith, I, 303 y n. 2.
[131] Klein, *loc. cit.,* 389-392.
[132] *Supra,* p. 54.
[133] § 112; véase *supra,* pp. 57s: «Plantada toda de cantidad de olivos».
[134] Smith, I, 300, n. 3.
[135] *Supra,* p. 58.
[136] *Ant.* XIII 15,5, § 398; actualmente Ragib, que hay que identificar sin duda con Erga, situada por Eusebio a 15 millas al oeste de Gerasa, *Onomasticon* 216 (*GCS* 11,1, p. 16).

Según j. *Hag.* III 4,79c 3 (IV/1,298), Perea enviaba aceitunas, pero no aceite [137]. Tos. *Men.* IX 5 (526,5) nombra a Gosh Jalab (en Josefo, Giscala), en Galilea, como tercer lugar de producción; pero esta última afirmación pudiera deberse, más que a la realidad histórica, a la necesidad de enumerar las tres regiones judías de Palestina. Sólo un pasaje [138] habla del transporte de frutas de Galilea para venderlas en Jerusalén.

Volvamos al mercado de frutas y hortalizas de Jerusalén. De acuerdo con lo que acabamos de constatar, encontramos allí higos, que también se podían adquirir en la rosaleda [139], y fruto de sicomoro [140]. Una sola fruta de éstas constituía el alimento del piadoso Sadoc, el cual, sin embargo, daba diariamente más de cien lecciones. En Pascua, debido al gran número de peregrinos, había que proveer el mercado de gran cantidad de productos y de determinadas verduras, pues eran necesarios para celebrar el banquete pascual. Lo prescrito era lechuga [141], pero se permitía achicoria, berros, cardos, hierbas amargas [142]. El mercado de Jerusalén, durante la fiesta de la Pascua, también tenía que ofrecer condimentos, vino y vinagre, los cuales, mezclados con frutas machacadas, formaban la mermelada ritual *(jarôset)* [143]. El vino formaba asimismo parte del banquete ritual; incluso los más pobres debían beber cuatro copas por lo menos [144]. Las trescientas cubas de vino traídas del Monte de Simeón se emplearon, según parece, en este rito o en cualquier otra necesidad cultual [145].

Resumamos los datos sobre el cultivo de los alrededores de la ciudad y sobre la importación de trigo, frutas y legumbres. Los cereales se traían, en su mayor parte, de comarcas de Palestina no judías, principalmente de la Transjordania, y en segundo término de Galilea y Samaría. El abastecimiento de frutas y legumbres a la ciudad provenía, en su mayor parte, de los alrededores próximos (vino, higos y legumbres) y de Judea (aceitunas y uvas).

c) *Ganado*

Eupólemo, junto a la importación de trigo y aceitunas, menciona la importación de ganado [146]. Según cuenta Josefo, Antíoco el Grande (soberano temporal de Palestina desde el año 219 hasta el 217 a. C. y, defini-

[137] Véase *supra,* p. 24.
[138] *Ma'as.* II 3.
[139] *Ma'as.* II 5.
[140] *Lam. R.* 1,32 sobre 1,5 (29b 11).
[141] *Pes.* X 3.
[142] *Pes.* II 6.
[143] *Pes.* X 3.
[144] *Pes.* X 1.
[145] *Lam. R.* 2,5 sobre 2,2 (44a 4), cf. j. *Ta'an.* IV 8,69a37 (IV/1,191); así se deduce del contexto de estos pasajes, donde esta exportación de vino aparece como un mérito del Monte de Simeón. Asimismo, el paralelismo con el Monte de los Olivos *(ibid.),* donde se encontraban tiendas de víctimas para los sacrificios, indica un empleo del vino en necesidades cultuales.
[146] *Supra,* p. 54.

tivamente, desde el 198 a. C.) dio una disposición, valedera para todo su reino, sobre la importación de ganado en Jerusalén: «También queda prohibido introducir en la ciudad carne de caballo, de mulo, de asno salvaje o doméstico, de pantera, de zorro, de liebre y, en general, de todos aquellos animales cuya carne no pueden comer los judíos. Tampoco pueden ser introducidas pieles de esos animales. Finalmente, se prohíbe la cría de tales animales en la ciudad. Sólo se autorizan las bestias aptas para los sacrificios tradicionales, los cuales son necesarios para tener a Dios propicio» [147]. Con esta disposición quedó reducida la importación de ganado a los animales útiles para el culto. Pero se confirma así que, al comienzo del siglo II antes de nuestra Era, existía una importación de ganado en gran escala.

¿De dónde procedía el ganado?

«Cantidad de ganado muy variado encuentra allí ricos pastos», dice el Pseudo-Aristeas [148]. En efecto, la estepa de los montes de Judea es apta para campos de pastoreo, pero sólo para rebaños de ovejas y cabras. Con esta indicación del Pseudo-Aristeas encaja perfectamente el cuadro que nos traza b. *Men.* 87ª, cuya tannaítica fórmula introductoria («nuestros maestros han enseñado») es una prueba de que el pasaje es anterior al 200 después de Cristo. Se trata allí de las necesidades del templo: «Se buscaban carneros en Moab, corderos en Hebrón, terneros en Sarón, palomas en la Montaña Real». Sarón designa la llanura costera que se extiende entre Jaffa y Lydda [149]; es muy apta para la cría de ganado vacuno. La Montaña Real designa los montes de Judea.

Si a esto añadimos lo que dice Eupólemo [150], a saber: que los animales de carne procedían de Arabia, o más bien de Transjordania, obtenemos el siguiente cuadro: los montes de Judea suministraban corderos, cabras y palomas; Transjordania, ganado de carne, especialmente carneros, y la llanura costera, novillos.

Jerusalén tenía varios mercados de animales, mercados de ganados profanos y mercados de ganados para los sacrificios.

1. En primer lugar había un mercado donde se vendía ganado vivo [151].

[147] *Ant.* XII 3,4, § 146.
[148] § 112.
[149] Para su localización, véase Hch 9,35.
[150] *Supra,* p. 54.
[151] *Sheq.* VII 2. Este pasaje supone que allí se compraba la mayor parte del ganado con «el dinero del diezmo». Todo piadoso israelita estaba efectivamente obligado a gastar en Jerusalén una décima parte de sus productos agrícolas y tal vez también de sus ganados (el llamado segundo diezmo). Los israelitas fieles empleaban una gran parte de este dinero en sacrificios pacíficos y de acción de gracias, es decir, en aquellos sacrificios en los que se podía comer la víctima después de dar a los sacerdotes su parte. Además, este pasaje de la Misná parece suponer que todo el año se compraba con el dinero del segundo diezmo, y que, por consiguiente, los campesinos dejaban ese dinero a sus amigos de Jerusalén. Lo cual es importante para la situación social de la ciudad (véase, *supra,* pp. 44s).

2. Había además un mercado de ganado cebado, probablemente mercado de carne [152]. Se vendían allí también gallinas [153].

Además de los mercados de bestias profanas había igualmente mercados de animales para los sacrificios.

3. Sobre el Monte de los Olivos había dos cedros. Bajo uno de ellos se encontraban «cuatro tiendas donde se vendía lo necesario para los sacrificios de purificación»; con estas palabras se indican sobre todo palomas, corderos, carneros, aceite y harina. «Bajo el otro se expendían mensualmente 40 *s*^{e}*ʾah* de pichones para los sacrificios» [154]. Es incierta la situación de Migdal Seboaya (Migdal Sabbaaya, según otra lectura) = Migdal de los tintoreros; allí se encontraban, según se dice, trescientas tiendas de animales ritualmente puros para los sacrificios [155] y ochenta tiendas de finos tejidos de lana [156]. Neubauer sitúa esta localidad en las cercanías de Tiberíades [157]. Pero, en este caso, los animales para los sacrificios tendrían que ser transportados por territorio pagano; lo que hace improbable la opinión de Neubauer. Probablemente existía cerca de Jerusalén una localidad con este nombre. Según el Midrás [158], un criado de la sinagoga preparaba en ese lugar las lámparas para el sábado, iba a rezar al templo y regresaba a tiempo para encender las lámparas; por lo que esta localidad tenía que estar muy cerca de Jerusalén. Este dato, sin embargo, debe ser utilizado con prudencia, pues, en el contexto, se cuenta un caso semejante de las mujeres de Lydda.

[152] Sobre los diversos significados de la palabra *pattamîm,* véase *supra,* p. 25, n. 25; Levy, *Wörterbuch* IV, p. 27 *b.*

[153] Según *B. Q.* VII 7; Tos. *B. Q.* VIII 10 (361,29); b. *B. Q.* 82^{b}, la cría de gallinas estaba prohibida en Jerusalén, pues se temía que éstas, al escarbar, sacasen alguna cosa impura. Se hace mención, sin embargo, de la existencia de un gallo en Jerusalén: el que cantó cuando la negación de Pedro (Mc 14,72; Mt 26,74; Lc 22,60; Jn 18,27). Según la Misná, el canto del gallo servía en el templo como señal: «Al canto del gallo tocaban la trompeta» *(Sukka* V 4, cf. *Tamid.* I 2 y *Yoma* I 8). Una vez la Misná menciona un gallo de Jerusalén en un contexto ciertamente legendario. R. Yuda ben Baba, según *ʿEd.* VI 1, declaró: «En Jerusalén ha sido lapidado un gallo por haber matado a un hombre» (se dice que había traspasado con su pico el cráneo de un niño). En resumen, podemos afirmar que en Jerusalén se criaban gallinas. Así, pues, la supuesta prohibición de criar gallinas no es más digna de crédito que las otras prohibiciones mencionadas en ese pasaje de b. *B. Q.* 82^{b} (cf. *supra,* pp. 23 y 59). Una confirmación de esta conclusión se encuentra en Tos. *B. Q.* VIII 10 (361,29): la cría de gallinas estaba permitida en Jerusalén si tenían un huerto o estercolero donde escarbar. Se mencionan a este propósito los huertos de Jerusalén *(supra,* pp. 58ss); lo que confirma la inverosimilitud de b. *B. Q.* 82^{b} y de los pasajes paralelos.

[154] *Lam. R.* 2,5 sobre 2,2 (44^{a} 2); cf. *Taʿan* IV 8,69^{a} 36 (IV/1,191). Mencionemos a este propósito un texto de Josefo donde se describe el muro con que Tito cercó la ciudad *(B. j.* V 12,2, § 505). Este muro conduce al Monte de los Olivos y «encierra la colina hasta la roca llamada 'Roca del palomar'. Su nombre le viene probablemente de los palomares excavados en la roca».

[155] *Lam. R.* 2,5 sobre 2,2 (44^{a} 18).

[156] j. *Taʿan* IV 8,69^{a} 42 (IV/1,191).

[157] Neubauer, *Géogr.,* 217ss; cf. F. Buhl, *Geographie des alten Palästina* (Friburgo de Br.-Leipzig 1896) 226.

[158] *Lam. R.* 3,9 sobre 3,9 (50^{b} 23ss).

Respecto al comercio de animales para los sacrificios en la misma Jerusalén, sólo nos consta con certeza aquel que se realizaba en la explanada del templo. Jesús llega a esta explanada y derriba allí «las mesas de los cambistas» [159] y «los puestos de los vendedores de palomas» [160]; según Jn 2, 14, se trata de «comerciantes de bueyes, ovejas y palomas».

Ha sido puesta en duda la exactitud de estos datos, pero sin razón. Ya en Zac 14,21 (es decir, en el Deutero-Zacarías, del siglo IV o III antes de nuestra Era) se habla de la presencia de mercaderes en el santuario. *Shey.* I 3 y Tos. *Sheq.* I 6 (147,6) confirman también la existencia de cambistas en la explanada del templo. Hay que buscar tal vez en esta explanada las tiendas situadas a lo largo del acueducto [161]. Habría que identificarlas entonces con las tiendas donde, cuarenta años antes de la destrucción de Jerusalén, estableció el Sanedrín, según se dice, su sede (este dato es claramente una representación ficticia de la supresión del derecho de pena capital) [162]. La identificación de estas tiendas con las que menciona el Midrás [163] es inevitable, pues, como dicen expresamente los textos del Talmud [164], el Sanedrín no se retiró «a la ciudad» hasta más tarde. Así que hay que buscar ahí probablemente los comerciantes de palomas para los sacrificios de los que hemos hablado anteriormente.

Mc 11,15 y Mt 21,12 hablan solamente de vendedores de palomas. Pero ambos mencionan antes a «vendedores y compradores»; términos que muy bien pueden designar a los comerciantes de ganado (Jn 2,14). De hecho, una tradición rabínica alude al comercio de ganado en el recinto del templo. Según j. *Besa* II 4,61^{c} 13 (IV/119), R. Baba ben Buta, contemporáneo de Herodes el Grande, mandó traer tres mil cabezas de ganado menor y las puso a la venta en la Montaña del Templo para los holocaustos y los sacrificios pacíficos [165]. Además, como hemos visto antes, existían las tiendas de los Bené Janún, o Janán, las cuales posiblemente se deben identificar con las tiendas de Beth Hino y tal vez también con las mencionadas anteriormente bajo el número 3. Estas tiendas pertenecían claramente a la familia del Sumo Sacerdote [166]. Añadamos a esto otros dos datos. Josefo [167] califica al sumo sacerdote Ananías (en funciones desde el 47 al 55 d. C.) de «astuto hombre de negocios»; además, según Tosefta [168], las causas de la destrucción del templo fueron el amor a Mammón y el odio mutuo. Así, pues, podemos concluir que en el atrio de los gentiles, a pesar de la santidad del recinto del templo, muy bien pudo existir un floreciente comercio de animales para los sacrificios. Lo sostenía tal vez la poderosa familia del sumo sacerdote Anás.

[159] Mc 11,15; Mt 21,12; cf. también Jn 2,14.
[160] Mc 11,15; Mt 21,12.
[161] *Lam. R.* 4,7 sobre 4,4 (57^{b} 8); cf. *supra,* p. 31.
[162] b. *R. H.* 31^{a}; b. *Sanh.* 41^{a}; b. *Shab.* 15^{a}; b. *ʿA. Z.* 8^{b}.
[163] Véase n. 161.
[164] Véase n. 162.
[165] Cf. Tos. *Hag.* II 11 (236,6); Billerbeck I, 851s.
[166] Así opina también Derenbourg, *Essai,* 459.
[167] *Ant.* XX 9,2, § 205.
[168] Tos. *Men.* XIII 22 (534,2).

d) *Materias primas y mercancías*

1. En la construcción de las casas se empleaba sobre todo la piedra, que podía ser suministrada desde los alrededores de la ciudad [169]. Las piedras para el altar y para la escalinata que le daba acceso fueron traídas de Beth-Kerem [170].

2. Se empleaba igualmente madera, sobre todo vigas para la construcción del techo [171]. Tos. *'Ed.* III 3 (459,25) y b. *Zeb.* 113ª mencionan expresamente la existencia en Jerusalén de un depósito de madera, en el cual se habían encontrado restos de huesos. *Lam. R.* 1,2 sobre 1,1 (18ᵇ 13) supone que las casas de Jerusalén tenían ordinariamente tres pisos; en ese caso, las necesidades de madera para la construcción habrán sido bastante considerables. Como en aquella época los alrededores de Jerusalén tenían más plantaciones de árboles que en la actualidad [172], podemos pensar que la mayor parte de la madera para la construcción habrá sido suministrada por las regiones cercanas. En todo caso, las inmediaciones de la ciudad aseguraban el abastecimiento de madera para el fuego; así indica el relato sobre el proceder de Simón, cabecilla de bandidos [173]. Las ramas de sauce que se utilizaban en las fiestas de los Tabernáculos se traían de Mosa; localidad que hay que buscar en la región de la actual Kolonieh, al oeste de Jerusalén, en la carretera de Jaffa. Y si realmente, como exige R. Yosé el galileo, la víctima pascual se asaba sobre un palo de madera de granado [174], se necesitaba en Jerusalén, por la fiesta de la Pascua, una gran cantidad de esta madera, ya que eran miles las víctimas.

La madera, además de sus usos profanos, se utilizaba también en el templo. En la construcción del Santuario se empleó preponderantemente cedro del Líbano [175]. Según el Midrás [176], el arca de la alianza debía de estar hecha probablemente con madera de acacia que había traído Jacob de Migdal Seboaya, o Sabbaaya [177]. En el sacrificio diario se empleaba leña de higuera, nogal y árboles resinosos (pinos); la leña del olivo y las cepas de la vid no eran aptas para este uso [178]. La hoguera en que se quemaba, sobre el Monte de los Olivos, «la vaca roja» se hacía con leña de cedro, laurel y ciprés, así como con leña de higuera [179].

El templo había sido construido con la mayor suntuosidad posible, y en su culto se habían conservado tenazmente antiguas tradiciones. Estas

[169] Véase *supra,* p. 31.
[170] *Mid.* III 4. Se encuentra en Judea, Jr 6,1 y Neh 3,14; según san Jerónimo, *In Hieremiam* II 8 sobre Jr 6,1 *(CCL* 74, 63), estaba en una colina entre Jerusalén y Téqoa.
[171] *Ohal.* XII 5s; Tos. *Ohal.* V 5 (602,16).
[172] *Supra,* pp. 57s.
[173] *B. j.* IV 9,8, § 541.
[174] *Pes.* VII 1.
[175] Véase *supra,* p. 51.
[176] *Gen. R.* 94,4 sobre 4,1 (202ª 13).
[177] *Cant. R.* 1,55 sobre 1,12 (21ª 2).
[178] *Tamid* II 3.
[179] *Para* III 8.10.

dos razones explican que allí se emplease con preferencia madera de cedro, aunque hubiese que traerla de muy lejos. Por otra parte, la madera de olivo, que era la más abundante en los alrededores, no se podía emplear.

Josefo menciona un mercado de madera situado en la parte norte de la ciudad [180]; en él se encontraba la madera para los usos profanos.

3. Las gentes del campo iban a Jerusalén a vender lana; a veces venían de lejos, pues se nos dice que «un comerciante fue a Jerusalén a vender lana» [181]. Para quemar «la vaca roja» se utilizaba lana de púrpura [182].

4. La alfarería procedente de Modiit (a 27 km de Jerusalén o más cerca), que se vendía en Jerusalén, pasaba por pura ritualmente; si procedía de más lejos, se la consideraba impura [183].

5. Los esclavos de ambos sexos formaban parte de «las mercancías», según el sentido del término en aquella época. En Jerusalén, como hemos visto [184], había un determinado lugar donde se exponían los esclavos a la venta pública [185].

Así que las materias primas y «mercancías» procedentes de Palestina eran: madera, piedra, lana, objetos de alfarería y esclavos; todo lo cual, si exceptuamos las necesidades del templo, procedía en gran parte de Judea.

En resumen, el comercio con las regiones cercanas debía proveer principalmente a las necesidades de Jerusalén de productos alimenticios. En segundo lugar suministraba materias primas a las industrias de la ciudad.

[180] *B. j.* II 19,4, § 530.
[181] *Lam. R.* 2,24 sobre 2,15 (48^b 16).
[182] *Para* III 10.
[183] *Hag.* III 5.
[184] *Supra,* p. 52.
[185] Sobre la cuestión de los esclavos, véase *infra,* pp. 130s, 323ss., 345ss, 355ss.

II

JERUSALEN Y EL COMERCIO

1. LA SITUACION DE LA CIUDAD

Debido a la extensión de la protección militar [186] y a la política colonizadora del Imperio Romano, la zona influida por Siria se extendía más hacia el este que en la actualidad. En Transjordania surgía una floreciente cultura. En efecto, la provincia de Siria, de la que entonces dependía prácticamente Judea [187], «ocupaba, junto con Egipto, el primer puesto en lo concerniente al comercio y los oficios, entre las provincias del Imperio Romano» [188]. Debido a estas circunstancias, la situación para el comercio de Jerusalén resultaba favorable.

Volvamos la mirada hacia la ciudad misma. Lo que primero salta a la vista es la céntrica situación de Jerusalén, que ya causaba a los escritores de entonces profunda impresión. Jerusalén está situada en el centro de toda la Judea [189]. Siloé (evidentemente *pars pro toto:* Jerusalén) es, según se dice, el punto céntrico de todo Israel [190]. Más aún, Jerusalén es el centro del mundo habitado [191], el punto central de toda la tierra [192]. Por eso la ciudad es llamada ombligo del mundo [193]; a ella tienen que subir los paganos y Satanás (*Apoc.* 20,9). *Jubileos* VIII 19 llega incluso a llamar al monte de Sión «el centro del ombligo de la tierra».

Además de su situación en el centro del país, la ciudad goza también de fáciles comunicaciones marítimas a través de los puertos de Ascalón, Jaffa, Gaza y Ptolemais. Hay un punto de especial importancia: Jerusalén dista aproximadamente igual de todos estos puertos y ocupa una posición central respecto a ellos, como nota el Pseudo-Aristeas, § 115.

Cometeríamos un error, sin embargo, si de estas constataciones concluyésemos que las relaciones comerciales resultaban cómodas. ¿De qué servía a Jerusalén su céntrica situación en una provincia con próspero comercio y favorables comunicaciones marítimas si ella no era más que una apartada ciudad de montaña? Ese era, en realidad, el caso de Jerusalén.

Siempre, y aún en nuestros días, las montañas de Judea, con sus numerosas cuevas y escondrijos, han ofrecido un terreno favorable a la actividad de los salteadores, a pesar de la gran vigilancia del gobierno. A finales del siglo pasado, aldeas enteras como Abu-Gosh, entre Jaffa y Jerusalén, y Abu-Dis, al sudeste de la ciudad, eran muy conocidas como guaridas de

[186] Véase *supra,* p. 56.
[187] Véase *supra,* p. 21.
[188] Guthe, *Griech.-röm. Städte,* pp. 40s.
[189] Pseudo-Aristeas, § 83; *B. j.* III 3,5, § 52.
[190] j. *Hag.* I 1,76ª 47 (IV/1,260).
[191] *Ez.* 5,5; cf. Gottheil, *JE* VII, 129.
[192] I *Hen* XXVI 1.
[193] *Ez.* 38,12; *B. j.* III 3,5, § 52.

salteadores. De hecho, respecto a la época anterior al 70 d. C., oímos hablar también de casos de bandolerismo, ocurridos o temidos, en los caminos que iban a Jerusalén. *Sheq.* II 1 cuenta el caso de personas que traían a Jerusalén el impuesto del templo y que fueron atacadas por el camino; en *R. H.* I 9 se trata de testigos que venían a Jerusalén para testificar que habían visto la luna nueva. En Lc 10,30-37 habla Jesús, aunque sólo sea en una parábola, de un viajero que, en el camino de Jerusalén a Jericó, fue atacado, desvalijado y abandonado medio muerto (la parábola supone, sin embargo, que los tres viajeros hacían el mismo camino sin escolta). Hay que recordar, además, un relato de Josefo: un esclavo del emperador, en el camino que conduce a Jerusalén por el paso de Bet-Horôn, fue atacado y desvalijado; la cruel represalia de los romanos consistió en saquear las aldeas vecinas. Jesús dirige el siguiente reproche a la guardia del templo que iba a prenderlo: «Como contra un ladrón salisteis a detenerme con espadas y palos» (Mc 14,48). Lo que supone que la guardia del templo tenía que actuar contra los bandoleros. Según Jn 18,40, Barrabás, que había sido condenado a muerte, era un ladrón [194].

Después que las autoridades de la ciudad, a causa de la insurrección, quedaron con las manos atadas, surgió el pillaje en la comarca [195]. Posiblemente existía en Jerusalén un tribunal especial que juzgaba los casos de pillaje [196] y que, al mismo tiempo, tomaba medidas policiales contra el mismo.

Pero la insuficiencia de comunicaciones de Jerusalén era mucho más grave aún que el peligro de los atracos perpetrados por los bandoleros. Como se ve en el mapa, altas montañas rodean la ciudad, asentada sobre una estribación sur-sudeste de la línea divisoria de las aguas, estribación que está rodeada de profundos barrancos por el este, por el sur y por el oeste. Se impone esta conclusión: la situación natural de esta ciudad, asentada en tal estribación, la convierte más bien en una fortaleza que en un nudo comercial.

No existe en Jerusalén un solo paso que atraviese la línea divisoria de las aguas en dirección este-oeste; el más próximo se halla muy al norte. La comunicación de Jerusalén con el oeste, y sobre todo con el este, es difícil y poco cómoda. Jerusalén, por esa razón, no pudo constituir un lugar de paso para los productos de la rica Transjordania, floreciente en la época de nuestro estudio, ni ser centro comercial para las tribus nómadas del desierto. Por consiguiente, el paso del Jordán por Jericó quedó totalmente descartado; lo mismo sucede con el que, no lejos de la desembocadura del Yabboq, establece comunicación con Samaría (Sebaste) por el *wadi* Farʿah. El principal comercio de Transjordania por el mar cruzaba el Jordán más bien por la parte sur y próxima al lago de Genesaret, por la ruta entre Gadara y Tiberíades, o 20 km aproximadamente más al sur, por

[194] Los sinópticos lo califican de revolucionario y asesino; lo que hace pensar más bien en un sicario afiliado al partido enemigo de los romanos.

[195] *B. j.* IV 7,2, § 406ss.

[196] *Ket.* XIII 1 según la variante *gᵉzelot;* así lee b. *Ket.* 105ᵃ.

la ruta entre Gadara y Scitópolis, o podía también atravesar el Jordán por el paso situado 12 km al norte del lago de Genesaret, por el puente Djisr Benât Yaqub, la *via maris,* la antigua ruta de las caravanas que unía Damasco con la llanura de Esdrelón. Esta constatación es tanto más concluyente cuanto que las mercancías procedentes de Arabia por Bosra y Gadara, que utilizaban los dos pasos del Jordán por las rutas Gadara-Tiberíades y Gadara-Scitópolis, debían dar un considerable rodeo.

Una sola vía natural pasa por los alrededores de Jerusalén: la ruta que va en dirección norte-sur siguiendo la línea divisoria de las aguas, y va desde Nablús (Neápolis, Siquén) a Hebrón. Con todo, esta ruta es una de las menos importantes para el comercio de Palestina. Sólo tiene importancia para el comercio interior. Todo comercio con países lejanos tenía que aspirar a alcanzar el mar; por lo que esta ruta norte-sur sólo tendría valor en el caso de un cruce con una comunicación este-oeste. Pero ahí era precisamente donde la naturaleza no había favorecido a Jerusalén. El principal interés de la ruta norte-sur consistía en unir el sur de Palestina con Jerusalén. La ciudad, por tanto, ha desempeñado un papel más importante respecto de la región esteparia del sur de Palestina que respecto de la región de Samaría, al norte; ésta, sin embargo, tenía entonces mayor grado de civilización que el sur de Palestina, y su población era más numerosa. Así que Jerusalén, a través de esta ruta que seguía la línea divisoria de las aguas, sólo era centro natural de comercio para la Palestina meridional.

Bien es verdad que, partiendo de Jerusalén, se construyeron también comunicaciones con el este y el oeste. Y estas comunicaciones, debido a la importancia de Jerusalén y a las necesidades de esta gran ciudad, adquirieron relieve. Pero, con todo, su importancia respecto del comercio permaneció dentro del comercio interior. Sólo respecto del sur de Palestina constituyó Jerusalén un centro comercial.

Claramente expresa esta situación Josefo: «Nosotros no habitamos una tierra situada en la costa ni disfrutamos de un gran comercio ni de las relaciones extranjeras de él derivadas..., sino que hemos heredado una tierra fértil y la cultivamos» [197]. Judea no desempeñó ningún papel importante en el comercio mundial.

Jerusalén, a pesar de esta situación geográfica desfavorable para el comercio, lo ejerció de manera considerable. ¿A qué fue debido?

2. IMPORTANCIA ECONOMICA, POLITICA Y RELIGIOSA DE LA CIUDAD

a) *Importancia económica*

Una parte de la comarca «es llana, en la región de Samaría y en la limítrofe con Idumea; mientras que la otra, la del centro, es montañosa»; por eso «hay que cultivar la tierra con cuidados continuos para que tam-

[197] *C. Ap.* I 12, § 60.

bién éstos (los habitantes de la montaña) obtengan abundante cosecha»[198]. Al leer este texto del Pseudo-Aristeas puede movernos a risa la razón dada por el autor, claramente judío (los habitantes de la llanura deben fatigarse por motivos pedagógicos para animar a las gentes de la montaña a trabajar); pero nota con exactitud la situación. La ciudad tiene necesidad de importación de víveres. Y en qué grado era esto cierto lo indica la escasez de víveres que padeció Antíoco en Jerusalén durante la lucha macabea[199], el hambre que sufrió la ciudad durante el asedio[200] y la situación a que llegó por la falta de víveres en tiempos de Herodes y Claudio. La ciudad no sólo tenía que alimentar a su población, sino también a las multitudes de peregrinos que, por las fiestas, inundaban la ciudad tres veces al año. En comparación de tales necesidades, las primicias no pesaban nada en la balanza del abastecimiento de Jerusalén. Por otra parte, algunos pasajes de la literatura rabínica inducen a preguntarse hasta qué punto eran en realidad entregadas. Además, eran propiedad de los sacerdotes[201]. En cuanto a los otros tributos en especie, podían entregarse al sacerdote del lugar donde uno habitaba.

La situación se agravaba aún con esta circunstancia: los alrededores eran notoriamente poco aptos para el cultivo de trigo[202], y carecían de ganado vacuno[203]. Ordinariamente, la ciudad podía satisfacer en Palestina sus necesidades alimenticias. Sólo en tiempos de escasez, o después de guerras, dependía del comercio con países lejanos.

La ciudad, debido a su situación, no sólo estaba necesitada de productos esenciales, sino que carecía también de recursos de vital necesidad: materias primas y, sobre todo, metales. Por consiguiente, tiene que importar también las materias primas, en parte de Palestina[204] y en parte de países lejanos[205].

¿De qué productos de exportación disponía para el comercio con estos países lejanos?

Observemos primeramente que la población de Siria, incluida Palestina, era muy numerosa; por lo que, entre sus productos agrícolas (trigo, aceite y vino), sólo el vino parece que ha sido exportado en gran cantidad[206]. Respecto a Jerusalén en particular, no podía pensarse en la exportación de trigo. Tampoco hemos encontrado[207] un producto fabricado en Jerusalén que fuese característico de la artesanía de la ciudad. Por otra parte, el aceite es mencionado por Eupólemo[208] y el Pseudo-Aristeas[209]

[198] Pseudo-Aristeas, § 107, cf. § 108-112.
[199] *B. j.* I 1,5, § 46.
[200] *B. j.* I 18,1, § 347. *Ant.* XIV 16,2, § 471: en el 37 a. C.
[201] *Bik.* II 1.
[202] Véase *supra,* p. 55.
[203] Véase *supra,* pp. 62s.
[204] Véase *supra,* p. 66.
[205] Véase *supra,* p. 54.
[206] Guthe, *Griech.-röm. Städte,* 40.
[207] Véase *supra,* p. 44.
[208] Véase *supra,* p. 54.
[209] Véase *supra,* p. 55.

a la cabeza de los productos de Judea o de los alrededores de Jerusalén [210]. Añadamos a esto que la demanda de aceite en el norte de Siria [211] era a veces tan grande, que su precio era allí muy elevado. En Giscala, al norte de Galilea, 80 sextarios de aceite no costaban más que 4 dracmas; en cambio, en Cesarea de Filipo, situada al pie del Hermón, a unos 30 km de distancia, el precio de 2 sextarios era de 1 dracma, es decir, diez veces más [212]. Por lo cual es concebible, y así piensan algunos [213], que en Jerusalén se exportase aceite. No existen, sin embargo, pruebas seguras. La única noticia que yo conozco sobre la exportación de Jerusalén se encuentra en *Lam. R.* 1,13 sobre 1,1 (22ª 5): se habla de un camello que vuelve de Jerusalén cargado con dos odres, uno lleno de vino y otro de vinagre. Pero por tratarse de una anécdota, no se pueden sacar conclusiones sobre la exportación de la ciudad santa.

b) *Importancia política*

La importancia política de la ciudad influyó directa e indirectamente en el comercio.

Influjo directo: los reyes tenían grandes necesidades debido a su tren de vida fastuoso. Cuando Herodes construyó su palacio, hizo traer de todo el mundo los más valiosos materiales [214]. A juicio de Josefo, este palacio aventajaba en esplendor incluso al templo. A los materiales empleados en las construcciones suntuosas, que debía proporcionar el comercio lejano, se añadían las producciones de la civilización extranjera. Herodes se vanagloriaba «de estar más cerca de los griegos que de los judíos» [215]. Esto se manifestaba sobre todo en el tren de vida de su corte.

Influjo indirecto: desde siempre, el centro político había constituido un polo de atracción para las riquezas nacionales. En Jerusalén se encontraban los arrendatarios de la aduana, no sólo los que arrendaban la aduana del mercado de Jerusalén [216], sino los que contrataban distritos aduaneros más extensos. Un ejemplo, perteneciente al siglo II antes de nuestra Era, lo constituye el cobrador de impuestos José [217]. Este hombre, oriundo de la aldea de Ficola, se estableció en Jerusalén; desde allí dirigía el cobro de los impuestos en Siria, Fenicia, Judea y Samaría [218]. Ocupó este cargo durante veintidós años. Tenía un depósito en Alejandría; su intendente, mediante las correspondientes instrucciones, tomaba de allí el dinero para hacer las entregas a la administración de las finanzas reales. Estos perso-

[210] Véase *supra*, p. 24: olivos y elaboración de aceitunas en los alrededores de Jerusalén.
[211] *B. j.* II 21,2, § 591; *Vita* 13, § 74s.
[212] *Vita* 13, § 75; *B. j.* II 21,2, § 592: ocho veces más caro.
[213] Smith I, 15 y 335.
[214] *B. j.* V 4,4, § 178.
[215] *Ant.* XIX 7,3, § 329.
[216] Véase *supra*, p. 48.
[217] *Ant.* XII 4,1ss, § 160ss.
[218] *Ant.* XII 4,4, § 175.

najes frecuentemente se establecían también como banqueros en la capital. A ellos hipotecaban los campesinos, ya desde tiempos antiguos (Is 5,8; Miq 2,1-5), sus cosechas y tierras cuando se veían necesitados [219]. El dinero se depositaba en el templo; según *IV Mac.* IV 3, «estaban allí reunidas ingentes cantidades de capital privado» [220]. Estas personas aparecen como grandes comerciantes [221]. Muchos de ellos se retiraban a Jerusalén para gastar allí su capital y también para morir en un lugar santo.

Este capital ejercía una doble influencia sobre el comercio. Por una parte, lo atraía a Jerusalén al favorecer las transacciones comerciales. Por otra, creaba posibilidades de venta: las gentes ricas podían permitirse grandes lujos en vestidos, adornos, etc., y era sobre todo el comercio con países lejanos el que tenía que satisfacer esas necesidades.

c) *Importancia religiosa*

¿Qué cantidad de materiales devoró el templo durante los ochenta y dos años que aproximadamente duró su reconstrucción? La dignidad de la sagrada casa exigía la mayor suntuosidad (pensemos solamente en la cantidad de oro empleado) y la mejor calidad en los materiales utilizados. Citemos los mármoles negros, amarillos y blancos [222], así como la madera de cedro. Por eso se comprende que, en la descripción del comercio con los países lejanos, represente el templo la parte más importante de las transacciones [223].

Para el culto del templo se exigía también la mejor calidad de madera, vino, aceite, trigo e incienso. Hasta de la India se hacían venir telas para las vestiduras del sumo sacerdote en el día de la expiación; las doce joyas de su pectoral [224] eran las piedras más preciosas del mundo. Pero, sobre todo, ¡qué cantidad de víctimas (toros, terneros, ovejas, cabras, palomas) requería el culto! Todos los días se ofrecían determinadas víctimas como sacrificios públicos de la comunidad [225]. Durante la fiesta de la Pascua se ofrecían diariamente dos toros, un carnero y siete corderos como holocausto, y un macho cabrío como sacrificio expiatorio [226]. También se ofrecían diariamente sacrificios privados. Debían ofrecerse para expiar las innumerables transgresiones, exactamente fijadas, que llevaba consigo la contaminación; con esos sacrificios se recuperaba la pureza legal. En ocasiones especiales se ofrecían verdaderas hecatombes. Herodes, cuando se terminó el templo, hizo sacrificar trescientos bueyes [227]. Marco Agripa, yerno de

[219] Véase *supra*, p. 58.
[220] Cf. *B. j.* VI 5,2, § 282.
[221] Véase *supra*, p. 51.
[222] b. *Sukka* 51b.
[223] Véase *supra*, p. 54.
[224] *B. j.* V 5,7, § 234.
[225] *Ant.* III 10,1, § 237.
[226] *Ant.* III 10,5, § 249.
[227] *Ant.* XV 11,6, § 442

Augusto, al visitar Jerusalén «sacrificó una hecatombe» [228]. El número de sacrificios aumentaba sobre todo durante las fiestas: «Conforme a las prescripciones de la ley, todos los días, pero sobre todo durante las concentraciones y fiestas, se ofrecían numerosos sacrificios, bien en privado, en favor de los particulares; bien públicamente, en favor de todo el pueblo» [229]. El Pseudo-Aristeas, § 88, habla de decenas de miles de víctimas sacrificadas en las fiestas. Hay un dato que nos hace ver la amplitud de la importación de animales para los sacrificios: todo el ganado que se encontraba en los alrededores de Jerusalén, en un radio equivalente a la distancia a Migdal-Eder, era considerado sin más como destinado a los sacrificios [230].

Pero aún no hemos dicho lo más importante. El templo atraía tres veces al año a Jerusalén enormes multitudes de peregrinos. Sobre todo en la Pascua acudían judíos de todas las partes del mundo. Estas masas tenían que ser alimentadas. Ciertamente, en parte se abastecían con el segundo diezmo [231], es decir, con el diezmo de todos los productos de la tierra y tal vez también del ganado, el cual debía ser consumido en Jerusalén. Pero el transporte en especie sólo era posible para los que vivían en los alrededores próximos de Jerusalén. Los que moraban más lejos se veían obligados a cambiar en dinero los productos para gastarlo después, según lo prescrito, en Jerusalén.

A la alimentación de los peregrinos a la Pascua se juntaba también la demanda de víctimas pascuales. Desde la reforma cultual realizada por Josías en el año 621 a. C. sólo se podía inmolar el cordero pascual en Jerusalén. Josefo exagera mucho al hablar de 255.600 (una variante dice: 256.500) víctimas pascuales [232]. Pero es seguro que se trataba de decenas de miles.

Era el templo sobre todo el que daba importancia al comercio de Jerusalén. A través del tesoro del templo, al que todo judío debía pagar anualmente su cuota, los judíos del mundo entero contribuían al comercio de Jerusalén.

[228] *Ant.* XVI 2,1, § 14.
[229] Filón, *De vita Mosis* II, § 159.
[230] *Sheq.* VII 4 (Migdal-Eder, cf. Gn 35,21, se encuentra cerca de Belén).
[231] Véase *supra,* p. 63, n. 151.
[232] *B. j.* VI 9,3, § 424.

CAPITULO III

EL MOVIMIENTO DE EXTRANJEROS

I

DATOS SOBRE EL MOVIMIENTO DE EXTRANJEROS EN LA CIUDAD[1]

1. GENERALIDADES

a) *El viaje a Jerusalén*

Si tuviésemos el medio de hacer una estadística del movimiento de extranjeros en Jerusalén, mostraría ésta grandes variaciones, que, sin embargo, permanecerían casi constantes en los distintos años. Notaríamos que la época de los viajes comenzaba hacia febrero o marzo, lo cual estaba relacionado con el clima. En estos meses termina la época de lluvias y sólo entonces se podía pensar en viajes; antes constituían un gran obstáculo los caminos mojados[2]. «Rezad para que vuestra huida no sea en invierno» (Mt 24,20). También Jerusalén veía a la mayoría de los extranjeros durante los meses secos, es decir, de marzo a septiembre aproximadamente. Durante estos meses crecía enormemente el número de extranjeros tres veces al año, en las tres fiestas de peregrinación, que reunían a peregrinos de todo el mundo: las fiestas de Pascua, de Pentecostés y de los Tabernáculos (Dt 16,1-16). El punto más alto se alcanzaba todos los años en la Pascua.

Sigamos a un viajero en su camino a Jerusalén. Una vez pasada la época de las lluvias, cada uno hacía sus preparativos. El comerciante preparaba sus mercancías. El que iba a Jerusalén por motivos religiosos, por ejemplo, a una de las fiestas, aprovechaba la ocasión para llevar a la ciudad santa sus «tributos» (incluimos en este término, conforme al modo de hablar de la época, el segundo diezmo, el cual no se entregaba, sino que era consumido privadamente; pero había que hacerlo en Jerusalén). Estos son los «tributos» que debían ser llevados a Jerusalén: el impuesto de las dos

[1] Para obtener un cuadro completo, mencionamos aquí todas las gentes que no son de Jerusalén (por ejemplo, las tropas extranjeras).

[2] *Ta'an* I 3.

dracmas, los *bikkûrim* (primicias; aunque, de ordinario, eran enviadas colectivamente a Jerusalén por cada una de las 24 secciones)[3] y el segundo diezmo. En *Ant.* XVIII 9,1, § 313, se habla de «numerosas miríadas» que acompañaban a Jerusalén el dinero de los impuestos procedente de Nearda y Nisibe (en Mesopotamia); lo que nos permite deducir que, al menos en los países lejanos, se empleaban las caravanas de las fiestas para transportar el dinero del templo. *Halla* IV 10-11 discute el caso del transporte de primicias por particulares; lo que indica claramente que también se llevaban en privado. Se llevaba asimismo a Jerusalén la parte correspondiente de la masa panificable; aunque no era necesario, pues se podía entregar al sacerdote del lugar[4]. Pero, en cualquier caso, todo israelita llevaba consigo a Jerusalén, en especie o en dinero, el segundo diezmo[5].

También formaba parte de los preparativos el buscarse una compañía para el camino. En efecto, a causa del bandolerismo reinante[6], un particular no se atrevía a hacer solo un largo viaje. Para las fiestas se formaban grandes caravanas. *Ant.* XVIII 9,1 habla de varios millares de personas que se reunían en Babilonia, y difícilmente se puede poner en duda que se tratase de caravanas para las fiestas. Lc 2,44 habla de la caravana de Nazaret en la que los padres de Jesús tenían sus parientes y conocidos. La caravana en que Jesús subió a Jerusalén por última vez pasó por Jericó (Mc 10,46).

Generalmente el viaje se hacía a pie. Hillel el Viejo peregrinó a pie, según se dice, desde Babilonia a Jerusalén[7]. Evidentemente el viaje se hacía más pronto sobre un asno; así se deduce del pasaje que acabamos de citar, pues vemos que un viajero montado sobre un asno se burla irónicamente del caminante Hillel. También Jesús hizo su entrada en Jerusalén montado en un asno (Mc 11,1-10). Muy raramente se utilizaba un medio de locomoción para ir o regresar de Jerusalén, como en el caso del ministro de finanzas de la reina etíope Candace (Hch 8,27-39). Era costumbre general hacer las peregrinaciones a pie; así se deduce de *Hag.* I 1. Además, se consideraba meritorio.

Los caminos eran en general malos[8]. Mientras el Sanedrín, como primera autoridad nacional, los tuvo a su cuidado, no se hizo gran cosa en este aspecto, como indica probablemente su negligencia en el caso del acueducto de Jerusalén[9]; pero al ocuparse de ellos los romanos, mejoró la situación. Parece, sin embargo, que la ruta de los peregrinos de Babilonia[10] (que partía de Jerusalén hacia el norte) siempre fue objeto de mayor cuidado[11]. Herodes se esforzó en lograr su seguridad. Estableció en Bata-

[3] *Bik.* III 2ss.
[4] *Halla* IV 10.
[5] Véase *supra,* p. 63, n. 151.
[6] Véase *supra,* pp. 68s.
[7] *ARN* rec. B cap. 27,55ᵇ 33, cf. rec. A cap. 12,55ᵃ 14; véase Krauss, *Talm. Arch.* II, 677, n. 161.
[8] Véase *supra,* p. 75.
[9] Véase *supra,* p. 33, n. 110.
[10] Krauss, *Talm. Arch.* II, 323.
[11] Véase *supra,* p. 70.

nea al judío de Babilonia Zamaris, el cual protegía contra los bandoleros de la Traconítide las caravanas que venían de Babilonia a las fiestas [12].

Un viaje semejante, máxime si se hacía en una gran caravana, tenía que contar con interrupciones y retrasos. *Ta'an* I 3 suministra datos respecto a su duración. Rabbán Gamaliel dispone que no se comience a pedir la lluvia hasta el 7 de *marheshvân*. Se funda en que ya habían pasado quince días desde la fiesta (se trata de la fiesta de los Tabernáculos, que se celebraba en el mes de *tishri*); se daba así a los peregrinos de la fiesta la posibilidad de alcanzar el Eufrates sin mojarse. Como éste dista de Jerusalén algo más de 600 km, se concluye que Gamaliel calcula una marcha diaria de la caravana de unos 45 km, lo que parece realmente excesivo.

b) *El hospedaje en Jerusalén*

Una vez llegados sanos y salvos a Jerusalén, había que buscar albergue. Generalmente no era difícil encontrar alojamiento en uno de los albergues de la ciudad [13]; toda localidad un poco grande (Lc 2,7: Belén) los tenía. Los miembros de comunidades religiosas, como esenios, fariseos y cristianos, eran recibidos por sus amigos. Los habitantes de Cirene, de Alejandría, de las provincias de Cilicia y de Asia se alojaban en la hospedería unida a su sinagoga, emplazada sobre el Ofel [14]. R. Weill encontró allí una inscripción; en ella se dice expresamente que se habían instalado en aquel lugar «habitaciones y depósitos de agua para dar albergue a los que, (venidos) del extranjero, tuviesen necesidad de él» [15]. Pero en los días de fiesta era difícil encontrar alojamiento. Pocos eran los extranjeros que poseían casa propia en Jerusalén. Los príncipes extranjeros de la familia herodiana, que acudían a Jerusalén para las fiestas (Herodes Antipas, tetrarca de Galilea y Perea: Lc 23,7; Agripa II) habían preparado un alojamiento permanente en el palacio de los Macabeos, situado inmediatamente sobre el Xisto, y los príncipes y princesas de Adiabene en sus palacios construidos sobre la colina oriental [16].

¿Dónde se alojaba la masa de los peregrinos? Uno de los diez milagros realizados por Dios en el Santuario era el que todos encontrasen alojamiento, sin que jamás uno tuviese que decir a otro: «La aglomeración es tan grande, que no encuentro dónde pasar la noche en Jerusalén» [17]. Una parte de los peregrinos podía alojarse en la ciudad misma; sólo la explanada del templo quedaba excluida como lugar de alojamiento, según decía la prescripción: «Que nadie entre en la explanada del templo con báculo, ni calzado, ni con bolsa de dinero o pies manchados de polvo» [18]. Pero es

[12] *Ant.* XVII 2,2-3, § 26ss.
[13] *Lam. R.* 1,2 sobre 1,1 (18ª 24).
[14] Véase *infra*, pp. 82s.
[15] *CIJ* II, n.º 1.404, lin. 6-8.
[16] Véase *supra*, pp. 30s.
[17] *P. A.* V 5.
[18] *Ber.* IX 5; b. *Yeb.* 6ᵇ.

muy posible que las dependencias del templo [19] ofreciesen alojamiento a los peregrinos. Sin embargo, aun teniendo esto en cuenta, es completamente imposible que las enormes multitudes de peregrinos llegados a Jerusalén para las fiestas encontrasen todos sitio dentro de los muros de la ciudad. Otra parte podía alojarse en las localidades vecinas, por ejemplo, en Betfagé o Betania; allí se hospedó Jesús durante su última estancia en Jerusalén [20]. Pero la mayor parte de los peregrinos tenía que acampar en los alrededores próximos de la ciudad (no se puede pensar en que pasasen la noche al raso, al menos en la época de la Pascua, pues las noches aún tenían que ser bastante frías). Efectivamente, así consta: *Ant.* XVII 9,3, § 217, habla de unos peregrinos a la fiesta que habían instalado sus tiendas en «la llanura», como claramente se dice en los paralelos *B. j.* II 1,3, § 12; esa expresión designa probablemente la campiña que se encuentra ante la actual Puerta de Damasco.

Ahora bien, los asistentes a la fiesta de la Pascua estaban obligados a pasar en Jerusalén la noche pascual (la noche del 14 al 15 de *nisân).* La ciudad propiamente dicha no podía cobijar la multitud de peregrinos. Para que éstos pudiesen cumplir esa prescripción se ampliaba tanto el recinto de Jerusalén que incluso comprendía Betfagé [21].

Según Mc 11,11-12 y Mt 21,17, Jesús y sus discípulos, los días anteriores a su muerte, pasaron la noche en Betania. Por el contrario, Lc 21, 37 dice: «Las noches salía (de Jerusalén) a pasarlas al descubierto en el llamado Monte de los Olivos». En realidad, esto no es falso, puesto que Betania está situada en el perímetro del Monte de los Olivos; pero en el contexto del Evangelio de Lucas esa afirmación ofrece dificultades. En efecto, Lc 22,39 emplea la misma expresión (fue «al Monte de los Olivos») para designar Getsemaní. Ahora bien, salta a la vista que Lc 21,37 no es más que un resumen redaccional de la tradición de Marcos (Mc 11, 11.17.19); de donde se deberá concluir que Lucas, por desconocimiento geográfico, considera erróneamente el lugar del prendimiento, o sea, Getsemaní, como el lugar donde Jesús pasaba ordinariamente la noche. Por el contrario, la afirmación de Lc 22,39 procede, como indica el empleo de la expresión «según su costumbre» [22], de la fuente especial de Lucas, y es

[19] Propiedades del templo, cf. *supra,* pp. 44s.

[20] Mc 11,11-12; Mt 21,17.

[21] El texto más claro es *Men.* XI 2; cf. Neubauer, *Géogr.,* 147ss; Dalman, *Itinéraires,* 329-333.

[22] En mi opinión, Lucas no compuso su Evangelio partiendo del Evangelio de Marcos y de la fuente de los logia (Q), como pretende la teoría de las dos fuentes en su forma clásica. La base de Lucas es su «fuente especial», el evangelio que un autor desconocido había amalgamado juntando materiales particulares con los logia (tomados de la tradición oral y no de una fuente escrita «Q») y el relato de la Pasión. Lucas introdujo en este escrito algunos bloques escogidos del Evangelio de Marcos (véase J. Jeremias, *Perikopenumstellungen bei Lukas?:* «New Testament Studies» 4 (1957-1958) 115-119 = en J. Jeremias, *Abba. Studien zur neutestamentlichen Theologie und Zeitgeschichte* (Gotinga 1966) 93-97. Aun prescindiendo de esta hipótesis, me parece que el relato lucano de la Pasión, a partir de Lc 22,14, no ha sido tomado de Marcos, sino que se deriva de una tradición independiente. Es lo que importa a propósito del versículo 22,39 del que ahora nos ocupamos.

plenamente exacta. Pues la expresión «según su costumbre» no se refiere al hecho de pasar la noche, sino al hecho de ir Jesús, junto con sus discípulos, a un lugar determinado del Monte de los Olivos; Jn 18,2 confirma esta explicación. Este lugar es sin duda el huerto de Getsemaní[23]. Este huerto, situado en la ladera occidental del Monte de los Olivos, se encontraba aún, a diferencia de Betania, dentro del distrito de la Gran Jerusalén, que no se debía abandonar la noche pascual[24].

Conforme a la distribución de los diversos sectores de la población por los barrios de la ciudad, los distintos grupos de peregrinos venidos a las fiestas tenían su lugar fijo para acampar[25]. Fundándose en el hecho de que Jesús solía pasar la noche en Betania, puede suponerse que el campamento de los peregrinos galileos se hallaba situado al este de la ciudad.

2. EL MOVIMIENTO DE EXTRANJEROS PROCEDENTES DE PAISES LEJANOS

Hemos considerado el camino de un viajero a Jerusalén y su alojamiento allí. Echemos ahora una ojeada al movimiento de extranjeros según sus países de origen. También aquí, como anteriormente al hablar del comercio, nos ocuparemos primeramente de los países lejanos y después de las regiones cercanas.

Tenemos en Hch 2,9-11, en el relato del milagro de Pentecostés, una lista de «los judíos que, procedentes de todos los pueblos, se hallaban en Jerusalén». Se trata de judíos y prosélitos que están presentes en la ciudad como peregrinos asistentes a la fiesta. En esta enumeración encontramos representantes de casi todos los países entonces conocidos: «partos, medos, elamitas, y los que viven en Mesopotamia, Judea y Capadocia, el Ponto y Asia, Frigia y Panfilia, en Egipto y la parte de Libia junto a Cirene, y los romanos que residen aquí, judíos y prosélitos, cretenses y árabes».

La comprobación de estos datos se hará más adelante, al examinar, país por país, las relaciones de Jerusalén con el extranjero; la lista de Hch 2, 9-11 se presenta estilizada, por lo que no se aceptará sino en la medida en que sea confirmada por otros testimonios. Pero, a título de comparación, hay que señalar ahora aquí otras dos enumeraciones:

1.ª Un pasaje de los Hechos (6,9) encuadrado en un contexto claramente no estilizado y muy bien informado (6,1ss), donde se cuentan las cosas sobriamente. Se dice allí, refiriéndose a Jerusalén: «Algunos de la sinagoga llamada de los Libertos[26], con gentes de Cirene, de Alejandría, de Cilicia y de Asia». Se trata aquí de judíos que vivían habitualmente en Jerusalén. Tenían una sinagoga común, con un albergue para los extran-

[23] Mc 14,26.32; Mt 26,30.36.
[24] Véase *supra*, p. 78.
[25] Véase la inscripción citada *supra*, p. 77.
[26] Véase *infra*, p. 81.

jeros[27], lo que indica que, como helenistas, vivían juntos, en el mismo barrio; algo parecido a los barrios de los distintos grupos judíos que vivían en Jerusalén al comienzo de este siglo.

2.ª Un pasaje de Filón, *Leg. ad Caium,* § 281s. Transcribe aquí Filón parte de una carta de Agripa I a Calígula. En ella se dice de Jerusalén que no sólo es la capital de los judíos de Judea, sino también de los judíos de Egipto, Fenicia, Siria, Celesiria, Panfilia, Cilicia, Asia, Bitinia, Ponto, Europa, Tesalia, Beocia, Macedonia, Eolia, Atica, Argos, Corinto, el Peloponeso, islas de Eubea, Chipre, Creta, de los países situados al otro lado del Eufrates, de Babilonia y de sus satrapías vecinas. En esta enumeración, bien es verdad, no se mencionan expresamente los viajes a Jerusalén; pero se dice implícitamente, puesto que la peregrinación al templo era obligatoria para todo judío adulto.

Veamos ahora el movimiento de extranjeros de cada uno de los países en particular.

a) *Galia y Germania*

Las murallas de la Jerusalén antigua albergaron a galos y germanos. El emperador Augusto (del 29 a. C. al 14 d. C.) envió a Herodes el Grande la guardia personal de Cleopatra, última reina de Egipto, que se había suicidado el año 30 a. C. Esta guardia constaba de cuatrocientos galos[28]. Herodes, según se dice, hizo ahogar, por medio de soldados galos, a su cuñado Jonates (sólo aquí se le llama así; en otras partes, siempre Aristóbulo) cuando se bañaba en Jericó[29]. En la descripción del cortejo fúnebre de Herodes, junto a tracios y galos, son mencionados también germanos como miembros de su guardia[30]. A la muerte de Herodes, su hijo, el etnarca Arquelao (4 a. C.-6 d. C.), se encargó de las tropas, y después de su destitución (6 d. C.), se encargaron de ellas los romanos. Pero no es probable que se las dejara en Palestina después del año 6 d. C.

b) *Roma*

Desde el año 6 d. C. Judea fue una provincia romana; tenía gobernador romano, soldados romanos y funcionarios romanos. En Jerusalén había una guarnición, es decir, una *cohors miliaria equitata* a las órdenes de un tribuno. Por ese mismo hecho, las relaciones con Roma tenían que ser frecuentes. Ya antes tenemos noticia de viajes de Herodes y de sus hijos a Roma, y más tarde de Agripa I y II, lo mismo que de embajadas enviadas a Roma[31]; también sabemos de romanos que vivían en Jerusalén, en

[27] Véase *infra*, pp. 82s.

[28] *B. j.* I 20,3, § 397. Puede tratarse de galos o gálatas. Pero el empleo del término *Galatai* en *B. j.* II 16,4, § 364.371 y VII 4,2, § 76 (cf. *C. Ap.* I 12, § 67) indica que sólo puede tratarse de «galos».

[29] *B. j.* I 22,2, § 477.

[30] *Ant.* XVII 8,3, § 198; *B. j.* I 33,9, § 672.

[31] *Ant.* XX 8,11, § 193ss; *Vita* 3, § 13ss y *passim*.

misión oficial las más de las veces. En la guarnición de Jerusalén, por pertenecer la ciudad a una provincia regida por procurador, ni siquiera los oficiales eran romanos (Hch 22,28). En Cesarea, en cambio, residencia del procurador, se hallaba «la cohorte llamada itálica» (Hch 10,1). Estas tropas acompañaron sin duda al procurador a la fiesta de la Pascua, en la que normalmente estaba presente éste con un destacamento de soldados. De Roma procedían en su mayor parte los «libertos», hechos prisioneros en la guerra de Pompeyo y libertados posteriormente [32]; aparecen ligados a una sinagoga mencionada en Hch 6,9 («de la sinagoga de los Libertos») [33]. Los judíos de Roma que venían a las fiestas en peregrinación (Hch 2,10) se alojaban sin duda en la hospedería contigua a esta sinagoga. Hch 28,21 supone la existencia de relaciones regulares, tanto epistolares como personales, entre los judíos de Roma y la suprema autoridad judía de Jerusalén, el Sanedrín.

c) *Grecia*

El influjo helenista se muestra, entre otras cosas, en la abundancia de palabras griegas empleadas en la literatura rabínica. Este influjo se debía más bien a la civilización que a la política. Era, por eso, un influjo más fuerte que el procedente de Roma.

Ya en la época de Hircano II (76-67, 63-40 a. C.) encontramos atenienses en Jerusalén; los asuntos oficiales, al igual que los privados, les proporcionaban ocasión de establecer intensas relaciones [34]. Herodes tenía en su guardia personal soldados de Tracia [35]; un tal Euricles, de Lacedemonia, desempeñó un destacado papel en la corte de Herodes [36]. Una prueba de las relaciones entre Jerusalén y Grecia nos la ofrecen el segundo y tercer viajes de Pablo, los llamados viajes misioneros. A la vuelta de su tercer viaje, vemos que le acompañan en su camino hacia Jerusalén unos mensajeros con colectas, uno de la comunidad cristiana de Berea y dos de la de Tesalónica (Hch 20,4). En el relato de *Lam. R.* 1,5-14 sobre 1,1 (20[a]-22[b]), las relaciones con Atenas desempeñan un gran papel: se habla de jerosolimitanos que viajan a Atenas y de atenienses que residen en Jerusalén.

d) *Chipre*

Tenemos noticia de la presencia de gentes de Chipre en Jerusalén (Hch 11,20); se trata de judíos cristianos que, al surgir la persecución contra el cristianismo, se vieron obligados a abandonar la ciudad y dirigirse a Antioquía. Allí anunciaron el evangelio a los griegos, es decir, a los no judíos; lo que constituye un paso de considerable importancia. Bernabé, le

[32] Filón, *Leg. ad Caium,* § 155.
[33] Véase *infra,* p. 81.
[34] *Ant.* XIV 8,5, § 149ss; véase *supra,* p. 51.
[35] *Ant.* XVII 8,3, § 198; *B. j.* I 33,9, § 672.
[36] *B. j.* I 26,1-4, § 513ss.

vita, oriundo de Chipre, poseía un campo en las cercanías de Jerusalén (Hch 4,36-37; Gál 2,1, etc.). También Mnasón, de Chipre, «discípulo desde el principio» (Hch 21,16), debe ser contado entre los miembros de la primitiva comunidad de Jerusalén.

e) *Asia Menor*

En Asia Menor existía una gran diáspora judía. Por eso encontramos en Jerusalén representantes de todas las regiones de Asia. Se mencionan habitantes de las siguientes regiones:

1. *La provincia de Asia.* Se menciona juntamente a los judíos de la provincia de Asia y a otros helenistas relacionados con una misma sinagoga (Hch 6,9). Entre los enviados con colectas en compañía de Pablo se encuentran dos asiáticos. Los judíos de Asia que se hallan en Jerusalén para la fiesta de Pentecostés reconocen a Pablo en el templo y quieren lincharlo (Hch 21,27). Probablemente se trata de gentes de Efeso; pues habían visto en compañía de Pablo a Trófimo, efesio conocido de ellos. De la provincia de Asia se enviaba a Jerusalén dinero para el templo. En Apamea, Laodicea, Adromitio y Pérgamo, Flaco, el procónsul de Asia en el 62-61 a. C., se había incautado del dinero destinado al templo, como sabemos por Cicerón [37].

2. *La isla de Cos.* Evarato de Cos se encuentra en Jerusalén en el séquito de los príncipes herodianos. De la isla de Cos se enviaba dinero a Jerusalén para el templo; Mitrídates hizo confiscar en dicha isla el dinero destinado al templo [38].

3. *La provincia de Galacia.* Gayo de Derbe y Timoteo de Listra viajan con Pablo a Jerusalén (Hch 20,4; cf. 16,1-8). Los misioneros judaizantes a quienes ataca la carta a los Gálatas, procedían muy probablemente de Jerusalén.

4. *Pisidia.* En *B. j.* I 4,3, § 88, nos encontramos con gentes de Pisidia que formaban parte del ejército de mercenarios de Alejandro Janneo.

5. *Cilicia.* También había algunos de Cilicia en el ejército de mercenarios de Alejandro Janneo [39]. Pablo, nacido en Tarso, estudia en Jerusalén (Hch 22,3). Gentes de Cilicia establecidas en Jerusalén forman, junto con otros helenistas, una comunidad con sinagoga común (Hch 6,9: «Algunos de la sinagoga llamada de los Libertos, con gentes de Cirene, de Alejandría, de Cilicia y de Asia»). También encontramos esta sinagoga en la literatura talmúdica, bien bajo la denominación de sinagoga de los alejandrinos [40], bien bajo la de sinagoga de los tarsos [41] (= gentes de

[37] *Pro Flacco* 28.
[38] *Ant.* XIV 7,2, § 112.
[39] *B. j.* I 4,3, § 88.
[40] Tos. *Meg.* III 6 (224,26); j. *Meg.* III 1,73[d] 35 (IV/1,236).
[41] b. *Meg.* 26[a]. Se ha impugnado que «tarsos» *(tarsiyyîm)*, en la variante de b. *Meg.* 26[a], designe a los habitantes de Tarso. Se trataría más bien de operarios

Cilicia). Esta sinagoga tal vez ha sido encontrada por R. Weill sobre el Ofel. En sus excavaciones de 1913-1914 encontró, junto con otros restos de construcción, una inscripción que, entre otras cosas [42], dice: esta sinagoga ha sido construida por Teódotos, hijo de Vettenos, sacerdote y jefe de la sinagoga; tiene junto a ella un albergue y una instalación de baños. El nombre del padre, Vettenos, y la mención de la hospedería contigua a la sinagoga indujeron al P. Vincent [43], a quien siguen R. Weill y G. Dalman, a suponer que se trataba de la sinagoga de los Libertos (Hch 6,9) [44]. Según nuestra exposición, esta sinagoga es la de los alejandrinos o de los tarsos.

6. *Capadocia.* El rey de Capadocia, Arquelao, hizo una visita a Jerusalén [45].

f) *Mesopotamia*

Desde la deportación de los judíos por los asirios (722 a. C.) y por los babilonios (597 y 587 a. C.), existía en Mesopotamia una numerosa colonia judía; lo sabemos tanto por los testimonios directos [46] como por las profundas relaciones espirituales entre Palestina y Babilonia, patria del Talmud babilónico.

Entre Jerusalén y Mesopotamia había, por consiguiente, un intenso trato. Ananel, judío de Babilonia, fue sumo sacerdote en el 37-36 a. C., y luego otra vez a partir del año 34 [47]. *Para* III 5 habla de un tal Janamel, Sumo Sacerdote oriundo de Egipto; bajo su pontificado se quemó una «vaca roja». Si se refiere al mismo hombre, como es probable, preferimos los datos de Josefo [48].

Se dice de los sacerdotes del templo de Jerusalén naturales de Babilonia que, el día de la expiación, comían cruda la carne del sacrificio suplementario, sin experimentar ningún asco [49]. El conocido escriba Hillel, que enseñó al comienzo de nuestra Era aproximadamente, es llamado «el babilonio»; fue a pie, según se dice, desde Babilonia a Jerusalén.

(Schürer II, 87, n. 247; 524, n. 77, y otros, cf. *supra,* pp. ...s y .... En favor del sentido geográfico están: Derenbourg, *Essai,* 263; Neubauer, *Géogr.,* 293, n. 5 y 315; Gottheil, *JE* VII, p. 129). Contra esta interpretación, sin embargo, hay que decir lo siguiente: 1.° En b. *Meg.* 7.ª se emplea el mismo término «tarsos»; visto el contexto sólo puede tener un solo sentido, pues se trata de gentes que conversan en su lengua materna. 2.° En ninguna parte se puede constatar la existencia en Jerusalén de sinagogas para gremios de oficios. 3.° En b. *Meg.* 26ª «tarsos» es una variante de «alejandrinos», como aparece en Tos. *Meg.* III 6 (224,26) y j. *Meg.* III 1,73ᵈ 32 (IV/1,236); lo que probablemente indica que el nombre de la sinagoga variaba. Así se podría explicar también la enumeración de Hch 6,9.

[42] Véase el texto en *CIJ* II, n.° 1.404.

[43] L. H. Vincent, *Découverte de la «Synagogue des Affranchis» à Jérusalem:* RB 30 (1921) 247-277.

[44] Véase *supra,* p. 81.

[45] *B. j.* I 25,1-6, § 499ss; cf. I 23,4, § 456; 26,4, § 530; 27,2, § 538.

[46] *Ant.* XI 5,2, § 131ss; XV 2,2, § 14; 3,1, § 39; Filón, *Leg. ad Caium,* § 282.

[47] *Ant.* XV 2,4, § 22; 3,1, § 39; 3,3, § 56.

[48] Véase *infra,* p. 86.

[49] *Men.* XI 7.

Además de sacerdotes y escribas, encontramos también en Jerusalén otros babilonios. Josefo, *Vita* 11, § 47, escribe: «Algunos babilonios... que estaban en Jerusalén». El babilonio Silas es un destacado líder de la insurrección contra Roma [50]. Una mujer de Karkemish vive en Jerusalén [51]. «Unos Magos de Oriente» parecen haber preguntado en Jerusalén por el rey del mundo (Mt 2,1-6), del mismo modo que una embajada de los partos se presentó el año 66 d. C. ante Nerón para rendirle honores divinos. Eran también babilonios, evidentemente paganos y no muy celosos creyentes, los que, entre exclamaciones de burla, arrancaban pelos al cabrito emisario el día de la expiación cuando era conducido al lugar del sacrificio [52]. Después de la caída de Jerusalén (70 d. C.), llegaron a la ciudad santa unos babilonios para cumplir un voto de nazireato [53].

Tenemos noticia de que los peregrinos de Mesopotamia que venían a las fiestas se reunían por millares en Nearda y Nísibe; allí recogían el dinero ofrecido al templo por la comunidad judía de Mesopotamia, y partían luego juntos para Jerusalén [54]. Zamaris, el judío de Babilonia establecido en la región de Batanea, cuidaba de la seguridad de su caravana [55]. Estos judíos contribuían con el impuesto de las dos dracmas [56]. No se aceptaban, sin embargo, por motivos de pureza ritual, las primicias (ganado o frutos) procedentes de Babilonia [57].

g) *Las regiones del Imperio parto situadas al este de Mesopotamia*

En esta época sólo una pequeña parte de Mesopotamia, la situada al nordeste, pertenecía al Imperio Romano. El resto de Mesopotamia y la región situada en su frontera oriental estaba encuadrada en el Imperio parto.

El rey de Adiabene dependía del rey de los partos. Los soberanos de este país de Adiabene eran afectos al judaísmo y mantenían relaciones con Jerusalén. El rey Monobazo [58], al igual que su madre la reina Helena, tenía un palacio en Jerusalén [59]. Según la Misná, la reina Helena vino a Jerusalén al final del cumplimiento de un nazireato de siete años [60]. Entre otros miembros de la casa real de Adiabene, encontramos en Jerusalén a

[50] *B. j.* II 19,2, § 520; III 2,1-2, § 11.19.
[51] *ʿEd.* V 6.
[52] *Yoma* VI 4.
[53] *Naz.* V 5.
[54] *Ant.* XVIII 9,1, § 310-313, véase *supra,* p. 76; cf. *Taʿan.* I 3, véase *supra,* p 77; *Ned.* V 4-5.
[55] *Ant.* XVII 2,2, § 26.
[56] *Sheq.* III 4; *Ant.* XVIII 9,1, § 312s.
[57] *Halla* IV 11.
[58] *B. j.* V 6,1, § 252.
[59] *B. j.* VI 6,3, § 335. Sobre sus regalos al templo, véase *supra,* p. 40; y sobre la actividad social de Helena durante una época de escasez sobrevenida en Jerusalén, véase *supra,* pp. 52 y 54.
[60] *Naz.* III 6.

Grapte, que poseía allí un palacio [61], lo mismo que a los parientes del rey Monobazo [62] y a los hijos y hermanos del rey Izates [63]. Estos príncipes lucharon al lado de los judíos contra los romanos en los años 66 y 70 d. C. La insurrección contra Cestio Gallo (66 d. C.), en la que tomaron parte los príncipes de Adiabene mencionados en *B. j.* II 19,2, § 520, estalló en la época de la Pascua, por lo que hay que suponer que estos príncipes se hallaban en Jerusalén con ocasión de la peregrinación pascual. Jageiras de Adiabene luchó el año 70 al lado de los judíos [64].

De Media procedía el escriba Najum el medo [65]; según b. *Ket.* 105[a], era miembro de un tribunal de Jerusalén.

h) *Siria*

Entre todos los países no palestinos era Siria el país que, proporcionalmente, tenía el mayor número de judíos [66]. De hecho, entre Siria y Palestina existían muchísimos contactos. En contraste con lo establecido para Babilonia [67], las primicias de Siria eran aceptadas [68]. A Siria se enviaban desde Jerusalén mensajeros para anunciar el comienzo de la luna nueva, lo que servía para fijar las fiestas [69]. En tiempo de la conversión de Pablo, el Sanedrín mantenía relaciones con las sinagogas de Damasco [70]; y la comunidad cristiana de Jerusalén estaba también en estrechas relaciones con Siria, sobre todo con Antioquía, la capital [71]. Un prosélito de Antioquía era miembro de la primitiva comunidad cristiana de Jerusalén (Hch 6,5). Miryam, una judía de Palmira, ciudad de Siria reconocida por los romanos como autónoma, es mencionada con ocasión de los sacrificios que ella ofrece como nazirea [72].

i) *Arabia (reino nabateo)*

Los reyes judíos del último siglo anterior a nuestra Era estaban ligados a los árabes por relaciones políticas. El rey de Arabia prestó repetidas veces ayuda enviando tropas y otros socorros [73]. En la corte de Herodes encontramos a un árabe como miembro de su guardia personal. A con-

[61] *B. j.* IV 9,11, § 567.
[62] *B. j.* II 19,2, § 520.
[63] *B. j.* VI 6,4, § 356.
[64] *B. j.* V 11,5, § 474.
[65] *Shab.* II 1; *Naz.* V 4; *B. B.* V 2; b. *ʿA. Z.* 7[b].
[66] *B. j.* VII 3,3, § 43.
[67] *Supra,* p. 84.
[68] *Halla* IV 11.
[69] *R. H.* I 4.
[70] Hch 9,2.
[71] Hch 11,27. Colectas realizadas en Antioquía en favor de Jerusalén: Hch 11, 29-30; 12,25; Gál 1,18-21; Hch 15, sobre todo 15,2.4.30; Gál 2,11-12.
[72] *Naz.* VI 11.
[73] *B. j.* I 6,2, § 124ss; 9,3, § 187.

secuencia de un intento de asesinar a Herodes, fueron detenidos con él otros dos árabes. Uno es un amigo de Silleos, ministro de Aretas IV, rey de los árabes; el otro es un jeque de una tribu árabe [74]. Cuando Pablo tuvo que ir de Damasco a Jerusalén [75], Damasco [76] se encontraba, según parece, en poder de un etnarca de este Aretas IV («etnarca» puede designar un gobernador y también un enviado; pero este personaje parece haber tenido en sus manos el poder militar). Damasco parece haber pasado, poco antes de la conversión de Pablo, de la soberanía de Roma, bajo la cual formaba parte de Siria, a la de los árabes.

j) *Egipto*

Egipto, con su gran colonia judía, desempeñó un gran papel en el movimiento de extranjeros de Jerusalén. Los egipcios que vivían en Jerusalén, junto con otros helenistas, estaban ligados a una misma sinagoga (Hch 6,9). Por eso a veces esa sinagoga es llamada «sinagoga de los alejandrinos» [77]. Herodes nombró sumo sacerdote a Simón, hijo de un judío egipcio, el alejandrino Boetos, para poder casarse con su hija Mariam(m)e. Posteriormente, otros siete [78] miembros de esta familia alcanzaron también el sumo sacerdocio. Según *Para* III 5, el sumo sacerdote Ananel [79], natural de Babilonia (véase *supra,* p. 83), era egipcio [80].

Un escriba de Jerusalén, Janán ben Abishalom, miembro de un tribunal de Jerusalén [81], tenía el sobrenombre de «el egipcio».

Filón, como muchos de los judíos de Egipto, estuvo de peregrinación en Jerusalén [82]. Los sacerdotes residentes en Egipto hacían comprobar al

[74] *B. j.* I 29,3, § 577.
[75] Hch 9,26; Gál 1,18.
[76] 2 Cor 11,32; Hch 9,24-25.
[77] Tos. *Meg.* III 6 (224,26); j. *Meg.* III 1,73ᵈ 32 (IV/1,236).
[78] Véase *infra,* p. 211, n. 66.
[79] *Ant.* XV 2,4, § 22; *Para* III 5: Janamel.
[80] Se da un hecho curioso cuyos motivos no están claros: los judíos de Babilonia no son, evidentemente, muy estimados en Palestina; se hablaba, en cambio, muy bien de los judíos de Egipto. Ciertamente, cuando hay que decir algo bueno de los babilonios (como el hecho de proporcionar un Sumo Sacerdote), se atribuye este honor a un egipcio (*Para* III 5). Lo que se afirma de los babilonios no es especialmente favorable: sus sacerdotes comen la carne cruda, lo que constituía una abominación para los judíos; los babilonios se burlan del cabrito emisario (*supra,* p. 84). Ahora bien, en los dos casos últimos, el Talmud de Babilonia afirma que se trataba de alejandrinos. Estos son los términos con que comenta la escena de burla al cabrito emisario (*Yoma* VI 4): «Rabbá ben Bar-Jana dice: No fueron babilonios, sino alejandrinos; pero como los palestinos odiaban a los babilonios llamaban a aquellos (a los alejandrinos, que, en opinión del Talmud de Babilonia, habían ultrajado el cabrito emisario) por el nombre de éstos (de los inocentes babilonios, según el mismo relato)» (b. *Yoma* 66ᵇ). Lo mismo se dice en *Men.* XI 7 (*supra,* p. 83). Pero el Talmud de Babilonia intenta claramente poner a salvo el honor de los babilonios. La única cosa exacta de tales explicaciones del Talmud obedecía a que en Palestina, de hecho, no se juzgaba muy bien a los babilonios.
[81] *Ket.* XIII 1-9; b. *Ket.* 105ᵃ; véase *supra,* p. 69.
[82] Fragmento de *De providentia* en Eusebio, *Praep. ev.* 14,64 (GCS 43,1, p. 477).

casarse, conforme a las prescripciones, la genealogía de su futura esposa [83]. Además, de Alejandría se llevaba a Jerusalén la «deducción de la masa» (*jallah*) [84], la cual, sin embargo, consideradas las reglas de la pureza legal, no podía ser aceptada. Estos hechos nos muestran que el culto, para todos los judíos de Egipto, no se concentraba totalmente en el templo de Onías [85]. La misma impresión se recibe de las noticias particulares relativas a este templo. Josefo nota que, en sus dimensiones, era pequeño y pobre en comparación con el de Jerusalén [86]. En *Men.* XIII 10 se encuentran las disposiciones de los doctores de Jerusalén acerca de los sacrificios y sacerdotes de este templo de Leontópolis. Según éstas, los sacerdotes, por ejemplo, que habían servido allí no podían oficiar en el templo de Jerusalén.

Así, pues, también para los judíos de Egipto era Jerusalén el centro religioso. Tenemos una prueba de ello en el siguiente hecho: el instigador de uno de los numerosos movimientos mesiánicos que tenían su meta en Jerusalén fue un egipcio. Este hombre reunió en torno suyo a una gran multitud: según Hch 21,38, cuatro mil zelotas (miembros del partido fanático revolucionario); según *B. j.* II 13,5, § 261, treinta mil secuaces. Quería mostrar a sus secuaces desde el Monte de los Olivos el derrumbamiento de las murallas de Jerusalén [87] y, después de este milagro mesiánico, constituirse en soberano de la ciudad santa [88].

Finalmente, también tenemos en el Talmud testimonios sobre las relaciones entre Egipto y Jerusalén. Durante una huelga llevada a cabo en el templo por los fabricantes de perfumes para quemar y de los panes de la proposición, se hizo venir de Egipto, para sustituirlos, gentes de esas profesiones; la tentativa, sin embargo, fracasó, pues no tenían la competencia necesaria [89]. También se realizaron experiencias desafortunadas con los artesanos alejandrinos que debían reparar los címbalos de bronce del templo y con los que debían reparar el agrietado mortero de bronce en que se machacaban los aromas para los perfumes de quemar. En ambos casos hubo que rehacer las reparaciones [90]. Un último dato nos indica las relaciones con Egipto: en tiempo de Alejandro Janneo (103-76 a. C.), R. Yoshuá ben Parajia huyó de Jerusalén a Alejandría con un discípulo del nombre de Jesús [91]. Una carta de Jerusalén lo haría volver.

[83] *C. Ap.* I 7, § 30-33; cf. *infra*, pp. 233 y 296.
[84] *Halla* IV 10.
[85] Véase *supra*, p. 46.
[86] *Ant.* XII 9,7, § 388; XIII 3,1-3, § 62ss; 10,4, § 285; XX 10,3, § 236s; *B. j.* I 1,1, § 33; VII 10,2-4, § 421ss.
[87] *Ant.* XX 8,6, § 169s.
[88] *B. j.* II 13,5, § 262.
[89] b. *Yoma* 38^{a-b}.
[90] b. *'Ar.* 10^{b} bar.; cf. Billerbeck III, 450.
[91] b. *Sanh.* 107^{b}; b. *Sota* 47^{a}. Billerbeck I, 85, respecto al nombre del rey, supone una confusión con Herodes, quien, según *Ant.* XIV 9,4, § 175, hizo asesinar el año 37 a. C. a los miembros del Sanedrín con excepción de Shemaya. Pero no es necesario admitir esta hipótesis. En efecto, el Talmud habla repetidas veces de la persecución llevada a cabo por Alejandro Janneo contra el escriba Simeón ben

k) *Cirene*

En el valle del Cedrón se encontró la tumba de una familia judía de Cirene [92]. Aquel Simón que fue obligado por los soldados romanos a llevar la cruz de Jesús al Gólgota [93] era oriundo de Cirene. Los cirineos residentes en Jerusalén pertenecían a una sinagoga mencionada en Hch 6,9. Los peregrinos a las fiestas procedentes de Cirene (más exactamente de Libia cirenaica, con Cirene por capital) se alojaban en parte, sin duda, en la hospedería contigua a aquella sinagoga. Algunos de ellos se convirtieron al cristianismo; y estos cristianos de Cirene, en unión de cristianos de Chipre, se atrevieron a predicar el evangelio en Antioquía incluso a los no judíos (Hch 11,20).

Un Sumo Sacerdote, llamado Ismael, fue decapitado en Cirene [94]; no sabemos por qué.

l) *Etiopía*

Incluso de Etiopía acudían extranjeros a Jerusalén. En Hch 8,27-39 vemos al ministro de finanzas de la reina etíope Candace regresar de Jerusalén, adonde había ido por motivos religiosos.

En resumen: iban a Jerusalén extranjeros de casi todo el mundo entonces conocido. Principalmente se debía a motivos religiosos; y en segundo lugar a razones de orden político o económico. Los que más hacían este viaje eran sobre todo sirios, babilonios, egipcios y gentes de Asia Menor.

3. EL MOVIMIENTO DE EXTRANJEROS PROCEDENTES DE REGIONES PROXIMAS

El mayor número de forasteros lo proporcionó siempre a Jerusalén el movimiento interior de Palestina. El comercio de la ciudad, como hemos visto, atraía a la ciudad principalmente a los habitantes de los alrededores más inmediatos; los del sur de Palestina, en el aspecto económico, estaban orientados hacia Jerusalén por la misma naturaleza, como indica una rápida ojeada a las comunicaciones [95]. En general estaba más ligada Judea a Jerusalén que el resto de Palestina. El país fue dividido por los romanos en once toparquías judías [96], apoyándose sin duda en la

Shetaj; y Josefo nos da a conocer las sangrientas y largas luchas de este rey contra el pueblo dominado por la influencia farisaica. El paralelo j. *Hag.* II 2,77[d] 30 (IV/1,277s) pone Yudá ben Tabbay en lugar de Yoshuá; lo que confirma también la cronología talmúdica.

[92] N. Avigad, *A Depository of Inscribed Ossuaries in the Kidron Valley:* «Israel Exploration Journal» 12 (1962) 1-12.

[93] Mc 15,21; Mt 27,32; Lc 23,26.

[94] *B. j.* VI 2,2, § 114.

[95] Véase *supra,* pp. 69s.

[96] *B. j.* III 3,5, § 54.

división de Palestina en veinticuatro distritos sacerdotales [97]; dichas toparquías acudían a Jerusalén a satisfacer sus impuestos. Las medidas policiales relativas a Judea recaían en parte sobre los hombros de las autoridades de Jerusalén y de la guardia del templo que estaba a su disposición. En ciertos casos, los tribunales de la provincia de Judea solicitaban una decisión de Jerusalén. Los casos especialmente difíciles se llevaban ante el Sanedrín, que hacía de tribunal supremo; en los casos dudosos, iba a Jerusalén el escriba del lugar (por ejemplo, de Mispá) [98] en busca de información.

También en el culto de Jerusalén participaba más intensamente la provincia de Judea que el resto de Palestina. Sólo algunos habitantes más próximos a la ciudad podían ir al santuario a adorar en sábado. Los testigos que anunciaban a la comisión competente, compuesta por sacerdotes, la aparición de la luna nueva eran, naturalmente, de la ciudad, o al menos de sus alrededores más próximos [99]. La mayor parte de los sacerdotes vivían en Judea. Según *Ned.* II 4, los galileos no conocían la costumbre de ofrecer algo a los sacerdotes, pues apenas vivían entre ellos. Sin embargo, no todos los sacerdotes de Judea vivían en Jerusalén. Allí residían, por ejemplo, los sumos sacerdotes, el sacerdote Sadoc [100] y el sacerdote Josefo [101]. Por el contrario, Zacarías vivía, según la tradición, en Ain Karim, en las montañas de Judea, al oeste de Jerusalén (Lc 1,39). Matatías, antepasado de los macabeos, vivía en Modín (1 Mac 2,1). En la parábola del buen samaritano, narrada por Lc, encontramos un sacerdote que baja de Jerusalén a Jericó (Lc 10,31). Según Orígenes [102], Betfagé era una aldea de sacerdotes. Finalmente, *Terum.* II 4 prescribe que donde habite un sacerdote se entregue a él la «deducción». Todo esto permite considerar como verosímiles los datos sobre la división de Palestina en veinticuatro distritos, que se turnaban en el servicio del santuario; el distrito que estaba de turno enviaba al templo a sus sacerdotes y levitas, junto con algunos representantes del pueblo [103].

Pero, sobre todo, la provincia de Judea, debido a su menor distancia, tuvo la posibilidad de ser más numerosamente representada en las peregrinaciones a las fiestas. Oímos decir que una ciudad de la importancia y magnitud de Lydda [104] participaba tanto en la fiesta de los Tabernáculos, que sólo cincuenta personas quedaban en sus casas [105]. Esto sólo era posible en Judea.

[97] Véase *infra,* p. 216.
[98] *Pea* II 6.
[99] *R. H.* I 7.
[100] *Lam. R.* 1,49 sobre 1,16 (35ª 22), donde es llamado *kôhen gadôl,* sacerdote principal (la diferencia entre Sumo Sacerdote y sacerdote principal, véase *infra,* pp. 193-197).
[101] *Vita* 2, § 7.
[102] *Comm. in Mt* 2,4s, XVI 17 *(GCS* 40, 531s).
[103] *Ta'an* IV 2; *Bik.* III 2; *Para* III 11.
[104] Era la capitalidad de una toparquía *(B. j.* III 3,5, § 55).
[105] *B. j.* II 19,1, § 515s: en el 66 d. C.

A medida que aumentaban las distancias, el comercio se realizaba cada vez más por medio de caravanas y mayoristas [106]; así que la participación de las restantes regiones de Palestina en el movimiento de Jerusalén se debía más bien a los deberes religiosos que al comercio. Sólo constituían una excepción los samaritanos, pues su culto se centralizaba en el Garizín (Jn 4,20-21). Encontramos en Jerusalén, con motivo de una fiesta, al carpintero de Nazaret José, junto con María y Jesús (Lc 2,41-44). Asimismo, la reina Berenice, hija del rey Agripa I y hermana de Agripa II, vino a Jerusalén con motivo de un nazireato [107]; probablemente llegó desde Cesarea de Filipo (el 66 d. C.; en esta época debía de estar ya divorciada de su marido Polemón de Cirene). Los deberes religiosos llevaban a la ciudad santa a ricos y pobres.

En tiempos de exaltación nacional crecía enormemente el número de peregrinos a las fiestas. No hace falta decir que la reunión de multitudes en Jerusalén revestía también importancia política; así lo indican ejemplos muy diversos. Fueron estos motivos políticos los que congregaron en Jerusalén, en el año 6 d. C., una «innumerable multitud» de judíos armados procedentes de Galilea, Idumea, Perea y, sobre todo, de Judea [108]. Todo movimiento mesiánico debía esforzarse por alcanzar Jerusalén. El foco principal de las corrientes antirromanas y mesiánicas era Galilea. Es difícil imaginar que el comportamiento de Pilato en el santuario, contra unos peregrinos galileos asistentes a la Pascua (Lc 13,1), no haya tenido un motivo concreto. Fue en Galilea donde se desarrolló el partido de los zelotas; con el tiempo tomó éste en sus manos los destinos de todo el pueblo. Judas, cuya insurrección contra los romanos (6-7 d. C.) dio el impulso definitivo a la formación del movimiento zelota, era de Galilea; su padre, Ezequías, había sido ya cabecilla de un movimiento que luchó contra Herodes en Galilea. El hijo de Judas, Menajén, fue uno de los principales líderes en la insurrección contra los romanos ocurrida el año 66 d. C. [109]. Las peregrinaciones a las fiestas de Jerusalén constituían para estos movimientos un lazo de unión con la ciudad santa.

[106] Véase *supra*, p. 57.
[107] *B. j.* II 15,1, § 313.
[108] *B. j.* II 3,1, § 43.
[109] *B. j.* II 17,8s, § 433ss.

II

JERUSALEN Y EL MOVIMIENTO DE EXTRANJEROS

1. SITUACION DE LA CIUDAD

Respecto al influjo de la situación geográfica de la ciudad en el movimiento de extranjeros, vale lo que hemos dicho en páginas anteriores a propósito del comercio.

2. IMPORTANCIA POLITICA Y RELIGIOSA DE LA CIUDAD

Las condiciones económicas de la ciudad influyeron en el movimiento de extranjeros en cuanto atraían a Jerusalén a comerciantes de todo el mundo, pero principalmente de Judea y del resto de Palestina.

a) *Importancia política*

Jerusalén era además el centro de la vida política judía. La gran atracción que ejercía sobre los extranjeros se explica por estos tres hechos: era la antigua capital, la sede de la suprema asamblea y la meta de las peregrinaciones festivas.

Jerusalén era *la antigua capital.* La corte de Herodes, donde reinaba plenamente el espíritu helenista, con luchas de fieras, juegos gimnásticos y de las musas, espectáculos, carreras de carros organizados en el hipódromo y en el teatro [110], todo eso constituía un motivo de gran atracción para los forasteros. Extranjeros participantes, activa o pasivamente, en las competiciones deportivas, literatos y otros personajes de cultura helenística eran los huéspedes de la corte de Herodes. A esto se añadían las numerosas relaciones oficiales mantenidas por Herodes y también por Agripa I; debido a ellas venían a Jerusalén enviados, mensajeros y guardias extranjeros. Ya hemos visto [111] hasta qué punto la capital, incluso dentro del país, constituía un centro de atracción para muchos, sobre todo para los poseedores de la riqueza nacional.

Jerusalén era también *la sede de la suprema asamblea:* allí tenía sus sesiones el Sanedrín, que, por su origen y naturaleza, era la primera autoridad del país y cuya competencia se extendía a todos los judíos del mundo. Así era por lo menos teóricamente; su prestigio de suprema instancia le garantizaba el ser escuchado por los judíos del mundo entero, aunque difícilmente podía usar medios coercitivos fuera de Judea. Pablo recibe cartas para las sinagogas de Damasco, con orden de prender a los cristianos y llevarlos ante el Sanedrín (Hch 9,2). Los judíos de Roma dicen a

[110] *Ant.* XV 8,1, § 268ss.
[111] *Supra,* p. 72.

Pablo que ellos, respecto a su persona, no habían recibido de Judea instrucciones escritas (Hch 28,21). Pero era en Judea donde el Sanedrín tenía mayor influjo. Desde que Judea se convirtió el año 6 d. C. en provincia romana era el Sanedrín su primera representación política. Una comisión del Sanedrín constituía la asamblea financiera de las once toparquías judías [112], distritos en que los romanos habían dividido el país. En aquella época era también el Sanedrín la primera instancia de la provincia en los asuntos municipales. Finalmente, constituía la suprema instancia judicial judía para la provincia de Judea.

El Sanedrín, debido a su importancia, mantenía relaciones con los judíos de todo el mundo y, dentro de Judea, unía administrativamente con Jerusalén a las más pequeñas aldeas.

En el templo se celebraban las tres fiestas de peregrinación. Hemos visto [113] cómo las caravanas que acudían a ellas, debido a la importancia política de las reuniones festivas, crecían enormemente los años de agitación.

A partir del año 6 d. C. Jerusalén fue sólo *una ciudad romana de provincia* con guarnición; pero eso influyó muy poco en el movimiento de extranjeros. Por la fiesta de la Pascua, y hasta con cierta regularidad, venía el procurador romano de Cesarea a Jerusalén con una fuerte escolta de soldados para administrar justicia.

Así, pues, dada la importancia de Jerusalén como centro de la vida política judía acudían a ella numerosas personas, tanto por asuntos públicos como privados.

b) *Importancia religiosa*

Finalmente, el predominio religioso de la ciudad fue absolutamente decisivo para la atracción que ésta ejercía sobre los extranjeros.

Jerusalén era, ante todo, uno de los más importantes centros para *la formación religiosa* de los judíos. Atraía a los intelectuales de Babilonia y Egipto y la reputación mundial de sus sabios era un reclamo para toda clase de estudiantes.

Jerusalén tenía importancia para las más diversas *corrientes religiosas*. Allí se encontraba el núcleo central de los fariseos; allí estuvo durante mucho tiempo el centro de la cristiandad del mundo (cf. Gál 2,1-10); allí encontramos a los esenios. Para los cristianos, los santos lugares (no se puede imaginar que no lo hayan sido desde el principio) y la presencia de los más antiguos testigos del evangelio debieron de constituir una causa permanente de atracción. De Gál 2,10; 1 Cor 16,1-3; 2 Cor 8-9 (cf. Hch 20,4) se infiere que los cristianos del mundo entero enviaban sus ofrendas a la Iglesia madre de Jerusalén.

La expectación religiosa estaba ligada a Jerusalén. Por eso todos los movimientos mesiánicos, muy numerosos en aquella época, tenían sus

[112] *B. j.* III 3,5, § 54.
[113] Véase p. 90.

ojos puestos en Jerusalén. Muchos se establecían en la ciudad para morir en aquel sagrado lugar y ser enterrados allí, donde tendría lugar la resurrección y el juicio final.

Pero, sobre todo, en Jerusalén estaba el templo, Jerusalén era *la patria del culto judío,* Jerusalén era el lugar de la presencia de Dios sobre la tierra. Allí se iba a orar, pues la oración llegaba allí más directamente a los oídos de Dios; allí ofrecían sacrificios el nazireo, después del cumplimiento de su voto, y el no judío que quería ser plenamente prosélito [114]; allí era conducida, para el juicio de Dios, la *sôtah,* la mujer sospechosa de adulterio. Al templo se llevaban las primicias; en él se purificaban las madres, después de cada parto, por medio del sacrificio prescrito; allí enviaban los judíos de todo el mundo los impuestos en favor del templo; a él se dirigían, cuando les tocaba, las distintas secciones de sacerdotes, levitas e israelitas; al templo afluía, tres veces al año, el judaísmo del mundo entero.

Es difícil hacerse una idea de la cuantía de los congregados con motivo de las tres fiestas anuales, sobre todo en la de la Pascua. Vamos, sin embargo, a intentarlo, examinando las prescripciones relativas a la participación y su cumplimiento real; trataremos después de calcular el número de peregrinos.

En las tres fiestas principales «todos están obligados a comparecer (delante de Dios = en el templo), a no ser el sordo, el idiota, el menor, el hombre de órganos tapados (sexo dudoso), el andrógino, las mujeres, los esclavos no emancipados, los tullidos, el ciego, el enfermo, el anciano y todo el que no puede subir a pie (a la montaña del templo)». La escuela de Shammay explica así el término «menor de edad»: «El que no puede (aún) ponerse a caballo sobre los hombros de su padre para subir de Jerusalén a la montaña del templo»; y la escuela de Hillel dice: «El que no puede (aún) dar la mano a su padre para subir de Jerusalén a la montaña del templo» [115]. Según estos datos, el concepto «israelita» se confunde con «el que va a Jerusalén».

¿Correspondía la práctica a esta teoría? Leemos en Lc 2,41 que los padres de Jesús «subieron a la fiesta de la Pascua, según costumbre». De donde podemos concluir: 1) Los pobres (los padres de Jesús, según Lc 2,24, hacen uso de la concesión hecha a los pobres de ofrecer sólo un par de palomas) o los que vivían muy lejos podían permitirse no hacer cada año más que el viaje pascual. 2) Las mujeres, aunque no estaban obligadas [116], participaban en los viajes a las fiestas. También leemos en Lc 2,42: «Cuando Jesús cumplió doce años», sus padres lo llevaron consigo a Jerusalén para celebrar la Pascua. Podemos, por tanto, suponer lo siguiente: 3) Era costumbre, para los de afuera, llevar consigo los niños cuando éstos habían cumplido doce años. El sacerdote José llevó incluso a la segunda Pascua (en ciertos casos de impedimento se podía celebrar la Pas-

[114] *Ker.* II 1; b. *Ker.* 81ª.
[115] *Hag.* I 1.
[116] *Ibíd.*

cua un mes más tarde) [117] a sus hijos menores y a las gentes de su casa. Pero fue rechazado para no crear precedente de celebración de la segunda Pascua. Este sólo hecho muestra que José era demasiado celoso [118]. Por lo demás, algunos textos del Talmud indican los trece años como la edad en que comienza la obligación de cumplir los preceptos de la ley; pero esos textos no contradicen la noticia de Lc 2,42; los niños eran llevados ya a los doce años en peregrinación para habituarlos al cumplimiento del precepto, que les iba a obligar a partir del año siguiente.

De la diáspora también venían peregrinos a las fiestas; además de Josefo y de los testimonios concretos citados anteriormente, tenemos también el testimonio de Filón: «En efecto, miríadas acudían en cada fiesta al templo de miríadas de ciudades, unos por tierra, otros por mar, del oriente y del occidente, del septentrión y del mediodía» [119]. Sin duda, estos peregrinos de la diáspora podían aprovecharse de la concesión mencionada anteriormente (cf. Lc 2,41), que les permitía hacer un solo viaje al año. Es incluso posible que, en circunstancias difíciles, hayan disfrutado de una concesión más amplia aún, análoga, por ejemplo, a la que existe en el Islam, de no hacer más que un viaje en toda la vida.

Los prosélitos sólo estaban obligados a acudir a las fiestas si lo eran plenamente [120]. Varias veces, sin embargo, nos encontramos en Jerusalén, asistiendo a las fiestas, con prosélitos de segundo grado: «Había algunos griegos de los que subían (a Jerusalén) a adorar en la fiesta» (Jn 12,20); se trata en este pasaje de paganos incircuncisos, de «temerosos de Dios». Tal es el caso del ministro de finanzas de la reina etíope Candace. En *B. j.* VI 9,3, § 427 habla Josefo de «extranjeros venidos para el culto divino». En todos estos casos se trataba de una participación voluntaria.

Este es el cuadro que se deduce de las prescripciones y datos particulares: todo israelita varón y todo prosélito de pleno derecho en edad de realizar el viaje estaban obligados a participar en las peregrinaciones anuales a las fiestas; en favor de los extranjeros, sin embargo, se habían introducido ciertas concesiones. Una prueba, basada en cifras, la encontramos en *Vita* 65, § 354; y este dato es tanto más fidedigno cuanto que Josefo polemiza en este pasaje con Justo de Tiberíades, lo que claramente otorga importancia a la precisión. Se trata de Tiberíades, que se convirtió en capital de Galilea bajo Herodes Antipas. Su consejo se componía de 600 miembros [121]; lo que nos hace pensar en una considerable población. Sin embargo, según *Vita* 65, § 354, entre los sitiados de Jerusalén, es decir, entre los asistentes a la Pascua del año 70 [122], sólo se encontraban dos mil hombres de Tiberíades.

[117] *Pes.* IX.
[118] *Halla* IV 11.
[119] Filón, *De spec. leg.* I 12, § 69.
[120] Cf. Gál 5,3; Pablo repite la prescripción judía.
[121] *B. j.* II 21,9, § 641.
[122] *B. j.* VI 9,3, § 421.

3. EL NUMERO DE PEREGRINOS EN PASCUA

Tenemos en cuatro pasajes cifras relativas al número de participantes en la fiesta de la Pascua, es decir, relativas al conjunto de los peregrinos y de la población de Jerusalén. En efecto, parece que se ha intentado calcular, por el número de víctimas pascuales, el número de peregrinos.

1. Según b. *Pes.* 64^{b} y *Lam. R.* 1,2 sobre 1,1 (18^{b} 22), Agripa (probablemente Agripa II, como luego indicamos) mandó separar un riñón de cada víctima pascual. Este es el resultado respecto al número de víctimas: «El doble de los que salieron de Egipto (600.000, según Ex 12,37), sin contar las gentes impuras y los que estaban en viajes lejanos; y ningún cordero pascual era comido entre menos de diez personas» [123] (según *Lam. R.*, el número de participantes en una víctima fluctuaba entre 10 y 100). Lo que arroja el siguiente resultado: 600.000 × 2 × 10 = doce millones de peregrinos en la Pascua.

2. Josefo cuenta [124] que en una Pascua, entre el 63 y 66 d. C., se hizo un recuento de las víctimas; resultaron 255.600 (variante: 256.500) víctimas y 2.700.000 personas asistentes a la fiesta. Cuando Josefo habla [125] de tres millones de participantes, se trata sin duda de una cifra redondeada.

3. He aquí las cifras dadas por Josefo a propósito del asedio surgido súbitamente durante la Pascua del año 70 d. C.:

Asistentes a la Pascua:		
Muertos	1.100.000	(*B. j.* VI 9,3, § 420)
Prisioneros	97.000	(*B. j.* VI 9,3, § 420)
Huidos al barranco, lleno de árboles, de Jarde	3.000	(*B. j.* VI 6,5, § 210ss)
TOTAL	1.200.000	

4. Tácito [126] suministra una cuarta indicación; según él, los hombres cercados en Jerusalén en el año 70 d. C. debían de ser unos 600.000 en total. Pero ante esta cifra hay que tener precaución, pues Tácito utilizó probablemente a Josefo. Ahora bien, en Josefo [127] se encuentra este dato: algunos escapados contaron que el número de los cadáveres de los pobres arrojados fuera, ante las puertas, ascendía a 600.000; en cuanto al número de los otros muertos, no se podían calcular. Es posible que Tácito haya entendido erróneamente esta cifra como número total de los sitiados, y que hiciese así su cómputo.

Estos cuatro textos nos dan cifras tan improbables, que no las podemos considerar verídicas.

[123] b. *Pes.* 64^{b}.
[124] *B. j.* VI 9,3, § 422ss.
[125] *B. j.* II 14,3, § 280.
[126] *Hist.* V 13.
[127] *B. j.* V 13,7, § 569.

¿Tenemos, entonces, que renunciar a conocer el número real de peregrinos a la Pascua? No, pues viene en nuestra ayuda un pasaje de la Misná. En *Pes.* V 5 leemos que los judíos se dividían el 14 de *nisân* en tres grupos para inmolar las víctimas: «Entraba el primer grupo y se llenaba el atrio; las puertas se cerraban y se tocaba largamente la trompeta...»; V 7: «Salido el primer grupo, entraba el segundo; a la salida del segundo, entraba el tercero...»; este último, sin embargo, no era tan numeroso como los dos anteriores.

Ahora bien, es seguro que las víctimas se inmolaban en tiempos de Jesús en el templo y no en casa. Esto se desprende ya del mismo hecho de que el cordero pascual era una víctima; su sangre tenía que ser utilizada ritualmente (se la derramaba sobre el altar, 2 Cr 35,11) [128]. La víctima pascual es calificada expresamente de sacrificio en Ex 12,27; 34,25; Nm 9,7.13; *Ant.* II 14,6, § 312s; III 10,5, § 248; *B. j.* VI 9,3, § 423 *(thysia);* Filón, *De Vita Mosis* II, § 224 *(thyein);* en el NT: Mc 14,12; Lc 22,7; 1 Cor 5,7 *(thyein, thyesthai)*. Además, las prescripciones del Dt 16, 2.6, lo mismo que la disposición de 2 Cr 35,5-6 [129] y la norma rabínica acerca de los sacrificios de menor santidad [130] exigen que la inmolación tenga lugar en el templo. Esto es lo que indican también los relatos sobre el modo de contar los huesos o riñones de los corderos de Pascua; sólo era posible ese recuento si la inmolación tenía lugar únicamente en el templo. Esto es lo que confirman, finalmente, todos aquellos textos en los que se dice que la inmolación debía ser realizada por laicos, como lo cuenta Filón [131]. Concuerda con *Pes.* V 6, donde se dice: «Un israelita ha degollado y el sacerdote ha recogido la sangre». En el AT, Lv 1,5, se prescribe la inmolación de una víctima por los laicos. Todo esto indica que el acto cultual tenía lugar en el templo.

El tratado *Middot* de la Misná y Josefo nos dan a conocer las dimensiones del templo. Así que, si podemos precisar, al menos aproximadamente, el espacio ocupado por los tres grupos, deduciremos de ahí el número de los asistentes a la fiesta.

¿Qué espacio ocupaba el grupo que entraba a inmolar las víctimas?

El grupo era admitido en el «atrio»; término por el que hay que entender el espacio situado al oeste de la Puerta de Nicanor, el «atrio interior» en el que se encontraban el lugar de los sacrificios y el altar de los holocaustos. Imaginémonos claramente la división de la explanada del templo. La Misná [132] habla de diez grados de santidad; estaban situados en círculos concéntricos alrededor del *sancta-santorum:*

I. El país de Israel.
II. La ciudad de Jerusalén.

[128] Cf. H. L. Strack, *P^esajim* (Leipzig 1911) 6*.
[129] Cf. *Jubileos* XLIX 19s.
[130] *Zeb.* V 8.
[131] *De Vita Mosis* II (III), § 224; *De Decalogo,* § 159; *De spec. leg.* II, § 145.
[132] *Kel.* I 6-9.

III. El monte del templo.
IV. El *jel,* terraza con una balaustrada que la separaba del resto de la explanada del templo; esta balaustrada marcaba los límites permitidos a los paganos.
V. El atrio de las mujeres.
VI. El atrio de los israelitas.
VII. El atrio de los sacerdotes.
VIII. El espacio entre el altar de los holocaustos y el edificio del templo.
IX. El edificio del templo.
X. El sancta-sanctorum.

Conforme a esta división, el atrio interior en cuestión comprende los círculos de santidad VI y VII: el atrio de los israelitas y el de los sacerdotes. Los círculos VIII, IX y X también pertenecían al atrio interior; pero en ningún caso eran accesibles a los laicos. Por el contrario, el espacio situado detrás y a cada lado del edificio del templo no pertenecía al espacio que les estaba absolutamente prohibido [133].

La Misná nos da las siguientes medidas: el espacio del círculo VI *(a* en el diseño, atrio de los israelitas) medía 135 × 11 cod = 1.405 cod². El del círculo VII *(b,* atrio de los sacerdotes) no se indica, pero se puede conocer indirectamente, pues el espacio total de los círculos VII + VIII (espacio entre *c,* el altar de los holocaustos, y el edificio del templo) + IX/X (edificio del templo) medía 135 × 176 cod = 23.760 cod². De estos tres sumandos conocemos los dos últimos. El círculo VIII medía 32 × (19 + 3) cod = 704 cod²; los círculos IX/X medían 100 × 22 *(f,* vestíbulo) + 80 + 70 (edificio principal) cod = 7.800 cod². Restemos ahora los círculos VIII + IX/X del total de los círculos VII + VIII + IX/X: 23.760 — (704 + 7.800) = 15.256 cod². Este es el espacio del círculo VII. De esta superficie, el altar *(c,* 32 × 32 cod = 1.024 cod²) y sus gradas *(d,* 32 × 16 cod = 512 cod²) estaban prohibidos a los laicos que iban a inmolar las víctimas pascuales; hay que restar, por tanto, sus dimensiones. Por lo que la superficie utilizable del círculo VII desciende a 13.720 cod². Sumado al círculo VI, de 1.485 cod² (véase *supra),* nos da un espacio de 15.205 cod²; y como 1 cod² equivale a 0,276 m², tenemos 4.196,58 m². Este es el espacio aproximado de que disponían los israelitas para inmolar las víctimas pascuales en los atrios VI y VII, pues hay que restar aún la superficie, que no conocemos, del pilón para las abluciones *(e),* de las columnas, etc. En conclusión, podemos calcular *un espacio aproximado de 4.000 m² para cada grupo admitido a sacrificar.*

Estamos en condiciones de controlar esta cifra.

Pes. V 10 discute el caso de que el 14 de *nisân* caiga un sábado, lo que impediría a la gente entrar en su casa inmediatamente después de la

[133] *B. j.* V 5,6, § 226.

EL ATRIO INTERIOR

(Círculos VI-X) según los datos de la Misná y de Josefo.
Diseño del autor.

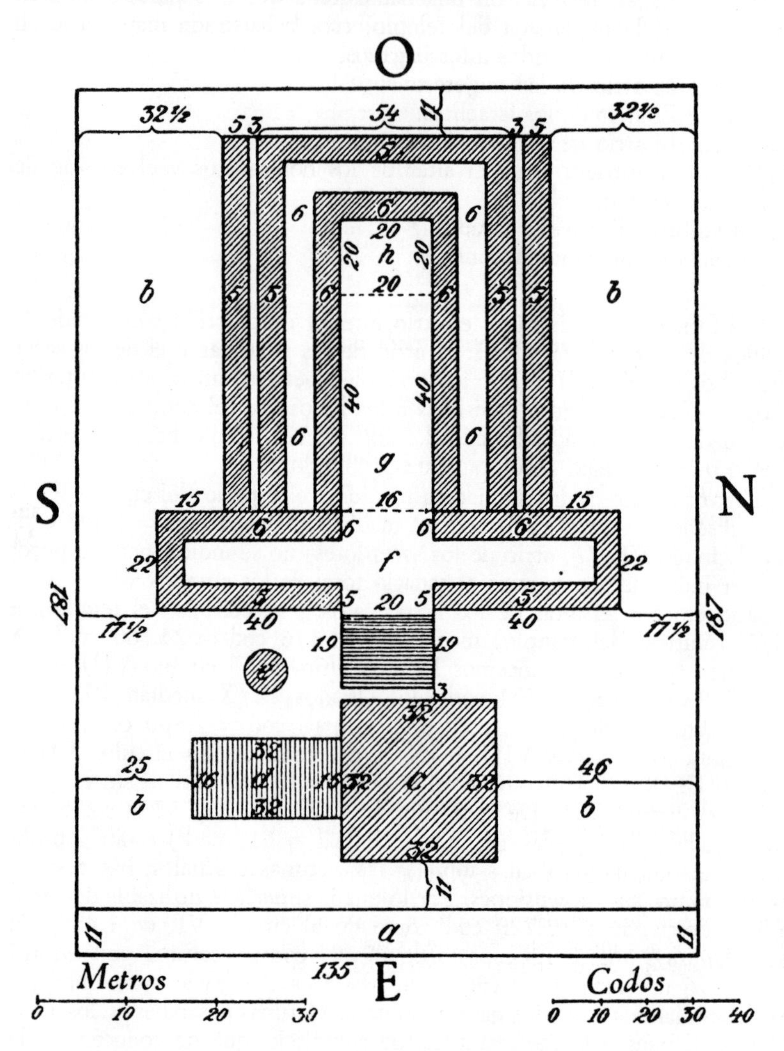

Explicación del diseño

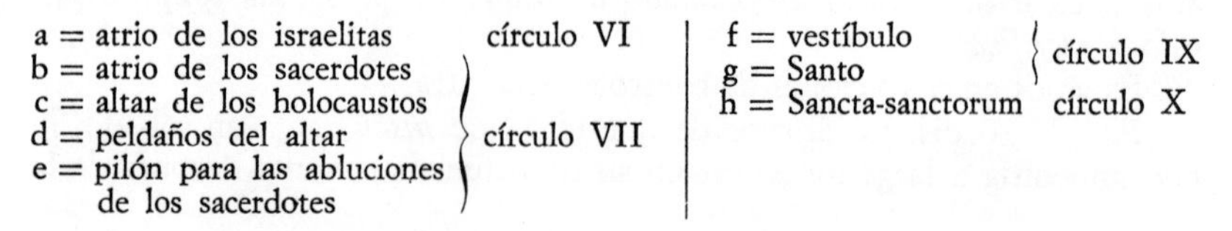

a = atrio de los israelitas	círculo VI	f = vestíbulo	círculo IX
b = atrio de los sacerdotes	círculo VII	g = Santo	círculo IX
c = altar de los holocaustos	círculo VII	h = Sancta-sanctorum	círculo X
d = peldaños del altar	círculo VII		
e = pilón para las abluciones de los sacerdotes	círculo VII		

Las medidas se indican en codos.

inmolación; se dice que el segundo grupo espera entonces la caída de la noche en el *jel,* es decir, sobre la terraza que rodeaba la parte central de la explanada del templo, a saber: el conjunto de atrio interior, junto con el santuario, y el atrio de las mujeres; es el círculo IV. Así, pues, un grupo cabía en el círculo IV. ¿Cuál era su superficie?

La anchura del *jel* era de 10 codos, según la Misná y Josefo [134]. Conocemos además su perímetro interior, que es idéntico al perímetro de la parte central de la explanada; esta parte, como hemos dicho, comprendía, además del atrio interior, el atrio de las mujeres y, por el norte, este y sur, los edificios laterales [135]. Así que el lado mayor del perímetro interior se componía de la siguiente manera: lateral mayor del atrio interior, más lateral mayor del atrio de las mujeres, más anchura de los edificios laterales, o sea, $187 + 135 + 40 = 362$ cod; y el lado menor del perímetro se componía a su vez: lateral menor de los atrios, más anchura de los edificios laterales del norte y del sur, o sea, $135 + 40 + 40 = 215$ cod. Así, pues, el perímetro interior del *jel* medía $(2 \times 362) + (2 \times 215) =$ 1.154 cod. Su perímetro exterior se obtiene añadiendo la anchura del *jel,* 10 codos, a cada extremo de los dos laterales, mayor y menor, del perímetro interior: $2 \times (362 + 10 + 10) + 2 \times (215 + 10 + 10) =$ 1.234 cod. Para obtener la superficie del *jel* hay que multiplicar su anchura por la semisuma de los perímetros interior y exterior: $\frac{1.154 + 1.234}{2} \times 10 = 11.940$ cod^2, es decir, 3.295,44 m^2, ya que 1 cod^2 equivale a 0,276 m^2. Este es el espacio del *jel* que daba cabida, según *Pes.* V 10, a

[134] *Mid.* II 3; *B. j.* V 5,2, § 197.

[135] El atrio interior no estaba directamente unido a la terraza, sino que, entre ellos, había edificios laterales; así se deduce de la Misná y de Josefo. *Mid.* I 1 llama edificios a las puertas que conducen del atrio interior al *jel (Mid.* I 5). Esto se confirma con la descripción más detallada de los edificios de las puertas, especialmente el llamado «morada del hogar» (I 6-9) y el que hay que identificar con una de las puertas mencionadas en II 7. Estos «edificios de las puertas» tenían una exedra, es decir, un vestíbulo con asientos, y, encima, una habitación *(Mid.* I 5; *B. j.* V 5,3, § 203); esta exedra medía 30 codos de ancho *(B. j., ibíd.).* Pero, entre el *jel* y el atrio interior no sólo estaban los edificios de las puertas, sino que había otros edificios laterales que unían estos edificios de las puertas. En los laterales situados al norte y al sur del atrio interior se encontraban, según *B. j.* V 5,2, § 200, las cámaras del tesoro; según *Mid.* V 3-4, seis salas eran empleadas para fines cultuales o cosas parecidas. Entre el atrio de las mujeres y el *jel* había también edificios de puertas y otras construcciones. En particular se habla de cuatro salas, de 40 codos cuadrados, situadas en las cuatro esquinas del atrio de las mujeres *(Mid.* II 5). No hay que buscar estas salas en el mismo atrio de las mujeres; en efecto, la Puerta de Nicanor, los 15 escalones en semicírculo que conduce a ella y las salas mencionadas en *Mid.* II 7 bajo el atrio de los israelitas, ocupaban toda la parte occidental del atrio de las mujeres, la cual medía 135 codos.

Estos datos no dejan lugar a duda: había construcciones laterales que unían los edificios de las puertas; rodeaban el recinto sagrado por el norte, este y sur. Su anchura era sin duda de 40 codos, como la de las salas del atrio de las mujeres.

Entre el atrio de las mujeres y el de los israelitas no había, según parece, ningún edificio; así lo da a entender *Mid.* II 7 al hablar de salas debajo del atrio de los israelitas, abiertas por el lado del atrio de las mujeres.

todo el grupo que antes había ocupado el atrio interior para inmolar las víctimas pascuales [136].

Antes de comparar esta cifra de 3.295 m^2 con la que hemos obtenido anteriormente de 4.000 m^2 tenemos aún que disminuir un poco esta última.

En el atrio interior se necesitaba naturalmente espacio para inmolar las víctimas; por otra parte, los sacerdotes, colocados en filas, ocupaban también sitio. Lo que disminuía en 1/5 el espacio disponible para los laicos. Y así concuerdan los resultados. Un grupo, cuando no sacrificaba, ocupaba aproximadamente un espacio de 3.200 m^2.

¿Cuántos hombres podían caber en este espacio? Tenía que haber grandes apreturas. Entre los diez milagros que se realizaban en el templo el octavo consistía en que había espacio suficiente [137]. Sin embargo, no siempre salían las cosas bien. Leemos en b. *Pes.* 64^b: «Los Rabbis enseñaban (es la fórmula tannaítica de introducción, la cual indica una época anterior al 200 d. C.): Nadie fue jamás aplastado en el atrio del templo, excepto en una Pascua en tiempo de Hillel, en la cual lo fue un anciano. Por eso se la llamó 'Pascua de los aplastados'». También Josefo habla de esta falta de sitio. Según su relato, en una Pascua entre los años 48 y 52 d. C. (en el cuarto día de la fiesta, no en el mismo día de los sacrificios), fueron aplastados en la plaza del templo, debido al pánico, 30.000 hombres [138].

Dada la falta de sitio, podemos calcular dos hombres por metro cuadrado, cada uno con una víctima, raramente con dos [139]. Lo que nos da un total de 6.400 hombres; y, por consiguiente, había también alrededor 6.400 víctimas en cada grupo. Con lo que está de acuerdo la noticia de Josefo a propósito de la Pascua del año 4 a. C.: durante el sacrificio fueron muertos por los soldados de Arquelao 3.000 hombres [140]; el resto huyó.

Había tres grupos; el último no era tan importante como los dos anteriores, pues todos tratarían de meterse en los primeros. Llegamos así a un total aproximado de 18.000 víctimas pascuales.

¿Cuántos eran los peregrinos asistentes a la Pascua? Cada víctima estaba prevista para los comensales de una misma mesa [141]. ¿Cuántos eran esos comensales? Se discute si un particular podía sacrificar una víctima

[136] Es posible que el segundo grupo, además de la terraza, haya podido disponer también de las escaleras de esta terraza. Según Josefo (*B. j.* V 5,2, § 195.198), entre el atrio de los gentiles (separado por una balaustrada de piedra) y la terraza había 14 escalones y cinco entre la terraza y los atrios centrales. *Mid.* II 3 menciona solamente 12 escalones, de 0,5 codos de altura; su anchura no se indica. Si incluimos estos escalones en el cálculo, tenemos, según Josefo, una superficie aproximada de 6.600 metros cuadrados, y, según la Misná, de 5.400 metros cuadrados aproximadamente. Estas elevadas cifras podrían confirmar también los resultados de la p. 97: tendríamos que admitir entonces que sobre el *jel* no se estaba tan apretado como en el atrio.

[137] *P. A.* V 5.

[138] *B. j.* II 12,1, § 227.

[139] *Pes.* VIII 2.

[140] *B. j.* II 1,3, § 12s; *Ant.* XVII 9,3, § 218.

[141] *Phratria, habûrah, Pes.* VII 3.

para sí solo [142]. Respecto al límite superior, se dice lo siguiente: «En un grupo de cien personas se calcula que no toca a cada uno tanto como una aceituna»; por lo que ese número era inadmisible [143]. *Pes.* IX 10s cita, como ejemplos, grupos de comensales de cinco, diez y dos personas. Si la última cena de Jesús fue una comida pascual, tomaron parte en ella Jesús y sus doce discípulos, es decir, trece personas. Josefo [144], el Talmud [145] y el Midrás [146] coinciden en suponer como término medio diez comensales. Debemos atenernos a esta cifra.

Por consiguiente, éste es el número que obtenemos de asistentes a la Pascua: 18.000 × 10 = 180.000. Si le restamos los 55.000 habitantes aproximados de Jerusalén [147], obtenemos aproximadamente una cifra de 125.000 peregrinos a la Pascua. Esta cifra difícilmente se podría aumentar o disminuir en más de la mitad.

Tan grande era la afluencia de extranjeros a Jerusalén, que éstos, en las épocas de fiesta, superaban ampliamente el número de sus habitantes. En el aspecto económico de la ciudad era este sector el que principalmente daba importancia a Jerusalén.

Echemos una mirada retrospectiva. La investigación nos ha descubierto una ciudad de montaña, con escasez de agua; sus alrededores son pobres en materias primas para los oficios; su situación es muy desfavorable para el comercio y el movimiento de extranjeros. Y, sin embargo, esta ciudad encierra en sus murallas oficios prósperos y tiene una afluencia de extranjeros procedentes de todo el mundo entonces conocido, los cuales, en algunos momentos, sobrepasan en número a los habitantes de la ciudad. La razón de ello es que en esta ciudad se encuentra el santuario de todos los judíos del mundo.

* * *

[142] *Pes.* VIII 7; según *B. j.* VI 9,3, § 423, está prohibido.
[143] *Pes.* VIII 7.
[144] *B. j.* VI 9,3, § 423.
[145] b. *Pes.* 64ᵇ.
[146] *Lam. R.* 1,2 sobre 1,1 (19ª 2).
[147] Respecto al cálculo del número de habitantes de Jerusalén, no nos sirven los escritores antiguos (el Pseudo-Hecateo, para la época anterior al año 100 a. C., da 120.000 habitantes: *C. Ap.* I 22, § 197; *Lam. R.* 1,2 sobre 1,1 [18ᵇ 14] da tales cifras, que llevan a calcular 9,5 billones de habitantes). Por eso nos vemos obligados a calcular el número de habitantes por la superficie de Jerusalén. Como ya hemos visto, los lados oeste, sur y oriental de la muralla anterior a Agripa I medían en total unos 2.575 metros; a esto hay que añadir la tercera muralla septentrional comenzada bajo Agripa I. Esta, si la identificamos con la actual muralla norte, tenía unos 2.025 metros de largo; si damos fe, por el contrario, a los datos de Josefo ya mencionados, tenía unos 3.530 metros. En resumen, el perímetro de la ciudad o bien tenía unos 4.600 metros, o unos 6.105 metros; su superficie, por consiguiente, o bien era de $(4.600:4)^2 = 1.322.000$ metros cuadrados, o bien de $(6.105:4)^2 = 2.329.000$ metros cuadrados. Con todo, hace cincuenta años la densidad de población, en la ciudad y los suburbios, era alrededor de un habitante por 30 metros cuadrados. La ciudad antigua estaba reducida al interior de las murallas; por lo que estaremos en lo justo al suponer una densidad un poco mayor: un habitante por 25 metros cuadrados. Con ello se obtiene, respecto a la antigua Jerusalén, una población aproximada de 55.000 ó 95.000 habitantes. La cifra menor es la más probable.

Para calcular el número de peregrinos de la Pascua los autores de la Antigüedad, vistas sus exageraciones, no nos sirven de ninguna ayuda; no hay, pues, más que un camino posible: partir del espacio disponible para los que sacrificaban el cordero pascual. Por eso aún hoy (1966) considero correcto, desde el punto de vista metodológico, el camino que seguí en 1923 en la primera redacción de este estudio. También puedo adherirme aún al resultado, ya que afortunadamente he tenido la precaución de añadir, después de haber calculado el número de peregrinos a la Pascua en 125.000, que esta cifra se podría reducir tal vez a la mitad [148].

Esto ya quiere decir que hoy daría unas cifras un poco más bajas. En primer lugar, en lo tocante a la población de Jerusalén [149], puedo remitir a mi artículo *Die Einwohnerzahl Jerusalems zur Zeit Jesu* [150]. En este estudio, como anteriormente en la nota 147, parto de las dimensiones de la ciudad; pero llego a la conclusión de una cifra más baja. En efecto: *a)* en el interior de las murallas del tiempo de Jesús descuento el espacio deshabitado: el templo, los edificios de lujo, etc.; *b)* apoyándome en los resultados de las excavaciones, tengo en cuenta el hecho de que el espacio situado entonces fuera de la ciudad, englobado más tarde en ella por la muralla septentrional de Agripa I (41-44 d. C.), estaba menos poblado; *c)* basándome en los datos relativos a la densidad de población de Jerusalén en 1881, calculo la densidad del tiempo de Jesús dentro de las murallas de la ciudad en un habitante por 35 m^2 (y no uno por 25 m^2). En conclusión: en la época de Jesús hay que calcular la población de Jerusalén, dentro de sus murallas, en unos 20.000 habitantes; y fuera de ellas habría de unos 5.000 a 10.000. Esta cifra de 25.000 o 30.000 podría constituir el tope máximo.

Respecto al número de peregrinos de la Pascua podría ser exacto el cálculo hecho en las páginas anteriores, que se apoyaba en el espacio disponible para los que iban a sacrificar. Hoy sólo me preguntaría una cosa: ¿hay que pensar realmente que todo el espacio, incluso el de detrás y al lado del edificio del templo, estaba tan densamente concurrido por los que venían a sacrificar? Debemos presumir que las apreturas de los hombres, con su víctima sobre los hombros, como hemos descrito, tienen que haber sido indescriptibles. Por consiguiente, ¿no habrá sido demasiado elevada la cifra de 6.400 para cada uno de los tres grupos? ¿Y no habrá sido, por eso mismo, un poco elevada la cifra total de 180.000 participantes en la fiesta, comprendida la población de Jerusalén? Hay, sin embargo, un hecho que no ofrece duda: por la Pascua la afluencia de peregrinos procedentes del mundo entero era muy grande; su número sobrepasaba varias veces el de la población de Jerusalén.

[148] *Supra,* p. 101.
[149] *Ibíd.*
[150] En *ZDPV* 66 (1943) 24-31 (reimpreso en J. Jeremias, *Abba. Studien zur neutestamentlichen Theologie und Zeitgeschichte* (Gotinga 1966) 335-341.

SEGUNDA PARTE

SITUACION SOCIAL

RICOS Y POBRES

CAPITULO I

LOS RICOS

1. LA CORTE

Bajo los soberanos de la dinastía herodiana, Jerusalén, a título de capital, vivió esplendores principescos. En la ciudad santa se levantaron edificios suntuosos [1]; cada cuatro años Herodes organizaba en Jerusalén festivales con magníficos espectáculos [2]; en el recientemente reconstruido santuario el culto desplegaba un esplendor apenas conocido anteriormente.

Pero era en el esplendor de la Corte donde la riqueza de los soberanos se hacía más ostensible a la población de Jerusalén. La Corte dirigía la vida oficial; incluso en los tiempos de la dominación romana [3] desempeñaron las cortes principescas su papel, aunque sólo eran pálidos reflejos de la anterior magnificencia. Si nos dirigimos a Palacio [4] tenemos que pasar a la entrada por delante de los puestos de guardia. Herodes se veía obligado a vivir en constante temor de sus propios súbditos, por lo que tenía más de una razón para procurarse una poderosa guardia personal [5]. Una vez envió en ayuda del emperador Augusto a quinientos hombres de esta guardia [6]. Otro indicio de su gran número lo constituye el hecho de que, además de la guardia personal [7], se mencionen «tropas tracias, germanas y galas» [8]. Los galos, antes de pasar al servicio de Herodes, habían constituido la guardia de Cleopatra, reina de Egipto; estas solas tropas se cifraban en cuatrocientos hombres [9].

Los porteros nos preguntan cuál es nuestro deseo [10]. Forman parte del servicio, que consta de quinientas personas [11]; la mayoría son esclavos,

[1] Véase *supra,* pp. 27ss.
[2] *Ant.* XV 8,1, § 268.
[3] Del 6 al 41 d. C. y del 44 al 66 d. C.
[4] La siguiente descripción se basa principalmente en la situación de la Corte de Herodes el Grande, ya que es la que mejor conocemos.
[5] *Lorypboroi, sōmatophylakes.* Estos últimos deben ser distinguidos de los oficiales de la cámara real, quienes tenían el mismo título.
[6] *Ant.* XV 9,3, § 317.
[7] *Ant.* XVI 7,1, § 182; XVII 7,1, § 187; véase la nota siguiente.
[8] *Ant.* XVII 8,3, § 198; *B. j.* I 33,9, § 672.
[9] *B. j.* I 20,3, § 397.
[10] *Ant.* XVII 5,2, § 90.
[11] *Ant.* XVII 8,3, § 199; *B. j.* I 33,9, § 673.

aunque también hay algunos libertos [12]. Entre ellos hay igualmente eunucos [13]. Los criados enviados por Herodes a Arquelao, rey de los capadocios, eran esclavos; pero los tres oficiales de la cámara real mencionados más adelante [14] eran ciertamente libertos. También forman parte del servicio los cazadores reales, que están a las órdenes del jefe de caza [15], los barberos de la Corte [16] y los médicos de cámara [17]. El Talmud constata la existencia en la época de Alejandro Janneo (103-76 a. C.) del trenzador de coronas reales [18]. Finalmente, forman también parte del servicio los verdugos, que desempeñaron tan funesto papel sobre todo en los últimos años de Herodes [19].

Ya en Palacio nos encontramos con los funcionarios de la Corte. Allí se encuentra el secretario del rey; por sus manos pasa toda la correspondencia [20]. El tesorero José se ocupa de los asuntos materiales [21], como, por ejemplo, la adquisición de una perla preciosa para el tesoro real [22]. Los dos hombres dedicados a la conversación son Andrómaco y Gemello, preceptores y acompañantes de los príncipes en sus viajes [23]. Sus hijos son *syntrophoi* de los príncipes Alejandro y Aristóbulo, pues encontramos en la Corte de Herodes la costumbre, característica de las cortes helenistas, de educar a los hijos de los nobles con los príncipes. Un *syntrophos* del príncipe Herodes Antipas, educado en la Corte de Jerusalén, es mencionado por Hch 13,1 bajo el nombre de Manaén. El «guardaespaldas» Corinto nos introduce después en los aposentos reales. Es llamado *sōmatophylax;* sin embargo, nos impiden considerarlo como miembro de la guardia del rey estos dos hechos: era uno de los empleados de la Corte más íntimos de Herodes [24], y, sobre todo, era un *syntrophos* de Herodes [25] (hay que recordar aquí que Corinto era de origen árabe, lo mismo que Cupros, la madre de Herodes). Más bien hay que interpretar este calificativo de *sōmatophylax* como un título que indicaba su rango en la Corte, tal vez el de oficial de la cámara real, que se encuentra también en las cortes helenistas [26]. Otto ha sido el primero en llamar la atención sobre este punto [27]; observó que otros dos «guardianes», Yucundo y Tyranno [28], son lla-

[12] *B. j.* I 33,9, § 673.
[13] *B. j.* I 25,6, § 511, véase también *Ant.* XVII 2,4, § 44.
[14] *Infra,* p. 107.
[15] *Ant.* XVI 10,3, § 316.
[16] *B. j.* I 27,5-6, § 547ss (en plural); cf. *Ant.* XVI 11,6-7, § 387ss.
[17] *Ant.* XV 7,7, § 246; XVII 6,5, § 172; *B. j.* 33,5, 657.
[18] b. *B. B.* 133[b]. Los emperadores romanos llevan coronas en algunas monedas. Los soldados romanos, para burlarse de Jesús, pusieron sobre su cabeza una corona de rey trenzada con espinas o cardos (Mc 15,17; Mt 27,29; Jn 19,2.5).
[19] *B. j.* I 30,5, § 592; 32,3, § 635 y *passim.*
[20] *Ant.* XVI 10,4, § 319; *B. j.* I 26,3, § 529.
[21] *Ant.* XV 6,5, § 185.
[22] b. *B. B.* 133[b].
[23] *Ant.* XVI 8,3-4, § 24ss.
[24] *Ant.* XVII 3,2, § 55s.
[25] *B. j.* I 29,3, § 576.
[26] Otto, *Herodes,* col. 87 n.
[27] *Op. cit.,* col. 86-87, y 87 n.
[28] *Ant.* XVI 10,3, § 314.

mados, en el pasaje paralelo de *Bellum Judaicum,* jefes de la caballería [29]. Otros tres oficiales de la Corte de Herodes, su copero, trinchante y camarero, eran eunucos [30]. Josefo dice que estos oficiales de la cámara real eran personalidades influyentes; del tercero, que tenía acceso al dormitorio del rey, dice que se le habían confiado los negocios más importantes del gobierno [31]. Y Blasto, que desempeñaba el mismo cargo en la Corte de Jerusalén bajo Agripa I, hizo de mediador en el año 44 d. C. en el tratado de paz entre su señor y las ciudades de Tiro y Sidón (Hch 12,20).

En los aposentos reales, al lado del rey, encontramos a sus íntimos, los «primos y amigos»; pero bajo el término de «primo» no se deben entender solamente los parientes. Estos «primos y amigos» son los primeros en la jerarquía de la Corte, según el modelo de todas las Cortes helenistas [32]. Junto a los primos, sobrinos, cuñados y demás parientes del soberano [33], en la Corte de Herodes formaban parte de estos «primos y amigos» sobre todo griegos distinguidos. En efecto, cuando el pueblo, después de la muerte del rey, exigió la marcha de los griegos, no se trataba de huéspedes, sino de gentes de su séquito habitual [34]. El más conocido de los familiares de Herodes es Nicolás de Damasco, hombre sabio y muy culto, filósofo e historiador de la Corte; junto a él se halla su hermano Ptolomeo [35]. Además hay que citar a otro Ptolomeo, ministro de finanzas reales y canciller [36], y a Ireneo, maestro griego de retórica [37]. De otros muchos «amigos» de Herodes sólo conocemos sus nombres. Probablemente debemos buscar en la Corte al comandante en jefe de las tropas bajo Herodes [38], Arquelao [39] y Agripa I [40]. De todas maneras encontramos en la Corte a Volomnius, comandante de campo [41]. Otto, a causa de su nombre, se pregunta si no se tratará de un oficial romano de instrucción [42]. Fue enviado como mensajero a César [43], junto con Olympo, «amigo» de Herodes, y una escolta [44]. En fin, repetidas veces nos encontramos con

[29] *B. j.* I 26,3, § 527.
[30] *Ant.* XVI 8,1, § 230; *B. j.* I 24,7, § 488, cf. *Ant.* XV 7,4, § 226.
[31] *Ant.* XVI 8,1, § 230.
[32] Otto, *Herodes,* col. 86.
[33] Cf., por ejemplo, *Ant.* XVII 9,3, § 219ss; *B. j.* II 2,1, § 15.
[34] Nicolás de Damasco, Fragmento 136,8, ed. F. Jacoby, *Die Fragmente der griechischen Historiker,* 2, parte A (Berlín 1926, reimpreso en Leiden 1957) p. 424; cf. *Ant.* XVII 9,1, § 207; *B. j.* II 1,2, § 7.
[35] *Ant.* XVII 9,4, § 225; *B. j.* II 2,3, § 21.
[36] *Ant.* XVI 7,2, § 191; XVII 8,2, § 195; *B. j.* I 33,8, § 667.
[37] *Ant.* XVII 9,4, § 226; *B. j.* II 2,3, § 21.
[38] *Ant.* XVII 6,3, § 156; *B. j.* I 33,3, § 652.
[39] *B. j.* II 1,3, § 8; José, mencionado en *Ant.* XVII 10,9, § 294 y *B. j.* II 5,2, § 47, primo de Arquelao y sobrino de Herodes, es probablemente el comandante en jefe.
[40] *Ant.* XIX 7,1, § 317; 8,3, § 353.
[41] Era probablemente comandante del cuartel situado junto a Palacio, del que formaba parte (*B. j.* II 15,5, § 329; 17,8, § 440).
[42] Otto, *Herodes,* col. 60.
[43] *Ant.* XVI 10,7, § 332; 10,9, § 354; *B. j.* I 27,1, § 535.
[44] *Ant.* XVI 10,9, § 354.

huéspedes de Herodes: Marco Agripa [45], yerno del emperador Augusto; Arquelao [46], rey de Capadocia; Euricles [47] de Esparta; Evarato [48] de Cos; Melas [49], enviado del rey de Capadocia. La mayoría de las veces estos huéspedes abandonaban la Corte de Jerusalén cargados de ricos presentes.

Pero, aunque la actitud externa de la Corte era helenista, en el fondo seguía siendo oriental. Así lo va a mostrar el siguiente párrafo sobre el harén. La Ley le permitía al rey la poligamia [50]. La Misná le concede 18 mujeres como máximo [51]; el Talmud, siguiendo dos antiguas enseñanzas tannaíticas [52], habla de 24 y 48 mujeres. Por eso no es extraño que oigamos hablar de paso [53] de las concubinas del rey Alejandro Janneo (103-76 a. C.). Cuando quiso Antígono, el último rey asmoneo, conquistar en el año 40 a. C., el trono judío con la ayuda de los partos, les prometió entre otras cosas, 500 judías [54]; pensaba sin duda en el elemento femenino de toda la Corte, es decir, en las mujeres de Hircano, el etnarca que gobernaba a los judíos, y de los dos tretarcas de Judea residentes también en Jerusalén: Herodes [55] y su hermano Fasael [56]. Herodes el Grande (37-4 a. C.) tuvo diez mujeres [57], de las cuales al menos nueve (las que aún vivían en los años 7-6) al mismo tiempo [58]. Parece, sin embargo, que solamente la asmonea Mariamme llevó el título de reina [59]. Pero el harén de Herodes era más numeroso, como indica el hecho de enviar una concubina a Arquelao, rey de Capadocia [60]. Hay que recordar además que también vivían en Palacio la madre de Herodes y temporalmente su hermana Salomé [61] y Alejandra [62], madre de la reina Mariamme, y que los niños, en sus primeros años, solían (cf. Prov 31,1) ser criados por su madre, es decir, en el harén. Este sector de la Corte tenía un numeroso servicio; oímos

[45] *Ant.* XVI 2,1, § 13s; 2,4, § 55s; Filón, *Ad Caium,* § 294.
[46] *Ant.* XVI 8,6, § 261s; *B. j.* I 25,6, § 511.
[47] *Ant.* XVI 10,1, § 301; *B. j.* I 26,1, § 513; 26,4, § 530.
[48] *Ant.* XVI 10,2, § 312; *B. j.* I 26,5, § 532.
[49] *Ant.* XVI 10,6-7, § 325ss.
[50] Dt 17,17; cf. *Ant.* IV 8,17, § 224.
[51] *Sanh.* II 4.
[52] b. *Sanh.* 21ª bar.
[53] *Ant.* XIII 14,2, § 380; *B. j.* I 4,6, § 97.
[54] *Ant.* XIV 13,3, § 331; 13,5, § 343; 13,10, § 365; *B. j.* I 13,1, § 248; 13,4, § 257; 13,11, § 273.
[55] El futuro rey.
[56] Esta promesa, según *B. j.* I 13,4, § 257, se refiere «a la mayoría de sus mujeres (de Hircano y Fasael)»; y, según *Ant.* XIV 13,10, § 365, se trata de las mujeres que huyeron con Herodes, quien salvó toda su Corte *(Ant.* XIV 13,7, § 352-354).
[57] *Ant.* XVII 1,3, § 19; *B. j.* I 28,4, § 562; cf. *Ant.* XV 9,3, § 319s; XVII 1,2, § 14; *B. j.* I 24,2, § 477.
[58] *B. j.* I 28,4, § 562.
[59] *B. j.* I 24,6, § 485.
[60] *B. j.* I 25,6, § 511.
[61] Después de la muerte de su primer marido (el año 35 o 34 a. C.) hasta su segundo matrimonio, realizado después del 30 a. C. (el 30 aún forma parte de la Corte de Jerusalén: *Ant.* XV 6,5, § 183ss); y también después de la muerte de su segundo marido, asesinado el 25 a. C.
[62] *Ant.* XV 6,5, § 183ss.

hablar de un eunuco de la reina Mariamme [63], de esclavos de Doris, mujer de Herodes [64].

Junto a la Corte del soberano había también otras Cortes menores. Estas tal vez deban ser buscadas en Palacio: así, al menos desde el año 12 a. C., las de los príncipes reales Alejandro, Aristóbulo, Antípater y Feroras, hermano de Herodes [65]. Estos tenían su propio séquito («amigos») y su particular servicio [66].

Josefo nos suministra algunos datos sobre *los ingresos* de los soberanos, con los cuales cubrían sus cuantiosos gastos. Calcula él los ingresos de los herederos de Herodes entre los que fue repartido su territorio [67]. Según su cálculo, Herodes Antipas percibía de impuestos 200 talentos; Filipo, 100; Arquelao, 400 *(B. j.)* o 600 *(Ant.)*; y Salomé, 60; es decir, la totalidad del territorio aportaba 760 o 960 talentos en impuestos. Teniendo en cuenta los datos sobre los ingresos de Agripa I, resulta más segura la cifra más alta. Al territorio de Herodes pertenecían también las ciudades de Gaza, Gadara, Hippos, las cuales, a su muerte, pasaron a la provincia de Siria. Además, había quedado en esa época exenta de un cuarto de los impuestos [68]. Según esto, los ingresos de Herodes por impuestos deben ser evaluados en más de 1.000 talentos.

Los de Agripa I ascendían a doce millones de dracmas [69]; se trata de dracmas áticas de plata, con las que Josefo hace siempre los cálculos. El territorio de Agripa I era más amplio que el de Herodes, pues Agripa había recibido las posesiones de Claudio en la montaña del Líbano y el reino de Lysanias, es decir, la región de Abila, cerca del Líbano [70]. Por lo que se puede pensar que los ingresos de sus impuestos fuesen mayores que los de Herodes.

Pero ni Herodes con sus 1.000 talentos de ingresos [71], ni Agripa I con 1.200 podían hacer frente a todos sus gastos [72]. Herodes poseía ade-

[63] *Ant.* XV 7,4, § 226.
[64] *Ant.* XVII 5,3, § 93.
[65] Otto, *Herodes,* col. 87s; cf. *B. j.* I 23,5, § 457ss.
[66] De los criados de Alejandro y Aristóbulo se habla en *Ant.* XVI 4,1, § 97; un liberto de Antípater aparece en *Ant.* XVII 4,3, § 79; libertos de Feroras en XVII 4,1, § 61; esclavas de Feroras en XVI 7,3, § 194; cf. XVII 4,1-2, § 61ss; *B. j.* I 30,2, § 584.
[67] *Ant.* XVII 11,4-5, § 317ss; *B. j.* II 6,3, § 93ss.
[68] *Ant.* XVII 11,4, § 319; *B. j.* II 6,3, § 96.
[69] *Ant.* XIX 8,2, § 352.
[70] *Ant.* XIX 5,1, § 275; *B. j.* II 2,5, § 215.
[71] El talento que sirve de base en este cómputo es el talento hebreo, el cual valía 10.000 dracmas áticas de plata. Se puede constatar de dos formas: *a)* Comparando *Ant.* XVII 6,1, § 146, y 11,5, § 321s, con 8,1, § 190, donde un legado del testamento de Herodes de 1.500 talentos se traduce en 15 millones de dracmas, es decir, que un talento valía 10.000 dracmas; *b)* Comparando los ingresos de Herodes con los de Agripa I. Para valorar las cifras de los ingresos en cuestión, recordemos los hechos siguientes: Herodes da a su hija en dote 300 talentos *(B. j.* I 24,5, § 483); su hermano Feroras obtenía anualmente de sus posesiones 100 talentos, además de los ingresos procedentes de su tetrarquía de Perea *(B. j., ibíd.);* Zenodoro vendió la Aruanítide a los árabes por 50 talentos *(Ant.* XV 10,2, § 352).
[72] Otto, *Herodes,* col. 91s.

más una considerable fortuna privada, como se deduce, entre otras cosas, de los legados de su testamento. Las quejas presentadas en Roma contra Herodes por los judíos el año 4 a. C. parecen fundadas: pudo obtener grandes riquezas con la confiscación de los bienes de los nobles de su reino después de haberlos hecho ejecutar [73]. Además, el emperador Augusto le cedió, en el 12 a. C., las minas de cobre de Soli, Chipre [74], lo que le produjo nuevos ingresos. Finalmente, los regalos, o mejor dicho, los sobornos, venían a tapar más de un agujero en las finanzas de los príncipes [75].

2. LA CLASE ADINERADA

a) *El lujo*

En el capítulo primero de este estudio hemos hablado de la diversidad de lujos relativos a la vivienda, al vestido y al servicio, al igual que de los numerosos sacrificios del templo y de las donaciones al mismo; también hemos hablado de los monumentos funerarios de las gentes adineradas de Jerusalén. Las fuentes, en pequeños detalles, nos dan a conocer ocasionalmente el lujo. Dos hombres apuestan 400 *zûz* (denarios) a quien sea capaz de provocar la cólera de Hillel [76]. Rabbí Meír cuenta que las gentes de Jerusalén ataban con cordoncillos de oro los *lûlab* (ramos) con que celebraban el rito de la fiesta de los Tabernáculos [77]. Los ricos de Jerusalén tienen sus posesiones rústicas; así sucedía ciertamente con Ptolomeo, ministro de finanzas de Herodes, quien las tenía en Arus, aldea de su propiedad [78]. A este respecto, nos proporciona también una indicación la noticia de que la reina Helena de Adiabene, cuya visita a Jerusalén está testimoniada por Josefo [79], poseía en Lydda, según se dice, una tienda construida conforme a las prescripciones rituales para celebrar la fiesta de los Tabernáculos [80].

Pero fueron sobre todo los banquetes en casa de los ricos los que desempeñaron un gran papel. Sobre este punto se encuentran continuas noticias de que en Jerusalén se habían creado toda clase de costumbres particulares; lo que quiere decir que Jerusalén, respecto a las formas distinguidas de la época, servía de modelo al país. En Jerusalén, el anfitrión que daba una recepción podía distinguirse de modo espectacular por el número de sus invitados o, de forma más real, por el buen servicio a sus huéspedes [81]. Era costumbre contratar un cocinero de gran precio; si le salían mal las cosas, debía reparar, con una penitencia proporcionada a la cate-

[73] *Ant.* XVII 11,2, § 307.
[74] *Ant.* XVI 4,5, § 128; no sabemos con certeza si a Herodes le fue cedida toda la mina, con la mitad libre de renta, o si solamente recibió la mitad exenta de renta.
[75] Véase, por ejemplo, *Ant.* XVII 11,2, § 308.
[76] b. *Shab.* 30ᵇ-31ᵃ bar.
[77] *Sukka* III 8.
[78] *Ant.* XVII 10,9, § 289; *B. j.* II 5,1, § 69.
[79] *Ant.* XX 2,5, § 49s.
[80] j. *Sukka* I 1,55ᵈ 22 (IV/1,2).
[81] *Lam. R.* 4,2, sobre 4,2 (56ᵃ 25).

goría del anfitrión y de sus invitados, la vergüenza que hacía pasar al dueño de la casa [82]. En Jerusalén el vino de mesa se bebía en vasos de cristal, sin mezclarlo con agua [83]. Cuando la animación alcanzaba su punto culminante, se ponían sin más a danzar (hay que pensar en corros de hombres; algo semejante a como se hacía, según nos consta, en las fiestas religiosas), a batir las palmas, como lo hicieron, por ejemplo, los «grandes» de Jerusalén en la fiesta de la circuncisión de Elisha ben Abuya, cuyo padre pertenecía a la alta sociedad [84]. Especialmente existían arraigadas costumbres respecto a la forma de invitar. El invitado esperaba que le fuesen comunicados los nombres de los restantes comensales [85] y que, independientemente de la invitación anterior, fuese llamado el mismo día del banquete por medio de mensajeros [86]. Esta última costumbre parece haber estado en uso también en otras partes, en Palestina [87] y en Egipto [88]. En efecto, las invitaciones por escrito encontradas en los papiros de Egipto han sido enviadas, por regla general, sólo un día antes de la fiesta o el mismo día; lo que es explicable si se trata de la segunda invitación. Además, el invitado debía recogerse las amplias mangas del vestido [89], tal vez para no tener dificultades al comer. Una tela colgada fuera de la casa indicaba a los invitados que aún era tiempo de entrar y ser recibidos; no se quitaba dicha tela hasta después de haber servido los tres platos de entrada [90]. Según un relato digno de crédito [91], en Jerusalén se invitaba al banquete pascual a los pobres de la calle. En ciertas ocasiones de la vida política «toda la población» de Jerusalén era invitada a un banquete; así hizo Marco Agripa en su visita a Jerusalén [92] y Arquelao a la muerte de su padre Herodes [93].

Otro capítulo considerable de gastos lo representaban las mujeres. En esta época les estaba permitida la poligamia a los judíos [94]. Pero una casa con varias mujeres significaba una carga financiera tal, que, generalmente, debemos buscar la poligamia sólo en los círculos de los ricos.

[82] *Ibíd.;* Hirschensohn, 133; b. *B. B.* 93ᵇ.
[83] *Lam. R.* 4,5 sobre 4,2 (57ᵇ 1).
[84] j. *Hag.* II 1,77ᵇ 33 (IV/1,272); Billerbeck I, 682. El padre: *Qoh. R.* 7,18 sobre 7,8 (104ᵃ 9); Schlatter, *Tage,* 25.
[85] *Lam. R.* 4,2 sobre 4,2 (57ᵃ 8).
[86] *Lam. R.* 4,2 sobre 4,2 (56ᵃ 25).
[87] Mt 22,3, y sobre todo Lc 14,16-17. El mismo texto de este pasaje y de Mt 22, 11s, lo mismo que las analogías rabínicas (por ejemplo, b. *Shab.* 153ᵃ, cf. *Qoh. R.* 9,6 sobre 9,8 [114ᵇ 7]), indican que se trata de una segunda invitación.
[88] Mitteis-Wilcken, I/1, 419.
[89] *Lam. R.* 4,4 sobre 4,2 (57ᵃ 10). Cf. j. *Demay* IV 6,24ᵃ 53 (II/1, 173).
[90] Tos. *Ber.* 10 (10,19); *Lam. R.* 4,4 sobre 4,2 (57ᵃ 13); b. *B. B.* 93ᵇ. Relato que se remonta a Rabbán Simeón ben Gamaliel II.
[91] *Pes.* IX 11; confirmado por la Hagadá de la Pascua *(ha lajma).* Lo que se dice respecto de la hospitalidad de ben Kalba Shabua, consejero de Jerusalén que alimentaba a los hambrientos, es simplemente una interpretación de su nombre (b. *Git.* 56ᵃ).
[92] *Ant.* XVI 2,1, § 14; 2,4, § 55.
[93] *Ant.* XVII 8,4, § 200; *B. j.* II 1,1, § 1.
[94] J. Leipoldt, *Jesus und die Frauen* (Leipzig 1921) 44-49 y las notas ofrece numerosas constataciones.

A estos círculos nos conduce b. *Yeb.* 15^b. La discusión versa sobre un punto controvertido referente al matrimonio levirático. El levirato, como se sabe, consiste en lo siguiente: si un marido muere sin dejar hijos, el hermano del difunto está obligado a tomar por mujer a la viuda. ¿Qué se hace en el caso de que el difunto haya dejado varias mujeres, y entre ellas a su sobrina? No hay duda: el hermano no puede tomar por mujer a su propia hija. Pero ¿qué sucede con las otras mujeres? La escuela de Shammay, para satisfacer la ley del levirato, permitía este matrimonio; pero no la escuela de Hillel. A este propósito cuenta el levita R. Yoshuá ben Jananya que dos nobles familias de Jerusalén, de las que procedían sumos sacerdotes en funciones, descendían de estas «concubinas de la hija» [95]. Por consiguiente, oímos hablar de dos casos [96] de poligamia en Jerusalén, por lo menos respecto al primer matrimonio de las mujeres. Si hicieron uso para el segundo matrimonio, como es probable, del permiso concedido por la escuela de Shammay [97], es decir, el permiso de casarse con el cuñado, sabríamos más cosas sobre estas familias, debido a que algunos descendientes de las dos mujeres llegaron a sumos sacerdotes. Pues los segundos maridos serían hermanos de los primeros, y pertenecerían los dos, por consiguiente, a familias de sumos sacerdotes. Tendríamos, pues, en este caso una constatación de la existencia de poligamia en Jerusalén en cuatro familias de sumos sacerdotes.

Se encuentran en Josefo otros ejemplos de poligamia entre las familias de la alta sociedad de Jerusalén. Según sus noticias, Tobiade José tenía dos mujeres [98], y Alejandro Janneo varias concubinas, junto con una esposa principal [99]. Oímos hablar de un funcionario de la administración del rey Agripa que tenía dos mujeres; una vivía en Tiberíades y otra en Séforis [100]. Se constata así la existencia de la poligamia entre la alta sociedad de Jerusalén; pero esto no fue ciertamente la regla general.

[95] Una de estas familias es llamada «familia de Qufae»; I. Kahan relaciona este nombre con el del sumo sacerdote José, llamado Qayafa (Caifás), conocido en el NT. Fuera de este Qayafa, el sumo sacerdote de la familia de Qufae sólo puede ser uno de los siguientes: o Elionaios, hijo de Kanteras, según Josefo *(Ant.* XIX 8,1, § 342, en funciones hacia el 44 d. C.), llamado ben ha-Qayyaf en *Para* III 5; o bien el sumo sacerdote José Qabi (= Kabi), el cual, según Josefo *(Ant.* XX 8,11, § 196), era hijo del sumo sacerdote Sión y estuvo en funciones hasta el 62 d. C. (Por razones de claridad, hemos transcrito aquí Qayafa [NT, Josefo] con Q, puesto que este nombre viene de la raíz *qayyaph,* del hebreo de la Misná; lo mismo sucede con Qabi, con Q).

[96] No se dice que las dos mujeres, en el primer matrimonio, hayan sido esposas del mismo marido; se trata claramente de dos casos análogos.

[97] Cf. los casos narrados en b. *Yeb.* 15^a-16ª por R. Tarfón y Rabbán Gamaliel, así como el texto mismo del relato sobre la controversia habida en la época de R. Dosa ben Arkinos (16^a), donde se habla expresamente de dos hermanos que tuvieron que casarse con las concubinas. Así explica el pasaje A. Büchler, *Familienreinheit und Familienmakel in Jerusalem vor dem Jahre 70,* en *Festschrift Schwarz,* 136.

[98] *Ant.* XII 4,6, § 186ss.

[99] *B. j.* I 4,6, § 97; *Ant.* XIII 14,2, § 380.

[100] b. *Sukka* 27^a. Se trata, sin duda, de Agripa I. En efecto, Séforis, por lo que sabemos, no formaba parte de los dominios de Agripa II. Nerón concedió Tiberíades a Agripa II, *Ant.* XX 8,4, § 159; *B. j.* II 13,2, § 252.

En estos círculos, cuando se casaban las hijas, se les daban grandes sumas en dote. Por ejemplo, el contrato matrimonial de Miryam, la hija de Nicodemo (Naqdemón ben Gorión), habla, según se dice, de un millón de denarios de oro, a los que su suegro añadió aún alguna otra cosa [101]. Conforme a esto, las exigencias de estas damas eran considerables. Tenían derecho a gastar una décima parte de su dote [102] en necesidades superfluas: perfumes y atavíos [103], adornos [104], dientes postizos reforzados con hilos de oro y plata [105], etc. Pero se discute si podían gastar esa décima parte todos los años o solamente el primero.

Las damas de la alta sociedad de Jerusalén eran muy mimadas. Marta [106], viuda del sumo sacerdote R. Yoshuá, disponía para su sustento diario, según se dice, de dos medidas de vino fijadas por los doctores; y la hija política de Naqdemón ben Gorión, de dos *s^e^ah* (= más de 26 litros) de vino para cada semana [107]. Se indica que la hija de Naqdemón había maldecido a los doctores porque, al fijar su pensión de viuda, habían destinado sólo 400 denarios de oro para sus gastos superfluos [108]. Por eso no es extraño que Marta no pudiera soportar la gran escasez que se produjo durante el asedio de Jerusalén el año 70 d. C. A la hora de la muerte arrojó a la calle todo su oro y plata; conoció demasiado tarde que la fortuna no servía para nada [109]. Es interesante constatar que, entre las damas nobles de Jerusalén, se habían introducido ciertas obligaciones relacionadas con su condición. Por ejemplo, para amodorrar a los condenados llevados al suplicio hacían que les diesen de beber vino mezclado con incienso [110]. Según Abba Shaul, habrían cuidado también ellas de la manutención de las mujeres que criaban sus hijos para el rito de «la vaca roja» [111].

b) *Los representantes de la clase adinerada*

Jerusalén fue siempre el punto de atracción del capital nacional del país: grandes negociantes, terratenientes, recaudadores de impuestos y rentistas [112].

[101] b. *Ket.* 66[b].
[102] *Ibid.*
[103] b. *Yoma* 39[b].
[104] Véase *supra,* p. 25; *Kel.* XII 7.
[105] *Shab.* VI 5.
[106] Véase *infra,* p. 174, n. 61.
[107] *Lam. R.* 1,50 sobre 1,16 (35[b] 5); b. *Ket.* 65[a].
[108] b. *Ket.* 66[b]; *Lam. R.* 1,51 sobre 1,16 (35[b] 13): 500 denarios.
[109] b. *Git.* 56[a].
[110] b. *Sanh.* 43[a] bar. Cf. las «hijas de Jerusalén» que acompañaban a Jesús al lugar de la crucifixión (Lc 23,27-31); bien pudiera ser que hubieran sido ellas las que ofrecieron a Jesús antes de la crucifixión el vino mezclado con mirra (Mc 15,23; Mt 27,34).
[111] b. *Ket.* 106[a].
[112] Véase *supra,* pp. 72, 50s, 57; Smith I, 367.

Encontramos algunos representantes de este círculo entre los miembros del Sanedrín. El consejero Nicodemo [113] era rico; se dice que llevó, para el enterramiento de Jesús, cien libras romanas de mirra y áloe (Jn 19,39). La literatura rabínica [114] menciona a grandes negociantes de Jerusalén en trigo, vino, aceite y madera, los cuales formaban parte del Consejo entre el 66 y 70 d. C. La tradición se ha ocupado especialmente de uno de ellos, de Nicodemo (Naqdemón ben Gorión) [115], gran comerciante de trigo. Se habla del lujo que reinaba en su casa, de su generosa beneficencia (no siempre exenta de ambición) y de la destrucción de sus riquezas: durante los disturbios que precedieron a la destrucción de Jerusalén, en el invierno del 69 al 70, según Josefo, el populacho prendió fuego a sus graneros repletos de trigo y cebada [116]. José de Arimatea, miembro del Consejo, es calificado de *eyschēmōn* (Mc 15,43); y los papiros nos han enseñado que ese término parece designar un rico hacendado [117]. De hecho, era un hombre rico (Mt 27,57); poseía, al norte de la ciudad, un huerto con un sepulcro familiar excavado en la roca (Jn 19,41; cf. 20,15). Sus propiedades deberían buscarse en su pueblo natal, pues el terreno de Jerusalén se ve que no hacía mucho aún que pertenecía a la familia, ya que el sepulcro había sido excavado recientemente.

La nobleza sacerdotal pertenecía a los círculos ricos. Los sumos sacerdotes Ananías [118], el sacerdote jefe Sadoc [119] y, según la tradición, los sumos sacerdotes Anás y Caifás vivían en la ciudad alta. Según el relato de Juan (18,13), Jesús, después de su prendimiento, fue conducido primeramente a casa de Anás, que había sido antiguo Sumo Sacerdote y entonces era suegro del Sumo Sacerdote en funciones. En aquella casa había un espacioso patio (Jn 18,15); la casa tenía portera (Jn 18,16) y otros criados [120]. El sepulcro de Anás, situado al sudeste de la ciudad, debía de ser

[113] Jn 7,50; 3,1; cf. 12,42.

[114] Véase, *supra*, p. 55.

[115] ¿Es el mismo Nicodemo que el miembro del Consejo del que nos habla Juan? Josefo habla de un noble de Jerusalén muy considerado; se llamaba Gorión *(B. j.* IV 3,9, § 159) o Gurión (6,1, § 358). Si se identifica con el padre de Naqdemón, entonces vivían por el año 70 d. C. los siguientes miembros de la familia: Gorión, su hijo Naqdemón, así como la hija de este último (cf. *supra,* p. 113; esta hija vivía aún por el año 70, Schlatter, *Joch. b. Zak.,* 67, n. 2). Pero Gorión desempeña aún por el año 70 un papel en la vida pública; por lo que difícilmente pudo haber nacido antes de la era cristiana. Y su hijo Nicodemo no puede haber sido un hombre maduro, miembro ya del Sanedrín, en la época de Jesús.

[116] b. *Git.* 56ª. El incendio de las reservas de cereales, realizado por los zelotas en la revuelta de Jerusalén, es confirmado por la tradición: *B. j.* V 1,4, § 25; Tácito, *Hist.* V 12; *Lam. R.* 1,32 sobre 1,5 (28ᵇ 7); *Qoh. R.* 7,24 sobre 7,11 (105ª 26); Schlatter, *Joch. b. Zak.,* p. 62.

[117] Véase la crítica de J. Leipoldt: «Theolog. Literaturblatt» 39 (1918) col. 180s a los papiros de la Biblioteca de la Universidad de Basilea publicados por E. Rabel en *Abhandlungen der königlichen Gesellschaft der Wissenschaften zu Göttingen,* sección histórico-filosófica, nueva serie 16,3 (Berlín 1917).

[118] *B. j.* II 17,6, § 426.

[119] *Lam. R.* 1,49 sobre 1,16 (35ª 23).

[120] Jn 18,18, quien, sin duda, incluye entre ellos al destacamento que había prendido a Jesús.

un gran monumento que dominaba la región [121]. Caifás, el Sumo Sacerdote en funciones, a quien Jesús fue conducido después, vivía en una casa con espacio suficiente para una sesión extraordinaria del Sanedrín [122]. Esta casa poseía claramente un porche [123] y prestaban allí servicio gran número de criados [124] y criadas [125].

Según lo que nos transmite la tradición, en las casas de las familias de los sumos sacerdotes reinaba un gran lujo [126]. He aquí lo que se cuenta de Marta [127], perteneciente a la familia del sumo sacerdote Boetos: estaba tan mimada, que, cuando quería ver oficiar a su marido Yoshuá ben Gamaliel el día de la expiación, día en el que todos debían ir descalzos, mandaba que le pusiesen alfombras desde su casa hasta la puerta del templo [128]. Los homicidas que habían encontrado asilo en alguna ciudad receptora no podían recobrar la libertad hasta la muerte del Sumo Sacerdote en funciones; para impedir que se rogase por la muerte de los sumos sacerdotes, las madres de éstos se encargaban, según se dice, de alimentar y vestir a aquellos homicidas [129]. Se habla también de los gastos que hacían las madres de los sumos sacerdotes con motivo del día de la expiación. Aquel día el Sumo Sacerdote, durante la parte del rito llamado «culto público», que formaba parte de la ceremonia en el Sancta Sanctorum, llevaba vestiduras blancas, mientras que durante «el culto privado» vestía los ornamentos propios de su ministerio [130]. Tenía la prerrogativa de llevar también un vestido interior especial, una túnica ceñida que le llegaba hasta los tobillos [131]. Era costumbre que ésta se la regalase su madre; la túnica pasaba después a propiedad de la comunidad, que había participado con 30 minas en los gastos de su confección. La madre del sumo sacerdote Rabbí Ismael ben Phiabi (en funciones hasta el 61 d. C.) le regaló una túnica valorada en cien minas, es decir, en un talento. Y la madre del sumo sacerdote Rabbí Eleazar ben Jarsom [132] le regaló una que costó 20.000 (minas, habría que suplir según el contexto; pero probablemente se trata

[121] *B. j.* V 12,2, § 506.

[122] Mt 26,57; Mc 14,53; Lc 22,66.

[123] Mt 26,71; Mc 14,68.

[124] Mt 26,51; Mc 14,47; Lc 22,50; Jn 18,10.26: criados del Sumo Sacerdote participantes en el prendimiento de Jesús. Véase también Mt 26,58; Mc 14,54; Lc 22,55.

[125] Criados de los sacerdotes jefes en Tos. *Men.* XIII 21 (533,36); *Ant.* XX 8,8, § 181; 9,2, § 206.

[126] Respecto a la poligamia véase *supra,* p. 111.

[127] *Lam. R.* 1,50 sobre 1,16 (35^b 1) la llama Miryam; por el contrario, *Yeb* VI 4 y b. *Yeb.* 61^a, lo mismo que b. *Git.* 56^a: Marta.

[128] *Lam. R.* 1,50 sobre 1,16 (35^b 2).

[129] *Mak.* II 6.

[130] Sobre estos ornamentos véase *Ant.* III 7,4-7, § 159ss; otros textos en Schürer II, 319, n. 6.

[131] La descripción en *Ant.* III 7,2, § 153s; cf. 7,4, § 159.

[132] *Lam. R.* 2,5 sobre 2,2 (44^a 6) lo cita como un rico escriba de la época de Adriano; y Josefo nos proporciona otra genealogía de los sumos sacerdotes anteriores al 70 d. C. que se llamaban Eleazar. Estos dos datos están a favor de la identidad (constatada también por otro lado por Schlatter, *Tage,* 54-56) con «Eleazar el sacerdote», el Sumo Sacerdote conocido por las monedas de la insurrección de Bar Kokbá (132-135 [6] d. C.).

de denarios; 20.000 denarios = 2 talentos). Esta túnica estaba tejida de una materia tan transparente, que los sacerdotes la declararon inaceptable [133].

La misma función de Sumo Sacerdote requería fortuna: recordemos solamente las víctimas del día de la expiación que el Sumo Sacerdote debía pagar de sus propios recursos [134]. Se dice de Yoshuá ben Gamaliel (hacia el 63-65 d. C.) que compró las funciones de Sumo Sacerdote; lo que ocurría frecuentemente [135]. Para conseguirlo, Marta, o Miryam, pagó, según se dice, 3 *qab* (de 2,02 litros) [136] de denarios al rey Janneo [137] (tal vez figura aquí intencionadamente el nombre de Janneo, que reinó del 103 al 76 a. C., por el de Agripa II; la literatura rabínica juzga muy favorablemente a Agripa) [138].

Sobre los ingresos ordinarios de los sumos sacerdotes apenas encontramos nada. Josefo cuenta que, en los agitados años anteriores a la guerra judeo-romana del 66 d. C., «la desvergüenza y audacia de los sacerdotes jefes era tal, que se atrevían a enviar a sus esclavos a las eras para robar los diezmos que correspondían a los sacerdotes» [139]; «y así, los sacerdotes, que hasta entonces habían vivido de los diezmos, llegaban a morir de hambre» [140]. A esto se añade una noticia tannaítica [141]: antiguamente guardaban los sacerdotes en el templo, en la casa Parwa, las pieles de las víctimas que les correspondían; y por la tarde las repartían entre los que habían actuado aquel día dentro de su sección (había veinticuatro secciones, que se turnaban semanalmente); entonces venían gentes violentas, «los grandes del sacerdocio», es decir, según el contexto, los miembros de las familias de los sumos sacerdotes, y robaban las pieles. Estos dos testimonios concordantes permiten sacar esta conclusión: la nobleza sacerdotal no participaba en los ingresos de los simples sacerdotes [142], al menos en una parte de ellos, y tal vez en su totalidad.

¿De dónde sacaba esta nobleza sus ingresos? Notemos en primer lugar la sorprendente riqueza de la nobleza sacerdotal [143] en comparación con la situación miserable de los simples sacerdotes. Hay que recordar en segundo término que esta nobleza aparece especialmente interesada en el tesoro del templo y que provee las plazas de tesoreros del mismo entre sus descendientes [144]. Añadamos finalmente a esto un paralelismo tomado de

[133] Sobre esta túnica habla b. *Yoma* 35[b] bar. y Tos. *Yoma* I 21s (182,26); Schlatter, *Tage*, 54s.

[134] *Ant.* III 10,3, § 242; cf. Lv 16,3.

[135] Por ejemplo, 2 Mac 4,7-10.24.32.

[136] Dalman, *Handwörterbuch*, 368[b] en la palabra *qab*.

[137] b. *Yeb.* 61[a].

[138] El Talmud no distingue entre Agripa I y II, y tal vez conoce sólo a uno de ellos.

[139] *Ant.* XX 8,8, § 181; cf. 9,2, § 206.

[140] *Ant.* XX 9,2, § 207; cf. 8,8, § 181.

[141] b. *Pes.* 57[a] bar.

[142] *Kôhen hedyôt* en contraposición a los *g[e]dôlé k[e]hûnnah*.

[143] Véase la nota precedente.

[144] b. *Pes.* 57[a] bar.; Tos. *Men.* XIII 21 (533,36).

la Palestina moderna. Entre el clero de la Iglesia griega, los miembros del convento del Santo Sepulcro, griegos en su mayoría, percibían grandes ingresos; mientras que los sacerdotes del campo, árabes, vivían pobremente. Tal situación provocó entre estos últimos, durante la Primera Guerra Mundial, una huelga que duró varios años [145]. Todo esto hace suponer que la nobleza sacerdotal percibía del tesoro del templo sus regulares ingresos. Hay que mencionar además los ingresos particulares. Es posible que una parte de estas familias haya poseído propiedades; por ejemplo, Eleazar ben Jarsom, que tal vez pertenecía a esta nobleza sacerdotal [146], heredó de su padre, según se dice, mil aldeas y mil naves, y tenía tantos esclavos que éstos no conocían a su verdadero amo [147]. Hay que recordar también el comercio de animales para los sacrificios, del cual tal vez se ocupaba la familia del sumo sacerdote Anás [148]; el despojo sufrido por los sacerdotes inferiores mencionado anteriormente, y otros actos particulares de violencia [149], así como casos de corrupción [150]. Nos encontramos además con un gran nepotismo en la adjudicación de los empleos más lucrativos e influyentes del templo [151], como los de tesoreros y guardianes del mismo [152]. Anás, hijo del sumo sacerdote Ananías, aparece en el año 52 d. C. como jefe supremo del templo [153]; por eso se le llama el jefe de los sacerdotes y aparece en un rango jerárquico inmediatamente inferior al del Sumo Sacerdote [154]. Eleazar, otro hijo de Ananías, ocupa el mismo cargo en el año 66 d. C. [155].

[145] Informe de mi padre.
[146] Véase *supra,* p. 115, n. 132.
[147] b. *Yoma* 35ᵇ bar.; cf. *Lam. R.* 2,5 sobre 2,2 (44ª 6).
[148] Véase *supra,* p. 65.
[149] El caso de robo de troncos de sicómoro en Jericó, narrado por b. *Pes.* 57ª bar., pertenece, según indica el contexto, a este tipo de violencias.
[150] Por ejemplo, *Vita* 39, § 195.
[151] b. *Pes.* 57ª bar.; Tos. *Men.* XIII 21 (533,36).
[152] *ʾAmmarkal;* Schürer II, 326s: funcionario del tesoro, véase *infra,* pp. 184ss.
[153] *Ant.* XX 6,2, § 131; cf. *B. j.* II 12,6, § 243.
[154] *Sᵉgan ha-kôhanîm;* cf. Schürer II, 320s.
[155] *B. j.* II 17,2, § 409; *Ant.* XX 9,3, § 208.

CAPITULO II

LA CLASE MEDIA

Junto al gran negociante que importa las mercancías de lejos y las deposita en grandes almacenes se halla el pequeño comerciante que tiene su tienda en uno de los pequeños bazares [1]. Además, los artesanos, en la medida en que son propietarios de sus talleres y no trabajan como asalariados en casa de otros [2], pertenecen plenamente a esta clase media; no se encuentran fábricas. Esto tiene valor para la Jerusalén de la época de Jesús, como lo era para la parte jordana de la Jerusalén actual hasta la guerra de 1967.

Muy raramente se encuentran datos concretos sobre la situación económica de estos círculos. Pero no se pueden aceptar exageraciones como éstas: un ciudadano de Jerusalén había llenado su granero [3] de denarios [4]; un sastre de Jerusalén disponía de 2 *kor* (790 litros aproximadamente) [5] de denarios [6]. Tampoco indica mucho la costumbre, cuya existencia probablemente podemos constatar, de gastar gustosamente los ahorros en adornos [7]; ya entonces era normal perforar las monedas y hacer con ellas adornos para la cabeza. Pero se puede observar claramente que estos círculos vivían mejor cuanto más se relacionaban con el templo y los peregrinos. Los empleados y obreros del templo estaban muy bien pagados; recuérdese el exagerado relato de que los panaderos que hacían los panes de la proposición y los fabricantes de los perfumes para quemar recibían diariamente primero 12 minas, y después 24 (incluso 48 según R. Yuda) [8] (= aproximadamente 1/8, 1/4, 1/2 de talento). En la vida corriente, la práctica normal era no pagar diariamente el salario si no se pedía expresamente; de ordinario se pagaba dentro de las veinticuatro horas después de haber terminado el trabajo [9]; en el templo, por el contrario, se obser-

[1] Los papiros de Egipto distinguen entre *emporoi* (grandes negociantes) y ***kapēloi*** (pequeños comerciantes), Mitteis-Wilckens, I/1, 268.

[2] La misma distinción aparece en aquella época en Egipto, Mitteis-Wilckens, I/1, 260.

[3] *ʿillîta.*

[4] b. *B. B.* 133[b].

[5] Véase *infra,* p. 147, n. 70.

[6] *Lam. R.* 1,2 sobre 1,1 (18[b] 6).

[7] *Kel.* XII 7; cf. *Lam. R.* 2,20 sobre 2,12 (48[a] 2).

[8] b. *Yoma* 38[a].

[9] *B. M.* IX 11-12; Billerbeck I, 832.

vaba escrupulosamente la prescripción del AT (Dt 24,15), que ordenaba pagar el salario el mismo día del trabajo [10]. Ciertamente, sacar grandes ventajas del templo era tenido como falta grave. Pero es seguro igualmente que el templo tenía amplitud de miras en la realización de sus negocios y que tomaba medidas de carácter social [11], lo que le honra.

La industria del hospedaje vivía casi exclusivamente de los peregrinos [12]; éstos se alojaban las más de las veces en grandes espacios semejantes a los actuales *kans*, con sitio para las cabalgaduras y bestias de carga. En la primera Pascua [13], y, según el parecer común, también en la segunda [14], en la fiesta de los Tabernáculos [15] y en la ofrenda de las primicias [16], había obligación de pasar la noche en Jerusalén. Pero las dificultades técnicas habían llevado a formar una «Gran Jerusalén»: Betfagé fue incluida en el distrito en que se podía pasar la noche [17]. Esta concesión probablemente no era válida para el octavo día de la fiesta de los Tabernáculos (apenas valía cuando se presentaban las primicias); parece también que todos los peregrinos celebraban el banquete pascual dentro de la misma Jerusalén [18]. Había una prescripción que prohibía alquilar las casas de Jerualén, pues eran propiedad común de todo Israel; esta prohibición era observada al menos por aquellos que consideraban que Jerusalén no había sido distribuida entre las tribus, sino que era propiedad común de todo Israel. Aún más, según R. Eleazar ben Sadoc, educado en Jerusalén [19], ni siquiera se podían alquilar estancias para dormir. Pero oigamos la descripción de lo que se hacía en la práctica: «Por eso los mesoneros tomaban

[10] *Ant.* XX 9,7, § 220.
[11] Véase *supra*, pp. 30 y 43.
[12] Véase *supra*, p. 77.
[13] b. *Pes.* 95[b] y *passim;* cf. Dalman, *Itinéraires*, 330.
[14] Tos. *Pes.* VIII 8 (168,30); respecto a la segunda Pascua véase *supra*, pp. 93s.
[15] b. *Sukka* 47[a].
[16] b. *Sukka* 47[b] bar.
[17] Véase *supra*, p. 78.
[18] *Mak.* III 3 manda flagelar al que «coma 'santidades leves' fuera de los muros (de Jerusalén)»; la Pascua formaba parte de estas «santidades leves». Para explicar esta prescripción no es necesario suponer que los muros existiesen realmente; eso nos permite afirmar *'Ed.* VIII 6. Ciertamente, *jômah* designa el recinto de la ciudad de Jerusalén, pero este término, en *Men.* VII 3 y en otras partes, designaba el recinto, seguramente ficticio, de Betfagé. Y tal vez se permitía también comer la víctima pascual dentro del perímetro de la «Gran Jerusalén»; de hecho, leemos en b. *Pes.* 91[a] que, para un prisionero que se encuentre en una cárcel pagana y se le haya permitido salir de prisión (cf. *Pes.* VIII 6), se inmole un cordero especial, en el supuesto de que la prisión se encuentre en el interior de los «muros» de Betfagé. Pero lo normal no era comer la víctima pascual fuera de los muros de la ciudad de Jerusalén. Sabemos que los rigurosamente legalistas (los «compañeros», *jaberîm)* ni siquiera comían las «santidades leves» en cualquier parte de Jerusalén, sino en una parte solamente; de las dos partes de la ciudad, llamadas «las dos *bis'în*, rechazaban la superior, aceptando solamente la inferior» (Tos. *Sanh.* III 4; 418,21). En la práctica, respecto a la comida pascual de Jesús (los sinópticos presentan la Cena como una comida pascual), nos atendremos con razón a lo siguiente: el banquete pascual lo celebró dentro de Jerusalén, aunque la noche la pasara en el distrito de la «Gran Jerusalén» (véase *supra*, pp. 78s).
[19] Pudiera tratarse de Eleazar el Anciano; véase Strack, *Einleitung*, 124 y 130.

por la fuerza (a sus huéspedes) las pieles de los animales ofrecidos en sacrificio». Abbayé dice: «Podemos deducir de ello que es costumbre dejar al hostelero el cántaro y la piel» [20]. Abbayé justifica la costumbre practicada en su tiempo en el derecho consuetudinario adquirido por los hosteleros de Jerusalén de quedarse con la piel de las víctimas. Se procuraban así buenos ingresos, pues la piel, al menos la de los corderos egipcios, valía de 3 a 4 *selaʿ*, o sea, de 16 a 20 denarios [21]. Sirva como punto de referencia el salario de un día de trabajo, el cual, por término medio, era de un denario. Ocasionalmente, también se participaba en la comida pascual del hostelero por dinero; si el 14 de nisân caía en sábado, se le dejaba al hostelero la capa en fianza y se arreglaban las cuentas con él después de la fiesta [22].

La afluencia de peregrinos constituía una importante fuente de ingresos para el comercio de víveres y las profesiones que se ocupaban del abastecimiento. Recordemos en primer lugar los sacrificios que el peregrino debía ofrecer, los cuales eran distintos según el objetivo de su peregrinación. En la fiesta de la Pascua se sacrificaba el cordero pascual [23] y se hacían sacrificios voluntarios [24]; a esto se añadían las cuatro copas de vino [25], las hierbas amargas [26], la mermelada dulce y el pan ázimo. Mucho más importantes que estos gastos exigidos por los deberes cultuales eran los gastos extraordinarios que los peregrinos hacían para su alimentación. Filón ensalza con entusiasmo los días de fiesta pasados en la ciudad santa: eran como un respiro libre y despreocupado en medio de la agitada vida [27]. Pero, para que este bienestar fuese completo, era preciso regalarse con copiosas comidas bien regadas. «Banqueteaban durante siete días y no regateaban ningún gasto»; así describe Josefo la celebración pascual del pueblo [28]. Hay que añadir que esta especie de lujo no sólo estaba justificada, sino que en realidad era una obligación. Pues el dinero del segundo diezmo debía ser gastado en Jerusalén; según la Ley (Dt 14,26), debía ser empleado en ganado, bebidas fermentadas y en todo lo que se desease. Según eso, la Misná [29] dice que el segundo diezmo debe ser empleado en comer, beber

[20] b. *Yoma* 12ª bar.; b. *Meg.* 26ª.

[21] Krauss, *Talm. Arch.*, II, 113; sobre el gran valor de las pieles véase Filón, *De spec. leg.* I, § 151.

[22] *Shab.* XXIII 1; según b. *Shab.* 148ᵇ, sólo sería admisible el sentido indicado en nuestra exposición.

[23] Respecto al número de las víctimas pascuales véase *supra*, pp. 100s.

[24] Holocaustos y sacrificios de comunión, *Hag.* I 3.

[25] *Pes.* X 1.

[26] Los comerciantes mencionados *supra* (p. 50) gritaban a la gente: «Venid y comprad las especias que exige la Ley» (j. *Pes.* X 3, 37ᵈ 9 [III/2, 150]). Según la brillante explicación de I. Kahan, en *taggᵉrê jarak* hay que ver a vendedores de granos tostados; en la interpretación de Rashi (cf. Hirschensohn, 133): «comerciantes de rejas para ventanas», habría que esperar el plural, *jarakkîm*. En la época de la Pascua los vendedores de golosinas tostadas y cosas parecidas, que aún hoy forman parte del espectáculo que ofrecen las calles de Jerusalén, añadían especias a sus mercancías.

[27] *De spec. leg.* I, § 69; cf. *Ant.* XV 3,3, § 50 y *passim*.

[28] *Ant.* XI 4,8, § 110.

[29] *M. Sh.* II 1.

y perfumes; en «banquetear», dice Josefo [30]. En particular oímos decir que se daba capital importancia a la carne, como hacen aún hoy los árabes: «Mientras permaneció el Santuario, no había regocijo sin carne» [31]. Se compraban animales salvajes, sobre todo gacelas, o reses cebadas [32]; y se podía elegir entre sacrificar el animal profanamente u ofrecerlo en sacrificio de comunión, en el cual se ponían sobre el altar las partes grasas, mientras que el resto quedaba para su dueño [33].

Por eso era costumbre frecuente, por ejemplo, ofrecer también, la tarde de Pascua, un sacrificio festivo (sacrificio de comunión); se comía antes o después del banquete pascual, en caso de que las raciones pascuales fuesen demasiado pequeñas. Pero no era eso lo usual si la víctima pascual daba para comer en abundancia [34]. Frecuentemente se juntaban varios para comprar una víctima. Sólo así se explica un pasaje de la Misná: la escuela de Shammay exige que se gasten 2 *maʿah* de plata en el holocausto festivo (las víctimas para los holocaustos, sacrificios que no redundaban en provecho del que los ofrecía, no se podían comprar con el dinero del segundo diezmo) y 1 *maʿah* de plata para el sacrificio de comunión; la escuela de Hillel invertía estas dos sumas [35]. Naturalmente, por 1 *maʿah* (= 1/6 de denario) [36] no se podía adquirir una víctima. Las familias de muchas bocas se veían obligadas a ofrecer también sacrificios de comunión; por el contrario, la que tenía pocas bocas y era rica podía ofrecer más bien holocaustos [37]. Para beber se compraba vino [38], al que a veces se añadía miel [39], y aguapié [40]. Por lo demás, el segundo diezmo se empleaba en comprar pescado [41], aceite [42], frutas (aceitunas, uvas) [43], nueces y almendras [44], verduras (puerros) [45], brotes de alhova [46], guisantes [47] y condimentos para la cocción [48]. A los niños se les daba como golosinas nueces y almendras tostadas [49]. También podía suceder que se hubiese llevado parte del segundo diezmo en especie; pero lo normal era que se trajese en metálico y se gastase ese dinero en Jerusalén [50]. Frecuentemente se depositaba el di-

[30] *Ant.* IV 8,8, § 205; 8,22, § 240.
[31] b. *Pes.* 109ª bar.
[32] *M. Sh.* I 3.4; III 11.
[33] *M. Sh.* I 3.4; *Ant.* IV 8,8, § 205.
[34] *Pes.* VI 3.
[35] *Hag.* I 2-3.
[36] Billerbeck I, p. 293.
[37] *Hag.* I 5.
[38] *M. Sh.* I 3.4; III 12; b. *Pes.* 109ª bar.
[39] *M. Sh.* II 1.
[40] *Ibíd.* I 3.
[41] *Ibíd.* II 1.
[42] *Pes.* VII 3.
[43] *M. Sh.* I 4.
[44] *Ibíd.* I 3.
[45] *Ibíd.* II 1.
[46] *M. Sh.* II 3.
[47] *Ibíd.* II 4.
[48] *Ibíd.* II 1.
[49] b. *Pes.* 108ᵇ-109ª bar.
[50] *M. Sh.* I 5-6.

nero en una casa de comidas, tienda donde se vendían platos ya preparados, y se gastaba lo equivalente [51].

También las otras industrias de Jerusalén ganaban más o menos con la presencia de los peregrinos. Para cumplir con el precepto de estar alegres durante la fiesta había que contentar también a las mujeres. Por la Pascua los judíos de Babilonia regalaban a sus mujeres vestidos multicolores; los de Palestina, vestidos blancos de lino [52]. Estos gastos se hacían frecuentemente en la ciudad santa. Pero, sobre todo, hay que suponer que generalmente se llevaban a casa recuerdos de Jerusalén [53]. También se manifestaba la liberalidad en donaciones al templo, que proporcionaban trabajo a los oficios de la ciudad.

A los *sacerdotes* hay que clasificarlos en la clase media. La mayor parte de ellos vivían dispersos por el país, distribuidos en veinticuatro secciones sacerdotales. Los que vivían en Jerusalén parecen haber sido gentes acomodadas e instruidas. Josefo procedía de una acomodada familia sacerdotal que vivía en Jerusalén desde hacía generaciones [54]. El número de sacerdotes de Jerusalén que, en cuanto escribas, tenían cierta cultura, era bastante grande. Podemos citar a R. Sadoc (hacia el 50 d. C.) y a su hijo Eleazar [55]; a Jananya [56], jefe supremo del templo (hacia el 70); a Eliezer ben Hyrcanos [57] (hacia el 90); a Gozoros, fariseo y sacerdote, el cual, el año 66-67, tomó parte en una embajada a Galilea [58]; a R. Simeón ben Natanael y al sacerdote Yosé, discípulos del R. Yojanán ben Zakkay [59]. Tal vez tengamos también sacerdotes escribas en la familia jerosolimitana de Rabbán Yojanán. Había en Jerusalén, según se cuenta, una familia cuyos hijos morían a los dieciocho años. Se pidió consejo a Yojanán ben Zakkay, y éste fue del parecer de que se trataba de descendientes de Elí, sobre los que se cumplía la maldición que pesaba sobre este sacerdote (1 Sm 2,33). Les recomendó ocuparse de la Ley; lo cual apartaba eficazmente la maldición. Para acabar definitivamente con aquella maldición, la familia tomó el nombre de Yojanán [60]. Ahora bien, Elí, sacerdote de Silo (1 Sm 1,9), era de la familia de Aarón [61], por lo que sus descendientes eran sacerdotes, y, si se cree la anécdota anterior, en parte escribas. Por el contrario, cuando se dice que el sumo sacerdote Yoshuá ben Gama-

[51] *Ibíd.* II 9-10.
[52] b. *Pes.* 109ª bar.
[53] Véase *supra,* p. 26.
[54] *Vita* I, § 1-6, véase *infra,* p. 158.
[55] Véase *infra,* pp. 299s.
[56] *Pes.* I 6 y *passim.*
[57] j. *Sota* III 4, 19ª 28 (IV/2, 261).
[58] *Vita* 39, § 196s; su nombre es a veces Yozaros.
[59] *P. A.* II 8.
[60] b. *R. H.* 18ª.
[61] Su nieto Ajitub (1 Sm 14,3) tenía un hijo, Ajimelec (1 Sm 22,20); este último aparece como descendiente de Itamar (1 Cr 24,3), el hijo menor de Aarón (1 Cr 24,1; Ex 6,23). Hay que notar que a los antepasados de Jesús, para constatar las genealogías, les bastaba el testimonio de la Escritura; no planteaban reparos crítico-históricos sobre su valor.

liel[62] era Rabbí, difícilmente podemos creerlo, habida cuenta de lo que sabemos de los sumos sacerdotes; la fuente de esta afirmación pudiera ser una errónea identificación entre su padre y el conocido escriba Gamaliel (Hch 5,34-39; 22,3). Respecto a los *levitas,* también encontramos entre ellos algunos que se distinguían por su fortuna o cultura, como Yojanán ben Gudgeda, jefe de los levitas, y Yoshuá ben Jananya; también pudiera ser que el levita Bernabé (Hch 4,36-37), compañero de Pablo y jefe del primer viaje misionero, perteneciese también a este grupo.

Respecto a los ingresos de los sacerdotes, tenemos que distinguir claramente entre lo prescrito y la práctica. En cuanto a las prescripciones, podemos remitirnos a la excelente compilación de Schürer[63]; la imagen que ofrece nos llevaría a pensar que los sacerdotes vivían en unas condiciones extraordinariamente ventajosas. Pero ¿cuál era la realidad de los ingresos? Sabemos que los muy observantes de la Ley pagaban con gran escrupulosidad ciertos impuestos; pero éstos eran sólo un pequeño número. ¿Cómo procedía el conjunto del pueblo? Pensemos en los grandes impuestos del Estado, a los que debemos añadir los muchos y pesados tributos para el culto y los sacerdotes. Esto sólo nos hace ya pensar que es muy poco probable que estos últimos hayan sido satisfechos por el pueblo con regularidad. Efectivamente, escuchamos numerosas quejas sobre este punto[64]. Todo un tratado de la Misná[65] se ocupa de los productos *d^emay,* es decir, de aquellos frutos de los que no se sabe ciertamente si de ellos han sido separados el segundo diezmo y el de los sacerdotes[66]. En Galilea se conocían ciertamente los diezmos[67], pero no el anatema en provecho de los sacerdotes, es decir, la consagración de los productos destinados a los sacerdotes[68]; Filón[69] parece ignorar en absoluto la deducción para los sacerdotes[70]; y la expresión con que se designa a las gentes no instruidas, *'am ha-'ares,* indica precisamente a aquellos de quienes no se puede esperar un puntual cumplimiento de las prescripciones de la Ley. Todo lo cual nos indica que la observancia de las prescripciones legales no era general ni mucho menos.

Hay un hecho de gran importancia para hacerse una idea del valor de las prescripciones teóricas: sólo podemos constatar con certeza el pago de los ingresos siguientes (y ni siquiera se sabe en qué proporciones):

1. Los sacerdotes, cuando les tocaba oficiar en el templo de Jerusalén, participaban de las víctimas. «¿No sabéis que los que trabajan en el Santuario comen de lo del Santuario, y los que sirven en el altar toman

[62] Véase *supra,* p. 116.
[63] Schürer, II, 301-312
[64] Por ejemplo, *P. A.* V 8s; cf. *Mek.* Ex 19,1 (23^c 25ss) y par.; Schlatter, *Joch. b. Zak.,* 67 y n. 2.
[65] *D^emay.*
[66] El 1 por 100 de la cosecha.
[67] *Vita* 12, § 63; 15, § 80.
[68] *Ned.* II 4.
[69] Véase *infra,* p. 126, n. 90.
[70] *T^erumah,* es decir, el 2 por 100 de la cosecha aproximadamente.

parte de él (es decir, de sus víctimas)?», dice Pablo [71]. De las dos palomas ofrecidas por María en Jerusalén (Lc 2,24), la que se destinaba al sacrificio de expiación le correspondía, como era usual, al sacerdote [72]. Algunas noticias concretas llevan claramente el sello de la historicidad; por ejemplo, las concernientes al sorteo de las porciones correspondientes a los sacerdotes [73], a la actividad desplegada por el médico del templo en casos de enfermedades abdominales [74] y a las propiedades digestivas de las aguas de Gihón, que los sacerdotes bebían después de una copiosa comida de carne [75]. Las pieles de los sacrificios de expiación, de los sacrificios penitenciales y de los holocaustos formaban parte también de la participación en las víctimas; poseemos detalles concretos sobre su distribución [76].

2. Se ofrecían también las primicias de los productos agrícolas; así lo indica la sugestiva descripción de la procesión que con ese motivo tenía lugar [77]; sobre todo, el relato en que se narra la participación del rey Agripa en esta ofrenda [78].

3. El tercer tributo a los sacerdotes que podemos constatar con certeza es el diezmo de los productos agrícolas. Pero resulta curioso que este tributo falte absolutamente en los resúmenes de la época sobre los impuestos de los sacerdotes [79]. Esta es la razón: estos resúmenes se basan exclusivamente en la legislación mosaica y no en la práctica. Sabemos con certeza por Josefo que el diezmo perteneciente a los levitas, según la prescripción mosaica (Nm 18,21-32), se entregaba a los sacerdotes ya antes de estallar la guerra judeo-romana en el año 66 d. C. Nos cuenta que los sacerdotes jefes mandaron en varias ocasiones a sus criados a tomar por la fuerza el diezmo perteneciente a los sacerdotes [80]; y que en Galilea recibieron sus colegas de embajada el diezmo que les correspondía como sacerdotes; que él, aunque sacerdote, había renunciado [81]. También la Carta a los Hebreos testifica la existencia del diezmo de los sacerdotes: «Aquellos de los hijos de Leví que reciban el sacerdocio tienen mandato de tomar el diezmo al pueblo según la Ley» (Heb 7,5). Y el Pseudo-Hecateo de Abdera [82] dice de los sacerdotes de los judíos que «percibían el diezmo de los productos agrícolas». Es verdad que el Talmud sostiene

[71] 1 Cor 9,13; cf. 10,18; Heb 13,10.
[72] *Ant.* III 9,3, § 230.
[73] *Shab.* XXIII 2.
[74] Véase *supra,* p. 42.
[75] *ARN* rec. A cap. 35, 105ª 24; Neubauer, *Géogr.,* 145.
[76] b. *Pes.* 57ª bar.; cf. b. *B. Q.* 109ª-110ᵇ; b. *Tem.* 20ᵇ.
[77] *Bik.* III 1-9.
[78] *Bik.* III 4; ¿Agripa I o II?
[79] *Ant.* IV 4,4, § 69ss; 8,22, § 240ss; III 9,1-4, § 224ss; Filón, *De spec. leg.* I, § 131-161; *Halla* IV 9-11, y la adición a *Halla* IV 11 en el manuscrito de Munich; se pueden encontrar sus variantes en L. Goldschmidt, *Der babylonische Talmud,* t. I (Berlín 1897 = La Haya 1933) 310 = b. *B. Q.* 110ᵇ. Otros textos rabínicos pueden verse en Schürer, II, 301, n. 6.
[80] *Ant.* XX 8,8, § 181; 9,2, § 206.
[81] *Vita* 12, § 63; 15, § 80.
[82] Citado por Josefo, *C. Ap.* I 22, § 188.

en diversos pasajes la opinión de que el diezmo se dé a los levitas y no a los sacerdotes [83]. Pero eso se debe a consideraciones exegéticas sobre las prescripciones del AT; tienen menos fuerza que los otros pasajes del Talmud donde se supone claramente que en la práctica se entregaban a los sacerdotes. Efectivamente, se discute en ellos la causa por la que los levitas han sido castigados con la privación del diezmo [84]. Del sacerdote Rabí Eleazar ben Azarya, contemporáneo de R. Aqiba [85], se dice que recogía el diezmo; se habla proverbialmente del sacerdote que anda vagando por las eras [86]. En fin, se cuenta que el sumo sacerdote Yojanán (Juan Hircano, 134-104 a. C.) suprimió la declaración del diezmo [87]; la explicación rabínica es exacta [88]: se debió a que el diezmo ya no se pagaba a los levitas.

También Filón parece conocer un diezmo de los sacerdotes [89]. Pero al examinar más de cerca sus datos, encontramos serias dificultades. En efecto, junto al diezmo de los sacerdotes admite Filón otro diezmo de los levitas; además sostiene que el diezmo de los sacerdotes, aparte de los productos del suelo, se extiende también al ganado [90]. Por consiguiente, este diezmo de los sacerdotes de que nos habla Filón no puede ser otra cosa que el segundo diezmo, del cual formaba parte el diezmo del ganado; cosa que hasta el presente, por lo que yo sé, no ha sido notada. Ahora bien, este segundo diezmo era gastado por su propietario en Jerusalén. Por lo que no se puede conceder valor histórico a esta noticia de Filón; pues éste se basaba en el solo texto de la Escritura, sin apenas tener conocimiento directo de la práctica.

[83] *M. Sh.* V 9; *Ter.* IV 2 y *passim.*
[84] b. *Yeb.* 86ª; cf. b. *Sota* 47ᵇ-48ª.
[85] b. *Yeb.* 86ª.
[86] b. *Ket.* 105ᵇ.
[87] *M. Sh.* V 15 = *Sota* IX 10.
[88] b. *Sota* 47ᵇ-48ª.
[89] *De virt.,* § 95.
[90] Sobre el diezmo de los levitas: *De spec. leg.* I, § 156; sobre la extensión del diezmo de los sacerdotes al ganado: *De virt.,* § 95. Es interesante comparar *De spec. leg.* I, § 131-144 con el pasaje citado en la nota precedente. En ambos casos se da una lista de los ingresos de los sacerdotes:

De spec. leg. I, § 131-144	*De virt.,* § 95
Deducción de la masa.	
Impuesto sobre las posesiones en productos agrícolas.	*Primicias de los productos agrícolas.*
Primogénitos del ganado.	*Primogénitos del ganado.*
Impuesto sobre la producción de cosechas y ganado.	Diezmo de las cosechas y el ganado.

La comparación indica que el impuesto sobre las posesiones corresponde a los *bikkûrîm;* el diezmo («de los sacerdotes»; en realidad el segundo, cf. *infra,* p. 127) es considerado como un impuesto sobre la producción. De donde se deduce que Filón no conoce la *tᵉrumah.*

El diezmo de los sacerdotes se constata con certeza; pero queda por saber desde cuándo fue satisfecho. La abolición de la declaración del diezmo es atribuida al Rabbí Yojanán ben Zakkay [91] (lo que nos lleva a las últimas décadas anteriores al 70 d. C.) y al sumo sacerdote Juan Hircano [92]. El hecho de que el Pseudo-Aristeas, antes del año 100 a. C., hable del diezmo de los sacerdotes, es un argumento a favor del segundo dato (Juan Hircano). Según sabemos, los estrictamente observantes de la Ley entregaban escrupulosamente el diezmo; entregaban incluso el diezmo de las más insignificantes especias (Mt 23,23; Lc 11,42), así como el de todas sus compras (Lc 18,12; de productos del suelo, habría que añadir). Esta última medida la conocemos por la oración del fariseo en la parábola del fariseo y el publicano; esta práctica se debe probablemente a que no siempre se podía saber si el productor había satisfecho ya, en la forma prescrita, el diezmo de los productos cosechados [93].

Sólo podemos constatar estas tres clases de ingresos de los sacerdotes, lo que ya es extraño. Pero, además, amplios sectores del pueblo no satisfacían, o al menos no lo hacían como era debido, los impuestos para los sacerdotes; y muchos impuestos tal vez no se satisfacían de ninguna manera. Lo que sabemos sobre la situación económica de los sacerdotes confirma estas conclusiones. Para apreciar esta situación sería equivocado intentar partir de la situación del sacerdote Josefo [94], el escritor. Este recibió durante años una sólida instrucción [95], en parte en Tiberíades, sin duda [96], y era un hacendado: poseía campos en Jerusalén, seguramente al oeste de la ciudad [97]. Formaba parte por su origen de la más noble estirpe, hallándose en la primera de las veinticuatro secciones sacerdotales [98]; por lo que Josefo no constituye ningún ejemplo respecto a la situación general de los sacerdotes. La mayor parte de ellos vivía pobremente. Cuando sus eras fueron saqueadas, una parte de los mismos murió de hambre [99], según el relato de Josefo, tal vez un poco exagerado. Filón, para probar la excelencia de la Ley mosaica, describe con palabras cuidadas los grandes ingresos de los sacerdotes. Pero tiene que reconocer, sin embargo, que los sacerdotes tendrían abundancia si todos pagasen reglamentariamente sus tributos, pero que la indiferencia de una parte del pueblo era la causa de la pobreza en que vivían los sacerdotes [100].

[91] Tos. *Sota* XIII 10 (230,3); Schlatter, *Joch. b. Zak.*, 29, n. 2.
[92] *M. Sh.* V 15 = *Sota* IX 10.
[93] Dicho de otro modo: no se sabía si se trataba de los productos *d^{e}may*.
[94] *Vita* 15, § 80.
[95] *Vita* 2, § 7ss.
[96] *Vita* 53, § 274.
[97] *Vita* 76, § 422; en la parte occidental de la ciudad y en sus alrededores estuvo emplazado, después de la destrucción de la ciudad, el campamento de la X legión (*B. j.* VII 1,2, § 5), de la cual se habla en *Vita* 76, § 422.
[98] *Vita* 1, § 2.
[99] *Ant.* XX 8,8, § 181; 9,2, § 207.
[100] *De spec. leg.* I, § 153-155.

CAPITULO III

LOS POBRES

Apenas tenemos papiros de Palestina [1]. Por eso, para el conocimiento de los estratos pobres de la población dependemos de las fuentes literarias, las cuales, respecto a los detalles, dejan muy frecuentemente bastante que desear. Sabemos de una pobre viuda de Jerusalén, cuyos medios de subsistencia se reducían a 2 *lepta* (= 1/4 de as), es decir, a unos céntimos que ni siquiera alcanzaban para su sustento diario [2]; los echó en el tesoro del templo [3]. También tenemos noticia de otra mujer que no tenía más que un puñado de harina para presentar como ofrenda, lo que provocó una observación desdeñosa en el sacerdote oficiante [4]. Otro pobre cazaba diariamente cuatro tórtolas y entregaba dos al templo. Lo hizo incluso el día en que Agripa quiso ofrecer 1.000 víctimas, por lo que prohibió la aceptación de cualquiera otra [5]. Pero la historicidad de estos tres relatos no es segura. Efectivamente, tenemos un relato budista que presenta especiales contactos con la historia del óbolo de la viuda y otro que está emparentado con la historia del pobre que cazaba tórtolas [6]. En el segundo caso un sueño indica al sacerdote el valor de la ofrenda de la mujer; y en el tercero se explica también en sueños al rey Agripa el valor de la ofrenda de las tórtolas. Es, pues, un tema que aparece especialmente claro en la traducción china del texto budista semejante al relato sobre el óbolo de la viuda: se reconoce el valor de la ofrenda del pobre por una iluminación sobrenatural. Por consiguiente, no tenemos aquí datos seguros respecto a los pobres. Pero, aunque a veces quisiéramos disponer de más noticias, bastan, sin embargo, estas fuentes para darnos una imagen de la situación de los estratos pobres de la población.

Entre los pobres tenemos que distinguir entre aquellos que ganaban su sustento con el trabajo y los que vivían, en parte o totalmente, de las ayudas recibidas.

[1] Sólo los hallazgos de Qumrán y los del wadi Murabbaʿat, así como los descubrimientos hechos en la costa sudoeste del Mar Muerto y en el wadi Farʿah. Pero, desgraciadamente, no nos suministran datos respecto a la Jerusalén anterior al año 70 d. C.

[2] La ración diaria de pan distribuida a los pobres, que cubría el mínimo vital, costaba ya 2 *as*.

[3] Mc 12,41-44; Lc 21,1-4.

[4] *Lv. R.* 3,5 sobre 2,1 (9ª 18).

[5] *Ibíd.* 9ª 5.

[6] H. Haas, «*Das Scherflein der Witwe*» *und seine Entsprechung im Tripitaka* (Leipzig 1922).

1. ESCLAVOS Y JORNALEROS

El comercio de esclavos en la Palestina del siglo III antes de nuestra Era se halla suficientemente constatado en los papiros [7]; y, para la Jerusalén del tiempo de Jesús, tenemos una prueba en la piedra destinada a la venta pública de esclavos [8]. En la economía rural no desempeñaron los esclavos un gran papel; ésa es la impresión que producen tanto los datos rabínicos y los del NT [9] como los papiros de Egipto [10]. Es en la ciudad donde preponderantemente encontramos esclavos al servicio de las casas; y aun aquí, exceptuada, por ejemplo, la Corte de Herodes, no se encuentran en gran número. La Misná menciona a un eunuco de Jerusalén [11]; tal vez estaba al servicio de un harén. Más frecuentemente nos encontramos con libertos: «Si tu hija ha crecido, deja en libertad a tu esclavo y cásalo con ella»; así se dice que rezaba un proverbio de Jerusalén [12]. Un esclavo liberto está al servicio de Tobías, médico de Jerusalén [13]; y en tiempo de Shemaya y de Abtalyón, durante el reinado de Herodes el Grande, se le dio a beber a una liberta de Jerusalén [14] el agua de la maldición (Nm 5,11-31). Se ha afirmado que, ya durante el segundo período del Estado judío (a partir de la época macabea), era imposible que un judío de nacimiento llegase a ser esclavo en casa de otro judío [15]. Sin embargo, los textos citados en este sentido [16] son puras afirmaciones teóricas; pretenden demostrar que sólo hubo esclavos judíos mientras se observó el año jubilar. Podemos constatar que el AT cuenta con la esclavitud de judíos de nacimiento [17], y que la literatura rabínica habla frecuentemente de esclavos judíos, distinguiendo su condición jurídica de la de los esclavos paganos [18]. Pero esto aún no prueba que la situación existente en tiempos de Jesús correspondiese a estos datos.

Respecto a este punto hay que notar que Josefo supone vigente para la época de Herodes el Grande la prescripción del AT (Ex 22,2) según la cual se podía vender al ladrón judío que no pudiese ofrecer la suficiente compensación, pues Josefo cuenta que esta medida fue agravada por el rey [19]. Por lo demás, hay que decir que la cuestión de si ha habido escla-

[7] *Papiri greci e latini* (Pubblicazioni della Società italiana per la ricerca dei papiri greci e latini in Egitto IV; Florencia 1917) n. 406.

[8] Véase *supra*, p. 52.

[9] Los criados que aparecen en las parábolas de Jesús desarrolladas en el campo eran, como indica Mt 20,1-16, obreros contratados por algún tiempo.

[10] Mitteis-Wilckens, I/1, pp. 260 y 274.

[11] *Yeb.* VIII 4.

[12] b. *Pes.* 113ª.

[13] *R. H.* I 7.

[14] *ʿed.* V 6.

[15] Krauss, *Talm. Arch.*, II, p. 83.

[16] b. *ʿAr.* 29ª y par. (b. *Qid.* 69ª; b. *Git.* 65ª).

[17] Ex 21,2; Lv 25,39.47 (israelita); Ex 21,3 (esposa); 21,7 (hija); 22,2 (ladrón).

[18] El esclavo judío, lo mismo que el pagano, es llamado *ʿebed.* Jurídicamente, el esclavo judío es equiparado a los niños mayores; y el pagano a los menores *(B. M.* I 5; *ʿAr.* VIII 4s; *M. Sh.* IV 4).

[19] *Ant.* XVI, 1,1, § 1ss.

vos de origen judío es accidental, puesto que los esclavos paganos la mayoría de las veces recibían la circuncisión y, por consiguiente, se hacían judíos [20]. Por eso se determinan las oraciones a que estaban obligados los esclavos [21]; y por eso encontramos esclavos sacrificando dos víctimas pascuales en el atrio de los sacerdotes, una por ellos y otra por su amo [22]. De otro modo no hubiese sido posible para los judíos observantes la convivencia con los esclavos. A los libertos hay que considerarlos al menos como prosélitos, exceptuada tal vez la Corte, donde se hacía poco caso de las consideraciones religiosas. Así lo indican los hechos señalados hace poco: el consejo de casar la hija con el esclavo liberto y el hacer beber las aguas amargas a una esclava liberta. Por tanto, en la mayoría de los casos no es posible la constatación del origen del esclavo, y, por lo demás, tampoco tiene demasiada importancia.

Los jornaleros eran mucho más numerosos que los esclavos. Jornalero era aquel que fue contratado por un hombre rico de Jerusalén para que anduviese delante de su caballo como lacayo [23]. Los jornaleros ganaban por término medio un denario [24], incluida la comida [25]. El pobre que vivía de la caza de palomas cogía cada día cuatro tórtolas, de las cuales ofrecía diariamente dos en sacrificio [26]. Como el precio de una tórtola en Jerusalén era de 1/8 de denario [27], su ganancia diaria era de 1/4 de denario. Lo cual se consideraba un jornal claramente bajo [28]. Para un jornalero era catastrófico no encontrar trabajo, como le pasó a Hillel en Jerusalén [29].

2. LOS ESTRATOS DE POBLACION QUE VIVEN DE LAS AYUDAS RECIBIDAS

La importancia de estos estratos de la población que viven, parcial o totalmente, de las ayudas recibidas es característica de Jerusalén. En primer lugar hay que mencionar a los *escribas*. Tenían prohibido cobrar por su actividad [30]. Los Evangelios indican que la validez de esta prescripción estaba vigente en tiempo de Jesús: «Habéis recibido gratis, dad gratis. No os procuréis oro ni plata, ni dinero para llevar en vuestros cinturones [31], ni alforjas para el camino, ni dos mantos, ni sandalias ni bas-

[20] Tenían un año de plazo para reflexionar, y, en caso de negarse, eran vendidos de nuevo a no judíos; cf. E. Riehm, *Handwörterbuch des biblischen Altertums,* t. II (Leipzig [2]1894) p. 1524 *a.*

[21] *Ber.* III 3.

[22] *Pes.* VIII 2.

[23] b. *Ket.* 67[b] bar.

[24] Mt 20,2.9; cf. Tob 5,15: el acompañante de Tobías en su viaje recibe una dracma por día, además del sustento.

[25] Cf. *B. M.* VII 1.

[26] Véase *supra,* p. 129.

[27] *Ker.* I 7.

[28] b. *Yoma* 35[b] bar.

[29] *Ibíd.*

[30] *P. A.* I 13; *Bek.* IV 6; b. *Ned.* 37[a].62[a].

[31] Fajas amplias que servían también para guardar el dinero.

tón: porque el trabajador merece que se le alimente»[32]. La Misná atribuye esta prescripción a un doctor de Jerusalén, a Hillel, confirmado por R. Sadoc, doctor que enseñó en Jerusalén antes del año 70 d. C.[33]. Schürer, del hecho de que Hillel pagase para entrar en la escuela de Shemaya y Abtalyón[34], concluye que las lecciones de éstos no eran completamente gratuitas[35]; pero no se fija en que no se trata de dinero pagado a los maestros, sino al guarda de la escuela. Más tarde se escamoteó esa prohibición al permitirle al escriba compensarse, si ejercía, por ejemplo, un oficio, del tiempo perdido en el ejercicio de sus funciones de juez y de maestro, con tal que pudiese presentar pruebas[36].

¿De qué vivían los escribas? De los rabinos mencionados en el Talmud, más de cien tenían un oficio y nombres de oficios[37]. Es verdad que la mayor parte de ellos pertenece a una época posterior. Por otra parte, el libro de Ben Sirá (del comienzo del siglo II a. C.) pone en duda la compatibilidad de un oficio profano con la profesión de escriba (Eclo 38,24-39,11); esta compatibilidad se sigue discutiendo hasta el siglo II de nuestra Era[38]. Lo cual puede originar una duda: ¿Era ya costumbre en tiempo de Jesús ejercer un oficio juntamente con el estudio de la Ley? Sin embargo, los testimonios concretos que poseemos (se refieren exclusivamente a Jerusalén) indican que ya había en aquella época doctores que ejercían un oficio. Shammay rechazó con una regla de carpintero a un pagano que quería hacerse prosélito[39]. Y Hillel, que vivió como él hacia el comienzo de nuestra Era, fue jornalero, al menos durante sus estudios[40]. El apóstol Pablo ejerció un oficio durante su actividad misionera (Hch 18,3); lo cual indica que había conservado la costumbre que tenía de ganarse la vida cuando era rabino de Jerusalén. Las siguientes noticias se refieren a las últimas décadas anteriores a la destrucción de Jerusalén: R. Yojanán ben Zakkay, al menos hasta el comienzo de sus estudios[41], ejerció el comercio; R. Eleazar ben Sadoc[42] y Abbá Shaul ben Batnit[43], durante todo el tiempo de su enseñanza, tuvieron tiendas en Jerusalén. Así que no era nada

[32] Mt 10,8-10; cf. Mc 6,8; Lc 9,3.

[33] *P. A.* IV 5; I 13.

[34] b. *Yoma* 35ᵇ bar.

[35] Schürer, II, 380.

[36] b. *Ket.* 105ᵃ; *Pesiqta de Rab Kahana* XXVIII 4, ed. S. Buber (Lyck 1868), 178ᵃ 17; F. Weber, *Jüdische Theologie auf Grund des Talmud und verwandter Schriften* (Leipzig ²1897) 130.

[37] Delitzsch, *Jüd. Handwerkerleben,* 75, suministra muchos ejemplos. Weber, *Religionssoziologie,* III, 410-411.

[38] b. *Ber.* 35ᵇ.

[39] b. *Shab.* 31ᵃ. Cf. Mc 6,3: Jesús es llamado *tektōn* (carpintero, constructor o herrero). A este respecto hay que recordar que era costumbre enseñar al hijo el oficio del padre y que Jesús gusta de emplear la imagen de la construcción de una casa.

[40] b. *Yoma* 35ᵇ bar.

[41] b. *Sanh.* 41ᵃ; *Sifré* Dt 34,7, § 357 (63ᶜ 26); *Gn. R.* 100,11 sobre 50,14; Schlatter, *Joch. b. Zak.,* 9.

[42] Tos. *Besa* III 8 (205,25); Hirschensohn, p. 133; cf. *supra,* p. 47, y también Tos. *Pes.* X 10 (173,7).

[43] Tos. *Besa* III 8 (205,27); b. *Besa* 29ᵃ bar.

extraño que los escribas del tiempo de Jesús, además de la explicación de la Ley, ejerciesen un oficio.

Pero, sobre todo, los escribas vivían de las ayudas recibidas; ésta es la conclusión que sugieren las condiciones en que se encontraban, antes de la Segunda Guerra mundial, los peritos de la Ley en Palestina, y lo que confirman las fuentes respecto a la época antigua. Según Franz Delitzsch, «los doctores o los 'discípulos de los sabios' [44] (sin que tuviesen nada fijo, ni siquiera por sus enseñanzas)... dependían de la libre gratitud de sus discípulos..., de la inclusión en el diezmo de los pobres y, en ciertos casos, también de las ayudas de la caja del templo» [45]. Se decía que era meritorio ofrecer hospitalidad al escriba y hacerle partícipe de los propios bienes [46], o administrar sus negocios en su lugar [47]. Por otra parte, según Nejonya ben Ha-qana [48], maestro de la época del segundo templo, los doctores estaban libres del yugo del gobierno (es decir, de los impuestos) [49] y del yugo de la ocupación profana (o sea, de la preocupación por el sustento). La vigencia de estas disposiciones es confirmada por los Evangelios. Respecto a la hospitalidad debida al maestro, recordemos la enseñanza de Jesús: «El trabajador merece que se le alimente» [50]; sentencia que Pablo, apelando a lo prescrito por Jesús (1 Cor 9,14), aplica [51] al que enseña (cf. Gál 6,6). Recordemos también la exhortación hecha por Jesús a sus discípulos de aceptar hospitalidad y alimentación durante su predicación evangélica (Lc 9,4; 10,7-8), así como el hospedaje de Jesús en Betania en la casa de las dos hermanas [52].

Respecto de la ayuda prestada al maestro por gentes acomodadas, hay que recordar a las mujeres que acompañaban a Jesús, las cuales ponían a su disposición los propios recursos. Por otra parte, Jesús y el círculo de los discípulos recibieron diversas ayudas monetarias durante sus viajes [53]. En cambio, no podemos constatar, respecto a la época anterior al 70 d. C., la realización de colectas en favor de los doctores [54]. Repetidas veces nos encontramos con que no siempre se procedía intachablemente al percibir tales ayudas. Por eso el rey Alejandro Janneo (103-76 a. C.), en su lecho de muerte, previene a su esposa [55] contra los falsos devotos, los cuales exteriormente parecen fariseos [56], pero en realidad son hombres malos ávi-

[44] *Talmîdê jakamîm.*

[45] Delitzsch, *Jüd. Handwerkerleben,* 78s.

[46] b. *Ber.* 63[b].

[47] b. *Ber.* 34[b].

[48] *P. A.* III 5.

[49] Cf. b. *B. B.* 8.

[50] Mt 10,10; «su salario», según Lc 10,7. El texto de Mateo es el primitivo, como prueban las analogías rabínicas y la reproducción que hace Pablo en forma más libre en 1 Cor 9,14.

[51] 1 Cor 9,3-18; 2 Cor 11,8-9; Flp 4,10-20.

[52] Lc 10,38-42; Jn 11,1.

[53] Lc 8,1-3; Mc 15,41; Jn 12,6.

[54] j. *Hor.* III 7,48[a] 40 (VI/2,276); la noticia de que algunos rabinos reunían fondos para sostener a los doctores se refiere a la época alrededor del año 100 d. C.

[55] *Ant.* XIII 15,5, § 400-402.

[56] La mayor parte de los escribas eran fariseos.

dos de lucro [57]. Esta codicia les hacía desear las ventajas de este mundo y no las del otro; es lo que indica el contexto de aquella escena, tan frecuentemente citada y en la actualidad incomprensible en parte, que habla de siete clases de fariseos [58]. A esto se añaden otros datos. Los fariseos, según se dice, aceptaron sobornos de la mujer de Feroras, hermano de Herodes [59]; y el evangelio los califica de «amigos del dinero» (Lc 16,14) y reprocha a los escribas explotar a las viudas [60]. Como ya indica el mismo texto de este último pasaje («devorar las casas de las viudas»), difícilmente se puede pensar que se refiera a que los escribas cobrasen las consultas de forma indebida o a que no hiciesen justicia a las viudas; tampoco se puede pensar que se trate de la *prosbole* de Hillel (que permitía eludir la prescripción de la Ley sobre la condonación de las deudas en el año sabático), la cual hubiese despojado definitivamente de sus casas a las viudas endeudadas. Más bien pudiera tratarse de los escribas parásitos que se aprovechaban de la hospitalidad de las personas económicamente modestas [61].

Lo que acabamos de decir corresponde a lo que nos ha transmitido la tradición sobre la situación económica de los escribas. Es dudoso que en tiempo de Jesús haya habido en Jerusalén muchos escribas ricos. Según el Talmud, Simeón ben Shetaj era cuñado del rey Alejandro Janneo y hermano de la reina Alejandra [62]; se trata de una leyenda debida al hecho de que la reina era amiga de los fariseos. Por otra parte, se cuenta de Abbá Shaul, propietario de una tienda de vinos, que recogía para el tesoro del templo la espuma que se formaba al llenar las vasijas, ya que no pertenecía a nadie; y que de esta forma había llenado 300 cántaros de vino [63]. Pero esta exageración no parece indicar más que su delicadeza de conciencia. R. Eleazar ben Sadoc, su compañero de oficio, se compró la sinagoga helenista de Jerusalén; pero era un pequeño edificio [64]. En el caso de que el hacendado Rabbí Eleazar ben Jarsom sea de Jerusalén, éste pertenece a la época de Adriano y fue Sumo Sacerdote [65].

Sabemos con certeza, por el contrario, que una parte de los escribas, aquellos, por ejemplo, que eran sacerdotes [66], percibían ingresos fijos. También disponían de un sueldo fijo los escribas que ejercían una función en el templo; se les pagaba con el dinero de los impuestos anuales del templo. Algunos doctores, según se dice, tenían por misión enseñar a los

[57] b. *Sota* 22[b].

[58] b. *Sota* 22[b] bar.; paralelos en Derengbourg, *Essai,* 3 y n. 1. Cf. en b. *Sota* 22[b] el primer citado, el *parûs sikmî:* su práctica religiosa está guiada por motivos poco limpios, como la de Siquén (Gn 34,2-5).

[59] *B. j.* I 29,2, § 571.

[60] Mc 12,40; Lc 20,47; esta frase fue pronunciada en Jerusalén.

[61] Cf. *Assomption de Moïse* VII 6: *comestores,* tragones.

[62] b. *Sota* 47[a] y *passim.*

[63] b. *Besa* 29[a] bar.

[64] Tos. *Meg.* III 6 (224,26); Schlatter, *Tage,* 81. Pequeño edificio: b. *Meg.* 26[a]; el códice talmúdico de Munich (cf. Goldschmidt, *Der babylonische Talmud* III; Berlín 1899 = La Haya 1933, 643) menciona como comprador a Eleazar ben Azarya; pero no se puede comprobar la existencia de este personaje en Jerusalén.

[65] Véase *supra,* p. 115, n. 132.

[66] Véase *supra,* p. 123.

sacerdotes las reglas de la ejecución de los sacrificios; otros, enseñarles la ejecución reglamentaria de las ofrendas alimenticias [67]. También eran pagados por el templo los tres o cuatro [68] doctores que constituían, en calidad de jueces, un tribunal de Jerusalén repetidas veces mencionado [69]; recibían, según parece, 99 minas (un talento aproximadamente); desgraciadamente no se nos dice en qué época [70].

Pero estos casos de ingresos fijos no pueden inducirnos a pensar que los doctores, en su mayoría, no formasen parte de la población pobre. El dicho de que un doctor no empobrece es cambiado en el Talmud babilónico, al ver la situación real, por el de que un doctor no necesita mendigar [71]. En el Talmud se menciona frecuentemente la mujer de algún doctor, pero nunca [72] las mujeres; lo cual hay que atribuirlo más bien a la pobreza de la clase que a una estima de la monogamia. Como exponentes de esta pobreza citemos algunos ejemplos pertenecientes al siglo II de nuestra Era. Dos discípulos de Rabbán Gamaliel II, cuya ciencia era tan grande que «podían contar el número de gotas de agua del mar», no tenían un bocado de pan para comer ni un vestido que ponerse [73]. El famoso doctor de la Ley R. Aqiba y su mujer tenían que dormir en invierno entre paja; y él no tenía bastante dinero para comprarle a su mujer un adorno [74]. R. Yudá ben Elay, el doctor más frecuentemente citado en la Misná [75], no tiene más que una capa, que se ponían alternativamente él y su mujer cuando salían de casa [76]; y seis de sus discípulos poseían una sola capa para cubrirse todos [77].

Volvámonos a Jerusalén. Hay que recordar en primer término a Hillel. Nacido en Babilonia de una pobre familia de desterrados, vino a pie a Jerusalén [78]. Allí trabajó como jornalero por un *t^{e}roppa'îq*, o sea, por medio denario; una vez pagado el guardián de la casa de estudios, no le quedaba más que 1/4 de denario para su sustento y el de su familia [79]. Se cuenta que un día no encontró trabajo; por lo que no pudo pagar la entrada a la casa de estudios; pero, a pesar de ser invierno, escuchó desde afuera, por la ventana, donde fue encontrado medio helado [80]. Sólo cuando se convirtió en maestro famoso, llegando a tener en ocasiones ochenta alumnos [81], le fueron mejor las cosas; pudo entonces alquilar, tal vez para

[67] b. *Ket.* 106^{a}.
[68] b. *Ket.* 105^{a}.
[69] *Ibíd.; Ket.* XIII 1ss; b. *B. Q.* 58^{b}.
[70] b. *Ket.* 105^{a}.
[71] b. *Shab.* 151^{b}.
[72] J. Bergel, *Die Eheverhältnisse der alten Juden* (Leipzig 1881) 10.
[73] b. *Hor.* 10^{a}.
[74] b. *Ned.* 50^{a}.
[75] Más de 600 veces.
[76] b. *Ned.* 49^{b}-50^{a}.
[77] b. *Sanh.* 20^{a}.
[78] Véase *supra*, p. 76.
[79] b. *Yoma* 35^{b} bar.
[80] *Ibíd.* Estaba cubierto de nieve. De hecho, nieva en Jerusalén, pero muy raramente.
[81] b. *B. B.* 134^{a}.

un rico venido a menos, un caballo con cuidador [82], o mandar sacrificar para sí mismo un buey en el atrio del templo [83]. Mencionemos otros dos casos de pobreza entre los escribas de Jerusalén. R. Yojanán, hijo de la haraunita, vivió miserablemente de pan seco durante una época de sequía [84]. R. Eliezer ben Hyrcanos se decidió a estudiar contra la voluntad de su padre; vivió en gran penuria hasta que su maestro, Rabbán Yojanán ben Zakkay, notó que pasaba hambre por el mal aliento de su boca [85]. Finalmente, como confirmación de lo dicho en el último párrafo, podemos indicar la pobreza de Jesús: procede de una familia pobre (en el sacrificio de purificación hace uso María de la concesión hecha a los pobres: ofrece dos tórtolas) [86]; su vida es tan pobre, que no tiene donde reclinar la cabeza [87]; personalmente, no lleva ningún dinero consigo (como indican los relatos sobre el impuesto del στατῆρ y sobre «el tributo del César») [88] y acepta ayudas [89]. Así que, en conjunto, tenemos que colocar a los rabinos en los estratos pobres de la población [90].

La tradición dice que las gentes de Jerusalén se enorgullecían de su pobreza [91]; lo cual les hace mucho honor. En verdad, Jerusalén era, ya en la época de Jesús, un centro de mendicidad. Ya entonces era tenido por especialmente meritorio dar limosna en la ciudad santa, con lo que se fomentaba más esa mendicidad. No es nada extraño que en aquella época hubiera que lamentar simuladores que se fingían sordos, hinchados, contrahechos y cojos [92]. La semejanza entre la actualidad y aquella época llega hasta tal punto, que, hace aún algunas decenas de años, se encontraban leprosos mendigando en su lugar habitual, en el camino de Getsemaní. Como no se les permitía entrar en la ciudad, se sentaban, al abrigo de la intemperie, bajo las puertas, las cuales no eran consideradas como parte de la ciudad propiamente dicha [93].

[82] b. *Ket.* 67ᵇ bar.
[83] F. Delitzsch, *Jesus und Hillel* (Francfort ³1875) 35.
[84] b. *Yeb.* 15ᵃ.
[85] *ARN* 30; Schlatter, *Joch. b. Zak.*, p. 23.
[86] Lc 2,24; cf. Lv 12,8.
[87] Mt 8,20; Lc 9,58.
[88] Mt 17,24-27. Cf. Mc 12,13-17; Mt 22,15-22; Lc 20,20-26.
[89] Lc 8,1-3. Hay que reconocer que exteriormente, en la manera de vivir, existen numerosos paralelos entre los escribas y Jesús rodeado de sus discípulos; pero ello no impide que Jesús se haya opuesto al grupo de los escribas de su tiempo.
[90] Cf. Weber, *Religionssoziologie* III, 409: «un círculo de intelectuales plebeyos». A. Büchler, *The Political and Social Leaders of the Jewish Community of Sepphoris* (Londres 1909) 5: «en general los rabinos eran también hombres del pueblo». Cf. Krauss, *Talm. Arch.* III, 66.
[91] b. *Pes.* 113ᵃ.
[92] *Pea* VIII 9; b. *Ket.* 67ᵇ-68ᵃ.
[93] b. *Pes.* 85b. En b. *Sanh.* 98ᵃ se dice del Mesías que está sentado a la puerta de la ciudad de Roma, en medio de necesitados y enfermos, y que les cura sus heridas. Según b. *Sanh.* 98ᵇ, al menos según la lectura variante *ḥiwwara,* la enfermedad del Mesías es la lepra; se encuentra la misma opinión en Rashi sobre Is 53,4-5 (Billerbeck I, p. 481, n. 2). Evidentemente, se han aplicado a Roma las costumbres de Palestina, según las cuales los leprosos se sentaban a las puertas de las ciudades; y *Sanh.* 98ᵃ confirma la noticia de b. *Pes.* 85ᵇ sobre los leprosos de Jerusalén.

En Jerusalén está concentrada la mendicidad en torno a los santos lugares; y en aquella época, por consiguiente, en torno al templo. Los mendigos no tenían acceso al templo por todas partes. Al texto de 2 Sm 5,8, donde se cita el proverbio «ni los ciegos ni los paralíticos entrarán en la casa», los LXX añaden las palabras «del Señor». Ahora bien, en el atrio de los israelitas y en el de los sacerdotes se encontraban sacerdotes cojos y deformes [94]. Por eso haremos bien en no deducir de los LXX (2 Sm 5,8) la exclusión de ciertas limitaciones. Efectivamente, los mutilados podían entrar en el atrio interior, pero sólo bajo ciertas condiciones. La prescripción dice: «Si el zancón tiene una cavidad para recibir los trapos (que impidan el roce del muñón), es capaz de contraer impureza. (Y, en verdad), las muletas pueden contraer impureza por la presión (si el lisiado que se sirve de ellas es impuro, comunica su impureza a las muletas por presión); se puede (sin embargo) salir con ellas en sábado, así como entrar en el atrio. Un asiento y sus patas (también) pueden contraer impureza por presión (véase *supra);* no se puede (sin embargo) salir así en sábado ni entrar en el atrio» [95]. Así, pues, los mutilados que se podían mover por sí mismos con ayuda de una muleta, tenían claramente el derecho de entrar en la parte del santuario prohibida a los paganos; por el contrario, no les estaba permitido a aquellos (plenamente tullidos, como los que no tenían piernas) que no se podían mover por sí solos, sino que se sentaban sobre un asiento, sobre el cual eran transportados. El tullido mencionado en los Hechos de los Apóstoles (3,2), que no se podía mover solo, podría ser un ejemplo. Se sienta junto a «la puerta Hermosa», la puerta de Nicanor, que unía el atrio de los israelitas con el de las mujeres; pero él estaba aún en el atrio de las mujeres (Hch 3,8). Este tullido pide limosna (Hch 3,2.3.10); para lo cual debe ser llevado allí por sus amigos a las horas de la oración, durante las cuales es mayor la afluencia al templo. Es tal vez en el atrio de los paganos donde debemos situar a los ciegos y tullidos que encuentran a Jesús en el santuario y le piden la curación (Mt 21,14).

Pero no sólo encontramos mendigos en el atrio de los paganos, sino también en las puertas exteriores de la explanada del templo. Es en una de las dos puertas meridionales donde tenemos que buscar al mendigo ciego de nacimiento (Jn 9,1.8) cuya curación por Jesús es relatada por el Evangelio de Juan. La escena precedente (Jn 8,58-59) se desarrolla en el templo, muy probablemente en el atrio de los paganos, donde podía haber piedras para la construcción del templo, de las cuales echaron mano los adversarios de Jesús para apedrearle. Ahora bien, la curación narrada a continuación de este incidente no pudo haber tenido lugar inmediatamente después; pero el autor pudo muy bien haber pensado en una relación local, pues si Jesús envía al ciego a la piscina de Siloé (Jn 9,7) es porque lo habría encontrado al sur del templo. También habremos de con-

[94] *Mid.* II 5; j. *Yoma* I 1,38[d] 32 (III/2,165); b. *Sukka* 44[a]; cf. Billerbeck II 795s.
[95] *Shab.* VI 8.

siderar como mendigos a los enfermos, ciegos, tullidos y paralíticos que se encuentran en la piscina de Bethsada (Jn 5,2-3); por analogía con Hechos 3,2-8 (cf. Jn 9,1-7), se puede suponer que el diálogo de Jesús con el enfermo (Jn 5,6) tuvo lugar cuando este último le pidió una limosna. Esta piscina debió de ser un lugar muy frecuentado para pedir gracias (aún después del 70 era considerada como curativa, según indican los exvotos encontrados en las excavaciones); así que los enfermos tenían numerosas ocasiones de mendigar.

Pero no sólo tenemos que recordar a los mendigos para justificar la impresión de que Jerusalén, ya en la época de Jesús, era la ciudad de los holgazanes y de que un numeroso proletariado, que vivía de la importancia religiosa de la ciudad santa, formaba parte de sus características más singulares. El concepto de ciudad, según se decía, incluía que en ella hubiese diez «personas desocupadas» [96], es decir, gentes que renunciaban a las ocupaciones personales para dedicarse totalmente a la participación en el culto. En Jerusalén también las había; R. Eleazar ben Sadoc habla de cofradías que visitaban a las familias en que había duelos, y que participaban además en los banquetes de bodas y en las fiestas de circuncisión, así como en la recogida de restos humanos (en los casos de reinhumación, sin duda) [97]; a los escribas les estaba prohibida semejante vida parasitaria.

Se constata con sorpresa cuántas gentes de esta clase salieron a la luz durante los últimos años antes de la destrucción; se formaron entonces bandas que aterrorizaron a todo Jerusalén [98] y que, más tarde, llevaron la guerra civil a la ciudad. Ciertamente, entre estos revolucionarios hubo no pocos patriotas fervientes y hombres llenos de entusiasmo religioso; pero también hubo mucha gente a la que Josefo califica con razón de esclavos y de personas sin escrúpulos, de heces del pueblo [99]. La importancia que tuvieron los factores sociales en el movimiento de los zelotas se deduce, de forma especialmente clara, del entusiasmo con que estos libertadores del pueblo, en el año 66 d. C., quemaron los archivos de Jerusalén para destruir los documentos de deudas que allí se guardaban [100].

[96] *Meg.* I 3, cf. b. *Meg.* 3b.
[97] Tratado *Semajot* XII; Tos. *Meg.* IV 15 (226,13); A. Büchler, *L'enterrement des criminels d'après le Talmud et le Midrash:* REJ 46 (1903) 76.
[98] *B. j.* II 14,1, § 275.
[99] *B. j.* V 10,5, § 443.
[100] *B. j.* II 17,6, § 427.

CAPITULO IV

FACTORES DETERMINANTES DE LA SITUACION ECONOMICA DE JERUSALEN EN LA EPOCA DE JESUS

1. LA SITUACION ECONOMICO-GEOGRAFICA

El emplazamiento de Jerusalén constituía un gran obstáculo para la vida económica de la ciudad. Ya hemos visto en la primera parte que Jerusalén era una ciudad de montaña, escasa de agua, pobre en materias primas para las labores artesanas, situada desfavorablemente en orden al comercio y al tráfico. Estas circunstancias hacían que el coste de la vida fuese mucho mayor.

a) *El coste de la vida en tiempos normales*

En general oímos decir que el ganado y las perlas [1], los productos agrícolas y el vino [2] tenían en la ciudad un precio más alto que en el campo. Citemos a continuación algunos datos concretos sobre los precios de Jerusalén: «El país de Israel fue distribuido (entre las tribus) partiendo de tres criterios: según la suerte, según los Urim y los Tummim (= los oráculos) y según el valor en dinero», dice el Talmud [3]. Si la interpretación hecha por Levy es exacta [4], el tercer criterio en la distribución del país sería la consideración del mayor valor de los terrenos situados en los alrededores de Jerusalén. La única noticia que yo conozco sobre el precio de un terreno en Jerusalén y que por cierto no nos indica las dimensiones del campo en cuestión, se encuentra en Mt 27,6-7. El Campo del Alfarero, comprado por la administración del templo [5], parece haber costado treinta monedas de plata, equivalentes probablemente a 120

[1] *ʿAr.* VI 5.
[2] *M. Sh.* IV 1.
[3] j. *Yoma* IV 1,41ᵇ 49 (III/2,201).
[4] Levy, *Wörterbuch* II, 369 *b.*
[5] Véase el excursus dedicado a la historicidad de Mt 27,7, *infra,* pp. 158ss.

denarios romanos o dracmas áticas de plata [6]; esta suma es considerada como el precio medio de un campo [7].

Los frutos, como indica un caso concreto [8], costaban en Jerusalén de tres a seis veces más que en el campo. Debido a la fuerte demanda de palomas para los sacrificios, la especulación hacía que su precio subiese en la ciudad hasta cien veces más que el coste ordinario [9]. Los artículos de lujo que se vendían en la gran ciudad eran caros; así se deduce de la comparación de su precio con el de los terrenos, según hemos visto antes. El perfume con que Jesús fue ungido en Betania costó más de 300 denarios [10]. La suma para el matrimonio, *mohar,* que el padre de una joven de Jerusalén recibía del novio forastero el día de los esponsales era, según se dice, particularmente elevada; y, al revés, también lo era la dote aportada por una joven forastera al novio de Jerusalén. «Un habitante de una pequeña ciudad que se casase con una joven de Jerusalén le daba (como suma para el matrimonio) el peso de ella en oro; y una joven de una pequeña ciudad que se casase con un hombre de Jerusalén le aportaba (como dote o bienes extradotales) el peso de él en oro» [11]. Ciertamente, según el contexto, estas elevadas sumas necesarias para el matrimonio se explican principalmente por una razón decisiva: la gran estima que ordinariamente se sentía por la ciudad del templo, por la capital, y por las amplias perspectivas que ofrecía a cada uno. Pero en lo elevado de estas sumas se refleja también que el coste de la vida era en general más alto en Jerusalén.

b) *El coste de la vida en épocas calamitosas*

En épocas calamitosas [12] se hacía sentir con toda su dureza la desfavorable situación económico-geográfica de Jerusalén; se manifestaba sobre todo en la escasez de víveres (también, por ejemplo, de telas para vestidos [13]) y en la correspondiente subida de precios. Tenemos noticia de una aguda época de sequía, de un huracán, de un terremoto, de epidemias,

[6] Las treinta monedas de plata *(argyria),* precio de la traición de Judas, son calculadas casi siempre falsamente en 60 denarios. En realidad, *argyrion* sólo puede ser dos cosas: 1.ª El denario romano de plata, equivalente a una dracma ática de plata, que era en aquella época la moneda de plata más frecuente en Palestina; así en Josefo. 2.ª Una equivalencia del *kesep* del AT = 1 *seqel* de plata. En el Talmud, Josefo, Orígenes, Filón, Dion Casio, el *seqel* es valorado en cuatro denarios. La interpretación más probable es la segunda, pues: *a)* el número de 30 monedas de plata (Mt 26,15; 27,3.5-6.9) se basa en una cita del AT (Zac 11,13); *b)* la más antigua exégesis (el *Codex Bezae Cantabrigiensis* = D, 5 manuscritos de la *Vetus latina,* 2 códices minúsculos, Eusebio, la versión latina de Orígenes, traducen todos *argyrion* por *stater)* supone esta interpretación.

[7] Véase *infra,* p. 159.

[8] *Ma'as.* II 5s, cf. *supra,* p. 49.

[9] *Ker.* I 7, cf. *supra,* p. 50.

[10] Mc 14,5; Jn 12,5.

[11] *Lam. R.* 4,2 sobre 4,2 (56ª 23); Hirschensohn, 134.

[12] Véase el excursus dedicado a las calamidades de Jerusalén, *infra,* pp. 160ss.

[13] *Ant.* XV 9,2, § 310.

una de las cuales se agravó con la sequía; a esto se añaden luchas dentro de Jerusalén y asedios a la ciudad.

Jerusalén se vio afectada muy severamente por esas calamidades; así lo indican las noticias sobre el hambre padecida bajo el mandato de Claudio. Entre los cristianos de Antioquía se realizó una colecta en favor de los hermanos de Judea (Hch 11,28-30), es decir, en favor de la comunidad de Jerusalén [14], aunque el azote del hambre parece haber afectado a todo el mundo (Hch 11,28). También el relato sobre los socorros prestados por la reina Helena de Adiabene, con ocasión de esa misma hambre, deja ver que Jerusalén padeció especial necesidad [15]. Josefo cuenta que en aquel momento se podían obtener aún en el campo grandes cantidades de grano para las necesidades del culto, mientras que en la ciudad santa tuvieron los sacerdotes que pasar hambre [16]. Encontramos en la literatura rabínica [17] un ejemplo concreto que probablemente se refiere a esta misma escasez. Según este relato, Eleazar ben Sadoc, estudiante entonces de la Torá en Jerusalén, vio a su maestro R. Yojanán, el hijo de la haraunita, comer el pan seco. Su padre, R. Sadoc, envió al maestro aceitunas, pero éste las rechazó a causa de su humedad; sólo las aceptó después que R. Sadoc le hubo asegurado que habían sido conservadas conforme a las prescripciones.

En tales épocas las precios subían enormemente. La especulación se aprovechaba de las circunstancias; se habla de «la nube (portadora de lluvia) que constituye la desgracia de los especuladores (literalmente: de los que fijan el precio del mercado)» [18]. Los datos sobre el precio del trigo nos permiten corroborar esto con cifras. El precio normal nos lo proporciona el pasaje siguiente: «A un pobre vagabundo no se le da (de «la escudilla de los pobres», que dispone de víveres para las ayudas diarias a los pobres) menos de una hogaza de pan por valor de un *dupondius* (= 2 *as)* (hecha con trigo o harina), de los cuales 4 *s*^e^*ah* valen 1 *selá*ʿ» [19]. Es decir, la ración (la ración diaria, se entiende) que el pobre vagabundo recibe de la caja de los pobres es una hogaza de pan por valor de 2 *as* = 1/12 de denario [20]. Este pan, según se dice, debe estar hecho de trigo o harina, de los cuales se pueden comprar 4 *s*^e^*ah* [21] (= 52,5 litros aproximadamente) por 1 *selá*ʿ (= 4 denarios) [22]. Así que de este pasaje se de-

[14] Como lo indica Hch 12,25; cf. 11,1 y 11,2; 11,27-28 y 21,10.

[15] *Ant.* XX 2,5, § 51.

[16] *Ant.* III 15,3, § 321.

[17] b. *Yeb.* 15^b^; Tos. *Sukka* II 3 (193,27) = Tos. ʿ*Ed.* 2 (467,13), Schlatter, *Tage,* 80s.

[18] *Gen. R.* 13,11 sobre Gn 2,5 (28^b^ 18). Literalmente: «La nube que aniquila *(sôber)* los funestos designios *(*ʾ*êdan)* de los que fijan el precio del mercado». Pero, como nota I. Kahan, hay que considerar como glosa tanto *sôber* como ʾ*êdan*. El sentido, en ambos casos, es el que acabamos de exponer.

[19] *Pea* VIII 7.

[20] Según el cálculo de los rabinos; cf. Billerbeck I, 291.

[21] Según *Ant.* IX 4,5, § 85, 1 *s*^e^*ah* corresponde a 1,5 *modius* itálico. Ahora bien, 1 *modius* = 8,75 litros; por tanto 1 *seah* = 13,125 litros aproximadamente.

[22] *M. Sh.* II 9 y *passim*.

ducen dos cosas: 1.ª El precio del trigo o de la harina era de un denario por *seáh* (= 13 litros aproximadamente). 2.ª La cantidad mínima de pan necesaria para un día costaba 1/12 de denario y representaba una cantidad de trigo de un litro (= 13,12 aproximadamente).

El cálculo de los discípulos de Jesús [23] concuerda con estos datos; según el relato del NT, donde aparece Jesús dando de comer a 5.000 hombres (Mc 6,44), los discípulos estiman que se necesitarían 200 denarios de pan para dar de comer a la muchedumbre. Calculan 200 : 5.000 = 1/25 de denario por persona, es decir, el precio normal de la mitad de una ración diaria. Los datos de la época procedentes de fuera de Palestina concuerdan exactamente con las cifras obtenidas. Según Cicerón [24], 12 *choīnix* [25] (= 13,128 litros) de trigo costaban un denario. Según Ateneo [26], la ración diaria de un hombre era de 1 *choīnix* (= 1,094 litros) de trigo. Tanto el precio del trigo como el consumo diario de pan corresponden a los datos rabínicos.

¿Cuáles eran los precios en épocas de calamidades? En el año 64 a. C. un huracán destruyó toda la cosecha, «hasta el punto de que el *modius* de trigo fue vendido entonces a 11 dracmas» [27]. O sea, por 11 dracmas se adquirieron 8,752 litros, al precio de 0,796 litros por dracma; mientras que en épocas normales se adquirían 13 litros por dracma. Así que los precios se multiplicaron por 16. Un litro, cantidad diaria necesaria para un hombre, costaba 1,25 denarios (normalmente, como se acaba de ver, 1/12 de denario), es decir, más de lo que suponía el salario medio de un día, como anteriormente indicamos.

También Josefo nos transmite los precios pagados durante el hambre que sobrevino bajo el mandato de Claudio. «A 4 dracmas se vendió el *ʿissarôn*» [28]. Como un *ʿissarôn* equivale a 3,94 litros [29], por 4 dracmas se obtuvieron 3,94 litros; aproximadamente un litro por dracma. Los precios, por consiguiente, se multiplicaron por 13.

La ciudad santa, a consecuencia de su desfavorable situación geográfica para la economía, tuvo que sufrir mucho en tales épocas de penuria.

2. LA SITUACION POLITICA

El año 6 d. C., con la destitución del etnarca Arquelao, perdió Judea, en favor de los romanos, la independencia política que había poseído (la

[23] Mc 6,37; cf. Jn 6,7.10.
[24] *In Verrem* III 81.
[25] De 1,094 litros.
[26] III 20.
[27] *Ant.* XIV 2,2, § 28.
[28] *Ant.* III 15,3, § 320.
[29] Los LXX, en Nm 15,4, en lugar del *ʾissarôn* del TM, leen 1/10 de *oiphi* (*ʾepah*). Ahora bien, según *Ant.* VIII 2,9, § 57, un *bat* (= *ʾepah*, Ez 45,11; b. *Men.* 77ª) = 72 sextarios de 0,547 litros. Así que un *ʾepah* = 72 sextarios = 39,4 litros = 3 *sᵉah*. Lo mismo se deduce de b. *Men.* 77ª y del Targum Onkelos en Ex 16,36: 1 *ʾepah* = 3 *sᵉah*. Por consiguiente, 1 *ʿissarôn* = 1/10 de *ʾepah* = 3,94 litros.

mayoría de las veces, realmente; pero otras, sólo de nombre) desde los días de Judas Macabeo (165-161 a. C.). Ya sólo una vez, antes de la disolución del Estado judío, volvió a ver la historia a un rey de los judíos; fue en la persona de Agripa I (41-44 d. C.). ¿En qué medida influyó la situación política en las condiciones materiales de los habitantes de la capital?

a) *Los impuestos*

El Estado manifestó principalmente su fuerza en el cobro de los impuestos.

Bajo *Herodes el Grande*, los impuestos fueron exigidos inexorablemente. Este rey, debido a sus cuantiosos gastos, necesitaba continuamente más medios: «Como gastaba más de lo que le permitían sus recursos, tenía que mostrarse duro con sus súbditos», imponiéndoles pesados tributos, dice Josefo [30]. Es verdad que Herodes [31] procuraba también el desarrollo de la civilización; lo cual acrecentaba la capacidad económica del país: seguridad del país mediante la instalación de fortalezas y puestos de colonos; creación de zonas de civilización mediante estos colonos; desarrollo económico del país mediante la construcción de ciudades y puertos, y fomentando los oficios y el comercio [32], sobre todo con la construcción del templo. Todo esto favorecía el desarrollo del país; de otro modo no hubiese podido soportar los enormes gastos de Herodes. Pero, aun teniendo en cuenta su intervención en favor del pueblo durante el hambre que sobrevino el año 25 a. C. y la reducción de algunos impuestos, eso no autoriza, sin embargo, a considerar exageradas las quejas del pueblo presentadas en Roma después de su muerte [33]. Además de los mencionados gastos dentro del país, tenía otros en el extranjero; éstos eran aún mayores y no redundaban en provecho del pueblo. Oímos hablar de donaciones, de edificios utilitarios y construcciones de lujo, a veces de gran envergadura, que fueron a parar a las siguientes islas y ciudades extranjeras: islas de Quíos, Cos, Rodas; ciudades de Laodicea, Trípoli, Biblos, Beirut, Sidón, Tiro, Ptolemais, Ascalón, Nicópolis, Olimpia, Esparta, Atenas, Pérgamo, Antioquía y Damasco [34].

Ante estos hechos tenemos que creer a Josefo [35], quien afirma que la característica fundamental de la personalidad de Herodes era una insaciable ambición; ésta era el móvil de su conducta llena de ostentación. Los relativamente soportables tributos y derechos de aduana sólo podían cubrir una pequeña parte de los gastos. Mucho más deben de haber pesado sobre el pueblo los regalos (a Herodes, a sus parientes y «amigos», así

[30] *Ant.* XVI 5,4, § 154.
[31] Otto, *Herodes*, col. 93-95.
[32] Respecto a Jerusalén, véase *supra*, pp. 45s, 72s, 91s.
[33] Otto, *Herodes*, col. 95.
[34] *Ibíd.*, col. 75-77.
[35] *Ant.* XVI 5,4, § 153.

como a los recaudadores o arrendatarios de los impuestos [36] y a sus subordinados) [37], las confiscaciones de bienes y los impuestos extraordinarios. Amargas son las quejas del pueblo sobre la tiranía de que fueron víctimas comunidades enteras [38], sobre el despilfarro del dinero de un pueblo estrujado hasta la sangre [39]. Herodes, a su muerte, según se lee en Josefo, había dejado tras sí un pueblo totalmente empobrecido, con la moral resquebrajada [40] e impasible a toda desgracia [41]. Si tenemos en cuenta, además de los enormes gastos, que Herodes, tras su subida al trono, era tan pobre que tuvo que mandar refundir las joyas de su propiedad para obtener dinero en metálico [42], y que, poco después, no obstante, disponía de muchos medios, daremos crédito, en lo esencial, a las quejas contra él formuladas.

El etnarca *Arquelao* no trató mejor al pueblo; fue depuesto y desterrado el año 6 d. C. por el emperador Augusto a causa de su crueldad, y sus bienes fueron confiscados [43].

Agripa I heredó de su abuelo Herodes el amor a la fastuosidad [44]; era tan derrochador, que no le alcanzaban los ingresos de su gran reino [45]. Pero no tenemos noticias de quejas contra él; al contrario, debió de ser querido por el pueblo [46]. Efectivamente, no parece haber cubierto sus excesivos gastos estrujando demasiado al pueblo, sino contrayendo deudas. Ya antes de ser rey había contraído grandes deudas en los más diversos lugares; en un caso se trataba de una deuda que sobrepasaba el millón de dracmas áticas de plata [47]. Cuando fue rey mantuvo este método de adquirir dinero [48].

En la época de la dominación romana (6-41, 44-66 d. C.) las cargas fiscales permanecieron probablemente las mismas; es decir, las de la pro-

[36] No podemos decidir si, bajo el reinado de Herodes, se recaudaban los impuestos directamente por el gobierno o mediante arriendo. Cf. Otto, *Herodes,* col. 97.

[37] Es cuanto se puede sacar con seguridad del corrompido texto de *Ant.* XVII 11,2, § 308.

[38] *B. j.* II 6,2, § 84-91; *Ant.* XVII 11,2, § 304-310.

[39] *B. j.* I 26,2, § 524; II 6,2, § 84-86.

[40] *B. j.* II 6,2, § 85s; *Ant.* XVII 11,2, § 304ss. Hillel, que pertenece a la época de Herodes el Grande y de Arquelao, ya había manifestado su parecer sobre la manera de evadir la aduana por medio de un bastón hueco que permitiese hacer contrabando (cf. *Kel.* XVII 16). Según la Tosefta, R. Yojanán ben Zakkay, que enseñó en Jerusalén en los años anteriores al 70 d. C., hizo lo mismo apelando a la enseñanza tradicional (Schlatter, *Joch. b. Zak.,* p. 30). En *Kil.* IX 2 se discute el contrabando realizado por medio de varios vestidos puestos uno sobre otro; y en *Ned.* III 4 y b. *Ned.* 27[b] el que se lleva a cabo con perjurio; véase, por lo demás, Billerbeck I, 379s.

[41] *B. j.* 6,2, § 87.

[42] *B. j.* I 18,4, § 358. Esto debió de suceder antes de las confiscaciones que entonces tuvieron lugar *(Ant.* XV 1,2, § 5), a no ser que sea un duplicado de la refundición de las joyas reales llevada a cabo más tarde *(Ant.* XV 9,2, § 306).

[43] *Ant.* XVII 13,2, § 342ss; *B. j.* II 7,3, § 111.

[44] *Ant.* XIX 7,3, § 328; *B. j.* II 11,6, § 218.

[45] *Ant.* XIX 8,2, § 352.

[46] *Ibíd.,* § 349.

[47] *Ant.* XVIII 6, 3-4, § 157 y 163.

[48] *Ant.* XIX 8,2, § 352.

vincia de Judea habrán ascendido a 600 talentos [49]. En el año 66 recaudaron las autoridades de Jerusalén 40 talentos de impuestos atrasados [50]; en el caso de tratarse del impuesto anual correspondiente a la toparquía de Jerusalén, sería eso una confirmación, pues esa suma equivaldría a los impuestos, sin los derechos de aduana, que corresponderían a la más importante de las once toparquías. Tácito nos hace saber hasta qué punto las tributaciones resultaban onerosas: el año 17 d. C. las provincias de Siria y Judea pidieron una reducción de los tributos [51]. Durante el asedio de Jerusalén, en el año 70 d. C., la negativa a pagar los impuestos es, según *B. j.* V 9,4, § 405, la única causa de la guerra. Esto, dicho de esa forma, es falso; pero es indicativo de la importancia que tenían los impuestos. Es totalmente imposible valorar los regalos y sobornos que había que dar a las autoridades y a los servicios administrativos. «No molestéis a nadie ni denunciéis en falso, sino contentaos con vuestra paga» (Lc 3,14); así exhorta Juan el Bautista a los soldados en su «predicación social». Mateo menciona un caso de soborno de los soldados romanos de Jerusalén (Mt 28,12). El general Claudio Lysias, jefe de la plaza de Jerusalén, obtuvo la ciudadanía romana por soborno o compra (Hch 22,28). La corrupción se extendía hasta los más altos puestos. No hay más que ver las numerosas quejas contra la venalidad de los procuradores: se hace un reproche a Pilato [52]; Félix mantiene a Pablo en Cesarea con la esperanza de obtener dinero (Hch 24,26); pero es sobre todo Josefo quien más cosas cuenta en este aspecto.

b) *Luchas y saqueos*

Jerusalén, por ser la capital de los judíos y la ciudad del santuario, tuvo que sufrir mucho con los disturbios políticos de la época. En este aspecto, la ciudad conoció la tranquilidad bajo el reinado de Herodes; pero, después de su muerte, y especialmente bajo la dominación romana, aparecieron de nuevo las calamidades de la guerra.

3. RELIGION Y CULTO

a) *La beneficencia*

La limosna desempeña un gran papel en la piedad judía. «Muchas limosnas, mucha paz» [53], enseñaba ya Hillel. Compadecerse de los semejantes es un indicio claro de pertenecer a la estirpe de Abrahán [54]. En Jeru-

[49] *Ant.* XVII 11,4, § 320; *B. j.* II 6,3, § 97.
[50] *B. j.* II 17,1, § 405.
[51] Tácito, *Annal.* II 42; Schürer, I, 474, n. 96.
[52] Filón, *Leg. ad Caium,* § 302.
[53] *P. A.* II 7.
[54] b. *Besa* 32b.

salén circulaba el siguiente proverbio: «La sal de la riqueza es la práctica de la caridad» *(jesed)* [55].

No se debería infravalorar el papel que la caridad desempeña en la predicación de Jesús. «Vended vuestros bienes y dad limosna» (Lc 12,33). «Todo aquel de vosotros que no renuncie a todos sus bienes, no puede ser discípulo mío» (Lc 14,33). Ciertamente, estos pasajes son propios de Lucas, quien tiene predilección por los pobres; pero no hay que considerarlos como secundarios. En efecto, la perícopa del joven rico se encuentra en los tres sinópticos [56]. A veces se debilita el valor de este pasaje haciendo una mala interpretación de las expresiones «perfecto» y «tus bienes» (Mt; Mc: «lo que tienes»; Lc: «todo lo que tienes») [57]. A este respecto hay que decir lo siguiente:

a) No es lícito entender «perfecto» en el sentido de un grupo especial o de aspirantes a la perfección a los que Jesús exige especiales cargas. Ciertamente, la expresión «perfecto» pudiera muy bien tener esa significación en ambiente helenista [58]; pero en ambiente judío el perfecto es el justo que observa toda la Torá [59]. Cuando Jesús dice: «Si quieres ser perfecto» no introduce en el diálogo ningún nuevo concepto; expresa sólo con otras palabras la fórmula empleada en Mt 19,17: «Si quieres entrar en la vida», expresión que él había tomado de la pregunta del joven rico (Mt 19,16). En conclusión, en el pensamiento de Jesús, el empleo de las riquezas en limosnas forma parte del cumplimiento de los mandamientos.

b) Si hay en este texto una palabra cuyo sentido no se puede apurar es el término «todo»; así se deduce de la literatura de la época. Según la Misná [60], sólo se puede consagrar al santuario por el anatema una parte de los bienes; las disposiciones que se extralimitan son inválidas. Este pasaje se utiliza para probar que también se debían poner límites a la práctica de la caridad. En el siglo I de nuestra Era ya estaba en vigor la prescripción [61] que prohibía dedicar más de un quinto de la fortuna a la caridad. Zaqueo, jefe de publicanos, quiere repartir la mitad de sus bienes en limosnas, compensando así abundantemente los daños causados (Lc 19,8); Jesús le alaba por esa intención y le declara bienaventurado. La expresión «vender todos sus bienes» [62] no puede ser siempre tomada al pie de la letra. Estos testimonios indican hasta dónde llegaba en la práctica el empleo de la fortuna con fines caritativos. Pero, por otra parte, se cuenta de un hombre como R. Yojanán la ejecución literal de esa expresión: vendió toda su hacienda para dedicarse al estudio de la Torá; no se reservó nada para proveer a su vejez [63]. Debemos, pues, contar con

[55] b. *Ket.* 66ᵇ bar.; otra forma, *ibíd.:* «La sal de la riqueza es el ahorro» *(jaser)*
[56] Mt 19,16-30; Mc 10,17-31; Lc 18,18-30.
[57] Mc 10,21; Mt 19,21; Lc 18,22.
[58] Véase, por ejemplo, *Poimandres* IV, donde «perfecto» significa «iniciado».
[59] *Saddîq gamur,* cf. Billerbeck I, 816.
[60] *ʿAr.* VIII 4.
[61] j. *Pea* I 1,15ᵇ 23 (II/1,5).
[62] *Makar kol mah seyyés lô,* b. *Pes.* 49ᵃ bar.
[63] *Pesiqta de Rab Kahana* XXVIII 13, ed. S. Buber (Lyck 1868), 178ᵇ 5.

la posibilidad de que «venderlo todo» no sea tomado literalmente, sino que exprese solamente de forma enérgica la exigencia de la caridad. Pero, aun en ese caso es cierto que esa exigencia ha desempeñado un importante papel en la predicación de Jesús.

Después de esta breve panorámica sobre la estima de la caridad en aquella época, consideremos la situación de Jerusalén y, sobre todo, *la beneficencia practicada por los particulares.*

El piadoso jerosolimitano que llegaba al templo y pasaba junto a un mendigo tullido de nacimiento, sentado tal vez junto a la puerta llamada «Hermosa» (Hch 3,2-10), le daba naturalmente una limosna. Si veía a un pobre vagabundo ante su puerta, le daba de comer [64]. Naqdemón ben Gorión empleaba un procedimiento curioso: según se dice, mandaba extender mantas de lana sobre el camino que le conducía a la casa de estudios para que pudiesen recogerlas los pobres que venían detrás [65]. También hay que mencionar aquí la beneficencia de la familia real. Agripa I pasaba por caritativo [66]; fueron alabadas las generosas medidas adoptadas por Herodes durante la gran hambre surgida en el año 25-24(23) a. C. En aquella ocasión, el rey no reparó en sacrificios personales: «Mandó refundir todos los objetos de oro y plata que había en su palacio, sin exceptuar los objetos preciosos u obras de arte» [67]. Josefo nos describe [68] las medidas adoptadas por Herodes:

a) En primer lugar, después de una minuciosísima comprobación, distribuyó trigo a todos aquellos que estaban en condiciones de preparar ellos mismos los alimentos.

b) Pero un gran número de gente, por vejez o enfermedad, estaba incapacitada para preparar por sí misma los alimentos; así que proveyó él a sus necesidades mediante panaderos. Esta última medida recuerda claramente la situación de las grandes ciudades; tenemos que pensar principalmente en Jerusalén.

c) Finalmente, cuidó de que la población pudiese pasar el invierno sin peligro; pues había sobrevenido al mismo tiempo (junto con el hambre) la escasez de telas y vestidos.

La cifra, digna de crédito [69], de 80.000 *kor* de trigo, equivalentes aproximadamente a 315.200 hectolitros [70], distribuidos en el reino de Herodes, da una idea de la amplitud de las medidas adoptadas.

[64] *B. j.* VI 5,3, § 307.
[65] b. *Ket.* 66ᵇ-67ᵃ bar.
[66] *Ant.* XIX 7,3, § 328 y 330; cf. 6,1, § 293s.
[67] *Ant.* XV 9,2, § 306.
[68] *Ibíd.,* § 309s.
[69] A finales del pasado siglo se veía obligada Bélgica a importar anualmente seis millones de hectolitros de trigo para pan.
[70] 1 *kor* = 30 $s^{e}ah$ = 3,94 hectolitros (según Josefo, 1 *kor* = 10 medidas áticas de 51,84 litros cada una *(Ant.* XV 9,2, § 314; cf. F. Lübker, *Reallexikon des classischen Altertums* (Leipzig [8]1914), p. 1148.

El peregrino piadoso practicaba la caridad durante su peregrinación; si lo hacía en Jerusalén, eso debía de ser particularmente meritorio. No es una casualidad que el mendigo ciego de Jericó [71] esté sentado junto al camino de los peregrinos. Los discípulos de Jesús, cuando Judas los abandona en la Ultima Cena, piensan, debido a un malentendido, que el Maestro le había encargado repartir las limosnas [72]. Cuando Pablo llega a Jerusalén para la fiesta de Pentecostés (Hch 20,16) se le aconseja que pague los gastos de tres cristianos de Jerusalén (Hch 21,24) que habían hecho voto de nazireato (se trata de los sacrificios que había que ofrecer) [73]. No era ésa una forma desacostumbrada de beneficencia: Simeón ben Shetaj, según se dice, persuadió a Alejandro Janneo (103-76 a. C.) de que cargase con los gastos de ciento cincuenta nazireos [74]; y Agripa I, al subir al trono, «mandó rasurar a un gran número de nazireos» a sus expensas [75]. Durante el hambre que sobrevino entre los años 47 y 49 d. C., la intervención de la reina Helena fue particularmente enérgica. «A su llegada a Jerusalén, azotaba la ciudad una gran hambre, hasta el punto de que morían muchos ciudadanos por falta de víveres. Ella envió entonces a sus gentes a comprar en Antioquía una gran cantidad de trigo; otros se fueron a Chipre a adquirir un cargamento de higos secos» [76]. Izates de Adiabene intervino también enviando dinero [77]. Según el Talmud, debió de emplear en eso todo el tesoro real [78].

Era costumbre que los peregrinos practicasen la caridad en Jerusalén. Así se deduce de Josefo [79]: en Jerusalén se gastaba en beneficencia una parte del segundo diezmo y de la cosecha de los viñedos y árboles que tenían cuatro años [80]. En vista de esta afirmación, parece útil recordar el texto del *Sinaiticus* en Tob 1,6-8: supone claramente que el diezmo de los pobres correspondiente al tercero y sexto años de la semana anual se distribuía en Jerusalén entre los huérfanos, viudas y prosélitos; lo cual no excluye que el tercer diezmo, en la medida en que ordinariamente era satisfecho, correspondiese generalmente a los pobres del lugar donde se habitaba [81].

La *beneficencia de las comunidades religiosas* constituye algo intermedio entre la beneficencia privada y la pública. Podemos constatarla entre los esenios: tenían en cada ciudad (por tanto, también en Jerusalén) un empleado de la orden que proveía a los hermanos peregrinos de ves-

[71] Mc 10,46 par. Lc 18,35. Mt 20,30 (cf. 9,27) habla de dos ciegos.
[72] Jn 13,29; cf. Mt 26,9; Mc 14,5; Jn 12,5.
[73] Hch 21,26; cf. 24,17: «ofrendas».
[74] Schürer I, 279s; Billerbeck II, 755s.
[75] *Ant.* XIX 6,1, § 294.
[76] *Ant.* XX 2,5, § 51.
[77] *Ibíd.,* § 53.
[78] b. *B. B.* 11ª bar. El relato del Talmud habla de Monobazo de Adiabene; pero es un error, pues se trata, con toda probabilidad, del mismo acontecimiento.
[79] *Ant.* IV 8,19, § 227.
[80] Véase *infra,* pp. 153ss.
[81] Cf. Dt 26,12; 14,28s.

tidos y demás cosas necesarias para la existencia [82]. También constatamos esta beneficencia entre los cristianos de la comunidad de Jerusalén. Dentro de la primitiva comunidad encontramos una comunicación de bienes [83] voluntaria [84] que se extendía a las propiedades de terrenos [85]; era eso lo que hacía posible la beneficencia. Incluso quien no vea en estos relatos de los Hechos sobre la comunidad de bienes más que un ideal aplicado a la historia habrá de reconocer sin duda la amplitud de esta beneficencia de la primitiva comunidad, la cual sacaba los recursos de la venta de los campos. El reparto, centralizado en los apóstoles (Hch 4,37; 5,2), se realizaba por colaboradores voluntarios (Hch 6,1-6). Tenemos detalles más precisos en la sección de los Hechos que relata la institución de los siete personajes encargados de los pobres *(ibíd.)*. Según ese relato, había un «servicio de las mesas» (Hch 6,2); la comunidad alimentaba a los que no tenían recursos.

Puede ayudarnos a comprender mejor esto el hacer una comparación con las dos instituciones judías análogas, el *tamjuy* («escudilla de los pobres») y la *qûppah* («cesta de los pobres»). Veamos lo que distinguía a estas dos instituciones. El *tamjuy* se distribuía diariamente a los pobres de paso; consistía en alimentos (pan, judías, frutas; y por la Pascua se daba también el vino prescrito). La *qûppah* se distribuía semanalmente a los pobres de la ciudad; consistía en alimentos y vestidos [86]. No puede

[82] *B. j.* II 8,4, § 125.

[83] Hch 2,44-45; 4,32-37; 5,1-11. Frecuentemente ha sido negada la comunidad de bienes entre los primitivos cristianos. Pero las razones aducidas para negarla no me parecen convincentes si se tiene en cuenta que los cristianos quedaban libres para participar o no en aquella puesta en común. El especial relieve concedido al ejemplo de José Bernabé (Hch 4,36-37) se explica por la importancia de este hombre. La casa situada en propiedad particular (12,12-13) es claramente el lugar de reunión de la comunidad. La presencia de pobres en la comunidad (6,1) es explicable si la puesta en común de los bienes se extiende sólo a las propiedades de terrenos. Quien dude de la existencia de la comunidad de bienes tiene que explicar sobre todo la formación de los relatos de los Hechos. Algunos términos de los Hechos son un eco del ideal comunitario helenista (Platón; Jámblico, *Vida de Pitágoras;* véase E. Preuschen, *Die Apostelgeschichte* [Tubinga 1912], 28); pero eso no prueba suficientemente que el autor de los Hechos haya trasladado por sí mismo a la comunidad primitiva un ideal extranjero. Por el contrario, hay que subrayar que una comunidad de bienes es comprensible si tenemos presentes estos tres hechos: *a)* Jesús, como ya hemos visto, exigió repetidas veces la renuncia a los bienes en favor de los pobres; *b)* Jesús y el círculo de sus discípulos dieron ejemplo: vivían de una bolsa común y habían dejado sus bienes (Jn 13,29; 12,6; Mt 19,29 y par.); *c)* tenemos también el ejemplo de los esenios, quienes además, como la primitiva comunidad, tenían las comidas en común *(B. j.* II 8,5, § 129s). Una prueba formal de la puesta en común de los bienes se encuentra en Hch 5,1-11; en efecto, el pecado de Ananías no consiste en haber mentido, sino en haber sustraído algo de un bien consagrado a Dios; cf. 5,2 («sustrajo») y 5,3 *(pseydesthai)* con acusativo: «engañar», cf. Blass-Debrunner, *Grammatik des neutest. Griechisch* (Gotinga [12]1965) § 187,4; también en Hch 5,4 puede tener el verbo este mismo sentido a pesar del dativo, que aquí es sin duda un semitismo (cf. *kîjes l*[e]).

[84] Hch 5,4; 2,45; 4,32.

[85] Hch 2,45; 4,34.36-37; 5,1-11.

[86] *Pea* VIII 7; b. *B. B.* 38[a]; Tos. *B. M.* III 9 (376,20) (habas y frutas); Misná *Pes.* X 1 (vino).

caber duda: estas instituciones sirvieron de alguna manera de modelos a la primitiva comunidad. El reparto diario de las ayudas parece inspirarse en el *tamjuy;* y el que se hace a los habitantes del lugar (se trata principalmente de las viudas), en la *qûppah*. Es posible que la asistencia judía a los pobres tomara esa doble dirección sólo a partir de una época posterior, y que, originariamente, se distribuyese también diariamente esa ayuda entre los habitantes del lugar, como lo hacían los cristianos. Pero lo más probable es que la comida en común que hacía todos los días la primitiva comunidad cristiana constituyese ella misma una distribución diaria de ayudas entre los miembros pobres.

Sea lo que fuere, esto es lo que podemos decir de la asistencia cristiana a los pobres:

a) Se realizaba *en especie* (eso es lo que sugiere también el contexto de Hch 6,2).

b) Consistía en provisiones para veinticuatro horas (= dos comidas)[87].

c) Es probable que la distribución estuviese centralizada en un solo lugar. Se obtiene el siguiente cuadro: los cristianos de Jerusalén se congregaban diariamente (Hch 2,46; 6,1) en la casa de reunión[83], probablemente al atardecer[89], para celebrar una comida, bajo la dirección de los apóstoles (Hch 6,2; 2,42), en un ambiente cultual[90]; los pobres, principalmente las viudas, eran obsequiados con las limosnas recibidas y se les daban también alimentos para el día siguiente. Esta celebración diaria se describe en los Hechos con las siguientes palabras: «Perseveraban en la doctrina de los apóstoles y en la asistencia[91], en el partir el pan y en las oraciones» (Hch 2,42).

Posteriormente, con las colectas de las comunidades extranjeras, aumentaron los medios de que disponía la primitiva comunidad para sus obras de caridad. Con motivo del hambre surgida entre los años 47 y 49 d. C., se hizo en Antioquía, tal vez por primera vez, una colecta de este género para aliviar la situación desesperada de la comunidad de Jerusalén (Hch 11,27-30; 12,25). Después se repitieron otras colectas en favor de Jerusalén, al menos una vez: cuando Pablo, en su tercer viaje misionero, organizó las ayudas a Jerusalén[92]. K. Holl[93], examinando esas

[87] Cf. *Pea* VIII 7.

[88] En Hch 2,46, *kat' oīkon* se contrapone a «en el templo», significando, como en Flm 2, «en casa». El sentido no es «en las casas particulares», como se deduce de la presencia de todos los apóstoles, además de otros pasajes, como Hch 12,12; 2,1-2; 1,15, en los que encontramos a toda la comunidad reunida.

[89] En Hch 12,12 la comunidad está aún reunida por la noche (12,6).

[90] Hch 2,42.46: partir el pan (esta expresión indica la comida de la tarde; es intencionadamente oscura debido a la disciplina del arcano).

[91] Es decir, en la práctica de la caridad *(koinōnia),* cf. Rom 15,26; Flp 1,5; 4,14-16.

[92] Gál 2,10; 1 Cor 16,1-4; 2 Cor 8-9; Rom 15,25-32; Hch 24,17.

[93] *Der Kirchenbegriff des Paulus in seinem Verhältnis zu dem der Urgemeinde:* «Sitzungsberichte der Preussischen Akademie der Wissenschaften» (Berlín 1921) 920-947.

colectas, quiso interpretar esa obligación de ayudar a «los pobres», en la cual Pablo estaba de acuerdo con los apóstoles de Jerusalén (Gál 2,10), como un tributo regular de las comunidades paganas a Jerusalén; pero difícilmente se le puede dar la razón.

Llegamos a la *beneficencia pública.* No se trata aquí de describir la legislación rabínica y del AT en el terreno social. Recordemos solamente, a modo de introducción, las principales prescripciones. Son éstas: *a)* El año sabático, en el cual debían ser condonadas las deudas [94]; el uso de la cláusula *prosbol,* introducida por Hillel [95], permitía eludir esta obligación. *b)* El diezmo de los pobres [96]: el tercero y sexto años, después de separar los demás impuestos prescritos, había que dar a los pobres una décima parte de los productos agrícolas. La Misná se queja del repetido incumplimiento de este deber; atribuye a esa negligencia la frecuencia de la peste en los respectivos años siguientes: el cuarto y el séptimo [97]. *c)* Los derechos regulares de los pobres durante la cosecha: la esquina de los sembrados [98], el espigueo [99], las cosas olvidadas (una gavilla, por ejemplo) [100], los granos que caen durante la vendimia [101] y la rebusca de los viñedos [102]. También hay quejas sobre el incumplimiento de estas obligaciones [103]; pero son muchos los detalles que indican que estos derechos eran frecuentemente exigidos con éxito por los pobres. *d)* Indiquemos además una serie de disposiciones sociales que se mencionan en el Talmud [104] y que se remontan, según dicen, a Josué. Según esas disposiciones, se podía, entre otras cosas, apacentar ganado en campos ajenos, cortar leña en bosques de otros, recoger hierba en todas partes, menos en los campos de alhova, y pescar libremente en el lago de Genesaret.

¿Qué instituciones públicas de beneficencia encontramos en Jerusalén? La misma asistencia a los pobres practicada por la primitiva comunidad cristiana nos ha llevado a concluir la existencia de parecidas instituciones en el judaísmo. De hecho oímos hablar de ellas debido, por ejemplo, a una cuestión jurídica debatida entre Janán ben Abishalón, juez de Jerusalén, y a los sacerdotes jefes, a propósito de la cual da su parecer R. Yojanán ben Zakkay. Tenemos noticia de que una mujer cuyo marido había partido para el extranjero podía exigir ayuda de la comunidad [105]; debía recibirla en la «cesta de los pobres» *(qûppah).* La Misná prevé además que un pobre debe recibir «de la escudilla de los pobres» *(tamjuy)*

[94] Véase el tratado de la Misná *Shebiit.*
[95] *Shebiit* X 4.
[96] *Pea* VIII 2-9; *M. Sh.* V 6.9-10; y *passim.*
[97] *P. A.* V 9.
[98] *Pea* I 1ss.
[99] *Pea* IV 10ss.
[100] *Pea* V 7ss.
[101] *Pea* VII 3.
[102] *Pea* VII 5s.
[103] *P. A.* V 9.
[104] b. *B. Q.* 80b-81a bar.
[105] *Ket.* XIII 1-2.

las cuatro copas de vino prescritas para la celebración pascual en el caso de que no pueda él conseguirlas de otro modo [106]; esta costumbre se remonta, sin duda, a la época en que la Pascua se celebraba en Jerusalén. Hay una institución que sólo se encuentra en Jerusalén: la caja para socorrer a los pobres vergonzantes de las buenas familias. «En el templo había dos salas: una se llamaba Sala de los Silenciosos (otra lectura: de los Pecadores); la otra, Sala de los Utensilios. En la Sala de los Silenciosos (o de los Pecadores), los que tenían miedo de sus pecados depositaban (sus dones) en silencio (= en secreto) y los pobres de buena familia eran socorridos en silencio» [107]. Es posible que Jesús haya pensado en esta práctica cuando habla de la limosna que se debía hacer en secreto (Mt 6,4), en contraposición a la caridad hecha públicamente a son de trompeta. Esta caja se encontraba en el templo; por lo que se puede suponer que también las otras organizaciones asistenciales se encontraban en el templo; tanto más cuanto que el mencionado juez Janán, quien decide en una cuestión asistencial, forma parte de los escribas pagados por el templo y cuanto que los sacerdotes jefes tienen algo que decir en tales problemas.

También encontramos medidas sociales en relación con el culto del templo [108]. Para desempeñar en el templo los oficios sacerdotales había que tener las aptitudes corporales necesarias, y era el Sanedrín quien las determinaba [109]. Los sacerdotes que tenían algún defecto corporal no podían oficiar, pero se les permitía la entrada en el santuario, donde eran empleados en otros oficios. En la sala nordeste del atrio de las mujeres amontonaban la leña carcomida [110]. Rabbí Tarfón vio a un tío suyo sacerdote, que estaba paralítico de una pierna, tocar la trompeta en el atrio [111], y precisamente en una fiesta de los Tabernáculos [112]. Por tales servicios tenían derecho estos sacerdotes a la parte de los ingresos que les correspondían según su origen, es decir, por su pertenencia a las familias sacerdotales que se turnaban en el servicio [113]. El culto, en determinados casos, hacía importantes concesiones a los pobres. Así, por ejemplo, en los sacrificios de expiación, en lugar de una oveja, el pobre podía ofrecer dos palomas; y en los casos de extrema pobreza, una ofrenda alimenticia [114]. También se ofrecía a la población la facultad de guardar en el templo su dinero [115]; se dice que las viudas y los huérfanos hacían uso de esta posibilidad (2 Mac 3,10).

[106] *Pes.* X 1.
[107] *Sheq.* V 6.
[108] Véase por lo demás *supra,* pp. 30s (obreros del templo).
[109] *Mid.* V 4.
[110] *Mid.* II 5.
[111] j. *Yoma* I 1,38ᵈ 32 (III/2,165).
[112] Tos. *Sota* VII 16 (308,8).
[113] *B. j.* 5,7, § 228.
[114] Lv 5,7-13; *Ant.* III 9,3, § 230.
[115] 2 Mac 3,4-6.10-15; IV *Mac.* 1-3.7; *B. j.* 5,2, § 282. Aún en nuestros días se emplean los santuarios en Palestina como sitios seguros para guardar algo; en 1914 contemplé yo en una tumba de santo (*weli*) apilados grandes haces de leña.

Finalmente, mencionemos aún una medida social que, originariamente, sólo afectaba a Jerusalén. Tiene relación con la situación de la viuda. En Jerusalén había la costumbre de determinar en el testamento que ésta pudiese permanecer en casa de su marido durante el tiempo de su viudez y vivir de sus bienes. Eso se convirtió en derecho habitual de la viuda israelita; podía usar de él aun en los casos en que no existiese en el testamento una disposición expresa en tal sentido [116].

b) *El movimiento de peregrinos como fuente de ingresos*

Podríamos formarnos una idea aproximada de lo que gastaban los peregrinos en Jerusalén si se pudiera comprobar que se observaban realmente aquellas prescripciones según las cuales, de acuerdo con la interpretación rabínica de algunos pasajes de la Ley mosaica, todo israelita tenía que gastar en Jerusalén una parte de los ingresos anuales. Se trata del segundo diezmo, del diezmo del ganado y de los frutos de los árboles y viñedos de cuatro años [117].

Había diferencias en las disposiciones legales sobre los diezmos de los productos del campo y de los frutos que debían ser entregados a los ministros del culto [118]. Esto dio lugar a que la exégesis descubriese en esas prescripciones dos diezmos: uno, el primero, que debía ser entregado; y otro, el segundo, que debía ser gastado en Jerusalén por su propietario. Si alguno no quería llevar *en especie* a Jerusalén el segundo diezmo, podía convertirlo en dinero; pero, en ese caso, estaba obligado a añadir un cuarto más, a no ser que se valiese de una astucia, expuesta en la Misná [119], para librarse de aquel recargo. De todos modos estaba prohibido gastar el segundo diezmo en otro sitio distinto de Jerusalén. Todos los problemas relacionados con este tema son considerados por la Misná en el tratado *Ma'aser senî,* «segundo diezmo».

Las prescripciones acerca del segundo diezmo han sufrido grandes cambios. El testimonio más antiguo acerca de un segundo diezmo, además del que se pagaba a los ministros del culto, nos lo ofrecen los LXX en Dt 26,12, el libro de los *Jubileos* XXII 8-14 y Tob 1,6-8 [120] en la recensión más antigua de las dos existentes, la del códice *Sinaiticus* [121]. El

[116] *Ket.* IV 12.
[117] Textos y bibliografía en Schürer, II, 306, n. 22, n.º 1-3.
[118] Nm 18,20-32 y Lv 27,30-31; Dt 14,22-26.
[119] *M. Sh.* IV 4-5.
[120] El libro de los *Jubileos* data del año 100 a. C. aproximadamente (cf. O. Eissfeldt, *Einleitung in das Alte Testament* (Tubinga ³1964) 824, y el de Tobías es probablemente anterior a la época macabea *(op. cit.,* p. 793).
[121] Tob 1,6-8. En favor de la prioridad del texto del *Sinaiticus,* en este pasaje de Tobías, sobre los códices *Alexandrinus-Vaticanus,* Schürer, III, p. 243, aduce con razón estos dos hechos: el *Sinaiticus* considera aún el diezmo del ganado, en 1,6, como tributo debido a los sacerdotes, mientras que el *Alexandrinus,* de acuerdo con

segundo diezmo, según esta interpretación más antigua, debía cambiarse, en los años tercero y sexto de la semana anual, en un diezmo para los pobres [122]. Por consiguiente, sólo se satisfacía ese diezmo los años primero, segundo, cuarto y quinto de la semana anual [123]; el año séptimo debía permanecer el suelo totalmente improductivo.

Una concepción distinta se encuentra principalmente en la forma del texto más reciente *(Alexandrinus-Vaticanus)* del citado pasaje de Tobías, donde se habla de tres diezmos. Eso quiere decir, como vemos por Josefo [124], que el tributo a los pobres del tercero y sexto años era considerado

la prescripción posterior, lo elimina; además, en el *Alex.* el estilo ha sido retocado. Efectivamente, un examen atento de Tob 1,6-8 confirma la mayor antigüedad del *Sinaiticus:*

Sinaiticus	*Alexandrinus-Vaticanus*
«[6] Yo iba a Jerusalén con las primicias, los primogénitos de los animales, los diezmos del ganado y el primer esquileo de las ovejas [7] y se los daba a los sacerdotes, a los hijos de Aarón (que sirven) al altar.	«[6] Yo iba a Jerusalén con las primicias y los diezmos de las cosechas y el primer esquileo de las ovejas [7] y se los daba a los sacerdotes, a los hijos de Aarón (que sirven) al altar.
Y el diezmo del trigo, del vino, del aceite, de los granados, de los higos y otros frutos, lo daba a los hijos de Leví que hacen el servicio en Jerusalén.	Y daba el diezmo de todos los frutos cosechados a los hijos de Leví que hacen el servicio en Jerusalén.
El segundo diezmo lo convertía en dinero durante seis años seguidos e iba a gastarlo todos los años a Jerusalén,	El segundo diezmo lo vendía e iba a gastarlo todos los años a Jerusalén,
[8] y lo daba a los huérfanos y a las viudas, y lo ofrecía a los prosélitos que se habían unido a los israelitas, y se lo daba el tercer año, y lo comíamos según lo mandado».	[8] y el tercer diezmo lo daba a quienes corresponde».

El *Sin.* tiene sentido claro: los vv. 6-7*a* hablan de los tributos a los sacerdotes; y los vv. 7*c*-8, de las restantes cargas. El *Alex.-Vat.,* por el contrario, no presenta un sentido claro: *a)* en 6-7*a,* a pesar del final «y los daba a los sacerdotes», no se citan los tributos debidos a los sacerdotes; pues, entre las primicias y el producto del esquileo de las ovejas, se encuentran «los diezmos de los frutos». Ahora bien, como, a continuación, el texto del *Alex.-Vat.* habla del diezmo de los levitas, del segundo y tercer diezmo, no se puede tratar de otro diezmo de los productos agrícolas ofrecido a los sacerdotes; *b)* más bien parece que en el v. 6*a* se mencionan todos los tributos que Tobías lleva a Jerusalén consigo; por lo que el final del v. 7*a* («y se lo daba a los sacerdotes») no tiene sentido. Esta es la explicación: el *Alex.-Vat.* quiso suprimir el diezmo del ganado, citado en el *Sin.* como tributo perteneciente a los sacerdotes. Para ello, en lugar de «los diezmos del ganado» (donde el plural es filológicamente admisible) pone mecánicamente «los diezmos de las cosechas» (donde ni el plural ni el singular, respecto al diezmo de las cosechas, encaja en el contexto). Por tanto, el texto más antiguo, el del libro de Tobías, es el presentado por el *Sinaiticus.*

[122] Se alude a Dt 14,28-29; 26,12.

[123] El libro de los *Jubileos* es de la misma opinión; así se deduce de la época de su composición y del hecho de que sólo conozca dos diezmos.

[124] *Ant.* IV 8,22, § 240.

como un impuesto autónomo. Además, el segundo diezmo debía ser satisfecho durante los seis primeros años de la semana anual. La literatura rabínica [125], por el contrario, parece mantener la concepción más antigua, es decir, el cambio del segundo diezmo, en los años tercero y sexto, en diezmo de los pobres. (Filón [126] concibe el segundo diezmo como un tributo que se debe pagar a los sacerdotes, mientras que el primero, según él, se entrega a los levitas). Estas grandes fluctuaciones, por sí mismas, ya nos hacen dudar de que el segundo diezmo haya sido alguna vez una obligación religiosa universalmente cumplida. Nos confirma tales dudas el hecho de que todo un tratado de la Misná, el tratado *D^e^may,* verse sobre lo que se debe hacer con aquellos productos agrícolas de los que no se sabe si el productor ha satisfecho el tributo de los sacerdotes y el segundo diezmo.

Primitivamente el diezmo del ganado formaba parte también de los tributos pertenecientes a los ministros del culto [127]. La literatura rabínica lo cuenta entre los tributos que debía gastar en Jerusalén su propietario. En efecto, según la Misná, si los animales eran puros, se podía no entregar este diezmo [128], pero había que llevarlo en especie a Jerusalén; allí se sacrificaban los animales en sacrificios de comunión (con la única diferencia de que no se hacía la imposición de las manos) [129] y, después de separar la parte correspondiente a los sacerdotes, podían ser consumidos por el propietario. También las prescripciones acerca del diezmo del ganado sufrieron muchos cambios, como indica la siguiente lista [130]:

	Diezmo del ganado	Primer diezmo (de los productos agrícolas)	Segundo diezmo (de los productos agrícolas)
Tobías *(Sin.)*	sacerdotes	levitas	propietario
Tobías *(Alex.)*	—	levitas	propietario
Libro de los Jubileos	sacerdotes	sacerdotes	propietario
Josefo	—	sacerdotes	propietario
Talmud	propietario	sacerdotes (lev.)	propietario
Filón	sacerdotes	levitas	sacerdotes

Las fluctuaciones afectan sobre todo a las relaciones del diezmo del ganado con el primero y segundo diezmos. Esas fluctuaciones, habida cuenta sobre todo del silencio de Josefo, autorizan esta conclusión: el diezmo del ganado difícilmente fue satisfecho en realidad alguna vez [131].

[125] *M. Sh.* V 9.
[126] Véase *supra,* p. 126, n. 90.
[127] Conclusión sacada de Lv 27,32-33.
[128] *M. Sh.* I 2.
[129] *Hag.* I 4; *Zeb.* V 8: «Santidad menor» indica el diezmo del ganado.
[130] Tob 1,6-8; —*Jubileos* XXXII 15, cf. 2.8; XIII 26; —*Bek.* IX 1-8 y *passim;* respecto a Filón, véase *supra,* p. 126, n. 90. De los datos de Filón hay que hacer muy poco caso; pues no describe las condiciones existentes, sino que más bien parece reproducir su propia interpretación de las prescripciones de la Ley.
[131] Esto podría ser válido también para la época más antigua. I. Benzinger, *Hebräische Archäologie* (Tubinga [2]1907) 385, piensa que la entrega del diezmo del ganado a los ministros del culto «fue sencillamente irrealizable en la práctica».

Según la Ley (Lv 19,23.25), los frutos de los árboles y de los viñedos, durante los tres primeros años, no debían ser recogidos; y los del cuarto año debían ser consagrados a Dios. Filón no hace más que repetir esta prescripción [132]. Según el libro de los *Jubileos*, una parte de la cosecha del cuarto año había que llevarla al altar y otra debía ser entregada a los ministros del culto [133]. Josefo [134] y la Misná [135], por el contrario, dan por supuesto que tal cosecha era gastada por su propietario en Jerusalén.

Hemos debido manifestar algunas reservas respecto al cumplimiento general de estas prescripciones. Sin embargo, las prescripciones acerca del segundo diezmo y de las cosechas del cuarto año eran observadas por algunos círculos; así se podría deducir de las dos siguientes noticias, las cuales han conservado claramente elementos históricos. «Las monedas encontradas delante de (las tiendas) de los comerciantes de ganado son consideradas siempre como dinero del diezmo; (si se encuentran) sobre la montaña del templo, es dinero profano; (si se encuentran) en Jerusalén: en las épocas de fiesta, es dinero del diezmo; en otras épocas, es dinero profano» [136]. Es decir, que el dinero que se encontrába en Jerusalén en las épocas de fiesta pasaba por dinero del diezmo. Ahora bien, el primer diezmo se entregaba a los sacerdotes del lugar [137] en especie [138]. Además se habla aquí de un diezmo que ha sido llevado a Jerusalén, preponderantemente en época de fiesta, y que ha sido transformado en dinero; por lo que no puede ser más que el segundo diezmo. Concuerda con ello el hecho de tratarse de un dinero empleado preponderantemente en la compra de ganado [139]. Otra indicación se contiene en un detalle transmitido por Rabbán Simeón ben Gamaliel (II): en Jerusalén se distribuían las cosechas del cuarto año entre los vecinos, parientes y conocidos «para adornar los bazares de Jerusalén» [140], con el fin de que la aparentemente sorprendente oferta de frutos hiciese bajar los precios [141].

Puede decirse que las mencionadas prescripciones contribuyeron a aumentar la importancia de la afluencia de peregrinos en cuanto fuente de ingresos para Jerusalén.

[132] *De virt.*, § 159.
[133] *Jubileos* VII 36.
[134] *Ant.* IV 8,19, § 227.
[135] *Pea* VII 7; *M. Sh.* V 1-5; el tratado *ʿOrla* entero.
[136] *Sheq.* VII 2.
[137] *Vita* 12, § 63; 15, § 80.
[138] *Ant.* XX 8,8, § 181; 9,2, § 206.
[139] El dinero encontrado, en cualquier época del año, junto a los tratantes de ganado era considerado como dinero del diezmo; lo cual parece indicar «la posibilidad más seria». En efecto, es sumamente probable que, incluso entonces, se tratase del dinero del diezmo.
[140] Tos. *M. Sh.* V 14 (96,10); b. *Besa* 5ᵃ; b. *R. H.* 31ᵇ.
[141] R. Simeón ben Yojay es de distinto parecer; pero esta opinión afecta sólo al problema siguiente: ¿hay que llevar a Jerusalén los frutos en especie o sólo su equivalencia en dinero?

c) *Los ingresos por el culto*

El culto constituía la mayor fuente de ingresos para la ciudad. Sostenía a la nobleza sacerdotal, al clero y a los empleados del templo. Los grandes gastos del tesoro del templo (recuérdese sólo la reconstrucción del mismo) y lo que los fieles piadosos daban para el culto (sacrificios, presentes) ofrecían diversas posibilidades de obtener ganancia a los artesanos y comerciantes de la ciudad.

En resumen, la peculiaridad de Jerusalén en lo concerniente a la situación económica de sus habitantes hay que verla en lo siguiente:

a) En la importancia de los grupos de población que vivían de la caridad.
b) En la tensión social surgida entre estos estratos pobres, por una parte, y la Corte y nobleza sacerdotal por otra.
c) En el hecho de que la ciudad debía su prosperidad a la importancia religiosa.

EXCURSUS I

LA HISTORICIDAD DE MATEO 27,7

Los jefes de los sacerdotes compraron el Campo del Alfarero con el precio de la traición de Judas. Pero este dato parece sospechoso por las siguientes razones:

1. Puede proceder de Zac 11,13, pasaje considerado como una profecía: «Y tomé las treinta monedas de plata y las arrojé en la casa de Yahvé, para el alfarero» (texto masorético).
2. Este dato sólo se encuentra en Mateo (según Hch 1,18-19, es el mismo Judas quien ha comprado el campo).

Sin embargo, debemos indicar cuatro cosas:

a) La noticia de que Judas llevó el dinero al santuario pasa indebidamente como procedente de la profecía. Este detalle se explica así: Mt intenta justificar tanto el *yôser* del texto masorético de Zac 11,13 («y las arrojé en la casa de Yahvé, para el alfarero») como la variante *'ôsar* (= tesoro; «y las arrojé en la casa de Yahvé, en el tesoro») que se presupone en la traducción siríaca del AT; por eso Mt llama al campo comprado campo del alfarero (Mt 27,7) y hace a Judas llevar el dinero al templo con la intención de devolverlo al tesoro, como se puede deducir en Mt 27,6. Y se concluye así que ni el calificativo de campo del alfarero ni el dato de que Judas llevó el dinero al templo pueden ser históricos.

Pero esta explicación, que presupone conocimientos críticos en un hombre que atribuye la cita a Jeremías en vez de a Zacarías (Mt 27,9), no me parece justificada. Mt más bien leyó, con el texto masorético, *yôser,* como se deduce de 27,10; el que Judas lleve el dinero al templo se debe a la costumbre y es sin duda histórico.

En efecto, la Misná nos garantiza la existencia de esa costumbre ya en época anterior a Jesús. En ciertos casos, en los que el primitivo dueño del dinero rehusaba aceptarlo de nuevo, se llevaba ese dinero al templo y se podía anular así la compra. *'Ar.* IX 4: Si uno quiere usar, dentro de los doce meses, de su derecho a rescatar la casa vendida, y si, para impedírselo, el comprador se esconde, se debe arrojar el dinero, según Hillel el Viejo, en la cámara del tesoro del templo; el comprador puede venir, si quiere, a recoger su dinero. En el fondo de Mt 27,5 muy bien pudiera encontrarse un caso análogo: Judas lleva el dinero al templo no para entregarlo al tesoro del mismo, sino para anular una compra efectuada; sólo que en este caso el objeto de la compra no es una casa, como en el citado pasaje de la Misná, sino la misma persona de Jesús. El proceso es el siguiente: el comprador, los sacerdotes jefes y los ancianos, es decir, el Sanedrín (Mt 27,3), se niega a aceptar el dinero; entonces Judas lleva el dinero al templo para anular de esta manera la compra; en el templo este dinero es considerado como un bien abandonado del que pueden disponer los sacerdotes jefes (Mt 27,6). Hay que notar que éstos aparecen en Mt 27,3 como miembros del Sanedrín, mientras que en 27,6 son presentados en su función específica, es decir, en calidad de cuerpo administrativo del templo. Llegamos a esta conclusión: el dato de que Judas llevó el dinero al templo no está motivado por la profecía; concuerda con esto el que en la cita de Mt 27,9-10 no se habla del templo.

b) Los jefes de los sacerdotes tienen escrúpulo de reintegrar el dinero al tesoro del templo y deciden comprar con aquella suma un cementerio para los extranjeros (o sea, para los peregrinos); todo esto es también digno de crédito. Pues, según dice el Talmud, los bienes adquiridos ilegalmente o que no pertenecen a nadie (por ejemplo, un objeto robado cuyo dueño no se pudiese encontrar) no se echaban al tesoro del templo, sino que eran empleados en necesidades públicas (por ejemplo, en abastecer de agua a Jerusalén)[142].

c) El campo cuesta 120 denarios[143]; es el precio medio de un campo, como se puede constatar. En *ʿAr.* VIII 1 se encuentra una excepción, pero se trata de un ejemplo de la casuística: el precio del campo es de un *as* = 1/24 de denario[144]. En *ʿAr.* IX 2 se habla de 1 y 2 minas, o sea, de 100 y 200 denarios; y en *ʿAr.* VIII 2, de un campo por el que se ofrecen 10, 20, 30, 40 y 50 *seqel,* de 4 denarios cada uno[145], es decir, que se ofrecieron 40, 80, 120, 160 y 200 denarios. Por tanto, el precio medio de un campo es de 120 denarios aproximadamente.

d) El nombre del campo *Hakeldamah* (Hch 1,19; cf. Mt 27,8), lo mismo que su empleo para cementerio de extranjeros, no fue motivado por la profecía. Probablemente Hakeldamah, el nombre usado entonces generalmente para designar aquel campo, significaba originariamente «cementerio»; si es así, se puede concluir que la administración del templo, de hecho, lo utilizaba para enterrar.

Por consiguiente, considero absolutamente posible que Judas haya llevado el dinero al templo para anular el contrato, y que la administración del templo hubiese empleado aquel dinero en la adquisición de un cementerio. Más tarde algunos detalles habrán sido determinados por el texto de Zac 11,13, considerado como una profecía: la designación del campo con el nombre de Campo del Alfarero, mientras que el nombre más corriente era Hakeldamah; su localización por la tradición en el valle Hinnón, localización que tal vez tuvo su origen en la combinación del pasaje de Zacarías con textos de Jeremías (Jr 19,1-2; 18,2-3). En lo concerniente al precio de la traición no es posible decidir.

[142] b. *Besa* 29[a] bar.; b. *B. Q.* 94[b]; cf. también Billerbeck I, p. 37 sobre Dt 23,19.

[143] Véase *supra,* p. 140, n. 6.

[144] Billerbeck I, 291; ¡por esta suma se obtenían 2 (Mt 10,29) o 2,5 (Lc 12,6) pájaros!

[145] En *ʿAr.* III 3, un *seqel* del AT vale 1 *selaʿ* = 4 denarios.

EXCURSUS II

LAS CALAMIDADES DE JERUSALEN

La panorámica que damos a continuación abarca la época que va desde el año 169 a. C. (primera ocupación de Jerusalén por Antíoco Epífanes) hasta el 70 d. C. (destrucción de Jerusalén); se excluyen los casos en que se trata únicamente de acontecimientos militares.

1. En la época de Antíoco V Eupator fue sitiada Jerusalén (163 antes de Cristo); los campos, debido al año sabático (164-163), estaban improductivos, lo que agravó el hambre. La escasez afectó principalmente a los sitiados, ya que las provisiones existentes en la ciudad se agotaron pronto; pero también alcanzó a los sitiadores [146].

2. Un poco antes del 65 a. C. (o sea, antes de que Aristóbulo II fuera sitiado en el templo por Hircano II y Aretas, rey de los árabes) tuvo lugar una persistente sequía. La oración de un hombre piadoso llamado Onías obtuvo la tan ardientemente deseada lluvia [147]. Es, sin duda, el mismo episodio que cuenta la literatura rabínica: tras la primera mitad de adar (comienzo de marzo), que solía marcar el fin del período de lluvias, aún no había caído una gota de agua; fue entonces cuando la oración de Joni, el «artífice de círculos», obtuvo la lluvia. Tan grande fue, según se dice, la eficacia de su oración, que el pueblo se vio obligado a refugiarse en la explanada del templo antes que las nubes comenzasen a reventar, pues las lluvias causaron una enorme inundación. De donde se deduce que el acontecimiento tuvo lugar en Jerusalén [148].

3. Después de la Pascua del 64 a. C. un huracán destrozó las cosechas de todo el país [149].

4. El asedio de Herodes a Jerusalén, en el 37 a. C., coincidió con el año sabático del 38-37; por lo que surgió el hambre en la ciudad. Incluso los sitiadores padecieron necesidad, pues sus adversarios habían saqueado todos los alrededores [150].

5. El año séptimo de Herodes (no a partir de su nombramiento de rey en el 40 a. C., sino a partir de la conquista de Jerusalén el año 37), el 31 a. C., tuvo lugar un terremoto que acabó con una parte del ganado del campo [151].

6. Después de la muerte de la reina Mariam(m)e, ocurrida el 29 antes de Cristo, azotó al país una peste [152].

7. Especiales estragos causó el hambre surgida en el año decimotercero de Herodes, el 25-24 a. C. Esta pasó por diversos estadios:

a) Primeramente tuvo lugar una persistente sequía, que dejó el cam-

[146] *Ant.* XII 9,5, § 378; cf. 1 Mac 6,49.53-54.
[147] *Ant.* XIV 2,1, § 22.
[148] *Taʿan* III 8; b. *Taʿan* 23ª bar.
[149] *Ant.* XIV 2,2, § 28.
[150] *Ant.* XIV 16,2, § 471; XV 1,2, § 7; *B. j.* I 18,1, § 347.
[151] *B. j.* I 19,3, § 370s; *Ant.* XV 5,2, § 121.
[152] *Ant.* XV 7,7, § 243.

po completamente baldío, sin producir absolutamente nada. *b)* La escasez de víveres trajo consigo un cambio en las condiciones de vida, por lo que se propagaron las enfermedades y una epidemia parecida a la peste, y las calamidades se agravaron mutuamente. Pues la falta de cuidados y alimentos aumentaba aquella especie de peste que se había declarado violentamente desde el comienzo; y la muerte de los que perecían de aquella manera quitaba las ganas de vivir a los sobrevivientes, pues no se vislumbraba la manera de remediar el mal. *c)* La segunda cosecha fue también mala [153]. *d)* «Se hizo sentir también la falta de vestidos, ya que los rebaños habían sido destruidos o comidos, de suerte que no había ni lana ni ninguna otra materia necesaria para hacer vestidos» [154].

8. Bajo el dominio del emperador Claudio (24 de enero del 41 al 13 de octubre del 54 d. C.) sobrevino en Palestina una gran hambre. El número de noticias acerca de este acontecimiento ya indica por sí mismo su importancia.

a) Cuando Helena de Adiabene vino en peregrinación a Jerusalén reinaba allí un gran hambre [155]. Tenemos datos más precisos sobre su fecha en *Ant.* XX 5,2, § 101: la mención del hambre se introduce con un *epi toutois* [156]. Si este *epi toutois* se interpreta como masculino, como supone la versión latina y como de suyo encaja en el contexto, quiere decir que el hambre ocurrió bajo los procuradores Cuspio Fado y Tiberio Alejandro. Si, por el contrario, el *epi toutois* se interpreta como neutro, hay que pensar que el hambre ocurrió sólo bajo el mandato de Tiberio Alejandro; así lo entiende el *Epítome de las Antigüedades Judaicas* y pudiera muy bien que ése fuese el sentido justo, habida cuenta del lenguaje empleado por Josefo, quien, en las fechas, emplea siempre *epi* con genitivo, nunca con dativo. En cualquier caso, el hambre tuvo lugar bajo el mandato de Tiberio Alejandro.

Sobre el tiempo en que estuvieron en el cargo estos dos personajes, sabemos lo siguiente: Cuspio Fado ocupó su cargo después de la muerte de Agripa I, o sea, después de la Pascua del 44 de nuestra Era [157]; un edicto del año 45 presupone que aún estaba en el cargo en esta fecha [158]. De Tiberio Alejandro sólo sabemos aproximadamente la fecha del final de su mandato. Su destitución es narrada inmediatamente antes del fallecimiento de Herodes de Calcis, que ocurrió el año octavo del gobierno de Claudio (24 de enero del 48-49); por lo que hay que colocar esta destitución en el año 48 probablemente [159]. Por consiguiente, el cambio de procurador tuvo lugar el 46 o 47, y el hambre sobrevino entre los años 46 y 48.

[153] *Ibid.* 9,1, § 299s.
[154] *Ibid.* 9,2, § 310.
[155] *Ant.* XX 2,5, § 51.
[156] Así leen todos los manuscritos; lo mismo Eusebio, *Hist. Eccl.* II, 12,1, quien cita el pasaje; y la traducción latina: *horum temporibus;* el singular se encuentra únicamente en el *Epítome de las Antigüedades judaicas,* ed. B. Niese (Berlín 1896) 357.
[157] *Ibid.* 1,1, § 1s.
[158] *Ibid.* 1,2, § 14.
[159] *Ibid.* 5,2, § 103s.

b) En *Ant.* III 15,3, § 320 se habla de un hambre surgida en tiempo de Claudio y del sumo sacerdote judío Ismael; azotó particularmente a Jerusalén. ¿De qué hambre se trata bajo el gobierno de Claudio? (Estuvo en el poder desde el 24 de enero del 41 hasta el 13 de octubre del 54). La respuesta a esta pregunta depende de la fecha en que desempeñó sus funciones el sumo sacerdote Ismael. A primera vista se podría situar este pontificado en una época posterior al 54; en efecto, Josefo no habla del nombramiento de Ismael [160] hasta después de la subida al trono de Nerón [161], sucesor de Claudio en el 54. Pero no hay que conceder mucha importancia a este orden de los relatos, ya que Josefo, en *Ant.* XX 7,1-8,4, § 137ss, antes de ocuparse de la situación en Palestina describe primero seguidamente la historia familiar de los descendientes de Herodes y los sucesos de Roma. Es seguro, por el contrario, este hecho: Ismael ocupó su cargo antes de que Porcio Festo fuese nombrado gobernador de Judea [162], es decir, en tiempo del gobernador Antonio Félix. Fue después de la destitución de Cumano [163], al final del 52 d. C., cuando Antonio Félix llegó a gobernador de la provincia de Judea [164]. Antes había sido únicamente administrador de la provincia de Samaría [165]; mientras que la provincia de Judea, lo mismo que la Galilea, estaba bajo Cumano [166]. El final del 52 como fecha del nombramiento de Antonio Félix para gobernador de Judea es confirmado por la siguiente noticia de Josefo: la ampliación del territorio de Agripa II, al comienzo del 53, fue posterior al nombramiento de Félix [167]. Ahora bien, sabemos por Hch 23,2 y 24,1 que Ananías, predecesor del sumo sacerdote Ismael, ocupaba aún el cargo en tiempo de Félix, y precisamente en una fiesta de Pentecostés (Hch 20,16); por tanto, lo más pronto en Pentecostés del 53. Como, según *Ant.* III 15,3, § 320, el hambre sobrevino en tiempo de Ismael, durante una fiesta de Pascua, la primera Pascua en cuestión es la del año 54. Pero también esta posibilidad se desvanece si debemos creer la cronología de los Hechos; según éstos, Pablo llegó a Jerusalén lo más pronto para Pentecostés del 55, y, en esa fecha, estaba aún en funciones Ananías (Hch 23,2; 24,1). Por lo que Josefo ha debido de cometer un error en *Ant.* III 15,3, § 320, puesto que Ismael no era aún Sumo Sacerdote bajo Claudio. En relación con la época de Claudio, Josefo sólo conoce el hambre mencionada anteriormente, la que ocurrió entre los años 46 y 48; por lo que hay que sustituir a Ismael por uno de sus dos predecesores, José o Ananías, y referir a la misma hambre los datos de *Ant.* III 15,3, § 320.

c) Debido al conocimiento del año sabático es posible obtener otros detalles sobre el desarrollo de esta hambre surgida durante la dominación de Claudio; hambre a la que se refiere también la predicción de Agabo

[160] *Ibíd.* 8,8, § 179.
[161] *Ibíd.* 8,1-3, § 148ss.
[162] *Ibíd.* 8,9, § 182.
[163] Tácito, *Ann.* XII 54.
[164] *Ant.* XX 7,1, § 137; *B. j.* II 12,8, § 247.
[165] Tácito, *Ann.* XII 54.
[166] *Ant.* XX 5,2-4, § 100-117.
[167] *Ant.* XX 7,1, § 138; *B. j* II 12,8, § 247.

(Hch 11,28). Sabemos que el año que va desde el otoño del 47 al otoño del 48 fue un año sabático [168]. Por tanto, el desarrollo del hambre habrá sido éste: el verano del 47 falla la cosecha; el año sabático, otoño del 47 a otoño del 48, agrava el hambre y prolonga la escasez hasta la próxima cosecha de la primavera del 49.

d) Esta hambre surgida bajo el gobierno de Claudio es mencionada posiblemente también por la literatura rabínica. Eleazar el Viejo, el hijo de R. Sadoc, resalta un recuerdo de su juventud. Cuando él estudiaba la Torá con el R. Yojanán, el hijo de la haraunita, vio a su maestro comer pan seco «porque eran los años de la sequía» [169]. De esta expresión deduce Schlatter con razón lo siguiente: es más fácil pensar en el hambre padecida bajo Claudio que en la penuria sufrida durante el asedio del 70 después de Cristo [170]. A la época de Claudio apuntan también las otras noticias relativas a Eleazar; sobre todo Tos. *Sanh.* IX 11 (429,30). Según este pasaje, Eleazar, aún niño, a horcajadas sobre los hombros de su padre, contempló la quema de la hija de un sacerdote. Este acontecimiento presupone una época de libre ejercicio de la justicia penal; lo cual encaja mejor con la época de Agripa I [171]. Ciertamente, Eleazar tendría que haber recibido instrucción extremadamente joven, pues Agripa I, en cuya época Eleazar sería aún niño, gobernó sólo tres años.

9. Hay que situar poco antes del 66 una gran escasez de agua que padeció Jerusalén durante una de las tres fiestas de peregrinación. La mención del comandante romano y el hecho de que Naqdemón ben Gorión sea considerado como hombre muy respetado, indican que se trata de este período anterior al 66; Naqdemón era, en tiempo de la guerra romano-judía, uno de los hombres más ricos de Jerusalén [172]. Hubo otros casos parecidos de falta de lluvia durante los años anteriores a la destrucción de Jerusalén, como nos lo indica la noticia de que Yojanán ben Zakkay, después de una persistente sequía, obtuvo abundante lluvia [173].

10. Fue, sin duda, al final del verano del año 69 cuando sobrevino una sequía que menciona Josefo: «Antes de su llegada (la de Tito), como sabéis, se secó la fuente de Siloé, lo mismo que todas las demás situadas delante de la ciudad; hasta el punto de que había que comprar el agua por cántaros» [174]. Además el año que va desde el otoño del 68 al otoño del 69 fue año sabático [175].

Indiquemos, a título de complemento, que el nombre de «langosta de Jerusalén» pudiera muy bien aludir a ocasionales plagas de langosta [176].

[168] Consta por *Sota* VII 8 que entre el 40 y 41 tuvo lugar un año sabático; véase mi artículo *Sabbathjahr* en ZNW 27 (1928) 100, n. 9.

[169] b. *Yeb.* 15b; Tos. *Sukka* II 3 (193,27); Tos. *'Ed.* II 2 (457,14).

[170] Schlatter, *Die Tage Trajans,* 80s.

[171] Véase *infra,* p. 196, n. 126.

[172] b. *Ta'an* 19b-20a bar.

[173] j. *Ta'an* III 13,67a (IV/1,175).

[174] *B. j.* V 9,4, § 410.

[175] Schürer, I, p. 35.

[176] b. *Hul.* 65a. En la primavera de 1915 experimenté yo mismo cómo Jerusalén era invadida por grandes nubes de langosta.

TERCERA PARTE

CLASES SOCIALES

CAPITULO I

EL CLERO

A) *El titular de la primacía*
El Sumo Sacerdote en funciones

B) *Los sacerdotes jefes*
El jefe supremo del templo

1. Culto	2. Vigilancia del templo	3. Finanzas del templo
Los jefes de las 24 secciones semanales y de sus turnos diarios	Guardianes del templo	3 tesoreros

C) *Los sacerdotes*
24 secciones semanales de 4 a 9 turnos diarios
cada una con 7.200 sacerdotes aproximadamente

D) *Los levitas («clerus minor»)*
24 secciones semanales, compuestas cada una de:

1. Cantores y músicos
2. Servidores y guardianes del templo con 9.600 levitas aproxim.

1. EL SUMO SACERDOTE [1]

«Mientras en otros pueblos es determinada la nobleza por otros puntos de vista, entre nosotros la posesión de la dignidad sacerdotal es la

[1] Sobre el clero se encuentra preciosa documentación en Schürer II, 267-363; un solo reproche: Schürer, por desgracia, no tiene en cuenta suficientemente los textos del Talmud transmitidos fuera de la Misná. Véase además A. Büchler, *Die Priester und der Cultus im letzten Jahrzehnt des jerusalemischen Tempels* (Viena 1895). Su tesis fundamental es la de una gran revolución en el templo en el año

prueba de noble origen»; así se expresa Josefo, con total acierto, en su *Autobiografía*[2]. Efectivamente, Israel es en tiempo de Jesús una auténtica teocracia. Por eso es el clero quien, en primer término, constituye la nobleza; y el Sumo Sacerdote en funciones, en la época en que no había rey, era el miembro más importante del pueblo. Por eso nosotros debemos ocuparnos en primer lugar del Sumo Sacerdote *(kôhen gadôl)*, el miembro más noble de los sacerdotes y, por consiguiente, de todo el pueblo.

La situación directora del Sumo Sacerdote se debía al carácter cultual de su cargo, a la «eterna santidad» *(qᵉdûssat ʿôlam*[3]*, character indelebilis)* que le confería su función y le capacitaba para realizar la expiación por la comunidad[4] en calidad de representante de Dios[5]. Este carácter de su cargo le era conferido por investidura, la entrega de los ornamentos de Sumo Sacerdote, que constaban de ocho piezas[6]. Estos ornamentos poseían virtud expiatoria; cada una de las ocho piezas expiaba determinados pecados[7]. Precisamente por eso estos ornamentos eran para los judíos símbolo de su religión; sólo así se explican los hechos siguientes. Herodes el Grande, Arquelao y, después de él, los romanos no encontraron un medio más eficaz para evitar las revueltas de los judíos que guardar bajo su custodia en la torre Antonia los ornamentos del Sumo Sacerdote, entregándolos únicamente para los días de fiesta. Asimismo se explica la tenaz lucha sostenida por los judíos para rescatar estos ornamentos, que no finalizó hasta que los devolvió el emperador Claudio con un decreto de su propia mano el 28 de junio del 45 d. C.[8]. Sólo así comprendemos que la

62 d. C. y en los siguientes (victoria de los fariseos sobre los saduceos); pero fracasa, sin duda, por falta total de material concreto en este sentido. Para la descripción del templo de Herodes, véase el excelente estudio de G. Dalman, *Der zweite Tempel zu Jerusalem,* en PJB 5 (1909) 29-57. W. Bousset-H. Gressmann, *Die Religion des Judentums im späthellenistischen Zeitalter* (Tubinga ³1926, reimpreso en 1966), subvalora considerablemente la importancia del culto y del clero, y omite la mayoría de las cuestiones de las que nosotros nos vamos a ocupar en las páginas siguientes.

[2] *Vita* 1, § 1.

[3] *Naz.* VII 1.

[4] Ex 30,10; Lv 16.

[5] b. *Qid.* 23ᵇ: el sacerdote, al ofrecer los sacrificios, es representante de Dios.

[6] Se componían de las cuatro piezas de la vestidura sacerdotal: túnica de seda, calzones de seda, turbante, cinturón, y, además, de otras cuatro piezas características suyas: pectoral, efod (amplia cinta de tela con tirantes), túnica exterior (que se prolongaba sobre la cabeza), diadema de oro (colocada sobre el turbante). Ex 28-29; Eclo 45,6-13; Pseudo-Aristeas, § 96-99; *B. j.* V 5,7, § 231ss; *Ant.* III 7,4-7, § 159ss; Filón, *De Vita Mosis* II, § 109-135; *De spec. leg.* I, § 84-91; *Yoma* VII 5 y *passim.*

[7] La enumeración de la virtud expiatoria de las ocho piezas de los ornamentos del Sumo Sacerdote se encuentra en *Cant. R.* 4,7 sobre 4,2 (47ª 2) y en b. *Zeb.* 88ᵇ. También se encuentran detalles ocasionales en otros sitios. Según Tos. *Pes.* VI 5 (165,7), la diadema de oro expía la impureza de la sangre de la víctima y la del fiel que la ofrece; pero en los sacrificios de nazireato y de Pascua, expía sólo la impureza de la sangre de la víctima y la contaminación del oferente por un «sepulcro del abismo» (contaminación inadvertida causada por un cadáver puesto en tierra); cf. j. *Yoma* I 2,39ª 26 (III/2,169).

[8] *Ant.* XVIII 4,3, § 90ss; XX 1,1-2, § 6ss; véase también XV 11,4, § 404ss. Los ornamentos estuvieron en poder de los romanos desde el 6 al 37 d. C. (los devolvió

lucha para conseguir los ornamentos del Sumo Sacerdote constituía, para los judíos, una lucha religiosa.

Un indicio claro del carácter cultual que tenía el cargo de Sumo Sacerdote lo constituye este hecho: su muerte poseía virtud expiatoria [9]. Cuando moría un Sumo Sacerdote, ese mismo día todos los homicidas que, por miedo a la venganza de la sangre, habían huido a las ciudades de refugio [10] quedaban libres y podían volver a sus casas [11], e incluso, según la opinión preponderante [12] de los doctores, ocupar su anterior cargo. La muerte del Sumo Sacerdote, en virtud del carácter cultual de su cargo, había expiado la culpa de los homicidios cometidos por imprudencia.

Este carácter conferido al Sumo Sacerdote por su función llevaba consigo determinadas y peculiares obligaciones y prerrogativas.

El *privilegio* más importante consistía en que era él el único mortal que podía entrar en el Sancta sanctorum un día al año. La triple [13] entrada al Sancta sanctorum el día de la expiación significaba la entrada ante la benéfica presencia de Dios, lo cual se traducía en especiales manifestaciones de Dios con las que era honrado el Sumo Sacerdote en el Sancta sanctorum. Simón el Justo (hacia el 200 a. C.) [14] y Juan Hircano (134-104 antes de Cristo) [15] escucharon voces celestes provenientes del Sancta sanctorum. El mismo Simón el Justo [16] e Ismael (el I, alrededor del 15-16, o el II, 55-61 d. C.) [17] tuvieron allí visiones; y en Jn 11,51 se atribuye al Sumo Sacerdote de forma absolutamente general la facultad de profetizar. La menor falta en las normas litúrgicas habría acarreado un juicio de Dios [18], por eso el Sumo Sacerdote realizaba con temblor sus obligaciones

Vitelio). En el 44 el procurador Cuspio Fado quiso poner nuevamente bajo su custodia los ornamentos, pero una embajada judía consiguió en Roma que tal medida fuese impedida por el edicto de Claudio y que la restitución hecha por Vitelio fuese confirmada.

[9] Sobre la virtud expiatoria de la ofrenda diaria del Sumo Sacerdote, véase Billerbeck III, p. 697 *e*.

[10] Nm 35,9-34; Dt 19,1-13; cf. Ex 21,23.

[11] Nm 35,25; 2 Mac 6.

[12] 2 Mac 8.

[13] *Yoma* V 1-4. Se indica, de forma curiosa, una cuádruple entrada en Tos. *Kel. B. Q.* I 7 (569,32) y *Num. R.* 7,8 sobre 5,2 (37ª 20); e incluso una quíntuple entrada, según R. Yosé *(Num. R., ibid.)*.

[14] b. *Sota* 33ª bar. y par. G. F. Moore, *Simeon the Righteous*, en *Jewish Studies in Memory of Israel Abrahams* (Nueva York 1927) 348-464, ha demostrado en su brillante tratado que Simón el Justo vivió después del 200 a. C., y que el presunto Simón I, el cual habría vivido *(Ant.* XII 2,5, § 43; 4,1, § 157) en la época de Ptolomeo I (323 [306]-285 a. C.) debe su existencia a Josefo, quien hizo un duplicado de este personaje. Este duplicado de Simón ya lo había visto H. Guthe, *Geschichte des Volkes Israel* (Tubinga ³1914) 318, quien, sin embargo, mantiene como histórico el Simón del tiempo de Ptolomeo I.

[15] b. *Sota* 33ª bar. y par.; *Ant.* XIII 10,3, § 282; cf. 300 y 322.

[16] b. *Yoma* 39ª-ᵇ bar. y par. El pasaje baraíta procede de Tos. *Sota* XIII 8 (319, 22), donde, sin embargo, no se menciona el nombre de Simón.

[17] b. *Ber.* 7ª bar.; este pasaje confunde a un Sumo Sacerdote llamado Ismael con el R. Ismael ben Elisha, ajusticiado hacia el 135 p. C. (Billerbeck II, 79, n. 1).

[18] b. *Yoma* 19ᵇ bar. describe el castigo de un Sumo Sacerdote saduceo. En *Yoma* V 1 y j. *Yoma* V 2,42ᶜ 17 (III/2,218) se prescribe que el Sumo Sacerdote debe ha-

en el sacrosanto lugar, oscuro, vacío y silencioso, que se encontraba detrás del doble velo.

En segundo lugar hay que mencionar las prerrogativas del Sumo Sacerdote en el terreno cultual. Sobre todo la prerrogativa de participar, siempre que lo deseaba, en la ofrenda de un sacrificio [19]. Tenía también el privilegio de ofrecer un sacrificio aun estando de luto, que estaba prohibido a los demás sacerdotes [20]. Además, en la distribución de «las cosas sagradas del templo» entre los sacerdotes oficiantes, el Sumo Sacerdote tenía el derecho de elegir el primero lo que quería [21]. En esta distribución podía él escoger para sí: 1. un sacrificio penitencial (lo mismo de ganado [22] que de aves [23]); 2. un sacrificio expiatorio [24]; 3. una parte de las ofrendas alimenticias [25] (disminuidas por la porción que había sido separada para ofrecerla sobre el altar); 4. cuatro o cinco (según otros, seis) de los doce panes de la proposición (ázimos) distribuidos cada semana [26]; 5. uno de los dos panes de las primicias (fermentados) para la fiesta de Pentecostés (Lv 23,17) [27], y 6. una piel de los holocaustos [28]. Entre las otras prerrogativas hay que destacar la presidencia del Gran Consejo (el Sanedrín), que era la suprema autoridad administrativa y judicial de los judíos, y el principio jurídico de que el Sumo Sacerdote, en caso de crimen, únicamente tenía que someterse al Gran Consejo [29].

cer sólo una oración muy breve en el Sancta sanctorum, con el fin de que el pueblo no se asuste y tema que le haya sucedido una desgracia. Una vez terminada felizmente la función del día de la expiación, el Sumo Sacerdote era acompañado gozosamente a casa por toda la multitud (b. *Yoma* 71[b]); allí ofrecía una fiesta a sus amigos, «ya que todo había terminado felizmente» *(Yoma* VII 4).

[19] *Yoma* I 2; *Tamid* VII 3. Según b. *Yoma* 17[b], este privilegio se extendía a todos los sacrificios; cf. j. *Yoma* I 2,39[a] 23 (III/2,168), donde se cuenta que el Sumo Sacerdote, en la semana anterior al día de la expiación, había ofrecido también los sacrificios votivos y los voluntarios.

[20] *Hor.* III 5; la situación privilegiada del Sumo Sacerdote provenía de Lv 10, donde Aarón, a pesar de la muerte de sus dos hijos, ofrece en sacrificio el macho cabrío y rehúsa solamente comer la carne del sacrificio (Lv 10,19).

[21] *Yoma* I 2; Tos. *Yoma* I 5 (180,19); j. *Yoma* I 2,38[d] 63-39[a] 4 (III/2,167); b. *Yoma* 17[b]; *Sifra* Lv 2,3 (6[d] 24,18); *Sifra* Lv 24,9 (53[a] 209,26). Del texto del Lv 2,3 «para Aarón y sus hijos», Rabbí Yuda I († 217) sacó la conclusión de que el Sumo Sacerdote tenía derecho a la mitad de las porciones de los sacerdotes (Tos. *Yoma* I 5 [180,20]). Pero se trata de un punto de vista del sabio que nada tiene que ver con la práctica existente en la época del templo, que conocía sólo la prerrogativa que tenía el Sumo Sacerdote de elegir el primero.

[22] Tos. *Yoma* I 5 (180,19); b. *Yoma* 17[b].

[23] *Sifra* Lv 2,3 (6[d] 24,27).

[24] Tos. *Yoma* I 5 (180,19); b. *Yom* 17[b].

[25] j. *Yoma* I 2,39[a] 11 (III/2,168); *Sifra* Lv 2,3 (6[d] 24,18).

[26] Cuatro o cinco panes: Tos. *Yoma* I 5 (180,20); b. *Yoma* 17[b]. Seis panes: j. *Yoma* I 2, 38[d] 64 (III/2,167). Derecho de elegir el primero, sin indicar el número de panes: *Sifra* Lv 24,9 (53[a] 209,26).

[27] Tos. *Yoma* I 5 (180,19); j. *Yoma* I 2,38[d] 63 (III/2,167); b. *Yoma* 17[b].

[28] j. *Yoma* I 2,38[d] 63-39[a] 3 (III/2,167); b. *Pes.* 57[a] bar. y Tos. *Zeb.* XI 16 (497,2-3) hablan del robo de las pieles por «los grandes de los sacerdotes»; esto constituye dos pruebas más, pues se trata de un abuso del derecho que tenía el Sumo Sacerdote de elegir el primero.

[29] *Sanh.* I 5.

Naturalmente, también los *deberes* del Sumo Sacerdote eran principalmente de naturaleza cultual. La Ley no prescribía expresamente al Sumo Sacerdote más que el deber de oficiar el día de la expiación (Lv 16); pero la costumbre había añadido otras obligaciones litúrgicas. Según la Misná [30], tenía que participar en la ceremonia de quemar una vaca roja [31] y debía actuar, para entrenarse en las prescripciones de los escribas fariseos relativas a la celebración litúrgica del día de la expiación, durante la semana anterior a ese día [32]; finalmente, según Josefo y el Talmud, estaba vigente la costumbre de que el Sumo Sacerdote oficiase también los sábados, las fiestas de luna nueva, las tres fiestas de peregrinación (de Pascua-*massôt,* de Pentecostés y de los Tabernáculos) y en las asambleas del pueblo [33]. La Ley ordenaba a «Aarón y sus hijos» hacer, la mañana y tarde del día de su unción, una ofrenda alimenticia cocida sobre una chapa; pero en la época de que nos ocupamos se hacía todos los días [34]. El Sumo Sacerdote, sin embargo, no estaba obligado a ofrecerla personalmente; bastaba que la pagase [35].

Formaba también parte de las obligaciones financieras del Sumo Sacerdote el pago del novillo que se inmolaba en sacrificio expiatorio en la fiesta de expiación (Lv 16,3) [36], y los gastos de construcción del puente sobre el torrente Cedrón. Según un relato fidedigno, aunque exagerado en los detalles, había que construir este puente cuando una vaca roja iba

[30] *Para* III 5 y *passim.*

[31] La reglamentación relativa a la vaca roja se encuentra en Nm 19.

[32] *Yoma* I 2: «Durante todos los siete días, *a)* derramaba la sangre (del holocausto diario, a la mañana y a la tarde, sobre el altar de los holocaustos); *b)* ofrecía el sacrificio de los perfumes (en el altar de los perfumes en el Santo); *c)* disponía las lámparas (del candelabro de los siete brazos que se encontraba en el Santo), y *d)* ofrecía la cabeza y la pierna (derecha del holocausto diario, a la mañana y a la tarde, sobre el altar de los holocaustos)».

[33] *Ant.* XV 11,4, § 408: antes de una fiesta (XVIII 4,3, § 94: antes de las tres fiestas de peregrinación y antes del día de la expiación) se va a buscar los ornamentos del Sumo Sacerdote a la torre Antonia. 1 Mc 10,21; *Ant.* XIII 13,5, § 372; XV 3,3, § 51 (Jonatán, Alejandro Janneo y Aristóbulo oficiaron en una fiesta de los Tabernáculos) confirman igualmente que el Sumo Sacerdote no oficiaba sólo el día de la expiación. La indicación de Josefo en *B. j.* V 5,7, § 230 es muy exacta: el Sumo Sacerdote oficiaba «los sábados, las fiestas de luna nueva, las fiestas ancestrales (es decir, tradicionales) y en otras asambleas públicas durante el año». Este dato concuerda plenamente con la afirmación del R. Yoshua ben Leví (hacia el 250 d. C.) transmitida por R. Uqba: el Sumo Sacerdote oficiaba los sábados y los días de fiesta (j. *Yoma* I 2,39ª 25; III/2,168s).

[34] Lv 6,12-16; *Ant.* III 10,7, § 257; LXX 1 Cr 9,31; Eclo 45,14; Filón, *De spec. leg.* I, § 256; *Yoma* II 3; III 4, y *passim* en la Misná. La ofrenda constaba, en total, de un décimo de *ʾepah* (3,94 litros) de flor de harina amasada con aceite y frita en una sartén; la pasta así obtenida se cortaba en pedazos y se bañaban en aceite. La mitad se ofrecía por la mañana y la otra mitad por la tarde (Schürer II, p. 348).

[35] Pago hecho por el Sumo Sacerdote: *Ant.* III 10,7, § 257, cf. *Sheq.* VII 6. Ofrenda diaria realizada por la sección de sacerdotes de turno: *Yoma* II 3-5; *Tamid* III 1; IV 3.

[36] *Ant.* III 10,3, § 242; *Hor.* III 4.

a ser quemada (Nm 19,1-10) en el Monte de los Olivos [37]. Durante los tres últimos siglos anteriores a la destrucción del templo, esto, en verdad, ocurrirá sólo cinco o siete veces [38].

Otras obligaciones del Sumo Sacerdote se encaminaban a preservar su aptitud para los oficios cultuales; se trata de *las prescripciones acerca de la pureza ritual*. El contacto con un cadáver causaba impureza; Nm 19,11-16 exigía una ceremonia de siete días de duración antes de que un sacerdote pudiese oficiar de nuevo. Para evitarle al Sumo Sacerdote tal impureza, le estaba prohibido contaminarse por el contacto con un muerto (Lv 21,11). No le estaba permitido tocar un cadáver ni entrar en una casa mortuoria; en los entierros no debía ir inmediatamente detrás del féretro [39]; le estaba asimismo prohibido [40] llevar despeinados los cabellos y rasgarse las vestiduras en señal de duelo [41]. La prohibición de no contaminarse con un cadáver no excluía ni a los parientes más próximos; lo que nos da una idea de su gravedad. A todos los demás sacerdotes les estaba permitido contaminarse con el cadáver de los parientes próximos: padres, hijos, hermanos, hermanas solteras que viven en casa del hermano y esposa [42]. Al Sumo Sacerdote, por el contrario, sólo se le permitía una única excepción; se trataba del «muerto de mandamiento» [43], es decir, del muerto que no dejaba ningún pariente; quien encontraba su cuerpo tenía que prestarle los últimos cuidados. E incluso esta excepción era discutida. Los fariseos la admitían, colocando la misericordia por encima de la estricta observación de las prescripciones acerca de la pureza ritual del Sumo Sacerdote; pero los saduceos, intransigentes defensores de la letra de la Biblia, rechazaban también esta única excepción [44].

Era especialmente el día de la expiación cuando el Sumo Sacerdote debía estar en posesión de la más estricta pureza levítica. Por lo cual, la semana anterior al día de la expiación debía someterse durante siete días a la ceremonia de purificación prescrita en Nm 19,11-16 para borrar toda posible contaminación por contacto de un cadáver [45]. Además, durante

[37] j. *Sheq.* IV 3,48ª 35 (III/2,285). Ciertamente, *Sheq.* IV 2 enseña que el puente era pagado con los denarios del templo; pero Abba Shaul lo discute y asegura que lo mandaban construir los sumos sacerdotes a sus expensas.

[38] *Para* III 5. Rabbí Meír: 5 veces; los rabinos: 7 veces.

[39] *Sanh.* II 1 (afirmación de R. Meír).

[40] Lv 21,10; 10,6.

[41] A los demás sacerdotes sólo les estaba prohibido cortarse los cabellos, recortarse la barba y hacerse incisiones en el cuerpo (Lv 21,5-6) en señal de duelo; según Ez 44,20, también les estaba prohibido llevar los cabellos en desorden en señal de duelo.

[42] Lv 21,1-4; Ez 44,25-27. El texto no habla de la esposa, pero según los rabinos *(Sifra* Lv 21,2 [46ᵈ 184,39]), el término *šᵉʾērô* («su parentela más próxima») la incluye a ella. Según *Sifra* Lv 21,3 (47ª 185,25), la esposa de José, sacerdote que vivió en la época del segundo templo, murió en el día de la preparación de la Pascua. José no quería contaminarse con el cadáver de su esposa; por lo que los rabinos le hicieron contraer esa impureza ritual contra su voluntad.

[43] b. *Naz.* 47ᵇ.

[44] *Naz.* VII 1, donde los «doctores» sostienen el punto de vista de los saduceos.

[45] *Para* III 1; Filón, *De somniis* I, § 214.

esta semana, a partir del 3 de tisri, tenía que retirarse las siete noches (más exactamente, desde el final del holocausto de cada tarde)[46] a la cámara que le estaba reservada en el templo, situada en la parte sur del atrio de los sacerdotes[47], y pasar allí la noche[48]; de este modo se excluía toda posibilidad de que el Sumo Sacerdote contrajese la impureza levítica, especialmente a través de su mujer[49]. La reclusión nocturna del Sumo Sacerdote, durante la semana anterior al día de la expiación, tal vez fue prescrita hacia el año 20 d. C. como consecuencia de la contaminación que contrajo el sumo sacerdote Simeón, hijo de Kamith (17-18 d. C.); la víspera del día de la expiación, al caer de la noche, fue alcanzado por el esputo de un árabe, y, por consiguiente, no pudo oficiar[50] aquel día de la expiación[51]. Debía ser evitada en lo posible la repetición de un caso parecido de contaminación levítica: que el Sumo Sacerdote contrajese

[46] j. *Yoma* I 2, 39ª 22 (III/2,168), relato de R. Yoshua ben Leví (hacia el 250 d. C.).

[47] En *Yoma* I 1 se llama a este despacho *liskat palhedrîn* (Tos. *Yoma* I 1; 180, 3), y *passim: liskat parhedrîn* = cámara de los *proedroi* = cámara de los presidentes del tribunal. La interpretación de «cámara de los *proedroi*» por «cámara de los miembros del tribunal» (así Levy, *Wörterbuch,* IV, p. 103 b) es equivocada. Como también es errónea la denominación transmitida por R. Yuda: *liskat palwatîn* = cámara de los *bouleutai* (Tos. *Yoma* I, 1; 180,5); pues esta cámara, en clara oposición a la sala de sesiones *(liskat ha-gazît),* no estaba destinada a todos los miembros del Sanedrín, sino al Sumo Sacerdote que lo presidía. Bar. b. *Yoma* 8ᵇ considera indicio de desprecio el que el Sumo Sacerdote sea calificado de presidente del tribunal: desde que los sumos sacerdotes dejaron de desempeñar su cargo vitaliciamente, ostentándolo sólo, como los presidentes de las asambleas estatales, durante un período de doce meses (por término medio), su despacho habrá sido denominado cámara de los presidentes del tribunal. Pero en esta denominación no hay ningún indicio de desprecio. Sabemos por *Mid.* V 4 que el despacho del Sumo Sacerdote estaba situado al sur del atrio de los sacerdotes, precisamente bajo el mismo techo que la sala vecina, la sala de las piedras talladas. Esta última era la sala de reuniones del Sanedrín; estaba situada parte en terreno sagrado y parte en profano (b. *Yoma* 25ª). Por tanto, el despacho del Sumo Sacerdote, situado junto a la sala de reuniones, debía su denominación al hecho de que el Sumo Sacerdote era el presidente del Gran Consejo; lo cual era plenamente justificado.

[48] *Yoma* I 1.

[49] Tos. *Yoma* I 1 (180,2): alejamiento de una impureza de *niddah,* la cual lo contaminaría durante siete días.

[50] Se trata de una transmisión de la impureza ritual de *niddah;* cf. sobre este punto A. Büchler, *The Levitical Impurity of the Gentile in Palestine before the Year 70,* en JQR, n. s. 17 (1926-1927) 1-81, especialmente p. 8.

[51] b. *Yoma* 47ª: esputo de un árabe. Tos. *Yoma* IV 20 (189,13): j. *Yoma* I 1, 38ᵈ 6 (III/2,164); j. *Meg.* I 12, 72ª 49 (no está traducido en IV/1,220, donde se remite al paralelo III/2,164); j. *Hor.* III 5,47ᵈ 11 (no está traducido en VI/2,274); *Lev. R.* 20,7 sobre 16,1-2 (53ᵇ 26); *Num. R.* 2,22 sobre 3,4 (11ᵇ 33); *Tarhuma, ʾaharê môt,* 7, 433, 24: esputo de un jeque («rey») árabe. En b. *Yoma* 47ª: esputo de un gran señor (no judío). La variante «esputo de un saduceo» (b. *Nidda* 33ᵇ bar.; Tos. *Nidda* V 3 [645,24]) es claramente una corrección antisaducea, pues es totalmente improbable que un Sumo Sacerdote se hubiese sentido contaminado por el esputo de un saduceo hasta el punto de no poder actuar el día de la expiación, puesto que los saduceos eran rigurosos observantes de la Ley (pero, naturalmente, según la interpretación saducea del texto bíblico) y los mismos sumos sacerdotes eran saduceos.

dicha impureza en vísperas del día de la expiación. Había un tercer medio de evitar la contaminación del Sumo Sacerdote en vísperas de la fiesta: la noche anterior a ese día debía mantenerse despierto [52] para evitar la contaminación de que se habla en Lv 22,4.

Estas prescripciones acerca de la pureza tenían por objeto salvaguardar la aptitud cultual del Sumo Sacerdote; pero había que asegurar también a su descendencia la pureza de origen, pues, según la Ley, su cargo era hereditario. A eso se encaminaban, a salvaguardar esta pureza, las severas *prescripciones acerca del casamiento* del Sumo Sacerdote. En el AT se prescribía que el Sumo Sacerdote debía tomar por mujer a una joven virgen; no podía casarse con una viuda, ni una divorciada, ni una violada, ni una prostituta (Lv 21,13-15). La exégesis rabínica interpretaba esta prescripción limitando el concepto de virgen a la joven que tenía entre doce y doce años y medio [53]; por otra parte, dicha exégesis agravaba la prescripción con las siguientes restricciones: por «viuda» se entendía también [54] la prometida cuyo novio hubiese muerto [55]; la prometida que había disuelto los esponsales era considerada como divorciada [56]; «profanada» se consideraba también, según se dice, la hija de un sacerdote casado ilegítimamente [57]; la calificación de «prostituta» se aplicaba a la prosélita, a la esclava liberta y a la desflorada (como, por ejemplo, la prisionera de guerra) [58]. Así, pues, la exégesis rabínica reforzaba tanto la prescripción relativa al matrimonio del Sumo Sacerdote, que éste sólo podía tomar por mujer a una virgen de doce o doce años y medio que fuese hija de un sacerdote, de un levita o de un israelita de descendencia legítima.

Filón, inducido por el texto de los LXX en Lv 21,13 [59], restringe la posibilidad de casarse con un Sumo Sacerdote a las hijas de los sacerdotes, excluyendo a las hijas de los levitas y de los israelitas [60]. Filón se hace eco, sin duda, no ciertamente de la prescripción vigente en Palestina, sino de la costumbre reinante allí; en todo caso, sabemos de varios sumos sacerdotes que tomaron por mujer a hijas de sacerdotes [61]. Por el contrario,

[52] *Yoma* I 6-7.

[53] *Yeb.* VI, 4; otra interpretación *(ibíd.),* sostenida por el Rabbí Eleazar y el Rabbí Simeón, rechazaba la restricción del concepto de virgen a las que tenían entre doce y doce años y medio. La joven que hubiese perdido por accidente los signos de la virginidad quedaba excluida también *(ibíd.).*

[54] *Yeb.* VI 4.

[55] La prohibición de un matrimonio levirático (casarse con la viuda de un hermano muerto sin dejar descendencia), mencionada en *Sanh.* II 1, ya estaba contenida en el texto mismo de Lv 21,14.

[56] Filón, *De spec. leg.* I, § 107.

[57] *Sifra* Lv 21,14 (47[d] 188, 1).

[58] *Yeb.* VI 5.

[59] «Debe tomar una virgen *de su parentela*». Estas tres últimas palabras *(ek toū genous)* son una adición de los LXX.

[60] *De spec. leg.* I, § 110.

[61] *a)* El sumo sacerdote Matías, hijo de Teófilo (5-4 a. C.), era, según *Ant.* XVII 6,4, § 164, cuñado del sumo sacerdote Yoazar (4 a. C.); su mujer y Yoazar eran hijos del sumo sacerdote Simón (llamado Boetos, del 22 aprox. al 5 a. C.). *b)* El sumo sacerdote Caifás (del 18 aprox. al 37 d. C.) tenía por mujer (Jn 18,13) a una

los casos de mujeres de sumos sacerdotes que no procedían de origen sacerdotal son raros: la esposa de Alejandro Janneo, Sumo Sacerdote asmoneo [62], y la de Pinjás de Jabta, constituido Sumo Sacerdote por los zelotas en el año 67 d. C., y a quien Rabbí Jananya ben Gamaliel (hacia el 120) llama «nuestro yerno», es decir, pariente político de su familia [63]. Este último caso, transmitido por una tradición digna de crédito, no indica por lo demás gran cosa, pues Pinjás, antes de llegar a ser Sumo Sacerdote, era simple sacerdote rural con el oficio de cantero.

Las prescripciones acerca del matrimonio del Sumo Sacerdote no eran en absoluto letra muerta; cuando se quebrantaba la regla, surgía la indignación de los círculos fariseos, incluso de todo el pueblo. El asmoneo Juan Hircano (134-104 a. C.) tuvo que oír los reproches del fariseo Eleazar, quien le echaba en cara que era Sumo Sacerdote ilegítimo y que debía renunciar a tal dignidad para sí y para sus descendientes, ya que su madre, la mujer del sumo sacerdote Simón (142/1-134 a. C.), había sido prisionera de guerra bajo Antíoco IV Epífanes, y que desde entonces, por tanto, no había sido ya la legítima esposa del Sumo Sacerdote [64]; pues, como hemos visto [65], la esclava de guerra era equiparada a la desflorada, y sus hijos eran tenidos por hijos ilegítimos de sacerdote, inhábiles para la función sacerdotal [66].

Alejandro Janneo (103-76 a. C.), hijo de Juan Hircano, tuvo que soportar en público el mismo reproche: por ser hijo (nieto tal vez) de una prisionera de guerra, no le estaba permitido ejercer la función de Sumo Sacerdote. El pueblo, a causa de esto, en una fiesta de los Tabernáculos, llegó incluso a arrojarle los *'etrôgîm* (limones) que todo israelita tenía en su mano, junto con el *lûlab* (ramillete festivo), durante la celebración de

hija del sumo sacerdote Anás (6-15 d. C.). *c)* El sumo sacerdote Yoshuá, hijo de Gamaliel (del 63 aprox. al 65 d. C.), estaba casado con Marta (*Lam. R.* 1,50 sobre 1,16 [35ᵇ 1]: Miryam), la cual procedía de la familia del sumo sacerdote Boetos (*Yeb.* VI 4; b. *Yoma* 18ª; cf. *supra*, p. 116). Estas esposas procedían todas de familias de sumos sacerdotes; de donde podemos deducir que los sumos sacerdotes se desposaban preferentemente con jóvenes de la nobleza sacerdotal, al menos con jóvenes de origen sacerdotal.

[62] En b. *Ber.* 48ª y *passim* se dice que Alejandro Janneo tenía por mujer a una hermana del Rabbí Simeón ben Shetaj, el cual no era sacerdote. Desgraciadamente no podemos comprobar el valor de esta noticia, pero difícilmente se puede creer.

[63] Tos. *Yoma* I 6 (180,26); *Sifra* Lv 21,10 (47ᶜ 187,10). Según *Gen. R.* 98,22 sobre 49,20 (214ª 5) y 71,13 sobre 30,13 (155ᵇ 6) los sumos sacerdotes habrían tomado por esposas preferentemente a las hijas de la tribu de Aser; pero se trata de un juego de palabras, tomado de Gn 49,20, que no tiene ningún valor histórico.

[64] *Ant.* XIII 10,5, § 288ss. Se exigió a Juan Hircano que renunciase a la función de Sumo Sacerdote respecto a sus descendientes; así se deduce del hecho de que estos reproches se repitieran contra su hijo. Josefo califica estos reproches de infundados. El Talmud relata el episodio en b. *Qid.* 66ª: un viejo fariseo exige a Alejandro Janneo que renuncie a su cargo de Sumo Sacerdote, puesto que su madre había sido prisionera de guerra. Este relato, en lo esencial, concuerda con el de Josefo; sólo que confunde los personajes: Juan Hircano es confundido con Alejandro Janneo y el fariseo Eleazar es convertido en enemigo de los fariseos.

[65] *Supra*, p. 174.

[66] *C. Ap.* I 7, § 35.

la mañana en el templo[67]. La repetición de este reproche a Alejandro Janneo, reproche que ya había sido hecho a su padre, así como la transmisión de ambos episodios tanto por Josefo como por el Talmud, indica la gran importancia que se concedía a la transgresión de la prescripción relativa al matrimonio del Sumo Sacerdote: los fariseos no habían tenido miedo de hacer públicamente esos reproches ante el pueblo, e incluso de echárselo en cara al soberano a pesar del evidente peligro que con ello corría su vida. Más aún, fundaban en este reproche su repulsa del ilegítimo sacerdocio asmoneo[68].

Podemos constatar en otro caso la transgresión de las prescripciones relativas al matrimonio del Sumo Sacerdote. Yoshuá, hijo de Gamaliel (36 aprox.-65 d. C.), al ser nombrado Sumo Sacerdote, estaba prometido a Marta, una viuda de la familia de Boetos[69]. Una vez Sumo Sacerdote, se casó con ella; aquel matrimonio le estaba permitido como sacerdote, pero no como Sumo Sacerdote[70]. Se cuenta[71] que Marta había dado al rey Agripa II una gran suma para que su prometido fuese nombrado Sumo Sacerdote; este relato hace suponer que el proyectado matrimonio con una viuda, prohibido por la Ley, hacía peligrar el nombramiento de Yoshuá como Sumo Sacerdote. Podemos pensar que el quebrantamiento de la Ley haya provocado también en este caso la indignación del pueblo y de los círculos fariseos. Sólo después *(Yeb.* VI 4) se intentó legitimar el asunto.

Finalmente, formaba parte también de las obligaciones provenientes del cargo de Sumo Sacerdote un ceremonial correspondiente a su posición; este ceremonial de que se rodeaba no se limitaba solamente a las funciones litúrgicas. En los pésames, por ejemplo, se presentaba con un solemne séquito. A su derecha se hallaba siempre el jefe supremo del templo; y a su izquierda, cuando era el propio Sumo Sacerdote quien estaba de luto, se encontraba el jefe de la sección sacerdotal que estaba de servicio aquel día; por el contrario, cuando era el Sumo Sacerdote quien daba el pésame, era su predecesor en el cargo quien iba a su izquierda[72]. Formaban parte además de este ceremonial las siguientes prescripciones: «No se le debe ver desnudo; no se le puede ver cuando se corta los cabellos ni cuando está en el baño»[73]. Finalmente se esperaba del Sumo Sacerdote un espe-

[67] *Ant.* XIII 13,5, § 371s. Tos. *Sukka* III 16 (197,22), cf. Misná *Sukka* IV 9, que cuenta cómo le fueron arrojados *ʾetrôgîm* a un Sumo Sacerdote de la familia de Boetos (saduceo, por tanto) por derramar, según se supone, en la fiesta de los Tabernáculos la libación sobre sus pies (los saduceos rechazaban este rito por considerarlo no bíblico). Pudiera muy bien tratarse del episodio acaecido con Alejandro Janneo.

[68] Sobre la ilegitimidad del sacerdocio asmoneo, véase *infra,* pp. 199ss.

[69] *Yeb.* VI 4. *Lam. R.* 1,50 sobre 1,16 (35[b] 1) llama a la novia Miryam.

[70] También Alejandro Janneo, a pesar de la prohibición legal, parece haber contraído matrimonio con su cuñada Alejandra después de haber quedado ésta viuda (Schürer, I, 277, n. 2).

[71] b. *Yoma* 18[a]; b. *Yeb.* 61[a].

[72] Tos. *Sanh.* IV 1 (420,13), cf. Misná *Sanh.* II 1.

[73] Tos. *Sanh.* IV 1 (420,14).

cial cuidado del aspecto externo; se dice que tenía la costumbre de llevar el llamado «peinado juliano», es decir, el pelo muy corto [74].

El Sumo Sacerdote conservaba su título y mantenía su prestigio aun *después de su deposición.* Aún más, si el Sumo Sacerdote en funciones, debido a impureza ritual, no podía oficiar el día de la expiación, le sustituía otro sacerdote en la ceremonia [75], lo que sucedió en varias ocasiones [76]. Pues bien, este sacerdote era puesto en la lista de los sumos sacerdotes aunque sólo hubiese desempeñado el cargo, como sustituto, durante algunas horas.

Continuamente se puede observar el influjo de los sumos sacerdotes cesantes: recordemos el papel desempeñado por Anás (en el cargo del 6 al 15) en el proceso de Jesús [77]. Pensemos en el sumo sacerdote Jonatán, hijo de Anás (en funciones desde la Pascua a Pentecostés del año 37), el cual presidió una importante embajada judía al gobernador de Siria, Ummidio Quadrato, y, junto con el Sumo Sacerdote en funciones Ananías, fue enviado como legado al emperador, quien, debido a sus gestiones, encomendó el gobierno de Palestina a Félix [78]. Los sumos sacerdotes cesantes Anán, hijo de Anán (en el cargo el 62 d. C.) [79], y Yoshuá, hijo de Gamaliel (en el cargo del 63 aprox. al 65) [80] desempeñaron un decisivo papel al comienzo de la insurrección contra los romanos.

El Sumo Sacerdote, después de su destitución, no sólo conservaba gran parte de su prestigio, sino también el carácter conferido por su cargo. Seguían vigentes para él las prescripciones que limitaban la elección de mujer, lo mismo que la prohibición de contaminarse con los muertos [81]; su muerte, aun después de su deposición, poseía virtud expiatoria para los homicidas que se encontraban en las ciudades de asilo [82]. «La única diferencia entre un Sumo Sacerdote en funciones y otro cesante consiste en el (pago y oblación del) novillo del día de la expiación y en el (pago del) décimo de *'epah* (de flor de harina para quemar diariamente)» [83]. En conclusión, el Sumo Sacerdote, aun después de su deposición, conserva, como *character indelebilis,* el carácter conferido por su cargo, el cual le constituye en el primer miembro de la teocracia. Posee una «santidad eterna» [84].

Este carácter cultual de su cargo constituía sin lugar a dudas el fundamento de la singular posición de que disfrutaba el Sumo Sacerdote en la

[74] b. *Sanh.* 22[b]; b. *Ned.* 51[a] (Billerbeck III, 440, n. 1).

[75] Tos. *Yoma* I 4 (180,12).

[76] José, hijo de Ellem, sustituyó el año 5 a. C. a Matías, hijo de Teófilo *(Ant.* XVII 6,4, § 166; Tos. *Yoma* I 4 (180,14); b. *Yoma* 12[b]; j. *Yoma* I 1,38[d] 1 (III/2,164). Simeón, hijo de Kamith (17-18 d. C.), tuvo que ser reemplazado.

[77] Jn 18,13.24; cf. Hch 4,6; Lc 3,2.

[78] *B. j.* II 12,5-6, § 240ss; *Ant.* XX 8,5, § 162.

[79] *B. j.* II 20,3, § 563; 22,1-2, § 648-654; IV 3,7ss, § 151ss; *Vita* 38, § 193s; 39, § 195ss; 44, § 216ss.

[80] *B. j.* IV 3,9, § 160; 4,3, § 238ss; *Vita* 38, § 193; 41, § 204.

[81] *Hor.* III 4.

[82] 2 Mac 6; *Hor.* III 4.

[83] *Hor.* III 4; *Meg.* I 9.

[84] *Naz.* VII 1.

comunidad; pero el cuadro sería incompleto si no planteásemos este problema: ¿Hasta qué punto influía en su posición *la situación histórica?* Hay que recordar, en primer lugar, una serie de hechos capaces de hacer disminuir la importancia del Sumo Sacerdote. Las intromisiones del poder político eran totales. Era tradición antigua que el ungido Sumo Sacerdote desempeñase su cargo vitaliciamente y que éste pasase por herencia a sus descendientes. En la época herodiana y romana (no sabemos desde cuándo [85] ni por qué), la unción prescrita en la Ley (Ex 29,7; 30,22-33) ya no se realizaba; la consagración del Sumo Sacerdote se hacía por investidura [86]. Esto ya constituía una pérdida de prestigio. Tampoco favorecía la estima del cargo el que no fuesen observadas por los gobernantes políticos determinadas prescripciones; Herodes, por ejemplo, nombró Sumo Sacerdote a Aristóbulo, el último Sumo Sacerdote asmoneo (35 a. C.) [87], cuando éste sólo tenía diecisiete años [88], mientras que la edad canónica para el sacerdocio era normalmente de veinte años [89]. Pero hay un hecho que debió de resultar tremendamente subversivo. Herodes, para quitar importancia al cargo de Sumo Sacerdote, se atrevió a nombrar y destituir a su antojo a los sumos sacerdotes, y, despreciando los derechos de la antigua aristocracia sacerdotal sadoquita, constituía Sumo Sacerdote a cualquier sacerdote de las simples clases sacerdotales; desde entonces, incluso bajo los romanos, el cargo ya no fue vitalicio ni hereditario. Herodes logró, al menos en parte, su objetivo; pero el nuevo ordenamiento trajo como consecuencia una total subordinación de los sumos sacerdotes a los jefes políticos, casos de simonía [90] y rivalidad entre los sacerdotes principales [91].

[85] Según una tradición rabínica (b. *Yoma* 52[b]), desde los días del rey Josías, quien, según se dice, escondió el aceite de la unción.

[86] O sea, por la imposición de las cuatro partes de los ornamentos del Sumo Sacerdote: véase *supra,* p. 168, n. 6.

[87] Por lo demás, lo hizo asesinar poco tiempo después.

[88] *Ant.* XV 3,3, § 51.

[89] En b. *Hul.* 24[a-b] (Tos. *Zeb.* XI 6 [496,3] difiere en el texto) se encuentran tres puntos de vista: *a)* un sacerdote es apto tan pronto como aparecen los primeros signos de la pubertad; *b)* desde los veinte años (por analogía con Esd 3,8, donde se pone esta edad como la edad canónica de los levitas); *c)* «Tan pronto como aparecen los primeros indicios de la pubertad es apto un sacerdote para el culto; pero sus hermanos, los sacerdotes, no le permiten actuar antes de los veinte años». El tercer parecer reproduce la práctica usual, ya que el midrás tannaítico *Sifra* Lv 21,17 (47[d] 188,29) no enseña más que esta tradición.

[90] Véase *supra,* p. 176; además, b. *Yoma* b[b]-9[a] bar.; j. *Yoma* I 1,38[c] 38 (III/2,162), y *passim.*

[91] Véase el relato de j. *Yoma* I 1,38[c] 43 (III/2,162s) sobre los candidatos al cargo de Sumo Sacerdote; se aventajaban unos a otros en sobornos. Véase también j. *Yoma* I 1,38[d] 1 (III/2,164): José, hijo de Ellem, el año 5 a. C. sustituyó el día de la expiación a su pariente Matías, hijo de Teófilo, por no poder éste actuar debido a impureza ritual. Con esta ocasión José intentó desplazar de su cargo al Sumo Sacerdote legítimo. Para ello propone al rey (Herodes) una cuestión aparentemente inocente, pero que de hecho era una trampa: «¿El novillo (para el sacrificio expiatorio) y el carnero (para el holocausto) tengo que pagarlos yo o el Sumo Sacerdote (en funciones)?» José espera que el rey responda «tú», y lo confirme así como Sumo Sacerdote; pero Herodes descubre la trampa (par. en Tos. *Yoma* I 4 (180,16); j. *Hor.* III 5, 47[d] 7 (no está traducido en VI/2,274).

Además, el creciente influjo de los fariseos se hacía notar, especialmente en el Sanedrín, pero también en el culto. Los sumos sacerdotes, de tendencia saducea, tuvieron que acostumbrarse a posponer sus propias opiniones en el Consejo y, en el templo, a realizar el culto según los ritos de la tradición farisea. No puede decirse que los sumos sacerdotes estuviesen libres de culpa en este descenso de su influjo: casos de nepotismo [92], abusos en algunas ocasiones [93], transgresiones de las prescripciones relativas al matrimonio del Sumo Sacerdote [94], práctica del comercio sobre la explanada del templo [95] y tal vez también en algunos casos la deficiente formación teológica [96]; todos estos casos, sobre todo en los estratos del pueblo influidos por los fariseos, tenían que dañar la estima del cargo de Sumo Sacerdote. Este punto, sin embargo, de ningún modo se debe exagerar.

Pues, por otra parte, en el primer siglo cristiano creció considerablemente la importancia del Sumo Sacerdote. Efectivamente, por ser presidente del Sanedrín y primer representante del pueblo, en una época en que no había rey, el Sumo Sacerdote representaba al pueblo judío ante los romanos; y en verdad hubo entre los sumos sacerdotes de esta época hombres eminentes que se ganaron, gracias a su personalidad, ascendiente y estima, tales como Anás, Caifás y los sumos sacerdotes que se distinguieron al comienzo de la insurrección contra los romanos. Pero sobre todo hay que hacer notar una cosa: el carácter cultual del cargo, que hacía que el Sumo Sacerdote fuese el único mortal que entraba en el Sancta sanctorum, le ponía tan por encima de los demás hombres, que, ante eso, el influjo de la situación histórica apenas pesaba en su posición. Pues nadie se toma este honor (de ser sacerdote) para sí, sino que es llamado por Dios, como Aarón» (Heb 5,4).

2. SACERDOTES Y LEVITAS DIRIGENTES

«a) El Sumo Sacerdote ungido con el óleo de la unción [1] precede (en rango) al que sólo ha sido distinguido (de los otros sacerdotes) con la investidura [2];

[92] Véase *supra,* p. 117.
[93] *Supra,* p. 116.
[94] *Supra,* p. 175.
[95] Véase *supra,* p. 65.
[96] *Yoma* I 6: para mantenerse despierto la noche anterior al día de la expiación, el Sumo Sacerdote, si estaba habituado a leer, leía pasajes del AT; si, por el contrario, no estaba familiarizado con la lectura, le leían. «Zakarya ben Qebutal decía: muchas veces le he leído pasajes de Daniel»; cf. *Hor.* III 8.

[1] Era la forma legalmente prescrita para consagrar al Sumo Sacerdote, pero ya no se empleaba en la época herodiana y romana.

[2] Forma que se usaba en la época herodiana y romana para consagrar al Sumo Sacerdote. En lugar del Sumo Sacerdote investido, j. *Hor.* III 9,48^{b} 33 (VI/2,278) menciona «al profeta».

el Sumo Sacerdote distinguido con la investidura precede al sacerdote ungido para la guerra (Dt 20,2-4);

b) el ungido para la guerra (precede) al *jefe supremo del templo (sagan)* [3].

c) éste (precede) al *jefe de la sección semanal de sacerdotes (rôs ha-mismar);*

d) éste, al *jefe del turno diario de sacerdotes (rôs bet 'ab);*

e) éste, al *guardián del templo ('ammarkal);*

f) éste, al *tesorero (gizbar);*

g) éste, al *simple sacerdote (kôhen hedyôt);*

h) éste, al *levita»* [4]. (Véase la continuación de esta lista en p. 285) [5].

Se desprende de este cuadro que, además del cargo de Sumo Sacerdote, había dentro del clero cinco cargos principales (b, f); de ellos nos vamos a ocupar ahora. Hay que advertir, a este propósito, que los cargos de jefe supremo del templo, guardián y tesorero del mismo (b, e, f) estaban tan ligados al culto del santuario, que exigían la presencia constante en Jerusalén de sus titulares; mientras que los sacerdotes que tenían una función dirigente dentro de las 24 secciones semanales esparcidas por la comarca (c, d), sólo tenían que actuar en el templo durante una de las 24 semanas y en las tres fiestas anuales de peregrinación.

Después del Sumo Sacerdote, el sacerdote de rango más elevado era el *jefe supremo del templo* [6] *(s^e^gan ha-kôhanîm)* [7]; en Josefo y el NT: *strategos (toū hieroū)* [8]. Su cargo era de los que estaban durante todo el año reclamados por el culto del templo; sólo tenía un titular.

La situación privilegiada del jefe supremo del templo se manifestaba de la siguiente forma. En las ceremonias solemnes asistía al Sumo Sacerdote, ocupando el puesto de honor a su derecha [9]; al mismo tiempo tal vez tenía que vigilar al Sumo Sacerdote para que realizase correctamente los ritos [10]. Era costumbre, además, una semana antes del día de la expia-

[3] En b. *Taʿan* 31ª bar. se pone al jefe supremo del templo delante del sacerdote ungido para la guerra; y en j. *Hor.* III, 9,48ᵇ 34 (VI/2,278) falta el jefe del templo.

[4] Tos. *Hor.* II 10 (476,27); j. *Hor.* III 9,48ᵇ 33 (VI/2,278).

[5] Una jerarquía análoga se encuentra en Qumrán, 1 QM II 1-4: Sumo Sacerdote, su sustituto, 12 sacerdotes principales, los jefes de las secciones semanales de sacerdotes, 12 jefes de levitas y los jefes de las secciones semanales de levitas (según datos de G. Klinzing).

[6] Schürer, II, 320s; Billerbeck II, 628-630.

[7] *P. A.* III 2 y *passim* = jefe del clero. En su lugar, j. *Sheq.* V 3,49ª 30-36 (III/2,295) pone *q^e^tîlîqôs* (variante *k^e^talîqôs) = katholikos* y supone indebidamente, apoyándose en 2 Cr 31,12, que había dos hombres de este rango, y que los diez hombres mencionados en 2 Cr 31,13 indicarían a los tres tesoreros y a los siete guardianes del templo. La precedencia, según j. *Sheq.* V 3,49ª 33 (III/2,295), es la siguiente: Sumo Sacerdote, *katholikos,* guardián del templo, tesorero.

[8] *Ant.* XX 6,2, § 131 y *passim;* Hch 4,1,; 5,24.26.

[9] *Yoma* III 9; IV 1; *Tamid* VII 3; j. *Yoma* III 8,41ª 4 (III/2,197). Cf. *Yoma* VII 1; *Sota* VII 7-8. Cuando el Sumo Sacerdote da el pésame o lo recibe, ocupa su derecha el jefe supremo del templo: Tos. *Sanh.* IV 1 (420,13); b. *Sanh.* 19ª bar.

[10] *Yoma* IV 1: en el sorteo de los dos machos cabríos realizado por el Sumo Sacerdote el día de la expiación, el jefe del templo, que se hallaba a su derecha, o

ción, designarlo como sustituto del Sumo Sacerdote en caso de que éste no pudiese desempeñar su función [11]. Finalmente, la importancia de este cargo se desprende de una noticia del Talmud de Palestina: «Uno no era nombrado Sumo Sacerdote si antes no había sido jefe del templo» [12]. En verdad, esta afirmación generaliza demasiado, pues el nombramiento del Sumo Sacerdote, desde la subida al trono de Herodes el Grande, era con frecuencia arbitrario, y se debía únicamente a consideraciones políticas. Sin embargo, la noticia se cumpliría en muchos casos; era natural nombrar al principal de los sacerdotes como sucesor de un Sumo Sacerdote cesante.

En todo caso, es seguro que el jefe del templo era elegido entre las familias de la aristocracia sacerdotal. Así lo indica el ejemplo de los dos hijos del sumo sacerdote Ananías. Uno de los cuales, Anán [13], desempeñó el cargo en el 52 d. C., y el otro, Eleazar [14], en el 66. Otra prueba de que el jefe del templo era elegido entre las familias de la aristocracia sacerdotal nos la ofrece el título dado a los dos hijos de Aarón, Nadab y Abiú: *s^e ganê*

el jefe de la sección sacerdotal que hacía el turno aquel día, que se hallaba a su izquierda, tenía que invitar al Sumo Sacerdote a levantar la mano en la que había salido la suerte «de Yahvé», y a mostrar el resultado del sorteo a todo el pueblo. Aqiba nos cuenta que se trataba de una precaución antisaducea (b. *Yoma* 40[b]; cf. Tos. *Yoma* III 2 [185,11]; Büchler, *Die Priester,* 110s); en efecto, era, según parece, cuestión dudosa si el Sumo Sacerdote tenía que mantener la suerte «de Yahvé» en la mano izquierda, en caso de que en el sorteo hubiese caído en ella (así los fariseos), o si, en este caso, debía pasarla de la mano izquierda a la derecha (así los saduceos). El levantar la mano era una medida antisaducea; así se confirma por la parecida norma con que se realizaba la libación del agua el día de la fiesta de los Tabernáculos *(Sukka* IV 9). Los saduceos rechazaban como no bíblica la libación del agua; por eso un Sumo Sacerdote saduceo derramó una vez el agua sobre sus pies (véase *supra,* p. 176, n. 67). Por consiguiente, la realización correcta del rito, conforme a la *halaka* farisea, debía hacerse visible desde lo más lejos posible mediante el levantamiento de la mano del Sumo Sacerdote. De donde se puede deducir, según *Yoma* IV 1, que el jefe del templo debía vigilar el desarrollo de la ceremonia del sorteo.

[11] Tos. *Yoma* I 4 (180,12): «R. Jananya ben Gamaliel (hacia el 120 d. C.) decía: El jefe supremo del templo es designado para sustituir al Sumo Sacerdote (el día de la expiación) en caso de que éste se vea impedido por algún acontecimiento que le inhabilite» (Lv 22,4). El testimonio de R. Jananya tiene tanto más valor cuanto que estaba emparentado con Pinjás, el último Sumo Sacerdote (cf. *supra,* página 175, n. 63). La misma tradición se encuentra en b. *Yoma* 39[a] bar.; b. *Sota* 42[a] bar.: «R. Jananya, jefe supremo del templo, decía: ¿Por qué estaba (en el sorteo de los dos machos cabríos, *Yoma* IV 1; véase la nota precedente) el jefe del templo a su derecha (a la derecha del Sumo Sacerdote)? Para que, en caso de que el Sumo Sacerdote resultase inepto para realizar el rito, lo sustituyese». Esta tradición se atribuye aquí al mismo Jananya, el instruido jefe del templo. Pero es, sin duda, la Tosefta la que nombra al verdadero transmisor; es natural atribuir una tradición relativa al culto del templo, y que lleva el nombre de un cierto Jananya, al jefe supremo del templo del mismo nombre. Yo, contrariamente a lo que piensa Schürer, II, 321, no encuentro contradicción entre estos datos y los de *Yoma* I 1, según los cuales siete días antes del día de la expiación se designaba solemnemente el sustituto del Sumo Sacerdote; el que se hiciese cada año una designación solemne no excluye en absoluto que la sustitución del Sumo Sacerdote haya sido una prerrogativa del jefe del templo.

[12] j. *Yoma* III 8,41[a] 5 (III/2,197).

[13] *Ant.* XX 6,2, § 131; *B. j.* II 12,6, § 243.

[14] *Ant.* XX 9,3, § 208; *B. j.* II 17,2, § 409.

k^ehûnnah[15]. Al llamar a los dos hijos de Aarón «jefes supremos del templo», el midrás atribuye al pasado un título y un estado de cosas característicos de una época tardía. Finalmente hay que mencionar los relatos acerca de algunos casos en que fue sustituido el Sumo Sacerdote: el sumo sacerdote Simeón, hijo de Kamiht (17-18 d. C. aprox.), fue sustituido el día de la expiación por su hermano[16]; el sumo sacerdote Matías, hijo de Teófilo (desde mediados del año 5 hasta el 12 de marzo del 4 a. C.), fue sustituido el día de la expiación del año 5 a. C. por un pariente de nombre José, hijo de Ellem[17]; ya Aristóbulo I (104-103 a. C.), por estar enfermo durante una fiesta de los Tabernáculos, había sido sustituido por su hermano Antígono[18].

Habitualmente, según hemos visto ya, el jefe del templo era designado para sustituir al Sumo Sacerdote el día de la expiación; por lo que se puede suponer, al menos respecto a los dos últimos casos de sustitución que acabamos de mencionar, que los sustitutos del Sumo Sacerdote, aunque no se diga explícitamente, ocupaban el cargo de jefes del templo. De donde se deduce de nuevo que el jefe del templo solía ser elegido entre los parientes más próximos del Sumo Sacerdote. El jefe supremo del templo tenía a su cargo la constante supervisión del culto y, como ya indica el mismo título de *s^egan hakôhanîm,* la de los sacerdotes que estaban de servicio. El relato acerca del jefe del templo Eleazar, del que nos vamos a ocupar a continuación, confirma ese punto; lo mismo que los detalles que da Jananya, llamado jefe del templo, sobre los usos que se observaban en la realización del culto. Decía, por ejemplo: «En toda mi vida no he visto jamás una piel (de víctima no apta para el sacrificio) llevada al lugar de la cremación»[19]; estas palabras suponen una gran familiaridad con la liturgia del templo.

Además de la supervisión del culto, el jefe del templo tenía en sus manos la suprema autoridad policial. En virtud de ella practicaba él detenciones; los apóstoles, por ejemplo, fueron detenidos por el jefe del templo en el atrio exterior[20]. Para hacernos una idea de cuán grandes eran las atribuciones del jefe del templo, citemos el siguiente ejemplo: el *sagan* del año 66 d. C., Eleazar, tomó la decisión de suprimir el sacrificio por el emperador, lo que fue equivalente a una declaración de guerra a los roma-

[15] *Lev. R.* 20,2 sobre 16,1 (51^b 22); *Lev. R.* 20,7 sobre 16,1 (53^a 14); *Tamhuma, ʾaharê môt,* § 1,427,12.

[16] Los pasajes están citados *supra,* p. 173, n. 51.

[17] Concuerda con ello el relato de Josefo *(Ant.* XVII 6,4, § 166) y de la literatura rabínica (Tos. *Yoma* I 4 (180,14); b. *Yoma* 12^b; j. *Yoma* I 1,38^d 1 [III/2,164]). Para datar el nombramiento de Matías a mediados del 5 a. C., véase *Ant.* XVII 4,2, § 78: después de la muerte de Feroras. La destitución, según *Ant.* XVII 6,4, § 167, tuvo lugar el día anterior al eclipse parcial de luna ocurrido el 13 de marzo del 4 a. C. El día de la expiación caía entre septiembre y octubre, por lo que la sustitución tuvo lugar el año 5 a. C.

[18] *Ant.* XIII 11,1, § 304. Büchler, *Die Priester,* 109, n. 1, ha interpretado la actuación de Antígono como una suplencia.

[19] *ʿEd.* II 2.

[20] Hch 5,24.26; cf. 4,1. Cf. también la traducción de *sagan* por *stratēgos.*

nos y constituyó la ocasión inmediata del comienzo de la guerra de exterminio [21]. Hacia el final del mismo año 66 los jefes de la insurrección nombraron a Eleazar comandante de Idumea [22]. Difícilmente se puede ilustrar con mayor claridad el absoluto poder de que disponía el jefe del templo en el santuario y la gran consideración de que gozaba.

Al jefe del templo le seguían en rango los *jefes de las secciones semanales de sacerdotes,* que eran 24, y los *jefes de los turnos diarios,* aproximadamente 156, ya que cada sección semanal se dividía en varios turnos, de 4 a 9 [23]. Estos sacerdotes vivían dispersos por Judea y Galilea; salvo las tres fiestas anuales de peregrinación, sólo estaban presentes en Jerusalén, para realizar los sacrificios del culto, una de cada 24 semanas, cuando le correspondía estar de servicio a su sección. Durante esa semana tenían que realizar determinadas funciones del culto diario. El sacerdote encargado de la sección realizaba durante esta semana las ceremonias purificatorias de los leprosos y las puérperas que habían terminado su período de purificación y esperaban a la puerta de Nicanor ser declarados puros. Fue, por consiguiente, el sacerdote encargado de la sección semanal quien recibió en la puerta de Nicanor, que unía el atrio de las mujeres con el de los israelitas [24], el sacrificio de la madre de Jesús (Lc 2,24) «después que se cumplieron los (cuarenta) días de la purificación prescrita en la Ley de Moisés» (Lc 2,22). También era en la puerta de Nicanor donde el encargado de la sección semanal, para realizar el juicio de Dios, hacía beber las aguas amargas a la mujer sospechosa de adulterio [25].

[21] *B. j.* II 17,2, § 409s.

[22] *B. j.* II 20,4, § 566.

[23] Tos. *Taʿan.* II 2 (216,17); j. *Taʿan.* IV 2,68ª 14 (IV/1,178): de 5 a 9 turnos diarios; b. *Men.* 107ᵇ: 6 turnos diarios.

[24] En *Mid.* I 4, la puerta del este sólo puede ser el paso entre el atrio de los israelitas y el de las mujeres, como prueba la comparación con *B. j.* V 5,2, § 198ss; a *Mid.* II 6 hay que entenderlo en el mismo sentido. Además, debemos tener en cuenta *Num. R.* 7,8 sobre 5,6 (37ª 28) y Tos. *Kel. B. Q.* I 12 (570,13), según los cuales «el campamento de los levitas» se extendía hasta la puerta de Nicanor; ahora bien, según *Sifré* Nm 5,3, § 1 (2ᶜ 7,20), se extendía hasta la puerta del atrio (más interior). Por consiguiente, la puerta de Nicanor es la entrada al atrio más interior. Pero hay que considerar finalmente, y sobre todo, que el atrio de las mujeres estaba abierto a todos aquellos a quienes sólo les quedaba, como última ceremonia de purificación, la realización de un sacrificio *(Kel.* I 8; Tos. *Kel. B. Q.* I 10 (570,1); ése era el caso, por ejemplo, del leproso que, antes de ser declarado definitivamente puro, tenía que bañarse en el vestíbulo de los leprosos, situado en el atrio de las mujeres. Por tanto, la puerta de Nicanor, lugar donde se hacía la declaración de pureza, tiene que buscarse en el paso del atrio de las mujeres al atrio interior. Así piensa también Dalman, *Orte und Wege Jesu* (Gütersloh ³1924) p. 318, y más recientemente, después de un minucioso examen de todas las fuentes, E. Stauffer, *Das Tor des Nikanor:* ZNW 44 (1952-1953), 44-46. Billerbeck II, 622-624, es de opinión diferente; sitúa la puerta de Nicanor al este del atrio de las mujeres.

[25] *Tamid* V 6: «El jefe del destacamento (nombre colectivo que designaba a los representantes laicos de una sección semanal que partía para Jerusalén) colocaba a los impuros en las puertas orientales (= puerta de Nicanor, la cual, además del portón principal, tenía, según *Mid.* II 6, otras dos pequeñas puertas; de ahí el plural)». *Num. R.* 9,11 sobre 5,16 (50ª 19): «'Ante Yahvé' (Nm 5,16), es decir, en la puerta de Nicanor (es colocada por el sacerdote la mujer sospechosa de adulterio);

El jefe de los sacerdotes del turno diario, el día que oficiaba su turno, tenía que asistir a la realización de los sacrificios; tenemos noticia de que, cuando ofrecía el sacrificio el Sumo Sacerdote, estaba a su izquierda [26]. Pero la verdadera dirección del culto diario la llevaba el jefe del templo y uno de sus subordinados, el «encargado del sorteo» [27]; sólo así se garantizaba la unidad en el culto de las distintas secciones que se turnaban cada semana.

Los dos últimos cargos, ocupados por sacerdotes principales, estaban estrechamente unidos; ambos eran cargos permanentes del templo. Sus titulares son mencionados frecuentemente juntos; ellos, por ejemplo, notifican conjuntamente su elección al sacerdote Pinjás, cantero, nombrado Sumo Sacerdote por aclamación de la multitud [28]. Trataremos primero de los *'ammarkᵉlîn* y después de los *gizbarîm,* los tesoreros.

El sentido de *'ammarkᵉlîn* es discutido. Schürer afirma que eran tesoreros lo mismo que los *gizbarîm,* pues en lengua persa este término significa algo así como «consejero en la cámara de cuentas» [29]. Pero esa semejanza no es concluyente; pues el extranjerismo persa, como indican los Targumim, tomó en arameo la significación general de «jefe del pueblo», y después la particular de «jefe de los sacerdotes». Las fuentes indican claramente cuál era la función de los *'ammarkᵉlîn.* Citemos en primer lugar el pasaje principal: «¿Qué hacían los (siete) [30] *'ammarkᵉlîn?* Estaban en sus manos las siete llaves del atrio (de los israelitas y de los sacerdo-

por eso se dice *(Tamid* V 6): El jefe del destacamento colocaba a los impuros a la puerta de Nicanor». ¿Quién es «el jefe del destacamento»? Los «impuros», que él colocaba a la puerta de Nicanor, eran, más exactamente, las personas que deseaban ser declaradas puras, a saber: leprosos, puérperas y mujeres sospechosas de adulterio *(Sota* I 5; *Num. R.* 9,11 sobre 5,16 [50ª 19]; *Sifra* Lv 14,11 [35ᵇ 148,21]). Según Lv 14,11 (leproso), Lv 12,6 (puérpera), Nm 5,16 (mujer sospechosa de adulterio), es un sacerdote quien debe realizar con estas personas la ceremonia de purificación. Efectivamente, la realizaba un sacerdote, como se dice expresamente en otro pasaje *(Sifra* Lv 14,11 [35ᵇ 138,21]): «El sacerdote que realizaba la ceremonia de purificación colocaba al hombre (leproso) que iba a ser declarado puro... (138,30) 'ante Yahvé' (Lv 14,11) (es decir), delante del Tabernáculo (o sea), lo colocaba en la puerta de Nicanor, de espaldas a oriente y mirando a occidente». Por tanto, el jefe del destacamento era ciertamente un sacerdote (O. Holtzmann, *Tamid* [col. *Die Mischna]* [Giessen 1928] 63, dice equivocadamente que el título de jefe de destacamento pudiera «indicar un determinado cargo en el templo de un levita o de un sacerdote»). Hay que identificarlo, por consiguiente, con el jefe de la sección semanal de sacerdotes.

[26] *Yoma* III 9; IV 1. Cf. Tos. *Sanh.* IV 1 (420,13): cuando el Sumo Sacerdote recibía testimonios de pésame por la muerte de uno de su familia, el jefe de la sección que actuaba aquel día se hallaba también a su izquierda.

[27] *Tamid* I 2-3; III 1-3; V 1-2; VI 3. Sobre el sorteo de las funciones para el diario holocausto comunitario *(tamîd),* que se ofrecía por la mañana y por la tarde, hablaremos más detalladamene *infra,* pp. 218ss.

[28] Tos. *Yoma* I 6 (180,25).

[29] Schürer, II, p. 327. Lo mismo H. Grätz, *Topographische und historische Streifzüge,* I: *Die letzten Tempelbeamten vor der Tempelzerstörung und die Tempelämter:* MGWJ 34 (1885) 193.

[30] El número falta en el códice vienés de la Tosefta (Viena, *Nationalbibl.* Heb 20); se halla, por el contrario, en el manuscrito de Erfurt (actualmente en Berlín, *Staatsbibl.* Ms. or. 2.° 1220) y en las antiguas ediciones.

tes), y si uno de ellos quería abrir (por la mañana), no podía hasta que todos se hubiesen juntado» [31]. Pero esta noticia está claramente esquematizada, pues combina el número de los siete *'ammarkelîn* con las siete puertas del atrio interior, poniendo en manos de cada *'ammarkelîn* una de las llaves del atrio [32]. Sin embargo, todo el pasaje no puede fundarse en una pura invención; lo cierto de este dato es, sin duda, que los *'ammarkelîn* tenían a su cargo las llaves del templo y vigilaban el santuario. Así se deduce de *Bik.* III 3. En general, los *'ammarkelîn* son mencionados junto con los tesoreros [33]; pero en *Bik.* III 3, los *seganîm* aparecen en su lugar al lado de los tesoreros. Los *'ammarkelîn,* por consiguiente, son los *guardianes del templo* (en el NT, Lc 22,4.52, y en Josefo, *stratēgoi);* esta conclusión quedará confirmada con el estudio que haremos un poco más adelante de las dos listas de empleados del templo. Según la tradición rabínica, no debía haber menos de siete *'ammarkelîn* [34].

En orden jerárquico, los *gizbarîm* venían después de los guardianes del templo; no debían ser menos de tres [35]. Eran los *tesoreros.* Las finanzas del templo comprendían inmuebles, tesoros y joyas, administración de los tributos y de las ofrendas, lo mismo que de los capitales privados depositados en el templo. La adquisición de artículos y productos necesarios para el culto, el control de la venta de aves y otros artículos para los sacrificios, administrados por el templo, y el cuidado de conservar en buen estado y reparar los utensilios de oro y plata, de los que se necesitaban 93 sólo para el culto diario, ofrecían a los tesoreros [36] un amplio campo de actividad y requerían un cuadro de empleados bajo su control.

«¿Qué hacían los tres tesoreros? A ellos se les pagaba:

1) el equivalente (de los objetos ofrecidos al templo, pero que podían ser pagados en metálico);

2) los anatemas (donaciones al templo que no se podían pagar en metálico);

3) las (otras) cosas consagradas al templo;

4) el segundo [37] diezmo [38] (se podía pagar con dinero);

5) (en resumen), se ocupaban de todos los asuntos (financieros)» [39].

[31] Tos. *Sheq.* II 15 (177,6).

[32] Lógicamente, aquella rama de la tradición que, en el cálculo total de puertas, incluye las del atrio de las mujeres y habla, por tanto, de 13 puertas (en el interior del templo: *Mid.* II 6; *Sheq.* VI 3: Abba Yosé ben Janán), supone también que había trece *gizbarîm* (b. *Tamid* 27ª: R. Nathán).

[33] *Sheq.* V 2; Tos. *Yoma* I 6 (180,25); b. *Pes.* 57ª bar.; *Sifra* Lv 21,10 (47ᶜ 187,9) y en la lista de Tos. *Hor.* II 10 (476,27) y el paral. citado *supra,* pp. ...s.

[34] *Sheq.* V 2; Tos. *Sheq.* II 15 (177,6), véase, sin embargo, *supra,* n. 126; j. *Sheq.* V 3,49ª 30 (III/2,295).

[35] *Sheq.* V 2; Tos. *Sheq.* II 15 (177,4).

[36] Sobre los tesoros del templo y el dinero privado depositado en el santuario, véase, por ejemplo, *Ant.* XIV 7,1, § 106ss; *B. j.* VI 8,3, § 390ss; Billerbeck II, 37-45. Los 93 utensilios: *Tamid* III 4. El cuidado que los tesoreros tenían de los utensilios: *Sheq.* V 6.

[37] Así el manuscrito de Viena y las ediciones impresas.

[38] Véase *supra,* pp. 153ss.

[39] Tos. *Sheq.* II 15 (177,4).

Eran, por consiguiente, los ingresos del templo lo que los tesoreros tenían que administrar principalmente. Tenemos noticia de que recibían el trigo ofrecido al templo [40]; que se les pagaba a ellos el equivalente del trigo [41], los productos agrícolas [42] y la pasta ofrecida [43]; que determinaban el uso de los objetos donados al templo [44] y que llevaban la alta dirección del impuesto del templo [45], aquellas dos dracmas que todo israelita debía pagar anualmente (Mt 17,24). Además de los ingresos del templo, los tesoreros administraban también sus gastos. Compraban leña [46], examinaban el vino para las libaciones [47] y la harina para los dos panes de las primicias que se cocían en la fiesa de Pentecostés [48]. Finalmente formaba parte de su quehacer la administración de las reservas del templo [49] y del tesoro del mismo, cuya pieza más sagrada la constituían los ornamentos del Sumo Sacerdote [50].

Sobre los guardianes y tesoreros del templo de los que nos estamos ocupando, encontramos más detalles en dos listas, sumamente valiosas, de los «jefes». Citemos primeramente la más antigua (Tos. *Sheq.* II 14; 177, 2) [51]:

«Estos eran los 'jefes' del templo [52]:

* **1.** Yojanán ben Gudgeda [53] era *portero jefe;*

* **2.** Ben Totephet era *encargado de las llaves;*

* **3.** Ben Diphay *cuidaba de los lûlab para la fiesta de los Tabernáculos;*

[40] *Pea* II 8.

[41] *Pea* I 6.

[42] *Pea* IV 8; *Halla* III 4.

[43] *Halla* III 3.

[44] *Sheq.* VI 6.

[45] *Sheq.* II 1: si el dinero se perdía o era robado, los enviados, en caso de que ya hubiese sido hecha la deducción en el tesoro del templo (a partir de la primera deducción en el tesoro, quince días antes de la Pascua, el conjunto del impuesto de aquel año pasaba legalmente a ser propiedad del templo), tenían que prestar juramento ante los tesoreros del templo sobre la causa del perjuicio; si se podía probar que los enviados no eran culpables, el tesoro del templo cargaba con el daño. Véase además j. *Sheq.* III 2,47[c] 31 (III/2,278s) bar.: los tesoreros del templo controlaban al que hacía la deducción en el tesoro (que tenía lugar quince días antes de las tres fiestas de peregrinación).

[46] *Me'ila* III 8.

[47] *Men.* VIII 7.

[48] *Men.* VIII 2. De la fecha (setenta días antes de la Pascua debe hacerse la siembra del grano del que se obtendrá la harina) creo poder deducir, por semejanza con VIII 1, que no se trata de la harina para los sacrificios de comunión en general, sino sólo de la harina para los dos panes de las primicias.

[49] Véase *supra,* p. 185, n. 36.

[50] *Ant.* XV 11,4, § 408; XVIII 4,3, § 93; cf. *supra,* pp. 167s.

[51] Sigo el manuscrito de Erfurt (actualmente en Berlín, *Staatsbibl.* Ms. or. 2.° 1220).

[52] Los números en negrita indican levitas; los de cursiva, sacerdotes; el * señala un guardián; y el signo °, un tesorero.

[53] Era levita, b. *'Ar.* 11[a].

* **4.** Arza [54] era *primer jefe de música* [55];
° 5. Shemuel [56] estaba encargado de los *hornos;*
° *6.* Binyamin, de la *elaboración de la ofrenda del Sumo Sacerdote, la cual se freía en una sartén* [57];
° *7.* Ben Maqlit, de la *sal* [58];
° *8.* Ben Pelak, de los *almacenes de leña»* [59].

Para fijar la época de esta lista tenemos puntos de apoyo seguros. Según D. Hoffmann [60], pertenece a la época inmediatamente anterior a la destrucción del templo, pues menciona a Yojanán ben Gudgeda como portero jefe (n.° 1), el cual vivía aún después de la destrucción del templo. Este argumento resulta seductor, pero no es convincente. Efectivamente, la afirmación de que Yojanán sobrevivió a la destrucción del templo se basa en una noticia del Talmud de Babilonia [61]; pero dicho texto, como indica el lugar paralelo de *Sifré* sobre Dt 1,6, no trataba originariamente de Yojanán ben Gudgeda, sino de Yojanán ben Nuri [62]. Por otra parte, sabemos que Yojanán ben Gudgeda ocupaba el cargo un poco antes de la destrucción del templo [63]. Como la edad límite para el servicio de los

[54] Así lee el manuscrito de Erfurt; mientras que el manuscrito de Viena (Viena, *Nationalbibl.* Heb 20) y la *editio princeps* de Venecia, 151s: Ben Arza.

[55] Literalmente: «era jefe del *dûkkan*», es decir, del estrado sobre el que se hallaban los levitas cantores y músicos.

[56] En el manuscrito de Viena y en la *editio princeps* los nombres de los números 5 y 6 están cambiados.

[57] Era claramente sacerdote, según *Tamid* I 3: los panaderos de la ofrenda, que se freía en una sartén, eran llamados al trabajo antes del alba (cf. III 2), en una época en que su sala, situada junto a la puerta de Nicanor (véase *supra,* p. 183, n. 24), sólo era accesible a los sacerdotes (véase *infra,* p. 227, n. 21).

[58] Claramente sacerdote: la Cámara Parwa (junto a la sala de la sal, en la parte norte del atrio de los sacerdotes) en la que se salaban las pieles de las víctimas *(Mid.* V 3), estaba en terreno sagrado *(Yoma* III 3).

[59] Claramente sacerdote: la cámara de la leña *(Mid.* V 4) estaba en terreno sagrado, accesible sólo a los sacerdotes, junto a la puerta del combustible, en la parte sudoeste del atrio de los sacerdotes; además, en la parte norte del atrio de las mujeres había un depósito de leña, en el cual era examinada ésta a ver si tenía carcoma *(Mid.* II 4).

[60] En «Magazin für die Wissenschaft des Judentums» 9 (1882) 96ss.

[61] b. *Hor.* 10[a-b].

[62] *Sifré* Dt 1,16, § 16 (30[d] 120,35). Eleazar *hsm'*, citado al mismo tiempo, era contemporáneo de Yojanán ben Nuri; por lo que sólo el nombre de este último encaja en el contexto. Becher, *Ag. Tann.*, I, p. 368, n. 4, G. Kittel, *Sifré zu Deuteronomium* (Stuttgart 1922) 24, n. 4, y otros, piensan también que la lectura original es la de Sifré.

[63] Según b. *'Ar.* 11[b], instruye al levita Yoshuá ben Jananya sobre el culto; este último, por tanto, era en aquella época inexperto en el culto, es decir, había alcanzado desde hacía poco la edad canónica de veinte años (Esd 3,8; véase *supra,* p. 178, n. 89), edad en que los levitas eran admitidos al culto. Ahora bien, Yoshuá ben Jananya, antes de la destrucción del templo, era aún un distinguido discípulo de los doctores en Jerusalén (j. *Hag.* II 1,77[b] 34 [IV/1,272]); de donde se deduce que el episodio narrado por b. *'Ar.* 11[b] se desarrolló algún tiempo antes del 70. En aquella época Yojanán ben Gudgeda era ya portero jefe, o sea, un hombre de edad madura; su entrada en funciones, por consiguiente, tuvo que ocurrir ya en la primera mitad del siglo primero.

levitas era de cincuenta años [64], hay que contar con la posibilidad de que Yojanán (si realmente sobrevivió a la destrucción del templo) no ocupase ya el cargo después del año 70. La mención, por tanto, de este personaje en la lista no constituye una prueba segura de que proceda de los últimos años anteriores al 70; más bien apunta a una época anterior [65].

Un punto de apoyo seguro para la datación nos lo ofrece el n.º 3 de la lista. En efecto, mientras existió el templo, en la fiesta de los Tabernáculos, que duraba siete días [66], se llevaban al mismo los *lûlab* durante los seis días laborables de la fiesta, pero no el sábado. En los primeros años de nuestra Era, sin embargo, cuando el primer día de fiesta caía en sábado, se agitaba en el templo el *lûlab* durante los siete días [67], incluido, por tanto, el sábado. Ahora bien, como estaba prohibido trasladar en sábado un objeto desde un recinto privado a uno público, los *lûlab* se llevaban al templo el viernes, entregándolos a los servidores (levitas) del mismo [68], quienes los amontonaban en el pórtico del atrio exterior [69]. A la mañana siguiente, los servidores del templo los arrojaban a la multitud, y cada cual cogía uno. Pero como esto traía consigo peligrosos apretujones, el tribunal decidió que, desde entonces, los *lûlab* no fuesen nunca (incluso cuando el primer día de la fiesta caía en sábado) agitados en el templo, sino que se hiciese siempre en casa [70]. Ahora bien, Ben Diphay, mencionado en el n.º 3 de la lista, estaba encargado del depósito de los *lûlab* en el templo; por lo que tuvo que vivir en una época en que aún no había sido decidida la modificación de esta ceremonia. Constataremos, un poco más adelante, en la segunda lista, que su cargo ya no figura en ella.

En favor de una mayor antigüedad de esta lista de la Tosefta está también el hecho de que menciona menor número de empleados. Finalmente hay que añadir que, en el manuscrito de Erfurt, el primer jefe de música lleva el nombre de Arza [71], mientras que en la segunda lista aparece como primer jefe de música el hijo de Arza. Si la variante del códice de Erfurt es la original (en el manuscrito de Viena y la *editio princeps* de Venecia de 1521 aparece Ben Arza también en la lista de la Tosefta) es que, en ese espacio de tiempo, el hijo heredó el puesto del padre. Este Arza es por lo demás un personaje plenamente desconocido; lo que constituye un argumento para afirmar que la lectura del manuscrito de Erfurt es la original [72].

Todo lo precedente nos lleva a afirmar que la lista de la Tosefta se remonta a algunas décadas antes de la destrucción del templo.

[64] Nm 8,25; cf. 4,3.23.30.35.39.43.47; j. *Ber.* IV 1,7ᵇ 63 (I, 74).
[65] Véase n. 63.
[66] El octavo día de fiesta, la fiesta de la clausura, era considerado como una fiesta especial; ese día el *lûlab* se suprimía.
[67] *Sukka* IV 1-2.
[68] Levitas: *ḥazzanîm.*
[69] *Sukka* IV 4.
[70] *Ibíd.*
[71] Véase *supra,* p. 187, n. 54.
[72] Naturalmente, existe la posibilidad de que el códice de Erfurt hubiese omitido *bn.*

La segunda lista[73] se encuentra en *Sheq.* V 1-2:
«V 1. Estos eran los 'jefes' en el templo:

° 1. Yojanán ben Pinjás era *guarda de los sellos*[74];
° 2. Ajía estaba *encargado de las libaciones*[75];
* 3. Mathía ben Shemuel, *encargado de los sorteos*[76];
° 4. Petajía, *encargado de los sacrificios de aves*[77], ... [78];
° 5. Ben Ajía, *médico del templo*[79];
* 6. Nejunia, *maestro fontanero*[80];
* 7. Gebini, *heraldo;*
* **8.** Ben Geber, *portero jefe*[81];
* **9.** Ben Bebay, *esbirro*[82];

[73] Cf. *supra,* p. 186, n. 52.

[74] El templo tenía en explotación propia las libaciones y otros sacrificios (cf. *infra,* n. 77). Quien deseaba ofrecer una libación, pagaba su precio a Yojanán, de quien recibía un resguardo sellado *(Sheq.* V 4). El despacho de Yojanán era la «Cámara de los Sellos» *(Tamid* III 3), en la parte nordeste del edificio para el fuego del altar, el cual estaba situado al noroeste del atrio de los sacerdotes; la Cámara de los Sellos estaba, sin duda, en terreno profano.

[75] Suministraba, mediante el recibo sellado (cf. la nota precedente), la libación correspondiente.

[76] Sobre el sorteo de las funciones cultuales de los sacerdotes, cf. *infra,* pp. 218ss. Este empleado era sacerdote; así se deduce claramente de *Tamid* I 3 y VI 3: tenía acceso al atrio de los sacerdotes. La función del encargado de los sorteos no sólo consistía en realizar el sorteo de las funciones cultuales, sino que tenía que vigilar y dirigir toda la ceremonia del sacrificio comunitario *(tamîd)* que se ofrecía todos los días a la mañana y a la tarde *(Tamid* I 2-3; III 1-3; V 1-2; VI 3).

[77] Controlaba el pago del equivalente en el tercero de los trece recipientes en forma de trompeta (cf. «sonar la trompeta» en Mt 6,2; esta expresión procede de la forma que tenían en el templo los cepillos de los sacrificios, en forma de trompeta, estrechos por arriba y anchos por abajo, para protegerlos de los ladrones); estos recipientes estaban colocados en una de las salas que rodeaban al atrio de las mujeres. Además este empleado cuidaba de la correcta entrega de las palomas. Era sacerdote (Tos. *Sheq.* III 2; 177,24).

[78] El texto tiene aquí una glosa marginal: «Petajía es (un sobrenombre de) Mardoqueo. ¿Por qué se le dio el (sobre-)nombre de Petajía? Porque «abría» *(pataj)* las palabras al interpretarlas, pues sabía 70 lenguas».

[79] Literalmente: «estaba encargado de los enfermos del vientre». La alimentación de los sacerdotes era extraordinariamente abundante en carnes; además, no podían beber vino los días de servicio (Lv 10,9; Ez 44,21; según *Ta'an* II 7, la prohibición, respecto a la sección semanal, se extendía sólo al día, no a la noche; pero respecto a la sección diaria de turno, al día y a la noche). Por lo que las enfermedades de vientre no eran nada raras (así lo explica de forma correcta j. *Sheq.* V 2,48[d] 26 [III/2,293s]).

[80] Literalmente: «pocero»; estaba encargado de la conservación del acueducto y de las cisternas del templo y del cuidado de los baños (H. Grätz, *Topographische und historische Streifzüge:* MGWJ 34 [1885] 204, ha visto bien este último punto).

[81] Levita.

[82] «Estaba encargado de los azotes». Tenía que hacer azotar, por ejemplo, a los sacerdotes que intentaban hacer trampa en el sorteo de las funciones cultuales (b. *Yoma* 23[a]). Otra versión: «estaba encargado de (la fabricación y colocación de) las mechas» (j. *Sheq.* V 2,48[d] 46 [no traducido en III/2,294, donde se envía al paralelo II/1,120]), las cuales se hacían con los calzones y cinturones gastados de los sacerdotes *(Sukka* V 3). Abbaya había sostenido esta segunda explicación, pero se retractó (b. *Yoma* 23[a]).

* **10**. Ben Arza, *primer jefe de música*[83];
* **11**. Hugdas[84] ben Leví *dirigía el coro de los levitas*[85];
° *12*. La familia (sacerdotal) de Garmu estaba encargada de la *elaboración de los panes de la proposición*[86];
° *13*. La familia (sacerdotal) de Abtinas[87] se encargaba de *la elaboración de los perfumes de quemar*[88];
° *14*. Eleazar estaba *encargado de las cortinas*[89];
° 15. Pinjás, de las *vestiduras de los sacerdotes*[90].
V 2. No debe haber menos de siete *'ammark^e^lîn* y de tres *tesoreros*. Y (en materia financiera)[91] no se confía autoridad sobre la comunidad a menos de dos, salvo Ben Ajía, el médico (n.° 5), y Eleazar, el encargado de las cortinas (n.° 14), porque la comunidad se ha encargado de ellos»[92].

Esta segunda lista procede de una época más tardía que la primera. La verosimilitud de esta afirmación se funda principalmente en el hecho de que el cargo n.° 3 de la primera lista haya sido suprimido en la segunda; además hay un número mayor de cargos. A esto se añade lo que nos cuenta Josefo[93]: en el 70 d. C., «el tesorero del templo, Phineas», fue hecho prisionero pocos días después de la destrucción del santuario; éste «mostró» a los romanos «las túnicas y cinturones de los sacerdotes, una gran cantidad de géneros de púrpura y escarlata, que estaban preparados

[83] Literalmente: «manejaba los címbalos», es decir, daba a los músicos, durante el culto, la señal de comenzar a cantar. Era muy probablemente levita.

[84] *Ogdoos*.

[85] Era probablemente levita, como indican tanto su patronímico como su actividad: el canto era ejecutado exclusivamente por levitas, y Ogdoos tenía especiales atribuciones en el canto *(Yoma* III 11; b. *Yoma* 38[b] y *passim)*. Sin embargo, junto a la expresión «sus hermanos los levitas» *(Cant. R.* 3,9 sobre 3,6 [40[a] 11]), se encuentra también la de «sus hermanos los sacerdotes» (b. *Yoma* 38[b]; j. *Sheq.* V 2,48[d] 53 [III/2,294]).

[86] Se trata de sacerdotes; así se deduce con certeza del hecho de que «la celda de los que elaboran los panes de la proposición» (la celda sudeste del edificio del fuego para el altar, situado en la esquina noroeste del atrio de los sacerdotes) estaba situada en terreno sagrado, accesible sólo a los sacerdotes *(Mid.* I 6).

[87] *Euthynoos* o *Euthynos*.

[88] Era una familia sacerdotal, ya que en su sitio de trabajo hacían guardia de noche los sacerdotes *(Mid.* I 1; *Tamid* I 1); de donde se deduce que este lugar se encontraba en el atrio de los sacerdotes, es decir, en territorio sagrado (cf. *Yoma* I 5).

[89] El encargado de las cortinas era sacerdote *(Ant.* XIV 7,1, § 106s). Sobre las cortinas véase *supra*, p. 42.

[90] *Mid.* I 4; *B. j.* VI 8,3, § 390.

[91] Esto falta en el texto de la Misná de la *editio princeps* de Yerushalmi (Venecia 1523). Se encuentra, por el contrario, en la edición de Riva di Trento, 1559, lo mismo que el manuscrito de Cambridge de la Misná, ed. W. H. Lowe (Cambridge 1883) y en j. *Sheq.* V 3,49[a] 37 (III/2,295).

[92] Los restantes «jefes» mencionados tenían claramente a su lado por lo menos un ayudante, cuando no trabajaban varios juntos, como, por ejemplo, los números 1 y 2.

[93] *B. j.* VI 8,3, § 390s.

para reparar el velo del templo, así como muchas provisiones de cinamomo, cañafístula y cantidad de otras aromas de las que se hacía diariamente la mezcla para el sacrificio de los perfumes. Entregó además otros objetos preciosos y una gran cantidad de ornamentos sagrados». No cabe duda de que este «tesorero del templo llamado Phineas» es el mismo que se menciona en el n.° 15 de la segunda lista con el nombre de «Pinjás, el encargado de las vestiduras de los sacerdotes» [94]. De donde se deduce que ocupaba el cargo en el momento de la destrucción del templo, y que, por consiguiente, la segunda lista nos da los nombres de los últimos altos empleados del templo antes de su destrucción.

La indicación de Josefo confirma otra importante conclusión. Califica de «tesorero del templo» al empleado que se menciona en el n.° 15 de nuestra lista, y, en otra ocasión [95], da el mismo título al encargado de las cortinas, que aparece en el n.° 14. Añadamos a esto que esta segunda lista se cierra con la observación de que no debía haber en el santuario menos de siete guardianes y tres tesoreros. De donde se deduce que esta segunda lista nos da los nombres y cargos de los guardianes y tesoreros del templo, y lo mismo sucede con la primera, ya que ambas listas coinciden en los principales cargos, presentando sólo diferencias parciales en su denominación.

Tenemos por eso que considerar estas dos listas más detenidamente. Se puede observar en primer lugar que las dos mencionan un gran número de levitas. En la primera encontramos los siguientes: con seguridad, el portero jefe (n.° 1); muy probablemente, el primer jefe de música, encargado de controlar a los levitas cantores (n.° 4), y el empleado que controlaba en la fiesta de los Tabernáculos, y también, sin duda, en las otras ocasiones, a los levitas servidores del templo (n.° 3), y probablemente también el encargado de las llaves, que aparece entre estos tres levitas (n.° 2) [96]. En

[94] Carece de pruebas la afirmación de que, para designar ciertos cargos, se habían generalizado algunos nombres, independientes del verdadero nombre propio de su correspondiente titular, y que, por consiguiente, el encargado de las vestiduras sacerdotales se llamaba siempre Pinjás. Ciertamente, junto a la puerta de Nicanor, había una «cámara de Pinjás, el encargado de las vestiduras» *(Mid.* I 4); pero esta denominación no se debe necesariamente a que el encargado del vestuario se llamase siempre Pinjás, sino que puede explicarse también por el hecho de que el último titular del cargo hubiese permanecido mucho tiempo en el mismo y hubiese sido una personalidad particularmente conocida. En el 54 a. C., cuando M. Licinio Craso saqueó el tesoro del templo, el encargado de las cortinas se llamaba Eleazar *(Ant.* XIV 7,1, § 106s); llevaba el mismo nombre ciento veinte años más tarde en nuestra segunda lista (n.° 14). Lo cual no tiene nada de extraño, pues ese nombre era muy frecuente. En el año 70 d. C., Jesús, hijo de Thebuthi, entregó dos candelabros, mesas, utensilios del templo, las cortinas, las vestiduras del Sumo Sacerdote y otros tesoros *(B. j.* VI 8,3, § 387-389). No se dice que fuese tesorero (en ese caso tendría que haber ocupado el cargo n.° 14 de la segunda lista, y la divergencia de nombre de los titulares sería extraña); Josefo lo llama «uno de los sacerdotes».

[95] *Ant.* XIV 7,1, § 106s.

[96] En la segunda lista se mencionan dos jefes de los levitas músicos (núms. 10 y 11) y dos jefes de los levitas servidores del templo (núms. 8 y 9). Se puede suponer fácilmente que la lista primera, junto a los dos encargados de los levitas servidores del templo (núms. 1 y 3), mencionase también dos encargados de los músicos. Así

la segunda lista son levitas: el portero jefe (n.º 8), el primer jefe de música (n.º 10), el director del coro (n.º 11). Se encuentra también entre estos tres jefes levitas otro cargo, el de esbirro (n.º 9). Podemos ver en él, con bastante seguridad, al guardián jefe de la lista primera (n.º 3); su cargo, en la segunda lista, tuvo que denominarse de otra manera por haber sido suprimido, por decisión del tribunal [97], el amontonamiento de los *lûlab*. Hablaremos de estos cuatro levitas jefes, con el cargo de vigilancia (n.os 8-11), en la sección que dedicaremos más adelante a los levitas. Los restantes empleados mencionados en ambas listas debían de ser en su mayoría sacerdotes, ya que era en las manos de éstos donde se encontraban las finanzas del templo. De hecho, en la mayoría de los casos se puede constatar, por el emplazamiento de sus lugares de trabajo [98], que eran sacerdotes.

Las mismas listas indican cuáles de los mencionados empleados eran tesoreros y cuáles *'ammarkelîn*, guardianes. En la primera lista, los números 5-8 se ocupan de las finanzas, y los números 1-4, por el contrario, controlan a los levitas músicos y servidores del templo. En la segunda lista, respecto al médico (n.º 5) y al encargado de las cortinas (n.º 14), tenemos el testimonio del mismo texto *(Sheq.* V 2), según el cual ejercían «autoridad en materia financiera»; *efectivamente,* el primero tenía que ver con las finanzas del templo en cuanto éste proporcionaba evidentemente los medicamentos y el vino sobre todo [99]. Respecto a los n.os 14 y 15, tenemos el testimonio de Josefo, quien afirma que eran tesoreros [100]. Además, el guarda de los sellos (n.º 1), el encargado de las libaciones (n.º 2), el encargado de los sacrificios de aves (n.º 4), los fabricantes de los panes de la proposición (n.º 12) y de los perfumes de quemar (n.º 13) tenían que ver con el dinero y provisiones del templo; formaban parte de aquellos que ejercían «autoridad en materia financiera». Los otros funcionarios de la lista (n os 3, 6, 7, 8, 9, 10 y 11), en los que no se puede descubrir ninguna relación con las finanzas del templo, constituyen un número de siete; lo que nos indica que tenemos ante nosotros a los siete *'ammarkelîn* de los que habla el final de esta lista. Concuerda con esto el que estos personajes son empleados que ejercen un cargo de vigilancia en el templo, lo que encaja con nuestras precedentes consideraciones sobre el sentido de la palabra *'ammarkelîn* [101]. Nuevamente vemos que la opinión que considera a los *'ammarkelîn* como empleados encargados de las finanzas es insostenible [102].

Podemos decir aún cosas más exactas sobre los guardianes y tesoreros del templo. Entre los guardianes se encontraba el sacerdote (lista II 3)

ocurre en el número 4. En estas circunstancias es lícito suponer que el encargado de las llaves (n.º 2) tuviese también las llaves de las celdas construidas bajo el atrio de los israelitas, con acceso por el atrio de las mujeres, en las que se guardaban arpas, cítaras, címbalos y otros instrumentos musicales de los levitas *(Mid.* II 6).

[97] Véase *supra,* p. 188.

[98] Véase *supra,* p. 187, n. 57-58; p. 189, n. 76; p. 190, n. 86.88s.

[99] j. *Sheq.* V 2,48a 28 (III/2,294).

[100] Véase *supra,* p. 190.

[101] Véase *supra,* p. 185.

[102] *Supra,* p. 184.

que dirigía el sorteo diario de las funciones correspondientes al turno de aquel día y, como indica el tratado *Tamid* [103], todos los cultos diarios de la mañana y de la tarde; también el maestro fontanero (II 6), que cuidaba de los baños, de las cisternas y del acueducto, y el heraldo (II 7), que llamaba al culto a los sacerdotes, levitas y fieles; finalmente, los cuatro levitas jefes (lista I 1-4; lista II 8-11) que controlaban a los levitas músicos y servidores del templo.

Respecto a los tesoreros, también encontramos plenamente confirmada la imagen que de ellos nos habíamos formado anteriormente partiendo de las fuentes: además de la administración de los ingresos del templo, sus deberes principales consistían en cuidar de las provisiones del templo y de su empleo en el culto (I 5-8; II 5, 12-13), de los tesoros del templo (II 14-15) y del comercio de las libaciones y otros sacrificios que el templo administraba.

Realización de la liturgia, administración de las finanzas del templo y vigilancia del mismo eran los tres campos de actividad en los que ejercían autoridad los sacerdotes y levitas jefes.

Pertenece a esta sección, dedicada a los sacerdotes jefes, hacer un estudio sobre el uso curioso que se hace en el NT, en Josefo y en el Talmud del término *archiereus, kôhen gadôl*. Sólo en el NT no se habla menos de 64 veces de los *archiereīs* en plural, siendo así que, en realidad, sólo había un Sumo Sacerdote en funciones; el NT gusta incluso de emplear esta expresión concreta: «los *archiereīs* y los ancianos». Se podría pensar que este plural se explica por el hecho de que esta palabra no sólo indique al Sumo Sacerdote en funciones *(kôhen ha-m*ᵉ*sammés)*, sino también, y con frecuencia, al Sumo Sacerdote depuesto *(kôhen se*ʿ*abar)* [104]. Pero esta solución no vale, pues en todas las fuentes, y repetidas veces, aparecen hombres calificados de *kôhen gadôl, archiereus,* que no figuran en la lista completa de sumos sacerdotes que nos da Josefo. Así, Skeuas, «un *archiereus* de los judíos», cuyos siete hijos actuaban en Efeso de exorcistas (Hch 19, 14); Simón, «del número de los *archiereīs*» [105]; Jesús, hijo de Saphías, «uno de los *archiereīs*» [106]; el *archiereus* Matías, hijo de Boetos [107]; el *archiereus* Leví, quien reprendía a Jesús por haber entrado en el santuario sin observar las prescripciones fariseas sobre la pureza [108]; los *kôhanîm g*ᵉ*dôlîm* nombrados en el Talmud, como Sadoc [109] e Issakar de Kephar-Barqay [110].

[103] *Supra,* p. 189, n. 76.

[104] *Hor.* III 4. El Sumo Sacerdote destituido, en Tos. *Sanh.* IV 1 (420,13), es llamado de forma más precisa *ha-kôhen s*ᵉʿ*abar migg*ᵉ*dûllatô.*

[105] *Vita* 39, § 197.

[106] *B. j.* II 20,4, § 566.

[107] *B. j.* IV 9,11, § 574; V 13,1, § 527-531; VI 2,2, § 114.

[108] Fragmento de un papiro de Oxyrinco en B. P. Grenfell y A. S. Hunt, *The Oxyrhyncus Papyri* V (Londres 1908) n.º 840.

[109] *Lam. R.* 1,49 sobre 1,16 (35ª 14); en el discrepante relato paralelo de b. *Git.* 58ª se encuentra Ismael ben Elisa.

[110] b. *Pes.* 57ª bar. Además, hay que citar aquí el relato acerca de un *kôhen gadôl* al que tocó por sorteo dar a beber las aguas amargas *(Pesiqta rabbati* 26, 129ᵇ 5); el Sumo Sacerdote en funciones no estaba sujeto al sorteo de los servicios *(Yoma* I 2).

E. Schürer, reconocido pionero en el campo de la historia neotestamentaria, ha intentado resolver el enigma; todos los autores modernos le han seguido [111]. Veía en *kôhanîm gᵉdôlîm, archiereîs,* a «miembros de las ilustres familias en cuyo seno se escogían los sumos sacerdotes» [112]. Apelaba a *B. j.* VI 2,2, § 114; Hch 4,6 y a dos pasajes de la Misná *(Ket.* XIII 1-2; *Ohal.* XVII 5).

Por lo pronto se puede constatar, como veremos un poco más adelante, que Schürer no ha traducido correctamente estos dos textos de la Misná. En el pasaje de la *Guerra* dice Josefo: «Entre éstos (los fugitivos) se encontraban los sumos sacerdotes José y Jesús y los siguientes hijos de los sumos sacerdotes: tres de Ismael, decapitado en Cirene; cuatro de Matías; uno de otro Matías, el cual, como se ha descrito, huyó después que su padre, junto con tres de sus hijos, fuera asesinado por Simón, el hijo de Gioras. Con los *archiereîs* huyeron también otros muchos varones nobles». Efectivamente, en los *archiereîs* de la última frase podemos ver comprendidos, como afirma Schürer, a los dos destituidos sumos sacerdotes antes mencionados y a los ocho hijos de los sumos sacerdotes; de modo que el término *archiereus* abarcaría en este caso a los consanguíneos más próximos de los sumos sacerdotes. Pero *archiereus* puede muy bien designar solamente a los dos destituidos sumos sacerdotes mencionados al comienzo del texto; y en este caso *archiereus* no significaría nada más que «Sumo Sacerdote que ya no está en funciones». Este pasaje de Josefo, por consiguiente, no constituye un testimonio seguro en favor de la opinión de Schürer.

Con más fundamento invoca Schürer Hch 4,6, donde «miembros de las familias de los sumos sacerdotes» aparecen formando grupo en el Sanedrín, mientras que otras veces el NT los llama simplemente «los *archiereîs*». Pero tampoco este pasaje prueba convincentemente que los miembros de las familias de los sumos sacerdotes fuesen llamados *archiereîs.* Pues queda por saber si los «varones de las familias de los sumos sacerdotes», mencionados en Hch 4,6, tenían voz en el Sanedrín precisamente por su origen, como debe suponer Schürer, o más bien por su cargo [113].

Faltan, por tanto, pruebas en favor del sentido sostenido por Schürer; más aún, se puede dudar seriamente de esta solución. Yojanán ben Zakkay encuentra en Bet Ramá (o Ramat bené Anat), probablemente en Galilea [114], a un *kôhen gadôl* [115]. ¿Vivían en Galilea antes del 70 los miembros de las familias de los sumos sacerdotes reinantes? Es totalmente improbable. Según Schürer, los «miembros de las familias de los sumos sacer-

[111] Con la excepción de Schlatter, como he constatado posteriormente (cf. *infra,* p. 195, n. 121).

[112] Schürer, II, 275-277.

[113] Véase *infra,* pp. 213ss, la discusión de Hch 4,6 y la exposición del nepotismo que practicaba la jerarquía ilegítima con los puestos de sacerdotes jefes.

[114] Bet Anat es situada con seguridad en Galilea en Tos. *Miqw.* VI 3 (658,5); cf. Schlatter, *Joch. b. Zak.,* p. 27, n. 1. Los papiros Zenón mencionan también un Bait(i)anata en Galilea *(Papiri greci e latini* [Pubblicazioni della Società italiana; Florencia 1920] n.º 594, línea 18).

[115] *ARN* rec. A cap. 12, 56ᵃ 9; rec. B cap. 27, 56ᵃ 29 (Ramat bené Anat).

dotes» habrían tenido voz en el Sanedrín [116]; pero ¿habría sitio para todos en este colegio de 71 miembros? Y si no lo había, ¿con qué criterio se haría la selección, de la cual, además, no tenemos ninguna noticia? Pero la objeción más seria [117] se basa en que el sentido sostenido por Schürer es contrario a la filología. *Kôhen gadôl, archiereus,* significa sacerdote principal, y nada más; ¿cómo un lector griego por *archiereus* y un lector judío por *kôhen gadôl* podían entender, sin más explicación, que se trataba de un «miembro de una de las familias de los sumos sacerdotes»?

Pueden ayudarnos a clarificar las cosas los dos textos de la Misná; vemos allí a los «hijos de los sumos sacerdotes» tomar decisiones en materia de derecho civil [118] y recibir cartas del extranjero [119]. Schürer, que, por otra parte, es tan seguro, comete un error filológico al pensar que «los hijos de los sumos sacerdotes», en cuanto tales, «son varones que gozan de prestigio y autoridad» [120]. En efecto, otros pasajes, especialmente las variantes del texto, indican que la expresión *b^enê kôhanîm g^edôlîm* no designa, contrariamente a lo que piensa Schürer, a los «hijos de los sumos sacerdotes», sino a los *kôhanîm g^edôlîm;* lo mismo que en el AT (1 Re 20, 35 y frecuentemente) los profetas son llamados «hijos de los profetas», y en el NT (Mt 12,27) los escribas son llamados «hijos de los escribas». En otras palabras: el término «hijo» no indica el origen, sino la clase [121]. Apliquemos este concepto a la lectura de las fuentes. Leemos que los *b^enê kôhanîm g^edôlîm,* es decir, los *kôhanîm g^edôlîm,* formaban un tribunal que tomaba decisiones en materia de derecho civil respecto a los sacerdotes. Por otra parte, se nos transmite una decisión del mismo tribunal: el día de la expiación sólo un sacerdote o un levita es apto para llevar al desierto el macho cabrío Azazel [122]. Como indica la materia debatida, se trata del mismo tribunal cuando se habla de un «tribunal de sacerdotes» ante el cual eran llevados igualmente asuntos de derecho sacer-

[116] Schürer, II, 276; conclusión sacada de Hch 4,6.

[117] Considérese también *supra*, p. 193, n. 110.

[118] *Ket.* XIII 1-2.

[119] *Ohal.* XVII 5.

[120] Schürer, II, p. 276.

[121] En j. *Sheq.* IV 3,48ª 35 (III/2,285) los sumos sacerdotes que realizaron el rito de la vaca roja (desde el 200 a. C. hubo cinco casos, según *Para* III 5) son llamados globalmente «los hijos de los sumos sacerdotes». En *ARN* rec. A cap. 4,24ª 10, se dice «los sumos sacerdotes»; y la rec. B cap. 7,21ᵇ 33 dice «los hijos de los sumos sacerdotes». Se corresponden, por tanto, ambas expresiones. *Sifra* Lv 2,3 (6ᵈ 24,21): «Así como el sumo sacerdote Aarón come (su parte en el sacrificio de comunión) sin oposición (porque tiene la prioridad en la elección), así también comen sin oposición los *b^enê kôhanîm g^edôlîm*». Este texto equipara al primer Sumo Sacerdote y a sus sucesores, los sumos sacerdotes que sucedieron a Aarón en el cargo; es claro, por tanto, que se trata de los sumos sacerdotes y no de los hijos de éstos. Schlatter, *Joch. b. Zak.*, p. 25 traduce bien *b^enê kôhanîm g^edôlîm* por «sacerdotes jefes» *(Ket.* XIII 1-2).

[122] *Yoma* VI 3. La lectura «decisión de los sacerdotes» en lugar de «decisión de los sacerdotes jefes» *(editio princeps,* Nápoles 1492; ed. de Venecia, 1609; manuscrito de Cambridge, ed. W. H. Lowe, Cambridge 1883; manuscrito de Berlín, *Staatbibl.* Ms. or. 567⁴; ed. *princeps* de Yerushalmi, Venecia 1523) se debe a una corrección u omisión accidental de *g^edôlîm.*

dotal (derecho matrimonial de los sacerdotes)[123] y cuestiones del culto (tomar declaración a los testigos de la luna nueva, es decir, fijar el calendario)[124]; por el contrario, el tribunal que, bajo Agripa I[125], condenó a muerte por adulterio a una hija de un sacerdote, es el Sanedrín[126]. ¿Quiénes son los «sacerdotes principales» que formaban este tribunal? Son sacerdotes de la nobleza, como indica su misma teología saducea[127]; forman un colegio autónomo y dictan autoritativamente sentencias relativas a los sacerdotes y a los problemas del culto; se trata, por consiguiente, del clero superior del templo de Jerusalén.

Esta es la solución del enigma. La expresión *kôhen gadôl* designa al sacerdote principal, al sacerdote que se distingue por su situación de los demás y ninguna otra cosa más. En sentido estricto, el sacerdote principal es pura y simplemente el Sumo Sacerdote; pero, en sentido amplio, los sacerdotes principales son los sacerdotes constituidos jefes entre los demás. Junto al *kôhen gadôl* que «realiza el culto (en el Sancta sanctorum)»[128], el cual «es consagrado por investidura»[129], se hallan los otros *(b^e^nê) kôhanîm g^e^dôlîm,* los sacerdotes jefes[130].

Esta explicación, filológicamente incontestable, permite explicar todos los textos. Se comprende ahora cómo se puede hablar de *kôhanîm g^e^dôlîm, archiereīs,* en plural; por qué son mencionados nombres de *archiereīs* que no están en la lista de los sumos sacerdotes que desempeñaron el cargo; cómo un *kôhen gadôl, archiereus,* puede vivir en Galilea y cómo puede estar sometido a sorteo[131]; por qué el sacerdote Pinjás, a

[123] *Ket.* I 5: el tribunal fijó en 400 denarios (el doble de la tarifa ordinaria) la cuantía de la *k^e^tûbbah* (contrato de matrimonio) de una doncella procedente de familia sacerdotal o que se case con un sacerdote.

[124] *R. H.* I 7. Este texto habla de dos instancias que fijan el calendario: el colegio de sacerdotes y el Sanedrín. Se explica por el hecho de que originariamente los sacerdotes eran competentes en ese terreno; pero, como tenían mentalidad saducea, intervino el Sanedrín para imponer el punto de vista de los saduceos. Estas dos mismas instancias aparecen en *Yoma* I 5: junto a «los ancianos del tribunal» están «los ancianos del clero».

[125] b. *Sanh.* 52^b^.

[126] Sobre este episodio se constata lo siguiente: *a)* Un tribunal judío puede ocuparse sin trabas de este juicio criminal; lo que apunta a la época de Agripa I (Schlatter, *Tage,* 80s). Esta datación se confirma con el hecho de que R. Eleazar ben Sadoc, siendo aún muy niño, presenció la ejecución de la sentencia (Tos. *Sanh.* IX 11; 429,30). *b)* La decisión no fue tomada según el derecho de los fariseos *(Sanh.* VII 2: «En aquella época el tribunal no era perito [en la Ley]»), sino según el de los saduceos (b. *Sanh.* 52^b^). En efecto, según la enseñanza de los fariseos, la pena de muerte por combustión, prescrita en Lv 21,9, se infligía derramando plomo caliente en la boca, o sea, por dentro; los saduceos, por el contrario, decían que había que quemar a los culpables en la hoguera, o sea, por fuera. Así se procedió, según la forma de los fariseos, con la hija del sacerdote en cuestión.

[127] Véase *supra,* n. 124.

[128] *Hor.* III 4; *Meg.* I 9.

[129] *Hor.* III 4; 2 Mac 6; *Meg.* I 9; *Sifra* Lv 21,12 (47^c^ 187,43); j. *Yoma* I 1, 38^d^ 39 (III/2,166) y *passim.*

[130] En 1 *QM* II 1 (véase *supra,* p. 180, n. 5) son mencionados juntos Sumo Sacerdote *(kôhen harôs)* y sacerdotes jefes *(rasê ha-kôhanîm).*

[131] *Pesiqta rabbati,* 26, 129^b^ 5; véase *supra,* p. 193, n. 110.

quien los zelotas eligieron Sumo Sacerdote por sorteo, descendía ciertamente de la familia de un Sumo Sacerdote y no pertenecía a los *archiereīs* [132], y cómo en el Sanedrín había sitio para los *archiereīs*. Se trata en todos estos casos de sacerdotes constituidos jefes en el templo.

Esta explicación aclara sobre todo los pasajes del NT (no menos de 64) que hablan de los *archiereīs*. La mayoría de las veces son pasajes en donde aparecen como miembros del Sanedrín, al lado de los escribas y ancianos. Los *archiereīs*, en calidad de miembros del Sanedrín, participan en el proceso de Jesús y en su condena; más tarde, en el proceso de los apóstoles y en el interrogatorio de Pablo. Son los sacerdotes jefes que ocupan un cargo permanente en el templo y que, en virtud de este cargo, tienen voz en el Sanedrín, donde forman un grupo bien definido; de hecho, leemos que el jefe supremo del templo [133] y un tesorero del mismo [134] eran miembros del Sanedrín. El número mínimo de este grupo (sólo conocemos éstos) era de 1 (Sumo Sacerdote) + 1 (jefe supremo del templo) + 1 (guardián del templo, sacerdote) + 3 (tesoreros) = 6; a este número mínimo se añaden los sumos sacerdotes cesantes y los sacerdotes guardianes y tesoreros. Este número está probablemente en relación con los 71 miembros del Sanedrín.

También encontramos en el NT pasajes en los que se habla de los sacerdotes jefes, o de los sacerdotes jefes y de los guardianes del templo (Lc 22, 4), o bien de los sacerdotes jefes y de sus adictos (Hch 5,17.21). Se trata de sacerdotes principales en cuanto encargados de la autoridad judicial y administrativa [135] autónoma del templo; como hemos visto anteriormente, según las fuentes talmúdicas, los sacerdotes jefes formaban un colegio autónomo, el cual era competente en los asuntos del templo y del clero. Los sacerdotes jefes, en cuanto cuerpo administrativo del templo, deliberan sobre el empleo que se debe dar al dinero de la traición, devuelto por Judas al templo; deciden que el «precio de sangre» no se puede ingresar en el tesoro del templo [136]. Como jefes de la policía del templo, conciertan con Judas el prendimiento de Jesús [137], decidido anteriormente por el Sanedrín (Mt 26,3-4 y par.); dan la orden de detener a los apóstoles en el atrio del templo (Hch 5,17.21); reciben la noticia de la guardia del sepulcro sobre la resurrección de Jesús [138] y las nuevas que les trae la guardia

[132] *B. j.* IV 3,8, § 155.
[133] Hch 4,5-6; sobre este pasaje véase *infra*, p. 215, especialmente nota 91.
[134] *Ant.* XX 8,11, § 189ss.
[135] Constituyen una excepción aquellos pasajes en los que, como indica el contexto o los lugares paralelos, «sacerdotes jefes» es una denominación *a parte potiori* del Sanedrín: Mc 15,3 (cf. par. Mt 27,12: los sacerdotes jefes y los ancianos); 15,10 (cf. Mc 15,1); 15,11 (cf. par. Mt 27,20: los sacerdotes jefes y los ancianos); Jn 12,10.
[136] Mt 27,6; véase *supra*, p. 159.
[137] Mc 14,10-11; Mt 26,14-15; Lc 22,4-5.
[138] Mt 28,11; es difícil pensar que los guardias del sepulcro hayan sido soldados romanos; pues éstos no se hubiesen prestado a decir que estaban dormidos en sus puestos de guardia (28,13). El mismo anuncio a los sacerdotes jefes hace pensar que se trata de la guardia del templo (28,11). Por consiguiente, el *echete* de Mt 27,65 hay que entenderlo como indicativo y no como imperativo.

de la cárcel sobre la huida de los apóstoles, quienes estaban bajo custodia de la policía del templo (Hch 5,24); también en virtud de este título conceden al fanático fariseo Saulo un destacamento de la policía del templo para perseguir a los cristianos (Hch 26,12; cf. 9,14.21; 26,10).

Este es, pues, el cuadro que obtenemos. El jefe supremo del templo, responsable del culto y del orden externo, está a la cabeza de los sacerdotes jefes, siguiendo inmediatamente en rango al Sumo Sacerdote. Después de él vienen, por orden jerárquico, el jefe de la sección semanal que estaba de servicio; después, los jefes de los 4 a 9 turnos diarios que componían dicha sección semanal. El mantenimiento del orden externo está en manos de los siete guardianes permanentes del templo, de los cuales cuatro son levitas jefes; la administración financiera la llevan los tres tesoreros permanentes del templo y sus ayudantes. Los sacerdotes jefes ocupados permanentemente del templo forman un colegio bien definido; tienen jurisdicción sobre los sacerdotes y sus miembros tienen voz en el Sanedrín.

El hecho de que los sacerdotes jefes de Jerusalén formasen un colegio semejante adquiere mayor importancia al saber, por Hch 4,6, que dichos sacerdotes jefes pertenecían a la aristocracia sacerdotal. A estos puestos, por consiguiente, no tenía acceso cualquier sacerdote. Lo que indica que, desde el punto de vista social, había grandes diferencias dentro del clero; así se confirma con otras noticias. Entre los sacerdotes jefes de Jerusalén (*hoi archiereīs* del NT) y los restantes sacerdotes se habían formado vivos antagonismos en los últimos tiempos antes de la destrucción del templo; así nos lo cuentan, en sus concordantes relatos, el Talmud y Josefo. El Talmud se lamenta de actos de violencia por parte de los sacerdotes jefes: se adueñaban por la fuerza de las pieles de las víctimas que todas las tardes se repartían, en una de las salas del templo, entre los sacerdotes del turno diario [139]; ni siquiera se abstuvieron de su brutal proceder con la medida defensiva, llevada a cabo por los sacerdotes, de repartirse las pieles una sola vez a la semana en presencia de toda la sección semanal. Además, la literatura rabínica se queja de su política despótica y de su nepotismo [140]. Josefo cuenta, en relato totalmente independiente, que los criados de los sacerdotes jefes robaban por la fuerza, en las mismas eras de los campesinos, el diezmo debido a los sacerdotes [141]. Estas diferencias sociales existentes entre los sacerdotes jefes y los demás sacerdotes, tal cual se manifiestan en estas noticias, sólo nos serán comprensibles si intentamos hacernos una idea clara de la situación de la aristocracia sacerdotal.

[139] Se trata claramente de un grave abuso del derecho de elección que tenía el Sumo Sacerdote; este derecho es descrito *supra*, p. 170.
[140] b. *Pes.* 57ª bar.; Tos. *Zeb.* XI 16 (497,2-3).
[141] *Ant.* XX 8,8, § 181; 9,2, § 206s.

3. LA ARISTOCRACIA SACERDOTAL

El Sumo Sacerdote y la mayor parte de los sacerdotes jefes de Jerusalén eran miembros de «familias de sumos sacerdotes» [1], es decir, de la aristocracia sacerdotal. En este campo existen ideas poco exactas, incluso falsas; sólo una mirada a la historia nos permitirá ponerlas en su punto.

Según la concepción histórica del judaísmo contemporáneo de Jesús, la familia sacerdotal sadoquita (nombre que le viene de Sadoc, Sumo Sacerdote que actuó bajo Salomón y David) [2], había proporcionado, desde Aarón, los sumos sacerdotes de Israel, los cuales se sucedieron sin interrupción [3]. Tenemos su lista, sin ninguna laguna, desde Aarón hasta el exilio [4], en 1 Cr 5,29-41. En Neh 12,10-11 se extiende, también sin ninguna laguna, hasta el siglo IV antes de nuestra Era. Josefo, en sus *Antigüedades,* la continúa desde aquella época hasta el sumo sacerdote Menelao (172-162 antes de Cristo) [5], el cual, según su opinión, ciertamente falsa, fue el último Sumo Sacerdote legítimo de la familia sadoquita [6]. Se cuentan 14 generaciones de sumos sacerdotes de la casa de Sadoc desde la construcción del tabernáculo hasta la del primer templo [7]. Nueve sumos ascerdotes sadoquitas (así, 1 Cr 5,36-41; dieciocho, según el Talmud y Josefo) [8], que se sucedieron regularmente, debieron de actuar en el primer templo (el de Salomón); quince, desde el exilio a Menelao (inclusive), en el segundo templo (el posexílico) [9].

No vamos a examinar aquí la autenticidad de estas listas [10], a no ser respecto a los últimos miembros de la serie. Bástanos constatar la concepción histórica del siglo I de nuestra Era, según la cual los sumos sacerdotes sadoquitas se sucedieron sin interrupción desde Aarón hasta la

[1] Hch 4,6; *Ant.* XV 3,1, § 206s.

[2] 2 Sm 8,17; 15,24 y *passim;* 1 Re 1,8 y *passim,* especialmente 2,35.

[3] En verdad, el derecho de los sadoquitas al sacerdocio sólo se remonta, al menos por lo que nosotros sabemos, a la época de Salomón; cf. Wellhausen, *Pharisäer,* 47ss.

[4] Hasta la época de Salomón circula una lista paralela, 1 Cr 6,35-38, concordante con la primera.

[5] *Ant.* XI 8,7, § 347 hasta XII 5,1, § 239. Para la crítica, véase *infra,* p. 202, n. 19 y *supra,* p. 169, n. 14.

[6] *Ant.* XX 10,3, § 235. Josefo, en *Ant.* XX 10,1-5, § 224-251, ofrece una resumida panorámica de todos los sumos sacerdotes desde Aarón hasta la destrucción del templo.

[7] 1 Cr 5,29-36; Josefo cuenta trece, *Ant.* XX 10,1, § 228.

[8] j. *Yoma* I 1,38c 37 (III/2,162); *Ant.* XX 10,2, § 231.

[9] *Ant.* XX 10,2, § 234.

[10] La historiografía del bajo judaísmo (Josefo) afirma que la familia sadoquita proporciona los sumos sacerdotes según una regular sucesión. Esta afirmación es verdadera respecto a la época que va desde el exilio hasta Onías II. Pero no hay que intentar hacer remontar la genealogía hasta Aarón (véase *supra,* n. 3), ni imaginarse que el Sumo Sacerdote del templo de Jerusalén gozaba, antes del exilio, de la misma primacía sobre el clero que después del destierro. Para una crítica detallada, véase *infra,* n. 19.

época del seléucida Antíoco IV Epífanes (175-164 a. C.)[11]; la intervención de este rey en el nombramiento del Sumo Sacerdote y su persecución religiosa trajeron consigo el final del pontificado sadoquita.

Estos son los últimos sumos sacerdotes de este período sadoquita:

Sumos sacerdotes	Duración del pontificado	Origen	Constituido por
Onías II	Hasta el 175	Hijo del sumo sacerdote Simón	Sucesión
Jesús (Jasón)	175-172	Hijo del sumo sacerdote Simón	Antíoco IV Epífanes
Menelao	172-162	Sacerdote no sadoquita	Antíoco IV Epífanes
Yakim (Alcimo)	162-159	Sadoquita ilegítimo	Antíoco V Eupátor (?)

CRONOLOGIA DE LOS LIBROS DE LOS MACABEOS

Antes de explicar esta lista, para justificar los datos que en ella se indican, conviene decir algo sobre el cálculo de la era seléucida en los dos libros de los Macabeos. Como sabemos, se discute mucho si la era seléucida, que sirve de base a la cronología en estos dos libros, comienza en la primavera (1.º de nisân) del 311 [12] o del 312 a. C. [13], o bien en el otoño (1.º de tisri) del 312 a. C. [14]; incluso se discute si no habrá en el primer libro de los Macabeos una doble cronología, correspondiente a dos cómputos diferentes, el de Babilonia y el de Siria-Macedonia: a) una cronología para los acontecimientos políticos, a partir del otoño del 312; b) otra para los acontecimientos «eclesiales» de la vida interna judía, a partir de la primavera del 311. Basándose en la lista de los Seléucidas (British Museum 35, 603), publicada por primera vez [15] en 1954,

[11] Según la lista de los Seléucidas (British Museum 35, 603) publicada por D. J. Wiseman en «Iraq» 16 (1954) 202-212, la muerte de Antíco IV tuvo lugar entre el 19 de noviembre y el 19 de diciembre del 164 a. C. Así también en 1 Mac 6,16: el año de la muerte de Antíoco IV es el 149 de la era seléucida = del otoño del 164 al otoño del 163.

[12] W. Kolbe, *Beiträge zur syrischen und jüdischen Geschichte* (Stuttgart 1926) 47-57.

[13] Schürer, I, 32-38, quien se retracta de su opinión anterior, y muchos otros.

[14] Meyer, *Ursprung,* II, 248, n. 1, y otros. Según S. Zeitlin, *Megillat Taanit as a Source for Jewish Chronology and History in the Hellenistic and Roman Periods:* JQR 9 (1918-1919) 81, en el otoño del 313 a. C.; lo cual resulta imposible.

[15] A. J. Sachs y D. J. Wiseman, *A Babylonian King List of the Hellenistic Period:* «Iraq» 16 (1954) 202-212.

J. Schaumberger [16] ha propuesto esta última solución. De hecho, esta hipótesis de una doble cronología en el primer libro de los Macabeos pudiera muy bien ser acertada, pues es la que mejor explica las diferencias entre el primero y segundo libro de los Macabeos en la cronología de los acontecimientos políticos.

Se puede ilustrar con dos ejemplos esta doble cronología en el primer libro [17]; el primero se refiere a un acontecimiento político y el segundo a un acontecimiento «eclesial» de la vida interna judía.

1. En 1 Mac 6,20-63 y en 2 Mac 13,1 se narra la campaña de Antíoco V Eupátor contra Judea. Según 1 Mac, esta última tuvo lugar en el año 149 de la misma era. Si seguimos a Schaumberger [18], no hay error en ninguno de los dos libros de los Macabeos, sino que ambos parten de una forma distinta de calcular la era seléucida. De hecho, concuerdan, sin más, si la campaña tuvo lugar en el otoño del 163 a. C. Efectivamente, este otoño, según la cronología interna del judaísmo empleada por 2 Mac, pertenece aún al año 149 de la era seléucida (= primavera del 163 a primavera del 162); por el contrario, según la cronología siro-macedonia utilizada por 1 Mac en los acontecimientos políticos, este otoño del 163 antes de Cristo pertenece ya al año 150 de la era seléucida (= otoño del 163 al otoño del 162).

2. Un examen de los acontecimientos del año 160 de la era seléucida, acontecimientos narrados en 1 Mac 10,1-22, muestra que este libro calcula igualmente los acontecimientos «eclesiales» de la vida interna judía a partir de la primavera (311 a. C.): siendo rey Alejandro Balas (1 Mac 10,1), Demetrio Soter se esfuerza en ganar la amistad de los judíos (10, 2-7), quienes aprovechan para fortificar Jerusalén (10,8-14). Entonces hace también Alejandro Balas proposiciones a los judíos (10,15-20). Aprovechando esta situación política favorable, Jonatán, en la fiesta de los Tabernáculos, se impone a sí mismo los ornamentos de Sumo Sacerdote (10,21). Ahora bien, los judíos celebraban la fiesta de los Tabernáculos del 15 al 21 de tisri. Si la era seléucida había comenzado en el otoño, todos los acontecimientos precedentes del año 160 de la era seléucida deberían desarrollarse del 1 al 14 de tisri. Lo cual es absolutamente imposible. Por el contrario, todas las dificultades desaparecen si, respecto a este acontecimiento de la vida interna judía, el año 160 de la era seléucida fue contado a partir de la primavera (311 a. C.); en este caso, el año 160 de la era seléucida se extendió desde la primavera del año 152 a la primavera del 151. De donde resulta que 1 Mac utilizó un doble cálculo de la era seléucida: los acontecimientos políticos son calculados a partir del otoño

[16] *Die neue Seleukidenliste B. M. 35 603 und die makkabäische Chronologie*: «Biblica» 36 (1955) 423-435; cf. R. Hanhart, *Zur Zeitrechnung des I und II Makkabäerbuches*, en A. Jepsen-R. Hanhart, *Untersuchungen zur israelitisch-jüdischen Chronologie* (BZAW 88; Berlín 1964) 49-96.

[17] En el II libro de los Macabeos las cosas son más simples, ya que, exceptuadas las dos cartas del cap. 11, las fechas se indican según el cálculo de la vida interna judía.

[18] *Art. cit.*, pp. 429s.

del 312 a. C., y los acontecimientos «eclesiales» de la vida interna judía, a partir de la primavera del 311.

Volvamos ahora a la lista de los últimos sumos sacerdotes anteriormente establecida. Según la opinión ciertamente exacta del libro de Daniel (9,25-26; 11,22), Onías I fue el último Sumo Sacerdote legítimo en la sucesión sadoquita legal [19]. Por orden de Antíoco IV fue reemplazado, el año 175 a. C. [20], por su hermano Jesús (éste había helenizado su nombre cambiándolo en Jasón), quien, en compensación, había prometido al rey grandes sumas y la introducción de las costumbres griegas en Jerusalén. Según la Ley, sin embargo, Onías II tenía derecho a desempeñar el cargo durante toda su vida, y su hijo, que también se llamaba Onías (III), era el inmediato sucesor en el supremo pontificado [21]. Con la designación ilegítima de Jasón para el pontificado en el año 175 se introdujo el desorden en la sucesión de los sumos sacerdotes; pero el pueblo tenía el sentido del derecho, y a sus ojos, el hecho de que también Jasón tuviese en sus venas sangre de sumos sacerdotes no cambiaba nada las cosas respecto a la ilegitimidad de su usurpada dignidad (véase el juicio de Daniel 9,26-27; 11,22).

Pero Jasón no disfrutó mucho tiempo de esta función ilegalmente adquirida. En el 172, después de tres años de pontificado (2 Mac 4,23), Antíoco IV lo destituyó, reemplazándolo por un sacerdote no sadoquita (ofensa a los más sagrados sentimientos del pueblo) llamado Menelao, de la clase de Bilga, que había prometido al rey tributos aún mayores [22]. El

[19] Según la enumeración de Josefo, el tercero de este nombre. En realidad este Onías es el hijo del sumo sacerdote Simón (el Justo, después del 200 a. C.). Josefo duplica erróneamente a Onías, lo mismo que a Simón, cf. *supra,* p. 169, n. 14 y H. Guthe, *Geschichte des Volkes Israel* (Tubinga [3]1914) 318. Para lo que sigue, véase 1 Mac; 2 Mac; *Ant.* XII 5, 1-11, 2, § 237-434; *B. j.* I 1,1-6, § 31-47. Además, O. Holtzmann, *Neutest. Zeitgeschichte* (Tubinga [2]1906) 27-29; Schürer, I, 194-226; B. Stade y A. Bertholet, *Biblische Theologie des AT* II (Tubinga 1911) 203-207, 276-279; H. Guthe, *op. cit.,* 318, 322-327; S. Zeitlin, *Megillat Taanit as a Source for Jewish Chronology and History in the Hellenistic and Roman Periods:* JQR 9 (1918-1919) 71-102; 10 (1919-1920) 49-80, 237-290; y sobre todo Meyer, *Ursprung,* II, 131-166, 205-252; Schlatter, *Geschichte Isr.*, 102-129.

[20] Esta fecha se deduce de lo siguiente: Jasón fue constituido Sumo Sacerdote por Antíoco IV Epífanes, quien comenzó a ser rey en el 175 a. C. y permaneció tres años en el cargo (2 Mac 4,23). Según Dan 9,26-27 (véase *infra,* n. 24), Menelao ya era Sumo Sacerdote al final del año 172 a. C. (asesinato de Onías II). Por lo que Jasón fue Sumo Sacerdote desde el 175 al 172.

[21] 2 Mac 4,7-22. El relato de Josefo en *Ant.* XII 5,1, § 237 trata de ocultar la irregularidad en la sucesión de Jasón, haciendo morir a Onías II de muerte natural después del 175 a. C., y añadiendo que su hijo Onías III, a la muerte de su padre, era aún menor de edad. Esta exposición es claramente tendenciosa. La muerte violenta de Onías II es afirmada también por Dn 9,26; 11,22; lo cual confirma la exposición del segundo libro de los Macabeos.

[22] 2 Mac 4,23-24. Descendencia no sadoquita en 4,23; cf. 3,4 en la traducción latina y armenia. Josefo se esfuerza en ocultar la ilegitimidad de Menelao explicando que es hermano de Onías II y de Jasón y que se llamaba también Onías (*Ant.* XII 5,1, § 238s; XV 3,1, § 41; XIX 6,2, § 298; XX 10,3, § 235). Pero es totalmente improbable que el sumo sacerdote Simón haya tenido dos hijos con el mismo nombre, Onías II y «Onías Menelao». Además, es manifiesto el carácter tendencioso de

pueblo consideraba, y con razón, a Onías II, mientras aún vivía, como el Sumo Sacerdote legítimo [23]; por lo que Menelao, violando el juramento hecho, hizo que le diesen muerte al final del año 172 o comienzo del 171 antes de Cristo [24].

Onías (III) [25], a continuación del asesinato de su padre, y desde entonces aspirante legítimo al pontificado, se sublevó y tomó las armas. En el año 170 llegó, con un golpe de mano, a adueñarse de Jerusalén, con excepción de la fortaleza [26], en donde se había refugiado Menelao (2 Mac 5,5). Pero Onías (III) no pudo resistir a Antíoco IV; el rey se apoderó nuevamente de Jerusalén en el 169 [27] y Onías tuvo que huir, mientras que Menelao fue de nuevo investido del sumo sacerdocio. Onías (III), en situación desesperada, se dirigió a Egipto, cuya comunidad judía le honraba como al Sumo Sacerdote legítimo. Obtuvo de Ptolomeo IV Filométor (181-145 a. C.) y de su esposa Cleopatra el permiso para construir el templo de Leontópolis [28]. Onías se decidió a construir un templo en país pa-

la exposición que hace Josefo, como ya hemos observado en la nota precedente. Sus datos sobre el origen de Menelao son «una tosca falsificación destinada a legitimar al usurpador Menelao» (Meyer, *Ursprung,* II, p. 133).

[23] Respecto al juicio sostenido por el pueblo, véase, por ejemplo, la *Asunción de Moisés* V 4: gentes «qui non sunt sacerdotes sed servi a servis nati».

[24] 2 Mac 4,34. Esta indicación de 2 Mac es preferible a la exposición de Josefo en *Ant.* XII 5,1, § 237, según la cual Onías II murió de muerte natural en el año 175 a. C. Efectivamente, Dn 9,26; 11,22, y tal vez también Zac 12,10-14, confirman la muerte violenta de Onías II. Dn 9,26-27 da la fecha del asesinato de Onías II; según este texto, tuvo lugar al comienzo de la semana anual que va de diciembre del 171 a diciembre del 164 a. C.

[25] Josefo en *B. j.* I 1,1, § 31 y VII 102, § 423 habla erróneamente de Onías II; véase la nota precedente.

[26] Hay que preferir sin duda la exposición de Josefo en su *Guerra de los judíos* I 1,1, § 31s, procedente sin duda de Nicolás de Damasco, a la de *Antigüedades,* la cual está deformada; sin embargo, también los datos de la *Guerra* deben ser tomados con precaución y crítica (cf. n. 25 y n. 27). Según *Ant.* XII 5,1, § 239s y 2 Mac 5,5-10, es el antiguo sumo sacerdote Jasón quien habría atacado a Jerusalén. Pero la indicación de 2 Mac 5,8, según la cual Jasón se había visto obligado a huir a Egipto, permite suponer que primitivamente se trataba de Onías III, el cual huyó a Egipto y fundó el templo de Leontópolis. Además, la exposición de Josefo en *Antigüedades* está tendenciosamente deformada, dado que el relato de *Ant.* XII 5,1, § 237 está dominado por el deseo de ocultar toda irregularidad en la sucesión de los sumos sacerdotes (véase *supra,* n. 21-22, 24). Por eso, según *Antigüedades,* fue al antiguo sumo sacerdote Jasón, y no Onías III, quien emprendió el ataque a Jerusalén en el año 170 a. C.

[27] Según 1 Mac 1,20s y *Ant.* XII 5,3, § 246, a la vuelta de su primera campaña egipcia, en el 143 de la era seléucida = otoño del 170 al otoño del 169. Según *B. j.* I 1,1, § 31ss y 2 Mac 5,1-10, a la vuelta de su segunda campaña egipcia en el 168 antes de Cristo; véase, no obstante, la cronología de la nota siguiente.

[28] *B. j.* I 1,1, § 33. Además *B. j.* VII 10,4, § 436 (donde solamente en VII 10,2, § 423 Onías III es puesto en lugar de su padre Onías II): el templo de Leontópolis fue destruido en el 73 d. C., 343 (léase 243) años después de su construcción. La fundación, pues, tuvo lugar en el año 170 o 169 a. C. Según *Ant.* XII 9,7, § 387; XX 10,2, § 236, sólo después del asesinato del sumo sacerdote Menelao y de la designación de Alcimo (162), Onías III habría huido a Egipto. Pero esta datación tardía no merece ningún crédito, ya que otros pasajes nos han mostrado que la exposición de *Antigüedades* debe ser tomada con precaución *(supra,* n. 21-22,

gano, y, además, para realizar su plan, encontró sacerdotes y levitas, una comunidad y los medios necesarios, muy considerables ciertamente; este templo rival subsistió en país pagano durante doscientos cuarenta y tres años, hasta su destrucción por los romanos en el 73 d. C. Todo esto sería totalmente incomprensible si no supiéramos cuán arraigada estaba en el pueblo la convicción de que Onías III era el legítimo sucesor en el pontificado, ya que era hijo de Onías II, último Sumo Sacerdote sadoquita legítimo [29]. La legitimidad del Sumo Sacerdote y el hecho de que el templo de Jerusalén había sido profanado por los sirios acallaban todas las objeciones que pudiera hacer surgir el carácter no sagrado del emplazamiento del nuevo templo.

Entre tanto se abatió sobre Palestina la tempestad de la persecución religiosa (169 [o 167]-164) y los Macabeos se sublevaron. En diciembre del 164 a. C. fue consagrado de nuevo el templo de Jerusalén, que había sido profanado. Leyendo a Josefo tenemos la impresión de que los Macabeos no alteraron en nada la situación del sumo sacerdote Menelao [30]. Si esta exposición es exacta, su tolerancia no se explicaría más que por una deferencia sin límites para con la dignidad del Sumo Sacerdote. Para explicar la actitud pacífica de los Macabeos respecto a Menelao, tal como la podemos deducir del relato de Josefo, se podría también hacer valer que el legítimo aspirante al pontificado, Onías (III), había perdido sus derechos al construir un templo rival en Egipto y que, por otra parte, los Macabeos aún no eran los dueños absolutos de la situación, ya que tuvieron, por ejemplo, que soportar en el año 162 a. C. que el rey de Siria nombrase al Sumo Sacerdote. Pero no es cierto que los Macabeos toleraran al colaboracionista Menelao, tanto más cuanto que 1 Mac 4,42 declara: «Judas escogió sacerdotes sin tacha y observantes de la Ley». Sólo podemos decir que, hasta el 162 a. C., Menelao fue nominalmente Sumo Sacerdote [31].

Una cosa es cierta: en el 162, por instigación de su tutor, el comandante Lisias, Antíoco V Eupátor, de diez años de edad, hizo ejecutar a Menelao [32] para atraerse las simpatías de los judíos. El sacerdote Yakim

24-25). Además, la fundación de un templo rival se comprende mejor en los años de crisis religiosa que comienzan en el 169, y no en el 162, dos años después de terminar esta crisis. En fin, la indicación que acaba de ser citada respecto a la duración del templo de Leontópolis es contraria a los datos de *Antigüedades*.

[29] Véase en *B. j.* VII 10,2-3, § 423-432 la esperanza que tenía Onías III de captar al conjunto del pueblo judío con la construcción de este templo.

[30] Según *Ant.* XII 9,7, § 382ss, especialmente § 385, Menelao fue Sumo Sacerdote durante diez años, hasta el comienzo del 162 a. C. (conclusión de la paz entre Antíoco IV y los judíos).

[31] Schürer, I, 215, n. 16, supone que Menelao, «durante la dominación de Judas, no pudo naturalmente ejercer las funciones de Sumo Sacerdote». Parecida opinión se encuentra en Schlatter, *Gesch. Isr.*, 116. Por el contrario, Meyer, *Ursprung*, II, 211, 214, 224, 233, supone que Menelao permaneció en el cargo. Desgraciadamente ninguna fuente nos dice con claridad cuál fue la actitud de los Macabeos para con Menelao.

[32] *Ant.* XII 9,7, § 385; XX 10,3, § 235; 2 Mac 13,3-8. Fecha de ejecución: según la exposición de Josefo, fue una consecuencia de la paz concluida en el 162 a. C. entre Antíoco V Eupátor y los judíos. Por el contrario, según 2 Mac, tuvo lugar antes

(Alcimo), a quien los sirios nombraron entonces (162 a. C.) Sumo Sacerdote [33], no era ciertamente descendiente del Sumo Sacerdote legítimo Onías II; pero al menos era sadoquita [34], y el hecho de que, después de Menelao, hubiese de nuevo un Sumo Sacerdote sadoquita bastaba ya para hacer renacer las esperanzas. Los asideos abandonaron a los Macabeos y se unieron a Yakim (1 Mac 7,12-15). Pero éste decepcionó amargamente las esperanzas puestas en él [35]; por lo demás, su muerte, ocurrida en mayo del 159, puso pronto término a su pontificado [36].

La situación en Jerusalén era entonces confusa, debido a las intervenciones arbitrarias de los reyes sirios en la sucesión de los sumos sacerdotes y a la marcha a Egipto de Onías III, heredero legítimo del pontificado. Hay un hecho que muestra muy claramente el grado de esta confusión: del 159 al 152 a. C., según Josefo, el cargo de Sumo Sacerdote de los judíos permaneció sin titular [37].

Echemos de nuevo una mirada retrospectiva a la sucesión de los sumos sacerdotes en el curso de los quince años estudiados (175-159 a. C.).

de la campaña que Antíoco V realizó contra Judea a finales del verano del 163; lo cual parece menos probable.

[33] Según *Ant.* XII 9,7, § 385 y XX 10,3, § 235, Alcimo fue constituido Sumo Sacerdote por Antíoco V Eupátor (163-otoño del 162); por el contrario, según 1 Mac 7,5.21 y 2 Mac 14,3-13, fue Demetrio I Soter (otoño del 162-150) quien lo nombró. Pero tanto según 2 Mac 13,3-8 como según Josefo (véase la nota precedente), Menelao, el predecesor de Alcimo, fue ejecutado después que comenzó a reinar Antíoco V en el 162 a. C.; y según 2 Mac 14,3.7, había sido nombrado ya Sumo Sacerdote antes del reinado de Demetrio. Además, el cambio de Sumo Sacerdote fue la consecuencia de la conclusión de la paz entre Antíoco V y los judíos al comienzo del 162 (*Ant.* XII 9,7, § 382ss). Por consiguiente, la datación buena es ciertamente la de Josefo (otra solución en Schürer, II, p. 216, n. 23, sin justificar); el nombramiento de Alcimo tuvo lugar ya al comienzo del año 162 a. C. sin esperar al otoño.

[34] *Ant.* XX 10,3, § 235: «de la estirpe de Aarón», pero no de la familia de los sumos sacerdotes reinantes. *Ant.* XII 9,7, § 387: «no era de la familia de los sumos sacerdotes». 1 Mac 7,14: «un sacerdote de la estirpe de Aarón». En 2 Mac 14,7, Alcimo, ante Demetrio I, califica su dignidad de Sumo Sacerdote de *progonikē doxa.*

[35] 1 Mac 7,16-18; 9,54-57; 2 Mac 14; *Ant.* XII 10,2-3, § 395ss.

[36] Según 1 Mac 9,54, el 153 de la era seléucida = de primavera del 159 a primavera del 158, en el segundo mes.

[37] *Ant.* XX 10,3, § 237. Por el contrario, según *Ant.* XII 10,6, § 414 y 11,2, § 434, el pueblo, después de la muerte de Alcimo, acaecida, según parece, en el 161 antes de Cristo, habría transmitido el pontificado a Judas Macabeo, quien habría sido Sumo Sacerdote durante tres años (161-158). En concordancia con estos datos, *Ant.* XIII 2,3, § 46 no cuenta siete años de *intersacerdotium,* sino cuatro. Pero esto es claramente tendencioso, y por lo demás imposible; sencillamente porque 1 Mac no sabe de un pontificado de Judas y porque éste, según la cronología ciertamente exacta de 1 Mac 9,3, pereció en el primer mes, es decir, en nisân del año 152 de la era seléucida = abril del 160 a. C. (En este cálculo suponemos que los años de la era seléucida van de primavera a primavera [véase *supra,* p. 201], y que, por tanto, el año 152 de la era seléucida va de la primavera del 160 a la primavera del 159. Pero incluso si se cuenta el año seléucida a partir del otoño, y, por consiguiente, el año 152 de la era seléucida del otoño del 160 a otoño del 159 [entonces la muerte de Judas, en nisân del 152 de la era seléucida, cae en abril del 159], Judas pereció antes de la muerte de Alcimo, el cual, según 1 Mac 9,54, no murió hasta el año siguiente, el 153 de la era seléucida; véase la nota precedente).

Desde la destitución de Onías II, último Sumo Sacerdote legítimo de la familia de Sadoc, hubo sucesivamente los siguientes sumos sacerdotes: 1.º, un usurpador sadoquita, Jesús (Jasón), del 175 al 172; 2.º, un sacerdote de la clase de Bilga, Menelao, del 172 al 162; 3.º, un sadoquita no perteneciente a la línea legítima, Yakim (Alcimo), del 162 al 159. En cuanto a Onías III, el legítimo heredero sadoquita del pontificado, huyó a Egipto, en donde fundó el templo rival de Leontópolis. En el 159 Jerusalén estaba sin Sumo Sacerdote.

Esta vacante en el cargo de Sumo Sacerdote de los judíos se prolongó durante siete años. En el otoño del 152 a. C., por la fiesta de los Tabernáculos [38], el jefe de los judíos en aquella época [39], el asmoneo Jonatán (161-143/2), revistió los ornamentos pontificales. Hasta entonces, la *bêt ḥasmônay* [40] era, dentro de la clase sacerdotal de Yehoyarib, una familia ordinaria, una más de los turnos diarios de los que había de 4 a 9 en cada clase sacerdotal (sección semanal) [41]. Los sirios ofrecieron el pontificado a los asmoneos; éstos se consideraron con derechos para aceptarlo en virtud de los servicios que habían prestado al pueblo al librarlo del peligro de la ruina religiosa durante la persecución siria. También influyó el hecho de que los descendientes de Onías, herederos legítimos del pontificado, estaban ejerciendo en Leontópolis, el templo construido por Onías, y que no había sido reconocido en Jerusalén.

Sin embargo, el origen de la familia asmonea no había sido olvidado. Fueron los fariseos quienes se mantuvieron desconfiados ante los sumos sacerdotes y príncipes asmoneos, ya que éstos procedían de una familia sacerdotal ordinaria. Les discutieron el derecho al pontificado; fundando su reclamación respecto a Juan Hircano (134-104) y Alejandro Janneo (103-76) en el hecho de que la madre de Juan Hircano había sido prisionera de guerra, dijeron que los asmoneos debían renunciar al pontificado [42]. Pero no podemos olvidar que esta justificación de la denuncia de los fariseos no representa más que una parte de sus quejas; su oposición se

[38] 1 Mac 10,21: «En el séptimo mes (tisri) del año 160, en la fiesta de los Tabernáculos»; se trata del año 160 de la era seléucida = primavera del 152-primavera del 151 a. C. El séptimo mes es tisri (septiembre-octubre); la fiesta de los Tabernáculos se celebraba del 15 al 22 de tisri. Tuvo lugar, por tanto, al comienzo de octubre del 152.

[39] Los asmoneos no tomaron el título de rey hasta más tarde: según Josefo (*B. j.* I 3,1, § 70; *Ant.* XIII 11,1, § 301), con Aristóbulo I (104-103 a. C.); según el testimonio de las monedas y de Estrabón XVI 2,40, con Alejandro Janneo (103-76 a. C.). Estos dos datos no son contradictorios: pudo haber un uso interno del título de rey antes de la proclamación oficial.

[40] El Targum del Pseudo-Jonatán en 1 Sm 2,4: *ḥasmannay*. *Ant.* XII 6,1, § 265 llama a Matías, el valiente sacerdote padre de los cinco Macabeos, «hijo de Juan, hijo de Simón, hijo de Asmonaios». *B. j.* I 1,3, § 36, por el contrario, llama a Matías «hijo de Asmonaios». Como indica la comparación de estos tres datos, no es un antepasado de Matías quien haya podido llevar el nombre de Asmonaios (*ḥasmônay*); este apelativo es el nombre de familia.

[41] Tos. *Taʿan.* II 2 (216,17); j. *Taʿan.* IV 2, 68ª 14 (IV/1,178): de 5 a 9 turnos diarios.

[42] Véase *supra*, p. 175.

dirigía contra los hijos de la prisionera de guerra, pero también, y sobre todo, contra los descendientes de una familia sacerdotal ordinaria que había usurpado una dignidad que no le pertenecía. El siguiente pasaje de la Tosefta [43] muestra hasta qué punto se tenía conciencia de la ilegitimidad de los sumos sacerdotes asmoneos, procedentes de una familia sacerdotal ordinaria, quienes además no habían regresado a su patria hasta mucho después del término del exilio: «Y (los profetas de Jerusalén) así dialogaron con ellos (las 24 secciones semanales de sacerdotes): Aunque Yehoyarib (la familia sacerdotal a la que pertenecían los asmoneos) debe volver del exilio, uno de vosotros (de vuestras secciones semanales) no debe ser separado en su favor, sino que se le debe juntar a él (a una de vuestras secciones semanales)». Según este texto, por consiguiente, los asmoneos ni siquiera tienen derecho a ser plenamente miembros de una sección semanal; y con mucha mayor razón, por tanto, a ser sumos sacerdotes.

Pero los asmoneos se mantuvieron firmes. De Jonatán, primer titular del pontificado, esta dignidad pasó a su hermano Simón (142/1-134), y, a partir de este momento, permaneció hereditariamente en la familia de los asmoneos. Estos fueron sumos sacerdotes sin interrupción durante ciento quince años, hasta la toma de Jerusalén por Herodes el Grande y el gobernador romano de Siria, C. Sosio, en julio del año 37 a. C.; durante este período hubo ocho sumos sacerdotes asmoneos. Después exterminó Herodes a los asmoneos; el advenedizo idumeo consideraba con razón a los asmoneos como el mayor peligro para su dominio. En el 35 a. C. hubo aún un Sumo Sacerdote asmoneo, Aristóbulo, joven de diecisiete años, nombrado por su cuñado Herodes. Cuando, en el 35, Aristóbulo subió al altar en la fiesta de los Tabernáculos, el pueblo, entre grandes gritos de júbilo, le aclamó llorando de gozo [44]. A los ojos de Herodes aquello fue razón suficiente para suprimirlo; inmediatamente después de esta fiesta lo hizo ahogar en una piscina de Jericó [45]. Aristóbulo fue el último Sumo Sacerdote de su familia. Herodes multiplicó los crímenes; hizo también dar muerte a los parientes lejanos [46] de la familia asmonea para que no sobreviviese ningún asmoneo capaz de convertirse en jefe y, por tanto, en Sumo Sacerdote [47].

La toma de Jerusalén en el año 37 a. C. marca el comienzo de un ter-

[43] Tos. *Ta'an.* II 1 (216,15) par. j. *Ta'an.* IV 2, 68ª 8-12 (IV/1,178); b. *Ta'an.* 27ᵇ; b. *'Ar.* 13ª.

[44] *Ant.* XV 3,3, § 50-52; *B. j.* I 22,2, § 437.

[45] *Ant.* XV 3,3, § 53-56; *B. j.* I 22,2, § 437.

[46] Herodes hizo asesinar a los hijos de Babas; ocultados primeramente por un ilustre idumeo, Costóbar, fueron víctimas de la jurisdicción criminal de Herodes en el 28 o 27 a. C. Debían de ser parientes lejanos de la rama asmonea reinante, pues su nombre no aparece en ninguna otra parte. Herodes, sin embargo, no les perdonó. Eran los últimos representantes masculinos de la familia asmonea (*Ant.* XV 7,10, § 260-266).

[47] *Ant.* XV 7,10, § 266: «de suerte que no sobrevivió nadie de la familia de Hircano». La exterminación completa de los asmoneos aparece también en b. *B. B.* 3ᵇ.

cer período: la supresión del sumo pontificado como cargo vitalicio y, al mismo tiempo, el cese del príncipe heredero. Salvo dos excepciones, a saber: el babilonio Ananel [48] y el asmoneo Aristóbulo, mencionado hace poco, Herodes no nombró sumos sacerdotes más que a «miembros de familias sacerdotales ordinarias» [49]; nombraba y destituía sumos sacerdotes a su antojo. Esta situación anárquica se prolongó hasta la destrucción del templo en el 70 d. C., hasta el punto de que, en ciento seis años (37 antes de Cristo-70 d. C.), no hubo menos de 28 sumos sacerdotes, de los cuales 25 procedían de familias sacerdotales comunes. Esta cifra hay que compararla con otra: durante un período más largo, es decir, durante ciento quince años, los asmoneos sólo tuvieron 8 sumos sacerdotes.

Resumamos de nuevo la situación con la ayuda de cifras, siguiendo los datos de Josefo [50]. Hay que notar, respecto a Josefo, que cuenta a Menelao como el decimoquinto sadoquita en funciones en el segundo templo; en realidad, los nueve años en que él ocupó el cargo hay que computarlos como *intersacerdotium,* ya que Menelao no era sadoquita. Josefo cuenta 83 sumos sacerdotes [51] desde Aarón hasta la destrucción del templo.

[48] Véase *infra,* p. 211.

[49] *Ant.* XX 10,5, § 247; Tos. *Yoma* I 7 (180,28).

[50] *Ant.* XX 10,1, § 224ss.

[51] *Ant.* XX 10,1, § 227. Para esta cifra véase la indicación del Talmud, j. *Yoma* I 1,38c 39 (III/2,162): en el segundo templo (desde el exilio hasta el 70 d. C.) habría habido 80 sumos sacerdotes en funciones, según otros 81, 82, 83, 84 u 85.

LISTA COMPLETA DE LOS SUMOS SACERDOTES SEGUN JOSEFO

		Número de sumos sacerdotes	Duración
1.er período: Sadoquitas.	*a)* Desde la salida de Egipto[52] hasta la construcción del primer templo.	13	612
	b) En el primer templo (el de Salomón.	18	466 ½
	En el destierro.	—	70
	c) En el segundo templo (incluido Menelao).	15	412
		46	1.560 ½
Intersacerdotium	*a)* El sacerdote Alcimo.	1	3
	b) Período sin Sumo Sacerdote.	—	7
2.º período: Asmoneos.		8	113 ½[53]
3.er período: Epoca herodiana y romana (37 antes de Cristo-70 después de Cristo).		28	107[54]
	TOTAL	83	1.791

Este panorama histórico nos permite comprender mejor el concepto de aristocracia sacerdotal. En el siglo I de nuestra Era había dos grupos de familias pontificias, las que eran legítimas y las que no lo eran. Las familias *legítimas* eran únicamente los sadoquitas que prestaban sus servicios en el templo de Onías, en Leontópolis, y las familias procedentes de esta rama directora, las *ilegítimas,* eran aquellas familias de cuyo seno el azar o la política, a partir del 37 a. C., había elevado a uno o a varios miembros a la suprema dignidad religiosa. (Los asmoneos, extinguidos ya entonces, habrían constituido un intermedio entre los dos grupos; descendían de una familia sacerdotal ordinaria, pero habían mantenido, sin embargo, el pontificado durante más de un siglo antes de ser exterminados). Tal es el cuadro suministrado por las fuentes.

[52] *Ant.* XX 10,1, § 230: Josefo cuenta a partir de la salida de Egipto y no a partir de la construcción del Tabernáculo.

[53] Desde la fiesta de los Tabernáculos del 152 a julio del 37 a. C.; en realidad, ciento catorce años y nueve meses.

[54] Desde julio del 39 a. C. al 10 de *ab* (aproximadamente agosto) del 70 d. C.; en realidad, ciento seis años y un mes.

En el libro IV de su *Guerra de los judíos* cuenta Josefo cómo el jefe de los zelotas, Juan de Giscala, se apoderó de Jerusalén hacia el comienzo de noviembre del 67 d. C. y cómo a continuación establecieron los zelotas un nuevo procedimiento para elegir al Sumo Sacerdote. Estos bienhechores del pueblo, para quienes todo conducía a aumentar su propio poder, especularon en sus medidas con los sentimientos de los estratos de población fieles a la Ley; pudiera ser también que en parte hubiesen actuado seriamente. Primero «declararon no válidos los derechos de las familias en cuyo seno se elegían siempre, alternativamente, los sumos sacerdotes» [55]. Se trata de familias sacerdotales; hablaremos de ellas con más detalle. Los zelotas tenían razón; se trataba de familias sacerdotales ordinarias, y, por ello, eran ilegítimas. En lugar de estas familias, los nuevos soberanos, invocando una vieja costumbre, introdujeron el sorteo para elegir al Sumo Sacerdote. «Llamaron, por consiguiente, a una de las tribus pontificias, la de Eniaquín, y eligieron por suerte un Sumo Sacerdote» [56]. Intencionadamente escogió Josefo la palabra «tribu» (φυλή) como la única apropiada al caso. Una «tribu pontificia» no puede ser más que una familia procedente de la legítima familia pontificia sadoquita, la cual había suministrado los sumos sacerdotes en Jerusalén hasta el 172 a. C. y después en Leontópolis. Esta tribu pontificia vivía en el campo. Externamente no se distinguía en nada de las otras familias sacerdotales, ni siquiera en la educación de sus miembros; el Sumo Sacerdote elegido por sorteo, Phanni, de la aldea de Aphtia [57], era un cantero [58] totalmente inculto [59]. Pero esta tribu tenía la ventaja de ser de ascendencia sadoquita; por eso [60] los zelotas pensaron en ella como medio de enlazar así con el pasado. El último Sumo Sacerdote de la historia judía fue, por tanto, un sadoquita, si prescindimos del sumo sacerdote Eleazar, nombrado durante la sublevación de Bar Kokba.

Eniaquín no era la única «tribu» sadoquita. Otra familia sacerdotal, procedente de la rama pontificia legítima, vivía en Babilonia; de ella había salido el sumo sacerdote Ananel, primer Sumo Sacerdote nombrado por Herodes después de la toma de Jerusalén en el 37 a. C. [61]. Lo mismo que los zelotas, Herodes, en este caso, hizo el papel de guardián de la tradición nombrando Sumo Sacerdote, en lugar de los «usurpadores» asmoneos,

[55] *B. j.* IV 3,6, § 148, cf. 3,7, § 153.

[56] *B. j.* IV 3,8, § 155.

[57] Pinjás de Jabta en la tradición rabínica.

[58] Según Tos. *Yoma* I 6 (180,25); *Lv. R.* 26,8 sobre 21,10 (71[b] 28); *Sifra* Lv 21,10 (47[c] 187,8), los sacerdotes enviados a buscarlos lo sacaron de la cantera para llevarlo a Jerusalén. Apoyándose en 1 Re 19,19, su pariente Jananya ben Gamaliel II (hacia el 120 d. C.) afirma que fue trasladado del arado a su nueva dignidad (Tos. *Yoma* I 6 [180,27]; *Sifra* Lv 21,10 [47[c] 187,10]); no se trata más, con toda seguridad, que de una adaptación según 1 Re 19,19.

[59] *B. j.* IV 3,8, § 155.

[60] Schürer, I, 618: «Era un hombre del pueblo; eso era lo esencial». Este juicio desconoce la cosa principal, es decir, el origen familiar del Sumo Sacerdote elegido por sorteo.

[61] *Ant.* XV 3,1, § 40, cf. 2,4, § 22 (según *Para* III 5, era egipcio).

a un descendiente de la familia sadoquita legítima; pero, al igual que los zelotas más tarde, eligió prudentemente a un hombre insignificante[62].

De lo que antecede se deduce que en el siglo I antes de Cristo y en el siglo I de nuestra Era había familias sacerdotales descendientes de la rama sadoquita legítima[63]; el primero y el último de los sumos sacerdotes en funciones entre el 37 a. C. y el 70 d. C. fueron de origen sadoquita. Como vemos, esto es muy significativo; aunque las familias sadoquitas estuvieron privadas de influencia política, la conciencia popular las colocaba muy por encima de las influyentes familias pontificias ilegítimas. En Oriente, la ascendencia ha tenido siempre más peso que el poder, pues pasa por ser la voluntad de Dios; tendremos ocasión de constatarlo frecuentemente.

Ciertamente, la influencia y el poder se encontraban del lado de las familias pontificias ilegítimas, de aquellos que, desde el 37 a. C., suministraron todos los sumos sacerdotes menos tres. Entre los 28 últimos sumos sacerdotes judíos en funciones desde el 37 a. C. hasta el 70 d. C. (durante la guerra de Bar Kokba se vio aparecer aún un Sumo Sacerdote, Eleazar), sólo el primero y el último de la serie, como acabamos de ver, pertenecían a una familia legítima: el babilonio Ananel (Sumo Sacerdote del 37 al 36[5] a. C., y a partir del 34, por segunda vez) y Pinjás de Jabta, el cantero (67[8]-70 d. C.); además, todavía un asmoneo fue una vez Sumo Sacerdote en la persona de Aristóbulo (35 a. C.). Los otros 25 procedían todos de familias sacerdotales ordinarias. Estas familias, así repentinamente ennoblecidas, originarias en parte del extranjero[64] y en parte de la provincia[65], formaron en seguida una nueva jerarquía realmente ilegítima, pero poderosa. Se componía sobre todo de cuatro familias; cada una de ellas se esforzaba por conservar el mayor tiempo posible el pontificado. Entre los 25 sumos sacerdotes ilegítimos de la época herodiana y romana, no menos de 22 pertenecen a estas cuatro familias, a saber: Boetos (8)[66],

[62] *Ant.* XV 2,4, § 22 dice que Herodes no nombró a un sacerdote del país, hombre influyente, sino a un extranjero insignificante. En contradicción con Josefo, se ha interpretado esta indicación de forma totalmente falsa: Ananel era «de origen sacerdotal ordinario» (Schürer, II, p. 269; opinión parecida en Otto, *Herodes,* col. 38). Precisamente él no lo era.

[63] A una de estas familias pertenecía R. Sadoc, célebre sacerdote que enseñaba en Jerusalén antes del 70 d. C. *ARN* rec. A cap. 16, 63^{a} 25 dice de él que era de ascendencia pontificia. No es una casualidad que se llamase Sadoc.

[64] La familia de Boetos era originaria de Alejandría.

[65] El sumo sacerdote José, hijo de Ellem, que ofició el 5 a. C. en el día de la expiación en lugar del Sumo Sacerdote en funciones y, por consiguiente, es contado en la lista de los 28 sumos sacerdotes, era originario de Séforis (Tos. *Yoma* I 4 [180,14]; b. *Yoma* 12^{b}; j. *Yoma* I 1, 38^{d} 1 [III/2,164]). La familia pontificia *bêt ʿalôbay* (j.: *anôbay)* era originaria de *s^{e}biyyîm* (j.: *bêt s^{e}bôʿîm);* la familia pontificia *bêt qayyapha* (j.: *n^{e}qîphî),* de *bêt m^{e}qôses* (j.: *bêt qôses):* Tos. *Yeb.* I 10 (241,25); j. *Yeb.* I 6,3^{a} 47 (IV/2,18) (de estos nombres de lugares b. *Yeb.* 15^{b} hace nombres de familias). La última familia nombrada pudiera ser la del sumo sacerdote Caifás; cf. *supra,* p. 112, n. 95.

[66] A los seis miembros de la familia de Boetos citados por Schürer, II, p. 275, hay que añadir otros dos: Matías, hijo de Teófilo (5-4 a. C.), el cual, según *Ant.* XVII 6,4, § 164, era yerno de Simón, llamado Boetos (22-5 a. C.); y José, hijo

Anás (8), Phiabi (3) y Kamith (3); en cuanto a los otros tres sumos sacerdotes [67], se puede suponer que estaban ligados a estas familias.

La más poderosa de ellas al comienzo fue la de Boetos [68]. Era originaria de Alejandría. Su primer representante fue el sacerdote Simón [69], suegro de Herodes (22-5 a. C.; notemos la duración de este pontificado: ¡diecisiete años!) [70]; a continuación logró colocar aún otros siete miembros en el pontificado. Hay un hecho que muestra el alcance de su influencia: una parte de los saduceos, y probablemente incluso todo este partido, son llamados «boetusianos» [71]. Más tarde, la familia de Boetos fue aventajada por la del sumo sacerdote Anás (6-15 d. C.; permaneció, por tanto, nueve años en el cargo) [72], cuyos cinco hijos, lo mismo que su yerno Caifás (18 aprox.-37; por tanto, diecinueve años en funciones) [73] y su nieto Matías (65), fueron sumos sacerdotes. Según los datos de Josefo, la familia de Kamith, como la de Phiabi, proporcionó tres sumos sacerdotes; según la leyenda del Talmud, por el contrario, fueron siete, los cuales, según se dice, eran todos hermanos, y, en verdad, uno o dos de ellos debieron de oficiar solamente para sustituir a su hermano impedido por una impureza ritual [74].

de Ellem (5 a. C.). Este último era pariente de Matías, y manifiestamente muy cercano, pues le sustituyó una vez (*Ant.* XVII 6,4, § 164); hay que contarlo, por tanto, en el número de los miembros de la familia de Boetos.

[67] Fueron Jesús, hijo de See (hasta el 6 d. C.); Ananías, hijo de Nebedeo (a partir del 47 aproximadamente); Jesús, hijo de Damneo (62-63 aprox.).

[68] En b. *Pes.* 57ª bar. es nombrada la primera; viene después la familia de Qatros (Kantheras), emparentada con él.

[69] A veces se le llama Boetos según el nombre de su familia, por ejemplo *Ant.* XIX 6,2, § 297.

[70] Respecto a estas fechas: Simón fue nombrado después de finalizar la escasez (*Ant.* XV 9,3, § 319s). Ahora bien, basándose en la cronología de los años sabáticos, hay que colocar esta escasez en el 24-22 a. C.; véase mi artículo *Sabbathjahr,* en ZNW 27 (1928) 98s.

[71] Tos. *Sukka* III 1 (195,19); b. *Sukka* 43ᵇ; cf. Tos. *Yoma* I 8 (181,3) y *passim.*

[72] Lc 3,2; Hch 4,6; Jn 18,13.24.

[73] Aparece frecuentemente en el NT; véase también *supra,* n. 65. No hay que mantener la fecha del 36 d. C. como fecha de la destitución de Caifás, según se afirma corrientemente. A tenor de *Ant.* XVIII 4,2, § 89, Vitelio, gobernador de Siria, envió a Pilato a Roma para justificarse, después vino (XVIII 4,3, § 90ss) a Jerusalén para la Pascua y, en esta ocasión, destituyó a Caifás (§ 95). Pilato no llegó a Roma hasta después de la muerte de Tiberio, acaecida el 16 de marzo del año 37; por lo que no pudo ser atribuido antes de finales del 36, sino probablemente al comienzo del 37. Por consiguiente, Vitelio se encontraba en Jerusalén en la Pascua del 37, y es entonces cuando fue depuesto Caifás (cf. Otto, *Herodes,* col. 193ss. Otto sólo comete el error de confundir esta primera vista de Vitelio con la segunda, narrada en *Ant.* XVIII 5,3, § 122ss. Es totalmente imposible, pues, en esa segunda visita es el sumo sacerdote Jonatán, sucesor de Caifás, quien fue destituido. En su segunda visita recibió Vitelio la noticia de la muerte de Tiberio. Ahora bien, para llegar a Palestina necesitaban las noticias de uno a tres meses, según los vientos fuesen o no favorables; esta segunda visita, por tanto, tuvo ciertamente lugar en la fiesta de Pentecostés del 37. Por consiguiente, Jonatán, sucesor de Caifás, estuvo en el cargo durante cincuenta días solamente, desde Pascua a Pentecostés del año 37).

[74] Según b. *Yoma* 47ª, los hermanos que oficiaron en calidad de sustitutos fueron Yeshebab y José. El pasaje paralelo de Tos. *Yoma* IV 20 (189,14) menciona

¿En qué se fundaba el poderío de estas pocas familias? Encontramos la respuesta en la queja [75] expresada contra la nueva jerarquía por Abbá Shaul, hijo de la batanea (vivió en Jerusalén antes del 70 d. C. [76] y enseñó hasta el 100), en nombre de [77] Abbá José ben Janín [78] (antes del 70 en Jerusalén):

«¡Desdichado de mí a causa de la familia de *Baithos* (Boetos),
desdichado de mí a causa de su lanza! [79].
¡Desdichado de mí a causa de la familia de *Janín* (Tos.: Eljanán; es desgraciado de mí a causa de su cuchicheo! [81]. [Anás) [80],
¡Desdichado de mí a causa de la familia de *Qatros* (Tos.: Qadros; es desgraciado de mí a causa de su cálamo! [82]. [Kantheras),
(¡Desdichado de mí a causa de la familia de *Elisha,*
desdichado de mí a causa de su puño! [hay más en Tos.]).
¡Desdichado de mí a causa de la familia de *Ismael ben Phiabi,*
desdichado de mí a causa de su puño! [83].

Pues son sumos sacerdotes, sus hijos tesoreros, sus yernos guardianes del templo [84] y sus criados golpean al pueblo (Tos.: a nosotros) con bastones» [85].

solamente a un hermano sustituto; se llama Judas en *Lv. R.* 20,7 sobre 16,1-2 (53ᵇ 26); j. *Yoma* I 1, 38ᵈ 6 (III/2,164); j. *Meg.* I 12, 72ᵃ 49 (no traducido en IV/1,220, donde se remite al paralelo III/2,164); *Tanhuma, ʿaharê môt,* § 7, 433, 24 y *passim.*

[75] b. *Pes.* 57ᵃ bar.; Tos. *Men.* XIII 21 (533,33).

[76] De b. *Besa* 19ᵃ bar. se deduce que vivía en Jerusalén antes de la destrucción del templo.

[77] Tos.: «y».

[78] Tos.: «Abbá Yosé ben Yojanán, habitante de Jerusalén». El nombre es el mismo; sólo la transcripción es diferente. Es posible que la Tosefta piense por error en el doctor del mismo nombre, mencionado en *P. A.* I 4, que vivió alrededor del 150 a. C.

[79] O: «a causa de su maldición».

[80] La lectura del babli es la mejor: Janín.

[81] = chismes. Tos.: «desgraciado de mí a causa de la familia de sus cuchicheos».

[82] = decretos.

[83] Estas últimas ocho palabras faltan en la Tos., que las ha puesto ya en la frase precedente.

[84] *ʿAmmarkᵉlîn,* véase *supra,* pp. 184ss.

[85] El texto de la Tosefta no es tan bueno (cf. *supra,* n. 77s, 81). Es sorprendente, sobre todo, que en este texto de la Tosefta aparezca otra familia, la de Elisha. En la lista completa que nos da Josefo de los sumos sacerdotes no se encuentra, en los cien últimos años antes de la destrucción del templo, un Sumo Sacerdote que se llame Elisha o hijo de Elisha. En cuanto a la tradición rabínica: *a)* en este texto nombra a una familia pontificia de Elisha; *b)* en b. *Ber.* 7ᵃ bar. y b. *Git.* 58ᵃ, habla de Rabbí *(sic)* Ismael ben Elisha, Sumo Sacerdote oficiante en el Sancta sanctorum; éste no puede ser otro que uno de los dos sumos sacerdotes que llevaron el mismo nombre de Ismael (Ismael ben Phiabi I, 15-16 d. C. aprox., e Ismael ben Phiabi II, hasta el 61), el cual fue confundido con el célebre R. Ismael ben Elisha (ejecutado en el 135 d. C.); *c)* en Tos. *Halla* I 10 (98,10), R. Ismael ben Elisha jura por el vestido pontificio de su *ʾabbà.* No puede tratarse de su padre, ya que no hubo ningún Sumo Sacerdote que se llamase Elisha; se trata, por tanto, de su antepasado, probablemente el Sumo Sacerdote Ismael ben Phiabi II. Hay que suponer, por consiguiente, que el texto de la Tosefta designa por familia de Elisha a la familia de Phiabi, que se encuentra así nombrada dos veces.

Esta lamentación, que nos revela de forma tan característica el estado de ánimo del pueblo y del bajo clero respecto a la nueva jerarquía ilegítima, contiene excelentes materiales históricos. El autor y quien nos transmite su tradición pertenecen aún a la Jerusalén anterior a la destrucción del templo, y el texto nombra a las tres familias pontificias (Boetos, Anás, Phiabi; el sumo sacerdote Simeón Kantheras era un hijo de Boetos, por lo que su familia formaba parte de la de Boetos) que, como hemos podido ver por los relatos de Josefo, tenían la sartén por el mango. Estas maldiciones nos hacen ver que la influencia de la nueva aristocracia se fundaba en una política de fuerza, en parte brutal (bastones, puños), en parte de intriga (cuchicheos, cálamos). Esta política le permitía obtener las principales funciones del templo y tener en sus manos los impuestos y fondos del mismo. Respecto a las funciones, se trata de los puestos fijos de los sacerdotes jefes de Jerusalén: el de jefe supremo del templo (como hemos visto, este puesto estaba ordinariamente ocupado por los parientes más cercanos del Sumo Sacerdote) y los de guardianes del mismo, que venían inmediatamente después de él, así como los puestos de tesoreros del templo. Según el texto de esta lamentación, era costumbre elegir todos los sacerdotes jefes entre los hijos y yernos de los sumos sacerdotes en funciones y de los antiguos sumos sacerdotes.

El NT, en un pasaje falsamente interpretado muchas veces, constata este nepotismo de la nueva jerarquía. Hch 4,5-6 describe así la convocación de una sesión del Sanedrín: «V. 5: Al día siguiente los jefes de ellos (de los judíos), los ancianos y los escribas se reunieron en Jerusalén. V. 6: Estaban entre ellos Anás, el (antiguo) Sumo Sacerdote y Caifás y Jonatán [86] y Alejandro y todos los miembros de las familias pontificias».

El v. 5 nombra tres conocidos grupos que forman en conjunto el Sanedrín: sacerdotes jefes, ancianos y escribas. El término «jefes», *archontes,* se halla en lugar de *archiereīs,* término preferido en otras partes; así sucede en el v. 8 [87] y corrientemente en Josefo [88]. El v. 6 no menciona ningún otro grupo de miembros del Sanedrín; como ya indica el nominativo, contrario a la construcción, detalla los miembros del primer grupo, el más importante, el de los *archiereīs,* es decir [89], de los sacerdotes jefes de Jerusalén. Son: a) el antiguo sumo sacerdote Anás (en funciones del 6 al 15 después de Cristo), nombrado en primer lugar a causa de su edad y de su influencia; b) su yerno Caifás, Sumo Sacerdote en activo (18-17 aprox.);

[86] En la mayor parte de los manuscritos se lee *Iōannēs.* En D d g p, por el contrario, se lee *Iōnathas.* Juan aparece en el NT alrededor de 135 veces; mientras que Jonatán no se encuentra en ninguna otra parte; además, el cambio de estos dos nombres se encuentra en otros sitios (Th. Zahn, *Die Apostelgeschichte* I [Leipzig ³1922] 167, n. 88). Por tanto, las razones de crítica interna permiten decidirse sin vacilación en favor de la lectura Jonatán de los testigos occidentales que acaban de ser citados.

[87] Compárese el v. 8 con el v. 23. El mismo empleo del término se halla tal vez ya en 1 Mac: cf. 1 Mac 1,26 «*archontes* y ancianos», junto con 7,33 y 11,23 «sacerdotes y ancianos». De otro modo sucede en 14,28, donde «sacerdotes del pueblo y ancianos del país» se encuentran unos al lado de otros.

[88] Véanse las citas en Schürer, II, 252, n. 41 y 42.

[89] Véase *supra,* pp. 193ss.

c) Jonatán, hijo de Anás, quien, algunos años después del acontecimiento narrado por Hch 4,1-22, sucedió a Caifás como Sumo Sacerdote (año 37)[90] y que, con toda probabilidad[91], era en aquella época jefe supremo del templo; d) Alejandro, que nos es conocido de forma más precisa por otros lugares; e) otros miembros de las familias pontificias en cuanto ocupaban los puestos de sacerdotes jefes en el templo de Jerusalén.

Hch 4,5-6 confirma, por tanto, los datos talmúdicos, según los cuales la nueva jerarquía se ponía de acuerdo para que sus miembros ocupasen los puestos influyentes de sacerdotes jefes en el templo: no sólo el yerno del antiguo sumo sacerdote Anás es Sumo Sacerdote en funciones y uno de sus hijos es jefe del templo, sino que la familia pontificia reinante, la de Anás, ostentaba otros puestos, probablemente todos los otros puestos de sacerdotes jefes. La composición del gobierno en el 66 d. C., cuando estalló la rebelión contra los romanos, permite darse cuenta mejor de qué gran poder gozaba la nueva jerarquía y cómo tenía en sus manos no sólo el templo, el culto, la jurisdicción sobre los sacerdotes[92], un número considerable de asientos en la asamblea suprema, el Sanedrín[93], sino también la dirección política de la asamblea del pueblo[94]. En efecto, en el 66, uno de los dos jefes de Idumea fue un sacerdote jefe; el otro, el hijo del sumo sacerdote Anás; además, tres sacerdotes recibieron el mando en Galilea, e ignoramos el origen de otros cuatro jefes, los de Jericó, Perea, Thamma y Gophna con Akrabatta[95]. Con su nepotismo no sólo logró la aristocracia sacerdotal tener en sus manos el poder político, sino también la administración de los fondos del templo, lo que no es menos importante. «Sus hijos son tesoreros... y sus criados tratan al pueblo a bastonazos», hemos leído en la lamentación de Abbá Shaul. La queja relativa a las brutalidades de los criados hace pensar en los casos, relatados anteriormente, de apropiación violenta e ilegal de los tributos y porciones de las víctimas pertenecientes a los sacerdotes de las 24 secciones semanales. De hecho podemos constatar que la mayor parte de las familias de la nueva jerarquía, tales como las familias de Boetos, Anás y Phiabi, disponían de grandes riquezas[96].

La nueva jerarquía podía hacer gala de riqueza y poder; pero eso no pudo reemplazar la legitimidad que le faltaba.

[90] *Ant.* XVIII 4,3, § 95. Sobre su corto pontificado de sólo cincuenta días, véase *supra,* n. 73.

[91] j. *Yoma* III 8,41ª 5 (III/2,197): «El Sumo Sacerdote no era nombrado tal si previamente no había sido jefe supremo del templo»; véase sobre este punto *supra,* pp. 182s. Probablemente éste es el caso aquí, tanto más cuanto que está en funciones la familia de Anás, que gozaba entonces de un poder particularmente grande; ningún otro Sumo Sacerdote del siglo I de nuestra Era estuvo tanto tiempo en funciones como Caifás.

[92] *Supra,* pp. 195s.

[93] *Supra,* p. 197.

[94] Casi siempre son sacerdotes dirigentes quienes toman parte en las embajadas, por ejemplo *Ant.* XX 8,11, § 194 y *passim.*

[95] *B. j.* II 20,3, § 562ss; Galilea: *Vita* 7, § 29.

[96] He reunido los testimonios *supra,* pp. 114 y 115ss. Cf. la prescripción de Tos. *Yoma* I 6 (180,23), según la cual el Sumo Sacerdote debe aventajar en riqueza a los demás sacerdotes.

4. LOS SIMPLES SACERDOTES [1]

Frente a esta aristocracia sacerdotal se encontraba la gran masa de los simples sacerdotes. En el seno del pueblo judío el clero constituía una comunidad de tribu fuertemente organizada que hacía remontar su genealogía hasta Aarón; el sacerdocio se transmitía dentro de ella hereditariamente.

Según una distribución, cuya tradición se remontaba muy arriba, estaba dividida en clases sacerdotales. Ya en el 445 a. C., al firmar solemnemente la Ley, se contaban 21 clases sacerdotales, secciones para el servicio (Neh 10,3-9). En el siglo IV, hacia el final del período persa, aparece una segunda lista que menciona 22; han desaparecido cinco de las antiguas clases y se han añadido seis nuevas (Neh 12,1-7.12-21). Es el primer libro de las Crónicas el que cita por primera vez 24 clases sacerdotales; nuevamente han desaparecido doce antiguas clases, apareciendo 14 nuevas (1 Cr 24,1-19). En 1 Cr 24,7 la familia sacerdotal de Yehoyarib, a la que pertenecían los Macabeos (1 Mac 2,1; 14,20), es nombrada en primer lugar, mientras que está completamente ausente en Neh 10,3-9 y aparece en un rango secundario en Neh 12,1-7.12-21. De donde se deduce que esta tercera lista no puede haber sido redactada más que en la época macabea [2].

La división del clero en 24 clases sacerdotales, de las que cada una realizaba en Jerusalén una semana de servicio según su turno, de sábado a sábado [3] (por eso las clases se llamaban también secciones semanales), era la disposición vigente en tiempo de Jesús [4]. Estas 24 clases sacerdotales comprendían a todos los sacerdotes dispersos por Judea y Galilea [5]. Cada una de ellas (secciones semanales) [6] constaba de 4 a 9 familias de sacerdotes (secciones o turnos diarios) [7], las cuales oficiaban turnándose durante los siete días de la semana que estaba de servicio su sección semanal. Ya hemos encontrado [8] un ejemplo de esta división, bajo la forma de la *bêt hasmônay,* sección diaria que formaba parte de la sección semanal de Yehoyarib. A la cabeza de una sección semanal se encontraba el

[1] *Kôhen hedyôt.*

[2] El texto de la Tosefta citado *supra,* p. 207, muestra igualmente que la repartición de 1 Cr 24,7-18, que pone la clase de Yehoyarib en primer lugar, debe de ser de fecha reciente.

[3] *C. Ap.* II 8, § 108; *Ant.* VII 14,7, § 365; Lc 1,8.

[4] *Ant.* VII 14,7, § 365s; *Vita* 1, § 2; Tos. *Taʿan.* II 1 (216,12) y par. (véase *supra,* n. 42); Lc 1,5.8; *Cant. R.* 3,12 sobre 3,7 (40ª 31) y *passim.*

[5] Sacerdotes en Galilea: Shijín en Galilea, j. *Taʿan.* IV 8, 69ª 53 (IV/1,192); en Séforis: véase *supra,* n. 65; Tos. *Sota* XIII 8 (319,20); j. *Yoma* VI 3, 43ᶜ 59 (III/2,234); b. *Yoma* 39ª; Schlatter, *Gesch. Isr.,* 136; Büchler, *Priester,* 196-202.

[6] *Mismar* (guardia). Josefo, *Vita,* 1, § 2: *ephēmeris, patria.* Lc. 1,5.8: *ephemeria.*

[7] *Bêt ʾab;* Josefo, *Vita* 1, § 2: *phylē.* Curiosamente el griego de Josefo emplea denominaciones falsas al llamar a la sección semanal «sección diaria» *(ephēmeris),* y al designar, por el contrario, a la sección diaria con el término general de «tribu» *(phylē).* Encontramos el número de secciones diarias de una sección semanal en Tos. *Taʿan.* II 1-2 (216,12): de 4 a 9 secciones diarias; y en j. *Taʿan.* IV 2, 68ª 14 (IV/1,178): de 5 a 9.

[8] Véase *supra,* p. 206.

rôs ha-mismar, y al frente de una diaria, el *rôs bêt 'ab*[9]. Vemos, por tanto, que el conjunto de los sacerdotes se componía de 24 secciones semanales, divididas a su vez en unas 156 secciones diarias.

En el presente estudio no tenemos que describir la actividad litúrgica de los sacerdotes. Pero, en relación con la descripción de su distribución social, tenemos que indagar sobre el número de los sacerdotes judíos.

Exagera fantásticamente el Talmud al afirmar que la más pequeña de las secciones semanales, que tenía su sede en Shijín en Galilea, había suministrado sola unos 85.000 jóvenes sacerdotes[10]. Por el contrario, según el Pseudo-Hecateo[11], el número de sacerdotes no era más que de 1.500[12]. Pero esta última cifra tampoco se debe mantener; efectivamente, como Büchler ha visto muy bien[13], pudiera ser que esta cifra no comprendiese más que a los sacerdotes residentes en Jerusalén[14]. La indicación de Neh 11,10-19, según la cual en el 445 a. C. se establecieron en Jerusalén 1.192 sacerdotes, concuerda con esta explicación[15]. Por el contrario, se puede utilizar la indicación de la carta del Pseudo-Aristeas, escrita en las últimas décadas del siglo II antes de nuestra Era[16]; en su visita al templo se hallan de servicio 700 sacerdotes, y «además una gran muchedumbre de gente ofrece las víctimas»[17]. En su pensamiento, la cifra de 700 representa el conjunto de sacerdotes y levitas de la sección semanal de servicio; por otra parte, los que ofrecen las víctimas, mencionados a continuación por el Pseudo-Aristeas, representan a los miembros de la sección diaria que está de servicio. Los datos del Pseudo-Aristeas conducen a un total aproximado de $750 \times 24 = 18.000$ sacerdotes y levitas.

La coherencia entre esta cifra y los datos del AT inspira confianza. Según Esd 2,36-39 = Neh 7,39-42, volvieron del exilio con Zorobabel y Josué cuatro familias de sacerdotes que comprendían 4.289 hombres, además de 74 levitas (Esd 2,40-42; Neh 7,43-45), 128 cantores (Neh:

[9] *Supra,* pp. 183ss.

[10] j. *Ta'an.* IV 8, 69ª 53 (IV/1, 192).

[11] Respecto a la atribución de la noticia citada en la nota 14 al Pseudo-Hecateo, a quien hay que situar al final del siglo II a. C., véase la exposición de B. Schaller, *Hekataios von Abdera über die Juden:* ZNW 54 (1963) 15-31.

[12] Citado por Josefo, *C. Ap.* I 22, § 188.

[13] Büchler, *Priester,* 48ss.

[14] El Pseudo-Hecateo dice: «La cifra total de sacerdotes judíos que perciben el diezmo de los productos y administran los asuntos públicos es de 1.500 como máximo». Además de la exigüidad del número, la mención de una actividad administrativa hace pensar también en Jerusalén.

[15] Las cifras concuerdan muy bien. Visto el espacio de tiempo de trescientos años aproximadamente, el número de sacerdotes de Jerusalén ha crecido relativamente poco. Lo que se explica si se piensa que muchas familias habían preferido volver al campo (cf. Neh 11,2). Así, los sacerdotes de la familia de Yehoyarib habitan en Jerusalén según Neh 11,10; por el contrario, según 1 Mac 2,1.18-20.70; 13,25, moran en parte en Modîn.

[16] Es difícil precisar más la fecha de la carta del Pseudo-Aristeas, pero se está de acuerdo actualmente en que no es ciertamente posterior al año 100 a. C. Exposición fundamental: E. Bichermann, *Zur Datierung des Pseudo-Aristeas:* ZNW 29 (1930) 280-298.

[17] Pseudo-Aristeas, § 95.

148) y 139 (Neh: 138) porteros. Lo que representa 4.630 (Neh: 4.649) sacerdotes y levitas. Las condiciones históricas explican que fuese tan pequeño el número de levitas. Efectivamente, los sacerdotes de los lugares altos, reducidos por el Deuteronomio al rango de levitas, no tuvieron ninguna ilusión, como fácilmente se puede comprender, de retornar del exilio; por eso regresaron poco a poco a Jerusalén. Es una época más tardía la que evoca 1 Cr 12,26-28 cuando habla de 3.700 sacerdotes y 4.600 levitas [18] (8.300 sacerdotes y levitas). El aumento del número de los levitas se explica porque, en el intermedio, los cantores y los porteros, distintos aún de los levitas en Esd 2,41-58, fueron hechos levitas, y porque, al mismo tiempo, debieron de regresar de Babilonia gran número de antiguos sacerdotes de los lugares altos. Por el contrario, la disminución del número de los sacerdotes se explica por el hecho de que algunas familias contadas en el número de los sacerdotes en Esd 2,36-39 y par., en nuestra lista están puestas entre los levitas. Si tenemos en cuenta el período de tiempo transcurrido entre la redacción del libro de las Crónicas (antes del 300 a. C.) y la redacción de la carta del Pseudo-Aristeas, nos parecerá totalmente fidedigna la proporción de las cifras del conjunto del clero, de 8.300 (libro de las Crónicas) a 18.000 (Pseudo-Aristeas).

Hagamos un segundo cálculo para hallar la cifra del conjunto del clero. Según *Yoma* II 1-5, por la mañana de los días ordinarios se sorteaban, en cuatro operaciones con intervalos, 1 + 13 + 1 + 9 = 24 servicios. Se elegían así los sacerdotes que tenían que colaborar en la preparación y en la ofrenda del sacrificio público diario de la mañana; éste se componía del sacrificio de los perfumes, del holocausto de un carnero, de la ofrenda del Sumo Sacerdote, frita en sartén, y de la libación. A estos 24 servicios se añadían otros tres [19] que no eran sorteados, de modo que re-

[18] Por el contrario, la cifra de 38.000 levitas, en 1 Cr 23,3-5, es una exageración de la que no se deduce nada.

[19] Para la ofrenda del sacrificio de perfumes se necesitaban dos sacerdotes que ayudasen al sacerdote elegido para esta función (cf. Lc 1,9). Uno, con una pala de plata, iba a buscar al altar de los holocaustos los carbones encendidos y los llevaba al interior del templo, al Santo, colocándolos sobre el altar de los perfumes (*Tamid* V 5; VI 2; VII 2). El otro recibía del sacerdote que quemaba los perfumes la bandeja en la que se encontraba la copa con los perfumes (*Tamid* VI 3; VII 2) hasta que éstos fuesen ofrecidos. El sacerdote a quien tocaba ofrecer el sacrificio de los perfumes elegía por sí mismo al segundo asistente (*Tamid* VI 3). Respecto al primer asistente hay una doble tradición. Según R. Yuda (ben Elay, hacia el 150 después de Cristo), lo hacía también el mismo sacerdote que ofrecía el sacrificio de los perfumes (Tos. *Yoma* I 11; 181,16). De distinta manera se dice en el tratado *Tamid,* donde el primer asistente es «aquel a quien (en el reparto del servicio) le tocó en suerte la pala» (*Tamid* V 5; VI 2). El primer asistente, por tanto, es idéntico al sacerdote que ha sido elegido, en el primero de los cuatro sorteos, para purificar el altar de los holocaustos (cf. *Tamid* I 4). La discrepancia de estos dos datos se explica por el hecho de que el altar de los holocaustos no era purificado más que una vez al día, por la mañana. En efecto, el tratado *Tamid* describe el servicio litúrgico de la mañana, mientras que R. Yuda tiene claramente en su mente el servicio de la tarde. Sólo a la tarde era necesario pedir a un sacerdote que hiciese de asistente en el sacrificio de los perfumes, ya que por la tarde no se sorteaba el

sultaba un total de 27. Por la tarde se repetían los mismos sacrificios. La purificación del altar de los holocaustos, que debía realizar un sacerdote por la mañana, parece que estaba suprimida por la tarde; pero esta supresión fue compensada con la designación, a la tarde, de un segundo asistente para el sacrificio de los perfumes. Además, a la tarde se necesitaban otros dos sacerdotes para llevar la leña al altar de los holocaustos [20]. Por lo que, para el sacrificio público de la tarde, había 29 servicios. Bien es verdad que un mismo sacerdote, en el sorteo y reparto de servicio, pudiera tal vez resultar cargado con varias funciones el mismo día (aunque es difícil pensar que el sorteo realizado por la mañana fuese válido también para el sacrificio de la tarde). De estas cifras, por tanto, podemos concluir que cada día estaban de servicio 27 + 29 = 56 sacerdotes diferentes. Sabemos, sin embargo [21], que los sacerdotes de la sección diaria de servicio sobre los que no había caído la suerte por la mañana, quedaban libres y se quitaban sus vestiduras sagradas; este dato permite deducir que, en general, una sección diaria comprendía más de 30 sacerdotes.

Pero es preciso notar que los sábados y los días de fiesta requerían un número de sacerdotes mucho más elevado que los días ordinarios. Esos días, además del holocausto de la mañana y de la tarde del que se acaba de hablar (llamado *tamîd,* «perpetuo»), había otros sacrificios públicos; era el primer día de la fiesta de los Tabernáculos cuando éstos alcanzaban la cifra más elevada.

No necesitamos hablar aquí de las tres fiestas de peregrinación, pues, como sabemos, por ellas se encontraban en Jerusalén las 24 secciones semanales de sacerdotes; las secciones que no estaban de servicio eran llamadas entonces para ayudar a las secciones semanales designadas [22]. Pasemos por alto las otras fiestas, neomenias, año nuevo, día de la expiación, pues pudiera ser que en esos días la sección diaria en funciones fuese ayudada por las otras secciones diarias de su sección semanal. Nos limitamos al sábado. Ese día, además del *tamîd* de la mañana y de la tarde, se inmolaban en sacrificio público otros dos corderos; se necesitaba un sacerdote para degollarlos, otro para derramar su sangre y ocho para ofrecer el sacrificio [23]. Además, la mañana del sábado, en el cuarto sorteo, se designaban otros dos sacerdotes [24]; éstos, junto con los seis sacerdotes asistentes, renovaban los doce panes de la proposición y las dos copas de incienso que estaban sobre la mesa de los panes de la proposición [25]. El día

servicio de purificación del altar de los holocaustos. Además, dos sacerdotes tocaban la trompeta de plata cuando los levitas cesaban en el canto que acompañaba la libación con la que se terminaba la ofrenda del *tamîd (Tamid* VII 3). Por consiguiente, a los sacerdotes designados por sorteo se añadían otros tres sacerdotes por la mañana y cuatro por la tarde.

[20] *Yoma* II 5.
[21] *Tamid* V 3.
[22] *Sukka* V 7.
[23] Las cifras se deducen de *Yoma* II 3-5.
[24] *Yoma* II 5.
[25] *Men.* XI 7.

del sábado, como podemos ver, a los servicios diarios se añadían otros 28 servicios.

Además de los sacrificios públicos de los que acabamos de hablar, había que ofrecer diariamente un gran número de sacrificios privados. Se dividían en holocaustos, sacrificios de expiación, sacrificios penitenciales y sacrificios de comunión. Estos sacrificios eran pagados particularmente por el israelita, mientras que los sacrificios públicos, según la opinión farisea dominante, eran costeados generalmente con los fondos del tesoro del templo. Los sacrificios privados no daban lugar a un sorteo para su servicio; por el contrario, eran los mismos laicos quienes, en virtud de Lv 1,5, debían encargarse de degollar [26], desollar y partir en pedazos las bestias [27]. La ofrenda del sacrificio propiamente dicho se dejaba a la buena voluntad de los sacerdotes [28]. Podemos hacernos una idea del gran número de sacrificios privados ofrecidos en el templo si pensamos que, en varias ocasiones, fueron ofrecidas en este santuario hecatombes [29]. Se puede suponer que, en tales circunstancias, la sección diaria de servicio era ayudada en la ofrenda de los sacrificios privados por las otras secciones diarias de la misma sección semanal.

Si recapitulamos la documentación, principalmente los datos numéricos concernientes a los servicios diarios en la ofrenda de los sacrificios públicos, no apuntaremos en absoluto muy alto al calcular prudentemente el número de sacerdotes de una sección diaria en 50 por término medio. Una sección semanal comprendía normalmente 6 secciones diarias [30], lo que nos da unos 300 sacerdotes en cada sección semanal. Esta cifra es corroborada por datos como éstos: si el velo del Santo ha sido manchado, se debe arrojar en un baño que necesita la presencia de 300 sacerdotes [31]; o este otro: una vez trabajaron en la viña de oro, que estaba encima de la entrada del Santo, 300 sacerdotes [32]. Estos dos datos provienen de testigos bien informados. El primero se debe a Simeón, hijo del jefe del templo [33]; el segundo, a Eleazar ben Sadoc, sacerdote, escriba y comerciante, que vivió en Jerusalén cuando aún existía el templo [34]. La cifra de 300 sacerdotes, por consiguiente, no ha sido inventada. Hay que ver en ella la media aproximada de una sección semanal; lo cual confirma nuestros cálcu-

[26] *Zeb.* III 1; b. *Zeb.* 32ª; *Sifra* Lv 1,5 (4ᵇ 14,32); Billerbeck II, 193. *Supra,* pp. 95s, he citado los testimonios donde aparece que eran los mismos laicos quienes inmolaban la víctima pascual.

[27] *Yoma* II 7.

[28] *Ibíd.*

[29] *Ant.* XVI 2,1, § 14 (Marco Agripa; otoño del 15 a. C.); XV 11,6, § 422 (Herodes, el 10 a. C.); Filón, *Leg. ad Caium,* § 356 (tres hecatombes bajo el reinado de Calígula); *Lv. R.* 3,5 sobre 1,16 (9ª 5); *Oracles sibyllins* III 576 y 626.

[30] Véase *supra,* p. 183, n. 23.

[31] *Sheq.* VIII 5.

[32] *Mid.* III 8.

[33] *Sheq.* VIII 5 *(ed. princeps* del Talmud de Jerusalén, Venecia, 1523); *Men.* XI 9 (variante: + Rabbí) Simeón ben ha-sagan. Esta última lectura debe ser desechada, pues es la que tiene menos testigos y además es improbable.

[34] Véase *supra,* pp. 132, 134, 163.

los. Como había 24 secciones semanales, el número total de sacerdotes se elevaba a 24 × 300 = 7.200. Y a ellos se añadían los levitas.

El número de levitas, repartidos también, como volveremos a ver, en 24 secciones, era asimismo considerable. Según Josefo, se habrían necesitado 200 por la tarde para cerrar las puertas del templo [35]; esta cifra pudiera comprender al conjunto de levitas porteros y guardianes del templo en el cuadro de una sección semanal. A estos guardianes del templo se añadían los levitas cantores y músicos. Su número era igualmente muy elevado; podemos fijarlo en 200, ya que, según la tradición de 1 Cr 23,5, el número de levitas porteros y el de levitas cantores es el mismo. Lo que nos lleva, por consiguiente, a una cifra, en números redondos, de 400 × 24 = 9.600 levitas.

Una prueba sorprendente de que las cifras de 7.200 sacerdotes y 9.600 levitas son justas la obtenemos al comprobar la relación entre estos dos grupos gracias a las cifras suministradas por 1 Cr 12,26-28. Este texto, según hemos visto [36], habla de 3.700 sacerdotes y 4.600 levitas; el número de levitas, por consiguiente, había sobrepasado al de sacerdotes, puesto que al comienzo, después del destierro, se hallaban en franca minoría. Según 1 Cr, por consiguiente, la proporción entre sacerdotes y levitas es de 37 a 46. Lo que, para 9.600 levitas, nos da 7.722 sacerdotes; cifra aproximada, por tanto, a los 7.200 que nosotros habíamos obtenido por otro camino enteramente diverso. Recordemos finalmente que, partiendo de los datos de la carta del Pseudo-Aristeas, hemos llegado a un total de 18.000 sacerdotes y levitas [37], mientras que nuestro segundo cálculo nos da 7.200 + 9.600 = 16.800. Con este resultado, por consiguiente, podemos pretender haber alcanzado la certeza histórica que ordinariamente se puede obtener en este difícil terreno y con la ayuda de las fuentes actualmente disponibles. En tiempos de Jesús había entre los judíos un clero que en total ascendía, en números redondos, a 18.000 sacerdotes y levitas [38].

Dejé intencionadamente hasta ahora la cita de un texto de Josefo. No es claro, sino discutido; pero por el momento apenas se puede dudar de su buen fundamento. En un pasaje de su *Contra Apión,* pasaje conservado solamente en latín, Josefo se expresa así [39]: «Hay cuatro tribus de sacerdotes; ninguna comprende más de 5.000 miembros. Sin embargo, no está

[35] *C. Ap.* II 9, § 119.
[36] *Supra,* p. 218.
[37] Cf. *ibíd.*
[38] A un resultado parecido llega por otro camino L. Herzfeld, *Geschichte des Volkes Jisrael,* III (Nordhausen 1857) 193. Calcula en 24.000 el total del clero basándose en tres documentos: *a)* el texto de j. *Taʿan.* IV 2, 67[d] 46 (no traducido en IV/1, 178, donde se remite al par. III/2, 47) bar., según el cual el «destacamento» (laico) de Jerusalén comprendía 24.000 personas; *b)* una carta apócrifa de un cónsul llamado Marcos, la cual, refiriéndose a la celebración del día de la expiación, habla de 24.000 sacerdotes; *c)* el texto de *C. Ap.* II 8, § 108, que va a ser discutido en seguida. Büchler, *Priester,* 49s, basándose en *C. Ap.* II, 8, § 108, y el Pseudo-Aristeas, § 95, calcula 20.000 sacerdotes.
[39] *C. Ap.* II 8, § 108.

de servicio más que un sólo día; otros los suceden». Es claro que las últimas palabras hablan de secciones semanales. Por lo que uno se inclina a suponer que «cuatro» es una corrupción textual del primitivo «veinticuatro», y que, por tanto, Josefo había pretendido hacer creer a sus lectores (es una de sus exageraciones) que había 24 × 5.000 = 120.000 sacerdotes [40]. Pero nuestro resultado precedente invita a ser circunspectos e impide rechazar tan rápidamente la cifra de 4 × 5.000 = 20.000. En todo caso, no es imposible la suposición de que Josefo, en este pasaje, tiene en la cabeza una división cuatripartita del clero; el término «tribu» *(tribus)*, el cual no es empleado por Josefo en ninguna otra parte para designar la sección semanal, confirma esta hipótesis. Efectivamente, Tos. *Ta'an.* II 1 (216, 12) relata cómo las cuatro secciones de sacerdotes venidos del exilio según Esdras-Nehemías [41] habrían sido repartidas, según se dice, en 24 secciones semanales por los profetas de Jerusalén; después se habrían formado por sorteo 4 grupos de 6 secciones semanales cada uno. Esta indicación permite suponer que la antigua división cuatripartita del clero se conservó como esquema de la repartición del clero, hasta el siglo I de nuestra Era en la tradición sacerdotal. Si esto es exacto, la cifra de 20.000 que resulta de dicho texto constituye una nueva confirmación de nuestro resultado.

El conocimiento del número del clero no carece de importancia para calcular la población palestinense de la época de Jesús; notémoslo al menos a título de complemento. Los sacerdotes y los levitas, junto con mujeres y niños, debían de representar algo así como 50.000 o 60.000 personas. Los sacerdotes y levitas venidos del destierro con Josué y Zorobabel constituían globalmente una décima parte del conjunto de la comunidad [42]; esta proporción es completamente plausible. Por consiguiente, según nuestro cálculo, la Palestina del tiempo de Jesús tenía una población judía de 10 × 50.000 (o 60.000) = 500.000 o 600.000 habitantes. Esta cifra, a mi parecer, es mucho más probable que el millón frecuentemente admitido [43]. Así, por ejemplo, según las cifras oficiales [44] del gobierno del mandato británico para 1926, Palestina contaba 865.000 habitantes. Ahora bien, en este total están incluidos Transjornadia, Samaría y otros territorios que, en la época de Jesús, estaban habitados principal o exclusivamente por no judíos, así como también por 103.000 beduinos nómadas. Por tanto, la hipótesis de un millón de judíos en Palestina en tiempo de Jesús supondría que en aquella época Palestina estaba dos veces más poblada que en 1926, lo que es absolutamente improbable. Por el contrario,

[40] Schürer, II, 288s. Habría, pues, que leer *tribus quattuor (scil. viginti).*

[41] Según Esd 2,36-39 = Neh 7,39-42, volvieron del exilio con Zorobabel y Josué cuatro familias sacerdotales. En la época de Esd 10,18-22, formaban aún el conjunto del clero.

[42] Esd 2,36-42, comparado con 2,64 (= Neh 7,39-45.66).

[43] Por ejemplo, R. Knopf y H. Weinel, *Einführung in das NT* (Giessen ²1923) 182: «En la estimación más favorable, no llegaría, comprendida la Transjordania, a un millón de judíos».

[44] ZDPV 51 (1928) 238.

una población judía de 500.000 o 600.000 habitantes corresponde a la densidad de la población de Palestina después de la Primera Guerra Mundial [45]. Esto constituye un nuevo y último *confirmatur* de la cifra de 18.000, sin incluir mujeres y niños, obtenida para el conjunto del clero.

Cada veinticuatro semanas, y además en las tres fiestas anuales de peregrinación, toda sección semanal de sacerdotes, compuesta por término medio de 300 sacerdotes y 400 levitas, y a la que se añadía un grupo de representantes laicos de su distrito [46], subía a Jerusalén para realizar el servicio, desde un sábado hasta el otro sábado. La sección por ella relevada le transmitía solemnemente las llaves del templo y los 93 utensilios de los sacrificios [47]. Es así cómo, en los últimos años del reinado de Herodes, la sección semanal de Abiá, que ocupaba el octavo puesto, se trasladó de la montaña de Judea [48] al templo. El sacerdote Zacarías, el día que estaba de servicio su sección diaria, había sido designado para la función privilegiada de ofrecer el sacrificio de los perfumes, probablemente a la hora del *tamîd* de la tarde [49]. Fue en ese momento cuando se le apareció el ángel del Señor en el Santo.

Las funciones cultuales de los sacerdotes estaban prácticamente limitadas a dos semanas por año, además de las tres fiestas anuales de peregrinación. Los sacerdotes vivían diez u once meses en sus casas (según la distancia entre su domicilio y Jerusalén, el viaje de ida y vuelta, que había que hacer cinco veces al año, exigía más o menos tiempo). Allí muy raramente tenían que ejercer una actividad sacerdotal. Era el sacerdote, por ejemplo, quien declaraba puro a un leproso después de su curación [50], antes de que éste fuese a Jerusalén; allí, después de haber ofrecido el sacrificio de purificación prescrito, era declarado definitivamente puro. Los diezmos y otros tributos particulares constituían los ingresos de los sacerdotes; pero resultaban totalmente insuficientes para permitirles pasar todo el año ociosos [51]. Al contrario, los sacerdotes se veían obligados a ejercer una profesión en el lugar donde residían, de ordinario un oficio manual. Herodes hizo aprender el oficio de canteros y carpinteros a un millar de sacerdotes; los empleó, durante la reconstrucción del templo, en el atrio de los sacerdotes y en la construcción del Santuario, donde no podían en-

[45] A. v. Harnack, *Die Mission und Ausbreitung des Christentums*, I (Leipzig [4]1924) 12, calcula con razón en la Palestina del tiempo de Jesús unos 500.000 judíos.

[46] Cf. en *Bik.* III 2 el relato del viaje a Jerusalén para llevar las primicias: a veces, junto con la sección semanal de sacerdotes, toda la población de su distrito iba a Jerusalén.

[47] *C. Ap.* II 8, § 108.

[48] Con Ch. C. Torrey: HThR 17 (1924) 83ss, considero en Lc 1,39 *eis polin Iouda* como un error de traducción; *m^edînah* ha sido traducido, inadvertidamente, por «ciudad» en vez de «provincia».

[49] Lc 1.5.8.9; Lc 1,10 comparado con Hch 3,1 deja traslucir que se trata del sacrificio de la tarde.

[50] Mt 8,4; Lc 17,14. El leproso debía mostrarse primero al sacerdote del lugar. Esta prescripción se encuentra en Tos. *Neg.* VIII 2 (628, 7); j. *Sota* II 2, 18[a] 11 (IV/2, 246), además en *Sifra* Lv 14,3 (34[c] 135, 20) y *passim.*

[51] Véase *supra,* p. 127.

trar más que sacerdotes [52]. Ya nos hemos encontrado con Pinjás, sacerdote cantero [53]; Rabbí Eleazar ben Sadoc ejercía el comercio en Jerusalén, según parece el comercio de aceite [54]; un sacerdote de Jerusalén, cuyo hijo Zajarya nos lo encontraremos más adelante, era carnicero en la ciudad santa [55]; el sacerdote Eleazar ben Azarya se dedicaba a la cría de ganado al por mayor; por último tendremos que volver a hablar de un gran número de sacerdotes que eran escribas.

En muchos lugares había sacerdotes que tenían una función en los tribunales de justicia, pero la mayor parte de las veces, sin duda, a título honorífico y sin remuneración [56]. A veces se les llamaba en consideración a su estado sacerdotal [57]; otras a causa de su formación de escribas, en la medida en que la poseían [58]; a veces, finalmente, para cumplir el precepto bíblico. Efectivamente, en las cuestiones de votos, por ejemplo, conforme al precepto bíblico que confiaba su apreciación, normalmente debía sentarse un sacerdote en el tribunal [59] para defender los intereses del templo, al cual pertenecía el equivalente de las cosas dedicadas a Dios, es decir, al templo [60]. Junto a sacerdotes del campo provistos de una formación escriturística profunda, a quienes, como cuenta Filón, se les confiaba en el servicio sinagogal [61] la lectura y explicación de la Ley [62], había también otros que eran incultos [63], lo cual se comprende.

Así que, como hemos dicho ya anteriormente [64], había profundos contrastes entre la gran masa de los sacerdotes y los sacerdotes jefes pertenecientes en su mayoría a la aristocracia sacerdotal. No es, por consiguiente, extraño que la mayoría de los sacerdotes, en unión de las jóvenes y fogosas cabezas de la aristocracia, en contraposición con el clero constituido por los notables [65], hicieran causa común con el pueblo al estallar, en el 66 d. C., la insurrección contra los romanos.

[52] *Ant.* XV 11,2, § 390.
[53] *Supra,* n. 58.
[54] Tos. *Besa* III 8 (205, 26). La comparación de este texto con b. *Besa* 29ª bar. permite suponer que se trata de un comercio de aceite.
[55] *Ket.* II 9.
[56] b. *Yoma* 26ª.
[57] *C. Ap.* II 21, § 187.
[58] b. *Yoma* 26ª. En vista de textos veterotestamentarios como Dt 17,9-13; 21,5; Ez 44,24; 1 Cr 23,4, cf. 26,29; Eclo 45,17, según los cuales el clero proporcionaba los jueces, es totalmente probable que, más tarde, se nombrase de buen grado a sacerdotes para la función de jueces. Pero, en los últimos siglos anteriores a la destrucción del templo, era la formación de escriba la que era decisiva en orden a habilitar para la función de juez.
[59] *Sanh.* I 3; en virtud de la prescripción de Lv 27,12.
[60] A diferencia del «ban» *(herem),* en cuyo caso la cosa dedicada debía ser entregada *in natura.*
[61] Billerbeck IV, 153ss.
[62] El pasaje de Filón es citado por Eusebio, *Praep. ev.* VIII 7,12-13 (GCS 43, 1, pp. 431s).
[63] Según Josefo *(B. j.* IV 3,8, § 155), Phanni, a quien los zelotas eligieron Sumo Sacerdote por sorteo, era tan rústico que no sabía siquiera en qué consistía la función del Sumo Sacerdote.
[64] *Supra,* p. 198.
[65] *B. j.* II 17,2ss, § 408ss.

5. LOS LEVITAS *(clerus minor)*

Los levitas, descendientes de los sacerdotes de los lugares altos, a quienes había destituido el Deuteronomio, constituían el bajo clero. En principio pasaban por descendientes de Leví, uno de los doce padres de las tribus de Israel; su relación con los sacerdotes se representaba de la siguiente forma: estos últimos, en cuanto descendientes de Aarón el levita, formaban la clase privilegiada entre los descendientes de Leví, mientras que los sumos sacerdotes legítimos, en cuanto descendientes de Sadoc el aaronita, formaban la clase privilegiada en el seno del sacerdocio. Los levitas, en cuanto *clerus minor,* eran, por tanto, inferiores a los sacerdotes, y como tales no participaban en el servicio sacrificial propiamente dicho; estaban encargados solamente de la música del templo y de los servicios inferiores del mismo. Hay un hecho sobre todo que es indicativo de su posición: les estaba prohibido, bajo pena de muerte, como a los laicos, penetrar en el edificio del templo y acercarse al altar [1].

Los levitas, que eran alrededor de 10.000 [2], se encontraban, como los sacerdotes, repartidos en 24 secciones semanales [3]; éstas se relevaban cada semana, y tenía cada una a su frente un jefe [4]. Como hemos visto [5], había en el templo cuatro cargos permanentes de levitas, a saber: dos jefes encargados de los levitas músicos (un primer jefe de música y un maestro de coro) y dos jefes encargados de los levitas servidores del templo (un portero jefe y un guardián, llamados otras veces encargados de los *lûlab* para la fiesta de los Tabernáculos). Lo cual correspondía a la división de los levitas en músicos y servidores del templo; estos dos grupos eran aproximadamente iguales en número [6].

Los *cantores* y los *músicos* constituían la clase superior de los levitas; sólo a ellos les era exigida la prueba de un origen sin mancha cuando querían ser nombrados para un puesto [7]. Tenían por función el acompañamiento musical, cantando y tocando instrumentos, del culto diario de la mañana y de la tarde y con ocasión de las fiestas particulares. En el servicio diario, el jefe del coro de los levitas y los levitas músicos y cantores [8], así como de 2 a 12 flautistas en la Pascua y en la fiesta de los Tabernáculos [9], se hallaban situados sobre un estrado que separaba el atrio de los sacerdotes y el de los levitas, que se encontraba a un codo sobre el atrio de los israelitas y a codo y medio por debajo del atrio de los sacerdotes [10]. En el curso de las alegres fiestas nocturnas que formaban parte de la fies-

[1] Nm 18,3; *Num.* *R.* 7,8 sobre 5,2 (37ª 16).
[2] Véase *supra,* p. 221.
[3] *Ant.* VII 14,7, § 367; *Ta'an.* IV 2; Tos. *Ta'an.* IV 2 (219, 12).
[4] 1 Cr 15,4-12.
[5] *Supra,* pp. 191s.
[6] Véase *supra,* p. 221.
[7] Véase en la sección siguiente, sobre *el carácter hereditario del sacerdocio,* las pp. 231-236.
[8] *'Ar.* II 6. No debía de haber allí menos de doce cantores.
[9] *'Ar.* II 3-4; *Sukka* V 1; Tos. *'Ar.* I 15 (544, 7).
[10] *Mid.* II 6; *B. j.* V 5,6, § 226.

ta de los Tabernáculos, un importante coro de levitas cantaba sobre los quince escalones que conducían del atrio de las mujeres al de los israelitas [11]. Pero nunca se situaban los levitas cantores en el atrio de los sacerdotes, el cual estaba reservado exclusivamente a éstos y protegía el edificio del Santuario; sólo podían, como cualquier laico, entrar en el atrio de los sacerdotes para ofrecer un sacrificio [12].

Los *servidores del templo* tenían a su cargo las funciones inferiores de sacristanes, que consistían en toda clase de servicios anejos al culto. Tenían, por ejemplo, que ayudar a los sacerdotes a ponerse y quitarse las vestiduras sacerdotales: «Se les remitía (a los sacerdotes que no habían sido designados para el servicio en el sorteo y que, por consiguiente, quedaban libres) a los *ḥazzanîm* (servidores del templo), quienes les quitaban sus túnicas (blancas de lino)» [13]. Ayudaban también en otras circunstancias; así, pues, los días de fiesta preparaban el libro de la Ley para la lectura bíblica [14], y, en la fiesta de los Tabernáculos, cuando el primer día de esta fiesta caía en sábado, amontonaban los *lûlab* [15]. Además, estos servidores del templo estaban encargados de la limpieza [16], con excepción del atrio de los sacerdotes, de cuya limpieza tenían que encargarse ellos mismos [17]; en efecto, los levitas no podían entrar allí más que para ofrecer un sacrificio [18]. Finalmente, los levitas constituían la policía del templo.

Filón describe sus funciones muy detalladamente: «Entre ellos (los levitas), unos, los porteros, están a las puertas, en el mismo umbral; otros en el interior (de la explanada del templo), en el *pronaos* («terraza», *ḥêl,* que separa la parte de la explanada adonde los paganos no pueden entrar); cuidan de que nadie sin derecho a entrar franquee, intencionadamente o no, el límite. Otros patrullan alrededor. El (servicio para el) día y la noche se sortea, siguiendo un orden (determinado, de suerte que las guardias se componen) de guardias de día y guardias de noche» [19]. Se desprende de esta sugestiva descripción, completada por *Mid.* I 1, que las guardias del templo, realizadas por los levitas tanto de día como de noche, estaban divididas en tres grupos: a) porteros en las puertas exteriores del templo; b) guardianes en la «terraza»; c) patrullas en el atrio de los gentiles y, durante el día, también sin duda en el atrio de las mujeres. A la tarde cerraban las puertas los levitas servidores del templo bajo la vigilancia del portero jefe [20]. A continuación, los guardias nocturnos ocupaban sus puestos, 21 en total, situados todos en la zona profana, a saber: en las

[11] *Sukka* V 4.
[12] *Kel.* I 8.
[13] *Tamid* V 3.
[14] *Yoma* VII 1; *Sota* VII 7-8.
[15] *Sukka* IV 4; cf. *supra,* p. 188, el cambio de este rito.
[16] Filón, *De spec. leg.* I, § 156: «Otros barrían los pórticos y las partes de la explanada que estaban a cielo abierto».
[17] *Pes.* V 8.
[18] *Kel.* I 8.
[19] *De spec. leg.* I, § 156.
[20] *C. Ap.* II 9, § 119; *B. j.* 5,3, § 294; b. *ʿAr.* 11b.

puertas exteriores y en el atrio de los gentiles [21]; la zona sagrada era vigilada por los sacerdotes [22]. Además, la policía del templo, constituida por levitas, era llamada para distintas operaciones policiales. Estaba a disposición del Sanedrín, el cual se reunía en la sala de las piedras talladas, una de las cámaras situadas en la parte sudoeste del atrio de los sacerdotes [23]. Esta policía, a las órdenes de los guardianes del templo, practicaba detenciones y, bajo la dirección del guardián [24], ejecutaba las penas dictadas.

Si tenemos presente que el Sanedrín tenía sus sesiones en el templo, apenas se puede dudar de que el destacamento enviado por esta autoridad para prender a Jesús (Mc 14,43; Mt 26,47; Lc 22,47; Jn 18,3.12), y conducido por los guardianes del templo (Lc 22,52), estaba compuesto por la policía levítica del templo, reforzada con criados del Sumo Sacerdote en funciones (Mc 14,17 y par.) y también, según Juan, por soldados romanos (Jn 18,3.12). Jn 18,18 distingue, con toda exactitud, entre los criados (del Sumo Sacerdote) y los guardias (policía levítica del templo). Además, las palabras de reproche que les dirige Jesús, al decirles, en el momento de su prendimiento, que todos los días estaba sentado en el atrio (exterior) del templo enseñando, sin que le arrestasen (Mc 14,18), no se comprende a no ser que fuera detenido por la policía del templo. Hay que considerar igualmente como policía levítica del templo a los servidores enviados ya anteriormente por el Sanedrín para prender a Jesús (Jn 7,32.45.46). Lo mismo sucede con las gentes que, por orden «de los sacerdotes y del jefe del templo, así como de los saduceos» (Hch 4,1), detienen a los apóstoles para hacerlos comparecer ante el Sanedrín (Hch 4,5-12; 5,17-18), custodian a los mismos en la prisión (5,23, espec. v. 24) y los azotan con varas (5,40). En fin, en el levantamiento popular que condujo al arresto de Pablo, los hombres que lo sacan fuera «del santuario», es decir, del atrio de las mujeres, y que cierran las puertas del templo (Hch 21,30) que conducen del atrio de los gentiles al de las mujeres, son evidentemente guardias del templo, más exactamente, los puestos de guardia levíticos situados por el día en la «muralla».

Además del portero jefe y el guardián, se cita como jefe de los levitas servidores del templo al *'îs har ha-bayit,* «el hombre de la montaña del templo». Según la Misná, 21 puestos de guardia de la sección levítica se-

[21] *Mid.* I 1. Se deduce de *Tamid* I 3 que, de noche, el atrio de las mujeres, en el que se encontraba la panadería donde se preparaban las tortas de sartén para la ofrenda del Sumo Sacerdote, estaba cerrado y formaba parte del sector vigilado por los sacerdotes.

[22] *Mid.* I 1; *Tamid* I 1.

[23] Así la Misná, de forma muy precisa *(Mid.* V 5; cf. *Sanh.* XI 2; *Tamid* II 5; IV 3 al final). Según b. *'A. Z.* 8[b], par. b. *Shab.* 15[a]; b. *Sanh.* 41[a], el Sanedrín se trasladó, «40 años» (cifra redonda) antes de la destrucción del templo, de la sala de las piedras talladas a un bazar. Si Josefo piensa que la *boulē* (o el *bouleytērion),* adosado al santuario por el lado oeste *(B. j.* V 4,2, § 144; VI 6,3, § 354), es el Sanedrín, supone que ya había sido hecho este traslado; lo mismo sucede probablemente en Hch 23,10. Pero no disponemos de ningún argumento para decir que este traslado ya había sido hecho en la época de Jesús.

[24] Véase *supra,* p. 189, n. 82, y p. 192.

manal montaban la guardia en el atrio exterior. «El hombre de la montaña del templo» tenía que inspeccionarlos todas las noches; cada uno de los guardias estaba obligado a saludarle con el saludo de paz para demostrarle que no dormía. Si encontraba un puesto de levitas dormido, los golpeaba con su bastón; tenía incluso derecho a despertarlos brutalmente prendiendo fuego a sus vestidos [25]. Se trata, sin duda, del mismo funcionario del relato en que Josefo nos cuenta que una noche, durante la fiesta de la Pascua del 66 d. C., los levitas guardianes del templo anunciaron a su guardián jefe *(tō stratēgō)* que la puerta de Nicanor estaba abierta [26]. Podemos suponer que este jefe de los puestos levíticos nocturnos es el mismo que el portero jefe [27]. Probablemente hay que ver también a los jefes de los levitas servidores del templo en los *stratēgoi,* que, según Lc 22,4, estaban presentes cuando se decidió arrestar a Jesús y bajo cuya dirección, también según Lc 22,52, fue prendido. Efectivamente, según acabamos de ver, Josefo designa al jefe de los puestos levíticos nocturnos con este término de *stratēgos.*

Por el contrario, el *'îs ha-bîrah,* jefe de la fortaleza del templo [28], no tiene nada que ver con los funcionarios guardianes del templo, contrariamente a lo que se ha supuesto muchas veces [29]. *Bîrah* es la fortaleza situada al norte del templo, la torre Antonia; y A. Schlatter ha visto bien que este personaje, en el tiempo de la independencia, bajo Agripa I (41-44 después de Cristo), mandaba en la torre Antonia [30]. Concuerda con esto el hecho de ser contemporáneo de Rabbán Gamaliel I; según sabemos por los Hechos de los Apóstoles (5,34-39), este doctor estaba en activo entre los años 30 y 40 y tal vez aún entre el 30 y el 50 de nuestra Era [31]. El *'îs ha-bîrah,* por consiguiente, es un jefe militar y no uno de los sacerdotes o levitas jefes. Es igualmente erróneo, como se repite sin cesar [32], ver sacerdotes jefes o guardianes del templo en los *pahôt;* esta opinión se apoya en *Bik.* III 3, donde se dice que los *pahôt,* junto con los guardianes del templo y los tesoreros jefes, salen al encuentro de las procesiones de las primicias a su entrada en Jerusalén. Nunca ni en ningún sitio, tanto en el AT como en otras partes, la palabra *pehah* designa otra cosa que al

[25] *Mid.* I 1-2.

[26] *B. j.* VI 5,3, § 294.

[27] O el esbirro (según la opinión de I. M. Jost, *Geschichte des Judenthums und seiner Secten,* I [Leipzig 1857] 151 y 152, n. 4).

[28] *'Orla* II 12.

[29] Schürer, II, 331, le atribuye la vigilancia sobre el conjunto del templo.

[30] Schlatter, *Gesch. Isr.,* 271 y n. 243.

[31] Según M. Mielziner, *Introduction to the Talmud* (Nueva York ³1925) 24, Gamaliel murió dieciocho años antes de la destrucción del templo, en el 52 d. C., por tanto; Billerbeck II, 636, sitúa su actividad en el 25-50 d. C.

[32] Explicación de Maimónides: «los *pahôt* son *s^eganîm,* sacerdotes»; J. J. Rabe, *Mischnah* (Onolzbach 1760) 265: «Los sacerdotes más distinguidos»; A. Sammter, *Mischnajoth,* I (Berlín 1887) 192: «Los representantes de los sacerdotes»; K. Albrecht, *Bikkurim* (col. *Die Mischna;* Giessen 1922) 43: «Los representantes de los sacerdotes»; Schürer, II, 322 y Billerbeck II, 631: «Los sacerdotes jefes»; Billerbeck IV, 644: «Los sacerdotes jefes (¿comandantes?)». Este paréntesis encierra la verdadera solución.

gobernador, el comandante que dispone de la potencia militar. El contexto de *Bik.* III 3 muestra [33] que ese pasaje describe un episodio del reinado de Agripa I, en una época, por consiguiente, en que había judíos que eran comandantes militares y funcionarios del Estado. En Oriente se comprende fácilmente que estos comandantes vayan con los sacerdotes jefes delante de la procesión. En 1913 vi yo al gobernador turco ir, en compañía de las primeras autoridades religiosas musulmanas, al encuentro de los peregrinos de la fiesta de Nebi-Musa cuando entraban en Jerusalén.

Entre los músicos del templo y los servidores del mismo había, desde el punto de vista social, un abismo, el cual se explica por la evolución histórica. En efecto, en la época de Esdras, ni los «cantores» ni los «porteros» formaban parte aún de la corporación levítica [34], ya que éstos no eran de familias levíticas [35]. Los cantores fueron los primeros en conseguir su integración en la corporación de los levitas (Neh 11,17.22-23; 12, 8-9.24-25), y desde entonces, a diferencia de los porteros, formaban el estrato superior entre los levitas. La distancia que, en tiempo de Jesús, separaba a ambos grupos, quedaba reflejada en la siguiente frase: «Tenemos una reconocida tradición según la cual un músico es responsable de pena de muerte si hace el servicio a las puertas por sus compañeros (levitas)» [36]. Bien es verdad que en la práctica no se era tan riguroso. Veamos lo que cuenta un relato baraíta en el mismo pasaje: «Un día R. Yoshuá ben Jananya (levita y escriba) quiso ayudar a Yojanán ben Gudgeda (levita portero jefe) a cerrar las puertas. Yojanán le dijo: hijo mío, vuelve, pues tú eres (de la clase) de los músicos y no de los servidores del templo (literalmente: de los porteros)» [37].

Es instructivo en este contexto una lucha de clases que, en el 64 después de Cristo, sostuvieron los levitas con éxito. Arroja una luz sobre la separación en el seno de los levitas, pero también sobre el resentimiento de los levitas contra los sacerdotes y sobre la atmósfera revolucionaria de los años que precedieron al desencadenamiento de la insurrección contra los romanos. Los levitas músicos, los «cantores de salmos», dice Josefo, exigieron del rey Agripa II, a quien los romanos habían confiado la vigilancia del templo, el poder llevar desde entonces el vestido de lino blanco de los sacerdotes (hasta entonces los levitas no tenían traje oficial) [38]; en cuanto a los levitas servidores del templo, reivindicaron el derecho «de poder aprender los salmos», es decir, el estar en pie de igualdad con los levitas músicos [39]. Agripa II estaba entonces en conflicto con los sacer-

[33] *Bik.* III 4.
[34] Esd 2,40-42; 7,7.24; 10,23-24; Neh 10,29 y *passim.*
[35] Los qorahitas, por ejemplo, eran primitivamente de ascendencia edomita, según Gn 36,5.14.18; 1 Cr 1,35. Descendían de Caleb, según 1 Cr 2,42-43. Se trataba, en ambos casos, de no israelitas. Por el contrario, según 1 Cr 12,6, eran benjaminitas. Fueron empleados primero como porteros (1 Cr 26,1.19; 9,19; 2 Cr 31,14), después como cantores (2 Cr 20,19; Sal 42-49; 84-85; 87-88).
[36] b. *ʿAr.* 11b.
[37] *Ibíd.*
[38] Cf. el Targum del Pseudo-Jonatán en Ex 29,30.
[39] *Ant.* XX 9,6, § 216ss.

dotes; éstos, en el 62, habían enviado incluso una embajada al Emperador, quien les había dado la razón en su lucha contra el rey [40]. Agripa II, de acuerdo con el Sanedrín, concedió a los levitas lo que le pedían. Pero el pueblo consideró como una infracción de la Ley de los Padres esta nueva organización de la situación social de los levitas. Así, pues, como vemos de nuevo por este relato, los músicos constituían el estrato superior de los levitas; se esforzaban en obtener la igualdad con los sacerdotes, mientras que los levitas aspiraban a igualarse a los músicos. La atmósfera revolucionaria de los años 60 les trajo, durante un corto período de seis años, una satisfacción parcial de sus deseos.

Poseemos pocas noticias sobre la formación de los levitas. El levita José Bernabé, uno de los miembros dirigentes de la primitiva cristiandad como profeta, doctor y misionero, era un hombre de valía en el campo intelectual, con formación bíblica [41]; como era originario de Chipre (Hch 4, 36), su padre era evidentemente de aquellos levitas que no hacían el servicio en Jerusalén, a lo cual, por lo demás, nadie estaba obligado. Sabemos que muchos levitas eran escribas [42], tales como Yoshuá ben Jananya, quien, en su vida privada, ejercía el oficio de fabricante de clavos, y el portero jefe Yojanán ben Gudgeda.

En conjunto, las noticias sobre los levitas son extraordinariamente esporádicas [43]; bastan, sin embargo, para trazar a grandes rasgos un cuadro de la situación social de esta parte más baja del clero.

6. CARACTER HEREDITARIO DEL SACERDOCIO

Acabamos de esbozar un cuadro del clero de Jerusalén según su estructura social. Sería incompleto si, para terminar, no dijéramos algo sobre el carácter hereditario del sacerdocio.

La dignidad sacerdotal y levítica se transmitía por herencia y no podía ser adquirida por ningún otro camino; era, por tanto, de la mayor importancia conservar la pureza de la descendencia, a lo cual contribuía primeramente una cuidadosa anotación de las genealogías y, en segundo lugar, unas reglas severas para los casamientos. Si un sacerdote no podía probar su origen legítimo, perdía para sí y sus descendientes el derecho a la función e ingresos del sacerdocio; si realizaba un casamiento ilegítimo, los hijos de ese matrimonio ya no podían ocupar el cargo.

[40] *Ant.* XX 8,11, § 189ss.

[41] Hch 9,27; 11,22-26; 12,25; 13,1-15; 1 Cor 9,6; Gál 2,1-10; Col 4,10.

[42] Cf. *Documento de Damasco* X 5.

[43] El nombre de Leví era llevado principalmente por levitas, por ejemplo, R. Yoshuá ben Leví, el cual, según j. *M. Sh.* V 5, 56[b] 37 (II/2, 253), tenía una doctrina favorable a los levitas. Excepciones (tal vez aparentes solamente): en *B. j.* IV 3,4, § 141 aparece un Leví que es de familia real (herodiana), según Josefo; y el nombre de Leví aparece en dos ocasiones en la genealogía de José, descendiente de David: Lc 3,24.29.

En el templo de Jerusalén había una especie de archivo en donde se conservaban al día las *genealogías del clero* [1]. Encontramos varias veces en la tradición tablas genealógicas indicando los antepasados de los sacerdotes [2]. El sacerdote Josefo da su genealogía paterna hasta un período de doscientos cincuenta años [3], «tal como la había encontrado consignada en los registros públicos» [4], indicando las fechas de nacimiento de sus antepasados [5]. El mismo Josefo afirma expresamente que después de grandes guerras, como las habidas bajo Antíoco Epífanes, Quintilio Varo, Vespasiano y Tito, los sacerdotes sobrevivientes habían reconstruido nuevas genealogías con la ayuda de los antiguos documentos [6]. Esta medida apunta a los casos en que las genealogías habían desaparecido con los disturbios de la guerra y también a la necesidad de comprobar si las mujeres de los sacerdotes habían sido prisioneras de guerra; en efecto, después de haber sido cautivas ya no podían ser consideradas como mujeres legítimas de los sacerdotes, y sus descendientes, a partir del momento de la cautividad de la madre, no eran ya admitidos al ejercicio de las funciones sacerdotales.

Cuando un hijo de sacerdote llegaba a la edad canónica admitida de veinte años [7], el Sanedrín, que tenía sus sesiones en el templo de Jerusalén, en la sala de las piedras talladas, situada en la parte sur del atrio de los sacerdotes, examinaba [8] sus aptitudes corporales [9] y la *legitimidad de su origen* [10] antes de permitirle ser ordenado. Sólo después de ser encon-

[1] *Sifré* Nm 18,7, § 116 (18ᵇ 70,9); véase además *infra*, n. 16.

[2] Véanse en el AT las listas de 1 y 2 Cr, Esd y Neh. Sobre la genealogía de los sumos sacerdotes, véase *supra*, pp. 199ss.

[3] A partir de dos generaciones antes de la época del sumo sacerdote Juan Hircano (134-104 a. C.) hasta la redacción de su *Vita* (después del 100 d. C.).

[4] *Vita* 1, § 6.

[5] Esta lista encierra algunas inexactitudes. Se explican muy bien por la omisión de dos sujetos intermedios: visto el gran espacio de tiempo que separa a «Matías el Jorobado» (nacido en el 135-134 a. C.) de José (nacido en el 67 a. C.), y a este último de Matías (nacido en el 6 d. C.), parece que tuvo que haber habido en cada caso un sujeto intermedio. Schürer, I, 77, n. 4, da una explicación diferente, suponiendo una corrupción textual (o una negligencia) y un error del autor.

[6] *C. Ap.* I 7, § 34s.

[7] Véase *supra*, p. 178, n. 89.

[8] *Mid.* V 4.

[9] La ciencia rabínica desarrolló las normas de Lv 21,16-23 hasta el punto de distinguir 142 defectos corporales que incapacitaban para el servicio, Schürer, II, 283s. Los sacerdotes inhábiles para el servicio por deficiencias físicas tenían acceso al atrio de los sacerdotes con excepción del espacio comprendido entre el altar y el vestíbulo del templo *(Kel.* I 9), adonde no podían entrar más que durante la procesión de los sauces, por la fiesta de los Tabernáculos, alrededor del altar de los holocaustos *(B. j. Sukka* VI 5,54ᶜ 3 [IV/1,34]; b. *Sukka* 44ᵃ). Estos sacerdotes tenían derecho a participar de los ingresos de los sacerdotes, pero no podían llevar la túnica sacerdotal *(B. j.* V 5,7, § 228). Sobre las funciones realizadas por ellos mientras los otros sacerdotes hacían el servicio, véase *supra*, p. 152. Es célebre el caso del sumo sacerdote Hircano II (76-67, 63-40 a. C.); Antígono (40-37 a. C.) lo mutiló cortándole las orejas *(Ant.* XIV 13,10, § 366) o arrancándoselas con los dientes *(B. j.* I 13,9, § 270) para incapacitarle para el ejercicio de las funciones sacerdotales.

[10] Véase n. 16.

trado apto era ordenado [11]: (después de un baño de purificación) se le imponían las vestiduras sacerdotales (vestido largo de seda, calzón de seda, cinturón y turbante) y se ofrecían una serie de sacrificios a los que se añadían particulares ceremonias; el conjunto de este rito solemne duraba siete días.

Con los levitas músicos se procedía ciertamente a un examen parecido de su origen legítimo antes de admitirles a sus funciones [12]. También para ellos había una edad canónica. El AT habla de treinta [13], veinticinco (Nm 8, 23-26) y veinte años [14]; la práctica corriente en tiempo de Jesús, según parece, era a los treinta años [15]. El examen del joven levita se hacía también en la sala de las piedras talladas. Allí «se sentaban y examinaban las genealogías de los sacerdotes y de los levitas» [16]. El examen, en verdad, parece haber estado limitado a los levitas músicos. Sólo así se pueden comprender los siguientes hechos: se dice de la hija de un levita, cuyo padre ocupaba un sitio sobre el estrado (de los levitas cantores y músicos) [17], que su origen fue considerado legítimo sin mayor examen [18]; a propósito de los músicos que tocaban la chirimía, los cuales actuaban en la Pascua y en la fiesta de los Tabernáculos, se cuenta que sus hijas podían casarse con sacerdotes, lo que quiere decir que sus padres eran de origen puro [19]. Estos dos datos permiten concluir que no se exigía la prueba de la pureza de la familia para las funciones inferiores de los levitas.

¿Cuándo un sacerdote o un levita músico era de origen puro, de suerte que no tuviese obstáculo para participar en el culto? Siempre que procedía del matrimonio de un sacerdote o de un levita con una mujer de la misma condición de pureza legal que él. Al casarse un sacerdote o un levita cantor era necesario examinar la *genealogía de su mujer,* con el fin de que un nacimiento legítimo asegurase a los descendientes la dignidad

[11] Ex 29; Lv 8.
[12] *Qid.* IV 5.
[13] Nm 4,3.23.30.35.43.47; 1 Cr 23,3.
[14] Esd 3,8; 1 Cr 23,24.27; 2 Cr 31,17.
[15] Tos. *Sheq.* III 26 (179, 17).
[16] Tos. *Sanh.* VII 1 (425, 19); Tos. *Hag.* II 9 (235, 17); b. *Qid.* 76ᵇ.
[17] Véase *supra,* p. 225.
[18] *Qid.* IV 5.
[19] En ʿ*Ar.* II 4 encontramos varios puntos de vista sobre el origen de los músicos que tocaban la chirimía: «*a)* Eran esclavos de los sacerdotes, decía R. Meír; *b)* pero R. Yosé decía: eran las (dos) familias bêt ha-Pᵉgarîm y bêt Sipparaya de Emaús, cuyas (hijas) podían casarse con sacerdotes; *c)* y R. Jananya, hijo de Antígono, decía: eran levitas». No hay que tener en cuenta el primer punto de vista (a), estos esclavos deben su existencia a conclusiones teóricas sacadas de pasajes veterotestamentarios. Los otros dos puntos de vista no se excluyen. Rabbí Yosé (b) rechaza la opinión de Rabbí Meír con ayuda de datos históricos irrecusables, de los que se deduce que no se trata de esclavos, sino de israelitas libres, de legítima ascendencia. La declaración de Rabbí Yosé es completada por Rabbí Jananya (c), el cual era sacerdote y, según Tos. ʿ*Ar.* I 15 (544,10), había conocido aún personalmente a los levitas que tocaban la flauta en el altar. Los puntos (b) y (c), tomados en conjunto, contienen la verdadera solución: eran levitas de ascendencia pura, miembros de dos familias de notables de Emaús, los cuales tocaban la chirimía sobre el estrado de los levitas en la Pascua y en la fiesta de los Tabernáculos.

sacerdotal o levítica. Este examen prenupcial sobre el origen de la mujer no se hacía más que en Palestina. Según afirma Josefo, los sacerdotes residentes en Egipto, en Babilonia y en otras partes «enviaban a Jerusalén un extracto conteniendo el nombre de la esposa [20] y de sus antepasados paternos, así como el nombre de los testigos (de los datos particulares)» [21]; lo cual indica el cuidado con que se procedía. Según Filón, había que examinar si los padres, abuelos y bisabuelos eran de sangre pura [22]. La Misná da indicaciones más precisas. Si la esposa era de familia sacerdotal, se examinaban las cuatro generaciones anteriores por parte paterna y por parte materna, y cinco si era hija de un levita o de un israelita [23]. Respecto a las hijas de sacerdotes y de levitas músicos en activo, lo mismo que respecto a las esposas cuyo padre era miembro de un cuerpo constituido (miembro del Sanedrín, juez, encargado de las limosnas), no había que hacer examen sobre el origen; efectivamente, en estos casos el padre debía haber probado, a su entrada en el cargo, la legitimidad de su origen [24].

Lv 21,7 formulaba así la prescripción acerca de la elección de la esposa de un sacerdote: «No tomará por mujer una prostituta, una violada o repudiada por su marido». Este pasaje capital era interpretado de la siguiente forma [25]: por «violada» *(halalah)* se entendía la joven nacida del matrimonio ilegítimo de un sacerdote (matrimonio con una de las mujeres de condición de pureza legal inferior, según se prohíbe en el Lv 21,7); por «prostituta», la prosélita, la esclava liberta y la desflorada [26]. Existía, por

[20] *Laurentianus: tēs gegrammenēs.* Latín: *nuptae.* Esta última lectura es la buena; hay que leer *tēs gametēs.*

[21] *C. Ap.* I 7, § 33.

[22] Filón, *De spec. leg.* I, § 101.

[23] *Qid.* IV 4. Respecto a las hijas de los sacerdotes, se examinaban ocho antepasados femeninos sobre la pureza de su origen: *a)* la madre; *b)* las dos abuelas; *c)* las dos bisabuelas paternas y una bisabuela materna; *d)* una tatarabuela paterna y una materna. En los otros casos se añadía una generación más. ¿Cómo puede explicarse este esquema, que da la impresión de ser totalmente arbitrario?

[24] *Qid.* IV 5.

[25] Para lo que sigue, véase Billerbeck I, p. 2-3.

[26] *Sifra* Lv 21,7 (47[b] 186,22); *Yeb.* VI 5. En concreto tenemos: *a)* La *halalah:* ciertamente ella no se puede casar con un sacerdote; pero si se casa con un israelita, la hija nacida de este matrimonio puede casarse con un sacerdote *(Qid.* IV 6). *b)* La prosélita: ella, a causa de su origen pagano, no puede casarse con un sacerdote; pero si se casa con un israelita, la hija nacida de este matrimonio puede casarse con un sacerdote (opinión de R. Yudá ben Elay, hacia el 150 d. C.; R. Eliezer ben Yacob, hacia el 150 d. C., no autoriza a casarse con un sacerdote más que a la hija nacida del matrimonio de un prosélito con una israelita; R. Yosé ben Jalaphta, hacia el 150 d. C., autoriza incluso a la hija nacida del matrimonio de un prosélito con una prosélita), *Qid.* IV 6s; el mismo punto de vista en *Bik.* I 5. Una voz aislada (R. Simeón, hacia el 150 d. C.) invoca Nm 31,18 para permitir el matrimonio con un sacerdote a la prosélita que se ha convertido al judaísmo antes de la edad de tres años y un día (j. *Qid.* IV 6, 66[a] 10 [no traducido en V/2,284, donde se remite al paralelo II/2,363]). *c)* La esclava liberta: como en (b). *d)* La que ha sido desflorada por una relación de prostitución: a este grupo pertenecen, entre otras, la prostituta (Targum del Pseudo-Jonatán en Lv 21,7; *Ant.* III 12,2, § 276), la tabernera o mesonera *(Ant., ibid.)*, la mujer que ha sido prisionera de guerra *(Ant., ibid.; C. Ap.* I 7, § 35; cf. *supra,* pp. 175ss, los ataques a los sumos sacerdotes Juan Hircano y Alejandro Janneo). Se discutía si una joven judía violada por un is-

consiguiente, una determinada parte de la población que no podía casarse con sacerdotes, a saber: todas las israelitas que no eran de origen puro [27]. Sólo la hija de un sacerdote o de un levita capaz de estar en funciones y la hija de un israelita de pleno derecho estaban en condiciones de contraer matrimonio regular con un sacerdote [28].

Pero dentro de este círculo de familias legítimas estaban también excluidas del matrimonio con un sacerdote las siguientes mujeres: la repudiada [29], la *halûsah* (es decir, la mujer que, después de la muerte de su marido, se había liberado del matrimonio levirático mediante la ceremonia del descalzamiento [Dt 25,9]), a ella equiparada [30], y la mujer estéril, a la cual sólo podía desposar un sacerdote si éste tenía ya mujer y niño [31]. Ez 44,22 prohíbe también a los sacerdotes desposar a una viuda, salvo la viuda de un sacerdote. Pero es sólo al Sumo Sacerdote a quien el Levítico prohíbe casarse con una viuda (Lv 21,14). Respecto a los otros sacerdotes, no sabe nada de la prohibición de desposar a una viuda. El período posterior no se mantuvo fiel a Ezequiel. Josefo [32] dice expresamente que todos los sacerdotes, salvo el Sumo Sacerdote, pueden desposarse con viudas. Estas limitaciones no se aplicaban a los levitas; se les prohibía solamente casarse con israelitas ilegítimas afectadas por una mancha grave [33] (bastarda, esclava del templo, hija de padre desconocido y expósita) [34].

Después de este examen de las prescripciones veamos la práctica. Muy frecuentemente, un sacerdote se casaba con una hija de sacerdote; en concreto, éste era el caso en los círculos de la aristocracia sacerdotal y entre los sacerdotes de Jerusalén a quienes el prestigio y la formación habían colocado en un rango superior. Eran las familias pontificias sobre todo las que preferentemente casaban a sus hijas con sacerdotes. Así se deduce del abuso estudiado anteriormente [35], pues los sumos sacerdotes colocaban a

raelita de origen legítimo entraba en esta categoría (d). En *Ket.* I 10 se permite a esta joven casarse con un sacerdote. Pero, según la explicación del Rabbí Eliezer (hacia el 90 d. C.), hay que considerarla como una «prostituta», y, en consecuencia, no puede casarse con un sacerdote (*Sifra* Lv 21,7 [47ᵇ 186,24]; b. *Yeb.* 61ᵇ bar.). Ahora bien, este doctor representa en general la antigua tradición; de donde se deduce, por tanto, en que en la época del templo se aplicaba en general el punto de vista más estricto.

[27] Hablaremos detalladamente de ellas en el capítulo IV de la cuarta parte: *Israelitas ilegítimos.*

[28] *Qid.* III 12.

[29] Lv 21,7; Ez 44,22; *Qid.* III 12; *Mak.* I 1; III 1; *Ter.* VIII 1 y *passim.* La mujer cuyo marido es declarado muerto y se vuelve a casar, si el primer marido regresa a casa, debe volver con él; pero no es considerada como divorciada del segundo marido, pues el segundo matrimonio fue inválido legalmente (*Yeb.* X 3; *Sifra* Lv 21,7 [47ᵇ 186,35]).

[30] *Yeb.* II 4; *Qid.* III 12; *Mak.* III 1; *Sota* IV 1; VIII 3; Targum del Pseudo-Jonatán en Lv 21,7; *Sifra* Lv 21,7 (47ᵇ 186,27) y *passim.*

[31] *Yeb.* VI 5. R. Yudá ben Elay (hacia el 150 d. C.) prohíbe el matrimonio en todos los casos (*Sifra* Lv 21,7 [47ᵇ 186,23]).

[32] *Ant.* III 12,2, § 277.

[33] *Qid.* IV 1.

[34] Véase *infra,* pp. 348-354.

[35] Pp. 213s.

sus yernos en los puestos lucrativos del templo; lo cual supone que estos últimos eran sacerdotes. Conocemos varios sumos sacerdotes que, a su vez, eran yernos de sumos sacerdotes. Tenemos que mencionar aquí en primer lugar al sumo sacerdote Matías, hijo de Teófilo, y a Caifás [36]. Además, en dos familias de la aristocracia sacerdotal de las que salieron sumos sacerdotes, uno de ellos tal vez Caifás [37], sucedió, según se dice, que una joven se casó con su tío paterno. Lo cual condujo a difíciles discusiones, pues ambas mujeres quedaron viudas y sin hijos. Es claro que no se podía pensar en un matrimonio levirático con su propio padre. Pero los hillelitas y los shammaítas se torturaron mucho con esta cuestión [38]: ¿puede el padre realizar un matrimonio levirático con la concubina de su propio yerno? Pero lo que ahora nos interesa es constatar que, en dos familias de la aristocracia pontificia de Jerusalén, una muchacha se casó con el hermano de su padre; así que los dos esposos eran de familias sacerdotales de elevado rango. Hay otro caso: el matrimonio de Marta, de la familia pontificia de Boetos, con el sumo sacerdote Yoshuá ben Gamaliel I, de quien ya hemos hablado [39]; también en este caso pertenecían los dos esposos a familias sacerdotales de elevado rango. Los otros sacerdotes se casaban igualmente con preferencia con hijas de sacerdotes. Así, el sacerdote Zacarías, de la clase sacerdotal de Abiá, tenía por mujer a Isabel, hija de sacerdote (Lc 1,5). R. Tarphón, sacerdote [40], tenía en Jerusalén un tío materno de nombre Simeón [41] o Shimshon [42] que también era sacerdote [43]; los padres de este Rabbí, por consiguiente, eran los dos de familia sacerdotal.

Las familias sacerdotales, sin embargo, no se casaban únicamente entre ellas; también había uniones entre descendientes de sacerdotes y descendientes de levitas o israelitas. Así, en Jerusalén, el levita cantor R. Yoshuá, fabricante de clavos, que vivió aún después de la toma de la ciudad, estaba casado con una hija de sacerdote. También tenemos ejemplos de uniones con los laicos. El sumo sacerdote Alejandro Janneo, según hemos visto ya [44], se casó, según se dice, con una hermana de Rabbí Simeón ben Shetaj. El sacerdote y escriba Simeón ben Natanael tenía por mujer a una nieta [45] de Rabbán Gamaliel I, célebre maestro de Jerusalén y miembro

[36] Véanse los testimonios *supra,* p. 174, n. 61.

[37] Véase *supra,* p. 211, n. 65; p. 112, n. 95.

[38] En b. *Yeb.* 15[b] (véase *supra,* pp. 112s), se discute el caso en relación con un debate sobre la poligamia en Jerusalén en tiempo de Jesús.

[39] *Supra,* p. 176.

[40] j. *Yoma* III 7,40[d] 57 (III/2,196) y *passim;* Tos. *Neg.* VIII 2 (628,9).

[41] Así en j. *Hor.* III 5,47[d] 37 (no traducido en VI/2,274).

[42] Así en *Qoh. R.* 3,15 sobre 3,11 (85[a] 10).

[43] j. *Yoma* I 1,38[d] 32 (III/2,165); j. *Hor.* III 5,47[d] 37 (no traducido en VI/2, 274): aunque este sacerdote, el tío, estaba cojo, toca la trompeta en el atrio, a título de sacerdote, con ocasión de una fiesta de los Tabernáculos. *Qoh. R.* 3,15 sobre 3,11 (85[a] 10): está en compañía de su sobrino sobre el estrado del atrio.

[44] *Supra,* p. 175, n. 62.

[45] El manuscrito de Erfurt, actualmente en Berlín, *Staatsbibl.* Ms. or. 2.° 1220, lee «hija». Esta lectura es improbable por razones cronológicas, cf. Bacher, *Ag. Tann.* I, 75, n. 3.

del Sanedrín [46]. El tan conocido doctor Eliezer ben Hirkanos, sacerdote [47], estaba casado con una hermana de Gamaliel II [48]. A Pinjás de Jabta, sacerdote y más tarde Sumo Sacerdote (en el 67 d. C.), R. Jananya, hijo de Gamaliel II, lo llama pariente suyo por afinidad [49]. Tres sacerdotes, por consiguiente, se casaron con muchachas de la casa de Gamaliel. Así, pues, entre las familias laicas, los sacerdotes, según parece, preferían las de los escribas. He aquí un último ejemplo. El sacerdote R. Sadoc, célebre escriba, tenía muy probablemente por mujer a una benjaminita cuya familia paterna era del número de las familias notables encargadas de traer la leña para el altar [50]. Los matrimonios entre sacerdotes e hijas de laicos de elevado rango no fueron raros, aunque el Talmud, a veces, hace un juicio desfavorable sobre estas uniones [51]. Apenas tenemos noticias sobre el origen de las mujeres de los levitas; acabamos de ver el matrimonio del levita Yoshuá con una hija de sacerdote, y ya hemos hablado [52] de la legitimidad de las dos familias levíticas de Emaús que tocaban la chirimía.

Cuando un sacerdote o un levita músico se casaba con una mujer que le estaba prohibida por la Ley [53], se procedía con una severidad implacable; el matrimonio era declarado ilegítimo [54] y los hijos eran privados del derecho al sacerdocio. Este hijo de sacerdote era llamado *halal* (profano) y formaba parte del grupo de israelitas ilegítimos; sus hijos tampoco podían ejercer el sacerdocio. Las hijas del matrimonio ilegítimo de un sacerdote no podían casarse con un sacerdote [55].

Estos principios no quedaban en letra muerta. Ya en tiempo de Esdras [56] tres familias fueron excluidas del sacerdocio por no poder demostrar su genealogía; los sumos sacerdotes asmoneos tuvieron que soportar el reproche de los fariseos, quienes negaban la legitimidad de su sacerdocio porque la madre de Juan Hircano, según se dice, había sido prisionera de guerra bajo Antíoco IV Epífanes [57]; más tarde oímos hablar en varias ocasiones de procesos para desposeer a algunos sacerdotes del derecho a ejercer su función [58]. Hay algunos ejemplos que muestran con qué rigor se procedía para preservar la pureza del clero [59]. «R. Zajarya, hijo del car-

[46] Tos. *ʿA. Z.* III 10 (464,6).
[47] j. *Sota* III 4,19ª 3ss (IV/2,261).
[48] b. *Shab.* 116ª y *passim.*
[49] *Sifra* Lv 21,10 (47ᶜ 187,10).
[50] Véase *infra,* pp. 299s.
[51] b. *Pes.* 49ª bar.; b. *Pes.* 49ª.
[52] *Supra,* p. 232, n. 19.
[53] Esto sucedía. Josefo el escritor, sacerdote, es un ejemplo; prisionero de los romanos, se casó entre el 67 y 69 d. C., por orden de Vespasiano, según dice, y contra la prescripción de la Ley (véase *supra,* p. 233, n. 26 d), con una judía prisionera de guerra, *Vita* 75, § 414.
[54] b. *Ket.* 3ª, y sobre este punto Billerbeck III, 343 b.
[55] *Qid.* IV 6. Cf. *supra,* p. 233, n. 26 a.
[56] Esd 2,61-63; Neh 7,63-65.
[57] Véase *supra,* pp. 175 y 206.
[58] Generalidades en *Mak.* I 1; *Mid.* V 4. Casos concretos a continuación de nuestra exposición.
[59] Para lo que sigue, véase A. Büchler, *Familienreinheit und Familienmakel in Jerusalem vor dem Jahre 70,* en *Festschrift Schwarz,* 133-162.

nicero, dijo: ¡(lo juro) por el templo! Su mano (la de mi mujer) no ha abandonado la mía desde que los paganos han entrado en Jerusalén (sin duda cuando la toma de la ciudad en el 133/4 a. C., durante la guerra de Bar Kokba) [60] hasta su partida. Se le respondió: Nadie puede testimoniar en favor de sí mismo» [61].

Un sacerdote no puede casarse con una israelita que ha sido prisionera de guerra, ya que ésta no puede darle hijos legítimos, aptos para ejercer el sacerdocio [62]. Pero no es solamente una joven así la que le está prohibida. Tampoco puede continuar viviendo con una esposa que, sin haber sido prisionera, ha habitado tan sólo en una ciudad tomada y ocupada por el enemigo y que no está en condiciones de probar su integridad por medio de testigos desinteresados [63]; si mantiene un matrimonio semejante, se convierte en un concubinato y los hijos de esta unión son ilegítimos. Esta norma es aplicada inexorablemente, aunque el propio marido pueda testimoniar bajo juramento que su mujer no ha tenido relaciones con paganos. Aún más, los miembros de una familia, de una familia de sacerdotes naturalmente, llegaron hasta a negar el derecho a casarse con un sacerdote a una niña menor que había sido dada en garantía a Ascalón (o que había sido llevada como rehén a Ascalón), y, sin embargo, había testigos para declarar que no había tenido relaciones («que no había sido ni encerrada [con un hombre] ni desflorada»); los escribas decidieron que aquella repulsa no era justificada [64]. Así que, en este caso, no sólo se coloca a la hija dada en garantía en el mismo lugar que la prisionera de guerra, lo que no se seguía por sí mismo en absoluto [65], sino que es la propia familia quien, respecto de uno de sus miembros, endurece la regla para apartar toda sospecha de mancha. Son, por consiguiente, los mismos sacerdotes quienes, a pesar a veces de las protestas de los escribas, tienen cuidado de aplicar inexorablemente las prescripciones sobre la pureza de las familias sacerdotales.

Y no era excepción, sino la regla, que los mismos sacerdotes diesen prueba, en contra de las decisiones de los escribas, de una severidad inexorable. Así, pues, oímos decir que los escribas permitían a las hijas de familias *ʿîssah* (probablemente familias sacerdotales sobre uno de cuyos miembros había duda respecto a la legitimidad de su origen) [66] casarse con

[60] Sobre la fecha de este Rabbí, véase Schlatter, *Tage,* 41; hay que datar la guerra de Bar Kokba en los años 132-135/6 d. C., cf. C. H. Hunzinger, art. *Qumrân* 6 en *Die Religion in Geschichte und Gegenwart* V ([3]1961), col. 754s.

[61] *Ket.* II 9.

[62] Véase *supra,* p. 233, n. 26.

[63] En este caso se permitía también a un esclavo, hombre o mujer, prestar testimonio, *Ket.* II 9; pero no se lo permitían al propio marido.

[64] *ʿEd.* VIII 2.

[65] *Ket.* II 9: «El matrimonio con una mujer encarcelada por paganos por razón pecuniaria (como rehén) está permitido».

[66] El término *ʿîssah* significa pasta, mezcla. No podemos precisar con certeza su sentido metafórico. R. Meír (hacia el 150 d. C.) da esta definición (b. *Ket.* 14[b] bar.): «¿Qué es una viuda *ʿîssah?* Aquella a quien eventualmente se ha unido un hijo ilegítimo de sacerdote *(halal)*». Este texto no tiene sentido. Probablemente la palabra «viuda» ha sido introducida por inadvertencia por influjo de *ʿEd.* VII 3, donde se habla de la viuda *ʿîssah;* lo cual introdujo el error. Si logramos borrar el

sacerdotes. Los sacerdotes, por el contrario, no querían saber de eso [67]; les bastaba una simple sospecha para mantenerse alejados de las hijas de familias *'issah*. Así que se encuentra justificada la queja proferida ya por Rabbán Yojanán ben Zakkay, un hombre que aún estaba en funciones en Jerusalén antes de la destrucción del templo: los sacerdotes sólo siguen las decisiones de los escribas cuando se declara a las personas inaptas para las funciones sacerdotales o para el matrimonio con sacerdotes; las desprecian, por el contrario, cuando los escribas otorgan facilidades [68]. Así, pues, los sacerdotes que, bajo Agripa I (41-44 d. C.), cuando los judíos podían ejercer la justicia criminal, hicieron quemar públicamente en Jerusalén a la hija de un sacerdote culpable de adulterio [69], cuidaban de la pureza de las familias sacerdotales con una severidad inexorable. En efecto, los sacerdotes ofrecían los sacrificios no como designados por el pueblo, sino por Dios [70]; por esta razón constituían la *élite* sagrada del pueblo instituida por Dios. Al final de los tiempos formarían plenamente la *élite* sagrada: «Cuando el Santo, bendito sea, purifica las tribus, purifica primeramente la tribu de Leví» [71].

término «viuda» en b. *Ket.* 14ᵇ bar., el sentido se vuelve claro: una familia *'issah* es una familia sobre la que se pregunta si uno de sus miembros es de origen legítimo (por lo demás, también en *'Ed.* VII 3 la palabra «viuda» es una glosa, cf. *infra,* p. 331, n. 15). Las explicaciones de Büchler en *Festschrift Schwarz,* 155-160, no tienen en cuenta esta sencilla solución y no convencen; él entiende por *'issah* las familias ilegítimas, pero sólo las afectadas de una mancha ligera (véase *infra,* pp. 329ss), a saber: profanas *(halalîm),* prosélitas, esclavas libertas.

[67] *'Ed.* VIII 3.

[68] *Ibíd. 'Ed.* VIII 7 relata el caso de cierto Ben Sión (sin duda antes del 70 después de Cristo, ya que la tradición se remonta a Yojanán ben Zakkay): había sucesivamente, sin razón y a la fuerza, «alejado y acercado» una familia (visto el contexto, se trata claramente de sacerdotes), es decir, la había declarado ilegítima y legítima.

[69] *Sanh.* VII 2; b. *Sanh.* 52^b. Detalles, *supra,* p. 196, n. 126.

[70] b. *Qid.* 23^b.

[71] b. *Qid.* 70^b-71^a.

CAPITULO II

LA NOBLEZA LAICA

Al lado de la aristocracia sacerdotal había una nobleza laica. Bien es verdad que su importancia fue infinitamente menor, como indica la misma escasez de datos que sobre ella nos han llegado.

Conviene empezar por el examen de la composición del Sanedrín. Según los testimonios del NT, esta suprema asamblea judía, compuesta de 71 miembros, comprendía tres grupos: los sacerdotes jefes, quienes proporcionaban la presidencia en la persona del Sumo Sacerdote; los escribas y los ancianos.

¿Quiénes formaban parte del grupo de los *ancianos?* [1]. Tenemos la respuesta en la historia de la suprema asamblea judía. Después del destierro los reorganizadores del pueblo, que desde entonces estuvo sin rey, tuvieron la mira puesta, en su reorganización, en la antigua composición en familias, que procedía de la división del pueblo en tribus y que jamás había caído totalmente en olvido, incluso después del asiento en Canaán. Tal vez ya en el exilio, es decir, con la desaparición de la monarquía, los jefes de las estirpes y familias más importantes se pusieron al frente del pueblo, dirigiendo individualmente el establecimiento de las familias en Babilonia y gobernándolas en calidad de guías y jueces [2]. Después del destierro estos jefes de las familias, los «ancianos de los judíos» *(sabê yᵉhûdayê),* aparecen los representantes del pueblo con los que trata el gobernador persa (Esd 5,9-16) y quienes, en unión «del gobernador de los judíos», dirigen la reconstrucción del templo (Esd 5,5.9; 6,7.8.14). Así, pues, el Sanedrín, asamblea suprema del judaísmo posexílico, se formó de la reunión de estos jefes no sacerdotes, representantes de la «nobleza [3]

[1] Tanto en el NT (Mt 21,23; 26,3.47; 27,1.3.12.20; 28,11-12; Lc 22,52; Hch 4,23; 25,15; cf. 24,1) como en la literatura rabínica *(Yoma* I 5; *Para* III *l*; cf. Tos. *Para* III 8 [632,18]: los ancianos aparecen como representantes del Sanedrín y guardianes de la tradición farisea respecto a los ritos que había que observar el día de la expiación y en la quema de la vaca roja) el término designa en sentido amplio a todos los sanedritas no sacerdotes. Hay que distinguir este sentido amplio de la palabra, que incluye a los dos grupos del Sanedrín, del sentido estricto que nosotros vamos a examinar, y que designa a los ancianos como un grupo del Sanedrín distinto de los sacerdotes jefes y de los escribas.

[2] Ez 8,1; 20,1. Véase I. Benzinger, *Hebräische Archäologie* (Leipzig ³1927) p. 269, y la disertación de O. Seesemann, *Die Altesten im AT* (Leipzig 1895).

[3] Empleo este término para expresar el principio de herencia.

laica», con la aristocracia sacerdotal. Es instructiva sobre este punto la descripción de la reforma judicial de Josafat por el Cronista (2 Cr 19, 5-11), descripción que refleja la situación posexílica; la suprema autoridad judicial de Jerusalén aparece allí compuesta de levitas, sacerdotes y jefes de familia [4]. Es, por consiguiente, un Senado aristocrático compuesto de representantes de la aristocracia sacerdotal y laica, el cual, en las épocas persa y griega, llegó a ser la cabeza del pueblo judío. Sólo más tarde, en tiempos probablemente de la reina Alejandra (76-67 a. C.), de ideas fariseas [5], fueron admitidos los escribas fariseos en esta asamblea suprema hasta entonces puramente aristocrática. No puede, por tanto, caber duda sobre la composición del grupo de los ancianos en el Sanedrín: son *los jefes de las familias laicas más influyentes* [6], que representan a la «nobleza laica» del pueblo en este consejo supremo.

Tanto el NT como Josefo y la literatura talmúdica conocen esta nobleza laica. En el NT aparecen una vez «los primeros del pueblo» (Lc 19,47), en lugar de los «ancianos», como tercer grupo del Sanedrín; esta expresión sinónima es sumamente instructiva. Entre los representantes de este tercer grupo encontramos a José de Arimatea [7], rico (Mt 27,57) hacendado [8].

En Josefo, junto a los sacerdotes jefes, aparecen como personajes más influyentes de Jerusalén: «los primeros de la ciudad» [9], «los jefes del pueblo» [10], «los notables» [11], «los poderosos» [12], «los poderosos y los notables del pueblo» [13]. Son los mismos personajes que «los ancianos» del

[4] Cf. además 1 Macabeos, donde sacerdotes y ancianos del pueblo (7,33; 11,23) aparecen como representantes del mismo; y en especial 14,28, donde la asamblea del pueblo que toma una decisión se compone de la forma siguiente: *epi synagōgēs megalēs tōn hiereōn kai laoū kai archontōn ethnous kai tōn presbyterōn tēs chōras.* Son la nobleza clerical y la nobleza laica *(archontes ethnous)* las que dirigen al pueblo; los ancianos de la comunidad *(presbyteroi tes chōras)* y la nobleza del pueblo se juntan a estos dirigentes en la asamblea del pueblo.

[5] Se encuentra por primera vez a sanedritas fariseos en *Ant.* XIII 16,5, § 428. Como indica el contexto, aquellos a quienes el pasaje llama «ancianos de los judíos» (sanedritas) son ciertamente fariseos.

[6] Lo había visto muy bien E. Meyer, *Die Entstehung des Judenthums* (Halle 1896) y *Ursprung,* II, 12 y 29. Véase además J. Wellhausen, *Das Evangelium Marci* (Berlín 1909) 65: «La nobleza laica de Jerusalén»; Billerbeck II, 631: «Los miembros laicos del Gran Consejo». Schürer, II, 252, dice: «Los miembros que no pertenecían a una de estas dos categorías especiales *(archiereīs* y *grammateis),* se llamaban simplemente *presbyteroi»;* es una fórmula para salir del paso.

[7] Mc 15,43; Mt 27,57; Lc 23,50-51; Jn 19,38-42. No es llamado ni sacerdote ni escriba; hay que contarlo, por tanto, entre el grupo de los «ancianos» del Sanedrín.

[8] Poseía inmediatamente al norte de la segunda muralla septentrional, en el emplazamiento de la actual iglesia del Santo Sepulcro (véase mi *Golgotha* [Leipzig 1926] 1-33), un terreno con jardín. Además, según permite suponer el empleo de *euschēmōn* en los papiros, este término (Mc 15,43) designa tal vez al rico hacendado (cf. J. Leipoldt: «Theologisches Literaturblatt» 39 [1918] 180s).

[9] *Vita* 2, § 9.

[10] *Vita* 38, § 194.

[11] *B. j.* II 17,2, § 410 y *passim.*

[12] *B. j.* II 15,2, § 316 y *passim.*

[13] *B. j.* II 14,8, § 301.

NT; tenemos la confirmación en un texto de Josefo en donde aparece igualmente la división tripartita del Sanedrín, corriente en el NT. Los tres grupos son llamados allí «los poderosos, los sacerdotes jefes y los notables fariseos»[14]; de donde se deduce, sin lugar a duda, la identidad de «los poderosos» de Josefo con «los ancianos» del NT. En otros pasajes aparecen «los poderosos» junto a miembros del consejo supremo[15]; vemos, por consiguiente, que sólo una parte de los jefes de las familias de notables, representantes en cierto modo de su clase, tenían voz en el Sanedrín. Una comparación de dos textos de Josefo confirma que «los ancianos» son los jefes de las familias laicas de notables. Herodes, a su llegada al poder en el 37 a. C., hizo dar muerte, según *Ant.* XIV 9,4, § 175, «a todos[16] los miembros del Sanedrín», y, según *Ant.* XV 1,2, § 6, hizo dar muerte a «los 45 principales miembros del partido de Antígono (rey y sumo sacerdote)». Como nos indica la comparación de estos dos textos, los principales miembros de la nobleza laica, partidarios de los asmoneos, tenían voz en el Sanedrín. Aún es más clara una segunda sinonimia. Aquellos a quienes *B. j.* II 12,5, § 237, llama representantes de «los magistrados *(archontes)* de Jerusalén», son llamados, en el pasaje paralelo de *Ant.* XX 6,1, § 123, «los primeros de los habitantes por los honores y el nacimiento»; la comparación de estos dos textos muestra nuevamente que los jefes de las familias patricias tenían voz en el Sanedrín.

El examen de la literatura rabínica conduce al mismo resultado, pues habla también de los representantes de la nobleza laica como de un grupo del Sanedrín. Logramos, pues, una total certeza histórica sobre el carácter de «los ancianos». En varias ocasiones aparecen en la literatura rabínica «los grandes de la generación», «los grandes de Jerusalén», «las gentes de Jerusalén de elevado rango». Los datos concretos indican que forman un grupo limitado. El relato legendario del Midrás, según el cual Vespasiano llenó tres barcos con «los grandes de Jerusalén» para deportarlos[17], forma parte ya de este contexto. Hay otros datos que están a la luz de la historia. «R. Sadoc era un 'grande de la generación'»[18]. «Jerosolimitanas de rango elevado» tenían la costumbre de dar gratuitamente (el brebaje anestésico a los condenados a muerte)»[19]. «Abbá Shaul (hacia el 150 después de Cristo) decía: 'Jerosolimitanas de rango elevado' cuidaban del sustento (de las madres que criaban a sus hijos para el rito de la vaca

[14] *B. j.* II 17,3, § 411: *synelthontes goun hoi dynatoi tois archiereūsin eis tauto kai tois tōn pharisaiōn gnōrimois.* Cf. II 14,8, § 301: *hoi te archiereis kai dynatoi to te gnōrimōtaton tēs poleōs.*

[15] *B. j.* II 16,2, § 336: «Los sacerdotes jefes de los judíos con los poderosos y el consejo»; II 21,7, § 627: «Los poderosos y algunos de los arcontes».

[16] No se tome esto al pie de la letra; el Sanedrín comprendía 71 miembros. S. Funk, *Die Männer der grossen Versammlung und die Gerichtshöfe im nachexilischen Judentum:* MGWJ 55 (1911) 37-39, pensaba en el pequeño Sanedrín, compuesto, según él, de 45 miembros. Difícilmente puede tener razón.

[17] *Lam. R.* 1,48 sobre 1,16 (34ª 19).

[18] *ARN* rec. A cap. 16, 63ª 19.

[19] b. *Sanh.* 43ª bar.; véase *supra,* p. 113.

roja: Nm 19)»[20]. Los niños menores no podían entrar en el atrio de los israelitas[21]. En cambio, los hijos menores de «los jerosolimitanos de rango elevado»[22] tenían derecho a participar en el canto de los levitas durante el sacrificio diario; tenían sitio, por tanto, en el atrio de los israelitas, a los pies de los levitas, quienes estaban sobre el estrado situado entre el atrio de los israelitas y el de los sacerdotes[23].

Es de particular importancia una indicación dada por el apóstata Elisha ben Abuya, nacido en Jerusalén antes del 70 d. C.: «Mi padre, Abuya, era uno de los grandes de Jerusalén[24]. El día de mi circuncisión invitó a todos los grandes de Jerusalén[25] y los instaló en una cámara»[26]. Esta invitación hace aparecer al padre, un patricio de Jerusalén, como un hombre bien acomodado. Tanto la palabra «todos» como la indicación de que se pudo instalar a todos los grandes de Jerusalén en una misma pieza, indican que los jefes de las familias jerosolimitanas de elevado rango constituían un grupo limitado.

Son miembros de este grupo a los que pone en escena el tan conocido relato acerca de los tres grandes mercaderes de Jerusalén. Estos, al desencadenarse la insurrección contra los romanos, se comprometieron, según se dice, a abastecer a Jerusalén de víveres y leña para veintiún años[27]; se les llama unas veces «tres ricos personajes»[28], otras «grandes de Israel»[29] o «grandes de la ciudad»[30], o bien «consejeros»[31]. Puede ser que este relato contenga detalles legendarios. Pero encierra un núcleo histórico sólido[32]; a él pertenece la indicación de que «grandes de la ciudad» se sentaban en el Sanedrín. Lo cual es tanto más probable cuanto que «los principales personajes de Jerusalén» ejercían el día de la expiación, en el cuadro litúrgico de la fiesta, una función oficial: en calidad de miembros del Sanedrín, evidentemente[33], acompañaban hasta la prime-

[20] b. *Ket.* 106ª.
[21] ʿ*Ar.* II 6; Tos. ʿ*Ar.* II 1 (144,14).
[22] Tos. ʿ*Ar.* II 2 (544,16).
[23] Según Tos. ʿ*Ar.* II 2 (544,14), estarían en el atrio de las mujeres. Pero, como muestra II 1 (544,14), es la Misná ʿ*Ar.* II 6 quien ha conservado el recuerdo exacto: «No estaban sobre el estrado, sino en tierra, de suerte que sus cabezas se encontraban entre los pies de los levitas (quienes estaban sobre el estrado, elevado un codo y medio = 75 centímetros sobre el atrio de los israelitas)». G. Dalman, *Der zweite Tempel zu Jerusalem:* PJB 5 (1909) 43, n. 6, rechaza también la localización de Tos. ʿ*Ar.* II 2 (544,16).
[24] Variante: «uno de los grandes de la generación» en *Qoh. R.* y *Ruth R.*
[25] *Qoh. R.*: «y a todos los grandes de la generación».
[26] j. *Hag.* II 1,77ᵇ 33 (IV/1, 272) y par.: *Ruth R.* 6,6, sobre 3,13 (17ᵇ 14); *Qoh. R.* 7,18 sobre 7,8 (104ª 9). Las últimas palabras faltan en los paralelos.
[27] Véase *supra,* pp. 55 y 114.
[28] b. *Git.* 65ª.
[29] *ARN* rec. A cap. 6,31ª 23.
[30] *Gn. R.* 42,1 sobre 14,1 (85ª 4); *ARN* rec. B cap. 13, 31ᵇ 21; *Pirqé de R. Eliezer* 2.
[31] *Qoh. R.* 7,25 sobre 7,11 (105ᵇ 29); *Lam. R.* 1,32 sobre 1,5 (28ᵇ 5). En este último texto se trata de cuatro personas, pues Naqdemón ben Gorión ha sido erróneamente dividido en dos nombres.
[32] Véase *supra,* p. 114, n. 116.
[33] Cf. *Yoma* I 5.

ra de las diez chozas, situadas en el camino, al que debía conducir el macho cabrío Azazel al desierto [34]. Finalmente se desprende de la comparación de dos textos midrásicos que los apelativos «grandes de la ciudad (de la generación)» y «ancianos» se presentan como sinónimos [35]. Cerremos, pues, el círculo de la demostración: en el Sanedrín, el grupo de los ancianos se componía de *jefes de familias patricias de Jerusalén.*

Al tratar de determinar la composición del Sanedrín hemos descubierto la existencia incontestable de una nobleza laica en Jerusalén. Se trata ahora de saber si podemos hacer constataciones más precisas sobre esta parte de la población. Ese es el caso. *Ta'an.* IV 5 transmite una lista muy valiosa de familias privilegiadas [36], capacitadas para aportar la leña para el altar:

«Nueve días (por año), los sacerdotes y los laicos proporcionaban la leña (según este orden):

1) el 1 de nisân, la familia de Arah, de la tribu de Judá [37];
2) el 20 de tammuz, la familia de David, de la tribu de Judá (cf. Esd. 8,2);
3) el 5 de ab, la familia de Parosh, de la tribu de Judá [38];
4) el 7 de ab, la familia de Yonadab, de la tribu de Recab [39];
5) el 10 de ab, la familia de Senaá, de la tribu de Benjamín [40];
6) el 15 de ab, la familia de Zattuel, de la tribu de Judá [41], y con ellos los sacerdotes y los levitas y todos aquellos sobre cuyo origen había alguna incertidumbre [42], (a saber) [43]: los hijos de los ladrones de hojas (o de morteros) [44] y los hijos de los cortadores de higos;
7) el 20 de ab, la familia de Pajat-Moab, de la tribu de Judá [45];
8) el 20 de elul, la familia de Adín, de la tribu de Judá [46];
9) el 1 de tebet, la familia de Parosh por segunda vez».

[34] *Yoma* VI 4.

[35] *Lv. R.* 30,7 sobre 23,40 (82[b] 23) enumera: *a)* los grandes de la ciudad (de la generación); *b)* las personas privadas; *c)* hombres, mujeres y niños. *Cant. R.* 6,11 sobre 6,5 (64[a] 7) cita: *a)* las personas privadas; *b)* los niños; *c)* los *zeqenîm.* La comparación de estos dos textos permite decir que *zeqenîm* designa probablemente la dignidad y no la edad; véase sobre este punto A. Büchler, *The Political and Social Leaders of the Jewish Community of Sepphoris* (Londres 1909) 10.

[36] Nehemías había hecho la elección por sorteo (Neh 10,35); cf. b. *Ta'an.* 28[a].

[37] Cf. Esd 2,5; Neh 7,10.

[38] Cf. Esd 2,3; 8,3; 10,25; Neh 3,25; 7,8; 10,15.

[39] Cf. 2 Re 10,15.23; Jr 35,8; 1 Cr 2,55.

[40] Cf. Esd 2,35; Neh 3,3; 7,38; 11,9.

[41] Cf. Zattu: Esd 2,8; 10,27; Neh 7,13; 10,15.

[42] Puede tratarse de un eufemismo por «cuyo origen no estaba totalmente sin mancha».

[43] En los dos pseudónimos siguientes falta la indicación de la tribu; estos nombres constituyen, por consiguiente, la razón de la exégesis hecha en la nota precedente.

[44] Lectura de b. *Ta'an.* 28[a].

[45] Cf. 2,6; 8,4; 10,30; Neh 3,11; 7,11; 10,15.

[46] Cf. Esd 2,15; 8,6; Neh 7,20; 10,17.

Resulta sorprendente en primer lugar encontrar en esta lista la mención de una familia recabita; la última noticia histórica sobre los recabitas se encuentra en Neh 3,14 y 1 Cr 2,55, pues se puede dudar muy seriamente de la indicación de Hegesipo, reproducida por Eusebio [47], según la cual Santiago, hermano del Señor, fue muerto por un sacerdote recabita *(sic)*. En segundo lugar es sorprendente que junto a la familia recabita sean nombradas solamente familias mencionadas en los libros de Esdras y Nehemías. Estas dos concordantes observaciones permiten decir que esta lista data de una época poco posterior a la vuelta del destierro; tal vez procede directamente del relato de Neh 10,35-37; 13,31 sobre el sorteo de las entregas de leña. Como vemos, el relato talmúdico [48] es totalmente exacto. Según él, el privilegio de aportar la leña es una vieja prerrogativa que se remonta a la época de la reorganización de la comunidad judía después del destierro de Babilonia; las familias agraciadas han conservado con tenacidad esa prerrogativa a través de los siglos. Tenemos, por consiguiente, muchas razones para suponer que esta lista ha conservado los nombres de las familias patricias sobresalientes, cuya precedencia se basaba en viejos privilegios de varios siglos.

Se ve que estas familias eran primitivamente, como indican las entregas en especie para el templo, *familias de terratenientes,* lo cual concuerda con el hecho de que, en la época de Jesús, la nobleza laica comprendía sobre todo familias ricas. En el Midrás, la frase «fulano de tal es rico, vamos a hacerlo consejero» [49] es atribuida a los funcionarios romanos. Comprenderemos esta frase si tenemos presentes las costumbres del procurador. Era entre los «ancianos» del Sanedrín y los otros ancianos de las familias donde él escogía habitualmente los funcionarios de los impuestos [50], los *dekaprōtoi* [51]. Estos *dekaprōtoi,* encargados de distribuir entre los ciudadanos sometidos a impuestos el tributo exigido a Judea por los romanos, respondían con el propio dinero de su exacta entrega [52]. Para cumplir este cargo llamado «litúrgico» [53], de *dekaprōtos,* había que tener considerables recursos, sobre todo bienes raíces, como sabemos respecto a Egipto. Lo cual demuestra que los jefes de las familias patricias, en la

[47] *Hist. Eccl.* II 23,4-18.

[48] b. *Taʿan.* 28ª; Tos. *Taʿan.* IV 5 (219,24); j. *Taʿan.* 2,68ª 38 (no traducido en IV/1,183, donde se remite al par. III/2,280.

[49] *Gn. R.* 76,5 sobre 32,12 (164ᵇ 24); cf. además b. *Git.* 37ª: «Rab Jisda († 309) decía: '*Būlē* son los ricos', pues está escrito (Lv 26,19): 'Yo quebrantaré vuestro orgulloso poder'; según la explicación de Rab José († 333), eso se refiere a los consejeros *(bûlaʾôt,* véase sobre este punto Bacher, *Ag. Tann.,* I, p. 52, n. 6) de Judea». Según este texto, los consejeros son gentes ricas.

[50] *B. j.* II 17,1, § 405: arcontes y consejeros recaudan los impuestos; § 407: arcontes y patricios son presentados al gobernador con vistas al nombramiento de funcionarios de los impuestos.

[51] *Ant.* XX 8,11, § 194.

[52] Sobre el cargo de los *dekaprōtoi:* C. G. Brandis, art. *Dekaprōtoi,* en Pauly-Wissowa, *Real-Encyclopädie* IV (1901), col. 2417-2422; O. Seeck, *Decemprimat und Dekaprotie,* en *Beiträge zur alten Geschichte,* ed. de C. F. Lehmann, I (Leipzig 1902); Mitteis-Wilckens, I 1, 218.

[53] Este término designa un cargo oficial al que se estaba obligado de forma legal.

medida en que eran miembros del Sanedrín, eran gentes con fortuna. Este era el caso, según parece, de José de Arimatea y de los tres grandes comerciantes de Jerusalén de quienes hemos hablado ya anteriormente.

Hay un pasaje en el Midrás de sentido difícil, que forma también parte de este contexto. Este es el relato: los consejeros de Jerusalén habrían obligado con astucia a los ricos habitantes de Bitter a aceptar puestos de consejeros, y para ello les habrían robado sus propiedades [54]. En cuanto este conciso y exagerado relato da a entender, los miembros laicos del Sanedrín tenían generalmente fortuna, y su función (es esto lo que parece constituir el núcleo histórico) podía exigir sacrificios pecuniarios.

Algunas afirmaciones de Josefo nos informan sobre la posición intelectual y religiosa de la nobleza laica. «Su doctrina no es aceptada más que por un pequeño número, pero son los primeros en dignidad», dice de los saduceos [55]. En otra parte [56], cuenta que «los saduceos no convencían más que a los ricos y no eran seguidos por el pueblo». El cuadro histórico de Josefo corrobora de forma convincente las indicaciones de que los miembros de la nobleza laica eran en gran parte saduceos [57]. Describe, por ejemplo, a los saduceos como los primeros y más distinguidos personajes que rodean al rey Alejandro Janneo (103-76 a. C.), que era de tendencias saduceas [58].

La idea aún muy extendida de que los saduceos eran un partido clerical, que reclutaba sus adeptos, si no de manera exclusiva al menos principalmente, en los círculos sacerdotales de elevado rango, debe ser corregida. Ciertamente, es verdad que los últimos asmoneos y las familias de la aristocracia pontificia ilegítima, a diferencia de la generalidad de los sacerdotes, eran en gran parte de ideas saduceas [59]: así Juan Hircano (134-104 antes de Cristo), Sumo Sacerdote y príncipe de los judíos, el cual, al comienzo de su reinado, estaba del lado de los fariseos, pero después se pasó a los saduceos [60]; así, Alejandro Janneo (103-76. a. C.), Sumo Sacerdote

[54] *Lam. R.* 2,5 sobre 2,2 (43ª 19); 4,22 sobre 4,18 (60ª 10); j. *Taʿan.* IV 8,69ª 22 (IV/1, 190).

[55] *Ant.* XVIII 1,4, § 17.

[56] *Ant.* XIII 10,6, § 298. Véase además *ARN* rec. A cap. 5,26ª 12: «Y ellos (los saduceos y los boetusianos) se servían diariamente de utensilios de plata y oro» (porque negaban la resurrección de los muertos y, por ello, querían gozar de la vida terrena lo más posible). Es exacto que los partidarios de los saduceos pertenecían a los ambientes acomodados. Recordemos, finalmente, que en la teología de los saduceos y en su postura ante la vida se notan influencias helenísticas; lo que apunta también a los ambientes con fortuna, pues fueron éstos los más influidos por la cultura helenística.

[57] La bibliografía sobre los saduceos se encontrará más adelante en el cap. IV dedicado a los fariseos. Citemos aquí a Wellhausen, *Phärisäer;* Schlatter, *Gesch. Isr.,* 165-170; R. Leszynsky, *Die Sadduzäer* (Berlín 1912).

[58] *Ant.* XIII 16,2, § 411; *B. j.* I 5,3, § 114.

[59] Las medidas de precaución de *Yoma* I 5; IV 1 y *Sukka* IV 9 son explicadas de forma exacta por b. *Yoma* 19ᵇ: los sumos sacerdotes eran sospechosos de tener ideas saduceas.

[60] *Ant.* XIII 10,5-6, § 288ss; b. *Ber.* 29ª.

y rey [61]; así el sumo sacerdote Simón, hijo de Boetos (22 aprox.-5 a. C.) [62]; así el sumo sacerdote José, apodado Caifás (18-37 d. C.) [63]; así Anán el joven, hijo de Anán (62 d. C.) [64]; así, finalmente, dos sumos sacerdotes saduceos de quienes habla la tradición rabínica sin indicar sus nombres; hay que identificar a uno de ellos con Ismael ben Phiabi II (hasta el 61 después de Cristo) [65].

También los sacerdotes jefes eran en general [66] saduceos; sin embargo, en tiempo de Agripa I, el tribunal de estos sacerdotes jefes parece haber dado una sentencia según el derecho de los fariseos [67]. Por lo demás, es verdad que estos sacerdotes de rango elevado eran los dirigentes de los saduceos; los Hechos de los Apóstoles designan a los saduceos como los partidarios del Sumo Sacerdote (Hch 5,17; cf. 5,21), y un grupo de saduceos, incluso tal vez el conjunto de los mismos [68], se llamaban «boetusianos», debido al sumo sacerdote Simón, hijo de Boetos [69]. Pero todo esto no significa en absoluto que los saduceos sólo contasen entre sus miembros a sacerdotes, o al menos en gran mayoría.

Esta posibilidad queda ya excluida por la ausencia de una afirmación semejante en la presentación que hace Josefo de los saduceos; la distinción hecha por los Hechos de los Apóstoles entre los sacerdotes (de ideas saduceas) y los saduceos [70] abunda en el mismo sentido. Hch 23 nos descubre la verdadera situación. Pablo, al comparecer ante el Sanedrín, sabe que están divididos en dos grupos: fariseos y saduceos. Por eso dice: «Yo

[61] *Ant.* XIII 13,5, § 371s, comparado con b. *Sukka* 48ᵇ, donde el Sumo Sacerdote llamado «un cierto saduceo» es Alejandro Janneo.

[62] Véase *infra,* n. 68.

[63] Hch 5,17 llama a los saduceos «el cerco del Sumo Sacerdote». Se trata de Caifás, Sumo Sacerdote entonces (Hch 4,6).

[64] *Ant.* XX 9,1, § 199.

[65] Se trata: 1.º de un Sumo Sacerdote saduceo que el día de la expiación ofreció el sacrificio de los perfumes según el rito saduceo, b. *Yoma* 19ᵇ bar.; j. *Yoma* I 5,39ᵃ 45 (III/2,170); Tos. *Yoma* I 8 (181,6); 2.º de un Sumo Sacerdote saduceo que quemó la vaca roja, Tos. *Para* III 8 (632,18), estando presente Rabbán Yojanán ben Zakkay. Resulta, por tanto, que este segundo episodio no pudo suceder mucho antes del 70 d. C. Ahora bien, según *Para* III 5, en el primer siglo de nuestra Era sólo dos sumos sacerdotes quemaron una vaca roja: Elionaios, hijo de Kantheras (hacia el 44 d. C.), e Ismael, hijo de Phiabi (hasta el 61 d. C.). No se puede tratar, por consiguiente, más que de Ismael.

[66] Es verosímil que entre los sacerdotes de elevado rango hubiese también fariseos (véase *infra,* p. 271, en el capítulo dedicado a los fariseos); pero eso no era lo ordinario.

[67] Véase *supra,* p. 196, n. 126. Tal vez se trate también de un sacerdote saduceo en Lc 10,25-37.

[68] Hay pasajes paralelos que emplean frecuentemente un término por otro: saduceos o boetusianos. En *ARN* rec. A cap. 5,26ᵃ 4, rec. B cap. 10,26ᵇ 3, la distinción entre saduceos y boetusianos es artificial.

[69] Tos. *Sukka* III 1 (195,19); b. *Sukka* 43ᵇ; Tos. *Yoma* I 8 (181,3); Tos. *R. H.* I 15 (210,10); b. *Shab.* 108ᵃ; b. *Men.* 65ᵃ; *ARN* rec. A cap. 5,26ᵃ 11 y *passim;* Billerbeck II, 849s y 599 *a.*

[70] Hch 4,1. Una correspondiente distinción entre un Sumo Sacerdote y un saduceo se encuentra en Tos. *Nidda* V 3 (645,24); b. *Nidda* 33ᵇ. Respecto al texto primitivo del pasaje (jeque árabe en lugar de saduceo), véase *supra,* p. 173, n. 51.

soy fariseo, hijo de fariseos; por nuestra esperanza (final) y (el anuncio de) la resurrección de los muertos es por lo que soy juzgado» (Hch 23,6); con estas palabras se captó al grupo de los fariseos. Al otro día se realizó una conjura contra la vida de Pablo, obteniendo la conformidad de «los sacerdotes jefes y de los ancianos» (Hch 23,12-14). Como los fariseos están de parte de Pablo, no puede tratarse más que del grupo saduceo del Sanedrín.

Como se ve, el partido de los saduceos está formado por sacerdotes jefes y ancianos, nobleza sacerdotal y nobleza laica. Las familias patricias se hallan, pues, frente a la nobleza sacerdotal, en la misma relación que los fariseos con los escribas. Los laicos forman, en los dos casos, la gran masa de los partidarios; los «hombres de la religión» (clérigos entre los saduceos, teólogos entre los fariseos) proporcionaban los jefes.

Los saduceos formaban un grupo organizado [71]; lo cual es instructivo en orden a conocer la idea que las familias patricias tenían de sí mismas en cuanto conservadoras de la tradición. Dicha organización se desprende de que el número de los partidarios de los saduceos, como dice Josefo, era poco elevado [72], y también de que éstos poseían una *halaká* (tradición) basada en la interpretación de la Escritura, tradición que debían seguir los miembros en la conducta de su vida. El carácter exclusivo del grupo de los saduceos se desprende aún más claramente de la forma en que Josefo los compara a los fariseos y a los esenios. Cuenta en su *Autobiografía* cómo ha practicado sucesivamente las observaciones de los fariseos, de los saduceos y de los esenios para adquirir un conocimiento práctico de estas tres tendencias, agregándose finalmente a los fariseos [73]. Sabemos con certeza que los fariseos y los esenios constituían comunidades organizadas, con condiciones de admisión y observancias firmemente establecidas; de donde se sigue, por consiguiente, que lo mismo sucedía con los saduceos. En el círculo de los saduceos no podía entrar el primero que llegaba.

La «teología» saducea es también instructiva para conocer la posición conservadora de la nobleza laica. Se atenía estrictamente al texto de la Torá [74], particularmente en lo tocante a las prescripciones relativas al culto y al sacerdocio; estaba, por tanto, en abierta oposición a los fariseos y a su *halaká* oral, la cual declaraba obligatorias, incluso para los círculos de laicos piadosos, las prescripciones sobre la pureza relativas a los sacerdotes [75]. Los saduceos habían consignado esta teología en una *halaká* plenamente elaborada y exegéticamente fundada [76]. Poseían además su propio

[71] Sobre este punto B. D. Eerdmans, *Farizeën en Sadduceën:* «Theologisch Tijdschrift» 48 (1914) 1-26 y 223-230 (en discrepancia con Wellhausen, *Pharisäer)* ha estado acertado, aunque algunos detalles de su exposición sean también discutibles. Así, es falso llamar a los fariseos y a los saduceos «sectas», pues estos dos grupos no han rechazado la comunidad del pueblo; también es equivocado negar el carácter aristocrático de los saduceos.

[72] *Ant.* XVIII 1,4, § 17.

[73] *Vita* 2, § 10ss.

[74] R. Leszynsky, *Die Sadduzäer* (Berlín 1912) proporciona la prueba.

[75] Véase *infra,* p. 279s, en el capítulo dedicado a los fariseos.

[76] Cf. Mt 16,12: «La doctrina de los saduceos».

código penal [77], cuya extrema severidad se manifiesta en un gran número de datos [78]. Ya hemos encontrado [79] un tribunal saduceo de sacerdotes jefes, y en varias ocasiones se nos relatan sentencias dictadas según el derecho saduceo [80]. Todo esto confirma plenamente la existencia de escribas saduceos; no se debiera haberla negado nunca, tanto más cuanto que las fuentes mencionan expresamente escribas saduceos [81]. Esto muestra además que las familias patricias saduceas formaban un grupo fuertemente organizado, con una tradición teológica y una doctrina elaborada; se atenían estrictamente a la letra de la Escritura, lo que indica el carácter conservador de estos círculos.

Debido a sus relaciones con la poderosa nobleza sacerdotal, las ricas familias patricias representan un factor muy influyente en la vida de la nación. En concreto, bajo los asmoneos, hasta la llegada de la reina Alejandra (76 a. C.), dispusieron del poder político. Constituían, junto con los sacerdotes de elevado rango, el Sanedrín; poseían, por consiguiente, al lado del soberano, el poder judicial y la autoridad gubernativa. El descenso de su poder data de la época de la reina Alejandra, bajo cuyo reinado hicieron su entrada los fariseos en el Sanedrín, y la gente se les adhirió cada vez más. Los saduceos estuvieron en lucha con Herodes el Grande, particularmente durante el largo pontificado del sumo sacerdote Simón (25-5 a. C.), hijo de Boetos, del cual tomaron el apelativo de boetusianos; esto les permitió, según parece, mantener su rango, pero no pudieron impedir la dirección general de la revolución. El declive de la importancia política de los sumos sacerdotes en la primera mitad del siglo I de nuestra Era tuvo como consecuencia el declive de la nobleza laica, y los fariseos, apoyándose en el gran número de sus partidarios entre el pueblo, supieron imponer cada vez más fuertemente su voluntad en el Sanedrín [82].

Una vez más la suerte pareció colocar a la nobleza al frente del pueblo: en el 66 d. C., al estallar la insurrección contra los romanos, los jóvenes de la nobleza tomaron en sus manos los destinos del pueblo. Pero fue cosa de meses. A partir del 67 se apoderaron los zelotas del mando; el declive del Estado marcó el declive de la nobleza laica y de la corriente saducea surgida de la unión entre la nobleza sacerdotal y la nobleza laica. La nueva y poderosa clase superior, la de los escribas, había aventajado en todos los aspectos a la antigua clase de la nobleza sacerdotal y laica fundada sobre el privilegio del nacimiento.

[77] *Megillat taʿanit* 10, el 14 de tammuz (ed. H. Lichtenstein: «Huca» 8-9 (1913-1932) 319, n. 12); véanse los escolios relativos a *Megillat taʿanit* 10 (ed. Lichtenstein, *ibíd.*, 331, n. 12).

[78] *Ps. Salomon* IV 2; *Ant.* XX 9,1, § 199; Billerbeck IV, 349-352.

[79] *Supra*, pp. 195s.

[80] *Ant.* XX 9,1, § 199; b. *Sanh.* 52b.

[81] *Ant.* XVIII 1,4, § 16. Cf. además Hch 23,9: «Algunos escribas del partido de los fariseos»; Mc 2,16 y el par. Lc 5,30: «Escribas de los fariseos». Estas expresiones suponen que, por otra parte, había escribas saduceos. Sobre esto último véase Billerbeck I, 250; IV, 343-352; Meyer, *Ursprung*, II, 286ss; Schürer, II, 380s, 457; G. F. Moore: HThR 17 (1924) 350s; L. Baeck, *Die Pharisäer* (Berlín 1927) 70, n. 87.

[82] *Ant.* XVIII 1,4, § 17.

CAPITULO III

LOS ESCRIBAS

Al lado de la antigua clase superior constituida por la nobleza hereditaria del clero y del laicado se había formado, durante los últimos siglos antes de nuestra Era, una nueva clase superior: la de los escribas. Durante el período que nos ocupa —el siglo I de nuestra Era hasta la destrucción del templo—, la lucha por la superioridad, entre la antigua clase y la nueva, había alcanzado su paroxismo, inclinándose poco a poco el platillo de la balanza hacia la nueva clase. ¿Cómo fue posible eso? ¿En qué círculos reclutaba esta nueva clase superior a sus adeptos? ¿En qué se basaba el poder y prestigio de estas gentes para atreverse a entrar en competición con la nobleza hereditaria y desde antiguo constituida? Esas son las preguntas que nos hacemos ahora.

Para responder a tales interrogantes debemos examinar primero la corporación de los escribas de Jerusalén [1]. Si investigamos sobre el origen de estos escribas, obtenemos una imagen abigarrada. Hasta el 70 d. C. podemos constatar la existencia en Jerusalén de un gran número de sacerdotes provistos de formación de escribas [2].

Se encuentran entre ellos sacerdotes de elevado rango, tales como el jefe del templo, R. Jananya [3]; el sacerdote jefe Simón [4]; otro Simón, hijo de un jefe del templo [5]; Ismael ben Elisha, nieto de un Sumo Sacerdote en funciones [6]; R. Sadoc [7], sacerdote principal procedente de una vieja familia

[1] La exposición de M. Weber, *Religionssoziologie,* III: *Das antike Judentum.* Apéndice: *Die Pharisäer* (Tubinga 1921) versa sobre los escribas y fariseos en cuanto factores económicos. Le sigue muy de cerca R. Lohmeyer, *Soziale Fragen im Urchristentum* (Leipzig 1921).

[2] Generalidades *supra,* p. 224, e *infra,* p. 259, n. 93.

[3] *P. A.* III 2 y *passim.*

[4] *Vita* 39, § 197.

[5] Referencias *supra,* p. 220, n. 33. El título de rabbí no encuentra más que una parte de los testimonios.

[6] En Tos. *Halla* I 10 (98,10), jura por la vestidura pontificia de su antepasado (*ʾabbá*). No puede ser su padre, pues, en el siglo I de nuestra Era no hubo ningún Sumo Sacerdote que se llamase Elisha; así que no puede ser más que su abuelo, probablemente Ismael ben Phiabi II (hasta el 61 d. C.), véase *supra,* p. 213, n. 85. Es en Jerusalén, antes del 70, donde Ismael ben Elisha comenzó a recibir las bases de su cultura bíblica, antes de que los romanos, siendo aún adolescente, lo llevasen al cautiverio (b. *Git.* 58ª bar.; *Lam. R.* 4,4 sobre 4,2 (56ᵇ 21).

[7] Véase *supra,* p. 211, n. 63.

pontificia, y su hijo R. Eleazar [8], y el escritor Josefo, perteneciente a la primera sección semanal, la de Yehoyarib [9].

Junto a miembros de la aristocracia sacerdotal se encuentran también simples sacerdotes que llevan la túnica de los escribas: el sacerdote R. Yosé ben Yoezer, extremadamente escrupuloso respecto a las cuestiones de pureza [10]; los sacerdotes en cuya familia se transmitía hereditariamente el puesto de jefe de la sinagoga helenística de Jerusalén [11]; el sacerdote R. Yosé, alumno de Yojanán ben Zakkay [12]; R. Eliezer ben Hirkanos, sacerdote muy culto que vivió en Jerusalén antes de la destrucción del templo [13]; el sacerdote Yoezer [14] y su padre [15]; el sacerdote R. Tarphón, quien, en su juventud, participó aún en el culto del templo [16]; no sabemos si los sacerdotes Zajarya ben Qebutal [17] y Simeón el Virtuoso [18] fueron ordenados de escribas, pues los textos no les dan el título de Rabbí.

Entre los escribas que vivieron en Jerusalén antes de la destrucción del templo encontramos también miembros del clero bajo [19]: Yojanán ben Gudgeda, portero jefe [20]; Rabbí Yoshuá ben Jananya, levita cantor fabricante de clavos [21]; el levita Bernabé, profeta y doctor de las primeras comunidades cristianas (Hch 13,1); Rabbí Eliezer ben Yacob, sobrino de un levita [22]. Además, como hemos visto [23], había escribas procedentes de los círculos de las familias patricias, los cuales elaboraron la tradición saducea.

Vienen después, constituyendo la gran masa de los escribas, gentes de todos los estratos del pueblo; estos otros escribas de Jerusalén constituyen, por sus profesiones, un cuadro variado y multicolor. Hay que citar a Yoezer, comandante de la fortaleza del templo bajo Agripa I, shammaíta [24]; hay varios comerciantes [25], entre los cuales se encuentra uno de vino [26];

[8] Véase *supra,* p. 220, n. 34; p. 224, n. 54.
[9] *Vita* 1, § 1s.
[10] *Hag.* II 7.
[11] Véase *supra,* pp. 82s.
[12] *P. A.* II 8 y *passim.*
[13] Se desprende de j. *Sota* III 4, 19ª 3ss (IV/2, 261) que era sacerdote.
[14] *Vita* 39, § 197: *Godsoros* (variante *Godsaros).* La forma exacta del nombre se encuentra en el pasaje paralelo de *B. j.* II 21,7, § 628: *Iōesdros* = Yoezer.
[15] *B. j.* II 21,7, § 628.
[16] Era sacerdote, Tos. *Neg.* VIII 2 (628,9).
[17] *Yoma* I 6.
[18] Tos. *Kel. B. Q.* I 6 (569,22).
[19] Generalidades *supra,* pp. 229s.
[20] Respecto a su función, véase *supra,* p. 229. Era Rabbí según *Yeb.* XIV 3; *Git.* V 5; b. *ʿAr.* 11ᵇ; b. *Git.* 55ª. Según b. *Hor.* 10ª⁻ᵇ, habría tenido conocimientos matemáticos admirables. Pero el paralelo *Sifré* Dt 1,16, § 16 (30ᵈ 120,35) habla, en su lugar, de R. Yojanán ben Nuri, lo que es seguramente exacto, como ya hemos dicho.
[21] b. *ʿAr.* 11ᵇ; j. *Ber.* IV 1,7ᵈ 19 (I, 79); b. *Ber.* 28ª.
[22] *Mid.* I 2.
[23] *Supra,* p. 248, n. 81.
[24] *ʿOrla* II 12, véase *supra,* pp. 228s.
[25] *Supra,* p. 132: Rabbán Yojanán ben Zakkay.
[26] *Ibíd.:* Abbá Shaul, hijo de la batanea.

artesanos de diversos oficios: un carpintero[27], un refinador de lino[28], un constructor de tiendas[29], incluso un jornalero, Hillel, el cual fue además doctor muy famoso[30]. La mayor parte, y con mucho, de estos pequeños plebeyos pertenecía a los estratos pobres de la población[31]. Entre los escribas de Jerusalén encontramos, junto a gentes de familia con solera como Pablo[32], a hombres que incluso no eran de ascendencia israelita pura (lo que esto significa se verá en el transcurso de nuestro estudio), tales como Shemaya y Abtalyón, los célebres doctores de mediados del siglo I antes de nuestra Era, los cuales descendían, según se dice, de prosélitos[33]. Otros dos maestros de Jerusalén parecen haber tenido sangre pagana en las venas, al menos por el lado materno: R. Yojanán, «hijo de la haraunita»[34] (hacia el 40 d. C.), y Abbá Shaul, «hijo de la batanea» (hacia el 60 d. C.)[35]. Estos extraños apodos apenas se pueden explicar más que así: sus madres eran prosélitas, una haraunita y otra batanea (véase *infra,* p. 335). Es, por tanto, claro que si todos estos escribas desempeñaban un relevante papel, no era en razón de su origen, sino a pesar de su origen, a pesar de su oscuro nacimiento, a pesar de su pobreza, a pesar de su profesión de pequeños plebeyos.

El único factor del poder de los escribas estriba sólo en el *saber.* Quien deseaba ser admitido en la corporación de los escribas por la ordenación debía recorrer un regular ciclo de estudios de varios años. El joven israelita que deseaba consagrar su vida a la erudita actividad de escriba comenzaba el ciclo de su formación como alumno *(talmîd).* Diversos ejemplos muestran que la enseñanza comenzaba en los años jóvenes. Eso es lo que nos cuenta Josefo, aun dejando a un lado buena parte de lo que desmesuradamente nos dice en su propio elogio en la *Autobiografía*[36]; desde la edad de los catorce años dominaba plenamente la exégesis de la Ley. Y eso es lo que indica también R. Ismael ben Elisha, el cual poseía ya un sólido conocimiento de la Escritura cuando los romanos, siendo aún joven, lo llevaron cautivo[37].

El alumno estaba en relación personal con su maestro y escuchaba su enseñanza. Cuando había llegado a dominar toda la materia tradicional y el método de la *halaká,* hasta el punto de estar capacitado para tomar decisiones personales en las cuestiones de legislación religiosa y de derecho

[27] *Ibíd.:* Shammay.
[28] Simeón ben Shetaj, j. *B. M.* II 4,8ᶜ 18 (VI/1,93).
[29] Pablo: Hch 18,3; cf. *supra,* pp. 19s.
[30] Véase *supra,* p. 132.
[31] Véase *supra,* pp. 131-136.
[32] Flp 3,5; Rom 11,1.
[33] b. *Yoma* 71ᵇ; b. *Git.* 57ᵇ. Más tarde R. Aqiba fue considerado también como descendiente de un prosélito, pero es falso.
[34] *Sukka* II 7 y *passim.*
[35] b. *Besa* 29ᵃ bar. y *passim.* Tal vez Najum el Medo (hacia el 50 d. C.) pertenezca también a esta categoría, *Shab.* II 1 y *passim.*
[36] *Vita* 2, § 9.
[37] b. *Git.* 58ᵃ bar. y paralelos. Véase sobre este punto Bacher, *Ag. Tann.,* I, 166, n. 1.

penal, era «doctor no ordenado» *(talmîd hakam)*. Pero sólo cuando había alcanzado la edad canónica para la ordenación, fijada en cuarenta años según una noticia postannaítica [38], podía ser recibido, por la ordenación *(s^emikah)* [39], en la corporación de escribas [40] como miembro de pleno derecho, como «doctor ordenado» *(hakam)*. A partir de entonces estaba autorizado a zanjar por sí mismo las cuestiones de legislación religiosa y ritual [41], a ser juez en los procesos criminales [42] y a tomar decisiones en los civiles, bien como miembro de una corte de justicia, bien individualmente [43].

Tenía derecho a ser llamado Rabbí, pues este título estaba ya ciertamente en uso entre los escribas del tiempo de Jesús [44]. Además, otras personas que no habían recorrido el ciclo regular de formación terminado con la ordenación eran llamadas también Rabbí; Jesús de Nazaret es un ejemplo. Se explica por el hecho de que este título, al comienzo del siglo I de nuestra Era, estaba sufriendo una evolución; siendo primero un título honorífico general, iba a quedar reservado exclusivamente para los escribas. De todos modos, un hombre desprovisto de la formación rabínica completa pasaba por *grammata mē memathēkōs* (Jn 7,15); no tenía derecho a los privilegios del doctor ordenado.

Sólo los doctores ordenados creaban y transmitían la tradición derivada de la Torá, la cual, según la doctrina farisea aceptada por la generalidad del pueblo, se encontraba en pie de igualdad con la propia Torá [45], incluso por encima de ella [46]. Sus decisiones tenían el poder de «atar» y «desatar» (cf. Mt 16,19; 18,18) para siempre a los judíos del mundo entero. A quien había estudiado, a quien había hecho los estudios académicos, se les abrían, por consiguiente, en cuanto poseedor de ese saber y de ese poder omnímodo, los puestos claves del derecho, de la administración y de la enseñanza. Hicieron, por tanto, aparición las «profesiones académicas»; las ejercían los escribas junto con su enseñanza y su profesión civil.

Fuera de los sacerdotes jefes y de los miembros de las familias patricias, sólo los escribas pudieron entrar en la asamblea suprema, el Sanedrín; el partido fariseo del Sanedrín estaba compuesto íntegramente por escribas [47]. El Sanedrín no era sólo una asamblea gubernativa; era en

[38] b. *Sota* 22[b].

[39] La correlativa costumbre del cristianismo primitivo (Hch 6,6 y *passim)* garantiza la antigüedad del rito.

[40] Cf. las «corporaciones de los escribas» (1 Cr 2,55, *misp^ehôt)*, «la asociación de los escribas» (1 Mac 7,12, *synagogē)* y *passim.*

[41] b. *Sanh.* 5[a].

[42] *Ibíd.* 3[a].

[43] *Ibíd.* 4[b] bar.

[44] Mt 23,7-8. G. Dalman, *Die Worte Jesu* I (Leipzig [2]1930, reimpreso en Darmstadt 1965) 274, y *Jesus-Jeshua* (Leipzig 1922) 12.

[45] Billerbeck I, 81s.

[46] *Ibíd.*, 691ss.

[47] En el NT el grupo fariseo del Sanedrín es llamado generalmente «los fariseos» o «los escribas» (cf., por ejemplo, Mt 21,45: «Los sacerdotes jefes y los fariseos», junto con el paralelo de Lc 20,19: «Los escribas y los sacerdotes jefes»); jamás,

primer término una corte de justicia [48]. Ahora bien, el conocimiento de la exégesis de la Escritura era decisivo en las sentencias judiciales. Añadamos a eso la gran influencia que el grupo fariseo del Sanedrín había logrado alcanzar en su actividad administrativa. Todo esto permite apreciar la importancia del privilegio de que gozaban los escribas al permitirles formar parte de los 71 miembros. Por eso encontramos en el Sanedrín a los principales escribas: a Shemaya [49], a Nicodemo (Jn 3,1; 7,50), a Rabbán Gamaliel I (Hch 5,34) y a su hijo Simeón [50]. Otros escribas eran miembros de tribunales: Yojanán ben Zakkay [51] y Pablo (Hch 26,10-11) participaron como jueces en procesos criminales; otros tres escribas formaban un tribunal civil en Jerusalén [52].

Cuando una comunidad tenía que elegir entre un laico o un escriba para un puesto de anciano de la misma, de jefe de la sinagoga o de juez hay que suponer que generalmente prefería a un escriba. Lo cual significa que un gran número de puestos importantes, ocupados antes por sacerdotes o laicos de elevado rango [53], habían pasado totalmente o en su mayor parte, en el siglo I de nuestra Era, a manos de los escribas.

Pero todo esto no constituye aún la razón decisiva de la creciente influencia de los escribas en el pueblo. El factor decisivo de esta influencia no radicaba en el hecho de que los escribas poseyesen el conocimiento de la tradición en el campo de la legislación religiosa y de que, debido a ese conocimiento, podían llegar a los puestos clave, sino en el hecho, mucho menos notado, de que eran portadores de una ciencia secreta, de *la tradición esotérica* [54].

«No se deben explicar públicamente las leyes sobre el incesto delante de tres oyentes, ni la historia de la creación del mundo delante de dos, ni la visión del carro delante de uno solo, a no ser que éste sea prudente y de buen sentido. A quien considere cuatro cosas más le valiera [55] no haber venido al mundo, (a saber: en primer lugar) lo que está arriba, (en segundo lugar) lo que está abajo, (en tercer lugar) lo que era antes, (en cuarto lugar) lo que será después» [56]. Así, pues, la enseñanza esotérica en sentido

por el contrario, aparecen los escribas y los fariseos unos junto a los otros como grupos del Sanedrín.

[48] Cf. Mt 26,57-66; Hch 5,34-40; *Ant.* XIV 9,4, § 172 y la abundante documentación rabínica.

[49] *Ant.* XIV 9,4, § 172.

[50] *Vita* 38, § 190 comparado con *B. j.* II 21,7, § 627.

[51] *Sanh.* V 2.

[52] *Ket.* XIII 1ss; b. *B. Q.* 58^b.

[53] Sacerdotes jueces antes y después del exilio: Dt 17,9-13; 21,1; Ez 44,24. Sacerdotes que enseñan: Dt 33,10; Jr 18,18; Mal 2,7; Eclo 45,17. Levitas jueces: 1 Cr 23,4; 26,29. Sacerdotes, levitas y jefes de familia jueces: 2 Cr 19,5-11, véase *supra,* p. 240.

[54] Respecto a la tradición esotérica en el bajo judaísmo y en el cristianismo, véase mi exposición en *Die Abendmahlsworte Jesu* (Gotinga ^{4}1967; trad. española: *La Ultima Cena. Palabras de Jesús,* Ed. Cristiandad, Madrid) 118-130. La exposición que sigue sólo puede esbozar lo esencial.

[55] Talmud de Jerusalén (Venecia 1523) y manuscrito de Cambridge: *ratûy.* La lectura *ra'ûy* es una corrección, Billerbeck I, 989, n. 1.

[56] *Hag.* II 1; Tos. *Hag.* II 1 (233, 24) y II 7 (234, 22).

estricto tenía por objeto, como indican también muchos otros testimonios, los secretos más arcanos del ser divino (la visión del carro) [57] —probablemente también formaba parte de ellos el sagrado nombre de Dios, dotado de una virtud mágica [58]— y los secretos de las maravillas de la creación [59]. Esta teosofía y cosmogonía, tales como habían sido consignadas por escrito en el primer capítulo del libro de Ezequiel y del Génesis, se transmitían privadamente, del maestro al discípulo más íntimo; se hablaba muy suavemente, y además, en la discusión de la sacrosanta visión del carro, se cubría la cabeza con un velo [60] por miedo reverencial ante el secreto del ser divino.

El final del texto que acabamos de citar podría muy bien explicarse por una polémica antignóstica. Esta llega incluso más lejos; prohíbe, con sus afirmaciones relativas al mundo celeste y subterráneo, toda especulación: 1.°, sobre la topografía cósmica, y 2.°, sobre la eternidad anterior a la creación del mundo y sobre sus postrimerías [61]. De hecho, la apocalíptica, tal como la han conservado los escritos apócrifos del bajo judaísmo, con sus descripciones de los acontecimientos escatológicos y de la topografía cósmica del mundo celeste y subterráneo, formaba parte de la tradición esotérica de los escribas. Así se puede concluir ya del hecho de que, en estos escritos, se encuentre repetidamente una descripción de la visión sacrosanta del carro [62] y del relato de la creación [63]. Pero tenemos además testimonios directos.

El IV libro de Esdras se termina con la orden dada al Pseudo-Esdras de publicar los 24 libros redactados anteriormente por él, los 24 escritos canónicos del AT, «para quienes son dignos y para quienes no son dignos de leer» [64]. Pero el texto continúa [65]: «En cuanto a los 70 últimos (libros), los guardarás y los entregarás (sólo) a los prudentes de tu pueblo, pues estos libros hacen correr el manantial de la inteligencia, la fuente de la sabiduría y el río de la ciencia». Se trata de libros esotéricos apocalípticos a los que no debe tener acceso el gran público. Están inspirados como los libros del canon, pero sobrepasan a éstos en valor y santidad.

[57] *Ma'aseh merkabah,* Ez 1 y 10.

[58] I *Henoc* LXIX 14-25: efectos maravillosos del nombre sagrado por el que Dios creó al mundo, y revelación del secreto a los hombres. Abundante documentación en Billerbeck II, 302-333. Véase además mi *Golgotha* (Leipzig 1926) 51.

[59] *Ma'aseh b'resit,* Gn 1.

[60] b. *Yeb.* 6b.

[61] Sobre la reserva de la literatura talmúdica en la descripción del paraíso celeste y de la felicidad de sus habitantes, véase Billerbeck IV, 1146.

[62] I *Henoc* XIV 9ss, LXXI 5ss; II *Henoc* XX-XXII. El texto hebreo del libro de Henoc editado por H. Odeberg, *3 Enoch or the Hebrew Book of Enoch* (Cambridge 1928) comienza con el rapto de Henoc (Gen 5,24) y continúa: «Rabbí Ismael dice: Cuando yo fui subido a las alturas para contemplar la visión del carro...» (Odeberg, 3).

[63] *Jubileos* II 1-22; I *Henoc* LXIX 16-25; IV *Esd* 38-56.

[64] IV *Esd* XIV 45.

[65] IV *Esd* XIV 45-46. Sobre el hecho de mantener secretos los escritos apocalípticos, véase también *La Asunción de Moisés* I 17; *Testamento de Salomón* rec. C, XIII 13 s. (ed. C. C. McCown [Leipzig 1922] 87*), y sobre este punto mi *Golgotha* (Leipzig 1926) 51, n. 4.

Los escritos apocalípticos del judaísmo tardío contenían las enseñanzas esotéricas de los escribas; el conocimiento de este hecho permite descubrir de un golpe la extensión de las doctrinas esotéricas y su valor. Las enseñanzas esotéricas no son enseñanzas teológicas aisladas, sino que constituyen grandes sistemas teológicos, grandes construcciones doctrinales cuyo contenido se atribuye a la inspiración divina.

Ahora estamos también en condiciones de hacer la separación, dentro de la tradición rabínica, entre materias esotéricas y materias exotéricas. Todas las enseñanzas de la literatura apocalíptica de los escritos apócrifos, extraños a la tradición talmúdica o sólo aisladamente representados en ella, pertenecen a la doctrina esotérica; así, por ejemplo, la doctrina sobre el Salvador, *bar nasa* («Hijo de hombre»); este hecho es de considerable importancia para comprender el mensaje de Jesús. Es el conocimiento del carácter esotérico de la apocalíptica lo que permite sobre todo darse cuenta del vínculo orgánico que existe entre la literatura apocalíptica y la literatura talmúdica; notémoslo a modo de apéndice. Afirmaciones como las de Bousset, para quien la literatura apocalíptica encerraba la religión del pueblo y la literatura talmúdica la teología de los escribas, ponen las cosas patas arriba [66].

A las enseñanzas esotéricas teosóficas, cosmogónicas y apocalípticas se añaden algunas enseñanzas esotéricas de orden exegético-jurídico. Algunas se mantuvieron ocultas por razón de su santidad. Esto es verdad en particular respecto a «los fundamentos de la Torá», es decir, las razones que movieron a Dios a establecer especiales prescripciones legales [67]; Dios ha hecho saber, por medio del silencio de la Escritura respecto a estos «fundamentos de la Torá», que era voluntad suya dejar a la gran mayoría de la gente en la ignorancia de las razones por las que había establecido particulares exigencias legales.

Otras enseñanzas particulares de orden exegético-jurídico no fueron divulgadas entre la gente por razones pedagógicas, con el fin de evitar el mal uso de ellas. Así se explica la prescripción mencionada al comienzo de este tema [68], según la cual no se pueden explicar las leyes sobre el incesto más que delante de dos oyentes. Lo mismo se explican las prescripciones relativas a la lectura de ciertos hechos o expresiones escabrosas del AT durante el servicio sinagogal. Algunas no podían ser leídas ni siquiera en hebreo; otras no debían ser leídas más que en hebreo, sin traducir al

[66] W. Bousset, *Die Religion des Judentums im späthellenistischen Zeitalter* (Tubinga [1]1922; 3.ª ed., por H. Gressmann, Tubinga 1926, reimpreso en 1966). En contra de la concepción de Bousset y de Gressmann véanse, entre otros, G. Kittel, *Die Probleme des palästinischen Spätjudentums und das Urchristentum* (Stuttgart 1926) 11ss. La literatura apocalíptica no es otra cosa que la del midrás y de la hagadá, literaturas formadas partiendo de la Escritura; eso es lo que ha subrayado siempre con mucha razón A. Schlatter. Pero sólo la distinción entre midrás «esotérico» y hagadá «esotérica» hace plenamente comprensible la distinción entre literatura apocalíptica y literatura talmúdica.

[67] b. *Pes.* 119[a]; b. *Sanh.* 21[b] y *passim.*

[68] *Supra*, p. 253: *Hag.* II 1.

arameo, la lengua popular; finalmente, algunas expresiones chocantes debían ser sustituidas por giros que lo fuesen menos [69].

También explican consideraciones pedagógicas por qué se mantenían secretas las fórmulas mágicas utilizadas por los rabinos para producir maravillosos efectos [70], lo mismo que las prescripciones destinadas a suavizar las leyes relativas a la pureza [71], al trabajo durante los días de fiesta intermedios [72], a la santificación del sábado [73], etc. Finalmente, también eran razones pedagógicas las que inducían a mantener ocultas ciertas tradiciones genealógicas aptas para desacreditar públicamente a familias de notables [74].

Para mostrar la exactitud de las páginas precedentes, recordemos, sólo a modo de apéndice, el papel desempeñado por el esoterismo en los escritos neotestamentarios. En primer lugar, respecto a la predicación de Jesús, los Sinópticos han conservado un recuerdo muy exacto al distinguir las palabras de Jesús a la multitud de las palabras a los discípulos y la predicación anterior a la confesión de Pedro en Cesarea de Filipo de la posterior a este episodio. Lo confirma el cuarto Evangelio. K. Bornhäuser [75] ha notado bien que Nicodemo viene a Jesús de noche (Jn 3,1ss) para obtener de él, en el curso de una entrevista secreta, enseñanzas sobre los últimos secretos del reino de Dios (3,3), de la regeneración (3,3-10) y de la salvación (3,13ss). En los discursos de despedida del cuarto Evangelio revela Jesús el sentido último de su misión y de sus sufrimientos en el curso de una charla íntima con sus discípulos (caps. 13-17).

El lugar ocupado por el esoterismo en el primitivo cristianismo es aún mayor. Comprende: a) los últimos secretos de la cristología (el silencio del segundo Evangelio sobre las apariciones del resucitado; el hecho de que todos los relatos evangélicos eviten la descripción de la resurrección; Heb 6,1ss, donde toda la sección se presenta como la enseñanza perfecta que sólo se debe revelar a los que son capaces de comprenderla (Heb 5, 14; cf. Col 2,2); b) el esoterismo se extiende a los secretos del ser divino (2 Cor 12,1-7; espec. el v. 4) y de su plan salvífico (Rom 11,25 y *passim*), particularmente a los secretos del plan salvífico escatológico (1 Cor 2,6-3,2; 15,51; todo el Apocalipsis de Juan, según Ap 10,7; 17,5.7); c) desde el siglo I se comenzó a preservar de la profanación las palabras de la Cena [76].

* * *

[69] *Meg.* IV 10; Tos. *Meg.* IV 31ss (228,5).
[70] b. *Hag.* 13ª; cf. *supra*, p. 254, n. 58.
[71] b. *Ber.* 22ª bar.
[72] j. *Besa* I 11,60ᵈ 64 (IV/1,114).
[73] b. *Hul.* 15ª.
[74] b. *Qid.* 70ᵇ-71ª, cf. b. *Pes.* 62ᵇ.
[75] *Das Johannesevangelium* (Gütersloh 1928) 26.
[76] Sobre el conjunto de esta sección, véase mi estudio en *Die Abendmahlsworte Jesu* (Gotinga ⁴1967) 123-130.

Acabamos de hablar de las enseñanzas esotéricas de los escribas en sentido estricto, aquellas que éstos no podían comunicar a gentes incompetentes. Pero no se puede olvidar un hecho aún más importante: en la época de que nos ocupamos el conjunto de la tradición oral, concretamente la *halaká,* era una doctrina esotérica en cuanto que, a pesar de ser enseñada en las casas de estudios y en las sinagogas, no podía ser difundida por escrito, por ser «el secreto de Dios» [77], sino que sólo debía ser transmitida oralmente del maestro al discípulo, pues no había que mezclar escritura y tradición [78]. Fue en el siglo II de nuestra Era cuando la lucha contra el canon neotestamentario indujo a los judíos a oponer a éste una interpretación paralela del AT, poniendo por escrito la Torá oral, la cual se hacía así accesible a todos; de este modo el conjunto de las materias enseñadas fue desposeído de su carácter de tradición esotérica.

Los mismos escritos sagrados del AT no eran accesibles directamente a la gente, ya que estaban redactados en la «lengua sagrada», el hebreo, mientras que la lengua popular era el arameo. Aun en el siglo I de nuestra Era los doctores dirigentes combatieron la difusión del AT en arameo. Es instructivo, respecto a Jerusalén, el relato sobre Rabbán Gamaliel I (hacia el 30 d. C.). Se le presentó, en la explanada del templo, una traducción aramea, un targum del libro de Job, y lo hizo emparedar como una producción prohibida [79].

Sólo después de haber reconocido el carácter esotérico de la enseñanza de los escribas, el cual no sólo se aplicaba a las enseñanzas esotéricas en sentido estricto, sino también al conjunto de la tradición oral, incluso al texto de la Biblia, podremos comprender la posición social de los escribas. En cuanto poseedores de la ciencia esotérica divina, son, desde el punto de vista social, los inmediatos herederos y sucesores de los Profetas. «¿A quién se parecen el profeta y el escriba? A dos enviados de un mismo rey», dice el Talmud de Palestina [80]. Los escribas, como los Profetas, son los siervos de Dios, junto con el clero; como los Profetas, agrupan a su alrededor alumnos a quienes transmiten su doctrina; como los Profetas, son habilitados para su función, no probando su origen como hacen los sacerdotes, sino simplemente por el conocimiento de la voluntad divina, la que ellos anuncian enseñando, juzgando y predicando. Puede suceder que un escriba sea de origen muy dudoso, incluso de origen no israelita; pero eso no le quita nada a su prestigio. Cabe que sea un pordiosero, como

[77] *Pesiqta rabbati* 5,14^{b} 3; *Tamhuma, wayyar',* § 5, 65, 30; *Tamhuma, kî tissa,* § 34, 329, 4.

[78] *Ex. R.* 47,1 sobre 34,27 (108^{a} 29). Sobre «la prohibición de poner por escrito», véase Strack, *Einleitung,* § 2, 9-16. La excelente exposición de Strack, 14, debe ser completada en un punto: el carácter esotérico de la ciencia de los escribas no aparece allí en forma bastante clara como el motivo determinante de la prohibición de poner por escrito la tradición oral. Recuérdese a este respecto el reproche de Jesús a los escribas: han tomado para sí «la llave de la ciencia» (Lc 11,52 y par. Mt 23,13), cerrando así a los hombres el acceso al reino de Dios.

[79] b. *Shab.* 115^{a}.

[80] j. *Ber.* I 7, 3^{b} 56 (I, 17). El contexto expone la idea de que el escriba tiene una autoridad mayor que el profeta, pues no tiene necesidad de ser garantizado.

Hillel, el jornalero oriundo de Babilonia; pero su ciencia le hace un hombre universalmente famoso.

La juventud judía acudía a Jerusalén de todos los rincones del mundo para sentarse a los pies de los maestros que allí enseñaban con una reputación reconocida mundialmente en el judaísmo de entonces. En tiempo de Herodes vino Hillel de Babilonia para escuchar a Shemaya y Abtalyón [81], sin arredrarse ante un viaje a pie de varias semanas [82]; Janán ben Abishalón llegó de Egipto a Jerusalén, donde más tarde fue juez [83], y Najum, colega suyo en el mismo tribunal, de Media [84]; Saulo-Pablo vino de Tarso de Cilicia a Jerusalén para estudiar al lado de Gamaliel (Hch 22,3).

En efecto, en el tiempo de Jesús constituía Jerusalén la ciudadela de la ciencia teológica y jurídica del judaísmo. En esta época ya eran importantes las casas de estudio de Babilonia; de ellas salieron, por ejemplo, los *b^e^nê Bethyra* [85], quienes, hasta el tiempo de Hillel, fueron en Jerusalén los escribas dirigentes, y a los cuales el mismo Hillel era deudor de la base de su formación de escriba [86]. Pero, por importantes que fuesen estas casas de estudios de Babilonia, no podían compararse con las de Jerusalén. Sólo Hillel, según se dice, agrupó en torno a sí ochenta alumnos [87]. Los alumnos se instruían junto a sus maestros tanto en la vida diaria como en las casas de estudio; eran observadas las actitudes e incluso los simples gestos [88] de los maestros y se sacaban de ellos reglas para las cuestiones religiosas. Las decisiones y enseñanzas de los maestros se extendían mucho más allá de los límites de Palestina [89]; los alumnos las conservaban como un don precioso y las transmitían insertándolas en la cadena de la tradición.

Comprendemos, pues, que el pueblo haya venerado a los escribas, como en otro tiempo a los Profetas, con atenciones sin límites y un miedo reverencial por ser los poseedores y maestros de la ciencia esotérica sagrada; sus palabras tenían autoridad soberana. Eran sobre todo las comunidades fariseas las que obedecían ciegamente a los escribas fariseos, que eran con mucho los más numerosos entre los escribas. Si las enseñanzas de los escribas saduceos desaparecieron en gran parte de la tradición, se debe ciertamente, como causa principal, a que el papel de los saduceos

[81] b. *Yoma* 35^b^.

[82] *ARN* rec. A cap. 12, 55^a^ 14; rec. B cap. 27, 55^b^ 33; cf. *supra,* p. 76.

[83] *Ket.* XIII 1-9; b. *Ket.* 105^a^.

[84] *Shab.* II 1; *Naz.* V 4; *B. B.* V 2; b. *ʿA. Z.* 7^b^.

[85] Su nombre viene probablemente de la colonia de Bathyra en Batanea, emplazamiento de judíos babilónicos realizado por Zamaris de Babilonia con el permiso de Herodes el Grande *(Ant.* XVII 2, 1-2, § 23ss; Strack, *Einleitung,* p. 118). Argumentos en favor de esta explicación: R. Yuda ben Bethyra, que vivió en la época en que aún existía el templo, tenía la casa de estudios en Nísibe, en Babilonia (b. *Pes.* 3^b^); en esta ciudad, un doctor del mismo nombre desarrollaba su actividad en la época de la persecución de Adriano (b. *Yeb.* 108^b^; *Sifré* Dt 12,29, § 80 [40^d^ 160,30]).

[86] Bacher, *Ag. Tann.,* I, pp. 2s.

[87] b. *Sukka* 28^a^ bar.

[88] Por ejemplo, *Sukka* III 9.

[89] Por ejemplo, *Yeb.* XVI 7.

se terminó con la destrucción del templo y a que la tradición llegada a nosotros, fijada por escrito sólo a partir del siglo II, procede exclusivamente de sus enemigos los fariseos. Además, los escribas saduceos, ya antes de la destrucción del templo, ejercieron en la vida pública un papel mucho menos importante que los escribas fariseos [90]. Los miembros de las sociedades fariseas dieron a las enseñanzas de sus escribas gran influencia sobre el pueblo.

El *prestigio de los escribas* entre la gran mayoría del pueblo está confirmado por multitud de pruebas [91]; citemos algunos ejemplos. Según el relato del Talmud [92], un año, en la tarde del día de la expiación, cuando la muchedumbre acompañaba al Sumo Sacerdote a su casa, se acercaron Abtalyón y Shemaya; entonces la turba abandonó al Sumo Sacerdote (lo que le produjo gran despecho) para acompañar a los amados escribas. Los últimos días anteriores al eclipse de luna (noche del 12 al 13 de marzo) del año 4 a. C. estaba Herodes aquejado de una enfermedad mortal, de la que murió tres días más tarde. Había entonces dos escribas «que pasaban por conocer muy exactamente la Ley de los Padres y a quienes el pueblo tenía por ello en gran estima»; a ellos «afluía la juventud cuando explicaban la Ley, de suerte que todos los días estaban rodeados de un verdadero campamento de jóvenes». Herodes había hecho colocar un águila de oro sobre la entrada del Santuario [93], y estos dos escribas, a pesar del evidente peligro de muerte, indujeron a sus alumnos a destruirla [94]. Unas decenas de años más tarde, según cuenta Josefo [95], un escriba llamado Simón se atrevió a incitar públicamente al pueblo contra el rey Agripa I. Oímos decir que, con ocasión de un asesinato, R. Sadoc, escriba muy considerado, dirigió a los sacerdotes desde las escaleras del vestíbulo del templo una severa llamada a la penitencia [96]. En los primeros años de la rebelión del 66-70 d. C. encontramos a la cabeza del movimiento a escribas fariseos como Simeón, hijo de Gamaliel I [97], y al escritor Josefo.

Nuestras fuentes suministran gran cantidad de pequeños detalles que evidencian el prestigio de los escribas a los ojos del hombre de la calle. Lo vemos levantarse respetuosamente al paso de un escriba; sólo estaban excusados de hacerlo los obreros durante su trabajo [98]. Lo oímos saludar solí-

[90] *Ant.* XVIII 1,4, § 17.

[91] Josefo, *Ant.* XX 12,1, § 264, dice de la turba: «Solamente son reconocidos como sabios aquellos que poseen un conocimiento exacto de la Ley y son capaces de interpretar toda la fuerza de las Escrituras Sagradas».

[92] b. *Yoma* 71[b].

[93] *Ant.* XVII 6,2, § 151: *hyper toū megalou pylōnos toū naoū; B. j.* I 33,3, § 651: *Kathimēsantes sphās autous apo toū tegous.* Si se trata de la entrada del Santuario, los autores, alumnos de los doctores, debían ser sacerdotes, pues sólo éstos podían andar sobre el tejado del Santuario.

[94] *Ant.* XVII 6,2-3, § 149ss; *B. j.* I 33,2-3, § 648ss.

[95] *Ant.* XIX 7,4, § 332ss.

[96] Tos. *Yoma* I 12 (181,20); j. *Yoma* II, 2,39[d] 13 (III/2,179); b. *Yoma* 23[a]; Tos. *Shebu.* I 4 (446, 6); *Sifré* Nm 35,34, § 161 (28[c] 111,18).

[97] *Vita* 38, § 191 y *passim.*

[98] b. *Qid.* 33[a].

citamente al escriba [99], llamándole «rabbí» [100], «padre» [101], «maestro» [102], cuando éste pasa ante él con su túnica de escriba [103], que tenía forma de manto que caía hasta los pies y estaba adornada de largas franjas (Mt 23, 5). Cuando los notables de Jerusalén dan una comida, es un ornato de la fiesta ver aparecer, por ejemplo, dos alumnos y futuros doctores como Eliezer ben Hirkanos y Yoshuá ben Jananya [104]. Los primeros puestos están reservados a los escribas (Mt 12,39 y par.) y el rabbí precede en honor al hombre de edad, incluso a sus padres. En la sinagoga ocupaba también el puesto de honor; se sentaba de espaldas al armario de la Torá, mirando a los asistentes y visible de todos *(ibíd.)*. Los escribas, finalmente, no se casaban más que excepcionalmente con hijas de gentes no peritas en la Ley [105].

Pero para tener una idea exacta de la veneración en que el pueblo tenía a los escribas y del riesgo que representó el ataque de Jesús a los mismos hay que estudiar las tradiciones talmúdicas relativas a las tumbas de los santos en Palestina [106], hay que rebuscar las enseñanzas para ver cómo, junto a las tumbas de los Patriarcas y de los Profetas, son principalmente las tumbas de los rabinos las que, envueltas en leyendas y «sagas», se encuentran por todas partes del país, siendo veneradas y guardadas con supersticioso temor [107]. Comprenderemos entonces un poco cómo fue posible que la aristocracia hereditaria tuviese que soportar la competencia de la aristocracia intelectual y que, después de la destrucción de Jerusalén, se dejase finalmente aventajar por esta última. Las tumbas de los rabinos y las tumbas de los Profetas están unas al lado de otras: ahí se encuentra la solución del enigma ante el que nos hemos colocado desde el comienzo de este capítulo.

[99] Mc 12,38; Mt 23,7; Lc 20,46; *j. Ber.* II 1,4ᵇ 24 (I, 30).

[100] Véase *supra*, p. 252.

[101] Mt 23,9. Billerbeck I, 918s, cita, respecto a la época antigua, ejemplos en que *'abbá*, como título honorífico, era llevado permanentemente por algunos doctores. Según A. Büchler, *Der galiläische 'Am ha-'Ares des zweiten Jahrhunderts* (Viena 1906) 332ss, *'abbá* sería el título de los doctores ordenados en las casas de estudios de Galilea. Puede ser verdad, pero eso no excluye, sin embargo, como muestra b. *Mak.* 24ᵃ, que el título *'abî* se aplique a otros doctores.

[102] b. *Mak.* 24ᵃ *(marî)*. *Kathēgētēs* (Mt 23,10) no tiene equivalente, como título, en la literatura rabínica; pero el correlativo *hodēgos* aparece ciertamente en Mt 23,16 como título. El título *Kathēgētēs-hodēgos* queda suficientemente constatado en Mt 23,10.16, cf. Rom 2,19.

[103] Mc 12,38; Lc 20,46. Billerbeck II, 31-33; IV, p. 228ᵇ.

[104] j. *Hag.* II 1, 77ᵇ 34 (IV/1,272).

[105] Billerbeck II, 378.

[106] Véase J. Jeremias, *Heiligengräber in Jesu Umwelt* (Gotinga 1958).

[107] *Ibíd.*, p. 141.

CAPITULO IV

LOS FARISEOS [1]

Sin duda alguna, a los fariseos (su nombre quiere decir los «separados», es decir, los santos, la verdadera comunidad de Israel [2]), no hay que contarlos, sociológicamente, entre la clase superior. Como vamos a ver, eran en su mayoría gentes del pueblo sin formación de escribas. Pero sus relaciones con los escribas eran tan estrechas, que no se les puede separar con seguridad de ellos, tanto más cuanto que el ascenso de los escribas marcó su propio ascenso. Por eso hablamos aquí de ellos a título de apéndice.

Vamos a investigar a continuación sobre la composición de las comu-

[1] Billerbeck II, 494-519 y IV, 334-352, proporciona de modo excelente la documentación rabínica sobre los fariseos. Schlatter, *Gesch. Isr.*, 137-153, es un perfecto conocedor del origen del fariseísmo. El brillante estudio de Wellhausen, *Die Pharisäer und die Sadducäer* (Greifswald 1874) es instructivo y sugestivo; véase además Meyer, *Ursprung*, II, 282-319. G. F. Moore, *The Rise of Normative Judaism:* HThR 17 (1924) 307-373 y 18 (1925) 1-38, presenta claramente el desarrollo histórico. B. D. Eerdmans, *Farizeën en Sadduceën:* «Theologisch Tijdschrift» 48 (1914) 1-26, 223-230, ha visto bien el carácter comunitario de los fariseos. A. Büchler, *Der galiläische 'Am ha-'ares des zweiten Jahrhunderts* (Viena 1906) proporciona abundante documentación. Su tesis fundamental es que las comunidades fariseas no aparecen hasta después de la destrucción del templo; esta tesis, en verdad, no tiene presentes los documentos neotestamentarios ignorados por Büchler. El trabajo de L. Baeck, *Die Pharisäer,* en «44. Bericht der Hochschule für die Wissenschaft des Judentums in Berlin» (Berlín 1927) 33-71, contiene interesantes observaciones, pero desconoce completamente el carácter comunitario de los fariseos y fracasa al no distinguir a los fariseos de los escribas. El estudio de R. T. Herford, *The Pharisees* (Londres 1924; trad. franc. *Les Pharisiens,* París 1928), es menos satisfactorio aún; el autor no ha visto la distinción entre escribas y fariseos (para él los fariseos son «instructores de la Torá»: trad. franc., p. 47) y desconoce totalmente el origen del fariseísmo así como su carácter comunitario. Sobre el conjunto del problema, véase actualmente R. Meyer, *Tradition und Neuschöpfung im antiken Judentum. Dargestellt an der Geschichte des Pharisäismus,* en «Sitzungsberichte der sächsischen Akademie der Wissenschaften zu Leipzig», philolog.-hist. Kl., vol. 110, fasc. 2 (Berlín 1965) 7-88; L. Finkelstein, *The Pharisees. The Sociological Background of their Faith,* 2 vol. (Filadelfia [3]1966).

[2] L. Baeck, *Die Pharisäer,* 34-41, proporciona una prueba convincente de esto. Baeck demuestra que en los midrashîm tannaíticos *parûs* y *qadôs* son sinónimos; véanse los textos *infra,* n. 23. De modo semejante la comunidad esenia se define como la comunidad de la «nueva alianza» *(Documento de Damasco* VI 19, VIII 21, XIX 33s, XX 12), como el «resto» *(Doc. de Damasco* I 4; I *QM* XIII 8, XIV 8.9; I *QH* VI 8), como los «escapados» *(Doc. de Damasco* II 11); sus miembros deben «separarse» *(bdl:* I *QS* V 10, VIII 13, IX 20; *Doc. de Damasco* VI 14).

nidades fariseas (*habûrôt*) [3] de Jerusalén y a describir su situación en el cuadro de la sociedad. A este propósito hay que subrayar con fuerza desde el comienzo que se trata de *comunidades cerradas*. Efectivamente, los fariseos no son simplemente gentes que viven según las prescripciones religiosas de los escribas fariseos, especialmente según las prescripciones relativas al diezmo y a la pureza; son miembros de asociaciones religiosas que persiguen este fin.

La primera aparición de los fariseos en el siglo II antes de nuestra Era nos los muestra ya como un grupo organizado, pues pudiera ser que estuviesen relacionados con los asideos, a quienes 1 Mac 2,42 llama «asociación de judíos piadosos (*synagōgē Asidaion*), hombres valerosos de Israel y de entre todo lo que había consagrado a la Ley» [4].

En el siglo II antes de nuestra Era se constituye también el grupo de los esenios [5]. Cualesquiera que sean las influencias extrañas que hayan podido pesar sobre su formación, proceden del mismo tronco que los fariseos; lo indican las severas prescripciones rituales de los esenios y sus esfuerzos por la separación [6]. Se puede, pues, partiendo de la estricta vida comunitaria de los esenios, llegar a la conclusión del carácter comunitario de los fariseos. Entre los textos esenios está sobre todo el *Documento de Damasco,* el cual presenta importantes paralelismos con la organización farisea; habrá que hablar ampliamente de él más adelante. En el siglo I de nuestra Era, sólo en Jerusalén, según parece, había varias comunidades fariseas.

En este contexto hay que hablar en primer lugar de la *santa comunidad de Jerusalén*. El Talmud palestinense menciona una vez «la santa comunidad» [7], y en el Midrás, Rabbí Yuda I, redactor de la Misná (hacia el 200 d. C., transmite una tradición con ella relacionada [8].

Según la interpretación tardía que el Midrás da a la expresión «santa comunidad», se trata, según parece, de dos doctores, R. Yosé ben Meshullam y R. Simeón ben Menasia, que vivieron hacia el 180 d. C., en Séforis probablemente. Ambos consagraban, según se dice, un cuarto de su jornada al estudio, un cuarto a la oración y un cuarto al trabajo manual; por eso recibieron el apelativo de «santa comunidad» [9]. Más tarde, R. Isjaq ben Eleazar (hacia el 280 d. C.) aplicó el nombre de «santa comunidad» a R. Yoshuá, hijo de R. Timay, y a R. Borqay [10].

La limitación, en ambos casos, de la expresión «santa comunidad» a dos personas, como consecuencia de una evidente mala interpretación del

[3] El término de comunidad es mejor que el de sociedad o asociación.

[4] Cf. 1 Mac 7,13; 2 Mac 14,6.

[5] Primera mención hacia el 150 a. C., *Ant.* XIII 5,9, § 172; después hacia el 104, *Ant.* XIII 11,2, § 311; *B. j.* I 3,5, § 78.

[6] La singular aparición de la expresión *hbwr ysr'l* como designación de la comunidad esenia en *Doc. de Damasco* XII 8 pudiera muy bien indicar este origen común.

[7] j. *M. Sh.* II 10,53[d] 2 (II/2,218).

[8] *Qoh. R.* 9,7 sobre 9,9 (115[a] 2).

[9] *Ibíd.* 115[a] 4.

[10] *Ibíd.* 115[a] 7.

texto del Talmud palestinente que acabamos de citar, indica que esta explicación no puede en absoluto pretender ser exacta [11], lo que ponen totalmente en claro los datos del Talmud de Babilonia. En efecto, este Talmud llama a la misma [12] asociación «santa comunidad de Jerusalén» [13], atribuyéndole en varias ocasiones algunas tradiciones. Oímos decir, entre otras cosas, que los miembros de la asociación tenían determinadas costumbres para la oración [14] y que explicaban con especial severidad las prescripciones relativas a los tejidos mezclados [15].

¿Qué es lo que designa la expresión «santa comunidad de Jerusalén»? Bacher quería suprimir «de Jerusalén» [16], apoyándose en la expresión más corta «santa comunidad» del Talmud de Jerusalén y del Midrás; pero ésta no es más que una abreviatura de dicha expresión. Büchler aceptaba la explicación del Midrás y veía en esta asociación a un grupo de jerusalemitas que había huido, después de la caída de Jerusalén, a Galilea, especialmente a Séforis [17]. Ciertamente, la estancia de jerusalemitas en Séforis, después de la caída de la ciudad santa, está bien constatada [18]; pero, como hemos visto un poco antes, no hay que entretenerse demasiado explicando la expresión «santa comunidad» del Midrás, donde designa a dos doctores de Galilea. Así que con razón vuelven Baeck [19] y Marmorstein [20] a la expresión «santa comunidad de Jerusalén». El primero veía en ella una designación del conjunto de la comunidad de Jerusalén, y el segundo, una denominación de un grupo organizado existente ya en la época de los grandes tannaítas.

En las cartas del apóstol Pablo [21] es llamada la primitiva comunidad cristiana de Jerusalén «los santos»; Baeck se apoya en eso para su explicación. Pero esta designación cristiana va precisamente contra su modo de ver y justifica el de Marmorstein. En efecto, los miembros de la comunidad primitiva se llamaban «los santos» en clara oposición al conjunto de la comunidad, en cuanto que son la verdadera comunidad mesiánica de salvación, el resto que Dios ha escogido de entre el pueblo de salvación; exactamente igual, por consiguiente, que los fariseos se llamaban «los separados», es decir, «los santos» [22].

[11] L. Baeck, *Die Pharisäer,* 39.
[12] Bacher, *Ag. Tann.,* II, 490, n. 2.
[13] b *Besa* 14^{b} (= b. *Yoma* 69^{a-b}; b. *Tamid* 27^{b}, 61^{b}); b. *Besa* 27^{a}; b. *R. H.* 19^{b}; b. *Ber.* 9^{b} (cf. Billerbeck II, p. 692). Los que transmiten estas tradiciones pertenecen al siglo II de nuestra Era, a la segunda mitad en su mayor parte.
[14] b. *Ber.* 9^{b}. Tenían la costumbre de recitar por la mañana las dieciocho bendiciones inmediatamente después del *s^{e}ma^{c}*.
[15] b. *Besa* 14^{b} y par. (véase *supra,* n. 13). Lv 19,19; Dt 22,9-11.
[16] Bacher, *Ag. Tann.,* II, 400, n. 6.
[17] Büchler, *Priester,* 39-41.
[18] b. *Ket.* 77^{b} y *passim.*
[19] L. Baeck, *Die Pharisäer,* 39.
[20] A. Marmorstein, *Eine angebliche Verordnung Hadrians:* «Jeschurum» 11 (Berlín 1924) 152s.
[21] 1 Cor 16,1; 2 Cor 8,4; 9,1.12; Rom 15,25.31.
[22] Véase *supra,* n. 2.

Hemos llegado así al punto en que también la idea que sostiene Marmorstein tiene necesidad de ser completada. *Qadôs* (santo) y *parûs* (separado, designación de los fariseos) son empleados como sinónimos en los midrashim tannaíticos [23]. Además, hay que tener en cuenta las costumbres y tradiciones de la «santa comunidad», especialmente su fidelidad, —que se está de acuerdo en alabar [24]— a la observancia de las horas fijadas para la oración; hay que relacionar esto con el hecho de que, en el siglo I de nuestra Era, la observancia de las horas fijadas para la oración era precisamente tenida como un signo distintivo de los fariseos [25]. Todo esto obliga a concluir, con toda probabilidad, que la «santa comunidad de Jerusalén» era una comunidad farisea de la ciudad santa en el siglo I de nuestra Era.

También conduce a la época anterior a la destrucción del templo el siguiente dato de la Tosefta: «R. Eleazar ben Sadoc [26] ha dicho: Esta es la costumbre de las *habûrôt* (comunidades) de Jerusalén: unos (de los miembros de una *habûrah)* iban a un banquete de esponsales, otros a un banquete de bodas, otros a una fiesta de circuncisión, otros a una recogida de huesos (en orden a la sepultura definitiva) [27]; unos iban a una comida festiva, otros a una casa mortuoria» [28].

¿De qué naturaleza eran estas asociaciones de la ciudad santa? Nos encontramos en varios pasajes de la literatura rabínica, a partir del siglo II de nuestra Era, con la existencia de asociaciones de interés público *(heber ʿîr)* en ciertos lugares del país; tenían como deber el consagrarse a toda clase de obras de caridad, entre otras a las que se indican en este texto de la Tosefta, y a la observancia de las prescripciones litúrgicas [29].

[23] L. Baeck, *Die Pharisäer,* 36s; *Sifra* Lv 19,2 (44ᵇ 174,4): «Sed *qᵉdôsîm,* es decir, *pᵉrûsîm*»; *Sifra* Lv 11,44 (29ᵃ 113,32): «Sed *qᵉdôsîm,* pues yo soy *yadôs,* es decir: como yo soy *qadôs,* así vosotros debéis ser *qᵉdôsîm;* como yo soy *parûs,* así vosotros debéis ser *pᵉrûsîm*». Lo mismo en *Sifra* Lv 11,45 (29ᵃ 113,39); *Sifra* Lv 20, 26 (46ᵈ 184,13); *Lv R.* 24,4 sobre 19,2 (64ᵇ 15).

[24] *Qoh. R.* 9,7 sobre 9,9 (115ᵃ 4ss); b. *Ber.* 9ᵇ. Véase *supra,* n. 14.

[25] b. *Ber.* 47ᵇ bar.: «¿Qué es un *ʿam ha-ʾares* (un no fariseo)? El que no recita el *sᵉmaʿ* por la mañana y por la tarde. Palabra de R. Eliezer (hacia el 90 d. C., el representante de la antigua tradición entre los doctores de su tiempo)».

[26] Como muestra el contexto, se trata de R. Eleazar I, nacido poco después del 35 d. C. en Jerusalén, donde vivió hasta la destrucción del templo, como ya hemos visto.

[27] Si el cadáver había sido colocado en un sepulcro excavado en la roca se trasladaban los huesos a un osario un año después aproximadamente del enterramiento.

[28] Tos. *Meg* IV 15 (226,13); *Semahot* XII.

[29] Sobre estas asociaciones véase A. Büchler, *Der galiläische ʿAm ha-ʾares des zweiten Jahrhunderts* (Viena 1906) 207-221; J. Horovitz, *hbr ʿîr* (Francfort 1915); Billerbeck IV, 607-610. ¿Hay que vocalizar *heber ʿîr* (asociación de interés público de la ciudad) o *haber ʿîr* (doctor de la ciudad, o miembro de una asociación de interés público)? A pesar de la oposición de Horovitz, actualmente la cuestión está zanjada a favor de la primera lectura (A. Geiger, *Urschrift und Übersetzungen der Bibel* (Breslau 1857) 122s; Levy, *Wörterbuch,* II, 9*b;* Eliezer ben Yehuda, *Thesaurus totius hebraitatis* III (Berlín 1911) *sub verbo,* 1433; H. Grätz, *Geschichte der Juden* III/1 (Leipzig ⁵1905) 77, n.; A. Büchler, *op. cit.,* 210-212; Schürer, II, 503, n. 10; Dalman, *Handwörterbuch,* 136*a;* Billerbeck IV, 607ss, quien, como excepción, pone solamente en discusión Tos. *Meg.* IV 29 (228, 2). ¿En qué rela-

Las *habûrôt* de Jerusalén, de las que habla este texto de la Tosefta, están incontestablemente ligadas a estas asociaciones de beneficencia; constituyen la más antigua organización de este tipo de que hablan las fuentes. Bien es verdad que ni en este texto ni en los otros pasajes que mencionan la *heber ʿîr,* se habla de obligaciones de los miembros semejantes a aquellas que los miembros de las comunidades fariseas debían aceptar, tales como la estricta observancia de las prescripciones relativas a la pureza y al diezmo; es muy posible, por consiguiente, que este texto de la Tosefta hable de las asociaciones privadas de caridad que debían de existir en Jerusalén [30].

Se puede uno, sin embargo, preguntar si las cosas son tan simples. En primer lugar hay que notar que este texto no emplea precisamente la expresión *heber ʿîr,* sino el término *habûrah,* el cual, además de asociaciones y colegios de otra naturaleza, designa también las comunidades fariseas [31]. Por otra parte, hay que notar que los fariseos concedían precisamente la mayor importancia a los cumplimientos supererogatorios y a las buenas obras, y lo que es más, el cumplimiento de las *opera supererogationis* formaba parte íntegramente de la esencia del fariseísmo y de su idea del mérito [32]. Hay que notar otro hecho: una fuente de comienzos del siglo I de nuestra Era, la *Asunción de Moisés,* reprocha a los fariseos precisamente el ser gentes que «gustan de banquetear y atracarse a todas las horas del día» y que «de la mañana a la tarde les agrada decir: queremos tener festines y abundancia, comer y beber» [33]. Estos reproches nos fuerzan a buscar entre los fariseos (si no se los quiere catalogar como auténticos borrachos y glotones) costumbres semejantes a aquellas de las que habla nuestro texto de la Tosefta respecto a las «comunidades» de Jerusalén.

Hay que tomar en consideración una última indicación. En las fuentes talmúdicas encontramos en ocasiones a «los hijos de la sinagoga» *(bᵉnê ha-kᵉneset)* [34], los cuales tenían la obligación de observar las normas litúrgicas y de participar en las ceremonias fúnebres (litúrgicas). Se trata, pues, de una organización semejante a las asociaciones de caridad citadas anteriormente. *Zabim* III 2 supone que estas asociaciones sinagogales siguen las prescripciones fariseas sobre la pureza en la preparación de los alimentos [35]; aquí, por tanto, se halla expresado claramente el lazo entre los fa-

ciones estaban estas asociaciones de interés público con las comunidades fariseas? La cuestión aún no está clara.

[30] Así A. Büchler, *op. cit.,* 208-212.

[31] Por ejemplo Tos. *Demay* II 14 (48,11) y *passim.*

[32] Para mostrar la importancia que los fariseos concedían a las obras supererogatorias citemos solamente, entre los abundantes documentos, algunos ejemplos tomados del NT. Diezmo supererogatorio: Mt 23,23; Lc 18,12; prescripciones de pureza: Mt 15,1-2; Mc 7,1-4; Mt 23,26 y par.; ayunos: Lc 18,12; Mt 9,14 y par.; oración: Mt 6,5-8 (este pasaje va dirigido contra los fariseos, véase *infra,* p. 269); limosnas: Mt 6,2-4.

[33] *Asunción de Moisés* VII 4.7.8. Se trata de los fariseos; lo indica claramente el contexto.

[34] *Bek.* V 5; *Zabim* III 2; b. *M. Q.* 22ᵇ bar.; *Semahot* XI.

[35] A. Büchler, *Der galiläische ʿAm-ha ʾares,* 74, n. 2.

riseos y las asociaciones de interés público que proveían a las necesidades de las sinagogas.

La existencia en Jerusalén de asociaciones caritativas de interés común, pero que hubiesen sido puramente privadas, no nos consta en ninguna parte; toda la documentación estudiada nos obliga, por tanto, a concluir que las *habûrôt* de que habla el texto de la Tosefta anteriormente citado están en relación con las comunidades fariseas, si es que no son totalmente idénticas.

Las comunidades fariseas de Jerusalén, muchas de las cuales, como acabamos de ver, son conocidas, tenían *reglas concretas para la admisión de los miembros,* lo cual muestra nuevamente su carácter de comunidades particulares. Antes de la admisión había un período de prueba de un mes o un año de duración [36], durante el cual tenía que dar el postulante pruebas de su capacidad para observar las prescripciones rituales. Josefo, por ejemplo, nos cuenta que se sometió sucesivamente a las prescripciones de los fariseos, de los saduceos y de los esenios; finalmente, a la edad de diecinueve años se adhirió a los fariseos [37]. Este ejemplo concreto confirma que había un tiempo de prueba antes de la admisión en una comunidad farisea.

Una vez terminado el período de prueba, el candidato se comprometía a observar los reglamentos de la comunidad; en la época antigua, de la que sólo nos ocupamos aquí, esta promesa tenía lugar delante de un escriba, miembro de la comunidad [38]. El nuevo miembro de la comunidad se comprometía a observar las prescripciones fariseas sobre la pureza y el diezmo [39]. Desde entonces el fariseo era miembro de una asociación. Estas

[36] Es al siglo I de nuestra Era adonde nos conduce la divergencia de opinión entre shammaítas y hillelitas respecto a la duración del tiempo de prueba en Tos. *Demay* II 12 (48,8): «¿Después de cuánto tiempo (de prueba) se acepta (el candidato)? Los shammaítas exigían treinta días para los líquidos (se trata de siete 'líquidos que daban capacidad de impureza': rocío, agua, vino, aceite, sangre, leche, miel de abejas; cuando los alimentos sólidos o secos entraban en contacto con alguna cosa impura, no contraían impureza más que cuando habían sido mojados antes con alguno de estos siete líquidos. El candidato debía demostrar que había prestado atención a estas reglas y las había observado, y que había mantenido estos líquidos alejados de sus frutos y legumbres y otros alimentos secos) y doce meses para los vestidos (los vestidos contraían impureza por presión o contacto con cualquiera que estuviese levíticamente impuro, que era lo que los fariseos trataban de evitar). Pero los hillelitas se contentaban en los dos (casos) con treinta días». Véase sobre este punto Billerbeck II, 505s.

[37] *Vita* 2, § 10ss.

[38] En b. *Bek.* 30^b bar. (par. Tos. *Demay* II 13 [48,11] según el manuscrito de Viena y la *ed. princeps),* el compromiso, según Abbá Shaul (hacia el 150 d. C.), tenía lugar ante un escriba, miembro de la comunidad. Más tarde la admisión se hacía ante tres fariseos (b. *Bek.* 30^b bar.). Billerbeck II, 506, tiene plena razón al ver en estas palabras de Abbá Shaul la descripción de la práctica antigua; lo cual es confirmado con la análoga práctica de los esenios, de los cuales hablaremos más adelante, cf. *Documento de Damasco* XIII 11-13; XV 7ss: recepción por el inspector; éste es escriba, XIII 6.

[39] Sobre las prescripciones acerca de la pureza, véase Mt 15,1-2; Mc 7,1-4; Mt 23,25-26; Lc 11,39-41. Sobre las prescripciones sobre el diezmo: Lc 18,12; Mt 23,23; Lc 11,42.

asociaciones tenían sus jefes [40] y sus asambleas [41]; éstas, según parece, estaban ligadas a una comida en común [42], especialmente el viernes por la tarde, al comienzo del sábado [43]. Parece que las asociaciones fariseas intervenían a veces en público, por ejemplo, para dar pésames o con ocasión de acontecimientos gozosos [44]. Tenían su propia justicia interior; entre otras cosas, podían pronunciarse sobre la expulsión de un miembro [45].

Haremos bien en no supervalorar el número de los miembros de las *habûrôt* fariseas. Un dato fidedigno, transmitido por Josefo, que lo recibe probablemente de Nicolás de Damasco, consejero íntimo de Herodes e historiador de la Corte, una fuente, por consiguiente, semioficial, habla de «más de 6.000» fariseos en todo el reino de Herodes durante su época [46]. Citemos, a título de comparación, algunas otras cifras. La población de Jerusalén era de 25 a 30.000 habitantes [47]; el conjunto de sacerdotes y levitas se elevaba a 18.000 aproximadamente [48]; los esenios contaban con 4.000 miembros [49]. Por lo demás, las cifras dadas confirman que se trata de un grupo particular, y por la cuantía de esas cifras se ve que, en la Jerusalén del siglo I de nuestra Era debía de haber varias comunidades fariseas.

En muchos aspectos hay gran oscuridad respecto a la composición de las comunidades fariseas, confundiendo a éstas frecuentemente con los escribas [50]. Son varias las razones. En primer lugar está el hecho de que el término *haber,* que designa al miembro de una comunidad farisea, era,

[40] *Ant.* XV 10,4, § 370; *B. j.* II 17,3, § 411; Lc 14,1: «un jefe fariseo», y *passim.*

[41] Mt 22,15 y par.; cf. 12,14; 22,41.

[42] b. *Pes.* 101ᵇ-102ᵃ, si los *bᵉnê habûrah* mencionados aquí y en b. *ʿEr.* 85ᵇ son miembros de una comunidad farisea. Véase además Lc 14,1; 7,36-50; 11,37-38. Tal vez hay que considerar también como comidas en común las comidas de los fariseos en Jerusalén, de las cuales habla Abbá Shaul, citado en la n. 38 (Tos. *Sanh.* III 4 [418,20]; j. *Sanh.* I 2,19ᵇ 57 [VI/1,239]; b. *Shebu.* 16ᵃ bar.). Recordemos sobre todo las comidas comunitarias de los esenios.

[43] b. *ʿEr.* 85ᵇ, véase la nota precedente.

[44] Véase *supra,* pp. 264s.

[45] b. *Bek.* 31ᵃ bar.

[46] *Ant.* XVII 2,4, § 42. I. Elbogen *(Einige neuere Theorien übèr den Ursprung der Pharisäer und Sadduzäer,* en «Jewish Studies in Memory of Israel Abrahams» [Nueva York 1927] 135-148) ha manifestado dudas, p. 136, sobre esta cifra de 6.000: *a)* se trata sólo de los fariseos que se negaron a prestar juramento a Herodes; *b)* la cifra de 6.000 se encuentra también en *Ant.* XIII 13,5, § 373 y 14,2, § 379. Yo no puedo participar de esas dudas. En efecto: *a)* en *Ant.* XVII 2,4, § 42, Josefo parece suponer que todos los fariseos se negaron a prestar juramento; *b)* los otros dos pasajes que dan la cifra de 6.000 tratan de acontecimientos sucedidos ochenta años antes aproximadamente. Los Evangelios indican que había muchos fariseos en Galilea: Mt 9,11.14 y *passim.* Según Lc 5,17, vinieron «de todos los pueblos de Galilea, de Judea y de Jerusalén». Es dudoso que haya habido fariseos en el extranjero. En Hch 23,6, Pablo de Tarso se llama a sí mismo *pharisaîos, huios pharisaiōn.* Pero estas dos últimas palabras pueden significar también que era alumno de maestros fariseos o miembro de una asociación farisea.

[47] Véase *supra,* p. 102.

[48] Véase *supra,* pp. 217-222.

[49] *Ant.* XVIII 1,5, § 20.

[50] Véase n. 1 y n. 59 de este capítulo.

después del período neotestamentario, el apelativo del doctor no ordenado («colega de los doctores»); pero, sobre todo, está el hecho de que Mt y Lc engloban muy frecuentemente en una sola fórmula a «los escribas y los fariseos». Mt en los discursos de Jesús y Lc en las partes narrativas de su Evangelio emplean muy frecuentemente esa expresión [51]; por el contrario, Mc [52] y Jn [53] no la conocen. Fue nefasto que Mt en particular conservase generalmente [54] esa denominación global de los dos grupos; lo hace incluso en las palabras que reúne en su cap. 23 contra los escribas y los fariseos. En efecto, Mt introduce de la misma forma («¡ay de vosotros, escribas y fariseos!») las palabras contra la vanidad y el deseo de honores que reinaban entre los doctores y las palabras contra la hipocresía de los fariseos en la observación de las prescripciones legales sobre la pureza y el diezmo; de este modo borra la diferencia entre los dos grupos. Afortunadamente, la tradición paralela de Lc permite evitar conclusiones erróneas; en efecto, Lc establece una clara separación entre un discurso de Jesús contra los teólogos, que son los escribas [55], y un discurso de Jesús a los «hombres de la práctica», que son los fariseos [56].

Percibiremos de forma particularmente clara la separación entre los dos grupos si recordamos los reproches concretos que Jesús dirige, según Lc, a cada una de las dos categorías. A los escribas [57] les reprocha: a) imponen a la gente cargas religiosas muy pesadas, mientras que ellos las evitan; b) construyen tumbas a los Profetas, pero están dispuestos a condenar a muerte a los enviados de Dios; c) tienen oculta su ciencia, cerrando así a la gente el acceso al reino de Dios, mientras que ellos no hacen ningún caso de sus conocimientos; d) ambicionan trajes, saludos y presidencias y en particular desean los primeros sitios en las sinagogas. Como se ve, éstos son reproches generalmente relacionados con su erudita formación de escribas y con los derechos que eso les proporciona en la vida social.

Los reproches que, según Lc, dirige Jesús a los fariseos (Lc 11,39-42.44) son de naturaleza totalmente diversa. Son éstos: a) hipocresía en el

[51] Mt 5,20; 12,38 (Lc 11,29: las turbas); 15,1 (Mc 7,1: los fariseos y algunos escribas venidos de Jerusalén); 23,2.13.15.23.25.27.29; Lc 5,17.21 (Mt 9,3; Mc 2,6: algunos escribas); 5,30 (Mt 9,11: los fariseos; Mc 2,16: los escribas fariseos); 6,7 (Mt 12,10; Mc 3,2: ellos); 7,30; 11,53; 14,3; 15,2.

[52] En Mc 7,5 el artículo remite a lo que precede; no es empleado de manera general.

[53] Salvo en Jn 8,3, que forma parte de la perícopa de «la mujer adúltera», interpolada en el cuarto Evangelio.

[54] Con excepción de 23,26.

[55] Lc 11,46-52; 20,46 (cf. 11,43).

[56] Lc 11,39-44. Sólo en 11,43 se ha filtrado un error en la tradición lucana; pero una tradición paralela, dentro de este tercer Evangelio y en Mc, permite corregirlo totalmente de forma incontestable. En efecto, en Lc 20,46, con quien está de acuerdo Mc 12,38-39, es justamente a los escribas a quienes va dirigido el reproche de ambicionar los primeros sitios en las sinagogas y de recibir los primeros el saludo en los bazares; por el contrario, en Lc 11,43 este reproche aparece por error dirigido a los fariseos.

[57] Lc 11,46-52; 20,46; cf. 11,43. Respecto a 11,43, véase la nota precedente.

cumplimiento de las prescripciones sobre la pureza, siendo ellos interiormente impuros; b) hipocresía en el pago del diezmo de las legumbres verdes y las legumbres secas, que no estaban sometidas al diezmo según la Ley, mientras que descuidan las exigencias religiosas y morales de la Ley. Como se ve, estos reproches no tienen en absoluto ninguna relación con una formación teológica; se dirigen a gentes que conducen su vida conforme a las exigencias de las leyes religiosas que enseñan los escribas fariseos.

Lc nos indica claramente, y en total acuerdo con los datos de las fuentes contemporáneas, que el discurso paralelo de Jesús en Mt 23 se divide en dos partes: la primera (vv. 1-22; 29-36) va dirigida contra los escribas; la segunda (vv. 23-28) contiene los reproches dirigidos a los fariseos. Lo cual aparece claramente en el mismo Mateo en varias ocasiones; así, por ejemplo, cuando introduce el quinto «¡ay!» (Mt 23,25-26) con el apóstrofe: «¡Ay de vosotros, escribas y fariseos!», mientras que continúa (v. 26) con la expresión: «Tú, fariseo ciego».

Asimismo los dos primeros capítulos del Sermón de la Montaña contienen un discurso contra los escribas y otro contra los fariseos. En Mt 5, 20 son nombrados los dos grupos al comienzo, bajo el encabezamiento de escribas. Pero a continuación viene inmediatamente en Mt 5,21-48 el discurso contra los escribas que transmiten y explican «la tradición de los ancianos». Después, en 6,1-18 se vuelve contra los «hipócritas» (en el primer Evangelio, este término designa, salvo en algunos casos [58], a los fariseos); estos versos tampoco van dirigidos contra la tradición doctrinal, sino contra gentes que hacen ostentación de obras supererogatorias (limosna, oración, ayuno: cf. Lc 18,12).

Hay que establecer, por consiguiente, una distinción precisa entre escribas y fariseos y hay que rechazar la idea completamente falsa de que los fariseos en cuanto tales eran escribas [59].

Un sólo punto es exacto: los *jefes* y los miembros influyentes de las comunidades eran *escribas*. La tradición nos dice que los escribas que siguen a continuación pertenecían a una comunidad farisea o conformaban su vida a las prescripciones fariseas: antes del 162 a. C., Yosé ben Yoezer [60]; hacia el 50 a. C., Abtalyón y Shemaya [61]; hacia el 20 a. C., tal vez Hillel [62]; hacia el 30 d. C., en el tiempo de Jesús y de la primitiva comu-

[58] En Mt 23,13.29 (probablemente también en 23,15) los hipócritas son los escribas; en 24,51, los impíos; en 7,5, gentes hipócritas.

[59] Por ejemplo, W. Bousset-H. Gressmann, *Die Religion des Judentums im späthellenistischen Zeitalter* (Tubinga ³1926) 187: «Los fariseos son las gentes cultivadas». Es ésta una apreciación totalmente falsa, aunque muy extendida.

[60] *Hag.* II 7.

[61] *Ant.* XV 1,1, § 3; 10,4, § 370.

[62] Hay que deducirlo del episodio (*'Er.* VI 2) que Gamaliel cuenta de su padre. El padre de Gamaliel I era Hillel; en efecto, el Simeón mencionado solamente en b. *Shab.* 15ª bar., según parece presidente del Sanedrín después de Hillel y antes de Gamaliel I, no es nombrado en ninguna otra parte, y tampoco se dice que sea el padre de Gamaliel I. Sin embargo, no sabemos si el relato de *'Er.* VI 2 procede de R. Gamaliel I o de Gamaliel II; sólo en el primer caso se puede sacar una con clusión en favor de Hillel.

nidad cristiana, Nicodemo (Jn 3,1ss), el rabbí anónimo que interroga a Jesús respecto al mayor de los mandamientos (Mc 12,28); otros diversos escribas que entraron en relación con Jesús [63], Rabbán Gamaliel I [64] y Saulo de Tarso [65]; hacia el 50 d. C., Yojanán, hijo de la haraunita, quien tomaba su alimento según las reglas de la pureza levítica [66], y R. Sadoc, célebre sacerdote que también tomaba su alimento ordinario según las normas de la pureza levítica [67]; hacia el 60, Josefo [68], sacerdote y escritor, y Simeón, hijo de Gamaliel I [69]; en la época de la destrucción del templo, el hijo de este Simeón, Rabbán Gamaliel II, quien, según se dice, comía sus alimentos según las prescripciones fariseas acerca de la pureza levítica y guardaba todos sus vestidos en estado de suprema pureza levítica [70], y Yoezer, sacerdote escriba [71].

Como vemos, el número de estos nombres no es muy elevado. En verdad no conocemos nominalmente más que una pequeña parte de los escribas que pertenecían a una comunidad farisea; su número, en realidad, era mucho más elevado. Además, hay que notar que un gran número de escribas, opuestos a los doctores saduceos, defendían las ideas fariseas sin que nos conste expresamente su pertenencia a una *habûrah*.

Yojanán ben Zakkay, por ejemplo, en *Yad.* IV 6, sostiene contra los saduceos la opinión farisea de que los libros santos manchan las manos; pero habla de los fariseos en tercera persona, hasta el punto de que, fundándose en este texto, se le haya considerado [72] como saduceo *(sic)*. En Lc 11,45, un escriba dice a Jesús después de sus reprimendas a los fariseos: «Rabbí, al decir eso nos ofendes también a nosotros». Este escriba apoya también a los fariseos sin meterse directamente en su número. Aunque en tales casos, en los que un escriba defiende opiniones fariseas, se pue-

[63] Mc 2,16; Lc 5,30; Mt 15,1-9; Mc 7,1-13. Los fariseos que discuten con Jesús sobre la exégesis de Dt 24,1 (Mt 19,3; Mc 10,2) son igualmente teólogos.

[64] Hch 5,34; Tos. *ʿA. Z.* III 10 (464, 6).

[65] Hch 23,6. Pablo era un escriba ordenado. Hch 26,10, donde habla él de su actividad de juez, nos lo confirma.

[66] b. *Yeb.* 15ᵇ y par.

[67] *Sukka* II 5.

[68] *Vita* 2, § 12.

[69] *Vita* 38, § 191. Suponiendo que el relato de *ʿEr.* VI 2 proceda de Gamaliel II (véase *supra* n. 62), se refiere también a su padre, R. Simeón ben Gamaliel I.

[70] Tos. *Hag.* III 2 (236, 18). Gamaliel II estaba ya en actividad antes del 70 después de Cristo, como confirman los datos siguientes. Según Tos. *Sanh* II 6 (416,27), escribe, sobre los escalones de la explanada del templo, una disposición para Galilea (con Billerbeck I, 154 y G. Dalman, *Die Worte Jesu,* I [Leipzig ²1930] 3, hay que atribuir este pasaje a Gamaliel II); según *Pes.* VII 2 hace asar en Jerusalén el cordero pascual para su esclavo Tabi (el nombre del esclavo es conocido, lo que indica que se trata de Gamaliel II), y el episodio narrado por *Sukka* III 9 (tal vez haya que situar este episodio, con Billerbeck II, 788*e,* en la liturgia del templo, antes del 70, por tanto) hace suponer que Gamaliel II era ya en aquella época una autoridad reconocida.

[71] *Vita* 39, § 197. Sobre la forma de este nombre, véase la nota 14 del cap. precedente.

[72] B. D. Eerdmans, *Farizeën en Sadduceën:* «Theologisch Tijdschrift» 48 (1914) 9ss. Craso error. Otros pasajes (b. *Men.* 65ᵃ y *passim)* muestran también inequívocamente que Yojanán ben Zakkay mantenía ciertamente una clara postura antisaducea.

da sostener, sin vacilación, que éste pertenece también a una comunidad farisea, no se debe, sin embargo, subestimar el número de doctores que no pertenecían a una *ḥabûrah* farisea. En todo caso, su número es mucho más elevado de lo que pretende la tradición talmúdica, la cual está redactada desde un punto de vista unilateralmente fariseo.

El ejemplo de Simeón ben Natanael es a mi parecer particularmente instructivo. Simeón, que vivió alrededor del 70 d. C., era sacerdote y alumno de Rabbán Yojanán ben Zakkay [73], cuyas ideas fariseas hemos visto hace poco, y se casó con una nieta [74] del fariseo Rabbán Gamaliel I [75]. Sin embargo, Simeón se negaba a tomar su alimento profano conforme a las prescripciones fariseas sobre la pureza y, al contraer matrimonio, tuvo que comprometerse expresamente a no exigir a su esposa que le preparase alimentos puros (ya que, de todos modos, no habría observado la pureza ritual) [76]. Entre las afirmaciones, poco numerosas, que de él nos han llegado hay una que critica el caso en que la oración se convirtiese en «algo bien regulado», pues con ello sufriría la intimidad de la misma [77]. Evidentemente, Simeón critica la determinación de horas fijas para la oración, a lo que los fariseos daban tanta importancia [78].

Este caso particular nos muestra que no hay que infravalorar ni sobreestimar el número de escribas no fariseos y que sólo una parte (en verdad más importante que la otra, sin duda) de los escribas pertenecían a las comunidades fariseas.

En su gran mayoría, los miembros de las *ḥabûrôt* no eran escribas. En primer lugar sabemos que había un gran número de sacerdotes que eran fariseos. Entre los escribas fariseos que acabamos de citar encontramos a los siguientes sacerdotes: Yosé ben Yoezer, R. Sadoc, Josefo y Yoezer. A ellos se añaden miembros del clero que, sin tener formación de escribas, eran fariseos. Josefo nos cuenta que Juan Hircano (134-104 a. C.), Sumo Sacerdote y príncipe de los judíos, era al comienzo de su reinado «discípulo de los fariseos, quienes le querían mucho» [79]; además, un fragmento de un evangelio apócrifo califica a Leví de sacerdote jefe fariseo [80]; finalmente hay que citar al levita Yojanán ben Gudgeda, a quien ya hemos encontrado como portero jefe del templo [81].

Con qué escrupulosidad se sometían precisamente los miembros del clero a las exigencias fariseas sobre la pureza lo muestra de forma instructiva el siguiente texto [82]: «Yosé ben Yoezer (antes del 162 a. C.) era, entre los sacerdotes, un hombre piadoso, y su vestido era considerado

[73] *P. A.* II 8.
[74] Véase *supra*, p. 235, n. 45.
[75] Tos. *ʿA. Z.* III 10 (464,6).
[76] *Ibíd.*, 464,7.
[77] *P. A.* II 13.
[78] Véase *supra* n. 25 y *passim*.
[79] *Ant.* XIII 10,5, § 289; b. *Ber.* 29ᵃ.
[80] B. P. Grenfell y A. S. Hunt, *The Oxyrhynchus Papyri* V (Londres 1908) n.º 840. Sobre el sentido del término ἀρχιερεύς, véase *supra*, pp. 193-198.
[81] Véase *supra*, pp. 187s, 229, 250.
[82] *Hag.* II 7. Cf. A. Büchler, *Der galiläische ʿAm-ha ʾares* (Viena 1906) 119.

como *midrás* (impuro sólo por contacto) para (la consumación de) las cosas santas. Yojanán ben Gudgeda (hacia el 40 d. C.) comió todo durante su vida, según (las normas de) la pureza de las cosas santas, de suerte que su vestido era considerado como *midrás* (impuro sólo por contacto) para (la aspersión del agua de) la purificación».

Según este texto, Yosé ben Yoezer, incluso en su vida diaria fuera del templo, observaba con tanta escrupulosidad las normas de pureza relativas a los sacerdotes, concretamente, preservaba sus vestidos de la impureza con tal cuidado, que en cualquier momento podía comer la porción de los sacerdotes sin cambiar de vestido; sólo tenía que cambiárselo para comer la carne de las víctimas. En cuanto a Yojanán ben Gudgeda, se imponía voluntariamente un grado de pureza aún más severo, superando incluso el texto de la prescripción farisea sobre la pureza. Aunque era levita, observaba en todas sus comidas el grado de pureza exigido para la carne de los sacrificios, de tal suerte que si hubiese sido sacerdote hubiese tenido derecho a comer la carne de los sacrificios con sus vestidos de diario; sólo habría tenido que cambiárselos para la aspersión del agua de la purificación (Nm 19). Recordemos que hace poco hemos conocido a un sacerdote, Simeón ben Natanael, que se negaba a someterse a las prescripciones fariseas sobre la pureza, lo que nos da a entender, por consiguiente, que la observancia de esa prescripción por los sacerdotes no era completamente natural.

Los sacerdotes tomaron mucha parte en el movimiento fariseo, lo cual se explica por el hecho de que este movimiento tenía su foco en el templo; dicho movimiento intentaba elevar a categoría de norma general, válida también para los que no eran sacerdotes, las prescripciones sobre pureza que la Escritura imponía a los sacerdotes para consumir la porción que les estaba reservada.

Pero los escribas que acabamos de citar, sacerdotes y levitas, no constituían más que la parte rectora de los fariseos. Los *laicos* que se agregaban a las comunidades fariseas y se comprometían a observar las prescripciones fariseas sobre el diezmo y la pureza, eran con mucho los más numerosos.

Así lo deducimos ya de la frecuencia con que aparecen juntos en el NT «escribas y fariseos». Como muestra esta expresión, junto a los jefes, que eran escribas, había una gran masa de miembros carentes de formación de escribas. El Talmud nota expresamente, a propósito de un fariseo que se volvió contra Alejandro Janneo, que era un «simple israelita» [83]; Josefo dice de dos personajes de elevado rango, que formaron parte en el 67 después de Cristo de una embajada a Galilea, que eran fariseos y laicos [84]. Las «gentes de Jerusalén» que ocultaron en el agua sus tortas de higos (fue evidentemente durante los años de la rebelión, del 66 al 70 d. C.) para sustraerlas a los sicarios, y que estuvieron preocupadas por su pureza ritual

[83] b. *Qid.* 66[a].
[84] *Vita* 39, § 197.

hasta que los escribas las tranquilizaron [85], son fariseos de Jerusalén, simples gentes del pueblo sin formación de escribas. En otro lugar se ve a las «gentes de Jerusalén» cumplir con celo sus deberes religiosos en la fiesta de los tabernáculos: participación en el culto sinagogal, visitas de pésame, visitas a los enfermos, frecuentación de la casa de estudios, oración [86]; también ahí se trata tal vez [87] de fariseos, y en este caso, según parece, serían sobre todo laicos piadosos.

Tenemos también en Jerusalén a aquellos comerciantes de vino y aceite que, en su delicadeza de conciencia, llenaron 300 cántaros de vino y aceite, respectivamente: uno, con la espuma formada por el vino al venderlo; el otro, con el aceite que quedaba en los utensilios de medir; los entregaron a los tesoreros del templo, pues no querían considerar esos residuos como propiedad suya [88]; se trata con toda probabilidad de fariseos. Los fabricantes de aromas [89], de quienes se habla a propósito de una cuestión sobre la santificación del sábado [90], tal vez son también fariseos. El fariseo que aparece en escena en Lc 18,9-14 se gloría de ayunar dos veces por semana y de pagar el diezmo de todo lo que adquiere (de productos agrícolas) [91]; hay que considerarlo también como laico, puesto que no se dice ninguna otra cosa de él.

Las innumerables prescripciones sobre las relaciones comerciales entre fariseos y no fariseos hacen conocer mejor los círculos que formaban la gran masa de los fariseos [92]. Estos textos no dejan ninguna duda: eran sobre todo comerciantes, artesanos y campesinos quienes formaban parte de la *habûrah*. En resumen, las comunidades fariseas se componían principalmente de pequeños plebeyos, gentes del pueblo sin formación de escribas [93], hombres serios y prestos a consagrarse. Pero, muy frecuentemente, eran duros y orgullosos para con la gran masa, los *ʿammê ha-ʾares* [94],

[85] *Maksh.* I 6.
[86] b. *Sukka* 41ᵇ; Tos. *Sukka* II 10 (195, 6); j. *Sukka* III 14, 54ᵃ 38 (IV/1,30).
[87] Cf. la exposición *supra,* pp. 263ss.
[88] b. *Besa* 29ᵃ bar.
[89] El término puede designar igualmente mercaderes de ganados. Según R. Yosé, se trata de comerciantes de lana (*ʿEr.* X 9).
[90] *ʿEr.* X 9.
[91] Se puede traducir también: a) «pago el diezmo de todo lo que produzco»; b) «de todo lo que gano doy el 10 por 100 para obras de beneficencia»; cf. Billerbeck II, 244s. En nuestra traducción hemos elegido el sentido c), según el cual este hombre se gloría de pagar el diezmo de todo lo que compra, no sólo de todo lo que él mismo produce (pues no sabe con certeza si el vendedor, a pesar de que él lo afirme, ha satisfecho ya el diezmo). Este último sentido es con mucho el más probable, pues encierra muy claramente un elemento característico de los fariseos *(Demay* II 2; Tos. *Demay* II 2 [47, 10]).
[92] *Demay* II 2-3; VI 6; Tos. *Maʿas.* III 13 (85,19) y *passim.*
[93] Hay que admitir que cuando Jesús discute con los fariseos sobre cuestiones exegéticas (Mt 22,41-46 y par.) y otras cuestiones teóricas, se las entiende con los jefes, los escribas.
[94] La expresión, en singular, significa literalmente «pueblo del país (de Israel)». Primitivamente designaba a la gran muchedumbre del pueblo de Israel; después se aplicó a la mezcla de población judío-pagana proveniente de la repoblación de Palestina por los paganos durante el destierro de Babilonia; finalmente, a partir

quienes no observaban como ellos las prescripciones religiosas de los escribas fariseos; respecto de estas gentes, se consideraban los fariseos como el verdadero Israel [95].

Se encuentran semejanzas con el carácter [96] y la organización de las comunidades fariseas, tal como ésta acaba de ser descrita, en el *Documento de Damasco* [97], publicado en 1910, y recientemente, en menor proporción, en la *Regla de la Comunidad* (I *QS*) [98], publicada en 1951. Antes de los descubrimientos de Qumrán, el *Documento de Damasco* era considerado casi generalmente como un texto fariseo (la primera redacción de esta sección, en 1929, participaba también de esta opinión). Después de la publicación de los textos de Qumrán es seguro que dicho documento tiene origen esenio. Una prueba de ello la proporcionan las semejanzas de fondo y el hecho de que en Qumrán se hayan encontrado fragmentos del *Documento de Damasco* [99].

Pero, no obstante, el origen esenio del *Documento de Damasco* no cambia nada en cuanto a la posibilidad de ayudarnos a comprender la organización de las comunidades fariseas; en efecto, fariseos y esenios tienen todos su origen en el movimiento de los asideos de la época macabea [100]. Esto aclara muchas semejanzas entre los dos movimientos, las cuales aparecen con mucha mayor claridad en el *Documento de Damasco* que en la *Regla.* Efectivamente, el *Documento de Damasco,* dirigido probablemente a grupos esenios dispersos por el país, supone formas de comunidad semejantes a las que prevén las reglas fariseas; la *Regla,* por el contrario, organiza la vida más estricta de Qumrán, centro monástico retirado.

Si examinamos la organización de las comunidades esenias vemos al instante que nos hallamos ante grupos estrechamente organizados. Existe una lista de los miembros [101] (*Doc. de Damasco* XIII 12; cf. X 2), que es confeccionada según un orden válido también para las reuniones: sacerdotes, levitas, israelitas, prosélitos (XIV 3ss). Hay prescripciones que regulan con exactitud la admisión en la comunidad. Sólo los «adultos» pueden ser admitidos «en el número de los que son inspeccionados» (X 1-2; cf. XV 5-6), lo cual, como se desprende de la cita de Nm 1,3, fija en veinte años la edad mínima para entrar en la comunidad [102].

del siglo II antes de nuestra Era, se empleó para designar a aquel que no conocía la Ley, especialmente al no fariseo.

[95] Respecto a este sentido del término «fariseo», véase *supra,* p. 261, n. 2.

[96] Véase *supra* n. 2.

[97] S. Schechter, *Documents of Jewish Sectaries* I (Cambridge 1910).

[98] S. Burrows, J. C. Trever y W. H. Brownlee, *The Dead Sea Scrolls of St. Mark's Monastery* II/2 (New Haven 1951). La *Regla de la Congregación* (I *QSa),* aneja a la *Regla de la Comunidad,* ha sido publicada por D. Barthélemy en *Qumran Cave I (Discoveries in the Judaean Desert* I [Oxford 1955] 109-111).

[99] En la cueva 4 (J. T. Milik: RB 63 [1956] 61) y en la cueva 6 (M. Baillet, *ibíd.,* 513-523).

[100] Véase *supra,* p. 262.

[101] I *QS* V 23, VI (10) 22 (26), VII 2,21, VIII 19, IX 2; cf. I *QSa* I 21.

[102] I *QSa* I 8 indica expresamente el límite de edad, veinte años.

Primeramente tiene lugar un examen previo realizado por el inspector, que es escriba *(Doc. de Damasco* XIII 1-12; XV 11) (volveremos a hablar de él en seguida); sólo este inspector tiene el derecho de aceptar a los candidatos (XIII 12-13)[103]; a él debe dirigirse el postulante (XV 7-8). El inspector le hace conocer después las disposiciones jurídicas secretas[104] de la comunidad (XV 10-11); el candidato presta el juramento de entrada (XV 6), y a continuación es puesto en la lista de los miembros (XIII 12). Este sigue entonces, según la *Regla* (I *QS* VI 13ss; cf. VII 19ss y VIII 24s), un período de prueba de dos años. Las faltas graves son castigadas con una exclusión temporal o definitiva *(Doc. de Damasco* XX 1-13; véanse también las disposiciones penitenciales de la *Regla,* I *QS* VI 24-VII 25).

Estos datos están muy en consonancia con el resultado que hemos obtenido al examinar las comunidades fariseas, lo cual resulta particularmente claro si se piensa que la sinagoga, a diferencia de estos dos movimientos, no conoce en absoluto la expulsión ni acoge adultos a no ser en caso de conversión de paganos.

En lo concerniente al gobierno, un inspector *(m^{e}baqqer),* que no debe tener menos de treinta años ni más de cincuenta *(Doc. de Damasco),* está al frente de cada «campamento». Es un escriba quien enseña el exacto sentido de la Ley (XIII 7s). A él se deben manifestar las faltas cometidas (IX 18s.22). Sólo él tiene el derecho de admitir a un candidato en la comunidad (XIII 12s); es él quien examina e instruye a los recién ingresados (XIII 11s; cf. XV 8.11). Además, hace de padre espiritual de la comunidad; «se compadece de sus hijos como un padre» (XIII 9). Sus relaciones con la comunidad son descritas con la imagen del pastor y del rebaño *(ibíd.).* Por eso, «soltando todas las ataduras de sus cadenas» (XIII 10)[105], cuida de que nadie en la comunidad sea oprimido o golpeado. Recibe de la comunidad, junto con los jueces, dones de caridad y cuida de su distribución (XIV 13).

Teniendo en cuenta las semejanzas de organización descritas anteriormente entre las comunidades esenias y fariseas, se pueden representar las funciones de los *archontes* de los fariseos (Lc 14,1), sobre los que nos dicen poco las fuentes, como análogas a las funciones del *m^{e}baqqer* esenio. El hecho de que este *m^{e}baqqer* presente igualmente contactos con el obispo cristiano, aboga también en favor de este acercamiento. Todo lo que ha sido invocado hasta el presente en favor del origen de esta última función (a saber: que el término *episkopos* designaba a los miembros de las comisiones comunales encargadas de la construcción en las ciudades sirias[106] o al jefe de la sinagoga entre los judíos[107]) no conduce a una expli-

[103] Diversamente aparece en I *QSV* 8.20ss, donde los sacerdotes y los miembros proceden todos juntamente a la admisión.

[104] El ejercicio de la justicia se hacía según reglas jurídicas propias.

[105] «Atar» y «desatar», cf. Mt 16,19.

[106] A. Schlatter, *Geschichte der ersten Christenheit* (Gütersloh 1926) 95; M. Dibelius, *An die Philipper* (Tubinga [3]1937) en Flp 1,1.

[107] K. G. Goetz, *Petrus* (Leipzig 1927) 49ss.

cación satisfactoria. Se impone una doble observación [108]: el título de *m^ebaqqer* corresponde literalmente al griego *episkopos;* por otra parte, la posición y las funciones del *m^ebaqqer* son idénticas a las del obispo en la *Didascalia siríaca.* Estos hechos llevan a preguntarse si la función rectora de una comunidad esenia, tal como la conocemos por los datos del *Documento de Damasco* sobre el *m^ebaqqer,* no ha sido el modelo del *episkopos* cristiano (habría que hacerse después una segunda pregunta: ¿no se ha hecho sentir esta influencia más bien por medio de los fariseos que de los esenios?).

Se ha objetado contra la hipótesis de tales dependencias que, junto al inspector de cada campo, aparece en el *Documento de Damasco* (XIV 8-9) un «inspector de todos los campos», o sea, una autoridad monárquica a la cabeza. En realidad sería improbable que las comunidades cristianas de la época neotestamentaria hubiesen tomado sólo la función de los *episkopoi* de las comunidades particulares (nótese el plural en Flp 1,1) y no el *episkopos* monárquico. Este último, como sabemos, aparece por primera vez en Ignacio de Antioquía.

Esto es lo que hay que decir. Es muy dudoso que el *Documento de Damasco* conozca la función monárquica de un «inspector jefe». La expresión decisiva, *m^ebaqqer l^ekol ha-mahanôt* (XIV 8-9), puede tener varios sentidos. La traducción «inspector para cada campo» está conforme con el sentido del pasaje; efectivamente, las reglas que siguen, XIV 9ss no pueden aplicarse a un inspector jefe único. Se aplican mucho mejor, como indica IX 11ss, al inspector de cada campo.

En resumen, hay que decir que podemos hacer recuento de los datos relativos a la organización de los «campos» esenios (aunque con gran precaución) para dar contornos más definidos a los raros datos ocasionales que aparecen respecto a la organización de las comunidades fariseas.

La influencia que lograron ejercer las comunidades fariseas y sus jefes los escribas resulta sorprendente y a primera vista enigmática. Según nuestros conocimientos históricos, el primer gran éxito alcanzado por esas comunidades tiene lugar durante los seis años de sangrientos tumultos y guerras civiles bajo Alejandro Janneo (103-76 a. C.); la gran masa del pueblo se adhirió a los fariseos, quienes negaban la legitimidad de los sumos sacerdotes asmoneos [109]. Después de estar varias veces al borde de la ruina, Alejandro Janneo logró finalmente restablecer la paz [110], pero al precio de un terrible baño de sangre. Los fariseos, sin embargo, habían alcanzado la victoria. El Rey, en su lecho de muerte, aconsejó a su mujer Alejandra (76-67) unirse a los fariseos [111]. Estos hicieron entonces su entrada en el Sanedrín, el cual comprendía hasta esa fecha exclusivamente a los representantes de la aristocracia religiosa y laica, y cesaron en su oposición a la familia reinante. Alejandra gobernó, pero, como era mujer, no pudo ser al mismo tiempo Sumo Sacerdote, circunstancia que debió de

[108] G. Hölscher, en ZNW 28 (1920) 39.
[109] Véase *supra,* pp. 175s, 206s.
[110] *Ant.* XIII 13,5-14,2, § 372-382; *B. j.* I 4,3-6, § 88-89.
[111] *Ant.* XIII 16,5, § 401-404.

facilitar la unión con los fariseos. Estos, apoyados en el poder de la reina, llegaron a ser entonces los verdaderos jefes del Estado [112].

Después de la muerte de Alejandra, bajo Aristóbulo II (67-63 a. C.), el poder de los fariseos disminuyó. Entonces renovaron su vieja oposición a la familia reinante, y en el 63 indujeron al pueblo a enviar una embajada a Pompeyo pidiendo la supresión de la realeza nacional [113], y no ocultaron su alegría por el éxito de este proyecto [114]. Fue sobre todo durante el reinado de Herodes el Grande (37-4 a. C.) cuando se manifestó el alcance de su poder. Herodes hizo matar a su llegada a los dirigentes de la nobleza laica, sus enemigos más influyentes en el Sanedrín, perdonando y honrando, por el contrario, a los jefes fariseos [115]. Cuando se negaron después los fariseos unánimemente a prestar juramento de fidelidad a Herodes y al César, el Rey se contentó con ponerles una multa pecuniaria, mientras que, por el mismo motivo, hizo ejecutar a otras personas [116]. Los fariseos entraban y salían en la Corte de Jerusalén, ejerciendo un profundo influjo sobre el harén y la servidumbre [117].

En el poder de los fariseos es donde hay que buscar principalmente la razón de la indulgencia del Rey. Incluso Herodes debía de contar con que los fariseos tenían al pueblo detrás de ellos [118]. Wellhausen no tiene razón, sin duda, al decir que «los fariseos tuvieron su época de prosperidad bajo Herodes» [119] (ésta se sitúa de hecho después del 70 d. C.), pero una cosa es cierta: mientras que las familias sacerdotales de la nueva jerarquía ilegítima dependían completa e indignamente del favor de Herodes, los fariseos no fueron inquietados en absoluto; entonces habían adquirido nuevamente gran influjo en el Sanedrín. Sólo en el año 6 a. C., dos años antes de su muerte, rompió Herodes con los fariseos a consecuencia de intrigas en la Corte [120].

En la época siguiente, hasta el comienzo de la primera rebelión (66 después de Cristo), los fariseos tuvieron poco influjo en la vida política del pueblo judío. Continuaban estando representados en la asamblea suprema, pero era la aristocracia sacerdotal y laica, de tendencia saducea, la que desempeñaba allí el papel principal. De todos modos, los fariseos miembros del Sanedrín sabían hacerse oír en el curso de las sesiones y tenían relacio-

[112] *B. j.* I 5,2, § 110s.

[113] *Ant.* XIV 3,2, § 41; generalmente se supone, y con razón, que la embajada fue preparada por los fariseos.

[114] *B. j.* I 8,5, § 170.

[115] *Ant.* XV 1,1-2, § 3ss. Los fariseos habían aconsejado la rendición de Jerusalén ante el ataque de Herodes.

[116] Es probable, como ha demostrado Otto, *Herodes,* col. 64, n., siguiendo a Wellhausen, que los dos relatos de Josefo, *Ant.* XV 10,4, § 368-370, y XVII 2,4, § 42, narren el mismo episodio, pero según dos fuentes distintas: una opuesta a Herodes y favorable a los fariseos (XV § 368ss) y otra benévola con Herodes y opuesta a los fariseos (XVII § 42, procedente sin duda de Nicolás de Damasco).

[117] *Ant.* XVII 2,4, § 41ss; cf. XV 1,1, § 35.

[118] *Ant.* XVII 2,4, § 41: estaban incluso dispuestos a hacerle la guerra al Rey y perjudicarle.

[119] Wellhausen, *Pharisäer,* 109.

[120] *Ant.* XVII 2,4, § 36-46; *B. j.* I 29,1, § 569-571.

nes con Herodes Antipas, tetrarca de Galilea [121]; ése es al menos el parecer de los Evangelios y de los Hechos de los Apóstoles [122] (según el cuarto Evangelio, la condena de Jesús es sustancialmente obra de los fariseos [123]; pero difícilmente se le puede dar la razón). No es extraño que al fariseo Saulo se le encomendase un papel activo en la persecución de los cristianos [124]. Sin embargo, el influjo de los fariseos en la política y en la administración de la justicia en Palestina, antes del 66 d. C., no debe exagerarse demasiado [125]. En el terreno religioso las cosas eran muy diversas. En él los fariseos aventajaban con mucho a los saduceos. Así, pues, encontramos toda la vida religiosa, especialmente la litúrgica [126], regida según las prescripciones fariseas. El mismo Agripa I (41-44 d. C.), último rey judío, vivía como fariseo [127].

Los sumos sacerdotes saduceos estaban obligados, aun contra su voluntad, a realizar las ceremonias litúrgicas según la explicación farisea de la Torá; así sucedía con el sorteo de los dos machos cabríos [128], con la ofrenda del sacrificio de los perfumes [129] el día de la expiación, con la libación del agua en la fiesta de los Tabernáculos [130] y con el rito de la vaca roja [131]; esto era igualmente válido para aquellos ritos que, como el de la libación del agua en la fiesta de los Tabernáculos, no tenían fundamento bíblico [132]. El conjunto del calendario, especialmente la fiesta de Pentecostés, estaba fijada según la datación farisea [133]. Hacia el 20 d. C. ya había

[121] Mc 3,6; Lc 13,31; Mc 12,13 par.; Mt 22,15-16.

[122] Hch 5,34-39; 23,6.

[123] Jn 7,32.45-52; 11,46; 12,42; cf. «los judíos» en 7,13; 9,22; 19,38; 20,19.

[124] Hch 9,1-4; 22,3-8; 26,9-14. Respecto a la fecha: según Gál 1,18; 2,1, la conversión de Pablo tuvo lugar diecisiete años (quince, según nuestra manera moderna de computar) antes del concilio apostólico celebrado a finales del 48 d. C., en el 33 por tanto (véase mi artículo *Sabbathjahr,* en ZNW 27 [1928] 98-103).

[125] A partir del 66 d. C. la situación cambió completamente. Véase la abolición del código penal, cuyo aniversario será celebrado gozosamente, según *Megillat taʿanit* 10, el 14 de tammuz (ed. H. Lichtenstein, en HUCA 8-9 [1931-1932] 319, n.° 12). Esta abolición no tuvo lugar ni bajo Alejandra (76-67 a. C.) ni bajo Agripa I (41-44 d. C.), sino en el momento en que estalló la rebelión contra los romanos (el 66 después de Cristo). En efecto, la condena a muerte de la hija de un sacerdote bajo Agripa I, estudiada *supra,* p. 196, n. 126, fue ejecutada según el derecho saduceo.

[126] *Ant.* XVIII 1,3, § 15.

[127] *Ant.* XIX 7,3, § 331; Schürer, I, 554ss. Cf. el juicio favorable de que es objeto en el Talmud (Billerbeck II, 709s).

[128] Véase *supra,* p. 180, n. 10.

[129] Tos. *Yoma* I 8 (181,6); b. *Yoma* 19ᵇ bar.; j. *Yoma* I 5, 39ᵃ 46 (III/2,170).

[130] Véase *supra,* p. 180, n. 10.

[131] Tos. *Para* III 8 (632,18). Sobre este punto véase A. Büchler, *Das Synedrion in Jerusalem* (Viena 1902) 67s y 95.

[132] b. *Taʿan.* 3ᵃ hace remontar el rito a una halaká de Moisés en el Sinaí; según j. *Shebu.* I 9,33ᵇ 50 (no traducido en VI/2,108), se trata de una disposición de los primeros profetas. R. Yudá ben Bethyra (hacia el 110 d. C.) y R. Aqiba († después del 135) intentaron encontrar una prueba escriturística. b. *Taʿan.* 2ᵇ; lo mismo hizo R. Nathán (hacia el 160), b. *Taʿan.* 3ᵃ bar.

[133] El cálculo fariseo de la fiesta de Pentecostés se encuentra en primer lugar en los LXX, Lv 22,11. En el siglo I de nuestra Era Filón, *De sec. leg.* II, § 176; *De decalogo,* § 160, y Josefo, *Ant.* III 10,5s, § 250ss, testifican la importancia de la observancia farisea para fijar la fecha de Pentecostés.

hecho aceptar Hillel que se pudiesen inmolar los corderos de la Pascua el mismo día del sábado, aboliendo, por consiguiente, en este aspecto la práctica saducea hasta entonces en uso [134]. El siguiente hecho muestra hasta qué punto llegaba la impotencia de los saduceos. Una vez intentaron, por un camino indirecto, fijar el calendario según su datación de la fiesta de Pentecostés; para ello intentaron inducir a error, por medio de falsos testigos, a la comisión del Sanedrín encargada del calendario [135].

La vieja generación de los saduceos mostró una total resignación, pues comprendía que era imposible triunfar del poder omnímodo de los fariseos. En el Talmud [136] vemos a un Sumo Sacerdote saduceo realizar el sacrificio de los perfumes el día de la expiación según el rito saduceo; los derramó sobre los carbones encendidos, estando aún en el Santo, y no una vez entrado en el Sancta sanctorum, como exigían los fariseos. Su padre le dijo entonces: «Hijo mío, aunque nosotros somos saduceos, tememos, sin embargo, a los fariseos (y nos acomodamos a su manera de ver)». En otro pasaje cuenta una tradición tannaíta el comportamiento de las mujeres de los saduceos. Estas observaban, según se dice, las prescripciones fariseas sobre la pureza, pues, de otro modo, los fariseos hubiesen considerado que ellas estaban manchadas de la impureza debida a la menstruación y que, por consiguiente, transmitían continuamente dicha impureza a sus maridos [137]. El testimonio de Josefo concuerda plenamente con estas indicaciones. Esto es lo que cuenta de los saduceos [138]: «Cuando llegan a las magistraturas se acomodan a las prescripciones de los fariseos, por necesidad y contra su voluntad, pues de otro modo el pueblo no los soportaría». Como se ve, el pueblo sigue incondicionalmente a los fariseos; Josefo, en concreto, no deja de poner este hecho en evidencia [139].

Para comprender esta evolución hay que tener presente que el movimiento fariseo se ha desarrollado por oposición al movimiento saduceo. En el clero se formó esta oposición en el siglo II antes de nuestra Era, a saber: bajo la dominación seléucida antes del comienzo de las luchas macabeas [140], cuando un grupo de sacerdotes, el grupo fariseo, realizó una gran transformación: para los sacerdotes de servicio, la Torá había promulgado prescripciones sobre la pureza y normas sobre la alimentación; el grupo fariseo las elevó a rango de normas válidas también para la vida diaria de

[134] Tos. *Pes.* IV 1-2 (162,21).
[135] Tos. *R. H.* I 15 (210,10).
[136] b. *Yoma* 19[b] bar.; Tos. *Yoma* I 8 (181,8); j. *Yoma* I 5,39[a] 46 (III/2,170). Billerbeck II, 78s y 848s.
[137] Tos. *Nidda* V 3 (645,26); b. *Nidda* 33[b] bar.
[138] *Ant.* XVIII 1,4, § 17.
[139] *Ant.* XIII 10,5, § 288 (el pueblo cree a los fariseos incluso cuando dicen algo contra el Rey o un Sumo Sacerdote); XIII 10,6, § 298 (la multitud les sigue); XVII 2,4, § 41s, véase *supra*, n. 118; XVIII 1,3, § 15 (el conjunto del culto se celebra según las normas fariseas); XVIII 1,4, § 17.
[140] Cf. *supra*, p. 262: los fariseos existen ya en tiempo de las luchas macabeas, hacia el 162 a. C. (1 Mac 2,42). Lo mismo se dice *supra*, pp. 271s: Yosé ben Yoezer, mencionado en *Hag.* II 7, vivió hasta el 162 a. C.

los sacerdotes y del conjunto del pueblo [141]. Los fariseos querían de esta manera formar la verdadera «comunidad santa» de Israel [142]. El grupo de los conservadores saduceos pensaba, por el contrario, que el derecho sacerdotal, según el texto de la Escritura, estaba limitado a los sacerdotes y al culto.

El conflicto entre fariseos y saduceos surgió de esta oposión. Este conflicto dominó la profunda evolución religiosa del judaísmo desde las luchas macabeas hasta la destrucción de Jerusalén; podemos juzgar de su aspereza leyendo los *Salmos de Salomón* [143]. Los representantes de la antigua teología y de la antigua tradición ortodoxas, que eran los defensores inflexibles de la letra del texto bíblico, lucharon por dominar a los representantes de la nueva tradición, de la ley no escrita [144]. La lucha tomó una acritud especial debido a que se añadió a la oposición religiosa una oposición social: la vieja nobleza hereditaria y conservadora, es decir, la nobleza clerical y laica, se oponía a la nueva clase predominante de los intérpretes de la Escritura y de las gentes de las comunidades. Esta última reclutaba sus adeptos en todos los ambientes, especialmente entre la pequeña burguesía; se sometía de buen grado a los reglamentos de los sacerdotes y preparaba así el camino a un sacerdocio universal.

Esto, por consiguiente, significa ya que los fariseos, religiosa y socialmente, constituían el partido del pueblo; representaban a la masa frente a la aristocracia tanto desde el punto de vista religioso como el social. Su estimada piedad (pretendían ser el verdadero Israel) y su orientación social, encaminada a suprimir las diferencias de clases, hizo de ellos el partido del pueblo y les aseguró poco a poco la victoria.

La forma incondicional en que la masa seguía a los fariseos tiene algo de sorprendente. Pues los fariseos tenían un doble frente; se oponían a los saduceos, y por otra parte, en cuanto se consideraban el verdadero Israel, trazaban una neta separación entre ellos y la gran masa, los *ʿammê ha-ʾares,* quienes no observaban como ellos las prescripciones de los escribas fariseos sobre el diezmo y la pureza [145]. Esta oposición entre los miembros de las comunidades fariseas y los *ʿammê ha-ʾares* se basaba claramente en el abandono, por parte de la gran masa, de las obligaciones del diezmo [146]. La

[141] En Tos. *ʿA. Z.* III 10 (464,9), Rabbí Meír (hacia el 150 d. C.) define así al no fariseo: uno que «no toma sus alimentos profanos según la pureza levítica (prescrita a los sacerdotes en la Torá)». Schlatter, *Gesch. Isr.*, p. 138, dice de forma clara y precisa: «El templo y el clero constituían el foco del movimiento, que se esforzaba por hacer adoptar el derecho sacerdotal». (Cf. I. Abrahams, *Studies in Pharisaism and the Gospels* II (Cambridge 1924); I. Elbogen, *Einige neuere Theorien über den Ursprung der Pharisäer und Sadduzäer,* en «Jewish Studies in Memory of Israel Abrahams» (Nueva York 1927) 137; L. Baeck, *Die Pharisäer* (Berlín 1927) 58.

[142] Es el sentido de la palabra «fariseo», véase *supra,* n. 2.

[143] Josefo, *Ant.* XVIII 1,3, § 12, insiste en el carácter intratable y fanático de los fariseos.

[144] Josefo, *Ant.* XIII 10,6, § 297s, hace resaltar vivamente la oposición: Ley escrita-Ley no escrita.

[145] Jn 7,49; Lc 18,9-14. Billerbeck II, 505ss; Schürer, II, 468s.

[146] Véase *supra,* pp. 124ss.

oposición se hizo aguda probablemente en los años en que Juan Hircano (134-104 a. C.) publicó su célebre disposición sobre el diezmo, destinada a vencer la negligencia en la entrega de los productos agrícolas [147]; pronto tomó las dimensiones de una separación de casta por parte de los fariseos. Comerciar [148], casarse [149] y comer [150] con un no fariseo, sospechoso de ser impuro mientras no se demostrase lo contrario, si no estuvo completamente prohibido, se mantuvo al menos protegido por limitaciones muy concretas.

En suma, el pueblo no se dejó desconcertar por esta situación. No faltaron ciertamente manifestaciones de cólera contra la nueva clase superior y frecuentemente se manifestó un gran deseo de liberarse del yugo del desprecio religioso. Hay que explicar, en parte al menos, por este deseo el gran movimiento de «desdichados» y «afligidos», de «publicanos» y «pecadores», que siguieron a Jesús. En conjunto, sin embargo, el pueblo consideraba a los fariseos, quienes se obligaban voluntariamente a practicar obras supererogatorias, como los modelos de la piedad y los realizadores de ese ideal de vida que habían concebido los escribas, los hombres de la ciencia divina y de la ciencia esotérica. Por parte de Jesús fue una audacia sin precedentes, nacida del poder omnímodo que le daba la conciencia de su soberanía, dirigir públicamente y sin miedo también a estas gentes la invitación a la penitencia; esa audacia le condujo a la cruz.

[147] b. *Sota* 48ª bar.; cf. Tos. *Sota* XIII 10 (320,4). Billerbeck II, 500.

[148] Tos. *Maʿas.* III 13 (85, 19): «No se puede vender (cereales [excepto trigo], uvas y aceitunas) más que a un *heber* (fariseo) que ande según las reglas de pureza». *Demay* II 3 prohíbe vender al no fariseo legumbres y frutos húmedos y secos, así como comprarle legumbres y frutos húmedos.

[149] Excepción: Tos. *ʿA. Z.* III 10 (464,7), véase *supra,* p. 271.

[150] Mc 2,16; Mt 9,11; Lc 5,30; cf. Lc 15,2. *Demay* II 3 prohíbe ser recibido como huésped en casa de un *ʿam ha-ʾares,* así como recibirlo en la suya propia llevando su propio vestido.

CUARTA PARTE

LA PUREZA DEL PUEBLO

Hasta el presente no ha sido aún suficientemente advertido que, desde el punto de vista social, la distribución del conjunto del judaísmo en el tiempo de Jesús obedecía a la idea fundamental de la conservación de la pureza de la sangre en el pueblo. Los sacerdotes, en cuanto cabeza santa del pueblo, vigilaban escrupulosamente la legitimidad de las familias sacerdotales y separaban de su seno a todos los descendientes de sacerdotes que hubiesen nacido de una unión ilegítima [1]. Pero no eran los únicos: en la teoría y en la práctica de la legislación religiosa del tiempo de Jesús, el conjunto de la comunidad del pueblo estaba también distribuido según la pureza de su origen. Sólo los israelitas de origen legítimo formaban el auténtico Israel; se excluía de ese auténtico núcleo de la comunidad del pueblo a todas las familias en cuyo origen se podía constatar una mancha. La razón de ello, como en el caso del sacerdocio, era de orden religioso: la nación era considerada como un don de Dios y su pureza como querida por él; las promesas relativas al fin de los tiempos valían para el núcleo puro del pueblo.

Puesto que la distribución del pueblo, desde el punto de vista social, estaba enteramente dirigida por la idea de la conservación de la pureza en la nación, cualquier quebrantamiento de este principio adquiría gran importancia. Los paganos que se convertían al judaísmo no formaban realmente parte del auténtico núcleo del pueblo israelita; pero eran admitidos en la comunidad más amplia del pueblo y tenían derecho a casarse con israelitas de origen puro, con tal de que no fuesen sacerdotes. La razón, también en este caso, era de orden religioso: la pertenencia a la comunidad de Israel pesaba más que el origen.

[1] *Supra*, pp. 230-238.

CAPITULO I

DIVERSAS SITUACIONES LEGALES

Hay una lista de fundamental importancia sobre la investigación que vamos a hacer, que nos informa sobre los criterios con que se repartía la comunidad del pueblo en tiempo de Jesús. Esta lista nos ha llegado en diversas redacciones; hay que preguntarse, por tanto, en primer lugar, qué forma de la tradición debe ser considerada como la más antigua.

	I. *Qid.* IV 1	II. Tos. *Meg.* II 7 (223, 23)[2]	III. *Hor.* III[6]
A)	1. Sacerdotes. 2. Levitas. 3. Israelitas (de pleno derecho).	1. Sacerdotes. 2. Levitas. 3. Israelitas (de pleno derecho).	1. Sacerdotes. 2. Levitas. 3. Israelitas (de pleno derecho).
B)	4. Hijos ilegítimos de sacerdotes. 5. Prosélitos. 6. Esclavos emancipados.	4. Prosélitos. 5. Esclavos emancipados.	4. Bastardos. 5. Esclavos del templo.
C)	7. Bastardos. 8. Esclavos del templo. 9. De padre desconocido. 10. Expósitos.	6. Hijos ilegítimos de sacerdotes[3]. 7. Esclavos del templo. 8. Bastardos.	6. Prosélitos. 7. Esclavos emancipados.
		9. Castrados[4]. 10. *Tumtôm*[5]. 11. Hermafroditas.	

[2] Texto del manuscrito de Erfurt, actualmente en Berlín, *Staatsbibl.* Ms. or. 2.° 1220; par. Tos. *Ber.* V 14 (12, 14ss) y Tos. *R. H.* IV 1 (212, 6ss). Estos tres textos, y de forma particularmente clara Tos. *Meg.* y Tos. *R. H.*, dividen la lista en cuatro partes (1-3; 4-5; 6-8; 9-11). En Tos. *R. H.*, en la ed. de M. S. Zuckermandel, 212, línea 6, no aparece claramente esta división, pues Zuckermandel, contra todos los testimonios (manuscritos de Erfurt y de Viena, Alfasi), ha omitido ante «israelitas» el «y» que separa el primer grupo. Otros dos pasajes paralelos se encuentran en Tos. *Men.* X 13 (528, 7s) y X 17 (528, 14s); en ellos sólo falta al final el *tumtôm* y el hermafrodita. Las divisiones de la lista, en estos dos pasajes son claras.

[3] La palabra *halalîm* falta en Tos. *R. H.* IV 1 ms. de Erfurt; ha sido leída, sin embargo, por el manuscrito de Viena y por Alfasi.

[4] Se citan cuatro clases de eunucos.

[5] Un individuo cuyas partes sexuales están ocultas.

[6] Par. Tos. *Hor.* II 10 (476, 30) y *passim*.

Estas tres formas de la lista, que el lector debe comparar cuidadosamente, están de acuerdo sólo en el comienzo (1-3), donde se citan los israelitas de origen legítimo; en lo que sigue parecen diverger totalmente. En realidad, la concordancia va muy lejos. Afecta sobre todo a *la división tripartita de la sociedad* según el origen, división que está en la base de cada una de las tres formas de la lista.

Qid. IV 1 dice inmediatamente después de haber dado la primera lista:

«Sacerdotes, levitas e israelitas (de pleno derecho) pueden casarse entre ellos.

Levitas, israelitas, hijos ilegítimos de sacerdotes, prosélitos y esclavos emancipados pueden casarse entre ellos.

Prosélitos, esclavos emancipados, bastardos, esclavos del templo, hijos de padre desconocido y niños expósitos [7] pueden casarse entre ellos».

Este texto divide la sociedad en tres grupos: A) Las familias de origen legítimo: sacerdotes, levitas e israelitas de pleno derecho; sólo estas familias tenían derecho a unirse en matrimonio con sacerdotes. B) Vienen después las familias de origen ilegítimo afectadas solamente de una mancha leve; no tenían derecho a casarse con sacerdotes, pero podían casarse con levitas e israelitas legítimos. C) Vienen, finalmente, las familias de origen ilegítimo afectadas de una mancha grave; éstas no podían de ningún modo unirse a familias legítimas, ya que dicho matrimonio era tenido por ilegítimo, es decir, por un concubinato [8].

Esta división tripartita se halla en la base de cada una de las tres formas de la lista. Sólo en la lista III se encuentra una inversión de los grupos B y C; esta forma, por tanto, juzga muy desfavorablemente a los prosélitos y a los esclavos emancipados, colocándolos socialmente por debajo de los israelitas bastardos a causa de su origen pagano. Pudiera ser que encerrase una antigua tradición.

Esd 2,2-63 y Neh 7,7-65, en la lista de los repatriados, dan el siguiente orden:

A) Familias de origen puro:

Laicos: Esd 2,2-35; par. Neh 7,7-38.
Sacerd.: Esd 2,36-39; par. Neh 7,39-42.
Levitas: Esd 2,40-42; par. Neh 7,43-45.

B) Servidores del templo: Esd 2,43-54; par. Neh 7,46-56.
Esclavos del rey: Esd 2,55-58; par. Neh 7,57-60.

Apéndice: israelitas y sacerdotes sin genealogía: Esd 2,59-63; par. Neh 7, 61-65.

[7] Respecto a los hijos de padre desconocido y a los niños expósitos, R. Eliezer (hacia el 90 d. C.) define un punto de vista diferente: a causa de la incertidumbre existente sobre su origen, les prohíbe unirse a los bastardos y entre ellos (*Qid.* IV 3).

[8] b. *Ket.* 3[a], y sobre este punto Billerbeck III, p. 343 *b*.

Pudiera ser que la lista III se hubiese formado directamente a partir de este esquema o de un antiguo esquema más amplio, añadiéndole los prosélitos y los esclavos emancipados. Pero me parece más probable otra explicación. Con el crecimiento de las comunidades cristianas, la actitud del judaísmo ante la misión y los prosélitos toma un sesgo desfavorable. A partir de la destrucción de Jerusalén se juzga más severamente a los prosélitos, sobre todo desde que, aproximadamente por la guerra de Bar Kokba (132-135/6 d. C.), cesa la intensa actividad misionera del judaísmo tal como se refleja en el NT [9]. Se produce un cambio semejante en el juicio sobre los paganos; comienza ya en la época precristiana y se constata luego con certeza en la agravación de las prescripciones religiosas relativas a la impureza levítica de los paganos. La lista III podría reflejar esta situación tardía al modificar el esquema de las listas I y II, colocando al bastardo antes que al prosélito [10].

Las diferencias entre las listas I y II son, en comparación, mucho menos importantes. Si prescindimos de detalles sin importancia [11] se reducen a la diferencia de apreciación respecto a los hijos ilegítimos de sacerdotes: la lista I coloca al hijo ilegítimo de sacerdote (4) *antes* que al prosélito (5) y al esclavo pagano emancipado (6); en la lista II, por el contrario, los descendientes ilegítimos de sacerdotes vienen *después* de los paganos que se convierten al judaísmo y al lado de los despreciados bastardos.

No cabe duda en la explicación de esta diferencia. Como hemos visto anteriormente [12], había una profunda diferencia entre sacerdotes y escribas en la apreciación de los hijos ilegítimos de sacerdotes, pues los sacerdotes tomaban una postura de rigorismo inflexible para conservar la pureza de sangre en su clase. Esto recomienda la hipótesis de que la lista I, que emite un juicio más favorable sobre los hijos ilegítimos de sacerdotes, fue redactada en círculos de escribas, mientras que la lista II, que los juzga más severamente, lo fue en círculos sacerdotales. Fuera de esta diferencia de juicio sobre los descendientes ilegítimos de sacerdotes, las listas I y II están plenamente de acuerdo en la distribución de la comunidad del pueblo según su origen. Hay que ver en ello una buena tradición antigua; una información pretende incluso que la distribución en seis grupos, que se encuentra en la lista I, se remonta a Hillel [13].

[9] Mt 23,15, y sobre todo, los datos de los Hechos de los Apóstoles acerca de los prosélitos y semiprosélitos en la diáspora. Cf. G. Rosen, F. Rosen y G. Bertram, *Juden und Phönizier* (Tubinga 1929).

[10] La misma opinión sostiene L. Ginzberg, *Eine unbekannte jüdische Sekte,* en MGWJ 56 (1912) 667s.

[11] La lista I coloca al bastardo antes que al *natîn* (esclavo del templo), mientras que en la lista II sucede a la inversa; lo cual no tiene importancia, pues, en el tiempo de Jesús, el esclavo del templo era algo puramente teórico (véase *infra,* pp. 353s). La lista I cita al final a los hijos de padre desconocido y a los niños expósitos, mientras que la lista II cita aún un cuarto grupo (castrados, etc.), pero no tiene importancia.

[12] *Supra,* pp. 236-238.

[13] b. *Yeb.* 37[a]; b. *Qid.* 75[a].

Hemos indicado así el plan de nuestra exposición. Primeramente debemos describir el núcleo legítimo del pueblo (cap. II); pero a este respecto no podemos omitir que, además del origen, había otros factores que eran igualmente determinantes en la posición social (cap. III). Después trataremos de los grupos del pueblo afectados de una mancha leve o grave en su origen (cap. IV). Finalmente presentaremos como algo intermedio entre judíos y paganos, a los esclavos paganos (cap. V) y a los samaritanos (cap. VI). Un capítulo final tratará, a modo de apéndice, de la posición social de la mujer (cap. VII).

CAPITULO II

LOS ISRAELITAS DE ORIGEN PURO

1. LA LEGITIMIDAD DE ORIGEN[1]

Junto con el clero (sacerdotes y levitas), los israelitas de origen puro constituían al auténtico Israel.

Para gozar de algunos derechos cívicos muy importantes había que probar que uno era de origen legítimo. Este solo hecho confirma una conclusión: como hemos visto, no era sólo todo sacerdote admitido a ejercer su cargo quien, sin excepción, estaba seguro de su genealogía; incluso *el simple israelita* conocía a sus antepasados más cercanos y podía indicar a cuál de las doce tribus pertenecía. Después de la vuelta del destierro, las familias puras se separaron de las que se habían manchado con los paganos (Esd 9,1-10,44); a partir de esta época, por consiguiente, la prueba del legítimo origen se convirtió en el verdadero fundamento de la restaurada comunidad del pueblo. Sólo las familias de limpia estirpe constituían el verdadero Israel. Los datos genealógicos de los libros de Esdras y Nehemías, especialmente las genealogías detalladas de las doce tribus, reflejan el interés del período posexílico por las genealogías; en las épocas siguientes estos datos constituyeron la base permanente para establecer las genealogías. Este interés se manifiesta también en el hecho de que en el período posexílico se comienzan a utilizar como nombres propios los nombres de los padres de las doce tribus, expresando así, por el nombre, la pertenencia a la tribu.

En lo concerniente a la época de Jesús, como hemos visto ya[2], algunas familias de la nobleza laica tenían el privilegio de entregar la leña al templo en días determinados[3]; este hecho confirma que la tradición genea-

[1] Billerbeck I, 1-6; IV, 792ss; A. Büchler, *Familienreinheit und Familienmakel in Jerusalem vor dem Jahre 70,* en «Festschrift Schwarz», 133-162; L. Freund, *Über Genealogien und Familienreinheit in biblischer und talmudischer Zeit, ibid.*, 163-192; G. Kittel, *Die genealogiai der Pastoralbriefe:* ZNW 20 (1921) 49-69; A. Büchler, *Familienreinheit und Sittlichkeit in Sephoris im zweiten Jahrhundert:* MGWJ 78 (1934) 126-164; S. Klein, *Kleine Beiträge zur Erklarung der Chronik Dibre ha-jamin:* MGWJ 80 (1936) 195-206.

[2] *Ta'an.* IV 5.

[3] Cf. también los datos genealógicos de un miembro de una de estas familias, *infra*, pp. 299s.

lógica era bien conservada en el seno de la *nobleza laica*. Pero, en el tiempo de Jesús, también las otras familias de estirpe pura conocían su origen. Por eso (y esto también lo hemos visto ya) toda israelita, incluso residente en el extranjero, que quería casarse con un sacerdote debía comprobar su genealogía en cinco generaciones [4], y todo candidato a un puesto público tenía igualmente que someterse a la prueba de su legitimidad [5]. Estas disposiciones suponían que todo israelita conocía al menos las últimas generaciones de sus antepasados [6].

Los testimonios concretos confirman estos datos generales. Las indicaciones más numerosas son las concernientes a *la pertenencia a la tribu de Judá* [7] y, entre ellas, sobre todo las concernientes a la pertenencia a *la familia de David*. Lo cual es comprensible. E. Sellin ha demostrado la probabilidad del siguiente hecho: aun después de la caída de Zorobabel, *la gente davídica* continuó siendo en el judaísmo posexílico la primera de las familias laicas; de su seno se sacaba, probablemente hasta la época macabea, el supremo jefe civil del Senado [8]. Además, la esperanza mesiánica estaba ligada a esta familia real; por ese motivo tiene ocasión la tradición de mencionar varias veces el origen davídico.

Sobre este punto hay que recordar primeramente que, según el testimonio unánime del Nuevo Testamento, Jesucristo era de origen davídico, ya que, conforme al derecho familiar judío, debía ser considerado legalmente [9] como hijo de José de Nazaret, descendiente de David. Además, según Eusebio, quien sigue a Hegesipo (hacia el 180 d. C.), los emperadores Vespasiano [10], Domiciano [11] y Trajano [12] persiguieron a los descendientes de David para que no subsistiese ninguno de la estirpe real; de donde se desprende que el número de los que se contaban como de la familia de David no era pequeño. El Talmud cuenta que R. Jiyya el Viejo (hacia el 200 d. C.) descendía de David [13]. El sabio exiliado Rab Huna, jefe de la comunidad judía de Babilonia, que vivió también hacia el 200,

[4] *Qid.* IV 4.

[5] *Qid.* IV 5.

[6] Todavía hoy, para un palestino es natural conocer la sucesión de sus antepasados. Así lo ha demostrado P. Kahle, *Die Samaritaner im Jahre* 1909 *(A. H.* 1327): PJB (1930) 89-103, publicando sus referencias sobre las genealogías de los samaritanos que aún vivían en 1909 (contó 173).

[7] Cf. la lista de *Ta'an.* IV 5, reproducida en la pág. 243, que testifica la existencia de seis familias de Judá en el período anterior al 70 d. C.

[8] E. Sellin, *Geschichte des israelitisch-jüdischen Volkes* II (Leipzig 1932) 82ss, 121, especialmente 168s. La demostración de Sellin se refuerza con esta constatación: los jefes en el destierro, como vamos a ver pronto, eran de la familia de David según toda probabilidad. Véase además G. Dalman, *Die Worte Jesu* I (Leipzig ²1930) 266, donde se remite al pseudo-filónico *Breviarium Temporum,* el cual cita una serie de príncipes *(duces)* davídicos que llegan hasta los Asmoneos.

[9] Por ejemplo, desde el punto de vista de la herencia.

[10] Eusebio, *Hist. Eccl.* III 12.

[11] *Ibíd.,* III 19-20.

[12] *Ibíd.,* III 32,3-4.

[13] b. *Ket.* 62ᵇ; cf. j. *Ta'an.* IV 2,68ᵃ 48 (IV/1, 180) y par.

1982

171 La Iglesia y el racismo. 172 ¿Es siempre oportuno celebrar la eucaristía? 173 ¿Jesús, hijo de Dios? 174 Religión e Iglesias en la Europa oriental. 175 Lo humano y la existencia cristiana. 176 El reto de la psicología a la fe. 177 La Iglesia entre el servicio y la política. 178 El derecho a disentir. 179 Aprender a orar. 180 Desempleo y derecho al trabajo.

1983 (números previstos)

181 Nuevos movimientos religiosos. 182 La liturgia: una tradición creativa. 183 El martirio hoy. 184 Iglesia y paz. 185 El indiferentismo religioso. 186 Cosmología y teología. 187 El concilio ecuménico en la estructura de la Iglesia. 188 María en las Iglesias. 189 Job y el silencio de Dios. 190 Etica entre autonomía humana y liberación cristiana.

Precios de suscripción, incluidos los gastos de envío

España y Portugal	2.500 ptas.
Número suelto o atrasado	350 »
Extranjero	35 US $
Número suelto o atrasado	5 »
Suscripción aérea	50 »

No se admiten suscripciones más que por años naturales

Colección encuadernada en 57 tomos (núms. 1-180):
66.000 ptas. (600 US $)

Depósito legal: M. 4.280.—1983 A. G. BENZAL, S. A. - Virtudes, 7 - MADRID-3

CONCILIUM

Revista internacional de Teología

Año XIX: 1965-1983

La lanzaron en pleno Vaticano II los teólogos K. Rahner, Y. Congar, E. Schillebeeckx y H. Küng para consolidar la iniciada renovación de la Iglesia y los nuevos planteamientos en teología y pastoral

Sus 180 números han estudiado todos los temas que hoy agitan al pensamiento cristiano

A «Concilium» se debe lo que se llama «teología posconciliar»

Su colección constituye la más formidable biblioteca teológica de nuestro tiempo

EDICIONES CRISTIANDAD

Huesca, 30-32

MADRID-20

Liberación del hombre por la litur-
mana. 94 La muerte y el cristiano.
s de liberación y fe cristiana. El tes-
icanos. 97 El futuro de la vida reli-
xperiencia cristiana y terapia. 100 La
emporáneo. Número extra: La expe-
E. Schillebeeckx).

ia. 102 Uso y sentido de la Escritura en
ín, los demonios y el satanismo. 104 Co-
seo de inmortalidad. 106 Los jóvenes y
a disciplina eclesiástica. 108 Renovación
apal en las postrimerías del siglo xx.
humanos. 110 Prioridad de valores en el

. 112 Uso litúrgico de libros sagrados no
umano. 114 La Iglesia en crisis. 115 Teolo-
nos y musulmanes. 117 Fe y orden jurídico.
9 Sufrimiento y fe cristiana. 120 Percepción
ética.

. 122 Encuentro de culturas y expresión reli-
rsonal? 124 Los pobres y la Iglesia. 125 Cris-
26 Las Iglesias de Africa y su futuro. 127 La
Iglesia. 128 ¿Para qué estamos en la tierra?
La formación moral.

1978

131 La comunicación en la Iglesia. 132 Liturgia y fases de la vida humana. 133 Revelación y experiencia. 134 La evangelización en el mundo de hoy. 135 Desplazamientos actuales de la teología. 136 Budismo y cristianismo. 137 Las finanzas en la Iglesia. 138 Una confesión de fe ecuménica. 138B Hacia el Vaticano III. Lo que está por hacer en la Iglesia. 139 Discernimiento de espíritus. 140 Pena de muerte y tortura.

1979

141 ¿Crisis o cambio en la familia? 142 Crisis en las estructuras de iniciación. 143 El Cielo. 144 La Iglesia y los derechos humanos. 145 Cristianismo y burguesía. 146 El reto de China a la Iglesia. 147 La curia romana y la comunión de las Iglesias. 148 El Espíritu Santo en la discusión teológica. 149 Modelos de santidad. 150 La dignidad de los marginados.

1980

151 Trabajo y religión. 152 Simbolismo y arte en la liturgia. 153 Derecho de la comunidad a un pastor. 154 ¿Mujeres en una Iglesia de hombres? 155 Verdadera y falsa universalidad del cristianismo. 156 ¿Qué es religión? 157 Iglesia local y elección de obispos. 158 La Biblia y el conflicto de las interpretaciones. 159 La obediencia en el cristianismo. 160 Etica cristiana y economía.

1981

161 El neoconservatismo: fenómeno social y religioso. 162 Los tiempos de la celebración. 163 ¿Un Dios Padre? 164 Tensiones entre Iglesias ricas y pobres. 165 Nietzsche y el cristianismo. 166 ¿Qué es hoy de la Iglesia? 167 La revisión del Derecho canónico: ¿Una oportunidad perdida? 168 ¿Quién tiene la palabra en la Iglesia? 169 Francisco de Asís hoy. 170 ¿Pluralismo moral en unidad de fe?

era de la tribu de Judá [14] y tal vez descendiente de David; así se desprende, entre otras cosas, de la indicación de que formaba parte de la familia de R. Jiyya el Viejo, a quien acabamos de mencionar [15].

Finalmente, entre los pretendientes mesiánicos del siglo I de nuestra Era parece que había al menos una familia que reclamaba su ascendencia davídica; en todo caso, es esto lo que explica de forma más luminosa el tan conocido relato legendario que traslada a la ciudad de David, Belén, el nacimiento del niño mesiánico Menajén ben Jisqiyyá [16] (se trata del jefe de la rebelión, Menajén [17], que aparece en escena el 66 d. C., hijo de Judá de Gamala, hijo de Jisqiyyá [18]. Durante más de cien años, la familia de Jisqiyyá se hizo notar incesantemente por sus revueltas y pretensiones al trono [19], lo cual también hace probable que fuese de ascendencia real.

Junto a los descendientes de Judá son nombrados *los benjaminitas*. El primer libro de las Crónicas enumera las familias benjaminitas de su tiempo (1 Cr 7,6-11; 8; 9,7-9). Ciertamente, Menelao, constituido ilegalmente Sumo Sacerdote en el 172 antes de nuestra Era y ejecutado diez años más tarde, no era benjaminita [20]; por el contrario, Mardoqueo, el héroe del libro de Ester [21], lo mismo que el apóstol Pablo [22] y su maestro Rabbán

[14] j. *Kil.* IX 4, 32ᵇ 30 (II/1, 317) y par. Este testimonio está garantizado por el hecho de proceder de R. Yudá I, el patriarca palestinense contrincante del exiliado, el cual se reconoce, en el mismo contexto, como benjaminita, de ascendencia menos ilustre que el jefe en el exilio. Véase además b. *Sanh.* 5ª; b. *Hor.* 11ᵇ bar., donde la promesa de Gn 49,10: «El cetro no se apartará de Judá», se aplica a los jefes del exilio; pasaban, por tanto, por pertenecientes a la tribu de Judá. Orígenes, *De princ.* IV 1,3 (GCS 22, 297), conoce la tradición de que los jefes en el exilio eran de la tribu de Judá y de que Gn 49,10 se refería a ellos.

[15] j. *Kil.* IX 4,32ᵇ 57 (II/1, 317).

[16] j. *Ber.* II 4,5ª 18 (I, 41s) y par.

[17] *B. j.* II 17,8-9, § 433ss. Cf. Schürer, I, 487.

[18] Cf. mi artículo *Erlöser und Erlösung im Spätjudentum und im Urchristentum:* «Deutsche Theologie» 2 (1929) 116s.

[19] En el 47 a. C. hizo ejecutar Herodes al «bandido» Ezequías (Jisquiyyá); lo cual aumentó considerablemente la hostilidad del Sanedrín a Herodes *(Ant.* XIV 9,2, § 159; *B. j.* I 10,5, § 204).

En el año 4 a. C. rebelión de su hijo Judá, quien aspiraba a la corona *(Ant.* XVII 10,5, § 271s; *B. j.* II 4,1, § 56).

En el 6 d. C. nueva revuelta de Judá *(Ant.* XVIII, 1,1, § 1ss; *B. j.* II 8,1, § 117ss; Hch 5,37). Se trata del mismo Judá, como hay que suponer siguiendo el parecer de Schlatter, *Theologie,* p. 82, n. 2.

Hacia el 47 d. C. ejecución de dos hijos de Judá, Santiago y Simón, por el procurador Alejandro Tiberio *(Ant.* XX 5,2, § 102).

En el 66, Menajén, hijo de Judá, se hizo dueño de Jerusalén y reivindicó el título de rey *(B. j.* II 17, 8-9, § 433ss; cf. j. *Ber.* II 4, 5ª 14ss [I, 41s]). En el 73, Eleazar, pariente y sucesor de Menajén, dirigió la defensa de Masada *(B. j.* VII 8, 1ss, § 253ss; cf. II 17, 9, § 447).

[20] Así aparece por error en los Setenta, 2 Mac 3,4; la lectura auténtica se encuentra en la versión latina y en la armenia, véase *supra,* p. 202, n. 21.

[21] Est 2,5; adiciones de los Setenta a Est 1,1; *Ant.* XI 6,2, § 198.

[22] Rom 11,1; Flp 3,5. La duda completamente injustificada que a este respecto manifestó K. Kohler, JE XI (1904), 79, fue justamente rechazada por W. G. Kümmel, *Römer 7 und die Bekehrung des Paulus* (Leipzig 1929) 112, n. 1: «Pablo al menos no lo ha inventado».

Gamaliel I [23], lo eran ciertamente. Respecto a la época anterior a la destrucción del templo en el 70 d. C., está bien constatada la existencia de la familia benjaminita de Senaá, de elevado rango [24].

Naturalmente, la atribución del origen a una de las diez tribus [25], o nueve y media [26], de Israel que se han «perdido», no se encuentra más que de forma muy aislada. Tobías aparece como descendiente de la tribu de Neftalí (Tob 1,1-2); Judit debe de descender de la tribu de Simeón (Jdt 8,1; 9,2); la profetisa Ana, hija de Fanuel, de la tribu de Aser (Lc 2, 36). Hemos hablado anteriormente de una familia recabita (cf. también Neh 3,14) [27] perteneciente al período anterior a la ruina del templo. Por el contrario, es dudoso [28] que R. Yosé ben Jalafta, célebre doctor y elaborador del cuero, que vivió hacia el 150 d. C., haya sido recabita [29]. Hegesipo menciona a un sacerdote recabita [30]. Si hay que entender esto en el sentido de un origen recabita, la mención de Hegesipo es ciertamente falsa; efectivamente, en ninguna otra parte [31] encontramos la menor alusión al hecho de que los recabitas (2 Re 10,15.23; Jr 35,2-19; 1 Cr 2,55) hayan sido, en un período posterior, considerados como familia sacerdotal [32].

En conjunto hay que pensar que los laicos poseían también tradiciones sobre su origen. Estas tradiciones hacen proceder a sus familias casi exclusivamente de las tribus de Judá y Benjamín, lo que corresponde a la imagen que se desprende de 1 Cr 1-9, especialmente del cap. 9, y del contenido de la lista expuesta anteriormente, pero sobre todo de la situación histórica: estas dos tribus, junto con los sacerdotes y levitas, constituyeron el núcleo del judaísmo posexílico. El texto siguiente nos da a conocer la extensión de estas tradiciones genealógicas: «Mar Zutra (II, † 417) decía: Entre Asel (1 Cr 8,37-38) y Asel (1 Cr 9,43-44), él (= Rab, † 247) le (= a Rammi bar Yudá) impuso tales explicaciones escriturísticas como para cargar 400 camellos» [33]. 1 Cr, entre Asel y Asel, transmite las listas

[23] Gamaliel es un antepasado de R. Yudá, cuyo origen benjaminita está bien constatado.

[24] *Ta'an.* IV 5; b. *Ta'an.* 12ª. Por el contrario, no tiene valor la noticia que atribuye un origen benjaminita a Ben Sisit ha-kassat, gran negociante de Jerusalén que vivía en la época de la destrucción del templo (j. *Ta'an.* IV 2, 68ª 46 [IV/1, 180] y par.).

[25] Es la cifra corriente, IV Esd XIII 39ss y *passim:* Billerbeck IV, 903-906.

[26] *Baruc Siríaco* LXXVII 17ss, LXXVIII 1ss.

[27] Sobre Neh 3,14, véase E. Sellin, *Geschichte des israelitisch-jüdischen Volkes* II (Leipzig 1932) 7.

[28] Este dato forma parte de las genealogías transmitidas por R. Leví (hacia el 300 d. C.). Respecto a la crítica de estas genealogías, véase Israel Leví, en REJ 31 (1895) 209ss («una fantasía popular») y el apartado 2 de este capítulo.

[29] j. *Ta'an.* IV 2, 68ª 48 (IV/1, 180) y par.

[30] Eusebio, *Hist. Eccl.*, II 23, 4-18.

[31] Ni siquiera se ha osado concluir de Jr 35,19 (donde Yahvé promete a los recabitas que no les faltarán descendientes que anden ante él) que eran sacerdotes. *Sifré* Nm 10,29, § 78, aplica este versículo a los descendientes de hijas de recabitas casadas con sacerdotes.

[32] S. Klein en MGWJ 70 (1926) 413 y 80 (1936) 200 manifiesta excesiva confianza en la historicidad de los datos relativos a los recabitas.

[33] b. *Pes.* 62ᵇ.

genealógicas; junto a sacerdotes y levitas, se trata exclusivamente de datos sobre familias benjaminitas y de Judá. Lo cual confirma, por tanto, que, en las tradiciones genealógicas, las noticias sobre las familias de estas dos tribus constituían el conjunto de los datos.

Lo que precede nos permite no extrañarnos de este hecho: no sólo oímos hablar en general de tradiciones genealógicas de las familias laicas, sino que, junto a las genealogías de sacerdotes puestas por escrito, que hemos estudiado anteriormente, encontramos otras semejantes para los laicos. Respecto a la época antigua, el relato del Cronista que narra el censo de todo [34] el pueblo a su vuelta del destierro y al comienzo de la nueva instalación de los exiliados en su patria [35] suministra una prueba importante. Basándose en documentos más antiguos [36], se anotaron entonces los nombres de los jefes de cada familia, con la indicación de sus antepasados [37]; es así como se constituyeron *las genealogías de los laicos*. En cuanto a los otros miembros de cada familia, sólo fue indicado su nombre [38]; sin embargo, se señaló particularmente a las familias cuyo origen israelita era incierto [39] y a los israelitas casados con paganas (Esd 10, 18-44), por lo que sus descendientes quedaban marcados con una mancha (10,44). Además de la analogía con las genealogías de los sacerdotes, continuadas con esmero, tenemos un punto de apoyo que nos permite decir que las genealogías así constituidas fueron, al menos en parte, continuadas: 1 Cr 3,1-24 transmite la genealogía de la casa de David hasta la época del Cronista; asimismo, 1 Cr 2,34-41 continúa la genealogía de los sheshanitas, una rama del grupo de Caleb [40], tal vez hasta la época del Cronista.

Respecto al período posterior, también encontramos varias veces constatada por escrito la existencia de genealogías de laicos. Hay que citar aquí en primer lugar las dos genealogías de Jesús [41] transmitidas en Mt 1,1-17 y Lc 3,23-38; Mt entronca con 1 Cr [42]. Simeón ben Azzay (hacia el 110

[34] W. Rothstein y J. Hänel, *Kommentar zum ersten Buch der Chronik* (Leipzig 1927) pp. XXVIII y 188 (sobre 1 Cr 9,1*a).*

[35] Neh 7,6-7 par. Esd 2,1-2; Neh 11,3; Esd 8,1.

[36] Neh 7,64 par. Esd 2,62. Las genealogías de 1 Cr 1-7 se relacionan con los datos genealógicos de Gn, Ex, Nm, Jos, 1 y 2 Sm, 1 Re, Rut.

[37] Esd 8,1-14; cf. Neh 7,6-69 par. Esd 2,1-67. Neh 11,3-24 da noticias sobre los jefes de las familias instaladas después del destierro en Jerusalén. La lista paralela de 1 Cr 9,1-17, que, según 9,1-3, trata de dar la impresión de remontarse a la época real, debe ser considerada como posterior a Neh 11,1-3.

[38] Esd 8,3-14; Neh 7,6-69 par. Esd 2,1-67.

[39] Neh 7,61-65 par. Esd 2,59-63.

[40] W. Rothstein y J. Hänel, *Kommentar zum ersten Buch der Chronik* (Leipzig 1927) pp. LIIs y 27s.

[41] Es a la genealogía de Lc a la que se refiere la rencorosa indicación de b. *Sanh.* 106ᵇ: «Yo vi una crónica de Balaán (respecto a Balaán como designación de Jesús, véase J. L. Strack, *Jesus, die Häretiker und die Christen* [Leipzig 1910] 26*, n. 2) en la que se encontraba: 'Balaán, el cojo, tenía treinta y tres años cuando *Pinᵉjás listaʾa* (Poncio Pilato) lo mató'». Este dato se remonta sin duda a Lc 3,23.

[42] Mt 1,2-6*a:* 1 Cr 2,1-15; Mt 1,6*b*-12: 1 Cr 3,5-19. En Mt 1,12, Salatiel (en el hebreo de 1 Cr 3,19: Pedaya) es el padre de Zorobabel; se explica esto por la uti-

después de Cristo) encontró en Jerusalén un rollo de genealogías [43]; según la tradición posterior [44], se trata de datos genealógicos relacionados sobre todo con familias laicas. Además, hay que citar una detalle de Julio el Africano (hacia el 160-240), médico cristiano. Esta es su observación respecto a la pretendida destrucción por el fuego, ordenada por Herodes (véase un poco más adelante), de las genealogías: «Algunas personas cuidadosas están en posesión de sus propias genealogías, bien porque las hayan reconstruido de memoria, bien porque hayan hecho copias (conservadas); se glorían de haber conservado el recuerdo de su origen, que está libre de mancha» [45].

Finalmente, el relato siguiente suministra otra prueba: «Rabbí (Yudá I, hacia el 200 d. C.) se ocupaba (de proyectos matrimoniales) de su hijo en casa de R. Jiyyá (el Viejo); pero cuando vino para que firmara el contrato matrimonial, murió la joven. Rabbí dijo entonces: ¡Dios me proteja! ¿No habrá habido ahí una mancha (y, por consiguiente, Dios ha debido de impedir el matrimonio)? Se sentaron e hicieron una encuesta en las (genealogías de las) familias; (descubrieron que) el Rabbí descendía de Shefatya, hijo de Abital (2 Sm 3,4: hijos de David) y R. Jiyyá de Shimey (*sic.* En 2 Sm 13,3: Samá), hermano de David» [46].

Así, pues, la existencia de genealogías de laicos consignadas por escrito es cierta; pero hay que comprobar finalmente la indicación de que había genealogías de laicos establecidas públicamente. Julio el Africano, en su *Carta a Arístides* [47], transmitida por Eusebio [48], afirma: «Hasta entonces (la época de Herodes) se encontraban consignadas en los archivos (en primer lugar) las familias hebreas y (en segundo lugar) las familias de aquellos cuyo origen se remontaba a prosélitos, como [49] Aquior el ammonita y Rut la moabita, o a mestizos [50] salidos de Egipto al mismo tiempo (que los judíos). Herodes, que no tenía sangre israelita en las venas, movido por la conciencia de su origen oscuro, hizo quemar los documentos de estas familias; así, pensaba, aparecería de origen noble, pues nadie tendría la posibilidad de probar con documentos públicos si descendía de Patriar-

lización de los Setenta, cuyos manuscritos A y B tienen en 1 Cr 3,19 *Salathiēl* (recensión de Luciano: *Fadaias).* Esta constatación no excluye la existencia de una primitiva forma semítica de Mt, pues pudo haber sido el traductor el que ha utilizado los Setenta en 1 Cr.

[43] *Yeb.* IV 13: «Simeón ben Azzay decía: Yo he encontrado en Jerusalén un rollo genealógico *(m^egillat yûhasîn)* en el que estaba escrito: N. N. es bastardo, de una mujer casada».

[44] j. *Ta'an.* IV 2,68^a 54ss (IV/1, 180).

[45] Julio el Africano, en su *Carta a Arístides,* ed. W. Reichardt, *Die Briefe des Sextus Julius Africanus an Aristides und Origenes* (Texte und Untersuchungen XXXIV 3, Leipzig 1909) 61, líneas 17ss.

[46] b. *Ket.* 62^b.

[47] Ed. Reichardt, p. 61.

[48] *Hist. Eccl.,* I 7,13.

[49] En lugar de *hōs Achiōr,* TERMD leen *heōs Achiōr,* «hasta Aquior».

[50] Respecto a los *epimiktoi,* cf. los Setenta en Ex 12,38 y Nm 11,4.

cas o (de prosélitos y)[51] de aquellos a quienes se llama *geiōrai*[52] (los mestizos)».

¿Merece crédito este relato? *La caverna del tesoro,* escrito siríaco cuyo fondo se remonta al 350, nos atestigua también que Herodes destruyó por el fuego las genealogías[53]; pero *La caverna del tesoro* depende de Julio el Africano[54]. En b. *Pes.* 62ᵇ se cuenta: «Rammi bar Rab Yudá decía en nombre de Rab († 247 d. C.): desde el día en que fue escondido el libro de las genealogías se debilitó la fuerza de los sabios y su mirada se volvió turbia»[55]. Este pasaje no constituye una prueba, pues tanto el contexto precedente como el subsiguiente muestra que Rashi[56] tenía razón en su comentario de b. *Pes.* 62ᵇ, al ver en este «libro de genealogías» los libros bíblicos de las Crónicas[57]. Este pasaje del Talmud babilónico habla del momento en que la interpretación tradicional de 1 Cr fue puesta en el número de los elementos esotéricos[58] *(nignaz,* «estar oculto», es el término técnico para decir que algunos elementos han sido puestos aparte de la tradición enseñada públicamente) y deplora la perturbación causada por esta medida en las tradiciones genealógicas.

Así, pues, la noticia de Julio el Africano sobre la destrucción por el fuego de las genealogías se encuentra sola. Es verdad, ciertamente, que no se puede atribuir gran importancia al silencio de Josefo. Este silencio

[51] Hay que considerar, con Schwartz y W. Reichardt, *prosēlytous te* y *tous epimiktous* como glosas anteriores a Eusebio. Fueron ocasionadas por la palabra extranjera *geiōrai,* que una primera mano interpreta correctamente como «prosélitos» y una segunda falsamente como «mestizos».

[52] Es el arameo *giyyôrá,* «prosélito», es decir prosélito de pleno derecho; cf. Los Setenta en Ex 12,19 y Is 14,1: *giōras.*

[53] *La caverna del tesoro* (ed. C. Bezold, *Die Schatzhöhle aus dem syrischen Texte dreier unedirten Handschriften in's Deutsche übersetzt,* Leipzig 1883, p. 53) distingue tres destrucciones por el fuego: a) en la época de Antíoco (IV Epífanes); b) hay una laguna en el texto; según *El libro de Adán* etíope *(Das christliche Adambuch des Morgenlandes aus dem Äthiopischen mit Bemerkungen übersetzt* por A. Dillmann, Gotinga 1853, 133), hay que completarlo tal vez así: cuando la destrucción de Jerusalén (?); c) «en los días de Herodes, cuando fue destruida Jerusalén».

[54] A. Götze, *Die Schatzhöhle. Überlieferung und Quellen (Sitzungsberichte der Heidelberger Akademie der Wissenschaften, philos.-hist. Klasse* 13, fasc. 4, Heidelberg 1922) 80-85 y 91, ha demostrado que la cronología de *La caverna del tesoro* se funda en la de Julio el Africano.

[55] Hay un lazo de unión entre b. *Pes.* 62ᵇ y la noticia de Julio el Africano, según M. Sachs, *Beiträge zur Sprach- und Alterthumsforschung aus Jüdischen Quellen* II (Berlín 1854) 155ss; F. Rosenthal, *Über ʿissah:* MGWJ 30 (1881) 118ss; Krauss, *Talm. Arch.,* 434, n. 91; G. Kittel, *Die genealogiai der Pastoralbriefe:* ZNW 20 (1921) 52.

[56] Considera nuestro pasaje como explicaciones orales del libro de las Crónicas.

[57] El lazo entre b. *Pes.* 62ᵇ y la noticia de Julio el Africano es negado por L. Freund, *Über Genealogien und Familienreinheit,* en «Festschrift Schwarz», 173, n. 3, y 187ss; Freund, lo mismo que L. Ginzberg, en MGWJ 56 (1912) 665, n. 4, y L. Goldschmidt, *Der babylonische Talmud* II (Berlín 1930) 496, n. 72, relacionan los datos de b. *Pes.* 62ᵇ con genealogías profanas. Con razón Strack, *Einleitung,* p. 12, y Billerbeck I, p. 6, ven en ellos los libros de las Crónicas.

[58] La explicación «del libro de las genealogías» formaba parte de los elementos esotéricos de los escribas; eso es lo que dice explícitamente b. *Pes.* 62ᵇ: R. Yojanán († 279 d. C.) osó enseñar a R. Simlay (hacia el 260) el «libro de las genealogías».

sobre una destrucción de las genealogías por el fuego, destrucción ordenada por Herodes, se podría explicar por el hecho de que Josefo, en su historia del reino, sigue muchísimo a Nicolás de Damasco, historiógrafo de la Corte y panegirista del Rey. Herodes habría sido muy capaz de semejante destrucción; sabemos con certeza que trató de ocultar su origen [59]. Además, al destruir los elementos genealógicos habría esperado poder refrenar la esperanza mesiánica vinculada a la familia davídica, esperanza que amenazaba continuamente su dominio personal.

Aunque aquí no podamos salir del terreno de la posibilidad, otra observación, sin embargo, nos conduce más lejos: según Julio el Africano, en los archivos estaban registradas primeramente las familias hebreas, y en segundo lugar, los prosélitos. La prescripción del *Documento de Damasco* concuerda plenamente con esta indicación; era preciso anotar a todos los miembros de la nueva alianza de la siguiente forma: «Todos deben ser inscritos por su nombre, uno después de otro, los sacerdotes primero, después los levitas, en tercer lugar los israelitas y en el cuarto los prosélitos» [60]. Así que también aquí tenemos en primer lugar la inscripción de las familias israelitas y después la de los prosélitos. Se puede suponer que este registro practicado en Damasco obedece a modelos, lo que impide meter en bloque en el terreno de la fábula la noticia de Julio el Africano, según la cual, en los archivos (según Rufino, se trataría de los archivos secretos del templo) [61] había listas genealógicas semejantes a aquellas de las que él habla. Hay que guardarse sólo de interpretar esta indicación como si se tratase de una relación completa de la población [62]. Podría más bien tratarse de escritos que anotaban las tradiciones genealógicas. La mención de los mestizos salidos de Egipto con los judíos, de Rut la moabita y de Aquior el ammonita, conocido por el libro de Judit, muestra que la leyenda debía colorear fuertemente el contenido.

Encontramos aún, en este contexto, un dato de Josefo; desgraciadamente, su valor está debilitado por la incertidumbre de la lectura respecto a la palabra clave. Josefo, en su *C. Ap.* I 6, § 29, habla del cuidado con que su pueblo ha guardado en todo tiempo los documentos públicos, y continúa (I 7, § 30s): «No se han conformado con confiar, desde el origen, esta tarea (de constituir los documentos) a las gentes más capaces y celosas del culto; se tomaron además disposiciones para que la estirpe de los sacerdotes se mantuviera libre de mezclas y sin mancha *(ib.* 31). En efecto, el que participa del sacerdocio, para engendrar debe unirse solamente a una mujer de su propia nación y, sin considerar la fortuna

[59] *Ant.* XIV 1,3, § 9.

[60] *Documento de Damasco* XIV 4-6.

[61] Rufino, en su traducción latina de la *Hist. Eccl.* de Eusebio, I 7,13 (GCS 9,1, 61, línea 3-4), nota a propósito de Julio el Africano: *Quod per idem tempus omnes Hebraeorum generationes descriptae in archivis templi secretioribus habebantur.*

[62] El *Protoevangelio de Santiago* I 3 menciona un «registro de las doce tribus»; lo cual no designa en absoluto una relación completa de la población, sino que, con toda probabilidad, se refiere a 1 Cr 1-9.

ni las otras distinciones, hacer una encuesta sobre la familia (de la novia), extrayendo de los archivos (ésta es sin duda la lectura buena)[63] la sucesión de sus antepasados y presentando numerosos testimonios»[64]. Si, pues, *ek tōn archeiōn* es la lectura correcta, las familias laicas de la época, según Josefo, encontraban en los archivos elementos básicos que les permitían constatar su origen de forma auténtica. También aquí podremos dar crédito a esta indicación si nos guardamos de imaginar que Josefo habla de un registro sistemático de todo el pueblo. Piensa más bien en las genealogías de los sacerdotes, que se encontraban en los archivos del templo (y que contenían igualmente los datos sobre las mujeres de los sacerdotes[65], las cuales habían salido en parte de familias laicas), así como en las comprobaciones de deudas y en otros documentos conservados en los archivos[66], cuyas indicaciones genealógicas podían servir de base a las familias laicas para establecer la lista de sus antepasados.

Todo esto, por consiguiente, confirma, respecto a las familias laicas, la existencia de tradiciones genealógicas orales y escritas, de carácter privado y público. Por lo que se plantea esta cuestión: ¿cuál es su valor histórico?

2. VALOR HISTORICO DE LAS GENEALOGIAS DE LAICOS

Genealogías de Mt 1,1-17 y Lc 3,23-38

Las genealogías de las familias de sacerdotes, en general[1], eran auténticas, al menos respecto a uno o dos siglos hacia atrás. No se puede dudar de este hecho, habida cuenta del carácter hereditario del sacerdocio, estrictamente mantenido, y del cuidadoso examen de las genealogías antes de la consagración sacerdotal, así como de la distribución del clero en estirpes y familias sacerdotales. Asimismo es cierto que los sacerdotes hacían indagaciones prematrimoniales sobre la pureza de la familia de sus futuras esposas, sobre todo cuando éstas no eran de familia sacerdotal[2]. Todo esto excluye completamente que las tradiciones genealógicas de las familias laicas, cuya existencia ya hemos constatado, sean puras invenciones.

[63] En lugar de *ek tōn archaiōn* (¿«desde las familias antiguas»?), A. Gutschmid, *Kleine Schriften* IV (Leipzig 1893) 398, ha propuesto leer *ek tōn archeiōn,* «de los archivos». Esta conjetura, cuyo sentido encaja muy bien, se hace tanto más plausible cuanto que el texto de este pasaje se basa en un solo manuscrito, el *Laurentianus* plut. 69, Cod. 22, del siglo XI. Por ese motivo introduce con razón Th. Reinach, *Flavius Josèphe, Contre Apion* (París 1930) dicha conjetura en el texto.

[64] Véase la continuación de la cita *supra,* p. 233.

[65] 2 Cr 31,18; Josefo, *Vita* 1, § 4.

[66] *B. j.* II 17,6, § 427.

[1] Hay que contar con algunas inexactitudes, tales como las indicadas *supra,* p. 231, n. 5.

[2] Véanse las secciones sobre la aristocracia sacerdotal legítima e ilegítima (cap. I, apart. 3, de esta parte, la aristocracia sacerdotal) y sobre el carácter hereditario del sacerdocio (apart. 6 del mismo cap.).

I

A decir verdad, se encuentran ocasionalmente, en una tradición supuestamente genealógica, juegos de palabras desprovistos de todo valor, que sacan conclusiones genealógicas partiendo de la significación de los nombres según la etimología popular. Nos referimos al texto siguiente [3]:

«R. Leví (hacia el 300 d. C.) decía: Se encontró en Jerusalén una genealogía en la que estaba escrito:

1. Hillel (hacia el 20 a. C.) desciende de David;
2. Ben (la familia de) Yasaf (Yasá), de Asaf;
3. Ben (la familia de) Sisit ha-kassat (hacia el 70 d. C.), de Abner;
4. Ben (la familia de) Qobesín (Kobshîn), de Ajab;
5. Ben (la familia de) Kalba Shabua (hacia el 70 d. C.), de Caleb;
6. R. (la familia de) Yannay (hacia el 225 d. C.), de Elí;
7. Ben [4] (la familia de) Yehud (Jehú), de Séforis;
8. R. Jiyyá Rabbá (hacia el 200 d. C.), de Shefatya, hijo de Abital (2 Sm 3,4);
9. R. Yosé bar Jalafta (hacia el 200 d. C.), de Yonadab ben Recab (2 Re 10,15);
10. R. Nejemía (hacia el 150 d. C.), de Nejemía el *tirsata* (Neh 8,9)».

Basta una doble observación para caracterizar esta lista: a) Fue encontrada, según parece, en Jerusalén, donde debió de ver la luz en el siglo III de nuestra Era (R. Yannay [6] estaba en activo hacia el 225). Ahora bien, después de la guerra de Bar Kokba (132-135/6), Jerusalén se convirtió en una colonia romana, *Aelia capitolina,* y fue prohibida a los judíos bajo pena de muerte la entrada en la Ciudad Santa [5]. Solamente podían entrar en ella el 9 de ab, aniversario de la toma de la misma, para hacer sus lamentaciones en los lugares santos [6]. b) Los datos genealógicos de los números 2 y 5 proceden de un juego de palabras; la indicación del n.º 10 proviene de una identidad de los nombres; la del n.º 1 aparece un poco más adelante como una falsificación histórica.

Por consiguiente, esta genealogía, supuestamente encontrada en Jerusalén, es un producto de la fantasía [7], que vio la luz en Séforis hacia el año 250 de nuestra Era [8]. Es igualmente imposible salvar los cinco prime-

[3] j. *Ta'an.* IV 2,68ª 45ss (IV/1, 180); *Gn. R.* 98,13 sobre 49,10 (211ᵇ 12ss); j. *Ta'an.* transmite la tradición más antigua, pues sólo este texto conserva el juego de palabras Yasaf-Asaf. Algunas variantes importantes de la tradición paralela en *Gn. R.* están indicadas entre corchetes; en *Gn. R.* es diferente el orden.

[4] Es así como hay que leer, y no *min.*

[5] Véase mi *Golgotha* (Leipzig 1926) 19s.

[6] Orígenes, *In Librum Jesu Nave* XVII 1; *Itin. Burdigalense* 591 (ed. Geyer, *Itinera hierosolymitana saeculi* III-VIII: CSEL 39 [1898] 22); Jerónimo, *In Soph.* I 15ss; Schürer, I, 703s; mi *Golgotha,* 20, n. 13.

[7] I. Lévi, *L'origine davidique de Hillel:* REJ 31 (1895) 209ss.

[8] Así lo demuestra A. Büchler, *Priester,* 43.

ros miembros [9] en la hipótesis de una lista encontrada en Jerusalén antes del 70 d. C. y completada más tarde [10]. Naturalmente, los datos genealógicos del AT proporcionaban un amplio campo para semejantes deducciones genealógicas, deducciones realizadas mediante juegos de palabras y la significación de los nombres [11].

Esta constatación no prueba que todas las tradiciones genealógicas estén desprovistas de valor histórico; nos invita, sin embargo, a la prudencia y a un examen crítico de las tradiciones. Hay que aceptar con prudencia, por ejemplo, los datos genealógicos de Tob 1,1; Jdt 8,1; Est 2,5, que forma parte, según parece, del estilo de estas novelas históricas.

II

En dos casos tenemos elementos que nos permiten hacer un examen crítico de los datos genealógicos del Talmud relativos a familias laicas. En el primer caso se trata de R. Eleazar ben Sadoc, escriba de Jerusalén, que ejerció antes de la destrucción de la ciudad [12]. Eleazar afirma que desciende de los hijos de Senaab *(sic.* En Esd 2,35; Neh 3,3; 7,38; *Ta'an.* IV 5: Senaá), de la tribu de Benjamín, una de las familias que tenían el privilegio de aportar la leña al templo. Cuenta cómo el 10 de ab, día de fiesta en que esta familia de elevado rango debía aportar la leña [13], coincidió un año con el aniversario de la destrucción de Jerusalén, el 9 de ab, trasladado por esta vez al 10. Este año, en efecto, el 9 de ab cayó en sábado y se quiso evitar hacer del sábado un día de duelo por Jerusalén [14].

Como se ve, se trata de datos tan concretos que es imposible dudar de la pertenencia de R. Eleazar ben Sadoc a familia benjaminita de elevado rango. Pero, frente a esto, nos encontramos con la indicación de que su padre, R. Sadoc, era de origen pontificio [15], es decir, de legítimo origen pontificio en cuanto sadoquita. Podría uno estar tentado de tomar esta última indicación por una conclusión genealógica sin valor, sacada de su nombre: Sadoc. Pero es imposible. Efectivamente, un relato digno de fe, abun-

[9] Hasta el siglo III no se afirma el origen davídico de los hillelitas.

[10] Contra Büchler, *Priester,* 42.

[11] G. Kittel da los testimonios en *Die genealogiai der Pastoralbriefe:* ZNW 20 (1921) 59-67; véase también b. *Pes.* 4[a].

[12] Para la datación, véase la argumentación *supra,* p. 163. Era aún muy joven durante el reinado de Agripa I (41-44 d. C.); durante el hambre padecida bajo Claudio (47-49, véase mi artículo *Sabbathjahr:* ZNW 27 [1928] 98-103), era ya un alumno de R. Yojanán, hijo de la haraunita. Debió de nacer, por tanto, al final de los años 30-40.

[13] *Ta'an.* IV 5.

[14] b. *Ta'an.* 12[a]; b. *'Er.* 41[a]; j. *Ta'an.* IV 6, 68[b] 44 (IV/1, 195); j. *Meg.* I 6, 70[c] 13 (no traducido en IV/1, 205, donde se remite al par. IV/1, 195). Sobre este punto, véase J. N. Epstein, *Die Zeiten des Holzopfers:* MGWJ 78 (1934) 97-103; concluye que este pasaje (en oposición a *Ta'an.* IV 5) considera el 9 de ab como el día en que la familia de Senaá entregaba la leña.

[15] *ARN* rec. A cap. 16, 63[a] 25.

dantemente constatado [16], nos dice cómo un día, con ocasión de un asesinato en el templo, R. Sadoc dirigió a los sacerdotes y al pueblo, desde los escalones del vestíbulo del templo, una severa llamada a la penitencia. Un laico no podía entrar en este lugar; por tanto, R. Sadoc era ciertamente sacerdote. Estos dos datos sobre el origen de Eleazar contienen elementos absolutamente auténticos; es posible, pues, que los tosafistas [17] hayan visto bien al concluir que Eleazar ben Sadoc era de familia benjaminita por parte materna. Esta conclusión es tanto más luminosa cuanto que Eleazar no menciona su origen benjaminita en relación con una afirmación genealógica, sino sin ninguna intención especial, con ocasión de algunas enseñanzas sobre la celebración del 10 de ab. No cabe, por tanto, rechazar los datos relativos a su origen.

El segundo caso se refiere al origen del patriarca palestinense R. Yudá I (del 135 hasta después del 200), descendiente de Hillel [18]. Hay datos contradictorios sobre su origen [19]: 1) Procede por el lado paterno de la tribu de Benjamín, y sólo por parte materna de la tribu de Judá [20]. 2) Procede de la tribu de Judá [21], a saber: de David [22]. 3) Otra tradición añade que desciende de Shefatya y de Abital (2 Sm 3,4) [23]. Existe, por tanto, una completa contradicción. Y de hecho el caso está totalmente claro.

1. El propio Yudá I dice que el exiliarca de Babilonia, Rab Huna, es de origen más ilustre que él [24], puesto que él, Yudá, era benjaminita y no podía descender de la tribu de Judá más que por lado materno. Este testimonio autobiográfico es auténtico [25]. En efecto, el patriarca se coloca por debajo de los exiliarcas; por otra parte, no se puede dudar de la noticia de que la familia de R. Yudá I poseía notas genealógicas [26].

2. Pero, como indica el mismo texto, era muy duro para R. Yudá que

[16] Tos. *Yoma* I 12 (181, 20); Tos. *Shebu.* I 4 (446, 6); *Sifré* Nm 35, 34, § 161 (28[c] 111, 18); j. *Yoma* II 2,39[d] 13 (III/2, 170) bar.; b. *Yoma* 23[a] bar.

[17] *Tosafot* sobre *ʿEr.* 41[a]. La misma opinión en Billerbeck I, p. 5: V. Aptowitzer, en HUCA 4 (1927) 238; S. Klein, *Zur jüdischen Altertumskunde:* MGWJ 77 (1933) 192.

[18] No está absolutamente probado que la familia de Gamaliel descienda de Hillel, pero es probable.

[19] Los textos citados en las cuatro notas siguientes están traducidos en Billerbeck I, 4-5.

[20] j. *Kil.* IX 4, 32[b] 30 (II/1, 317); j. *Ket.* XII 3, 35[a] 37 (no traducido en V/1, 145, donde se remite al par. II/1,317); *Gn. R.* 33,3 sobre 8,1 (66[a] 18 sm). Edición crítica en G. Dalman, *Aramäische Dialektproben* (Leipzig [2]1927, reimpreso en Darmstadt 1960), 27s.

[21] b. *Sanh.* 5[a]; b. *Hor.* 11[b] bar.

[22] R. Yudá I descendiente de David: b. *Shab.* 56[a]. Hillel descendiente de David: j. *Taʿan.* IV 2, 68[a] 46 (IV/1, 180) y par.

[23] b. *Ket.* 62[b].

[24] Era probablemente descendiente de David.

[25] I. Lévi, *L'origine davidique de Hillel:* REJ 31 (1895) 209ss, proporciona una demostración convincente. Insiste sobre todo en el hecho de que la afirmación del origen davídico de la familia de Hillel no se encuentra antes del 200 d. C.

[26] b. *Ket.* 62[b]. Además Josefo, *Vita* 38, § 191: R. Simeón ben Gamaliel I (el bisabuelo de R. Yudá I) descendía de una «familia muy ilustre», de una familia, por consiguiente, que poseía una tradición genealógica segura.

le recordasen que el exiliarca de Babilonia era de una familia más noble que él [27]. Inmediatamente después del testimonio autobiográfico de R. Yudá se dice: «Un día R. Jiyyá el Viejo (que era descendiente de David y quería que R. Yudá I tomase conciencia de su inferioridad de origen) entró en su casa y le dijo: Rab Huna (el exiliarca de entonces, pariente de R. Jiyyá) está afuera. Entonces Rabbí (Yuda I) palideció. El (Rabbí Jiyyá) le dijo: Ha sido traído su féretro» [28]. El incidente trajo como consecuencia el destierro de R. Jiyyá durante treinta días y la ruptura temporal entre los dos.

Este incidente proporciona la clave de los datos contradictorios sobre el origen de R. Yudá I. Para no hacer aparecer a la familia de los patriarcas palestinenses inferior a la de los exiliarcas de Babilonia, la tradición, por vez primera en b. *Sanh.* 56ª, donde es transmitida por Rab († 247), alumno de R. Yudá y sobrino de R. Jiyyá, atribuyó un origen davídico a R. Yudá I. Lo cual aparecía tanto más plausible cuanto que de hecho el patriarca era descendiente de la tribu de Judá, aunque sólo por lado materno.

La razón de esta falsificación histórica aparece particularmente clara en b. *Sanh.* 5ª (bar.) [29], texto baraíta ya conocido por Orígenes, en el que Gn 49,10ª: «El cetro no se apartará de Judá», es aplicado a los jefes en el exilio; y Gn 49,10ᵇ: «Ni el bastón de mando de entre sus pies», a los patriarcas palestinenses. Como muestra este pasaje del Talmud, no es sólo «socialmente» en lo que se quiere igualar a los patriarcas con los exiliarcas; se pretende también atribuirles, lo mismo que a los jefes del exilio, una participación en la promesa de Gn 49,10, y de este modo, probablemente, una pretensión legítima a la dominación mesiánica. Es instructivo ver que la tradición baraíta no pone en igualdad total a los dos; expresa claramente la superioridad de los exiliarcas, los cuales «reinan sobre Israel con el bastón», en relación con los patriarcas, que «tienen el poder de enseñar públicamente en Israel». Para dar todo su peso a la falsificación histórica, la tradición palestinense, en el siglo III de nuestra Era [30], se apoyó en Hillel, antepasado de R. Yudá I, poniendo en él la marca de descendiente de David.

3. Junto a la idea de relacionar a los patriarcas con los exiliarcas, la comparación de R. Yudá I con R. Jiyyá el Viejo fue determinante en la formación de la tradición. Era intolerable que R. Jiyyá fuese de origen más ilustre que el patriarca perteneciente a la tribu de Benjamín. Esto se remedió con un paso más; no sólo se hizo a R. Yudá I descendiente de David, sino que se le atribuyó simple y puramente la genealogía de R. Jiyyá [31], haciendo del patriarca el descendiente de Shefatya, hijo de Da-

[27] Cf. también b. *Hor.* 11ᵇ.
[28] j. *Kil.* IX 4, 32ᵇ 31 (II/1, 317) y par. (véanse estos par. *supra*, n. 20).
[29] Cf. b. *Hor.* 11ᵇ; b. *Sanh.* 38ª.
[30] El testigo más antiguo es R. Leví (hacia el 300 d. C.): j. *Ta'an.* IV 2,68ª 45ss (IV/1, 180).
[31] Suponiendo que ésta sea dada con exactitud en j. *Ta'an.* IV 2, 68ª 48 (IV/1, 180).

vid y de Abital. En cuanto a R. Jiyyá, se convirtió en descendiente no de David, sino de una rama colateral de la familia real; Shimeá, hermano de David, fue, según se dice, su antepasado [32].

Estas constataciones son particularmente instructivas no porque tengamos en ellas un caso en que se ha intentado, en el curso del siglo III de nuestra Era, una falsificación histórica para dar una mayor nobleza a la familia de los patriarcas palestinenses, sino porque la verdadera tradición no ha sido suprimida. Todos los esfuerzos encaminados al reconocimiento del origen davídico de la familia de Hillel no pudieron impedir que continuase conocido su origen benjaminita. Los elementos de la tradición genealógica eran demasiado sólidos para que pudiesen, sin más, ser suprimidos por las falsificaciones.

El hecho de que en los círculos de los doctores se transmitiesen tradiciones sobre la legitimidad o ilegitimidad de algunas familias contribuyó esencialmente a esta solidez de la tradición genealógica. Fue dado impulso a estas tradiciones por aquel rigor, descrito anteriormente, con que los sacerdotes se esforzaban en conservar su clase pura de elementos ilegítimos o de descendientes sacerdotales cuya legitimidad de origen era dudosa. Estos esfuerzos llevaron efectivamente a los sacerdotes a mantener fuertemente la tradición para saber qué familias de sacerdotes eran legítimas y cuáles eran dudosas (éstas eran llamadas *'îssah)* [33]. Por otra parte, en muchos casos, los escribas no aprobaban la severidad y los puntos de vista del clero, por lo que se vieron empujados a conservar tradiciones sobre familias que los sacerdotes habían declarado sin razón, a su parecer, ilegítimas o legítimas.

Una tradición de Rabbán Yojanán ben Zakkay († hacia el 80 d. C.), claramente del tiempo en que existía el templo, refiere: «Una familia llamada Beth Serifa vivía en Transjordania; ben Sión la alejó por la fuerza (la declaró ilegítima). A otra familia que allí vivía la acercó ben Sión a la fuerza (la declaró legítima)» [34]. Se puede suponer que se trata de familias sacerdotales y que las decisiones tomadas por ben Sión, y no aprobadas por los escribas [35], fueron sentencias del tribunal de sacerdotes estudiado anteriormente. ¿Cómo se las arreglaron los escribas en semejante caso? Nos lo indica la continuación de este texto en la Tosefta [36]: «Y los doctores no quisieron revelar públicamente la cosa; los (los nombres de las familias declaradas sin razón legítimas) transmitieron a sus hijos y a sus discípulos una sola vez en siete años (en secreto)» [37].

[32] b. *Ket.* 62ᵇ.

[33] Véase la nota 14 de la p. 291.

[34] *'Ed.* VIII 7; Tos. *'Ed.* III 4 (459, 30); j. *Yeb.* VIII 3, 9ᵈ 8 (IV/2, 124); j. *Qid.* IV 1, 65ᶜ 51 (no traducido en V/2, 281, donde se remite al par. IV/2, 124); b. *Qid.* 71ᵃ bar.

[35] Este Rabbán Yojanán ben Zakkay, a quien se remonta nuestra tradición, se queja del rigor de los sacerdotes.

[36] Tos. *'Ed.* III 4 (459, 31); j. *Qid.* IV 1,65ᶜ 53 (no traducido en V/2, 281, donde se remite al par. IV/2, 124).

[37] Cf. b. *Qid.* 71ᵃ bar.: «Había también otra familia (declarada legítima por fuerza, Rashi, *in loco)* y los doctores no quisieron darla a conocer públicamente,

Con el tiempo, tales tradiciones, presentadas sobre todo con ocasión de la explicación de datos genealógicos del libro 1 de las Crónicas, adquirieron tal importancia [38], que se temió que pudiesen ser desacreditadas en público algunas familias de notables si se divulgaban manchas en su origen [39]. Así que se decidió [40] (no sabemos cuándo, pero fue ciertamente antes de la época de R. Yojanán [199 aprox.-279]) [41] prohibir la explicación pública del libro 1 de las Crónicas, colocándolo entre los elementos de la tradición esotérica.

He aquí, pues, la constatación que se deduce de esta segunda sección: existen ciertamente falsificaciones históricas en las genealogías, pero no se pueden reconstruir arbitrariamente genealogías en el aire, pues hay posibilidad de control. Hemos encontrado así una norma para juzgar las genealogías neotestamentarias de Jesús, las únicas que, aun prescindiendo de los documentos del NT, están a nuestra disposición.

III

¿Cuál es el valor histórico de *las genealogías de Jesús?* Mt (1,1-17) y Lc (3,23-38) nos transmiten una cada uno. Las dos [42] nos dan los antepasados del carpintero José y las dos intentan mostrar el origen davídico de José.

Debemos conceder fe a esta afirmación del origen davídico de José. Ciertamente, se podría suponer que, más tarde, fundándose en el carácter mesiánico de Jesús, se habría hecho de José un descendiente de David.

sino que ellos lo (su nombre) confiaron a sus hijos y a sus alumnos una vez en siete años». Ejemplos de una tradición esotérica respecto a familias ilegítimas pueden verse en b. *Qid.* 70[b].

[38] Sobre la abundancia de las tradiciones genealógicas, cf. b. *Pes.* 62[b] citado anteriormente.

[39] b. *Qid.* 71[a] (par. j. *Qid.* IV 1, 65[c] 54 (no traducido en V/2, 281, donde se remite al par. IV/2, 124); j. *Yeb.* VIII 3, 9[d] 11 (IV/2, 124): «R. Yojanán († 279) decía: ¡Por el templo! Sabemos de qué familia se trata (había sido cuestión antes de su ilegitimidad), pero ¿qué puedo hacer yo? Pues, mirad, los grandes del siglo están unidos a ella». *Ibíd.:* «En los días de R. Pinjás (b. *Jama,* hacia el 350 d. C.), se intentó declarar a Babilonia «pasta» (*ʿissah,* designación de origen dudoso) en relación con Palestina. El (Pinjás, que quería impedirlo) dijo a sus servidores: «Después que yo haya pronunciado dos sentencias en la casa de estudios, sacadme en mi litera tan rápido como sea posible». Hizo él su exposición: 1. «El degüello ritual de los pájaros no está prescrito en la Torá». Y mientras que estaban sentados reflexionando sobre ello, continuó: 2. «Todos los países son una pasta en relación con Palestina, y Palestina es una pasta en relación con Babilonia». Ellos (los criados) levantaron su litera y le sacaron corriendo. Ellos (los oyentes) le persiguieron, pero no lograron alcanzarlo. Se sentaron para examinar más detalladamente (las tradiciones genealógicas), llegando hasta el punto de estar en peligro (de descubrir orígenes manchados). Entonces se separaron». Cf. Billerbeck I, 1.

[40] b. *Pes.* 62[b].

[41] b. *Pes.* 62[b], cf. la queja del doctor citado en la nota 39.

[42] Las tentativas antiguas y modernas de ver en una de estas dos genealogías la de María no han tenido éxito.

Pero contra esta hipótesis está el testimonio unánime del NT [43], según el cual Jesús era descendiente de David; tenemos también las noticias de Hegesipo, que escribe hacia el 180, siguiendo la tradición palestinense: los nietos de Judas, hermano del Señor, fueron denunciados a Domiciano como descendientes de David, y en el curso del interrogatorio reconocieron su origen davídico [44]; asimismo, Simeón, primo de Jesús, y sucesor de Santiago al frente de la comunidad de Jerusalén, fue denunciado como descendiente de David y mesías, siendo crucificado después [45]. Julio el Africano confirma que los parientes de Jesús se gloriaban de su origen davídico [46]. A estos diversos datos se añade el hecho de que, en el tiempo de Jesús y de los apóstoles, no podemos encontrar entre los judíos una réplica al origen de Jesús [47]. Ahora bien, la polémica judía, para negar el carácter mesiánico de Jesús, difícilmente habría dejado pasar este argumento, el cual habría prendido en la multitud.

Pero las dos genealogías de Jesús difieren completamente una de otra. Desde Abrahán a David van a la par, pues las dos siguen el AT (Rut 4, 12.18-22; 1 Cr 2,1-14). Después aparecen las dificultades: 1) Mt continúa la genealogía por Salomón; Lc, por Natán, hijo de David. 2) Sorprendentemente, las listas concuerdan en el momento del destierro de Babilonia acerca del nombre de Salatiel, pero le atribuyen padres diferentes (Mt 1, 12: Jeconías [cf. 1 Cr 3,17] [48]; Lc 3,27: Neri). 3) A partir de Zorobabel, a quien las dos listas indican como hijo de Salatiel [49], divergen de nuevo totalmente. Continúan por dos hijos distintos de Zorobabel (Mt 1,13: Abiud; Lc 3,27: Resá). 4) Las listas no se vuelven a encontrar hasta el

[43] Rom 1,3; 2 Tim 2,8; Heb 7,14; Mt 1,1-17.20; Lc 1,27.32; 2,4; 3,23-38; Hch 2, 25-31; 13,23.34-37; 15,16; Ap 5,5; 22,16; cf. 3,7. Además, hay que citar aquí el título de «hijo de David» dado a Jesús (Mc 10,47-48 y par.; Mt 9,27; 15,22; 21, 9.15; cf. Mc 11,10; Mt 12,23). Ciertamente, en primer término es un título mesiánico, pero afirma al mismo tiempo el origen davídico (G. Dalman, *Die Worte Jesu* I [Leipzig ²1930] 262). En Mc 12,35-37 y par. lucha Jesús contra el ideal mesiánico político invocando el Sal 110; este discurso polémico no significa en absoluto que Jesús haya renegado de su origen davídico.

[44] Eusebio, *Hist. Eccl.* III 19.20, 1-6.

[45] *Ibid.* III 32,3-6.

[46] W. Reichardt, *Die Briefe des S. J. Africanus an Aristides und Origenes* (Leipzig 1909): *Carta a Arístides,* 61, líneas 20ss.

[47] La polémica sostenida en Jn 7,42 por judíos incrédulos va dirigida contra Jesús en cuanto galileo. David es mencionado pura y simplemente para apoyar la afirmación de que el Mesías saldrá de Belén. Ulla (hacia el 280 d. C.) dice que Jesús era «cercano del reino» *(qarôb lᵉmalkût),* b. *Sanh.* 43ᵃ. Se ha llegado a ver en eso un reconocimiento por el Talmud de la filiación davídica de Jesús (Derenbourg, *Essai,* 349; F. Delitzsch, *Jesus und Hillel* [Francfort 1875] 13; S. Krauss, *Das Leben Jesu nach jüdischen Quellen* [Berlín 1902] 205, y *passim).* Pero H. L. Strack, *Jesus, die Häretiker und die Christen* (Leipzig 1910) 18*, n. 8, se ha levantado con razón contra esta interpretación remitiendo a b. *B. Q.* 83ᵃ: en ambos casos, ser «cercano del reino» significa «tener relaciones con el gobierno pagano».

[48] Mt leyó o puso justamente el artículo ante *ʿassîr* (1 Cr 3,17); entendió, por tanto, este término como un atributo de Jeconías («el prisionero») y no como un nombre propio, según hacen equivocadamente los Masoretas y los Setenta.

[49] Mt 1,12; Lc 3,27.

carpintero José[50]; difieren incluso en el abuelo de Jesús: se llama Jacob, según Mt 1,16; Elías, según Lc 3,23.

Los numerosos ensayos, comenzados ya por Julio el Africano, de armonizar listas genealógicas tan diferentes una de otra han fracasado; se ha llegado a veces a considerar ambas listas como invenciones sin valor. La marcha de nuestro estudio no justifica un escepticismo tan radical, pero nos impone el deber de examinar cuál de las listas es la mejor.

Una comparación de ambas, desde el punto de vista de la autenticidad, arroja los siguientes resultados:

1. En 1,17 insiste Mateo explícitamente en decir que su lista se divide en 3 × 14 nombres. Estas cifras tienen una significación simbólica; hay una *g^ematreya* (juego de cifras) basada en el hecho de que el nombre de David tiene en hebreo el valor de 4 + 6 + 4 = 14. En Jesús se termina, por tercera y última vez, la cifra de David[51].

Lc, según el texto de ℵ L T sa. bo., da 77 nombres, incluido el de Jesús. Podría haber en el fondo de esto un simbolismo de los nombres semejante al que hemos estudiado en la anterior nota 51, a saber: una división de la historia del mundo en 12 períodos[52]: Jesús se sitúa al fin de la undécima semana del mundo, a la que sigue la semana mesiánica[53]. Sin embargo, esta hipótesis difícilmente se puede justificar. Hay que notar en primer lugar que la tradición textual no es uniforme: B N U y otros manuscritos ponen sólo 76 nombres; *sy.^sin.* no contiene más que 73[54]; Ireneo, *Adv. Haer.* III 22,3, contaba solamente 72. Pero, sobre todo, es muy probable que, en el texto corriente de 77 nombres, no sean origi-

[50] Es posible que se vuelvan a encontrar ya en el abuelo de José (Mt 1,15-16: Matán-Jacob-José; Lc 3,23-24: Mathat-Elías-José); cf. R. H. Rengstorf, *Das Evangelium nach Lukas (N. T. Deutsch* 3, Gotinga [10]1965) 60. Pero no es seguro que el nombre de Mathat sea original de Lc, según veremos luego.

[51] Pudiera ser que hubiese habido otro sentido simbólico en el origen de Mt 1, 17. Como muestra 1 *Henoc* XCIII 1-10, XCII 12-17, ya en la primera mitad del siglo II antes de nuestra Era, la historia del mundo, desde la creación hasta el fin de los tiempos, se dividía en diez semanas de siete generaciones cada una. Fundándose en las listas de familias del Génesis, según las cuales Abrahán pertenecía a la vigésima generación humana a partir de la creación, las tres primeras semanas entraban en el cómputo del período preexílico de la humanidad (1 *Henoc* XCIII 3-5). Quedaban, por tanto, siete semanas para la historia israelita; la última semana comprendía el período mesiánico (XCI 15-17). Si Mt 1,17 pensó en este esquema, la división de la historia humana, desde Abrahán a Jesús, en 3 × 14 generaciones querría decir que la sexta de las siete semanas cósmicas de la historia israelita se acaba en Jesús; la semana cósmica mesiánica aparece allí como séptima y última. Billerbeck I, 44s, y con más seguridad K. Bornhäuser, *Die Geburts- und Kindkeitsgeschichte Jesu* (Gütersloh 1930) 16ss, admiten esta posibilidad. Se concede la posibilidad de una alusión a este esquema; pero preguntamos entonces por qué Mt 1,17 no expresa más claramente esta alusión.

[52] *Baruc Siríaco* LIII-LXXII, traducciones latina y árabe de IV *Esd.* XIV 11; cf. *Apocalipsis de Abrahán* XXIX; Billerbeck IV, 986s.

[53] K. Bornhäuser, *op. cit.*, p. 22; Ch. Kaplan, *Some New Testament Problems in the Light of the Rabbinics and the Pseudepigrapha:* «Bibliotheca Sacra» 87 (1930) 465-471; K. H. Rengstorf, *op. cit.*, 61.

[54] Exactamente 72, más una laguna que no deja espacio más que para un solo nombre.

nales los siguientes: Lc 3,27, Resá (originariamente no era un nombre propio, sino un atributo de Zorobabel [= el príncipe]); v. 31, Meleá o Menná (diptografía)[55]; v. 33, Aminadab (falta con razón en B y *sy.*$^{sin.}$; lo añadió un comentarista fundándose en los Setenta de 1 Cr 2,10 y en Rut 4,19-20; el cual no comprendió que el nombre siguiente, Admîn, en Lc 3,33, no era otra cosa que una forma abreviada de Aminadad)[56]. Además, en el v. 24, los nombres de Mathat y Leví son dudosos, pues Julio el Africano[57] (y probablemente también Ireneo)[58] no leyó, en este v. 24, estos dos nombres (los cuales aparecen de nuevo en el v. 29)[59]. Por consiguiente, la genealogía de Lc podría no haber tenido primitivamente más que 72 nombres. Es dudoso, sobre todo, que Lc haya hecho el cómputo de los nombres. En todo caso, si Lc da también un sentido simbólico al número de los antepasados de Jesús, se esperaría igualmente en él una nota semejante a Mt 1,17.

2. Mt añade a su genealogía los nombres de cuatro mujeres (Mt 1,3: Tamar; 1,5: Rahab y Rut; 1,6: Betsabé), como tipos de María, en la medida en que el poder de Dios se manifestó en ellas[60]. Lc no proporciona nada parecido.

3. En su primera parte, desde Abrahán a Zorobabel, Mt sigue 1 Cr. Por el contrario, la fuente lucana no conoce aún los libros de las Crónicas[61] como Escrituras Santas[62]. Representa, por tanto, una forma más antigua de la tradición.

4. Un triple error se ha deslizado en Mt o en su fuente: a) En la lista de los reyes después de David, 1,8-9, Mateo omite tres nombres. Y como indica la siguiente confrontación, se debe a un error. Mt 1,8-9: *Iōram-Odsias-Iōacham.* 1 Cr 3,11-12: *Iōram-Odsias* (A V; *Odseia* B; *Ochodsia[s]* muchos)-*Iōas-Amasias-Odsias* (recensión de Luciano; *Adsarias* A; *Adsaria* B)-*Iōatham*[63]. b) A causa de la semejanza de los nombres de Joaquín y Joakín, ha sido omitido el primero de estos dos reyes[64] en

[55] A. Schlatter, *Das Evangelium des Lukas* (Stuttgart 1931) 218.

[56] Cf. G. Kuhn, *Die Geschlechtsregister Jesu bei Lukas und Matthäus nach ihrer Herkunft untersucht:* ZNW 22 (1923) 217, n. 2.

[57] Citado por Eusebio, *Hist. Eccl.* I 7,5.

[58] Ya que sólo cuenta 72 nombres.

[59] A. Schlatter, *Das Evangelium des Lukas* (Stuttgart 1931) 218.

[60] Cf. E. Klostermann, *Das Matthäusevangelium* (Tubinga ^{2}1927) p. 2; A. Schlatter, *Der Evangelist Matthäus* (Stuttgart 1929) 2s. Opinión diferente en G. Kittel, art. *Thamar ktl,* en *Theol. Wörterbuch zum N. T.* III (1938) 1s.

[61] La canonización de los libros de las Crónicas tuvo lugar en Palestina entre el 20 a. C. *(terminus post quem)* y el 60 d. C. *(terminus ante quem),* cf. Schlatter, *Theologie,* 131, n. 2.

[62] En páginas inmediatas estudiaremos este problema y la total divergencia de las genealogías de Lc 3 y 1 Cr 3.

[63] El error podría también remontarse a la primitiva forma semítica (que debe ser supuesta, véase la nota siguiente) de la genealogía: en el texto hebraico de 2 Cr 22,6 (como en la genealogía de Mt), *ʾAjazyahû* y *ʿAzaryahû* son también confundidos (Ch. Torrey, *The Four Gospels* [Londres 1933] 289). Pero es más probable que la omisión de los tres nombres se haya producido en el momento de la traducción de la genealogía al griego.

[64] Error que se remonta al original semítico.

Mt 1,11. c) Contrariamente a lo que afirma Mt 1,17, el tercer grupo de nombres (Mt 1,12-16) sólo contiene 13 y no 14; Joakín es contado dos veces: bien como último miembro del segundo grupo, pero mal como primer miembro del tercer grupo. Mt, o su fuente, no ha trabajado, por tanto, con precisión, o bien se ha dejado llevar de inexactitudes debido al esquema basado en el número 14.

5. Mt cita 12 nombres para el período que va desde Zorobabel (inclusive) a Jesús (inclusive). Es una cifra muy pequeña para seiscientos años en números redondos (Zorobabel nació hacia el 570 a. C.)[65], pues resultan cincuenta años por generación. ¿Ha sido abreviada la lista debido al principio del número 14? Lc, para el mismo período, cita, según el texto primitivo (véase un poco antes en el n.º 1), 18 nombres, lo que da para cada generación la cifra de treinta y tres años, cifra digna de crédito[66].

6. Finalmente, Mateo (esta observación es particularmente importante) hace ascender la genealogía de Jesús a David por la rama reinante de los descendientes de David (Salomón), mientras que Lucas, por el contrario, lo hace por una rama no reinante (Natán).

Estas observaciones llevan todas a una misma conclusión: Lc, en relación con Mt, representa una tradición más segura[67]. Es poco probable, no obstante, que la lista de Mt haya sido pura y simplemente inventada; a falta de elementos exactos, el primer evangelista utilizó los datos de otra lista davídica.

Pero esto no zanja aún la cuestión del valor absoluto de la lista genealógica de Lc. Para su crítica tenemos dos puntos de apoyo: primeramente, la diferencia entre Lc y 1 Cr; en segundo lugar, una investigación sobre los nombres de la lista lucana.

La diferencia entre Lc y 1 Cr es triple: 1) según Lc, Zorobabel era hijo de Salatiel (Lc 3,27), mientras que, según el texto hebreo de 1 Cr, era hijo de Pedaya (1 Cr 3,19); 2) según Lc, Zorobabel descendía de David por Natán (Lc 3,27-31), mientras que, según 1 Cr, por Salomón (1 Cr 3,10-19); 3) Lc indica como hijo de Zorobabel a un tal Resá (Lc 3, 27), el cual, en 1 Cr 3,19-20, no está entre los hijos de Zorobabel. Si Lucas difiere de 1 Cr no se debe a que haya rechazado (tal vez porque tenía elementos mejores) los datos de 1 Cr; más bien se debe a que el

[65] E. Sellin, *Geschichte des israelitisch-jüdischen Volkes* II (Leipzig 1932) 89.

[66] Comparemos esta indicación con las cifras dadas *supra,* p. 209, a propósito de los sumos sacerdotes: según los cálculos de Josefo, resulta para cada generación una duración media de veintiséis años en el período del primer templo, de veintisiete años y seis meses en la época del segundo templo hasta el 162 a. C.

[67] Esto se admite generalmente en la actualidad. K. Bornhäuser, *Die Geburts- und Kindheitsgeschichte Jesu* (Gütersloh 1930) 28 (mientras que la genealogía de Mt está determinada por el punto de vista de la sucesión en la familia real, la de Lc reposa «sobre el parentesco de sangre de sus miembros»); A. Schlatter, *Das Evangelium des Lukas* (Stuttgart 1931) 216 (la genealogía de Lc es preferible a la de Mt, pues está «mejor verificada»); Ch. Torrey, *The four Gospels* (Londres 1933) 305 (Lc insertó una genealogía que «el creyó auténtica, a diferencia del carácter claramente artificial de la de Mt»); K. H. Rengstorf, *Das Evangelium nach Lukas (NT Deutsch* 3, Gotinga 1965) 62 (sigue a Bornhäuser).

autor de la genealogía de Lc (a diferencia de Mt, que conocía ciertamente 1 Cr)[68] no pudo conocer los libros de las Crónicas[69], los cuales, aun en Palestina, no fueron tenidos por canónicos hasta el correr del siglo I de nuestra Era[70].

¿Qué hay de estas diferencias? 1) Podemos controlar la primera. Gracias al testimonio concordante de Ag 1,1.12.14; 2,2.23; Esd 3,2.8; 5,2; Neh 12,1, con el que tienen relación también los LXX A* B en 1 Cr 3,19; Josefo, *Ant.* XI 3,10, § 73; Mt 1,12, es absolutamente cierto que Lc tiene razón frente a 1 Cr: Zorobabel era hijo de Salatiel[71]. Pero esto no prueba que la genealogía de Lc sea auténtica; él se contenta con seguir el testimonio de los libros que conoce. 2) Respecto a la segunda diferencia entre Lc y Cr, hay un hecho que habla en favor de Lc: 1 Cr hace descender a Zorobabel de la rama davídica reinante[72], mientras que Lc lo hace proceder de una rama no reinante. Ahora bien, en ninguna otra parte del Antiguo Testamento se dice que Zorobabel, como afirma 1 Cr 3,17-19, fuese un nieto de Joakín llevado al destierro. ¿Consideró 1 Cr indebidamente como nieto del último rey reinante al restaurador del templo, sobre el cual se concentró durante algún tiempo la esperanza política, y a cuya descendencia se ligó, aún en una época tardía, la esperanza mesiánica?[73]. 3) La tercera diferencia no es más que aparente. Lc cita a *Rēsá* como hijo de Zorobabel, y a *Iōanan* como hijo de *Rēsá* (3,27). Tal como lo había reconocido ya A. Hervey[74], Resá no es otra cosa que el arameo *resa* = jefe, príncipe; esta palabra era primitivamente atributo de Zorobabel[75]. Por tanto, originariamente, *Iōanan* era nombrado como hijo de «Zorobabel, el príncipe» = Jananya, hijo de Zorobabel, 1 Cr 3,19. Sólo a partir de aquí difieren Lc y 1 Cr: *Iōda* (Lc 3,26) no figura entre los hijos de Jananya (1 Cr 3,21).

En conjunto, las diferencias entre Lc y 1 Cr llevan a un juicio favorable acerca del valor de la genealogía lucana, al menos respecto a su parte posexílica.

Por el contrario, *una investigación sobre los nombres* lleva a juzgar muy desfavorablemente la parte preexílica. R. Fruin[76] ha recordado que

[68] Véase *supra*, n. 42 del apartado anterior.

[69] Th. Zahn, *Das Evangelium des Lukas* (Leipzig [3-4]1920) 218.

[70] Schlatter, *Theologie*, 131, n. 2; entre el 20 a. C. y el 60 d. C.

[71] Entre otros, E. Sellin, *Geschichte des israelitisch-jüdischen Volkes* II (Leipzig 1932) 83s, ha mostrado la inexactitud de la indicación de 1 Cr 3,19, según la cual Zorobabel es hijo de Pedaya.

[72] Lo mismo Mt 1,1-17, que sigue al Cronista.

[73] Véase *Tanhuma, tôledôt*, § 14, 48[b] 9s: «Y ¿de quién (de qué descendencia) nacerá él (el Mesías)? De Zorobabel».

[74] *The Genealogies of Christ* (Cambridge 1853).

[75] Entre los que siguen a Hervey podemos citar a A. Plummer, *The Gospel according to St. Luke* (Edimburgo [5]1922) *in loco;* Ch. C. Torrey, *The Four Gospels* (Londres 1933) 306; F. Hauck, *Das Evangelium des Lukas* (Leipzig 1934) 57.

[76] *Oudchristelijke Studiën: Nieuw Theologisch Tijdschrift* 20 (1931) 222. Cf. la nota de F. Delitzsch, en *Riehm, Handwörterbuch des biblischen Altertums* I (Bielefeld-Leipzig [2]1893) 919 *b;* R. de Vaux, *Binjamin-minjamin,* en RB 45 (1936) 402.

la costumbre de emplear los nombres de los padres de las doce tribus como nombres de personas no se introdujo hasta después del destierro. De hecho, respecto al nombre de José, las primeras constataciones se encuentran en Esd 10,42; Neh 12,14; 1 Cr 25,2.9; respecto al nombre de Judá, en Esd 3,9; 10,23; Neh 11,9 y *passim;* respecto al nombre de Simeón, en Esd 10,31. El nombre de Leví como nombre de persona no se encuentra hasta la época macabea [77] y neotestamentaria [78]. Lc, respecto al período real antiguo, cita uno después de otro los nombres de José, Judá, Simeón y Leví, los cuales habrían sido llevados por los descendientes de David, desde el sexto [79] al noveno; es un anacronismo que indica que la parte preexílica de la genealogía de Lc carece de valor histórico.

Es poco probable que se deba extender este juicio a toda la parte posexílica de la genealogía de Lc. Si se piensa que la genealogía lucana se ha mostrado superior a la de Mt; si se considera después lo que constataremos más adelante respecto al valor, en el terreno civil y religioso, de la conservación de la tradición relativa a la legitimidad de origen; si se tiene en cuenta que el carpintero José no sólo pertenecía a una de las familias que tenían el privilegio de aportar la leña para el altar, sino también a una familia real cuya tradición era conservada con cuidado, como lo indican pruebas seguras; si se tiene en cuenta, finalmente, el resultado que nosotros hemos obtenido a propósito del valor de las genealogías laicas contemporáneas, no se dudará en considerar como posible que Lc o su fuente haya conservado, al menos respecto a las últimas generaciones anteriores a José, elementos auténticos [80].

3. DERECHOS CIVICOS DE LOS ISRAELITAS DE PLENO DERECHO

La constatación del origen puro de una familia mediante tradiciones y notas genealógicas no tenía sólo valor teórico; esa constatación asegu-

[77] Pseudo-Aristeas (redactado entre el 145 y el 100 a. C.), § 48: *Leuis.* La misma forma del nombre en III *Esd* IX 14.

[78] Mc 2,14 (par. Lc 5,27.29). Leví es también el nombre del padre de dos contemporáneos de Josefo: el padre de Juan de Giscala *(B. j.* II 20, 6, § 575 y *passim)* y el padre de Juan de Tiberíades *(Vita* 26, § 131). En el siglo I de nuestra Era se encuentra igualmente este nombre sobre un osario de Jerusalén (CIJ II, n.° 1340).

[79] *Toũ Malea toũ Menna* (Lc 3,31) es claramente una diptografía y, por tanto, cuenta como un solo nombre.

[80] A un resultado semejante, por camino totalmente diferente, llega G. Kuhn, *Die Geschlechtsregister Jesu:* ZNW 22 (1923) 206-288, especialmente 209 y 222. Kuhn hace remontar a antiguos documentos «que pasaban de una generación a otra en la familia de Jesús» (p. 222) la lista de Lc 3,23-26 (desde Jesús a Matatías), con lo cual, a su parecer, concordaba originariamente la lista de Lc 3,29-31 (desde Jesús a Mathat). No puedo adherirme al análisis de Kuhn ni a sus combinaciones, a veces muy atrevidas (existe, entre otras dificultades, el hecho de que Julio el Africano, según Eusebio, *Hist. Eccl.* I 7,9-10.16, no leyó los nombres de Mathat ni de Leví en Lc 3,24; lo cual elimina los principales sostenes en la reconstrucción de la doble lista que Kuhn conjetura). Pero estoy totalmente de acuerdo con él en la apreciación positiva del comienzo de la genealogía de Lc.

raba a la familia en cuestión los derechos cívicos que poseían los israelitas de pleno derecho. El privilegio principal se manifestaba en la designación de los israelitas legítimos como «los que (pueden) *casar (a sus hijas) con sacerdotes*» [1]. Sólo las madres israelitas de origen puro podían dar a luz a hijos dignos de realizar el servicio del altar en Jerusalén. De nuevo vemos el íntimo lazo existente entre la estratificación social y la religión; sólo formaban parte del verdadero Israel las familias que conservaban la pureza de origen del pueblo, querida por Dios, tal como la había restablecido Esdras en su reforma.

Pero el derecho que tenían las familias legítimas a contraer alianzas matrimoniales con los sacerdotes no era su único privilegio. Todas las dignidades, todos los puestos de confianza y todos los puestos públicos importantes estaban reservados a los israelitas de pleno derecho [2]. La prueba de la pureza de origen era exigida para llegar a ser miembro de los tribunales supremos [3], o sea, el Sanedrín [4] y uno de los tribunales de 23 miembros [5], los cuales, según la Misná [6], tenían el derecho de dictar sentencias capitales. Una fuente más tardía [7] afirma que esta regla se extendía incluso a los secretarios y alguaciles de los tribunales. La prueba de un origen puro era exigida además a los funcionarios de la comunidad [8] (hay que pensar sobre todo en el consejo local, compuesto de siete miembros, de

[1] *Qid.* IV 5; *Sanh.* IV 2; *ʿAr.* II 4 y *passim.*

[2] El pasaje más importante, *Qid.* IV 5, se expresa así: «No se indaga (sobre los antepasados de la esposa de un sacerdote o de un levita músico) a partir del altar (si el padre de la esposa es sacerdote en funciones, la legitimidad de su origen está asegurada), ni a partir del estrado (de los levitas cantores), ni a partir del Sanedrín. Y todos aquellos cuyos padres son conocidos como funcionarios públicos y recaudadores de limosnas, tienen el derecho de casar (a sus hijas) con sacerdotes sin que sea necesario un examen de su origen».

[3] Así se explica también que b. *Shab.* 139ª pueda hablar de «familias de jueces».

[4] *Qid.* IV 5; b. *Qid.* 76ᵇ. Lo mismo en *Hor.* I 4: prosélito, bastardo y esclavo del templo no pueden formar parte del tribunal (se trata del Sanedrín [*Hor.* I 5]). Tos. *Sanh.* IV 7 (421, 19s) constituye otro testimonio; esto es lo que allí se cuenta: el ejemplar privado de la Torá que el rey debe poseer, según Dt 17,18-19, y en el que debe hacer la lectura en el templo en la fiesta de los Tabernáculos que sigue a un año sabático, ha sido corregido por «el tribunal de sacerdotes, de levitas y de israelitas que pueden casar (a sus hijas) con sacerdotes». En j. *Sanh.* II 7, 20ᶜ 48 (VI/1, 252) se dice: «el tribunal de los 71». Por consiguiente, sólo los israelitas de origen puro podían ser miembros del Sanedrín.

[5] *Sanh.* IV 2, cf. b. *Sanh.* 36ᵇ; b. *Qid.* 76ᵇ.

[6] G. Allon, *Zur Erforschung der Halacha bei Philon:* «Tarbiz» 5 (5694 = 1933-1934) 28-36 y 241-246, defiende el punto de vista de que, según Filón, sólo el Gran Sanedrín de Jerusalén podía dictar sentencias capitales.

[7] j. *Qid.* IV 5, 65ᵈ 49 (V/2, 283).

[8] *Qid.* IV 5; j. *Qid.* IV 5, 65ᵈ 48 (V/2, 283). Es verdad que, según b. *Qid.* 76ᵇ, esto valía para Jerusalén. Cuando R. Simeón ben Yosadac (hacia el 225 d. C.) recomienda (b. *Yoma* 22ᵈ) no constituir como jefe de la comunidad más que a un hombre del que cuelgue por detrás «una cesta llena de reptiles» (es decir, que tiene manchas en la sucesión de sus antepasados), se trata de un remedio radical contra la presunción; al mismo tiempo se debe dar a la comunidad ocasión de desembarazarse de sus jefes desagradables (lo que significa que, normalmente, la condición para alcanzar dicha función es una reglamentaria pureza de origen).

las comunidades locales)[9] y a los hombres de confianza encargados por la comunidad del cuidado de las limosnas[10]. En todos estos casos se examinaban las genealogías antes de conceder un cargo. No conocemos más que una excepción, por lo demás dudosa: los dos célebres escribas Shemaya y Abtalyón (hacia el año 50 a. C.), el primero de los cuales era ciertamente[11] miembro del Sanedrín, descendían, según se dice, de prosélitos.

Además, Rabbán ben Gamaliel II (hacia el 140 d. C.) afirma que, en una época anterior, los contratos matrimoniales de las mujeres (de origen puro)[12] eran firmados únicamente por sacerdotes, levitas o israelitas de origen puro[13]. A diferencia de los hillelitas, los shammaítas no admitían en su casa de estudios, según se dice, más que a los hijos de buena familia[14]. Hay que mencionar, finalmente, que los esenios inscribían conforme a su origen[15] a los miembros recientemente llegados, concediendo importancia al orden establecido según el origen[16].

Había lugares en Palestina donde se procedía de modo particularmente exclusivo, donde los privilegios de los israelitas legítimos se encontraban mucho más extendidos aún de lo que hemos constatado hasta el presente. He aquí lo que se cuenta[17] de Séforis, que fue sin duda la capital de Galilea[18] al comienzo del reinado de Herodes Antipas: «R. Yosé (hacia el 150 d. C.) ha dicho: 'Incluso aquel que ha sido reconocido[19] (como miembro) en el antiguo gobierno de Séforis (pasa, sin más, por un israelita de origen puro)'[20]. R. Jananya ben Antígono ha dicho: 'Incluso aquel que ha sido reclutado para el campo del rey'». Este «campo del rey» es, sin duda, idéntico al «viejo castillo de Séforis», del que se habla en otro pasaje[21]; habrá que buscarlo, por consiguiente, también en Séforis[22]. En este caso, la indicación de R. Jananya habla de un tiempo en que, en este castillo, había tropa judía[23] al servicio de uno de los príncipes herodianos.

Desgraciadamente estamos muy imperfectamente informados para saber en qué medida los judíos, bajo los príncipes herodianos, prestaron servicio de armas. Es cierto que la ley del sábado, que prohibía atacar ese

[9] Sobre este consejo, cf. Schürer, II, 224-226; Billerbeck, II, 641s, y IV, 145. *Sifré* Dt 17,15, § 157 (45ª 178, 46): «No se constituye como jefe de la comunidad a nadie 'que no sea tu hermano' (Dt 17,15)». Según b. *B. B.* 3ᵇ, esta expresión excluye al prosélito.

[10] *Qid.* IV 5; j. *Qid.* IV 5, 65ᵈ 48 (V/2, 283); b. *Pes.* 49ᵇ bar.

[11] *Ant.* XVI 9,4, § 172-176; XV 1,1, § 4. El *Samaias* citado en *Ant.* XV 1,1, § 4, es ciertamente Shemaya y no Shammay (Schürer, II, 422-424; Schlatter, *Theologie,* 199, n. 1).

[12] Esta adición se encuentra en j. *Sanh.* I 2, 19ᶜ 9 (VI/1, 240) bar.

[13] Tos. *Sanh.* VII 1 (425, 1-2).

[14] *ARN* rec. B cap. 4, 14ᵇ 25.

[15] *Documento de Damasco* XIV 3ss.

[16] *Ibíd.* XIV 6.

[17] *Qid.* IV 5.

[18] Schürer, II, 211 y n. 496.

[19] Hay que suprimir, con los mejores manuscritos, la palabra *ʿed.*

[20] Schürer, II, 211, n. 495, ha dado la explicación exacta del pasaje.

[21] *ʿAr.* IX 6; Tos. *Shab.* XIII 9 (129, 27).

[22] Büchler, *Priester,* 198, n. 2.

[23] Una guarnición pagana en el castillo de Séforis: Tos. *Sabb.* XIII 9 (129, 27).

día, limitaba mucho la utilización de los judíos para el servicio de armas. Sabemos, sin embargo, que Herodes el Grande instaló colonos militares judíos en Batanea [24]. Por otra parte, el comandante en jefe del ejército de Agripa I, cuyo dominio comprendía Séforis, se llamaba Silas = Sheʾîla [25]; este nombre lleva a pensar que el comandante en jefe podría muy bien ser judío. No es, pues, imposible que, en un momento dado, bajo Herodes el Grande, Herodes Antipas [26] o Herodes Agripa I, haya estado acantonada en Séforis una tropa judía cuyos oficiales o altos grados (podría muy bien limitarse a ellos la indicación de R. Jananya) debían dar prueba de un origen legítimo. En Séforis, la prueba de una ascendencia israelita pura habría sido exigida no sólo para llegar a magistrado, como era norma en una ciudad judía, sino incluso para obtener un puesto en la guarnición del lugar.

Junto con Séforis en Galilea [27] y Emaús-Nicópolis [28], es sobre todo Jerusalén la que se lleva las alabanzas por el cuidado con que allí se protegían los derechos de los israelitas de origen puro, y con razón ciertamente [29]. Se cuenta que, en la ciudad santa, todos los funcionarios públicos eran de origen puro [30]. Según otra información, las «gentes de noble corazón de Jerusalén» no firmaban ningún documento, ni ejercían ninguna función de juez en el tribunal, ni aceptaban ninguna invitación sin asegurarse, respectivamente, de la calidad de los firmantes, de los colegas en el tribunal y de los comensales; trataban sin duda de saber, entre otras cosas, si aquellos israelitas eran de origen puro [31]. Vemos con qué exclusivismo se aislaban las familias jerosolimitanas legítimas incluso en los más pequeños detalles de la vida diaria [32].

Así, pues, los israelitas de pleno derecho gozaban de privilegios cívicos importantes [33]; sin embargo, aún no hemos indicado la principal ventaja de estas familias de origen israelita puro. Pertenecía al dominio religioso. Gracias a este origen puro se podía participar de los méritos de los ante-

[24] *Ant.* XVII 1, 1-2, § 23-28.

[25] *Ant.* XIX 6,3, § 299; 7,1, § 317ss. Josefo menciona cuatro personas con este nombre; todos son judíos.

[26] J. Wellhausen, *Das Evangelium Matthaei* (Berlín 1904) 35: «En sí es posible que los soldados de Antipas fuesen también judíos».

[27] *Qid.* IV 5.

[28] *ʿAr.* II 4 (sobre este pasaje véase *supra,* p. 232, n. 16); Amwás, al sudeste de Lidda.

[29] El pasaje de *Qid.* IV 5, estudiado anteriormente, se refiere sin duda en primer lugar a la situación en Jerusalén.

[30] b. *Qid.* 76ᵇ.

[31] b. *Sanh.* 23ᵃ bar y par. Cf. también *Git.* IX 8, a propósito del cuidado con que «las gentes de noble corazón» de Jerusalén redactaban y firmaban los documentos de divorcio.

[32] Cf. también b. *Sanh.* 19ᵃ bar.: se cuenta la celotipia de dos familias de Jerusalén, cada una de las cuales, en los pésames, pretendía pasar delante de la otra.

[33] Se exceptuaban los hombres que no tenían hijos. Aunque fuesen de origen puro, se les prohibía ser miembros del Sanedrín (Hor. I 4; b. *Sanh.* 36ᵇ bar.; según Tos. *Sanh.* VII 5 (426, 7), había igual prohibición respecto al tribunal de lo criminal (compuesto de 23 miembros), pues el hecho de no tener hijos era considerado como una mancha y un castigo divino, cf. *Protoevangelio de Santiago* I 2.

pasados, los cuales se transmitían a los hijos y tenían una función de suplencia. Esta participación se realizaba de una doble manera: a) Según la doctrina común, todo Israel participaba de los méritos de los patriarcas, en especial de Abrahán. Estos méritos debían acoger las oraciones, proteger en el peligro, asistir en la guerra, suplir los méritos que faltaban a cada uno, expiar las faltas, aplacar la cólera de Dios y suspender sus castigos, librar del *gêhinnôm* y otorgar la participación en el reino eterno de Dios [34]. b) Pero, además, cada israelita participaba de los méritos y de la intercesión de sus propios antepasados si había justos entre ellos [35], y al revés, la elección de una mujer que no era de la misma condición de pureza habría sido vengada en los hijos [36]. «El padre merece por su hijo belleza, fuerza, riqueza, sabiduría, gran número de años» [37]. «La oración de un justo hijo de un justo no es igual que la oración de un justo hijo de un malvado» [38].

Pero, con todo esto, no se ha dicho aún la última palabra. El profeta Elías debía preceder al Mesías para poner en orden a la comunidad, para restaurar a Israel en su pureza primitiva, con el fin de que el pueblo estuviese dispuesto interna y externamente a recibir la salvación [39]. El principal deber de esta restauración de Israel consistía en «restablecer a las tribus de Jacob» (Eclo 48,10), es decir, según la exégesis rabínica, «declarar puro» y «declarar impuro», «alejar» y «acercar» a las familias que injustamente habían sido declaradas legítimas o ilegítimas [40]. Sólo las familias israelitas puras podían estar seguras de participar en la salvación mesiánica [41], pues a ellas solas ayudaría «el mérito de la legitimidad de ori-

[34] Documentación en Billerbeck I, 116-120; F. Weber, *Jüdische Theologie auf Grund des Talmud* (Leipzig ²1897) 292-294 y 296s.

[35] F. Weber, *op. cit.*, 294-297. Citemos dos ejemplos: A R. Eleazar ben Azarya, descendiente de Esdras en décimo grado, se le confió la dirección de la casa de estudios de Yabné a causa de «los méritos de sus antepasados» (b. *ber.* 27ᵇ), y R. Yoshuá rechazó primeramente a Rabbán Gamaliel II, que le pedía perdón; pero cuando este último se lo pidió de nuevo añadiendo: «Procedo así por el honor de mis antepasados», R. Yoshuá depuso su intransigencia (b. *Ber.* 28ᵃ).

[36] b. *Qid.* 70ᵃ.

[37] j. *Qid.* I 7, 61ᵃ 27s (V/2, 234), par. *ʿEd.* II 9.

[38] b. *Yeb.* 64ᵃ.

[39] Cf. J. Jeremias, art. *Elias,* en *Theologisches Wörterbuch zum NT* II (1935) 930-943.

[40] *ʿEd.* VIII 7. El papel de Elías está limitado a los casos en que las familias han sido declaradas por fuerza legítimas o ilegítimas; esta limitación aparece claramente como una exégesis posterior de una antigua tradición que no conocía aún esta limitación. A mediados del siglo II se enfrentaron dos tendencias: una más rigurosa, según la cual Elías tenía solamente que separar a las familias ilegítimas, y otra más clemente (que triunfó), según la cual sólo tenía que acoger nuevamente a las familias declaradas injustamente ilegítimas (Billerbeck, 792-794).

[41] b. *Qid.* 70ᵇ: «R. Jama b. R. Janina (hacia el 260 d. C.) ha dicho: Dios no hará reposar su *shekina* (en la época mesiánica) más que sobre las familias israelitas de ascendencia legítima, pues está escrito (Jr 31,1): «En aquel tiempo, oráculo de Yahvé, yo seré el Dios de todas las familias de Israel». No ha dicho: «de todos los israelitas, sino: de todas las familias de Israel». Según b. *Qid.* 70ᵃ, Elías anota en un libro, en el momento del matrimonio, a los que se casan con una mujer desigual desde el punto de vista de la pureza.

gen [42]. Hemos encontrado así la razón más profunda del comportamiento de las familias israelitas puras, la razón por la que velaban con ansiedad por el mantenimiento de la pureza de la sangre, examinando, antes del matrimonio de sus hijos, las genealogías de sus futuros yernos y nueras [43]: de la pureza de origen dependía no sólo la posición social de los descendientes, sino también la certeza última de la salvación, la participación en la futura salvación de Israel [44]. Sin embargo, no era así a los ojos del Bautista, quien también a los legítimos hijos de Abrahán exigía la penitencia como condición indispensable para la participación en el reino de Dios (Mt 3,9 par.; Lc 3,8), ni a los ojos de Jesús, que mostró a sus compatriotas, que apelaban a su descendencia legítima de Abrahán (Jn 8,33.39), que el único camino de salvación era la liberación por el Hijo (Jn 8,36).

[42] *Midrash* Ps 20, § 3, ed. S. Buber (Vilna 1891) 175ª 4: «En aquel tiempo tu pueblo será salvado (del juicio del *gêhinnôm),* o sea, el que esté inscrito en el libro (Dn 12,1). ¿Por qué mérito (será salvado)?... R. Shemuel b. Najmán (hacia el 260 después de Cristo) ha dicho: 'Por el mérito de la legitimidad de su origen'. Pues se ha dicho (en el verso bíblico citado, Dn 12,1): El que esté inscrito en el libro (que tenía Elías sobre la legitimidad de los matrimonios; véase la nota precedente)».

[43] Ejemplos en b. *Qid.* 71ᵇ.

[44] En una línea diferente, Filón, en su tratado sobre la nobleza *(De nobilitate),* en *De Virtutibus,* § 187-227, defiende enérgicamente la idea de que la verdadera nobleza no se funda en el origen, sino en la vida virtuosa; está guiado por ideas helenistas, especialmente por el ideal estoico del sabio como el único noble (cf. L. Cohn, *Die Werke Philos von Alexandria in deutscher Übersetzung* II [Breslau 1910, reimpreso en Berlín 1926] 367, n. 1).

CAPITULO III

OFICIOS DESPRECIADOS

«ESCLAVOS» JUDIOS

1. OFICIOS DESPRECIADOS

La pureza de origen, en una amplia medida, determinó ciertamente la posición social del judío de la época neotestamentaria dentro de la comunidad de su pueblo. Pero sería comprender mal los capítulos V y VI si de ellos se dedujese que el origen era el único factor determinante. Según hemos visto ya en el capítulo III, un origen inferior por la sangre o el rango social no era en absoluto perjudicial a la posición social del escriba. Y al revés, vamos a mostrar en las páginas siguientes que había circunstancias (independientes de este o aquel origen) que lo manchaban a los ojos de la opinión pública. Se trata aquí sobre todo del siguiente hecho: una serie de oficios eran considerados despreciables; rebajaban socialmente, de forma más o menos inexorable, a quienes los ejercían [1]. Se redactaron en varias ocasiones listas de estos oficios despreciados. Reproducimos las cuatro principales. Indicamos en cursiva los oficios constatables en Jerusalén:

[1] Respecto a lo que sigue, véase mi artículo *Zöllner und Sünder:* ZNW 30 (1931) 293-300.

I *Qid.* IV [2]	II *Ket.* VII 10 [8]	III b. *Qid.* 82ª bar. [9]	IV b. *Sanh.* 25ᵇ [12]
1. *Asnerizo.*	1. Recogedor de inmundicias de perro.	1. Orfebre (Tos.: fabricante de cribas).	1. Jugador de dados.
2. Camellero.	2. Fundidor de cobre.	2. *Cardador de lino* [10].	2. Usurero.
3. Marinero [3].	3. *Curtidor.*	3. Molero.	3. Organizador de concurso de pichones [13].
4. *Cochero* [4].		4. *Buhonero.*	4. Traficante de productos del año sabático.
5. *Pastor* [5].		5. *Tejedor* (+ Tos.: *sastre.*	5. *Pastor* [14].
6. *Tendero* [6].		6. *Barbero.*	6. *Recaudador de impuestos.*
7. *Médico* [7].		7. *Blanqueador.*	7. *Publicano* [15].
8. *Carnicero.*		8. Sangrador.	
		9. Bañero.	
		10. *Curtidor* [11].	

Si echamos una ojeada a estas cuatro listas obtenemos en seguida la impresión de que queda poco lugar para los oficios convenientes, ya que enumeran tan gran número de oficios sospechosos y está compuesta cada

[2] Cito el comienzo de las listas (1-6) conforme a la mejor tradición, que se encuentra en j. *Qid.* IV 11, 66ᵇ 26ss (V/2, 289), donde se cita nuestra Misná como baraíta anónima.

[3] El texto del Talmud palestinense en nuestro pasaje *(ed. princeps),* j. *Qid.* IV 11, 65ª 40 (V/2, 287: traduce solamente «marino»), lee: *sappar, sappan* (marinero, barbero); en la Misná *Qid.* IV 14 (Stettin 1865) hay también inversión. Se debe claramente a una diptografía, pues el barbero no encaja en medio de los transportistas. Por tanto, el barbero falta justamente en nuestro texto (véase la nota precedente) y en la Misná del Talmud de Babilonia (Lemberg 1861).

[4] En nuestro pasaje (j. *Qid.* IV 11, 65ª 40 [V/2, 287]), el texto de la Misná del Talmud babilónico (Lemberg 1861) citan al *qaddar* (mercader de cerámica), cuya mención entre las gentes que trabajan en los transportes resulta sorprendente. Nuestro texto (véase nota 2) proporciona la solución; lee *qarar, qaddar* (mercader de cerámica, cochero). El contexto indica que «cochero» es primitivo; «mercader de cerámica» se ha introducido también en el texto por diptografía.

[5] Pastores al servicio de jerosolimitanos: según b. *Ket.* 62ᵇ, R. Aqiba fue en su juventud pastor al servicio de ben Kalba Shabuá, rico negociante de Jerusalén.

[6] Respecto al autor de la primera parte de la lista I (n.ºs 1-6), el texto de la Misná del Talmud babilónico y la Misná de Stettin, 1865, dicen: «Abbá Goryán (¿hacia el 180 d. C.?, Billerbeck, I, 187) ha dicho en nombre de Abbá Goriyá». Nuevamente tenemos un caso de diptografía. La lectura buena nos la da el texto de la Misná del Talmud palestinense, *ed. princeps,* que dice, j. *Qid.* 11, 65ª 39 (V/2, 287): «Abbá Goryón de Sidón ha dicho en nombre de Abbá Shaul».

[7] Los oficios de los números 7 y 8 son añadidos por R. Yudá (hacia el 150 después de Cristo), *Qid.* IV 14.

[8] Cf. Tos. *Ket.* VII 11 (269, 27); j. *Ket.* VII 11, 31ᵈ 22 (V/1, 102); b. *Ket.* 77ª.

[9] Los oficios 1-7 se encuentran también en Tos. *Qid.* V 14 (343, 8), con las si-

lista de forma arbitraria, desde un punto de vista enteramente subjetivo. Las cosas, sin embargo, son diferentes.

En la lista I, números 1-6, Abbá Shaul (hacia el 150 d. C.) cita los oficios que un padre no debe enseñar a sus hijos por ser «oficios de ladrones» [16], es decir, aquellos oficios que llevan por modo especial a la maldad. Lo cual es claro respecto a los oficios 1-4; se trata de oficios relacionados con los transportes, en los que había la gran tentación de sustraer algo de las mercancías encomendadas. La lista cita efectivamente todos los medios de transporte existentes en la época, con excepción del oficio de maletero, debido sin duda a que era requerido para pequeños recorridos y, por consiguiente, se le podía controlar más fácilmente. Una sospecha semejante recae sobre los pastores (n.° 5), quienes no gozaban de buena reputación [17]. Como la experiencia probaba, eran la mayoría de las veces tramposos y ladrones; conducían sus rebaños a propiedades ajenas [18] y, además, robaban parte de los productos de los rebaños. Por eso estaba prohibido comprarles lana, leche o cabritos [19]. Finalmente, respecto al tendero (n.° 6), estaba expuesto a la tentación de explotar a sus clientes. R. Yudá (hacia el 150 d. C.) expresa un juicio severo sobre los médicos (n.° 7) y los carniceros (n.° 8): «El mejor de los médicos es bueno para el infierno, y el más honrado de los carniceros es un aliado de los amalecitas» [20]. Los médicos, sobre los cuales oímos en otras partes juicios con razón muy desfavorables [21], son mencionados juntamente con los oficios de ladrones, pues eran sospechosos de dar sus preferencias a los ricos y descuidar a los

guientes diferencias: el fabricante de cribas figura en primer lugar, el sastre es colocado en el puesto seis; el orden es diferente:

1. Fabricante de cribas;
2. Cardador de lino (léase con b. *Qid.* 82ª bar.: *ha-sᵉrîqîm);*
3. Tejedor;
4. Buhonero;
5. Molero;
6. Sastre;
7. Barbero;
8. Blanqueador.

[10] Un comerciante de lino en Jerusalén, j. *B. M.* II 5, 8ᶜ 18 (VI/1, 93).

[11] Léase *ha-bûrsî* en lugar de *ha-bûrsᵉqê* (curtiduría), Billerbeck, II, p. 695. Los oficios 8 y 10 están añadidos en b. *Qid.* 82ª bar.

[12] Los cuatro primeros oficios, *Sanh.* III 3 = *R. H.* I 8.

[13] Juego de azar (juego con apuestas).

[14] Véase *supra,* p. 5.

[15] Lc 18,10-14. Los números 5-7 son añadidos en b. *Sanh.* 25ᵇ bar. Asimismo, Tos. *Sanh.* V 5 (423, 25) pone en los números 5-8: 5. Bandidos; 6. Pastores; 7. Autores de actos de violencia; 8. Los sospechosos en asuntos de dinero.

[16] *Qid.* IV 14.

[17] Notemos que los pastores vuelven a aparecer en la lista IV; véanse *infra* las observaciones acerca de esta lista.

[18] b. *Sanh.* 25ᵇ, Billerbeck, II, p. 114.

[19] *B. Q.* X 9; Tos. *B. Q.* XI 9 (370, 24).

[20] *Qid.* IV 14.

[21] LXX Is 26,14: *iatroi ou mē anastēsōsin,* y LXX Sal 87 (88) 11: *e iatroi anastēsousin* (de entre los muertos) *kai exomologēsontai soi;* b. *Pes.* 113ª pone en guardia contra la estancia en una ciudad cuyo jefe sea un médico.

pobres, que pagaban mal[22]. En cuanto a los carniceros, son sospechosos de no ser honestos, pues están expuestos a la tentación de vender para comer carne de *t*^{e}*repah*[23], es decir, según la interpretación rabínica de la palabra *t*^{e}*repah*[24], carne de animales afectados de defectos físicos mortales[25].

Por extendidos[26] que estuviesen los juicios contenidos en la lista I, no podemos olvidar, sin embargo, que no faltan juicios contrarios sobre los oficios «de ladrones» citados en esta lista. Así, pues, oímos hablar de un asnerizo (n.° 1) versado en Escritura, a quien R. Yonatán (hacia el 220 después de Cristo) honra con palabras y obras[27]. R. Yudá (hacia el 150 después de Cristo) declara, en contra de Abbá Shaul (hacia el 150 d. C.), que se puede uno fiar de la mayor parte de los camelleros (n.° 2), y que los marineros (n.° 3), debido a los continuos peligros a que están expuestos, son también, la mayoría de las veces, piadosos[28]. En lo tocante a los pastores (n.° 5), la imagen agradable que de ellos tenemos nosotros por la predicación de Jesús, se halla ciertamente aislada; la literatura rabínica contiene generalmente juicios desfavorables sobre los pastores, prescindiendo de los textos que, al desarrollar los pasajes del AT, presentan a Yahvé, al Mesías, a Moisés y a David como pastores. Por otra parte, encontramos en Jerusalén como tenderos (n.° 6) a escribas muy considerados. Respecto a los médicos (n.° 7), hay que recordar el elogio que de ellos hace el libro del Eclesiástico (38,1-15); Teudas[29], médico de Lidda, aparece en la Misná como garante de una tradición[30]. En cuanto a los carniceros (n.° 8), Rabbí, por ejemplo († 217 d. C.), se niega enérgicamente a emitir un juicio, partiendo de un solo caso, contra toda la profesión[31]. Nada nos dice que los oficios citados en la lista I, prescindiendo del oficio de pastor, que aparece de nuevo en la lista IV, hayan sido desventajosos socialmente. Por el contrario, vemos que un gran número de rabinos eran tenderos (n.° 6). Y tenemos noticia ocasionalmente[32] de que Tobías, médico (n.° 7) de Jerusalén, fue incluso admitido a testificar que había visto la luna nueva, y de que una vez se preguntó el parecer de todos los mé-

[22] Rashi, sobre b. *Qid.* 82ª bar. (Talmud de Babilonia, ed. de Lemberg [1861], comentario de Rashi, línea 53), cita tres motivos para juzgar mal a los médicos; a) engañan tranquilamente a sus enfermos, apartándolos así de la búsqueda de Dios; b) tienen muchas vidas humanas sobre su conciencia; c) descuidan a los pobres. La tercera razón encaja mejor en el contexto.

[23] b. *Sanh.* 25^{a}.

[24] Sentido bíblico: «desgarrado», o sea, animal muerto por una bestia salvaje.

[25] Importa poco que la bestia haya muerto por este defecto físico (que podía ser natural o causado por un hombre o una bestia feroz) o que haya sido sacrificada antes de perecer.

[26] Véase *supra,* notas 17, 19, 21, 23.

[27] *Gn. R.* 32 sobre 7,19 (64^{a} 24ss).

[28] *Qid.* IV 14.

[29] Se llama Teodoro en Tos. *Ohal.* IV 2 (600, 29).

[30] *Bek.* IV 4; b. *Sanh.* 93^{a} bar.

[31] b. *Hul.* 94^{b}. Hemos encontrado *supra,* pp. 236s, a un Rabbí de Jerusalén que era hijo de un carnicero.

[32] *R. H.* I 7.

dicos de Lidda para tomar una decisión en materia de pureza ritual [33]. Así, pues, debemos pensar que, en la enumeración de los «oficios de ladrones» de la lista I, tenemos un juicio personal de Abbá Shaul, juicio vinculado a ideas ciertamente extendidas, pero no totalmente generalizadas.

Sucede lo mismo con algunas listas más cortas que citan profesiones que no atraen en pos de ellas «un signo de bendición», es decir, ni la menor bendición [34]. Citemos a modo de apéndice algunas. Los oficios constatables en Jerusalén van impresos en cursiva.

Ia b. *Pes.* 50b bar. [35]	Ib b. *Pes.* 50b bar.	Ic b. *Pes.* 50b bar. [38]
1. Traficantes de productos del año sabático [36].	1. *Copistas* [37].	1. *Copistas de libros.*
2. Criadores de ganado menor.	2. Intérpretes.	2. Copistas de *tephîlîn.*
3. Gentes que cortan árboles buenos.	3. Gentes que negocian con el dinero de los huérfanos.	3. Copistas de *mezûzôt.*
	4. *Los que hacen comercio marítimo.*	4. Comerciantes de libros, *tephîllîn y mezûzôt.*
		5. Vendedores de hilos de púrpura [39].

Las gentes citadas en la lista Ia son sospechosas de quebrantar determinadas prescripciones de las leyes religiosas: el mandamiento del año sabático (Ex 23,10-11; Lv 25,1-7), la prohibición rabínica de apacentar ganado menor en el país de Israel, con excepción de las regiones de estepas *(B. Q.* VII 7), o la ley bíblica sobre la protección de los árboles (Dt 20,19-20). Las gentes citadas en las listas Ib y Ic se ocupan de cosas sacrosantas: el copista, que cobra por la transcripción de los libros sagrados; el intérprete, que cobra por su trabajo y, además, parece como si aceptara un salario de *sabbat* [40]; el que negocia con el dinero de los huérfanos,

[33] Tos. *Ohal.* IV 2 (600, 29).

[34] Comerciantes de cañas de junco y de cántaros aparecen como primer grupo en b. *Pes.* 50b bar. Estos no reciben bendición, pues la talla de su mercancía atrae sobre ellos el mal de ojo. Esta superstición no forma parte de nuestro estudio, que sólo debe tratar de los oficios despreciados.

[35] Par. Tos. *Bik.* II 16 (102, 13).

[36] Léase con Tos., ed. A. Schwarz (Vilna 1890), *taggerê semittah,* en lugar de *taggerê semeta,* «mercaderes ambulantes», que no tiene sentido en el contexto.

[37] En Jerusalén: b. *B. B.* 14a; *Soferim* IV 1 = j. *Meg.* I 9,71d 57 (IV/1, 218) bar. En nuestro pasaje se trata de copistas de rollos de la Torá.

[38] Par. Tos. *Bik.* II 15 (102, 10).

[39] Se empleaban hilos de púrpura en la fabricación de borlas *(sîsît);* el par. Tos. *Bik.* II 15 cita en cuarto lugar a los que «se ocupan de la recuperación del dinero».

[40] Así, b. *Pes.* 50b.

expuesto a la tentación de dañar a los huérfanos protegidos por Dios [41]; finalmente (lista Ic), los comerciantes y fabricantes de objetos rituales. Tampoco estas listas Ib-Ic son documentos jurídicos; no debe ser proscrito socialmente todo el que ejerce uno de los oficios citados en las listas Ib e Ic [42]. Hay que considerar más bien estas listas como un toque de atención, el cual, en verdad, se basa en enojosas experiencias concretas.

La lista II cita tres oficios que no eran ciertamente considerados como deshonrosos, sino como repugnantes [43], principalmente a causa del mal olor producido por esas actividades [44]. Recogedor de basuras y curtidor están ligados entre sí [45], pues el primero recoge las basuras para la batanadura y el curtimiento. Si alguno ejercía uno de estos tres oficios citados en la lista, su esposa tenía derecho a exigir el divorcio ante el tribunal, incluido el pago de la suma estipulada en el contrato matrimonial en el caso de que fuese separada de la vida conyugal o en el caso de muerte de su marido [46]. Aún más, el derecho de la mujer llegaba hasta el punto de poder exigir el divorcio incluso cuando sabía, en el momento del matrimonio, que su marido ejercía uno de los tres oficios en cuestión y cuando se había casado con la condición explícita de que su marido continuase en su oficio. En ese caso, al menos según la opinión de R. Meír (hacia el 150 d. C.), podía alegar: «Creía que lo podría soportar, pero ahora ya no puedo más» [47]. Por otra parte, la mujer, a partir de la edad de trece años [48], no podía exigir el divorcio más que si el marido la obligaba a hacer votos abusando de su dignidad [49] o si el marido padecía de [50]

[41] Las gentes que practican comercio marítimo encajan mal en el contexto.

[42] La lista Ic termina con estas palabras: «Pero cuando se ocupan de estos negocios por la cosa misma (y no por deseo de la riqueza), ven (signos de bendición)». R. Meír (hacia el 150 d. C.) ejercía la profesión de copista, b. *ʿEr.* 13[a]; lo que indica cuán poco deshonrosa era. Cf. además b. *Sukka* 26[a] bar., donde se dice que las gentes nombradas en la lista Ic son liberadas de todos los mandamientos citados en la Torá, pues su profesión implica ya el cumplimiento de los mismos.

[43] b. *Pes.* 113[a] cita también como oficio repugnante el de matarife: «Desuella una bestia en la calle y recibe tu salario» (lo que quiere decir: no hay trabajo deshonroso; el trabajo más humilde vale más que la mendicidad).

[44] Cf. el enfrentamiento de un comerciante de especias y de un curtidor en b. *Qid.* 82[b] bar.

[45] Son identificados en Tos. *Ket.* VII 11 (269, 27); de hecho, el curtidor tenía que hacer también frecuentemente de recogedor de basuras.

[46] Tos. *Ket.* VII 11 (270, 2).

[47] *Ket.* VII 10.

[48] Si se desposaba o casaba a una muchacha menor (era *qᵉtannah* hasta la edad de doce años y un día, b. *Yeb.* 100[b]), ésta podía eventualmente, explicando su negativa, anular los esponsales o el matrimonio: a) durante la vida del padre, sólo si ya había sido repudiada una vez mediante libelo de divorcio (*Yeb.* XIII 6; el matrimonio precedente la había sustraído a la patria postestad); b) después de la muerte de su padre, si había sido desposada o casada por la madre o los hermanos (*Yeb.* XIII 2; el matrimonio realizado sin el padre de la menor no es válido más que bajo condición).

[49] Billerbeck, I, pp. 318s.

[50] *Ket.* VII 10; Tos. *Ket.* VII 11 (270, 1.3).

lepra [51] o de pólipos [52]; en los otros casos [53], el derecho al divorcio estaba exclusivamente de parte del marido. Si consideramos todo esto podremos calcular hasta qué punto los que practicaban los oficios citados en la lista II estaban desposeídos de sus derechos cívicos. Pero se impone aún una observación: no se trata de una mancha moral.

Los que ejercían los oficios citados en la lista III tenían que sufrir de forma aún más sensible. Los trabajadores mencionados en ella tenían relación con mujeres y eran sospechosos de inmoralidad; por eso se dice que no hay que dejarlos solos con ellas [54]. Veamos lo que está previsto a este respecto: «No se elige de entre ellos ni a un rey ni a un Sumo Sacerdote [55], no porque sean ineptos para el servicio, sino porque su oficio es despreciado» [56]. En esta afirmación, rey y Sumo Sacerdote son citados como ejemplos de función pública. Es eso lo que indica en primer lugar una sentencia de R. Yosé (hacia el 150 d. C.); «Sangrador, curtidor y bañero (cf. lista III, n.os 8-10), entre ellos no se escoge jefe de la comunidad» [57]; según esta sentencia, aun el puesto de jefe de la comunidad estaba prohibido a los que ejercían tales oficios; eso es lo que muestra en segundo lugar un texto donde se dice que era un caso extraordinario admitir tejedores como testigos. Como se ve, los que ejercían oficios sospechosos de inmoralidad estaban afectados de una mancha en la vida legal pública, ciertamente no *de iure (de iure* sus titulares eran «aptos» para acceder a funciones públicas y para ser testigos), pero sí *de facto.*

No es una casualidad que, entre el gran número de escribas de los que oímos decir que ejercían una artesanía o un oficio, no haya ninguno [58] del que podamos decir con certeza que ejercía uno de los oficios citados en la lista III. Eran sobre todo los tejedores (n.º 5) y los curtidores (n.º 10) quienes estaban marcados con esta mancha. Respecto a los tejedores, a la sospecha de inmoralidad se añadía el hecho de que su oficio era considerado en Palestina como un oficio de mujeres [59]. Hay un hecho especial-

[51] Como concluye J. Preuss, *Biblisch-talmudische Medizin* (Berlín 1911) 399s, partiendo de b. *Ket.* 20b; *Ker.* III 7; b. *Taʿan.* 21a, *mûkkeh sᵉḥîn* es un enfermo que padece una lepra que mutila.

[52] Sobre esta enfermedad, véase J. Preuss, *op. cit.,* 340.

[53] Según indicaciones más tardías, la imposibilidad que tiene el marido de sostener a su esposa es una razón para anular el matrimonio, b. *Ket.* 77a.

[54] *Quid.* IV 14; Tos. *Qid.* V 14 (343, 8); b. *Qid.* 82a bar. En lo que concierne especialmente a la sospecha relativa a los buhoneros (mercaderes ambulantes de especias), véase A. Büchler, *Familienreinheit und Sittlichkeit in Sepphoris im zweiten Jahrhundert:* MGWJ 78 (1934) 138, n. 2.

[55] Notemos con qué naturalidad se supone que los sacerdotes ejercían un oficio.

[56] b. *Qid.* 82a bar.

[57] *Derek ʾeres zûta* 6 (Billerbeck, II, 642). Este pasaje no figura en la edición de A. Tawrogi (Königsberg 1855, disertación).

[58] Se cuenta que R. Simeón ben Shetaj «se ocupaba del lino», j. *B. M.* II 5, 8c 18 (VI/1, 93 traduce: «estaba ocupado en sus [fatigosos] trabajos de hilatura»). Esta expresión puede designar al cardador de lino (lista II, n.º 2) o al comerciante de lino. El contexto cuenta cómo sus alumnos le ofrecen un asno para que se fatigue menos; por tanto, hay que pensar más bien en un mercader de lino. Es posible que haya hecho las dos cosas, como sucedía frecuentemente en la época.

[59] *Ant.* XVIII 9, 1, § 314. Cf. *B. j.* I 23,3, § 479: Alejandro y Aristóbulo ame-

mente indicativo de la situación social de los tejedores en Jerusalén: los escribas reconocieron el testimonio de dos sastres de Jerusalén (los cuales, además, habitaban cerca de la Puerta de la Basura, que conducía al desacreditado valle de Hinnón)[60]; ahora bien, la tradición ha retenido este caso como extraordinario y como prueba de una especial liberalidad por parte de los escribas[61]. Respecto a los curtidores, a la sospecha de inmoralidad se añadía el hecho de que su oficio era considerado como repugnante (véase la lista II, n.º 3). «¡Desdichado del que es curtidor!», gritaba Rabbí († 217 d. C.)[62]. A este respecto no debemos dejar de lado Hch 9,43, donde, tal vez sin insistir sobre el lugar de la última palabra, se dice con toda naturalidad: «Pedro permaneció algún tiempo en Joppe, en casa de Simón, curtidor».

La práctica de uno de los oficios mencionados en la lista IV significaba la mancha más grande; se trataba nada menos que de la pérdida de los derechos cívicos y políticos. Esta lista reúne los oficios que estaban directamente basados en el fraude, y, a causa de ello, eran considerados *de iure* como proscritos. Las cuatro primeras de las siete profesiones de esta lista son citadas por la Misná[63]; las tres últimas son añadidas por una tradición baraíta[64]. Jugadores de dados, usureros[65], organizadores de juegos de azar y comerciantes de productos del año sabático (n.os 1-4) son de hecho notorios tramposos. Ya se ha hablado del desprecio de la propiedad ajena a que se hacían acreedores los pastores (n.º 5). Asimismo, la experiencia había enseñado que los recaudadores de impuestos (n.º 6) y los titulares de los puestos de publicanos (n.º 7) alquilados a los mejores postores, lo mismo que sus subordinados, abusaban casi siempre de su cargo para enriquecerse de modo injusto. «A los pastores, a los recaudadores de impuestos y a los publicanos les es difícil la penitencia», se dice una vez[66]. La razón es porque no pueden conocer a todos aquellos a quienes han dañado o engañado, a los cuales deben una reparación.

Es característico que el lenguaje usual asocie recaudadores de impuestos y ladrones[67]; publicanos y ladrones[68]; recaudadores de impuestos, ladrones, cambistas y publicanos[69]; publicanos y pecadores[70]; publicanos

nazan a las mujeres de la familia, respecto a la época en que ellas llegasen al poder, con trabajos forzados en el oficio de tejer.

[60] Cf. Billerbeck, IV, 1030, n. 1.

[61] *ʿEd.* I 3.

[62] b. *Qid.* 82b bar., par. b. *Pes.* 65a bar.

[63] *Sanh.* III 3 = *R. H.* I 8.

[64] b. *Sanh.* 25b bar.

[65] Quebrantaban la prescripción veterotestamentaria sobre el interés, Ex 22,24; Lv 25,36-37; Dt 23,20-21.

[66] b. *B. Q.* 94b bar.

[67] *Tohorot* VII 6.

[68] *B. Q.* X 2; b. *Shebu.* 39a bar. Cf. Lc 18,11; *Ned.* III 4; *Derek ʾeres* 2.

[69] *Derek ʾeres* 2.

[70] Mc 2,15-16; Mt 9,10-11; Lc 5,30; Mt 11,19 (par. Lc 7,34); Lc 15,1-2. Compárese Mt 5,46: «Pues si queréis a los que os quieren, ¿qué mérito tenéis? ¿No hacen también eso mismo los publicanos?», con el paralelo de Lc 6,32: «Pues si queréis a los que os quieren, ¿qué gracia tenéis? Eso mismo hacen los pecadores».

y paganos (Mt 18,17); publicanos y prostitutas (Mt 21,31-32); ladrones, tramposos [71], adúlteros y publicanos (Lc 18,11); asesinos, ladrones y publicanos [72]; el lenguaje usual llega incluso a llamar al publicano claramente pecador (Lc 19,7). Estaba prohibido aceptar, si provenía de la caja de los aduaneros y del botín de los recaudadores de impuestos [73], dinero de cambio o limosnas para la caja de los pobres, pues a este dinero estaba ligada la injusticia. Si los recaudadores de impuestos y los publicanos, antes de aceptar su cargo o arriendo, formaban parte de una comunidad farisea, eran expulsados de ella y no podían ser rehabilitados a no ser que abandonasen su cargo [74].

Pero los oficios de la lista IV no sólo eran soberanamente despreciados [75], incluso aborrecidos [76], en el espíritu del público; lo eran también *de iure,* pues se tenían oficialmente como ilegales y proscritos. Quien ejercía uno de estos oficios no podía ser juez, y la incapacidad para prestar testimonio [77] lo equiparaba al esclavo [78]. En otras palabras: estaba privado de los derechos cívicos y políticos que podía poseer todo israelita, incluso aquel que, como el bastardo, tenía un origen gravemente manchado. Este hecho permite apreciar la monstruosidad que constituyó el que Jesús llamase a un publicano a ser discípulo íntimo suyo (Mt 9,9 y par.; 10,3) y el que anunciase la Buena Nueva a los publicanos y a «los pecadores» bajo el símbolo de un banquete comunitario.

2. «ESCLAVOS» JUDIOS [1]

Entre las gentes socialmente oprimidas hay que contar en primer término a los esclavos judíos. En la época neotestamentaria había en Pales-

[71] En el contexto de Lc 18,11, *adikoi* tiene este sentido concreto, cf. E. Klostermann, *Das Lukasevangelium* (Tubinga ²1929) *in loco.*

[72] *Ned.* III 4.

[73] *B. Q.* X 1. «Pero se puede aceptar (dinero) de su casa o en la calle (como limosna)», *ibíd.*

[74] Tos. *Demay* III 4 (49, 15); j. *Demay* II 3, 23ᵃ 10 (II/1, 151).

[75] Véase también *Midrás* Sal 23, § 2, ed. S. Buber (Vilna 1891) 99ᵇ 12: «No hay ocupación más despreciable que la de pastor»; Filón, *De agricultura,* § 61: ocuparse de cabras y corderos es considerado como «poco glorioso y humilde»; b. *Yeb.* 16ᵃ.

[76] Tos. *B. M.* II 33 (375, 27): «No se saca (de una cisterna) a los goyim, a los pastores ni a los criadores de ganado menor» (los cuales criaban también cerdos, Billerbeck, IV, 359; no son citados en el par. b. *ʿA. Z.* 26ᵃ⁻ᵇ bar.).

[77] En *Sanh.* III 3, par. *R. H.* I 8, esta incapacidad se extiende a los cuatro primeros oficios de la lista IV; en b. *Sanh.* 24ᵇ, a los otros tres. La comunidad judía de Cesarea marítima confió su representación al administrador judío de la aduana del puerto *(B. j.* II 14,4, § 287); lo cual era muy extraordinario. Schlatter, *Theologie,* 186, lo explica por el hecho de que esta comunidad no se encontraba bajo la dirección farisea.

[78] *R. H.* I 8.

[1] La denominación de «esclavo» no corresponde plenamente a la situación jurídica, puesto que no se trata de una servidumbre. El pequeño tratado talmúdico sobre los esclavos ha sido editado por R. Kirchheim, *Septem libri talmudici parvi hierosolymitani* (Francfort 1851) 25-30, y traducido por L. Gulkowitsch, en «An-

tina esclavos judíos (sólo de ellos tratamos aquí). Lo hemos demostrado ya en el capítulo sobre los pobres, al hablar de los esclavos y jornaleros; Billerbeck ha defendido también con energía este punto de vista [2]. Notemos aquí, además, que los datos del Talmud sobre el precio del esclavo judío se refieren a condiciones concretas. Este precio era de 1 a 2 minas [3] y, según otro dato, de 5 a 10 minas [4]; el esclavo pagano, por el contrario, valía hasta 100 minas [5]. El menor precio del esclavo judío se debe a las circunstancias; se explica por el hecho de que su tiempo de servicio no duraba más que seis años, a diferencia de la servidumbre perpetua del esclavo pagano. El número de esclavos judíos en Palestina no era realmente elevado. Su situación estaba regulada de acuerdo con las prescripciones humanitarias del AT.

Un judío podía convertirse en esclavo de tres formas:

1. Podía caer en esclavitud *ex furto,* lo que parece haber sido la forma más corriente. Se trata del caso en que un ladrón no estaba en condiciones de restituir el equivalente [6] del robo. En virtud de Ex 22,2, era vendido por imposición del tribunal [7]. La venta, a la que sólo estaban sometidos los israelitas adultos de sexo masculino [8], solamente podía hacerse a judíos [9]. Sin embargo, para liberar al país de toda clase de gentes sin escrúpulos decidió Herodes, en desacuerdo con el derecho vigente, que los ladrones debían ser vendidos también para el extranjero y a no israelitas [10]. Más aún, podemos preguntarnos si no se introdujo en esta época un recrudecimiento todavía mayor del derecho penal. En efecto, la *halaká* no conoce en absoluto la venta de la esposa [11] ni de la hija adulta [12]; ahora bien, en Mt 18,25, en una parábola de Jesús, se supone la venta de la mujer y de los hijos a causa de la malversación de fondos cometida por el marido. Sin embargo, hay que conjeturar que esta parábola refleja más bien una situación exterior a Palestina.

2. Un judío podía también convertirse en esclavo *ex consensu,* ven-

gelos» 1 (Leipzig 1925) 89-95. La introducción de Gulkowitsch carece de valor por el hecho de confundir frecuentemente las prescripciones sobre el trato debido a los esclavos judíos y a los esclavos paganos. Billerbeck, IV, 689-716, presenta, en su excursus 26, un cuadro notable de las declaraciones rabínicas a propósito de los esclavos judíos.

[2] Billerbeck, IV, 689. Este punto de vista ha sido negado nuevamente por S. Zucrow, *Women, Slaves and the Ignorant in Rabbinic Literature and also the Dignity of Man* (Boston 1932).

[3] b. *ʿAr.* 30ª bar.; tratado *ʿAbadim* II 10.

[4] b. *Qid.* 18ª bar.

[5] *B. Q.* IV 5. Véase *infra,* en el cap. V, detalles sobre este punto.

[6] Según *Ant.* XVI 1,1, § 3, el ladrón debería devolver cuatro veces el importe del robo; esta afirmación es probablemente una generalización errónea de Ex 21 37b. En Lc 19,8 se trata de un aumento voluntario.

[7] *Mek.* Ex 21,7 (28ᵇ 17,20); *Sifré* Dt 15,12 (43ª 32); b. *Qid.* 14ᵇ, 17ᵇ y *passim.*

[8] *Mek.* Ex 21,20 (30ᶜ 42).

[9] *Ant.* XVI 1,1, § 3; *Sifré* Dt 14,12 (43ª 32).

[10] *Ant.* XVI 1,1, § 1s.

[11] Billerbeck, I, p. 798. La mujer no podía ser vendida ni siquiera por un robo cometido por ella, *Sota* III 8.

[12] *Mek.* Ex 21,20 (30ᶜ 43); *Mek.* Ex 21,7 (29ª 20ss).

diéndose él mismo voluntariamente (Lv 25,39-43). Sin embargo, sólo los israelitas adultos [13], y únicamente en caso de extrema pobreza [14], tenían derecho a venderse a sí mismos [15]. A las mujeres israelitas les estaba prohibido [16]. Era posible la venta a no judíos, pero eso imponía a los parientes el deber de rescate [17]. La mayoría de las veces se trataba de un gesto desesperado de un hombre endeudado, que había perdido toda esperanza.

3. Hasta ahora (salvo a propósito de Mt 18,25) hemos hablado solamente de israelitas adultos de sexo masculino. Sin embargo, se podían vender también las muchachas israelitas, pero únicamente las menores [18], y sólo hasta la edad de doce años [19]. En virtud de Ex 21,7, *la patria potestas* concedía al padre el derecho de vender a sus hijas menores a un judío [20]. En la práctica, la venta de una hija menor significaba la mayoría de las veces que estaba destinada a convertirse más tarde en mujer del comprador o de su hijo [21].

Se desprende de Josefo *(Ant.* XVI 1,1, § 1ss) y del NT (Mt 18,25), concordes en este punto, que especialmente la venta impuesta a causa de un robo, de la que se habla en el número 1, no era nada rara. La venta de una hija menor (precisamente a paganos) se halla constatada tal vez en un caso concreto estudiado anteriormente [22]; sin embargo, la literalidad del texto se puede referir también a una muchacha tomada a la fuerza (capturada como rehén).

El *estado de esclavitud* con un dueño judío duraba seis años completos [23] y nada más [24], a menos que el esclavo varón (las mujeres esclavas no tenían este derecho) [25] renunciase libremente a su liberación y transfor-

[13] Cf. *supra,* n. 8.

[14] *Sifra* Lv 25,39 (55ᶜ 35).

[15] *Mek.* Ex 21,7 (29ᵃ 27).

[16] *Mek.* Ex 21,7 (29ᵃ 24.28).

[17] Lv 25,47-52; b. *B. B.* 8ᵇ; b. *B. M.* 71ᵃ bar.; b. *ʿAr.* 30ᵇ; tratado *ʿAbadim* II 9. Diversamente en *Git.* IV 9.

[18] *Mek.* Ex 21,7 (29ᵃ 7); *Mek.* Ex 21,20 (30ᶜ 43).

[19] Después, la joven debía ser libertada en caso de que ni el dueño ni su hijo quisiesen desposarla (véase *infra,* n. 35).

[20] *Mek.* Ex 21,7 (29ᵃ 19ss); cf. *Sota* III 8. El padre no podía vender a sus hijos *(Mek., ibid.).* Diversamente se dice en *Git.* IV 9: «Si uno se vende a sí mismo y vende a sus hijos *(banaw)* a un no israelita, no se le rescata»; pero se trata aquí de una forma ilegal de actuar. Por eso mismo no hay rescate; sólo se rescatan los hijos después de la muerte del padre *(Git.* IV 9). Después de la vuelta del destierro, sucedió en épocas de escasez, como atestigua Neh 5,2.5, que algunos padres vendieron a sus hijos e hijas como esclavos.

[21] Tratado *ʿAbadim* I 10s.

[22] *ʿEd.* VIII 2, véase *supra,* p. 237.

[23] Ex 21,2; Dt 15,12; cf. Jn 8,35: «El esclavo no se queda en la casa para siempre». Véase además *Ant.* IV 8,28, § 273; XVI 1,1, § 3, y la *halaká* en Billerbeck, IV, 701s.

[24] Hay una afirmación singular en b. *Qid.* 14ᵇ bar.: «Quien se vende a sí mismo puede venderse por seis años y por más de seis años». Pero R. Eliezer (hacia el 90 después de Cristo), el defensor inquebrantable de la antigua tradición, rechaza esta posibilidad *(ibid.).* Si un esclavo emprendía la huida, debía después servir durante un tiempo correspondiente a la duración de su ausencia (Billerbeck, IV, pp. 702s).

[25] *Mek.* Ex 21,7 (29ᵃ 32) y *passim.*

mase su servicio de seis años en servicio perpetuo (Ex 21,5-6; Dt 15, 16-17), que no terminaba más que con la muerte de su propietario [26]. Esto sucedía sobre todo cuando el esclavo judío tenía hijos de una esclava no israelita perteneciente a su dueño [27] y no quería separarse de ella ni de sus hijos [28]. Sin embargo, el caso parece haber sido raro [29]. El servicio del esclavo podía finalizar antes del término de los seis años mediante liberación o rescate o si se rescataba él mismo [30]. Además, la esclava judía quedaba libre si el dueño moría [31] (de distinta manera sucedía con el esclavo varón [32], que pasaba entonces a poder del hijo [33]) o si ella alcanzaba los doce años [34]. Sin embargo, en este último caso, el dueño o su hijo se casaba con la esclava [35] muy frecuentemente. ¿Eran observadas siempre estas prescripciones? No olvidemos que Eclo 7,21 se vé obligado a recordar el no defraudar al esclavo en su liberación.

En lo concerniente a *la situación jurídica* del esclavo judío, hay que decir que el servicio de esclavo no era considerado como deshonroso, y el dueño debía evitar al esclavo judío deshonrosos trabajos de esclavo [36]. El esclavo judío, jurídicamente igual al hijo mayor de la familia, tenía derecho al mismo trato que su dueño: buenos alimentos, buen vestido, buen lecho en la mesa y para la noche [37]. A diferencia del esclavo pagano, podía adquirir bienes mediante hallazgo [38] o regalo [39] y pagar para abreviar su tiempo de servicio. A diferencia del esclavo pagano igualmente, su dueño no podía consagrarlo mediante interdicto [40]; si estaba casado, su dueño estaba obligado a sostener a la mujer y a los hijos [41]. En una palabra: la situación jurídica del esclavo judío estaba regulada conforme a la prescripción del AT: debe estar en tu casa «como jornalero» (Lv 25,40). Era «un obrero que alquilaba por seis años, a un determinado dueño, su capacidad de trabajo, y eso por un salario pagado de antemano bajo la forma del

[26] En este caso, el hijo del propietario no heredaba al esclavo, *Mek.* Ex 21,6 (29ª 1.6); *Qid.* I 2; b. *Qid.* 17ᵇ bar., y *passim.*

[27] Véase sobre este punto el final del párrafo siguiente.

[28] Ex 21,5; *Ant.* IV 8,28, § 273.

[29] Las prescripciones rabínicas intentaron agravarlo (Billerbeck, IV, 702s).

[30] No hay que tener en cuenta las prescripciones sobre el año jubilar, ya que no estaban en vigor.

[31] *Mek.* Ex 21,6 (19ª 6); *Qid.* I 2 y *passim.*

[32] *Mek.* Ex 21,6 (29ª 5) y *passim.*

[33] Ninguna otra persona, sin embargo, tenía derecho a heredar al esclavo.

[34] *Qid.* I 2; b. *Qid.* 4.ª, 16ª-ᵇ; tratado *ʿAbadim* I 4 y *passim:* «a la aparición de los signos de la pubertad».

[35] *Mek.* Ex 21,8 (29ᵇ 4). Tratado *ʿAbadim* I 7-10 y *passim.*

[36] *Mek.* Ex 21,2 (28ᵇ 42ss), por ejemplo: lavar los pies a su amo, ponerle el calzado, etc. Véase además *Sifra* Lv 25,39 (55ᶜ 40); *ʿAbadim* II 1. Tampoco se le debían exigir trabajos que le hiciesen aparecer públicamente como esclavo.

[37] *Mek.* Ex 21,5 (28ᵈ 22); *Sifra* Lv 25,39 (55ᶜ 45); tratado *ʿAbadim* II 2 y *passim.* Cf. Mt 10,24-25.

[38] *B. M.* I 5.

[39] Por el contrario, el fruto de su trabajo de esclavo pertenecía totalmente a su dueño (cf. Mt 25,14-30; Lc 19,13-27).

[40] *ʿAr.* VIII 5.

[41] *Mek.* Ex 21,3 (28ᶜ 36) y *passim.*

precio en que era comprado para un período de la misma duración»[42].

Sólo en un punto el esclavo judío, y únicamente el esclavo varón, estaba privado de su derecho en virtud de la exégesis rabínica de Ex 21,4, donde la Ley prescribe: «Si fue su dueño quien le dio (al esclavo) una mujer, de la que ha tenido hijos o hijas, entonces la mujer y los hijos pertenecen al dueño; el esclavo marchará solo». Como una judía adulta no podía ser esclava de un judío, se interpretó el pasaje en este sentido: el dueño tenía el derecho de dar como mujer una esclava pagana al esclavo judío[43], aun contra su voluntad[44]; a la liberación del esclavo, ella y sus hijos quedaban en posesión del dueño.

La dura realidad era frecuentemente más ruda que la legislación rabínica; tenemos una confirmación de esto en la orden dada por Herodes de que los ladrones fuesen vendidos al extranjero[45]. Con qué carencia de escrúpulos se podía en ocasiones despreciar la Ley lo muestra también el comportamiento del macabeo Antígono: en el 40 a. C. prometió a los partos, además de 1.000 talentos, 500 mujeres si le ayudaban a apoderarse del trono[46]; pensaba «en la mayor parte de las mujeres que estaban con ellos (sus enemigos: Hircano, Fasael y Herodes)»[47], mujeres, por consiguiente, judías. En conjunto, sin embargo, hay que decir que en épocas normales la legislación del AT, que protegía tan fuertemente a los esclavos judíos, cerró la puerta a un buen número de arbitrariedades por parte de los dueños. Es significativo el conocido dicho: «Quien compra un esclavo judío se compra un dueño»[48]; en cuanto a la sentencia de Jesús: «El discípulo no está por encima del maestro ni el esclavo por encima de su señor; es bastante que el discípulo llegue a ser como su maestro y el criado como su señor»[49], hay que considerarla igualmente como reflejo de un trato caritativo de los esclavos judíos.

[42] Billerbeck, IV, 790. L. Gulkowitsch, *Der kleine Talmudtraktat über die Sklaven:* «Angelos» I (1925) 88, afirma que el esclavo judío no tenía derecho a prestar testimonio. Es un error; el texto que él invoca, b. *B. Q.* 88ᵇ, habla del esclavo pagano.

[43] Según la opinión probablemente antigua, representada por R. Eliezer (hacia el 90 d. C.), esto valía tanto para el esclavo vendido *ex consensu* como para el vendido *ex furto* (b. *Qid.* 14ᵇ). La limitación a un esclavo casado (con una judía) no aparece hasta el siglo IV (b. *Qid.* 29ª).

[44] b. *Qid.* 14ᵇ, opinión de R. Eliezer (hacia el 90 d. C.); cf. *Tem.* V 12.

[45] *Ant.* XVI, 1,1, § 1ss.

[46] *Ant.* XIV 13,3, § 331; 13,5, § 343; 13,10, § 365; *B. j.* I 13,1, § 248; 13,4, § 257; 13,11, § 273.

[47] *B. j.* I 13,4, § 257.

[48] b. *Qid.* 20ª, 22ª y *passim.*

[49] Mt 10,24-25; Jn 13,16; 15,20.

CAPITULO IV

ISRAELITAS ILEGITIMOS

1. ISRAELITAS MARCADOS CON UNA MANCHA LEVE

En esta sección vamos a examinar tres grupos de población, entre los cuales sobresalen con mucho los prosélitos por su número. Los miembros de estos grupos tienen en común el que su unión con levitas e israelitas de origen puro era reconocida como legítima. Pero no podían emparentar con familias sacerdotales, privilegio exclusivo de los levitas y de los israelitas de pleno derecho. Su posición social se encontraba claramente rebajada; la exclusión de enlaces matrimoniales con familias sacerdotales no sólo era una privación social, sino también, en último término, religiosa. Además, estos grupos de población estaban privados de importantes derechos cívicos: no tenían sitio en ciertas asambleas y tribunales, y les estaba prohibido el acceso a las dignidades [1].

a) *Descendientes ilegítimos de sacerdotes*

Entre estos israelitas marcados con una mancha leve se encontraban en primer término los «profanos» (*halal* [2], *halalah,* Lv 21,7.14), es decir, los hijos ilegítimos de sacerdotes. Se trata de hijos nacidos del matrimonio de un sacerdote con una mujer que no es de la misma condición de pureza o que él no puede desposar por otras razones [3]. Hemos expuesto ya en qué casos estaba prohibido el matrimonio de un sacerdote y su descendencia considerada como ilegítima. Según Esd 2,61-63 y Neh 7,63-65, un hijo ilegítimo de sacerdote, lo mismo que sus descendientes, no podía ejercer el sacerdocio [4]; además, no podía casarse con una hija de sacerdote [5]. Si un hijo ilegítimo de sacerdote tenía un medio hermano de origen

[1] Las funciones correspondientes están citadas *supra,* pp. 310s.

[2] Término técnico basado en Lv 21,15.

[3] b. *Qid.* 77^{a-b}.

[4] Tampoco podía pronunciar la bendición del sacerdote en el servicio sinagogal, b. *Sota* 38^{b} y 40^{a}.

[5] *Qid.* IV 1. La opinión indulgente de R. Yudá (hacia el 150 d. C.): «Prosélito, esclavo emancipado y *halal* pueden casarse con una hija de sacerdote» (Tos. *Qid.* V 2 [341, 22]) no corresponde al derecho antiguo.

legítimo[6], no podía, en caso de que este último muriese sin dejar hijos, contraer matrimonio levirático con la viuda de su hermano[7], pues, dado su origen ilegal, no estaba en condiciones de conservar mediante un hijo el «nombre» (Dt 25,6) de un sacerdote legítimo. La hija ilegítima de un sacerdote no podía casarse con un sacerdote legítimo[8], ni siquiera en matrimonio levirático[9]. Aún más, la viuda de un *halal,* incluso siendo ella de origen legítimo, no podía, según el derecho sacerdotal vigente, casarse con un sacerdote[10]; por el matrimonio con un hijo ilegítimo de sacerdote se había convertido ella misma en ilegítima[11], ya que su propio origen legítimo no cambiaba nada la cosa. Estas severas prescripciones confirman nuevamente con qué escrupulosidad velaban los sacerdotes por mantener la pureza de su estado y por excluir a los miembros ilegítimos.

Incluso los círculos fariseos, más favorablemente dispuestos, recomendaban por principio excluir del estado sacerdotal a los descendientes ilegítimos de sacerdotes y no temían exigir a los sumos sacerdotes Juan Hircano y Alejandro Janneo que renunciasen a su función, pues, a sus ojos, eran hijos ilegítimos de sacerdotes. Los escribas, por el contrario, no podían aprobar la rigurosa actitud de los sacerdotes en cuestiones de matrimonio con descendientes ilegítimos de sacerdotes, sobre todo en los casos en que la ilegitimidad de un hijo de sacerdote no estaba probada, sino que sólo era una sospecha. Se trata de las familias *ʿissah*[12], mencionadas ya anteriormente, a las que no se querían unir matrimonialmente los sacerdotes. Apoyado en conjeturas de crítica textual, he dado anteriormente la solución del problema de *ʿissah:* son familias sacerdotales sobre las que hay incertidumbre acerca de la legitimidad de origen respecto a uno (o varios) de los miembros. He descubierto una confirmación de esta solución al constatar que el mismo sentido del término *ʿissah* es sostenido ya por los tosafistas[13], al igual que por Maimónides y Obadiah di Bertino-

[6] El hermano es hijo del mismo padre (sacerdote) y de otra mujer de la misma condición de pureza que el padre.

[7] *Yeb.* IX 1.

[8] *Qid.* IV 6; Tos. *Qid.* V 3 (341, 27).

[9] *Yeb.* IX 2.

[10] b. *Qid.* 75ª: «R. Hisda († 309 d. C.) decía: ¿No reconoce todo el mundo que la viuda *ʿissah* (sobre *ʿissah,* véase el párrafo siguiente) es legalmente no apta para el (matrimonio con un) sacerdote?». Lo que valía para la viuda *ʿissah* valía con mayor razón para la viuda de un *halal,* situada más abajo desde el punto de vista de la pureza.

[11] Cf. la disposición análoga relativa a los prosélitos, b. *Qid.* 78ª: «El prosélito hace (a la joven israelita legítima) no apta (para el matrimonio con un sacerdote) habiendo cohabitado (con ella)».

[12] Bibliografía: F. Rosenthal, *Über ʿissah. Ein Beitrag zur Sittengeschichte der Juden vor und nach der Zerstörung des zweiten Tempels:* MGWJ 30 (1881) 38-48, 113-123, 162-171, 207-217; A. Büchler, *Familienreinheit und Familienmakel in Jerusalem vor dem Jahre 70,* en *Festschrift Schwarz,* 133-162; véase la crítica de la opinión de Büchler, *supra,* p. 237, n. 66.

[13] Sobre b. *Ket.* 14ª: «Una familia en la cual están tal vez escondidos (es decir, mezclados) uno o varios *halalim*».

ro[14]. De estos casos de duda sobre la legitimidad de hijos de sacerdotes, los escribas de tendencia hillelita querían hacer casos de conciencia, es decir, estaban dispuestos a aceptar las declaraciones de la familia *ʿissah* en cuestión, si era digna de crédito, y a decidirse así en favor de la legitimidad de los hijos de esta familia[15]. Pero los sacerdotes, en su intransigencia, rechazaban siempre de buenas a primeras a las familias *ʿissah* y, si existía una simple sospecha, no se casaban con las hijas de estas familias[16]. En todas las cosas relativas al origen de los descendientes de sacerdotes decidían por principio en favor de la severidad.

Hay que decir que, en conjunto, el número de familias de sacerdotes ilegítimas no parece haber sido muy elevado[17].

b) *Prosélitos*

Los prosélitos[18] formaban también parte del grupo de israelitas señalados con una leve mancha; eran mucho más numerosos que los *halalim*.

[14] Sobre *ʿEd.* VIII 3: «Una familia en medio de la cual hay tal vez mezclado un *halal,* de suerte que cada uno de los hijos es sospechoso de ser este eventual hijo ilegítimo».

[15] *ʿEd.* VIII 3: «R. Yoshuá (hacia el 90 d. C.) y R. Yudá ben Bethyra (después del 100 d. C.) testimoniaron respecto a la (*ʾalmanat,* viuda; hay que subrayar esta palabra en conformidad con el pasaje de la Tosefta que vamos a citar inmediatamente) *ʿissah* que es apta (dado el caso) para (casarse con) sacerdotes. Pues la *ʿissah* es apta para explicar(se ella misma) respecto al puro y al impuro, para acercar(se a sacerdotes) y para alejar(se de ellos). Rabbán Gamaliel (II, antes del 110 d. C.) decía: Aceptamos vuestro testimonio. Pero ¿qué debemos hacer? Pues Yojanán ben Zakkay ha ordenado que no se convoquen tribunales para estos asuntos. Los sacerdotes os escucharán (solamente) cuando se trate de alejar, no de acercar». Tos. *ʿEd.* III 2 (459, 23), claramente en relación con las dos primeras frases de esta misná, dice: «Posteriormente, un tribunal enseñó: (La propia palabra de) la *ʿissah* es digna de crédito (*neʾemenet*) para declarar respecto al impuro y al puro, para prohibir y para permitir (el matrimonio), para acercar (a sacerdotes) y para alejar de (ellos). Pero ellos no se han ocupado de la viuda *ʾissah*». Esta última frase muestra de modo cierto que la palabra «viuda» en *ʿEd.* VIII 3 no forma parte de la tradición primitiva por otras conjeturas, véase *supra,* p. 237, n. 66. Así, pues, la familia *issah* es aquella a la que, según la *halaká,* se niega el testimonio de legitimidad o de ilegitimidad respecto a uno de sus miembros cuyo origen es dudoso. Rosenthal, en la p. 43 de su artículo citado, *supra,* p. 330, n. 12, hace una hipótesis sugestiva: a su parecer, el pasaje de la Tosefta indica que primitivamente, en la primera frase de *ʿEd.* VIII 3, no había *ʾlmnt ʿysh,* sino *nʾmnt ʿysh.* La falsa lectura de *ʿEd.* VIII 3 creó muchas confusiones sobre el sentido del término *ʿissah.*

[16] *ʿEd.* VIII 3; véase la nota precedente.

[17] Tos. *Qid.* V 2 (341, 26) par. b. *Ket.* 14b bar.: «Los israelitas conocen a los *neṯînîm* (esclavos del templo, véase *infra,* p. 353) y a los bastardos en medio de ellos, pero no a los *halalim*». A Büchler, en MGWJ 78 (1934) 159ss, cita algunas menciones de *halalim* en el siglo II de nuestra Era; véase también j. *Git.* I 2 (43c 39) (Billerbeck, II, 377).

[18] Bibliografía: tratado *Gerim,* ed. G. Polster (*Text, Übersetzung, Bemerkungen*): «Angelos» 2 (1926) 1-38. Billerbeck, II, 715-723; L. Levi, *Le prosélytisme juif:* REJ 50 (1905) 1-9; 51 (1906) 1-31. Bibliografía más antigua en Schürer, III, 150, n. 1. Schürer mismo, 150-188, trata del éxito del proselitismo judío y de las diversas categorías de prosélitos; en 186s toca las cuestiones que vamos a tratar, pero

Se trata de prosélitos de pleno derecho, de «prosélitos de la justicia» [19], es decir, de paganos convertidos al judaísmo que se sometían a la circuncisión, al baño [20] y a la ofrenda del sacrificio [21]. Hay que distinguirlos claramente de los «temerosos de Dios» [22], quienes sólo aceptaban la profesión de fe monoteísta y la observancia de una parte de las leyes ceremoniales, sin convertirse plenamente al judaísmo. Legalmente eran considerados aún como paganos.

En el siglo I de nuestra Era, objeto de nuestro estudio, había pasado ya ciertamente la época de las conversiones forzadas [23] al judaísmo, como las había habido en el tiempo de los Macabeos, especialmente en Idumea [24] bajo Juan Hircano y en el reino de Iturea [25] bajo Aristóbulo I. Incluso en la diáspora, a juzgar por Mt 23,15, parece que en este siglo no era tarea fácil ganarse un verdadero prosélito; lo cual no tiene nada de extraño, habida cuenta de la difusión de corrientes antisemitas en el mundo grecoromano [26]. Schürer tiene razón al pensar que «las conversiones formales al judaísmo no parecen haber sido tan frecuentes como la libre adhesión en forma de *sebomenoi*» [27]. Sin embargo, el baño de los prosélitos en la piscina de Siloé de Jerusalén no parece haber sido un acontecimiento raro; es fácil sobre todo concebir que los paganos viniesen a Jerusalén para su conversión al judaísmo [28], aunque no fuese más que para ofrecer el sacrificio previsto para esta ocasión [29].

Es a la Jerusalén de las últimas décadas anteriores a nuestra Era hacia donde apunta el relato acerca de la conversión al judaísmo de tres paganos rechazados por Shammay y aceptados por Hillel [30]. Además, un episodio concreto, narrado en el cuadro de una discusión entre shammaítas y hillelitas, pertenece a la época anterior al año 30 de nuestra Era. Los shammaítas consideraban lícito el baño del prosélito en el día de su circuncisión; los hillelitas, por el contrario, exigían un intervalo de siete días

muy brevemente y de forma totalmente insuficiente, pues no utiliza otra fuente que la Misná.

[19] *Gerîm* = *gerê sedeq*.

[20] Sobre la antigüedad del bautismo de los prosélitos como rito de iniciación, véase Billerbeck, I, 102-108, y mi libro *Die Kindertaufe in den ersten vier Jahrhunderten* (Gotinga 1958) 29-34 (traducción francesa, París 1967).

[21] Las mujeres, sólo al baño y a la ofrenda del sacrificio.

[22] *Yir'ê samayim*. NT, LXX, Josefo: *phoboumenoi (sebomenoi) ton theon*.

[23] Cf. *Nidda* VII 3: hay lugares poblados principalmente por prosélitos.

[24] *Ant.* XIII 9,1, § 257.

[25] *Ant.* XIII 11,3, § 318. En el § 319 Josefo se apoya en la obra histórica de Estrabón (que no ha llegado hasta nosotros), de la que hace sólo una cita propiamente dicha.

[26] Cf. Schürer, III, 126s y 150ss; J. Leipoldt, *Antisemitismus in der alten Welt* (Leipzig 1933).

[27] Schürer, III, 177.

[28] *Pirqê de R. Eliezer*, 10.

[29] b. *Ker.* 81ª = 9ª; *Gerim* II 5. El sacrificio consistía ordinariamente en un par de palomas.

[30] b. *Shab.* 31ª bar.; *ARN* rec. A cap. 15,61ª 1. Las tradiciones sobre Hillel y sobre el prosélito Ben He He (b. *Hag.* 9ᵇ, cf. Bacher, *Ag. Tann.* I, 8s) forman también parte de este contexto.

entre la circuncisión y el baño [31], pues atribuían al pagano la impureza del cadáver. El texto añade el relato de un acontecimiento que ilustra la antigua práctica, la de los shammaítas [32]: «Había en Jerusalén soldados en calidad de [33] guardianes de las puertas; (el 14 de nisân) tomaron el baño y a la tarde comieron su Pascua (aunque circuncidados ese mismo día») [34]. Desgraciadamente no sabemos nada más de esta historia e ignoramos de qué soldados se trata. Una sola cosa es cierta: son paganos que se convierten al judaísmo [35]; el hecho tuvo lugar antes del año 30, pues, como muestra el Nuevo Testamento [36], el punto de vista shammaíta no servía de norma en tiempo de Jesús. Entre el 30 y el 33 encontramos en Jerusalén a Nicolás, prosélito originario de Antioquía, que se agregó a la primitiva comunidad cristiana (Hch 6,5). Finalmente, en lo concerniente a los prosélitos de Jerusalén, tenemos que recordar que ya hemos encontrado a célebres maestros de la ciudad santa que descendían de prosélitos [37]. En los osarios de Jerusalén aparecen mencionados un «'Judá', hijo del prosélito Laganion» [38], y una prosélita llamada María [39].

Veamos lo concerniente al *origen* de los prosélitos palestinenses, especialmente los de Jerusalén. La mayoría procedía de las regiones situadas en el mismo límite del territorio habitado por los judíos. Idumea era la patria de la familia real herodiana. Las madres de los dos escribas de Jerusalén de origen pagano (mencionados *supra,* p. 251), R. Yojanán, hijo de la haraunita (hacia el 40 d. C.) [40], y Abbá Shaul, hijo de la batanea (hacia el 60 d. C.), eran originarios, respectivamente, de Araunítida y de Batanea. Estas dos regiones, desde el 23 a. C., fueron parte del dominio de Herodes el Grande; desde el 4 a. C. al 34 d. C., de la tetrarquía de Felipe, y a partir del 53, del dominio del reino de Agripa II.

Además, en virtud de Dt 23,4-9, se discute la posibilidad de admitir amonitas y moabitas a la conversión [41] y se pregunta si los prosélitos edo-

[31] *Pes.* VIII 8; *'Ed.* V 2; Tos. *Pes.* VII 13 (167, 20).
[32] Tos. *Pes.* VII 13 (167, 21); j. *Pes.* VIII 8,36[b] 47 (III/2, 134).
[33] Así en j. *Pes.* VIII 8,36[b] 47 (III/2, 134). En Tos. *Pes.* VII 13 (167, 21): «y».
[34] Hay que completarlo con esta importante adición; así se desprende de *Pes.* VIII 8 y b. *Pes.* 92[a] bar.
[35] Conforme al contexto del pasaje.
[36] Véase mi artículo *Der Ursprung der Johannestaufe:* ZNW 28 (1929) 312-320; además, Jn 18,28; cf. Mt 8,8: las casas paganas, en la época de Jesús, estaban consideradas como manchadas con la impureza propia de un cadáver. Lo mismo aparece en *Ant.* XVIII 4,3, § 94.
[37] Véase *supra,* p. 251. Cf. también Tos. *Sukka* I 1 (192, 11); j. *Sukka* I 1,51[d] 24 (IV/1, 2): los siete hijos de la reina Helena de Adiabene, convertida al judaísmo, fueron todos, según se dice, escribas *(talmîdê hakamîm).* Véase además *infra,* p. 342, 134, la explicación de Dt 10,18 por R. Yoshuá.
[38] CIJ II, n.° 1385, inscripción griega.
[39] CIJ II, n.° 1390, inscripción hebraica.
[40] Yo leo «Rabbí Yojanán ben ha-hôrônît» con Tos. *Sukka* II 3 (193, 27) ms. de Erfurt; Tos. *'Ed.* II 2 (457, 14) ms. de Erfurt; *Sukka* II 7 en la *ed. princeps* del Babli (Venecia 1522), y el ms. de Munich del Babli. Sin embargo, la lectura «Yojanán ben ha-hôrônî» tiene también buenos testigos; cf. H. Bornhäuser, *Sukka* (col. Die Mischna, Berlín 1935) 69s, quien deja la cuestión abierta.
[41] Dt 23,4 prohíbe recibir en la comunidad de Israel a amonitas y moabitas. Como el versículo no hace mención explícita de las mujeres amonitas y moabitas, se

mitas y egipcios de ambos sexos pueden casarse con judíos inmediatamente después de su conversión [42]. No se trataba sólo de debates teóricos. Eso es lo que indica el relato de que, en tiempo de Rabbán Gamaliel II (después del 90 d. C.), un prosélito llamado Yudá fue admitido a la conversión en la casa de estudios de Yabné [43], así como la noticia de que, entre los alumnos de R. Aqiba, se encontraba un prosélito egipcio, llamado Minjamín [44], casado con una prosélita egipcia [45]. Es a la provincia romana de Siria adonde conduce la mención de Nicolás, prosélito originario de Antioquía, miembro de la primitiva comunidad cristiana de Jerusalén (Hch 6,5). La discusión sobre si los qardúes, es decir, los armenios [46], y los palmireos podían ser admitidos como prosélitos [47] (los hillelitas eran partidarios, pero los shammaítas se oponían) estaba ocasionada por casos concretos. Eso es lo que indican los osarios encontrados en Shafat, a tres kilómetros al norte de Jerusalén, los cuales formaban parte sin duda de un cementerio para la diáspora judía; esos osarios llevan nombres palmireos, escritos en parte en escritura palmirea [48]. Eso es lo que indica también la mención de una Miryam de Palmira que ofreció en Jerusalén el sacrificio de nazireato [49], la cual tal vez era [50] prosélita. Los prosélitos de

dedujo que esa prohibición no afectaba a las mujeres *(Yeb.* VIII 3); se interpretaba que el reproche dirigido a los amonitas y moabitas en Dt 23,5 se dirigía sólo a los hombres y no a las mujeres (j. *Yeb.* VIII 3, 9[c] 9 [IV/2, 119-120]; b. *Yeb.* 77[a]; *Sifré* Dt 23,4, § 249 [50[d] 199,4], o bien se concluía de la historia de Rut la moabita y de Naamá la amonita (1 Re 14,21) que Dios había «roto los lazos» (Sal 116,16) abarcando a las mujeres moabitas y amonitas (b. *Yeb.* 77[a]). Pero se llegó aún más lejos. *Yad.* IV 4 muestra que, hacia el 90 d. C., ya no se consideraba vigente el conjunto de la prohibición de Dt 23,4; quedaba limitada a los amonitas y moabitas de otras épocas. Cf. K. H. Rengstorf, *Jebamot* (col. Die Mischna, Giessen 1929) 104-106; Billerbeck, IV, 378ss.

[42] Según Dt 23,8-9, sólo a partir de la tercera generación pueden pertenecer a la comunidad de Israel los descendientes de edomitas y de egipcios. Esta norma se aplicaba a los hombres y a las mujeres (también aquí excluía R. Simeón, hacia el 150 d. C., a las mujeres: *Yeb* VIII 3; *Sifré* Dt 23,9, § 253 [50[c] 199,41]), interpretando que dos generaciones de prosélitos edomitas y egipcios (contadas a partir de la conversión, Tos. *Qid.* V 4 [342, 7]) no podían casarse con judíos *(Yeb.* VIII 3). Como muestran Tos. *Yad.* II 17 (683, 34) y Tos. *Qid.* V 4 (342, 9), esta regla, hacia el 90 d. C., se restringía también a los tiempos pasados; no se la consideraba, por consiguiente, como vigente.

[43] *Yad.* IV 4; Tos. *Yad.* II 17s. (683, 26); b. *Ber.* 28[a] bar. La decisión fue tomada por mayoría contra el parecer de Gamaliel.

[44] Manuscrito de Viena y ediciones antiguas (diversamente en Zuckermandel): Benjamín. R. de Vaux, *Binjamin-Minjamin:* RB 45 (1936) 400-402, piensa (sin conocer nuestro pasaje) que Minjamín es otra forma de Benjamín. A su juicio, el nombre Minjamín-Benjamín expresa la pertenencia a la tribu de Benjamín. Nuestro pasaje, que nos hace conocer a un prosélito egipcio llamado Minjamín, restringe el valor de esta opinión.

[45] Tos. *Qid.* V 4 (342, 6).

[46] Qardú designa el Ararat bíblico.

[47] b. *Yeb.* 16[a-b] bar.; j. *Yeb.* I 6, 3.[a] 59ss (IV/2, 19-20) y *passim.*

[48] F.-M. Abel, en RB 10 (1913) 262-277, y CIJ II, n.ºs 1214-1230.

[49] *Naz.* VI 11; Tos. *Naz.* IV 10 (299, 1).

[50] S. Klein, *Jüdisch-palästinisches Corpus inscriptionum* (Viena y Berlín 1920) 25, n. 5.

Adiabene, a cuya cabeza se encuentran miembros de la familia real de Adiabene a quienes hemos encontrado en Jerusalén en las últimas décadas anteriores al 70 d. C. y durante los años de la rebelión (66-70)[51], venían de una región más lejana aún, del reino de los partos. Y de más lejos todavía, por el este, era originario el escriba Najum el medo (hacia el 50 d. C.)[52]. Pero no sabemos si descendía de judíos residentes en Media o de medos; la primera hipótesis es mucho más probable[53].

¿Cuál era la *situación jurídica* de los prosélitos? La norma según la cual hay que considerar al pagano convertido «como un israelita desde todos los puntos de vista»[54] no significa que el prosélito gozase de los mismos derechos que el israelita de pleno derecho, sino solamente que el prosélito, como todo judío, estaba obligado a observar el conjunto de la Ley (Gál 5,3)[55]. Respecto a la situación jurídica del «extranjero» (*ger* = prosélito), era más bien determinante el principio siguiente: *'ên 'ab legôy*, «el pagano no tiene padre»[56]. En este principio jurídico, fundamental respecto al antiguo derecho relativo a los prosélitos, se refleja el juicio extraordinariamente pesimista del judaísmo rabínico[57] sobre el paganismo, particularmente sobre su vida moral: toda pagana, incluso una esposa, es sospechosa de haber practicado la prostitución[58]; se duda por principio de que el pagano pueda conocer a su verdadero padre[59]. Así se explica que escribas de origen pagano como R. Yojanán, «hijo de la haraunita» (hacia el 40 d. C.)[60], sean nombrados citando a su madre; «no tienen padre».

Sólo más tarde probablemente, aunque todavía en el período tannaíta, se negaron también las relaciones de parentesco del prosélito con su madre en el caso de que ésta fuese pagana cuando él nació. Se invocaba el principio de que «el prosélito, en su conversión (al judaísmo), es como un niño nacido de nuevo»[61]. Sin embargo, como muestran inequívocamente el texto literal de este principio, su empleo en el pasaje más antiguo[62] y la

[51] Véase la exposición *supra*, pp. 30s, 40. En Jerusalén, sobre un sarcófago de las tumbas llamadas de los reyes, sepultura de la familia real de Adiabene, encontramos la inscripción «Reina Sadda» (inscripción bilingüe, hebraica y siríaca, frecuentemente estudiada; por ejemplo, S. Klein, *op. cit.*, 26; CIJ II, n.° 1388).

[52] *Shab.* II 1 y *passim.*

[53] Puesto que, según parece, los descendientes de prosélitos eran llamados por el nombre de su madre (véase *supra*, p. 251). En virtud del principio de derecho judío según el cual el pagano no tenía padre legítimo (véase *infra*, n.° 56).

[54] b. *Yeb.* 47b.

[55] *Mek.* Ex 12,49 (7c 44-48).

[56] *Rut R.* 2,14 sobre 1,8 (8a 8), palabras de R. Meír (hacia el 150 d. C.); b. *Yeb.* 98a; *Pesiqta rabbati* 23-24, 122a 11.

[57] Billerbeck, III, 62-74.

[58] Cf. *Yeb.* VI 5: «Se considera como 'prostituta' (Lv 21,7) a la prosélita, a la esclava libertada y a la que (siendo israelita de nacimiento) ha tenido una relación de prostitución».

[59] Billerbeck, I, 710, n. 1.

[60] Véase *supra*, pp. 251 y 333.

[61] b. *Yeb.* 48b bar., 22a, 62a, 97b; tratado *Gerim* II 6, ed. Polster: «Angelos» 2 (1926) 6s.

[62] b. *Yeb.* 48b bar.; *Gerim* II 6.

existencia de expresiones análogas en la literatura rabínica [63] y neotestamentaria [64], dicho principio significaba primitivamente que «Dios perdona todos sus pecados al prosélito (en el momento de su conversión)» [65]. Así, pues, la comparación del prosélito con el recién nacido tiene originariamente un sentido religioso; expresa de forma simbólica los bienes salvíficos aportados por la conversión al judaísmo. El *tertium comparationis* es la inocencia del niño recién nacido. Cuando Pablo dice que los hombres se convierten por el bautismo en una «nueva criatura» (Gál 6,15; 2 Cor 5,17), cuando 1 Pe 2,2 compara a los bautizados con «niños recién nacidos», tenemos en ambos textos la misma [66] imagen, tomada también en sentido religioso.

Esta comparación del prosélito con el recién nacido no se convirtió en principio jurídico hasta más tarde; entonces significó que había que considerar al pagano convertido como nuevamente creado, es decir, «sin padre, ni madre, ni (otro) parentesco» [67]. En esta época, por consiguiente, se le niega al prosélito las relaciones de parentesco incluso con su madre. Este endurecimiento, relacionado en parte con el aislamiento del judaísmo causado por la difusión del cristianismo, se expresa también en otros lugares de diversas maneras [68]; es significativa la expresión de R. Jelbo (hacia el 300): los prosélitos son para Israel tan malos como la lepra [69]. Pero, como acabamos de decir, la significación jurídica de la comparación del prosélito con el recién nacido es tardía [70]; era todavía discutida en el si-

[63] *Pesiqta rabbati* 16, 84ª 8; *Cant. R.* 8,1 sobre 8,2 (74ª 30).

[64] Véanse las líneas siguientes.

[65] j. *Bik.* III 3, 65ᶜ 61 (II/2, 386). Véase especialmente b. *Yeb.* 48ᵇ bar., donde R. Yosé (hacia el 150 d. C.) rechaza explícitamente la teoría de que los sufrimientos y vejaciones que afectan a los prosélitos fuesen el castigo de no haber observado, antes de su conversión, los mandamientos de Noé, a los que los paganos estaban sujetos. R. Yosé *(Gerim* II 6: R. Yudá hacia el 150 d. C.) explica su disconformidad con el principio: «El prosélito, en el momento de su conversión, es como un recién nacido». Según R. Yosé, el sentido de este principio es que las faltas cometidas antes de la conversión son perdonadas al prosélito *(Gerim* II 6: «Se las perdona [Dios]»).

[66] Hemos constatado ya en Pablo (Rom 6,2ss y *passim)* influencias helenísticas en la explicación del bautismo cristiano. Pero no podemos olvidar que dichas influencias son secundarias. Cf. mi artículo *Der Ursprung der Johannestaufe:* ZNW 28 (1929) 312-320, donde se muestra la relación de 1 Cor 10,1ss con la doctrina bautismal del judaísmo tardío y del cristianismo primitivo.

[67] Rashi sobre b. *Sanh.* 57ᵇ bar., Billerbeck, III, 354, n. 1.

[68] Pero no han faltado tendencias contrarias, favorables a los prosélitos, como muestran las pp. 337s.

[69] b. *Nidda* 13ᵇ y par.

[70] La idea de que el prosélito está «sin madre» se encuentra insinuada por primera vez en la tradición baraíta b. *Sanh.* 57ᵇ 58ª, según la cual el prosélito sólo tiene parentesco, por lado materno, según la carne, si su madre se ha convertido durante el embarazo: «Un prosélito cuya concepción no tuvo lugar en santidad (los padres eran ambos paganos) y cuyo nacimiento tuvo lugar en santidad (en el intervalo se convirtieron los padres, o la madre) tiene un parentesco según la carne por lado materno, pero no por lado paterno». Por consiguiente, sólo en el caso de que la madre de un prosélito se hubiese convertido antes del nacimiento de éste, se le reconocía al mismo un parentesco según la carne por lado materno. Lo que quiere decir que, si la madre es aún pagana en el momento del nacimiento, el prosélito está «sin

glo IV [71], y R. Najmán, por ejemplo, no la admitía [72]. Sobre el viejo principio jurídico de que «el pagano no tiene padre» [73] se ha construido el antiguo derecho relativo a los prosélitos; por ejemplo, las leyes sobre el incesto válidas para los prosélitos [74].

La antigua legislación relativa a los prosélitos se desarrolló partiendo de este fundamento jurídico. Afectaba en primer término al *derecho matrimonial;* esto es lo que hay que notar a este respecto.

a) Las prosélitas no son aptas para casarse con sacerdotes [75]. Pudieran, antes de su conversión, haberse dedicado a la prostitución; ahora bien, según Lv 21,7, la «prostituta» no tiene derecho a casarse con un sacerdote [76]. En el siglo II de nuestra Era se intentó suavizar esa severa prescripción. Así, R. Simeón ben Yojay (hacia el 150) enseñaba a modo de excepción: «Una prosélita que se convierte antes de tener tres años y un día puede casarse con un sacerdote» [77]. Además, en el siglo II se discutía en qué medida la incapacidad de unirse a familias sacerdotales afectaba también a los descendientes de prosélitos [78]; se impuso la tendencia más benigna [79] (R. Yosé ben Jalafta, hacia el 150, permite a la hija de un prosélito y de una prosélita casarse con un sacerdote). Los sacerdotes, sin embargo, opusieron una resistencia pasiva [80] a estos relajamientos de la prescripción; ellos y sus hijas [81] se mantuvieron apartados lo más posible de los prosélitos y de los descendientes de los prosélitos [82].

padre ni madre». Tos. *Yeb.* XII 2 (254, 22) confirma la exactitud de esta explicación.

[71] b. *Yeb.* 22ª, 97ᵇ.

[72] b. *Yeb.* 22ª.

[73] Según esto, hay que corregir la explicación de K. H. Rengstorf, art. *gennāō ktl,* en *Theol. Wörterbuch zum NT* I (1933) 666, líneas 14ss.

[74] Sobre estas leyes véase Billerbeck, III, 353-358.

[75] Tos. *Qid.* V 3 (341, 29); j. *Yeb.* VIII 3, 9ᵇ 29 (IV/2, 119); Josefo, *C. Ap.* I 7, § 31.

[76] *Yeb.* VI 5; *Sifra* Lv 21,7 (47ᵇ 186,22); véase *supra,* p. 233. Pudiera ser que esta sospecha de inmoralidad que pesaba sobre la prosélita estuviera en la base de la enseñanza de R. Aqabya ben Mehalalel (hacia el 70 d. C.), quien quería excluir a la prosélita y a la esclava emancipada del procedimiento prescrito en Nm 5,11-29 respecto a la mujer sospechosa de adulterio. Bien es verdad que se encontraba solo y fue desterrado, pues no quería abandonar esa enseñanza rigorista *(Sifré* Nm 5,12, § 7 [3ᵇ 38ss] y par.).

[77] j. *Qid.* IV 6, 66ª 10 (no traducido en V/2, 284, donde se remite al par. II/2, 363). Se invoca como prueba de Escritura: «No perdonéis la vida más que a las niñas (madianitas) que no hayan compartido el lecho de un hombre y que sean para vosotros» (Nm 31,18). Y Pinjás (el sacerdote) estaba entre ellos (es decir, entre los que fueron reprochados en Nm 31,18; por consiguiente, el «para vosotros» del texto de la Escritura se refiere también a los sacerdotes). Par. b. *Yeb.* 60ᵇ; b. *Qid.* 78ª. Cf. además j. *Bik.* I 5, 64ª 31 (II/2, 363) y *passim.*

[78] *Qid.* IV 6-7; cf. *Bik.* I 5. Las opiniones concretas están enumeradas *supra,* p. 233, n. 26.

[79] b. *Qid.* 78ᵇ: *la halaká* estaba de acuerdo con la opinión de R. Yosé.

[80] Véase *supra,* pp. 237s; cf. especialmente *ʿEd.* VIII 3.

[81] El punto de vista de R. Yudá (hacia el 150 d. C.): «Prosélito, esclavo emancipado y *halal* pueden desposar a una hija de sacerdotes» (Tos. *Qid.* V 2 [341, 22]; b. *Qid.* 72ᵇ bar.) no corresponde ni al antiguo derecho ni al uso.

[82] b. *Qid.* 78ª; j. *Bik.* I 5, 64ª 27 (II/2, 363).

b) Por lo demás, los prosélitos de ambos sexos podían casarse sin restricción con miembros de todos los otros grupos de la población [83] (levitas, israelitas de origen puro [84], israelitas con una mancha leve o grave [85] en su origen [86]). Las prohibiciones bíblicas sobre el incesto sólo eran válidas para ellos en la medida en que se tratase de consanguinidad por lado materno [87]; las prohibiciones rabínicas, llamadas de segundo grado de parentesco [88], no les afectaban [89]. En el derecho que tenía el prosélito a contraer matrimonio, por ejemplo, con una bastarda o con su propia medio hermana [90], se expresaba la «santidad menor» [91] de los prosélitos en comparación con la «mayor santidad» de los israelitas de origen puro, severamente separados [92].

El *derecho de sucesión* está en relación muy directa con el derecho matrimonial. A este respecto se plantean dos cuestiones: 1) ¿Qué derecho tiene el prosélito a heredar al padre pagano?, y 2) ¿Qué derecho tienen a la herencia de su padre los hijos del prosélito concebidos antes de su conversión?

En cuanto a la primera cuestión, al prosélito se le permitía apropiarse, en la herencia de su padre pagano, de sólo aquellos objetos que,

[83] *Qid.* IV 1; véase *supra,* p. 286.

[84] Sin embargo, no faltaban voces que dijesen: «Los prosélitos... no pueden entrar en la comunidad (es decir, no pueden unirse matrimonialmente con israelitas legítimos)», Tos. *Qid.* V 1 (341, 15).

[85] Más tarde se sostuvo la opinión que prohibía el matrimonio de un prosélito con una bastarda (así R. Yudá hacia el 150 d. C., b. *Qid.* 67ª bar.; 72ᵇ bar.).

[86] Según *Yeb.* VIII 2, incluso era válido el matrimonio de una prosélita con un hombre que tuviese los órganos cortados o destrozados; a las judías de nacimiento les estaba prohibida tal unión en virtud de Dt 23,2.

[87] Billerbeck III, 353-358.

[88] Para proteger de todo quebrantamiento las prescripciones sobre el incesto (Lv 18), los rabinos habían añadido a los grados de parentesco prohibidos un grado más por cada lado, hacia arriba y hacia abajo. Estos ocho grados de parentesco *(sᵉniyyôt)* prohibidos por los rabinos (no por la Biblia) están enumerados en Tos. *Yeb.* III 1 (243, 14); b. *Yeb.* 21ª bar.

[89] b. *Yeb.* 22ª.

[90] El matrimonio estaba permitido cuando ambos prosélitos, hermano y hermana, tenían un mismo padre y diferentes madres. En este caso, hermano y hermana no eran parientes, ya que el prosélito «no tiene padre».

[91] Respecto a la expresión, cf. b. *Yeb.* 22ª.

[92] De lo que acabamos de decir se derivan especiales prescripciones concretas relativas al derecho matrimonial: dos hermanos, cuando uno de ellos ha sido concebido antes de la conversión de la madre, no están sometidos a la obligación del matrimonio levirático *(Yeb.* XI 2), pues, jurídicamente, no tienen el mismo padre; esto vale con mucha mayor razón cuando los dos hermanos han nacido antes de la conversión de su madre *(Yeb.* IX 2). Respecto a una prosélita concebida o nacida antes de la conversión de su madre, no se puede apelar, en caso de que el marido la acusase de no haber permanecido virgen hasta el momento del matrimonio, ni a la prescripción que ordenaba el pago de una indemnización a su padre (Dt 22,19: si la acusación era falsa), ni a la prescripción que ordenaba conducirla ante la puerta del padre para lapidarla (Dt 22,21: si la acusación era verdadera), *Ket.* IV 3; en efecto, jurídicamente, no tenía padre. Cf. además *Ket.* I 2.4; III 1-2: respecto a la cuantía del contrato matrimonial, etc., sólo eran equiparadas con las judías de nacimiento aquellas prosélitas que no tenían tres años y un día en el momento de su conversión; sólo en este caso creían estar seguros de su virginidad.

como el dinero y los productos cosechados, no estuvieran en relación con el culto a los ídolos. «Si un prosélito y un pagano (hermanos) heredan de su padre pagano, aquél (el prosélito) puede decir: coge el culto (lo que sirve al culto) de los ídolos, y para mí el dinero; para ti el vino (a causa de las libaciones que tal vez fueron ofrecidas con él) y para mí los productos cosechados» [93]. Ciertamente, en sí, el prosélito no tenía derecho a aprovecharse directa ni indirectamente, como en el ejemplo citado, de la parte de la herencia de su padre pagano que se había empleado o podía emplearse en el culto de los ídolos. Sin embargo, para no dar ocasión a los prosélitos de volver al paganismo, se les permitía aprovecharse indirectamente [94].

En lo tocante a la segunda cuestión propuesta, entraba en juego el principio de que el pagano «no tiene padre». Por consiguiente, los hijos de prosélitos concebidos antes de la conversión no podían reivindicar ninguna parte en la herencia, aunque se hubiesen convertido juntamente con su padre. Veamos un ejemplo: «Quien pide prestado a un prosélito cuyos hijos se han convertido con él al judaísmo no está obligado (si el prosélito muere) a devolverlo a los hijos» [95]. Según el derecho rabínico, la esposa no tiene normalmente derecho a heredar [96]; por consiguiente, la herencia del prosélito que «ha muerto sin herederos», es decir, sin dejar hijos concebidos después de la conversión, queda sin propietario. Lo cual es válido para todos los bienes [97], o sea, para los campos [98], el ganado [99], los esclavos [100] y los derechos del difunto en materia pecuniaria [101]; sólo quedaba excluida la parte de los bienes sobre la que pesaba la obligación de pagar a un acreedor [102] o a la viuda en virtud de la suma estipulada en el contrato matrimonial en caso de defunción del marido [103]. Cualquiera puede apropiarse de estos bienes sin propietario [104]; el primero que practique la «toma de posesión» [105] tiene ese privilegio. Así, pues, los esclavos

[93] *Demay* VI 10; Tos. *Demay* VI 12 (57,15). Pero sucedía que algunos prosélitos particularmente escrupulosos procedían como Aquila, el traductor de la Biblia (hacia el 120 d. C.), el cual «decidió por sí mismo con mayor rigor y arrojó su parte (en la herencia de su padre pagano) al Mar Muerto» (Tos. *Demay* VI 13 [57, 16]).

[94] W. Bauer, *Dammai* (col. Die Mischna, Giessen 1931) 50s.

[95] *Shebiit* X 9.

[96] *B. B.* VIII 1.

[97] b. *Git.* 39[a]; *Gerim* III 8. En *Gerim* III 8-13, se habla del prosélito de pleno derecho, mientras que en III 1ss se habla del semiprosélito *(ger tôsab)*.

[98] b. *Git.* 39[a]; *Gerim* III 9-10.

[99] *B. Q.* IV 7; *Gerim* III 13.

[100] *Gerim* III 8.13.

[101] *Shebiit* X 9; *B. Q.* IX 11.

[102] *Gerim* III 11-12.

[103] *K[e]tûbbah (Gerim* III 11). Sin embargo, el acreedor y la viuda deben hacer valer sus derechos a tiempo.

[104] *Gerim* III 8 (donde hay que leer *q[e]tanîm* con b. *Git.* 39[a]): «Si los servidores son (aún) menores, se pueden adquirir tomándolos para sí (así tiene lugar la apropiación legal válida, por ejemplo, cuando se ha terminado un mercado)». *Gerim* III 9-13.

[105] *Gerim* III 9-10.13.

mayores pueden declararse libres [106], apropiándose, por ejemplo, de los rebaños que ellos mismos guardan [107]; la viuda también puede practicar la «toma de posesión» de un bien sin propietario [108].

Veamos ahora lo concerniente al *derecho a ocupar puestos oficiales.* Estaba prohibido al prosélito ser miembro del Sanedrín [109] y del tribunal de 23 miembros que dictaba penas capitales [110]; la participación de un prosélito en una sentencia de estos tribunales hacía la decisión inválida [111]. El prosélito tampoco podía sentarse [112] en el tribunal de tres miembros ante el que tenía lugar la *halîsah* [113]. Por el contrario, no le estaba prohibido tomar una decisión, participando en un tribunal de tres miembros, en los litigios relativos a los bienes [114].

Hay que subrayar, finalmente, que la falta de una genealogía auténticamente israelita tenía para los prosélitos no sólo consecuencias jurídicas, sino también religiosas. El prosélito no tenía ninguna participación en los méritos de Abrahán, que tenían una función supletoria [115], ya que estaban reservados a los descendientes del patriarca según la carne [116]. Así, pues, el prosélito, para justificarse, debía contar sólo con sus propios méritos [117].

Por el contrario, en lo tocante *al derecho de los pobres,* los prosélitos estaban equiparados totalmente a los israelitas indigentes [118]. La generosa legislación social del AT exigía incesantemente socorrer igualmente al *ger*

[106] *Gerim* III 13; III 8; cf. b. *Git.* 39ª; b. *Qid.* 23ª.

[107] *Gerim* III 13.

[108] *Gerim* III 11.

[109] *Hor.* I 4-5, véase *supra,* p. 310.

[110] *Sanh.* IV 2; b. *Sanh.* 36ᵇ.

[111] *Hor.* I 4.

[112] *Sifré* Dt 25,10, § 291 (53ª 209, 17ss); *Midrash ha-gadôl* sobre Dt 25,10, ed. D. Hoffmann, *Midrasch Tannaïm* (Berlín 1908-1909) 167. La prohibición fue sacada de las palabras «en Israel» de Dt 25,10, pues esas mismas palabras en Dt 25,7 excluyen al prosélito. L. Ginzberg, *Eine unbekannte jüdische Sekte* I (Nueva York 1922) 126, duda de que haya que «considerar la descalificación de los prosélitos para las funciones públicas como una *halaká* antigua». En lo cual tiene razón, véase *supra,* p. 311.

[113] Descalzamiento por rechazar el matrimonio leviratico, Dt 25,9-10.

[114] *Sanh.* IV 2 y Obadiah di Bertinoro sobre este pasaje; b. *Sanh.* 36ᵇ. En algunos lugares, ciertamente, el prosélito parece haber estado totalmente excluido de las funciones públicas, b. *Qid.* 76ᵇ.

[115] *Num. R.* 8,10 sobre 5,10 (43ᵇ 12ss).

[116] Billerbeck I, 117ss. El prosélito no forma parte de ellos, *Bik.* I 4. El punto de vista opuesto, según el cual el prosélito en virtud de Gn 17,5 puede contarse entre los descendientes de Abrahán, no aparece antes del siglo II: Tos. *Bik.* I 2 (100, 4), restringido a los quenitas, es generalizado después, j. *Bik.* I 4, 64ª 15 (II/2, 362).

[117] b. *Qid.* 70ᵇ: «Rabbá bar Rab Huna (hacia el 300 d. C.) decía: Esta es la superioridad de los israelitas (legítimos, según el contexto) respecto a los prosélitos: Mientras que de los israelitas se dice (sin condiciones) «Yo seré su Dios, y ellos serán mi pueblo» (Jr 31,33), de los prosélitos se dice (poniendo una condición) «Quien exponga su vida por acercarse a mí, oráculo de Yahvé, ésos serán mi pueblo y yo seré su Dios» (Jr 30,21-22).

[118] Sucedió, pues, que los paganos se convertían únicamente para beneficiarse de las ayudas a los pobres, es decir, «para ser cuidados como un pobre (israelita)», *Yalqut Shimeoni* I, § 645 sobre Lv 23,22 (ed. de Zolkiew, 1858, 471, 46).

(«extranjero») necesitado de las ayudas destinadas a los pobres. Pero la exégesis rabínica limitó el sentido primitivo de la palabra *ger*, viendo en este término la designación del prosélito. Así, pues, el prosélito pobre tenía los siguientes derechos: a) Durante la recolección podía coger la parte destinada a los pobres, es decir, segar el borde del campo (en virtud de Lv 19,10; 23,22), espigar en el campo (en virtud de Lv 23,22), rebuscar en la viña (Lv 19,10; Dt 24,21) y llevarse las gavillas olvidadas (Dt 24,19); todos los textos bíblicos en cuestión hablan explícitamente del *ger*[119]. b) Además, en virtud de Dt 14,29; 26,12, el prosélito pobre era tenido en consideración a la hora de distribuir el diezmo de los pobres[120]; Tob 1,6-8 (lectura del *Sinaiticus*, véase *supra* p. 154) muestra que esta prescripción era observada en la práctica. c) Finalmente tenía derecho a la asistencia de los pobres[121]; un relato frecuentemente transmitido[122], aunque agrandado de forma legendaria, proporciona un ejemplo respecto a una familia de notables de Jerusalén: «Una familia de Naballata[123] (Antebila[124], Nabtela[125]) vivía en Jerusalén; hacía remontar su genealogía a Arauná el jebuseo (eran, por tanto, prosélitos)[126]. Los doctores le otorgaron (cuando la familia cayó en necesidad) 600 *seqel* de oro (como ayuda); ellos (los doctores) no querían que (esta familia) abandonara Jerusalén»[127]. Podemos suponer que hay un hecho histórico en la base de este relato: gracias a una ayuda pública, una familia de Jerusalén, caída en necesidad, escapó de una emigración forzosa. Como la cuantía de la asistencia, según se dice, fue extraordinariamente elevada[128], esta familia tuvo que haber sido en otro tiempo rica y muy considerada[129]. La

[119] *Sifra* Lv 10,10 (44[d] 176, 28) afirma que, en todos estos pasajes, *ger* designa al prosélito de pleno derecho.

[120] Respecto al diezmo de los pobres, *Sifré* Dt 14,29, § 110 (42[c] 26) afirma lo mismo que la nota precedente.

[121] b. *ʿA. Z.* 20[a].

[122] Tos. *Pea* IV 11 (23,30) y, con algunas divergencias, j. *Pea* VIII 8, 21[a] 44 (II/1, 114). Sin indicación genealógica sobre el origen de la familia: *Sifré* Dt 14,29, § 110 (42[c] 30); *Sifré* Dt 26,12, § 303 (53[d] 26); *Midrash ha-gadôl* sobre Dt 26,12, ed. D. Hoffmann, *Midrasch Tannaïm* (Berlín 1908-1909) 179.

[123] Lectura de la Tosefta en el manuscrito de Erfurt. Apoyándose en Neh 11,34, que menciona Neballat como nombre de lugar, S. Klein, en MGWJ 77 (1933) 189s, se pronuncia en favor de esta lectura. H. S. Horovitz y L. Finkelstein, *Siphre zu Deuteronomium* (en el *Corpus Tannaiticum* III, 3, Breslau 1936) 179, 9 (§ 110 sobre Dt 14,29), la siguen también.

[124] Lectura de Yerushalmi; H. Gratz, *Eine angesehene Proselytenfamilie Agathobulos in Jerusalem,* en MGWJ 30 (1881) 289-294, supone que Antebila corresponde a Agathobulos. Es difícil darle la razón.

[125] Tosefta, manuscrito de Viena, y *Sifré* Dt 26,12, § 303.

[126] La indicación genealógica falta en *Sifré* Dt, § 110 y 303, así como en el *Midrash ha-gadol,* véase *supra,* n. 122.

[127] Tos. *Pea* IV 11 (23,30).

[128] Suponiendo que el peso de un *seqel* sea de 16,36 gramos, estos 600 *seqel* representarían en números redondos veinte libras de oro.

[129] Según un principio de la beneficiencia, la asistencia debía ser proporcionada a la condición de la persona socorrida, es decir, debía corresponder al antiguo tenor de vida del que había caído en pobreza, cf. Billerbeck I, 346s y VI, 538, 544s.

tradición posterior [130] consideró a esta familia como una familia de prosélitos; lo cual demuestra que los prosélitos tenían parte en la asistencia a los pobres y que eso era una cosa normal.

En la *vida práctica,* las limitaciones jurídicas impuestas al prosélito no han desempeñado un papel muy importante; el origen pagano era una «mancha leve» [131]. Según el *Documento de Damasco,* los esenios observaban la norma de que, en cada instituto de la secta, se debía registrar a los miembros según el orden determinado por el origen: sacerdotes, levitas, israelitas, prosélitos [132]. Esto, probablemente, no tenía por objeto subrayar la posición inferior de los prosélitos en la secta; más bien querría destacar una separación visible entre los prosélitos y los israelitas afectados de una mancha grave, «la escoria de la comunidad» [133], de los cuales habrá que hablar en las pp. 348ss. Respecto a la situación social de los prosélitos antes de la destrucción del templo, hay dos hechos instructivos: hemos encontrado escribas cuya madre era prosélita [134]; por otra parte, se habla con gran orgullo de la familia real de Adiabene, convertida al judaísmo [135]. La primitiva comunidad cristiana rechazó totalmente, entre los hermanos, una discriminación relativa a los prosélitos; Hch 6,5 cuenta que un prosélito formaba parte del colegio de los siete al que fue confiado el cuidado de los pobres.

La *familia real herodiana* formaba también parte de este grupo de población que comprendía a los prosélitos. Herodes el Grande no tenía sangre judía en las venas. Su padre, Antípater, era de familia idumea [136]; su madre, Kypros, descendía de la familia de un jeque árabe [137]. En vano

[130] La indicación de que se trata de descendientes de Árauná, o sea, de prosélitos, falta en una parte de la tradición (véase *supra,* p. 341, n. 122). Su exactitud es justamente negada por S. Klein, *Zur Jüdischen Altertumskunde:* MGWJ 77 (1933) 189-193. Supone que se trataba primitivamente de los benê Arnân mencionados en 1 Cr 3,21, o sea, de descendientes de Zorobabel. Aunque esto sea exacto, queda aún en pie que, como máximo en el siglo II de nuestra Era, se aplicó dicho relato a una familia de prosélitos.

[131] Así, pues, Josefo llama en ocasiones a los prosélitos *Ioudaîoi (Ant.* XIII 9, 1, § 258), cf. W. Gutbrod, art. *Israēl ktl,* en *Theol. Wörterbuch zum N. T.* III (1936) 372s. Partiendo de las ideas señaladas *supra,* p. 314, n. 44, Filón muestra una gran estima por los prosélitos en *De Virt.*, § 187-227 y *passim;* Abrahán, que pasó del politeísmo al monoteísmo, es «para todos los prosélitos regla de nobleza», § 219. En verdad, aparece una cierta desconsideración en el juicio que la literatura rabínica emite sobre los prosélitos, por ejemplo, en la prescripción que les prohíbe tener un esclavo judío (b. *B. M.* 71ª bar.), o en el principio que prohibía recordar a los prosélitos su pasado *(B. M.* IV 10).

[132] *Documento de Damasco* XIV 3-6.

[133] L. Ginzberg, *Eine unbekannte jüdische Sekte* I (Nueva York 1922) 124s.

[134] Véase *supra,* p. 251. Cf. también *Gn. R.* 70 sobre 28,20: R. Yoshuá (hacia el 90 d. C.) ve en el vestido que, según Dt 10,18, Dios promete dar al prosélito (así interpreta siempre el Midrás la palabra *ger)* el manto de honor (de los doctores), Billerbeck II, 843.

[135] Véase *supra,* p. 335, n. 51; Schürer, III, 169.

[136] *Ant.* XIV 1, 3, § 8; *B. j.* I 6,2, § 123. Véase también *Ant.* XIV 15, 2, § 403.

[137] *B. j.* I 8, 9, § 181: *toutō gēmanti gynaika tōn episēmōn ex Arabias Kypron tounoma. Ant.* XIV 7, 3, § 121, es discutido; hay que leer con la mayoría de los manuscritos: *pleistou tote axios ēn* (Antípater) *kai gar Idoumaiois* (lectura de ocho

intentó Herodes ocultar que descendía de prosélitos, o sea, que era lo que Josefo llama un «semijudío» [138], propagando por medio de su historiógrafo de Corte, Nicolás de Damasco, que procedía de los primeros judíos venidos del destierro de Babilonia [139]; según Estrabón [140], el rey incluso habría intentado atribuirse un origen sacerdotal, de la familia real de los Asmoneos según el Talmud de Babilonia [141]. ¿Era Herodes esclavo (liberto) [142], más concretamente el nieto de un hieródulo del santuario de Apolo en Ascalón [143], como pretendían algunos? No se puede dar con certeza respuesta afirmativa a esta pregunta. Pudiera ser que se tratase de una invención malévola de una tradición judía [144], samaritana [145] o cristiana [146], ya que está en contradicción con Josefo, quien habla, respecto a Antípater, de un origen de elevado rango [147]. Sin embargo, si la noticia, como es bastante probable, se remonta a Ptolomeo de Ascalón (comienzos del siglo I de nuestra Era) [148], su fecha es un argumento en favor de su autenticidad.

Herodes, descendiente de prosélitos, incluso descendiente tal vez de esclavos emancipados, no tenía por ello ningún derecho al trono real de los judíos; Dt 17,15 lo prohibía expresamente: «Nombrarás rey tuyo a uno de tus hermanos, no podrás nombrar a un extranjero». La exégesis rabí-

testigos; solo el *Palatinus Vaticanus gr.* 14 lee: *Ioudaiōn oīs) par hōn agetai hgynaika tōn episēmōn ek Arabias Kypron onoma.* H. Willrich, *Das Haus des Herodes* (Heidelberg 1929) 172, se pronuncia en favor del origen judío de Kypros; pero la variante está muy débilmente testificada para que pueda ser considerada como el texto original. Basándose en el pasaje de *B. j.* I 8,9, § 181, citado al comienzo de nuestra nota, Schlatter, *Theologie,* 185, n. 1, conjetura como texto primitivo: *para toīs Nabataiois.*

[138] *Ant.* XIV 15, 2, § 403.

[139] *Ant.* XIV 1, 3, § 9. Con razón rechaza Josefo esta afirmación como falsa. Véase además *supra,* pp. 293s, la noticia acerca de la destrucción por el fuego, ordenada por Herodes, de los registros genealógicos judíos.

[140] *Historika hipomnēmata* XVI 765. *Asunción de Moisés* VI 2 subraya que Herodes no es de origen sacerdotal.

[141] b. *B. B.* 3ᵇ, 4ᵃ; cf. b. *Qid.* 70ᵇ.

[142] b. *B. B.* 3ᵇ: «Esclavo de la familia de los Asmoneos», cf. b. *Qid.* 70ᵇ y *passim.*

[143] Julio el Africano, en su *Carta a Arístides,* ed. W. Reichardt, *Texte und Unters.* XXXIV 3 (Leipzig 1909) 60, líneas 15ss.

[144] Véase la nota penúltima.

[145] Véase la crónica editada por E. N. Adler y M. Seligsohn, *Une nouvelle chronique samaritaine:* REJ 45 (1902) 76, líneas 14-15: «Y Herodes era bastardo». Sobre esta crónica, véase mi estudio *Die Passahfeier der Samaritaner,* BZAW 59 (Giessen 1932) 57.

[146] Schürer, I, p. 292, n. 3.

[147] *B. j.* I 6,2, § 123. Es verdad que *Ant.* XIV 16,4, § 491, es diferente: *(hē archē) metebē d'eis Herōdēn ton Antipatrou oikias onta dēmotikēs kai genous idiōtikou kai hypakouontos tois basileusin.* Cf. también *supra,* p. 296, n. 59.

[148] Eusebio, *Hist. Eccl.,* I 7,12, cuenta que Julio el Africano había dicho de su indicación sobre el origen de Herodes (véase *supra,* n. 143): *kai tauta men koina kai tais Hellēnōn historiais.* Ahora bien, sabemos que Ptolomeo de Ascalón (al comienzo de su obra sobre Herodes) había hablado del origen de los judíos y de los idumeos (Schürer, I, 48s). Es, pues, fácil suponer que Julio el Africano, al indicar «la historiografía helenística», piense en la obra de Ptolomeo de Ascalón, y que, por tanto, esta obra fuese su fuente.

nica de este texto excluía igualmente de la dignidad real al prosélito; así se desprende de b. *B. B.* 3b: «El (Herodes) dijo: '¿Quién interpreta Dt 17,15?'. Los rabinos (se lo explicaron). Entonces se levantó e hizo matar a todos los rabinos (pues su exégesis no le convenía)» [149]. Los fariseos negaron a Herodes el juramento de fidelidad [150]. Según la Ley, había que considerar a Herodes como ilegítimo usurpador, lo cual podría haber constituido, al menos sustancialmente, un motivo de su negativa.

Agripa I, nieto de Herodes, se vio obligado a soportar que un rabbí llamado Simeón reuniese al pueblo en Jerusalén y lo excitase contra él, exigiendo que «se le debía impedir el acceso al templo (más concretamente, al atrio de las mujeres y de los israelitas), ya que eso sólo estaba permitido a las gentes del país» [151]. Agripa I, descendiente de prosélitos, fue designado como no judío; en esa exageración hay un feroz desdén que indica el desprecio que el pueblo sentía por el origen de los príncipes herodianos. La Misná no ha conservado un relato sobre el modo en que Agripa I, calculadamente, intentó calmar al pueblo aparentando humildad. Dt 31,10-13 prescribía que se debía leer la Ley al final del primer día (el 15 de tisri, por tanto) de la fiesta de los Tabernáculos que sigue a un año sabático [152]; se había introducido la costumbre, probablemente bajo los Asmoneos, reyes y sumos sacerdotes a la vez, de que el rey, sentado sobre un estrado de madera levantado para esta ocasión en el atrio de las mujeres [153], hiciese esta lectura de la Ley [154]. El año sabático del 40-41 se había terminado el 1 de tisri del 41; Agripa I, por tanto, debía leer la Ley el 15 de tisri del 41. E hizo la lectura permaneciendo de pie, lo cual debía mostrar ya al pueblo su humildad. Pero otra circunstancia debía hacerlo notar aún más: «Y cuando llegó al (pasaje): "No podrás nombrar (como rey) a un extranjero" (Dt 17,15), se puso a llorar. Entonces se le gritó: No llores, Agripa, tú eres nuestro hermano, sí, tú eres nuestro hermano» [155]. Los historiadores discuten si el relato habla de Agripa I [156] o de Agripa II [157]; en el segundo caso, el episodio se habría

[149] La imposibilidad que tenía el prosélito de ser rey se encuentra expresada también en otras partes, por ejemplo en b. *B. Q.* 88a.

[150] *Ant.* XV 10, 4, § 370; XVII 2, 4, § 42.

[151] *Ant.* XIX 7, 4, § 332.

[152] Véase sobre este punto mi artículo *Sabbathjahr:* ZNW 27 (1928) 98-103.

[153] *Sota* VII 8.

[154] Dt 1,1-6,3; 6,4-9; 11,13-21; 14,22-29; 26,12-15; la sección sobre el rey 17, 14-20; 27,1-26; 28,1-69 *(Sota* VII 8, con variantes en los manuscritos y en las tradiciones paralelas)

[155] *Sota* VII 8 y par.: *Sifré* Dt 17,15, § 157 (45a, 178, 47); *Midrasch Tannaïm* sobre Dt 17,15, ed. D. Hoffmann (Berlín 1908-1909) 104.

[156] D. Hoffmann, *Die erste Mischna* (Berlín 1882) 15ss, y en «Magazin für die Wissenschaft des Judenthums» 9 (1882), 96ss; Schürer, I, 555; Schlatter, *Gesch. Isr.*, 435, n. 244; *Theologie,* p. 83, n. 1 y p. 135, n. 1; Billerbeck II, 709s; J. Jeremias, *Sabbathjahr:* ZNW 27 (1928), 100, n. 9; V. Aptowitzer, *Spuren des Matriarchats im jüdischen Schriftum:* HUCA 5 (1928) 277-280.

[157] Derenbourg, *Essai,* 217; M. Brann, *Biographie Agrippa's* II: MGWJ 19 (1870) 541-548; Büchler, *Die Priester,* 12ss. Büchler, invoca *a)* j. *Sota* VII 7, 22a 31 (IV/2, 309-310) bar.: «R. Jananya ben Gamaliel (hacia el 120 d. C.) decía: Muchos fueron matados aquel día por haberle adulado». Como no existe ninguna rebelión,

producido el 15 de tisri del 55 o 62 d. C.[158]. Pero la atribución a Agripa I es mucho más probable[159]. Cualquiera que sea la fecha de este episodio, es un acontecimiento que indica cómo juzgaba el pueblo a la familia real herodiana. Los mismos herodianos sabían con exactitud que, en cuanto descendientes de prosélitos, no poseían ningún derecho al trono y que debían tener en cuenta la opinión del pueblo; sólo las lágrimas del rey, que reconoció públicamente su inferioridad, arrancaron la conmovedora y compasiva exclamación: *'ahînû 'attah*[160].

c) *Esclavos paganos emancipados*

Los esclavos obtenían la libertad conforme a normas procedentes del derecho romano. Los libertos constituían el tercer grupo de la población que formaba parte de los israelitas marcados con una mancha leve. Se trata de paganos y paganas de nacimiento[161] que, convertidos en esclavos al servicio de un judío, se habían sometido, al pasar a propiedad del amo judío, a la circuncisión y al baño (baño de los esclavos)[162], siendo libertados más tarde[163].

constatada en el 41 d. C., la indicación de este relato debería referirse a Agripa II. Sin embargo, Büchler no ha visto que el contexto habla de la fiesta de la Pascua; por lo que este pasaje alude claramente al recuento de animales que Agripa I mandó hacer en una Pascua (Tos. *Pes.* IV 3 [163,4]; cf. *B. j.* VI 9, § 424), en la que muchos fueron aplastados en las apreturas. Con este episodio se amalgamó, de forma legendaria, el caso relatado por *Sota* VII 8, el cual habla efectivamente de Agripa II. La indicación, por consiguiente, no tiene valor histórico. *b)* Büchler invoca después Tos. *Sota* VII 16 (308, 9): «Decían en nombre de R. Natán (hacia el 160 d. C.): Los israelitas se han hecho culpables de destrucción por haber adulado a Agripa». Antes se hace mención de una fiesta de los Tabernáculos en la que tomó parte R. Tarphón, que era aún un hombre joven cuando la destrucción del templo en el 70 d. C.; no puede, por consiguiente, tratarse más que del año 62. Pero no se ha dicho que la indicación de R. Natán se refiera a la misma fiesta que aquella en que participó R. Tarphón.

[158] El 54-55 y el 61-62 fueron años sabáticos.

[159] Por las razones siguientes: *a)* El relato de *Sota* VII 8 concuerda con los constantes esfuerzos de Agripa I en favor de los círculos fieles a la Ley (Hch 12,3 y *passim). b)* En el 62 d. C. hubo un agudo conflicto entre Agripa I y los jefes del pueblo y del clero *(Ant.* XX 8, 11, § 189ss). El conflicto surgió antes de la ocupación del cargo por Albino *(Ant.* XX 9, 1, § 197, quien estaba ciertamente en funciones por la fiesta de los Tabernáculos del 62. En esta tensa situación, es muy poco probable una manifestación de simpatía hacia el rey por parte del pueblo. *c)* Según Josefo *(Ant.* IV 8, 12, § 209), es el Sumo Sacerdote quien debe hacer la lectura en la fiesta de los Tabernáculos. Así debió de ser, por consiguiente, la práctica en el último período anterior a la destrucción del templo, práctica que Josefo ha presenciado asistiendo él mismo a la fiesta del 62, cuando era un joven sacerdote de veinticuatro años (el cambio de rito, según el cual ya no hacía la lectura el rey sino el Sumo Sacerdote, tuvo lugar sin duda el año 48 [fiesta de los Tabernáculos después del año jubilar del 47-48], cuando no había rey). En *Sota* VII 8, es el rey quien hace la lectura; el episodio, por consiguiente, se sitúa antes del 62.

[160] Esta exclamación parece depender de Dt 23,8: «No consideres abominables a los edomitas, que son hermanos tuyos».

[161] Los esclavos judíos estaban sometidos a otra legislación, cf. *supra,* pp. 323ss.

[162] Sobre este baño, véase b. *Yeb.* 46ª-47ᵇ bar., y Billerbeck I, 1054s; IV, 724, 744.

[163] Solamente los esclavos paganos que habían sido circuncidados (sobre la cir-

La emancipación [164] podía obtenerse de las siguientes maneras: a) Por libre decisión del propietario [165], el cual tenía la posibilidad de manifestarse bajo la forma de tácito reconocimiento [166], de solemne liberación en la sinagoga [167], de disposición testamentaria [168], de orden dada en el lecho de muerte [169]. b) Por rescate mediante otras personas [170]. c) Existía la emancipación forzosa, por decisión del tribunal, cuando un dueño, en presencia de testigos [171], mutilaba un ojo o un diente del esclavo (Ex 21, 26-27) o le mutilaba [172] en una de «las 24 extremidades de los miembros» [173]; la emancipación podía también obtenerse por semiliberación [174], pero, en este caso, el esclavo debía firmar un documento obligándose a pagar la mitad [175] de su valor [176]. d) Como hemos visto [177], el esclavo obtenía la libertad por la muerte de su dueño, en el caso de que éste fuese un prosélito que no dejaba como herederos hijos concebidos después de la conversión [178]. e) Finalmente, un esclavo que aún no se había convertido plenamente en propiedad del dueño (lo que tenía lugar con el «baño para hacerse esclavo» [179]), podía procurarse él mismo la libertad tomando un «baño para hacerse libre» [180]. En conjunto, hay que decir que las posibilidades que tenían los esclavos paganos de volverse libres eran muy escasas.

cuncisión de los esclavos paganos, véase *infra,* pp. 358ss) podían convertirse en libertos en el sentido del derecho judío.

[164] Billerbeck IV, 739-744; Krauss, *Talm. Arch.,* II, 98-101.

[165] b. *Git.* 38ᵇ y *passim.* Se negaba, sin embargo, que el dueño tuviese derecho a libertar a su antojo a los esclavos, cf. b. *B. Q.* 74ᵇ.

[166] Este tácito reconocimiento de emancipación aparecía firme después, cuando el dueño mandaba hacer al esclavo acciones propias de un hombre libre, Billerbeck IV, 740, 742s.

[167] Véanse los testimonios epigráficos de Schürer, III, 23s, 93s; A. Deissmann, *Licht vom Osten* (Tubinga ⁴1923) 271.

[168] *Pea* III 8 y *passim.*

[169] b. *Git.* 40ᵃ y *passim.*

[170] *Qid.* I 3; tratado *ʿAbadim* III 4. El esclavo pagano no podía ni poseer ni adquirir bienes por sí mismo. Si un judío vendía a su esclavo a un pagano o para un país extranjero, el esclavo debía ser rescatado y después libertado, *Git.* IV 6.

[171] b. *B. Q.* 74ᵇ.

[172] b. *Qid.* 24ᵃ bar.: deducción de Ex 21,26-27 mediante la norma hermenéutica *binyan ʾab.*

[173] Dedos de la mano, dedos del pie, orejas, punta de la nariz, miembro viril o extremidades de los pechos en la mujer, *Neg.* VI 7; b. *Qid.* 25ᵃ bar.; tratado *ʿAbadim* III 4.

[174] Este caso se daba cuando, por ejemplo, dos (o varias) personas heredaban en común un esclavo y una de ellas le concedía la libertad.

[175] O los 2/3, etc. Dependía del número de dueños que tuviesen derecho a su propiedad y del número de dueños que, en la emancipación, hubiesen renunciado a su parte.

[176] *Git.* IV 5. Era el propietario perjudicado por la emancipación quien recibía el documento.

[177] Véase *supra,* p. 339.

[178] En este caso, los esclavos, en realidad sólo los adultos, podían declararse a sí mismos libres (a título de bienes sin propietario), *Gerim* III 13. b. *Qid.* 23ᵃ incluye también a los esclavos menores.

[179] Véase *supra,* p. 345, n. 162.

[180] *Mek.* Ex 12,48 (7ᶜ 36ss); b. *Yeb.* 45ᵇ, 46ᵃ.

Si el liberto había tomado el baño «para hacerse libre», prescrito en todos los casos, cesaba toda *potestas* del antiguo dueño; desde entonces el liberto era jurídicamente igual a los demás prosélitos de pleno derecho. Sin embargo, los tribunales saduceos compuestos por sacerdotes han hecho diferencias. Por ejemplo, un tribunal de éstos no permite al esclavo libertado por Tobías, médico de Jerusalén, prestar testimonio de que había visto la luna nueva [181]; le equiparaba, por tanto, al esclavo no emancipado [182], inhábil para ese testimonio. Los libertos de ambos sexos estaban separados, formando un grupo particular, de los otros prosélitos de pleno derecho, y sus hijos, en cuanto esclavos emancipados, eran también distinguidos de los otros descendientes de prosélitos [183], aunque, según la opinión corriente, no debía haber diferencias desde el punto de vista legal. La razón de esta discriminación se debe al hecho de que, respecto a ellos, a la mancha del origen pagano se añadía la otra mancha de su antigua esclavitud. En efecto, respecto a una libertad en particular, eso representaba algo que pesaba mucho moralmente: era imposible pensar que una esclava pagana no hubiese sido profanada. Por eso, jurídicamente, la palabra «prostituta» de Lv 21,7 es explicada sin titubeo de la siguiente manera: «Se considera como 'prostituta' a la prosélita, a la esclava emancipada y a la que ha sido desflorada por prostitución» [184]; así, pues, toda esclava emancipada era considerada *ipso facto* como una prostituta. Desde este punto de vista se encontraba incluso por debajo de la prosélita: «¿Por qué todo el mundo pide en matrimonio a una prosélita y no a una esclava emancipada? Porque existe la presunción de que la prosélita se haya preservado (de relaciones sexuales) [185], mientras que la esclava emancipada es en general una prostituta [186].

El número de libertos no era elevado, y, hacia el final del siglo I de nuestra Era, los rabinos discutían si, en resumidas cuentas, la emancipación estaba permitida [187]. No hay duda, sin embargo, de que el derecho dominante y la práctica real respondían afirmativamente. Josefo menciona libertos de la corte herodiana que tomaron parte en los funerales de Herodes el Grande [188]. En lo que toca especialmente a Jerusalén, la literatura rabínica, respecto a la época de mediados del siglo I, menciona a una esclava emancipada de nombre Karkemit [189], casada con un judío, y en otra

[181] *R. H.* I 7.
[182] *R. H.* I 8.
[183] Tos. *Qid.* IV 15 (341, 12).
[184] *Yeb.* VI 5; *Sifra* Lev 21,7 (47ᵇ 186, 22); véase sobre este punto *supra*, p. 233.
[185] Si era todavía niña pequeña cuando la conversión de sus padres.
[186] Tos. *Hor.* II 11 (477, 5). Par. j. *Hor.* III 9, 48ᵇ 56 (VI/2, 279).
[187] Se discutía si, en la frase del Lv 25,46: «Perpetuamente los tendréis por esclavos», había que ver o no una prohibición de la emancipación, b. *Git.* 38ᵇ.
[188] *B. j.* I 33, 9, § 673: 500 esclavos y libertos. Libertos de la corte de Feroras (*Ant.* XVII 4, 1, § 61); Eutico, liberto de Agripa I (*Ant.* XVIII 6, 5, § 168); Filipo, hijo de Yakim, oficial superior de Agripa II, tiene libertos a su servicio (*Vita* II, § 48 y 51).
[189] *ʿEd.* V 6; *Sifré* Nm 5,12, § 7 (3ᵇ 39); b. *Ber.* 19ᵃ bar.; *Num. R.* 9 sobre 5,31 (56ᵇ 7). Sobre este texto véase Billerbeck IV, 309s; S. Mendelsohn: REJ 41 (1900)

parte a un esclavo emancipado [190]. Los osarios de un cementerio muy primitivo descubiertos en Shafat, 3 km. al norte de Jerusalén, tienen inscripciones en hebreo, en palmireo y en griego [191]. Encontramos allí, entre otros, el nombre de Epicteto, nombre de esclavo, así como los nombres de *Aphreikanos Phouleios, Phouleia Aphreikana* [192]; es posible, aunque no seguro, que los muertos hayan sido en parte libertos [193].

La situación social de los libertos se ve reflejada en un dicho de Jerusalén: «Si tu hija ha llegado a la pubertad (ha sobrepasado los doce años y medio), liberta a tu esclavo y dáselo a tu hija (en matrimonio)» [194], lo que quiere decir: si tu hija ha sobrepasado la edad normal de los esponsales [195], no dudes en casarla con tu esclavo emancipado. El liberto es mencionado aquí como miembro del grupo más bajo de la población con el que aún le estaba permitido el matrimonio a una israelita de origen puro; pues en la jerarquía social vienen inmediatamente después los israelitas marcados con una mancha grave en su origen, a los que los israelitas legítimos no se podían unir. Como se ve, el esclavo emancipado era tratado con gran desdén [196]. La voz popular expresaba un profundo desprecio al colocar a los miembros de la familia real herodiana en este grupo de la población [197]. Y toda la humildad del cristianismo de Pablo reside en el hecho de llamar al cristiano «liberto de Cristo» (1 Cor 7,22), mientras que, en el terreno del conocimiento y de las cuestiones de fe, el cristiano no es esclavo de un hombre, aun formando parte de los esclavos (1 Cor 7,23).

2. ISRAELITAS MARCADOS CON UNA MANCHA GRAVE

Acabamos de estudiar los estratos de la población marcados con una mancha leve, a los cuales sólo les estaba prohibido el enlace matrimonial con familias de sacerdotes; por el contrario, a los grupos de los que vamos a ocuparnos ahora les estaba también prohibido el matrimonio con levitas, israelitas de origen puro y descendientes ilegítimos de sacerdote [1]. Esta prohibición, que se basaba en Dt 23,2-3, apartaba de «la asamblea de Yahvé» *(ibíd.)* a los israelitas marcados con una mancha grave; eran «la basura de la comunidad» [2].

32; K. G. Kuhn, *Sifre zu Numeri* (Rabbinische Texte II 3; Stuttgart 1959) 33, da una bibliografía más amplia.

[190] *R. H.* I 7.

[191] F.-M. Abel: RB n. s. 10 (1913) 262-277; *CIJ* II, n.° 1214-1239.

[192] Furio Africano, Furia Africana, Abel, *art. cit.*, n.° 3 y 4, pp. 272s; *CIJ* II, número 1227 *a* y *b*.

[193] F. Bleckmann: *ZDPV* 38 (1915) 239.

[194] b. *Pes.* 113ª.

[195] Billerbeck II, 374: de doce años a doce años y medio.

[196] j. *Hor.* III 9, 48ᵇ 58 (VI/2, 270): «R. Yojanán († 279) decía: No te fíes de un esclavo judío hasta la decimosexta generación (después de su emancipación)».

[197] Véase *supra*, p. 343, n. 142.

[1] *Qid.* IV 1 (véase *supra*, p. 286); III 12; *Yeb.* II 4; VIII 3; IX 2-3; *Mak.* III 1 (según el texto de la *ed. princeps* [Nápoles 1942] y el de la Misná en la *ed. princeps* del Talmud de Babilonia [Venecia 1520ss]).

[2] Pᵉsûlê *qahal*.

a) *Bastardos*

Se trata en primer término de los bastardos, *mamzerîm* [3]. «¿A quién se llama *mamzer?* a) A todos los (descendientes) de una unión prohibida (en la Escritura) por el "Tú no debes entrar", decía R. Aqiba († después del 135 d. C.). b) Simeón el temanita (hacia el 110 d. C.) decía: A todos (los descendientes de una unión) sobre la que cae el castigo de la exterminación por la mano de Dios (y la *halaká* [4] corresponde a su opinión). c) R. Yoshuá (ben Jananya, hacia el 90 d. C.) decía: A todos (los descendientes de una unión) sobre la que cae la pena de muerte (pronunciada) por el tribunal (de la tierra)» [5]. Como vemos, los doctores del comienzo del siglo II de nuestra Era no estaban de acuerdo sobre la significación jurídica del concepto de bastardo. Había tres opiniones diferentes.

a) R. Aqiba representa la opinión más severa. Declara bastardos a todos los descendientes de una *unión prohibida en la Torá* (incesto, adulterio, etc.) [6] y excluye solamente a los descendientes de la unión (prohibida por Lv 21,14) entre el Sumo Sacerdote y una viuda [7], excepción a la que le ha llevado el texto mismo de Lv 21,15 [8]. Es característico de la severidad de R. Aqiba el ir más allá del mismo texto de la ley bíblica: declara también bastardos a los hijos de un matrimonio prohibido sólo por los rabinos. Citemos algunos ejemplos. Considera como bastardos al hijo de la unión con la *halûsah* [9], con los parientes de la *halûsah* [10], con una

[3] Primitivamente, la palabra *manzer* designaba probablemente a la población mestiza de la llanura filistea en la época persa (S. I. Feigin, en «The American Journal of Semitic Languages and Literature» 43 [1926] 53-60; M. Noth, en ZAW 45 [1927] 217). Sobre el sentido de este término en la antigua literatura rabínica, véase A. Büchler, *Familienreinheit und Familienmakel in Jerusalem vor dem Jahre 70,* en *Festschrift Schwarz,* 140ss; V. Aptowitzer, *Spuren des Matriarchats im jüdischen Schriftum,* Excursus II: *Das Kind einer Jüdin von einem Nichtjuden:* HUCA 6 (1928) 267-277; A. Büchler, *Familienreinheit und Sittlichkeit in Sephoris im zweiten Jahrhundert:* MGWJ 78 (1934) 126-164.

[4] El derecho vigente.

[5] *Yeb.* IV 13. Más detallado, *Sifré* Dt 23,2, § 248 (50ᵇ 44ss); j. *Qid.* III 14, 64ᶜ 44 (V/2, 275-276). Cf. además Tos. *Yeb.* I 10 (241, 27ss) (opinión de R. Simeón); j. *Yeb.* VII 6, 8ᶜ 1ss (IV/2, 107) (opinión de R. Yoshuá). Se cita frecuentemente la opinión de R. Aqiba.

[6] b. *Qid.* 64ᵃ, 68ᵃ, 76ᵃ. Según Aqiba, el niño es bastardo incluso cuando la Escritura no menciona el castigo (condena de muerte o exterminación). Así, por ejemplo, según Aqiba, el niño es bastardo cuando un marido vuelve a tomar la mujer de que se había divorciado, después que ella, en el intervalo, haya concluido otro matrimonio (cf. *infra,* p. 350, n. 13); Dt 24,1-4 prohíbe esta unión sin hacer mención de un castigo en caso de quebrantar la prohibición.

[7] b. *Qid.* 64ᵃ, 68ᵃ; b. *Ket.* 29ᵇ: declara a los hijos *halalîm* y no *manzerîm.* Según Tos. *Yeb.* VI 8 (248, 15), Aqiba habría excluido también a los descendientes del matrimonio de un sacerdote con una divorciada o una *halûsah* (sobre esta última, véase *infra,* n. 10), aunque esta unión estuviese también prohibida, cf. *supra,* p. 234.

[8] «No profanará», *lô yᵉhallel;* los hijos, por tanto, son *halalîm* y no *mamzerîm.*

[9] (= Mujer del hermano muerto sin hijos, a la cual el cuñado negó el matrimonio levirático). *Yeb.* IV 12; Tos. *Yeb.* VI 5 (247, 16); b. *Yeb.* 44ᵇ. Aqiba se apoya en Dt 25,9: *lô yibneh* (K. H. Rengstorf, *Jebamot* (col. Die Mischna, Giessen 1929) 64.

[10] *Yeb.* IV 12; Tos. *Yeb.* VI 5 (247, 16); b. *Yeb.* 44ᵇ. Aqiba pone a la *halûsah* en el mismo plano que a la mujer divorciada, y le aplica Lev 18,18.

mujer divorciada cuyo documento de divorcio, plegado y cosido [11], llevaba la firma de un esclavo en lugar de la de un testigo que faltaba [12], etc. [13].

b) La segunda opinión sobre el sentido del término *mamzer* parte de la observación de que, en la Torá, las uniones prohibidas son amenazadas bien con la pena de exterminación, bien con la pena de muerte (por ejemplo, Lv 20,10-16: pena de muerte; 20,17-21: pena de exterminación). Simeón el temanita, cuya opinión fue elevada en el curso del siglo II a rango de derecho vigente [14], no declara bastardos más que a los hijos nacidos de una unión amenazada en la Escritura con la *exterminación,* es decir, según la interpretación rabínica, con la pena divina de una muerte anticipada. En *Ker.* I 1, como indica el agrupamiento de las 36 faltas amenazadas con exterminación [15], se trata de hijos nacidos de casos concretos de incesto [16].

c) La tercera opinión sobre el sentido de *mamzer,* defendida por R. Yoshuá, considera sólo como bastardos a los hijos nacidos de una unión amenazada en la Torá con una *pena de muerte legal.* El agrupamiento, en *Sanh.* VII 4-XI 6, de los delitos amenazados con las cuatro penas de muerte legales (ser lapidado, quemado, decapitado, estrangulado)

[11] Un acta de divorcio se hacía de forma complicada. Había alternativamente una línea escrita y otra dejada en blanco; el acta era plegada y cosida por las líneas en blanco. De este modo se formaba una serie de pliegos; sobre el exterior de cada pliego debía firmar como mínimo un testigo. Este complicado procedimiento debía de prestar ocasión de calmarse y reconciliarse a los maridos impetuosos.

[12] b. *Git.* 81[a] bar. El acta de divorcio es inválida; los hijos, pues, están concebidos en adulterio.

[13] Otros casos: *Leb.* IV 12; Tos. *Yeb.* VI 5 (247, 16); j. *Yeb.* X 1, 10[c] 62 (IV/2, 138); b. *Yeb.* 44[b]: si uno, a pesar de la prohibición de Dt 24,1-4, vuelve a tomar la mujer de que se divorció, después que ella, en el intervalo, se haya casado otra vez, el hijo, según Aqiba, es bastardo. *Yeb.* X 1: si una mujer, después de serle anunciada erróneamente la muerte de su marido, se ha vuelto a casar, su hijo es bastardo, sin importar nada que sea del primer marido o del segundo. En este caso, Aqiba no es citado explícitamente como autor, pero, como ha visto bien K. H. Rengstorf, *Jebamot* (col. Die Mischna, Giessen 1929) *in loco,* este punto de vista no puede proceder más que de sus ideas. *Yeb.* X 3; Tos. *Yeb.* XI 6 (253, 8ss): otros casos de falsas noticias en lo concerniente a las circunstancias inmediatas en la muerte del marido; los hijos son bastardos. j. *Yeb.* X 1, 10[c] 61 (IV/2, 138): según Aqiba, el hijo nacido de la unión de un marido con su propia mujer sospechosa de adulterio es bastardo. Otros casos: *Yeb.* X 4; Tos. *Yeb.* XI 6 (253, 17ss); Tos. *Git.* VIII 6 (332, 29); b. *Qid.* 64[a] y par.; b. *Yeb.* 49[a].

[14] *Yeb.* IV 13.

[15] Traducción en Billerbeck, I, 272.

[16] Ejemplos correspondientes a la opinión de Simeón: es bastardo el hijo nacido de relaciones con la cuñada *(Yeb.* X 3.4; cf. Lv 18,16), con la hermana de la mujer divorciada *(Yeb.* IV 12; cf. Lv 18,18). En estos dos casos se indica en Lv 18,29 el castigo de exterminación. Simeón no cuenta como bastardos a los hijos concebidos durante el período de impureza menstrual (Tos. *Yeb.* VI 9 [248, 16]), aunque el caso, según *Ker.* I 1 (pena de exterminación), forme parte de este conjunto; además, según *Yeb.* IV 13, Simeón parece no haber contado tampoco como bastardo al hijo concebido en adulterio, aunque el adulterio forma parte también de las faltas mencionadas en *Ker.* I 1. Ambas cosas se explican sin duda por el hecho de que la opinión de Simeón se limitaba a las prohibiciones de incesto que amenazaban con pena de exterminación (Tos. *Yeb.* I 10 [241, 27]; Tos. *Qid.* IV 16 [341, 13]; b. *Qid.* 75[b]).

nos indica que, según esta tercera opinión, determinados casos de incesto y también de adulterio [17] llevaban consigo igualmente el que los hijos fuesen bastardos.

La cuestión que nos interesa es saber cuál de las opiniones es la más antigua. ¿Quién era considerado como bastardo en la Jerusalén anterior a la destrucción del templo? Los datos suministrados por la tradición sólo nos permiten la constatación siguiente. *Yeb.* IV 13 cuenta: «R. Simeón ben Azzay (hacia el 120 d. C.) decía: Encontré en Jerusalén un rollo genealógico en el que había: N. N. es bastardo, de una mujer casada». En Jerusalén, por consiguiente, se declaró bastardos a los hijos concebidos en adulterio. Hay un hecho que refuerza esta constatación: R. Eliezer (hacia el 90 d. C.), el perpetuo representante de la antigua tradición, manifiesta en varias ocasiones la misma concepción [18]; además, era enseñada por Hillel (hacia el 20 a. C.) y los doctores de su tiempo [19], y la supone igualmente Hch 12,2.

Si echamos de nuevo una ojeada a las tres opiniones diferentes, expuestas al comienzo de esta sección, sobre el término de bastardo, vemos que esta concepción corresponde a la opinión de R. Aqiba y de R. Yoshuá, y no concuerda, por el contrario, con la opinión de R. Simeón el temanita, la cual fue elevada en el curso del siglo II a rango de derecho vigente. Se desprende de ahí, por consiguiente, que la época antigua tuvo prácticamente una concepción más rigurosa del término bastardo que el siglo II; también encontramos indicios de esto en otras partes [20]. Debe-

[17] Según R. Yoshuá, los hijos concebidos en adulterio eran bastardos; *Yeb.* IV 13 lo dice expresamente. Según *Sanh.* VII 4-XI 6, estaba además amenazada con pena de muerte legal la unión con la prometida de otro, *Sanh.* VII 5 y *alii.* A. Büchler, *Familienreinheit und Sittlichkeit:* MGWJ 78 (1934) 140, cita otros casos.

[18] b. *Nidda* 10ª bar. (los hijos de la mujer de un impotente son bastardos). Además, b. *Ned.* 20ª-b.

[19] Tos. *Ket.* IV 9; 264, 29 (par. j. *Ket.* IV 8, 28ᵈ 61; no traducido en V/1, 60, donde se remite al par. IV/2, 200; b. *B. M.* 104ª bar.): después de sus esponsales (y antes de su matrimonio), algunas mujeres judías son sorprendidas y se abusa de ellas. Del hecho de que no están aún casadas, Hillel toma argumento para rechazar la opinión de los doctores de su tiempo, los cuales consideraban a los hijos como bastardos: «(Hillel) les (a los hijos) dijo: Traedme los contratos matrimoniales de vuestras madres. Se los llevaron y (se vio que) estaba escrito: Desde que tú entres en mi casa (a partir, por consiguiente, del matrimonio y no de los esponsales [Billerbeck, II, 392]), tú serás mi mujer según la Ley de Moisés y de Israel». Hillel sabe bien que, en los esponsales, los judíos de Alejandría tienen costumbre de hacer, según un modelo egipcio (I. Heinemann, *Philons griechische und jüdische Bildung* [Breslau 1932; reimpreso en Darmstadt 1962] 298 y 301s), promesas escritas de matrimonio (Heinemann, 301, ofrece un ejemplo de acta), cuya redacción es diferente de los contratos matrimoniales *(kᵉtûbbah)* palestinenses (cf. Filón, *De spec. leg.* III, § 72). Como en el caso precedente se habían hecho sólo promesas matrimoniales de ese género, y no contratos de matrimonio, éste no había comenzado aún con los esponsales; los hijos, por consiguiente, no fueron concebidos en adulterio. Esta historia supone que Hillel y los doctores de su tiempo declaraban bastardo al hijo concebido en adulterio.

[20] Los LXX muestran una concepción muy extendida (rigurosa, por tanto) del término cuando, en Dt 23,3, traducen por *ek pornēs* la palabra *mamzer,* la cual aparece sólo dos veces en el AT (Zac 9,6: *allogenēs,* véase a este respecto A. Geiger, *Urschrift und Übersetzungen der Bibel* [Breslau 1857] 52-55). Una indicación, por

mos, por consiguiente, suponer que el grupo de población, incluidos sus descendientes, designado con este término era bastante importante. Las gentes marcadas con la grave mancha del *mamzer* eran bien conocidas [21], aunque, naturalmente, tratasen de ocultar su mancha [22]; eso es lo que indica la nota del registro genealógico de Jerusalén citado en el párrafo precedente.

¿Cuál era la *situación jurídica* de los bastardos en la sociedad? La Biblia había prescrito: «El bastardo no se admite en la asamblea de Yahvé; tampoco sus descendientes hasta la décima generación serán admitidos en la asamblea de Yahvé» (Dt 23,3). La interpretación rabínica formula así esta prescripción: «Los *mamzerîm* y los *n^etînîm* (esclavos del templo; cf. *infra,* pp. 353s) están incapacitados (para la admisión en la comunidad de Israel, o sea, para la unión sexual) y su incapacidad es eterna (válida), tanto para los hombres como para las mujeres» [23]. Lo cual impedía a los bastardos el matrimonio, incluso el matrimonio levirático [24], con las familias de sacerdotes, levitas, israelitas e hijos ilegítimos de sacerdotes [25]; los bastardos podían unirse matrimonialmente sólo a familias de prosélitos, esclavos emancipados e israelitas gravemente manchados. Si la hija de un sacerdote, de un levita o de un israelita legítimo se unía [26] a un bastardo [27], quedaba desde entonces incapacitada para el matrimonio con un sacerdote [28]. La hija de un sacerdote no podía comer lo que se reservaba para los sacerdotes en la casa paterna [29]. Todo hijo de cualquier unión de este género era bastardo [30]; igual sucede con todo [31] descendiente de un bastardo;

lo demás singular, parece incluso suponer que, en el siglo I de nuestra Era, se consideró como bastardo al hijo nacido de la unión de un judío y de una pagana. R. Sadoc, prisionero en Roma después de la toma de Jerusalén en el 70, devolvió una esclava, indicando que él era de origen pontificio y no quería aumentar el número de bastardos (ARN rec. A cap. 16, 63ª 19ss). A. Büchler, *Familienreinheit und Familienmakel,* en *Festschrift Schwarz,* 146, con razón encuentra aquí la extensión del término de bastardo al hijo nacido de la unión de un judío con una pagana. La oposición de V. Aptowitzer, *Spuren des Matriarchats im jüdischen Schriftum:* HUCA 5 (1928) 266s, no es convincente, y su explicación es muy rebuscada. En contra de él, A. Büchler, en MGWJ 78 (1934) 134, n. 4.

[21] Tos. *Qid.* V 2 (341, 26): «Los israelitas conocían a los esclavos del templo y a los bastardos que vivían entre ellos».

[22] Cf. el episodio narrado en *Lev. R.* 32 sobre 24,10 (88ᵇ 25ss).

[23] *Yeb.* VIII 3, cf. *Sifré* Dt 23,3, § 248 (50ᵇ 53ss).

[24] *Yeb.* IX 1: «Si un israelita se casa con una israelita y tiene un hermano bastardo, si un bastardo se casa con una bastarda y tiene un hermano que es israelita (legítimo), ellas (las mujeres en cuestión) están permitidas (respecto al matrimonio) a sus maridos, pero prohibidas a sus cuñados (respecto al matrimonio levirático)». Otros casos en IX 2.

[25] *Qid.* IV 1, véase *supra,* p. 286.

[26] No era posible un matrimonio legítimo.

[27] Cualesquiera que fuesen las circunstancias de esta unión, *Yeb.* VI 2.

[28] *Yeb.* VI 2.

[29] *Yeb.* VII 5.

[30] *Qid.* III 12: «Y dondequiera que hay esponsales (posibles, es decir, no prohibidos por la ley del incesto), pero que se (les) ha (añadido) una transgresión, el hijo sigue la condición de aquel (de los dos padres) que está marcado con una mancha».

[31] Hasta más tarde no se aplicó esta norma: «La esclava (pagana) es un baño de purificación para todos los que son inaptos (los que están marcados con una grave

la época antigua parece haber juzgado con más indulgencia a los descendientes del bastardo [32].

En lo tocante al *derecho a la herencia,* hay que constatar que, a finales del siglo I, se discutían los derechos del bastardo a la herencia [33]. Este no tenía acceso a las dignidades públicas; su participación en una decisión del Sanedrín o de un tribunal de 23 miembros invalidaba dicha decisión [34] Sólo se le permitía ser juez, de un tribunal de tres miembros, en las cuestiones de derecho civil [35].

Si se piensa que la mancha del bastardo marcaba a todos los descendientes varones [36] para siempre, e indeleblemente, y que se discutía vivamente si las familias de bastardos participarían en la liberación final de Israel [37], se comprenderá que la palabra bastardo haya constituido una de las peores injurias; quien la empleaba era condenado a 39 azotes [38].

b) *Esclavos del templo, hijos de padre desconocido, niños expósitos, eunucos*

Los esclavos del templo, *n^e^tînîm,* formaban también parte del grupo de israelitas marcados con una grave mancha en su origen. Jos 9,27 cuenta que Josué constituyó (literalmente, «dio», *wayyitt^e^nem)* a los gabaonitas como leñadores y aguadores al servicio del santuario. Ahora bien, puesto que en los libros posexílicos del AT son mencionados en varias ocasiones, los esclavos de los levitas (Esd 8,20), *n^e^tînîm* («dados»), se concluyó de ahí que los esclavos del templo eran descendientes de los gabaonitas. Todo lo que la literatura rabínica nos dice de los esclavos del templo se reduce a la explicación de 2 Sam 21,2 («los gabaonitas no pertenecían a Israel»), de donde se sacaba la prohibición de no tener relaciones sexuales con ellos; en todo caso, en ninguna parte encontramos el

mancha en su origen)» (Tos. *Qid.* V 3 [342, 1]). Lo cual quiere decir que, en la unión entre un bastardo y una esclava (pagana), el hijo sigue la condición de la madre, y se halla, por consiguiente, esclavo; pero el esclavo puede ser libertado, formando parte entonces (véase *supra,* pp. 345ss) del grupo de israelitas marcados con una mancha leve, los cuales pueden casarse con israelitas legítimos. Así enseñaba R. Tarphón (hacia el 100 d. C.): «Los *mamzerîm* pueden hacerse puros. ¿Cómo? Si un bastardo desposa a una esclava (pagana), el hijo es esclavo. Si éste es libertado, su hijo (del bastardo) se convierte en un hombre libre». Pero la perspectiva antigua era diferente. El texto continúa: «R. Eliezer (hacia el 90 d. C., el representante de la antigua tradición) decía: Mira, es un esclavo bastardo (la mancha del bastardo permanece en cualquier circunstancia)» *(Qid.* III 13).

[32] Según b. *Yeb.* 78^b^, R. Eliezer (hacia el 90 d. C.) dio la explicación siguiente: «Si alguno me presentase una bastarda de la tercera generación la consideraría pura (de origen)». Parece que R. Eliezer limitaba la prohibición de admitir bastardos en la comunidad (Dt 23,3) a los bastardos varones. Por el contrario, la doctrina dominante en el siglo II aplicaba también Dt 23,3 a las bastardas y a su descendencia.

[33] Tos. *Yeb.* III 3 (243, 26), y sobre este punto, K. H. Rengstorf *Rabbinische Texte,* Erste Reihe: *Die Tosefta* III (Stuttgart 1933) 34, n. 21.

[34] *Hor.* I 4; b. *Sanh.* 36^b^.

[35] b. *Sanh.* 36^b^.

[36] Sobre la descendencia de sexo femenino, véase *supra,* n. 32.

[37] Billerbeck, IV, 792ss.

[38] b. *Qid.* 28^a^ bar.

menor indicio [39] que permita decir que en tiempo de Jesús había todavía en Jerusalén, o en cualquier otra parte del territorio judío, esclavos del templo. Ciertamente se hace mención varias veces de los «servidores del templo» [40], los cuales realizaban las funciones inferiores del mismo; pero son, como se desprende especialmente de una indicación de Filón [41], *neōkoroi,* es decir, levitas.

Sobre los *sin padre* (gentes cuyo padre es desconocido) y los *niños expósitos* no poseemos indicaciones concretas dignas de ser mencionadas. Estos no podían casarse con israelitas de origen puro ni con hijos ilegítimos de sacerdote [42], ya que su padre o sus padres eran desconocidos. En efecto, eran sospechosos de ser bastardos [43]; por otra parte, había que excluir la posibilidad de que, sin saberlo, contrajesen con un pariente un matrimonio prohibido [44].

Tampoco *los eunucos,* según Dt 23,2, podían ser admitidos en la comunidad de Israel; lo que quería decir que el matrimonio con israelitas legítimos [45] les estaba prohibido [46]; la explicación rabínica, sin embargo, limitaba esta prohibición a los que habían sido castrados por los hombres [47]. Tampoco podían ser miembros del Sanedrín [48] ni del tribunal en lo criminal [49]. Las discusiones acerca de la situación jurídica de los eunucos no eran puras controversias académicas; se desprende del hecho de que había muchos, especialmente en la corte del rey y en su harén, como hemos visto [50], lo cual se encuentra también confirmado por un acontecimiento narrado en la Misná [51].

En resumen, hay que decir que los israelitas afectados de una mancha grave en su origen comprendían a los bastardos y a los eunucos. La legislación rabínica, apoyándose en Dt 23,2-3, velaba enérgicamente por mantener a la comunidad, especialmente al clero, al abrigo de estos elementos, imponiéndoles la marca de una casta privada de derechos.

[39] *ʿAr.* II 4, par. Tos. *ʿAr.* I 15 (544, 8), no tiene nada que ver aquí, como hemos demostrado *supra,* p. 232, n. 19. Véanse también los pasajes citados por A. Büchler, *Familienreinheit und Familienmakel,* en *Festschrift Schwarz,* 153 y 154s.

[40] Véase *supra,* p. 226.

[41] *De spec. leg.* I, § 156, cf. *supra,* p. 326, nn. 16s.

[42] *Qid.* IV 1, véase *supra,* p. 286.

[43] Cf. *Ket.* I 8-9.

[44] b. *Qid.* 73ª.

[45] Podían casarse con prosélitos y con esclavos emancipados *(Yeb.* VIII 2), así como con bastardos, pues los primeros, en su origen, no forman parte de la comunidad de Israel, y los bastardos no forman parte de manera permanente (Dt 23,3).

[46] Por supuesto, también el matrimonio leviratico, *Yeb.* VIII 4; Tos. *Yeb.* II 6 (243, 11) y II 6 (243, 12).

[47] Así se deduce de *Yeb.* VIII 6: «Un sacerdote eunuco de nacimiento que desposa a una israelita la hace apta para comer la porción de los sacerdotes». Lo cual significa que el matrimonio es válido, pues la mujer ilegítima de un sacerdote no tiene derecho a comer de esa porción en la casa de su marido, *Yeb.* VI 2-3.

[48] b. *Sanh.* 36ᵇ bar.

[49] Tos. *Sanh.* VII 5 (426, 7).

[50] Véase *supra,* pp. 106s, 109.

[51] *Yeb.* VIII 4: «R. Yojanán ben Bethyra testimonió respecto a ben Megusat que éste vivía en Jerusalén como uno a quien han castrado los hombres, y que (después de su muerte) se (su hermano) contrajo matrimonio levirático con su mujer».

CAPITULO V

ESCLAVOS PAGANOS[1]

El grupo de población que ahora vamos a examinar es, descendiendo en la escala social, el de los esclavos paganos. Este grupo se encontraba en una situación intermedia especial: estaba en relaciones estrechísimas con la comunidad judía, pero, no obstante, no era contado en ella.

Se ha dicho que la esclavitud «apenas había estado en uso» en el judaísmo «del tiempo del segundo Estado»[2]; es falso[3]. Ciertamente, en la Palestina del tiempo de Jesús no está constatada la existencia de industrias que ocupasen a un gran número de esclavos; tampoco hay apenas latifundios cultivados por esclavos en una gran escala[4]. Pero encontramos ciertamente esclavos domésticos de origen pagano en gran número en las casas de los notables de Jerusalén. Hay que recordar aquí en primer lugar la corte herodiana[5], después las casas de la nobleza sacerdotal, donde había igualmente numerosos esclavos[6]. Además, no faltan datos concretos.

[1] R. Kirchheim, *Septem libri talmudici parvi hierosolymitani* (Francfort 1851) 25-30: tratado *ʿAbadim;* Billerbeck, IV, 716-744. J. Winter, *Die Stellung der Sklaven bei den Juden in rechtlicher und gesellschaftlicher Beziehung nach talmudischen Quellen* (Halle 1886); R. Grungeld, *Die Stellung der Sklaven bei den Juden nach biblischen und talmudischen Quellen* I, disertación (Jena 1886) se limita a las indicaciones bíblicas; Krauss, *Talm. Arch.* II, 83-111; G. F. Moore, *Judaism in the First Centuries of the Christian Era* II (Cambridge 1927) 135ss; I. Heinemann, *Philons griechische und jüdische Bildung* (Breslau 1932) 329-345. La obra de R. Salomon, *L'esclavage en droit comparé juif et romain* (París 1931), no tiene valor, depende totalmente, respecto a la documentación rabínica, de Z. Kahn, *L'esclavage selon la Bible et le Talmud* (París 1867).

[2] L. Gulkowitsch, *Der kleine Talmudtraktat über die Sklaven:* «Angelos» 1 (1925) 89.

[3] La reprobación de la esclavitud por los esenios (Filón, *Quod omnis probus,* § 79; Josefo, *Ant.* XVIII 1,5, § 21; cf., sin embargo, *infra,* p. 358 y los terapeutas (Filón, *De vita contemplativa,* § 70) no influyó en la situación.

[4] Las palabras y parábolas de Jesús que utilizan imágenes de la agricultura mencionan, en verdad, esclavos en varias ocasiones (Mt 13,27-30; Lc 17,7-10; 15,22), pero sobre todo jornaleros (Mt 9,37-38; 20,1-16; Lc 10,2; 15,17.19; Jn 4,36).

[5] Véase *supra,* pp. 105s. En el NT aparecen esclavos en la Corte del rey; Mt 18, 23-35; 22,3-10; Lc 19,12-27.

[6] *Ant.* XX 8,8, § 181; 9,2, § 296s; b. *Pes.* 57ª par. Tos. *Men.* XIII 21 (533, 36) y la mención de esclavos de los sumos sacerdotes en la historia de la pasión, particularmente en Mc 14,47 y par.; Jn 18,18 (distingue entre *doũloi* e *hypēretai);* 18,26. Sobre Jn 18,10 véase *infra,* n. 13.

R. Eleazar ben Sadoc, educado en Jerusalén, relata esta costumbre: en la fiesta de los Tabernáculos, el jerosolimitano, cuando visitaba la casa de estudios, tenía la costumbre de mandar a la casa el *lûlab* por medio de su esclavo [7]. Oímos hablar de una joven (seguramente de Jerusalén) que fue hecha prisionera con sus diez esclavas [8]. Sobre un osario de Jerusalén descubierto en Shafat, 3 km. al norte de Jerusalén, se encuentra el nombre de Epicteto, nombre de esclavo [9]; asimismo, Rode, la sirvienta mencionada por Hch 12,13 en la casa paterna de Juan Marcos, era una esclava, como indica su nombre [10]. Finalmente hay que remitir a un proverbio de Hillel, el cual tiene sin duda ante sus ojos la situación de Jerusalén al pronunciar esta sentencia: «Muchas esclavas, mucho libertinaje; muchos esclavos, mucha rapiña» [11].

Los esclavos de ambos sexos se compraban o bien nacían en la casa. Podría ser que los mercaderes de esclavos, que llevaban su «mercancía» al mercado de esclavos de Jerusalén [12], viniesen sobre todo de Fenicia (2 Mac 8,11). Malco, esclavo del Sumo Sacerdote (Jn 18,10), era probablemente originario, como su nombre indica, de la Arabia nabatea [13], de donde procedía igualmente Corinto, guardián de Herodes [14]. En resumen, Arabia bien podría haber suministrado el contingente principal de esclavos poseídos por los judíos de Palestina, pues se nos dice que el número de prisioneros de guerra árabes, capturados por los judíos en el curso de las guerras de Herodes, era elevado [15].

El precio de los esclavos variaba mucho según la edad, el sexo, las cualidades o defectos corporales y espirituales. Las circunstancias ejercían también su influencia: los períodos de guerra aumentaban la oferta y bajaban los precios; en tiempos de paz, subían. En el período romano, bajo Augusto, habían subido considerablemente los precios. Horacio cita precios que van desde 500 dracmas a 100.000 sestercios (equivalente, según el valor siro-ptolomaico de la moneda, de 5 a 152,8 minas), y Marcial habla de precios que van de 600 denarios a 200.000 sestercios (de 3 a

[7] Tos. *Sukka* II 10 (195, 12) par. b. *Sukka* 41b.

[8] *ARN* rec. A cap. 17, 66a 1. Una de las esclavas cuenta al nuevo dueño que la madre de la joven tenía 500 esclavas.

[9] F.-M. Abel, en RB n. s. 10 (1913) 276, n.º 16, y CIJ II, n.º 1238: ... *s Pheidōnos os kai Epiktetos Koma tou Setou.*

[10] Sobre Rode, en cuanto nombre de esclava, véase E. Preuschen, *Die Apostelgeschichte* (Tubinga 1912) 78.

[11] *P. A.* II 7.

[12] Véase *supra*, p. 52.

[13] Este nombre es frecuente en las inscripciones nabateas y palmireas; H. Wuthnow, *Eine palmyrenische Büste*, en *Orientalische Studien, E. Littmann überreicht* (Leyde 1935) 63-69, proporciona numerosos testimonios, especialmente respecto a Palmira. Dos reyes nabateos llevan este nombre: Malco I (50-28 a. C. aprox.) y Malco II (40-71 d. C. aprox.). Inscripción de Haurán: RB 41 (1932) 403 y 578. Véase también el índice de Josefo. Sin embargo, este nombre se encuentra también en Siria; Le Bas y Waddington, *Inscriptions grecques et latines recueillies en Grèce et en Asie mineure* III (París 1870), ofrece 28 testimonios epigráficos de Siria.

[14] *B. j.* I 29,3, § 576s; *Ant.* XVII 3,2 § 55-57.

[15] *B. j.* I 19,4, § 376.

305,6 minas)[16]. En el siglo I antes de nuestra Era el precio medio era, por tanto, de unas 20 minas, y en el siglo I de nuestra Era, de 30 minas[17]. En Palestina, los precios sufrieron también grandes variaciones. Durante las luchas macabeas, Nicanor, en el 166-165 a. C., seguro de su victoria, propuso a los mercaderes fenicios de esclavos venderles 90 judíos por un talento[18]; es un precio irrisorio, sobre todo si se piensa que, algunas décadas antes[19], Hircano, hijo del palestinense José, arrendatario de impuestos, había pagado en Alejandría un talento por cada esclavo varón o hembra (seleccionado, naturalmente)[20]. La Misná (*B. Q.* IV 5) da como precio de un esclavo de 0,25 a 100 minas[21] (de 100 denarios); lo cual, en comparación con el precio corriente fuera de Palestina, representa un precio del esclavo relativamente más bajo. Se debe sin duda al hecho de que en Palestina los esclavos de lujo, hombres (eunucos, gentes instruidas) y mujeres (citaristas, hetairas), por los que se pagaban los mayores precios, no desempeñaban un gran papel. El precio medio de 15 a 20 minas, que podemos deducir de la Misná *(B. Q.* IV 5), está confirmado por Josefo: según Gn 37,28, José es vendido por sus hermanos en 30 monedas de plata *(seqel);* apoyándose en los LXX[22], Josefo interpreta 30 minas[23], habida cuenta naturalmente del precio de los esclavos en su época, o sea, a finales del siglo I de nuestra Era[24]. Tendremos una idea de la importancia de esta suma si la comparamos con el salario medio de un jornalero en aquella época, que era de un denario. El precio de 20 minas (2.000 denarios) correspondía, por tanto, a 2.000 veces el salario diario de un obrero[25]. Un esclavo, hombre o mujer, representaba, por consiguiente, un valor muy considerable.

Una descripción de *la situación social* de los esclavos paganos debe partir del hecho de que eran propiedad total de su dueño. El esclavo no podía poseer ningún bien; es su dueño quien percibe el fruto de su trabajo, y lo que encuentra[26], lo que se le da[27], lo que percibe en compensación de una herida recibida o de una humillación sufrida[28], en una palabra:

[16] O. Roller, *Münzen, Geld und Vermögensverhältnisse in den Evangelien* (Karlsruhe 1929) 14, n. 17.

[17] *Ibíd.,* 15.

[18] 2 Mac 8,11. Desgraciadamente no se dice cuál es el valor del talento en cuestión.

[19] Sobre la datación del acontecimiento en la época anterior al 198 a. C., véase Schürer, I, 183, n. 3.

[20] *Ant.* XII 4,9, § 209.

[21] La lectura del Talmud palestinense (de 0,25 a 1 mina) que defiende Billerbeck, IV, 716s, no se puede sostener, pues eso da un precio demasiado bajo.

[22] LXX Gn 37,28: *eikosi chrysōn.*

[23] *Ant.* II 3,3, § 33.

[24] Josefo terminó sus *Antigüedades* hacia el 94 d. C.

[25] Por peligrosa que sea una comparación con la situación actual podemos decir, no obstante, que la posesión de un esclavo equivalía a la de un automóvil de lujo en la actualidad.

[26] *B. M.* I 5.

[27] j. *Qid.* I 3, 60a 28 (V/2, 220).

[28] b. *B. B.* 51a.

«todo lo que es suyo (incluso sus hijos) pertenece a su dueño» [29] también. Como cualquier otro objeto poseído, puede ser vendido, regalado, dado en garantía [30], declarado sagrado [31], y constituye una parte de la herencia. Esta situación, como dondequiera que reinaba la esclavitud, traía consigo sobre todo el que los esclavos varones estuviesen privados de protección ante los malos tratos, castigos, sevicias [32], y que las esclavas tuviesen que someterse a los caprichos sexuales de sus dueños [33]. Sin embargo, la suerte de los esclavos era en conjunto mucho más humana que en otras partes del mundo antiguo: según hemos visto [34], ciertas mutilaciones causadas por el dueño a su esclavo en presencia de testigos [35] llevaban consigo la emancipación del esclavo en virtud de la interpretación de Ex 21,26-27, interpretación liberal en su época [36], además (ése era al menos el derecho teóricamente en vigor), el dar muerte premeditadamente a un esclavo, si éste moría en el espacio de veinticuatro horas, debía ser castigado, por ser un asesinato, con la condena a pena de muerte [37].

Los esclavos paganos de ambos sexos que se convertían en propiedad de un judío estaban obligados a tomar un baño [38] «para hacerse esclavo» [39]. Si el esclavo era mujer, este baño significaba *la conversión al judaísmo* [40]; los esclavos varones debían realizar esta conversión sometiéndose además a la circuncisión [41]. El *Documento de Damasco* XII 10-11 muestra cuán natural era esta conversión de los esclavos paganos: «Y (el miembro de la comunidad de la nueva alianza) no debe venderles (a los paganos) su esclavo, hombre o mujer, pues han entrado con él en la alianza de Abrahán». En el siglo III de nuestra Era (R. Yoshúa ben Leví, hacia el 250), se daban al esclavo doce meses para reflexionar; si rehusaba la con-

[29] *Gen R.* 67,5 sobre 27,37 (143ᵇ 10).
[30] *Git.* IV 4.
[31] *ʿAr.* VIII 4.
[32] Cf. los drásticos consejos que da ya Eclo 30,33-38 (= LXX 33,25-30 en Rahlfs): torturas, castigos y cadenas en los pies para los malos siervos desobedientes. Sevicias: tratado *ʿAbadim* III 5; b. *Qid.* 25ª y *passim*. Esclavos mutilados: Billerbeck, IV, 730ss; Krauss, *Talm. Arch.* I, 246; II, 86, 95s. Instrumentos de castigo y tortura: Billerbeck, IV, 734; Krauss, *Talm. Arch.* II, 95s. Rabbán Gamaliel II, cuyo comportamiento con su esclavo Tabi era considerado como ejemplar, lo dejó tuerto (b. *B. Q.* 74ᵇ); pero, según el par. j. *Ket.* III 10, 28ª 13 (V/1, 46), le partió sólo un diente, y no sabemos cuál es la tradición más antigua. Cf. también Lc 12,46-48.
[33] Tos. *Hor.* II 11 (477, 6); *Yeb.* VI 5; *P. A.* II 7; *Num. R.* 10 sobre 6,2 (64ᵇ 21); *Ket.* I 4 y *passim*.
[34] *Supra*, p. 346.
[35] Esta condición se exigía ciertamente, al menos según R. Yoshuá (hacia el 90 d. C.), b. *B. Q.* 74ᵇ.
[36] Billerbeck, IV, 729-731 y 735-737. Pero no puede afirmarse, partiendo de eso, que «todo perjuicio corporal llevaba consigo la inmediata emancipación» (L. Gulkowitsch, en «Angelos» 1 [1925] 89).
[37] Billerbeck, IV, 737-739.
[38] Véase *supra*, p. 346, el «baño para hacerse libre».
[39] Billerbeck, I, 1054s.
[40] El Targum Yerushalmi I, en Dt 21,13, a propósito de la prisionera de guerra, dice: «Y debes hacerla tomar un baño y hacerla prosélita».
[41] Gn 17,12-13; *Jubileos* XV 13 (hacia el 120 a. C.).

versión, había obligación de venderlo de nuevo a no judíos [42]. Por el contrario, la época anterior parece haber exigido el proceder en seguida a la circuncisión [43]; fundaba esta exigencia en el hecho de que los paganos manchan desde el punto de vista ritual los alimentos puros [44].

El esclavo pagano era siervo, pero circunciso; eso explica la equívoca y especial situación en que se encontraba. Por la circuncisión, era «hijo de la alianza» [45]; pero, como no era liberto, no era miembro de la comunidad de Israel [46]. Había sido «separado de la comunidad de los paganos, pero no había entrado en la comunidad de Israel» [47]. Esta equívoca situación determinaba sus deberes religiosos y sus derechos; unos y otros estaban limitados por la consideración de los derechos de su propietario.

Veamos primeramente los deberes religiosos que incumbían al esclavo por el hecho de su conversión. La determinación de sus deberes se regía según el principio de que el esclavo debía obedecer solamente a los preceptos que no tenían relación con un momento determinado [48], ya que no era dueño de su tiempo. Así, pues, el esclavo pagano estaba liberado de la obligación de recitar el *s^ema^c*, obligación que el israelita tenía que cumplir diariamente, al salir el sol y después de su puesta (es decir, en determinados momentos), lo mismo que la de llevar las filacterias [49]; estaba también liberado de la obligación de peregrinar a Jerusalén por las fiestas de Pascua, de Pentecostés y de los Tabernáculos (es decir, nuevamente en momentos determinados) [50], de habitar en tiendas [51] y agitar el *lûlab* [52] en la fiesta de los Tabernáculos, así como de hacer sonar el cuerno en la fiesta del Año Nuevo [53]. Por el contrario, estaba obligado a rezar en la mesa después de la comida y a la recitación diaria de «las dieciocho bendiciones» [54], para lo cual disponía de toda la tarde «hasta la noche» [55], y debía

[42] b. *Yeb*. 48^b.

[43] En *Mek*. Ex 12,44 (7^b 25ss), R. Eliezer (hacia el 90 d. C.), que, en las discusiones, hace valer de forma inquebrantable la antigua tradición, defiende esta opinión (en 7^b 20ss, *ed. princeps* [Venecia 1545], se le atribuye la opinión contraria debido a que fueron saltadas algunas palabras; pero, según la lectura correcta de *Yalqut Shimeoni* I, § 211, ed. de Vilna [1898] 134^a 14, esta opinión contraria es la de R. Ismael [† 135 a. C.]). Hay, sin embargo, una incertidumbre, pues b. *Yeb* 48^b bar. menciona a R. Aqiba como autor en lugar de R. Eliezer.

[44] *Pirqé de R. Eliezer,* 29; b. *Yeb*. 48^b.

[45] *Mek*. Ex 20,10 (26^b 51).

[46] b. *B. Q*. 88^a: «El esclavo no está hecho para entrar en la comunidad».

[47] b. *Sanh*. 58^b.

[48] Billerbeck, III, 562, y IV, 722s; el principio sólo es verdadero en cuanto regla general, pues hay una serie de preceptos a los que el esclavo (lo mismo que la esclava) no estaba obligado, aunque no estuviesen ligados a un momento determinado; cf. Billerbeck, III, 559 (por ejemplo, la obligación de estudiar la Torá, etc.).

[49] *Ber*. III 3.

[50] *Hag*. I 1.

[51] *Sukka* II 1,8.

[52] b. *Qid*. 33^b bar. Sobre la agitación del *lûlab,* véase Billerbeck, II, 784ss.

[53] Tos. *R. H*. IV 1 (212, 10).

[54] *Ber*. III 3.

[55] *Ber*. IV 1.

colocar a la puerta las *m^{e}zûzôt*[56]. En conjunto, el número de obligaciones religiosas a las que estaba sujeto el esclavo era mínimo. Se trataba fundamentalmente de las acciones a las que también estaba sujeta la mujer; en eso, ésta estaba equiparada al esclavo, pues también ella tenía un dueño por encima[57].

Los *derechos religiosos y cívicos* que el esclavo obtenía con su conversión al judaísmo estaban limitados, como sus deberes religiosos, por su estado de siervo; era el reverso de la medalla, muy grave en su situación. Las ventajas de las leyes religiosas judías no afectaban al esclavo más que en la medida en que los derechos de su dueño no eran perjudicados. En primer lugar, y ante todo en virtud de Ex 20,10 y Dt 5,14, tenía derecho al descanso sabático lo mismo que todo israelita; además, tenía derecho a participar en la fiesta de la Pascua, incluido el banquete pascual[58]. Finalmente, su dueño no tenía derecho a venderlo a un pagano[59]. Como hemos visto, el *Documento de Damasco* insiste especialmente en esta prescripción[60]; de donde podemos concluir que, en la época antigua, la prescripción tenía fuerza de ley, al menos en los círculos de los estrictos observantes de la Ley[61]. A esto se reducían poco más o menos los derechos que el esclavo obtenía con su conversión[62]. En lo demás no tenía derechos. En primer lugar, desde el punto de vista religioso no podía, por ejemplo, ni imponer en el templo las manos (sobre la cabeza de la víctima) ni sacudir (las porciones de víctima)[63]; en la sinagoga no podía ser contado para completar la cifra de diez entre los presentes, el mínimo prescrito para la oración pública[64] ni podía ser llamado a hacer la lectura[65], en la mesa no era contado en el número de las personas invitadas a pronunciar la bendición después de la comida[66]. Además no tenía derecho a declarar como testigo; fuera de casos excepcionales[67], no era apto para testifi-

[56] *Ber.* III 3. Según b. *Men.* 43ª bar., estaba también obligado a llevar borlas en el vestido que cubría los demás.

[57] «Mujeres, esclavos y menores» son citados frecuentemente juntos, por ejemplo, *Ber.* III 3; *Sukka* II 8 y *passim.* Mujeres y esclavos juntos, *R. H.* 18 y *passim.*

[58] Comida pascual: Ex 12,44; b. *Pes.* 88ª bar.; Tos. *Pes.* VII 4 (166, 21). En virtud de Lv 22,11, el esclavo pagano, cuyo dueño era sacerdote, podía comer de la porción de los sacerdotes *(Yeb.* VII 1).

[59] *Git.* IV 6. Este pasaje prohibía también venderlo a un judío que viviese fuera de Palestina. Se encontraba el fundamento escriturístico en Dt 23,16; cf. *Sifré* Dt 23, 16, § 259 (50^d 32ss).

[60] *Documento de Damasco* XII 10-11, véase *supra,* p. 358.

[61] Es difícil creer que la prescripción fuese observada de forma general; tenemos noticias de la pignoración y venta de esclavos a paganos, b. *Git.* 43^b-44^a.

[62] Hay que añadir, para completar, que tenía el derecho de hacer votos, con tal de que ello no causase perjuicio a su dueño, en cuyo caso tenía este último que dar su consentimiento (Billerbeck, IV, 723s).

[63] Tos. *Men.* X 13.17 (528, 9.16).

[64] Una vez, R. Eliezer libertó a su esclavo para completar la cifra de diez, b. *Git.* 38^b.

[65] Así se deduce de b. *Git.* 40^a.

[66] *Ber.* VII 2.

[67] Podía, por ejemplo, dar testimonio de que, en una ciudad tomada por paganos, una mujer de sacerdote no había sido tocada, *Ket.* II 9; Rashi, en *R. H.* I 8, cita otros dos ejemplos (cf. Billerbeck, III, 560, al final del § *c).*

car[68]. Finalmente, y sobre todo, está privado de todo derecho desde el punto de vista matrimonial. Un esclavo, varón o mujer, estaba incapacitado para contraer matrimonio válido con cualquier clase de israelita[69], incluso con quien estuviese marcado con una mancha gravísima; el niño nacido de la unión de un israelita con una esclava era (como la madre) esclavo[70] y pertenecía al dueño de la esclava. En lo concerniente al derecho matrimonial, por consiguiente, los esclavos de ambos sexos, a pesar de su conversión al judaísmo, eran considerados aún como paganos.

Es preciso tener ante los ojos esta situación social, que hacía de la palabra «esclavo» una de las peores injurias castigadas con el anatema[71], para comprender la indignación que provocó Jesús en los oyentes al llamarles esclavos (Jn 8,32-35).

[68] *Ant.* IV 8,15, § 219; *R. H.* I 8.

[69] *Qid.* III 12; *Git.* IX 2 y muy frecuentemente.

[70] *Qid.* III 12; b. *Qid.* 68[b]; *Yeb.* II 5; b. *Yeb.* 17[a], 22[b], 23[a]; *Pirqé de R. Eliezer* 36 y *passim*, según el principio jurídico de que el niño nacido de una unión inválida sigue a la madre. Gál 4,21-23 supone que este principio estaba vigente. Esta concepción jurídica está confirmada por Jn 8,41: Jesús ha llamado a sus oyentes esclavos (del pecado) (8,34) y ha negado que fuesen descendientes (espirituales) de Abrahán (8,39); ellos protestan contra el reproche de ser nacidos *ek porneias*. Estos judíos suponen vigente el principio jurídico de que el niño de un israelita y de una esclava es esclavo; sólo si los presupuestos de este principio jurídico hubieran sido verdaderos en su caso, Jesús, según su opinión, habría tenido derecho a hacerles ese reproche. Y al revés, según el antiguo derecho, el hijo nacido de la unión de un esclavo y de una israelita era considerado como judío; también en este caso se trata ciertamente de una unión inválida, en la que el hijo sigue a la madre (testimonios en V. Aptowitzer, en HUCA 5 [128] 267ss; A. Büchler, en MGWJ 78 [1934] 143ss). V. Aptowitzer, *Spuren des Matriarchats im jüdischen Schriftum:* HUCA 4 (1927) 207-240; 5 (1928) 261-297, ha demostrado de forma convincente que los dos principios jurídicos citados en esta nota son restos de un antiguo derecho matriarcal; estos restos son tanto más interesantes cuanto que, en toda la legislación restante, se había impuesto ya el derecho patriarcal en la época bíblica.

[71] b. *Qid.* 28[b] bar.

CAPITULO VI

LOS SAMARITANOS[1]

Descendiendo al último estrato llegamos a los samaritanos. Durante el período posbíblico, *la actitud de los judíos* frente a sus vecinos los samaritanos, pueblo mestizo judeo-pagano, ha conocido grandes variaciones, mostrándose a veces poco comedida. Los antiguos tratados sobre este tema no lo han notado, de donde resulta una imagen falsa.

Desde que los samaritanos se separaron de la comunidad judía y construyeron su propio templo sobre el Garizín (lo más tarde en el curso del siglo IV antes de nuestra Era)[2] debieron de existir fuertes tensiones entre judíos y samaritanos. Respecto al comienzo del siglo II antes de nuestra Era, tenemos el testimonio de las rencorosas palabras de Eclo 50,25-26: «Hay dos naciones que aborrezco, y la tercera no es pueblo: los habitantes de Seír, los filisteos y el pueblo necio (cf. Dt 32,21) que habita en Siquén»[3]. Respecto al período inmediatamente anterior al 150 a. C., Josefo nos relata una querella religiosa entre los judíos de Egipto y los sa-

[1] Una recopilación fundamental de fuentes, en Billerbeck, I, 538-560. Respecto a nuestra problemática, se encuentran pocas cosas en el pequeño tratado talmúdico *Kutim* sobre los samaritanos, pues refleja principalmente una situación posterior; ha sido editado por R. Kirchheim, *Septem libri talmudici parvi hierosolymitani* (Francfort 1851) 31-37, y traducido por L. Gulkowitsch: «Angelos» 1 (1925) 48-56. J. A. Montgomery, *The Samaritans* (Filadelfia 1907); Schürer, II, 18ss (sus observaciones sobre la situación de los samaritanos en materia de legislación religiosa son falsas respecto al siglo I de nuestra Era; valen solamente respecto al siglo II, en el cual la situación es diferente); Schlatter, *Theologie,* 75-79; J. Jeremias, *Die Passahfeier der Samaritaner:* BZAW 59 (Giessen 1932).

[2] La tradición samaritana sitúa la construcción del templo en la época de la segunda vuelta del destierro, o sea, en el siglo V antes de nuestra Era (Et-taulida, ed. A. Neubauer: «Journal Asiatique», 6.ª serie, 14 [1869] 401, líneas 16-18; *Liber Josuae,* ed. Th. G. J. Juynboll [Leiden 1848] cap. 45; Abu'l-fath, ed. E. Vilmar, *Abulfathi annales samaritani* [Gotha 1865] 61ss del texto árabe; *Crónica samaritana,* ed. E. N. Adler y M. Seligsohn, en REJ 44 [1902] 218ss). Frente a esta tradición samaritana está la diversa indicación de Josefo, quien data la construcción de este templo en el 332 a. C. *(Ant.* XI 8,4, § 324; cf. XIII 9,1, § 256). E. Sellin, *Geschichte des israelitisch-jüdischen Volkes* II (Berlín 1932) 169-171, se pronunció en favor de la exactitud de este segundo dato. A. Alt, *Zur Geschichte der Grenze zwischen Judäa und Samaria:* PJB 31 (1935) 106-111; reimpreso en sus *Kleine Schriften* II (Munich 1953) 357-362; coloca la construcción del templo sobre el Garizín en los últimos tiempos del período persa, poco antes de la irrupción de Alejandro en Asia, es decir, a mediados del siglo IV.

[3] Según el texto hebreo.

maritanos, la cual fue llevada ante Ptolomeo Filométor (181-145 a. C.): se trataba de la rivalidad entre los dos santuarios, el de Jerusalén y el de Garizín[4]. Fue durante el gobierno del Asmoneo Juan Hircano (134-104 antes de Cristo) cuando las tensiones fueron más fuertes; poco después de la muerte de Antíoco VII (129) Juan se apoderó de Siquén y destruyó el templo de Garizín[5]. No es extraño que, en lo sucesivo, el ambiente estuviese cargado de odio[6].

Tal vez hubo una mejora pasajera de la situación hacia el final del siglo I antes de nuestra Era. Herodes desposó a una samaritana (véase *infra,* p. 368); de donde concluye Schlatter que el rey (el único) había intentado hacer desaparecer el odio entre las dos comunidades[7]. Se podría invocar en favor de esta hipótesis el hecho de que, durante el reinado de Herodes, los samaritanos parecen haber tenido acceso al atrio interior del templo de Jerusalén[8]. Pero sin duda perdieron este derecho aproximadamente doce años después de la muerte de Herodes, cuando, bajo el procurador Coponio (6-9 d. C.), los samaritanos, en una fiesta de la Pascua, esparcieron durante la noche huesos humanos en los pórticos del templo y en todo el santuario[9]; lo cual fue claramente un acto de venganza, cuya causa Josefo, significativamente, silencia. Esta grave profanación del templo, que probablemente trajo consigo una interrupción de la fiesta de la Pascua, proporcionó un nuevo alimento a la vieja enemistad.

A partir de este momento, la hostilidad se hace implacable; eso es lo que nos muestran, de forma concordante, los datos del NT, el desprecio con que Josefo habla de los samaritanos y la severidad con que los trata el antiguo derecho rabínico (véase *infra,* pp. 366s). Cuando los judíos de Galilea iban a Jerusalén, especialmente a las fiestas, tenían ciertamente la costumbre, en el siglo I de nuestra Era, de coger el camino que atravesaba Samaría[10]; pero siempre había incidentes[11], incluso encuentros sangrientos[12]. En el siglo II de nuestra Era las relaciones mejoraron de nuevo. Como indica la Misná en la reglamentación de las relaciones con ellos, los samaritanos fueron juzgados de forma mucho más benigna que en el si-

[4] *Ant.* XIII 3,4, § 74ss, cf. XII 1,1, § 10.

[5] *Ant.* XIII 9,1, § 255s.

[6] *Test. de Leví* VII 2: «A partir de hoy (así se dice a propósito de Gn 34,25-29) Siquén será llamada la ciudad de los idiotas, pues nosotros nos hemos mofado de ellos como se hace con un loco».

[7] Schlatter, *Theologie,* p. 75.

[8] *Ant* XVIII 2,2, § 30.

[9] *Ibíd.,* § 29s.

[10] *Ant.* XX 6,1, § 118; *B. j.* II 12,3, § 232. Confirmado por Lc 9,51-55; Jn 4, 4-42.

[11] Lc 9,53; Jn 4,9.

[12] Hay un episodio significativo; Josefo lo narra a causa de las profundas consecuencias políticas que trajo consigo *(B. j.* II 12,3-7, § 232-246; *Ant.* XX 6,1-3, § 118-136): en el 52 d. C., guerrilleros judíos atacaron pueblos samaritanos para vengar la muerte de uno *(B. j.)* o varios peregrinos *(Ant.)* galileos que, al ir a Jerusalén en peregrinación a la fiesta, habían tomado el camino que atraviesa el territorio samaritano y habían sido atacados en la frontera norte de Samaría, en el pueblo limítrofe de Ginaé, es decir, Djenin.

glo I de nuestra Era; se les «considera como israelitas en todo aquello en que su comportamiento correspondía a las perspectivas de la legislación religiosa farisea» [13], y sólo fueron tratados como no israelitas en los otros puntos. Esta tendencia a la benignidad apela principalmente a la autoridad de R. Aqiba. Por eso P. Billerbeck [14] ha supuesto que Aqiba, con su actitud amistosa, había tal vez intentado, cuando la revolución de Bar Kokba (132-135/6), arrastrar a los samaritanos a la lucha contra los romanos. Desde antes del 200, el juicio sobre los samaritanos se tornó nuevamente riguroso, y hacia el 300 la ruptura era completa; desde entonces fueron considerados como paganos [15]. La oposición era tan total, que, según una noticia de Epifanio, los samaritanos que se convertían al judaísmo debían hacerse de nuevo la circuncisión; los samaritanos respondieron a esta disposición tomando la misma medida [16]. Después, el judaísmo prohibió totalmente la conversión de samaritanos [17].

Por consiguiente, en el siglo I de nuestra Era, del que nosotros nos ocupamos, nos hallamos en un período de tensas relaciones entre judíos y samaritanos. Cuando Jesús atraviesa Samaría no encuentra acogida, pues va camino del detestado templo de Jerusalén (Lc 9,52-53); se le niega incluso agua para beber (Jn 4,9). Lo cual muestra la vigencia del odio que los samaritanos tenían a los judíos; odio que atizaba sin cesar el destruido santuario de Garizín. Los judíos, por su parte, llegaron a llamar a los samaritanos «kuteos» [18], y la palabra «samaritano» constituía una grave injuria en boca de un judío [19]. Estos detalles, unidos a otros [20], muestran con qué desprecio trataban los judíos a esta población mestiza.

Los frecuentes cambios descritos en las relaciones entre judíos y samaritanos llevaban naturalmente consigo los correspondientes cambios en las disposiciones de la legislación religiosa-judía respecto a los samaritanos. Es difícil, por consiguiente, partiendo de nuestras fuentes, en su mayoría puestas por escrito más tarde, saber cuál era el derecho vigente en el siglo I de nuestra Era. Sin embargo, no carecemos de recursos. Además de los detalles del NT y de Josefo, son especialmente las indicaciones

[13] Billerbeck, I, 538.

[14] *Ibíd.*, I, 538.

[15] *Ibíd.* I, 552s.

[16] Epifanio, *De mens. et pond.* XVI 7-9, ed. P. de Lagarde, *Symmicta* II (Gotinga 1880) 168s, relata: «[7]En tiempo de Vero, Símmaco, doctor samaritano, se unió a los judíos. No era estimado por sus compatriotas; enfermo de ambición de poder, estaba exasperado contra sus conciudadanos. Se hizo prosélito y fue circuncidado de nuevo. [8]No te extrañes, lector, esto sucede. [9]En efecto, los judíos que se pasan a los samaritanos... son circuncidados de nuevo, lo mismo que los samaritanos que se unen a los judíos» (es muy dudoso que Símmaco fuese samaritano; según Eusebio, *Hist. Eccl.* VI 17, era ebionita).

[17] *Tanhuma, wayyeseb,* § 2, 117, 38; *Pirqé de R. Eliezer,* 38.

[18] Cf. *infra*, p. 366, nn. 23-25.

[19] Jn 8,48; b. *Sota* 22[a].

[20] En Lc 10,37, el escriba en cuestión evita pronunciar la palabra «samaritano». Emplea una perífrasis: «El que practica la misericordia con su prójimo». Cuando los hijos del Zebedeo, en Lc 9,54, quieren hacer descender fuego del cielo sobre un inhospitalario poblado samaritano, se trata, evidentemente, del odio nacional que se enciende con legítima indignación contra la violación del derecho de hospitalidad.

de R. Eliezer (hacia el 90 d. C.) las que nos ayudan a clarificar las cosas, pues respecto a los samaritanos, como en las demás cuestiones, defiende inquebrantablemente la tradición antigua, y en este punto se le unen otros doctores tannaítas [21].

Los samaritanos concedían una gran importancia (como aún hoy día) al hecho de descender de los patriarcas judíos [22]. Se les negó esa pretensión: eran «kuteos» [23], descendientes de colonos medo-persas [24] extraños al pueblo [25]. Tal era la concepción judía existente en el siglo I de nuestra Era [26], la cual negaba a los samaritanos todo lazo de sangre con el judaísmo [27]. El hecho de reconocer la Ley mosaica [28] y el observar sus prescripciones con escrupulosidad tampoco cambiaba nada su *exclusión de la comunidad de Israel,* pues eran sospechosos de culto idolátrico a causa de su veneración del Garizín como montaña sagrada [29]. La razón fundamental de excluir a los samaritanos era, sin embargo, su origen y no el culto del Garizín; con la comunidad judía de Egipto no hubo ruptura a pesar de la existencia del templo de Leontópolis, ya que no había en este caso análogos obstáculos [30].

Este juicio fundamental sobre los samaritanos trajo una primera consecuencia: desde el comienzo del siglo I de nuestra Era *fueron equiparados a los paganos desde el punto de vista cultual y ritual.* Como hemos visto [31], el acceso al atrio interior del templo, desde el año 8 aproximadamente de nuestra Era, les estaba prohibido muy probablemente. Concuerda con ello una disposición claramente antigua [32] de la Misná: prohíbe

[21] R. Ismael († 135 d. C.), R. Yudá ben Elay (hacia el 150), R. Simeón ben Yojay (hacia el 150); cf. Billerbeck, I, 538ss.

[22] Jn 4,12; *Ant.* IX 14,3, § 291; XI 8,6, § 341.344 (Josefo, en ambos pasajes, insiste en el hecho de que, por oportunismo, los samaritanos tan pronto afirmaban su parentesco con los judíos como lo negaban; es ciertamente una presentación parcial); *Gn. R.* 94,6 sobre 46,8ss (203ª 7): «R. Meír vio a un samaritano y le dijo: ¿De quién procedes tú? El le respondió: De la estirpe de José».

[23] La denominación de «kuteos» respecto a los samaritanos es extraña al AT, incluidas las partes arameas. Se encuentra por primera vez en Josefo *(Chouthaîoi,* una vez *[Ant.* XIII 9,1, § 256, variantes], *Kouthaîoi,* junto a *Samareîtai, Samareîs,* más frecuentemente). En la Misná, *kûtîm* es ya la denominación exclusiva de los samaritanos.

[24] Lc 17,18: *allogenēs* = extraños al pueblo.

[25] Las «gentes de Kut» (2 Re 17,30; cf. 17,24) eran una de las tribus instaladas por los asirios en Samaría como colonos en el siglo VIII antes de nuestra Era. Josefo explica que su patria es el país de los medos y de los persas *(Ant.* XII 5,5, § 257); cf. *Ant.* IX 14,3, § 288: han sido trasplantados del país de Kuta, en Persia, a la Samaría.

[26] Respecto a la fecha, véase *supra,* nn. 23 y 24.

[27] *Ant.* XI 8,6, § 341.

[28] El Pentateuco constituía la base de la religión de los samaritanos; no reconocían, dentro del canon judío, ningún otro libro sagrado.

[29] *Hul.* II 7 (donde, con el texto del Talmud de Babilonia, ed. de Francfort [1721] y de Lemberg [1861], hay que leer *lᵉkûtî;* cf. Billerbeck, I, 538), afirmación de R. Eliezer (hacia el 90 d. C.).

[30] Schlatter, *Theologie,* p. 79.

[31] Véase *supra,* p. 364.

[32] Data probablemente de la época en que aún existía el templo.

aceptar de los samaritanos tributos al templo, sacrificios expiatorios y sacrificios penitenciales, así como sacrificios de pájaros (por las puérperas y por las purificaciones mensuales), y permite sólo aceptar dones con ocasión de votos y regalos voluntarios, los cuales eran también aceptados a los paganos [33]. Esta equiparación de los samaritanos a los paganos en el terreno cultual y ritual está también constatada por una frase de R. Yudá ben Elay (hacia el 150 d. C., representante de la antigua tradición en lo concerniente a los samaritanos): un samaritano no debe circuncidar a un judío, pues dirigiría su intención [34] hacia la montaña de Garizín [35]. Encontramos en la misma línea la prohibición de R. Eliezer (hacia el 90 d. C.) de comer los panes ázimos de un samaritano en la Pascua, «pues los samaritanos no están al corriente de los detalles de las prescripciones» [36], y la de comer un animal sacrificado por un samaritano [37], «pues la intención del samaritano (durante el degüello) está generalmente dirigida hacia el culto de los ídolos» [38].

Vista esta amplia equiparación de los samaritanos a los paganos, comprendemos por eso mismo que no podía caber *matrimonio* entre ellos [39]. En este punto, los judíos eran inflexibles. Según una noticia tardía [40], pero digna de crédito [41], en las últimas décadas anteriores a la destrucción del

[33] *Sheq.* I 5. Sobre las ofrendas incruentas que se aceptaban de los paganos, véase Billerbeck, II, 549-551; Schürer, II, 357-363.

[34] Circuncida *l^esôm* (en el nombre de = dirigiendo su intención hacia) la montaña de Garizín. Por otra parte, en el bautismo neotestamentario hay que entender análogamente el «en el nombre de» como indicación de la intención vinculada al bautismo.

[35] Tos. *ʿA. Z.* III 13 (464, 18); b. *ʿA. Z.* 27ª bar.; tratado *Kutim* I 9ᵇ.

[36] b. *Qid.* 76ª bar.; b. *Hul.* 4ª bar.; Tos. *Pes.* I 15 (156, 17). En este último pasaje hay que leer, con la *ed. princeps* de la Tosefta por Alfasi, «R. Eliezer» y no «R. Eleazar» como en los manuscritos de Viena y de Erfurt.

[37] Sobre la lectura «samaritano», véase *supra,* p. 366, n. 29.

[38] *Hul.* II 7.

[39] Con frecuencia encontramos expresamente esta prohibición del matrimonio: *Qid.* IV 3; Tos. *Qid.* V 1s (341, 19); b. *Qid.* 74ᵇ-76ᵇ; tratado *Kutim* I 6; II 9 y *passim. Shebiit* VIII 10 probablemente forma también parte de este contexto: «Además se decía en su (de R. Aqiba, † después del 135 d. C.) presencia: R. Eliezer (hacia el 90 d. C.) ha enseñado: El que come del pan de un samaritano (así hay que leer con Billerbeck, III, 420, n. 1, y IV, 1183) es como si comiese puerco. Él les dijo entonces: Callad, no os quiero decir lo que R. Eliezer ha enseñado sobre ese punto». Según esta tradición, R. Eliezer habría prohibido radicalmente comer pan samaritano. Pero nos cuentan los más diversos autores que nos lo transmiten que permitió comer después de la Pascua el pan fermentado y la pastelería de los samaritanos (j. *ʿOrla* II 7, 62ᵇ 55.62ᶜ 1ss [II/2, 432]; j. *Shebiit* VIII 10, 38ᵇ 60 [II/1, 409]; juzgaba de diversa manera sobre el pan ázimo de los samaritanos; véase *supra,* nota 36). Por consiguiente, su afirmación, narrada en *Shebiit* VIII 10, debe de tener otro sentido, como indica la réplica disgustada de Aqiba. Así, pues, R. Yosé (hacia el 350 d. C.) tiene probablemente razón al decir (j. *Shebiit* VIII 10, 38ᵇ 59 [II/1, 109]) que «comer el pan», en la frase de R. Eliezer, es un eufemismo para designar el matrimonio.

[40] R. Najman bar Isjaq († 356 d. C.), b. *Shab.* 16ᵇ-17ª.

[41] *Nidda* IV 1 y *Tohorot* V 8 muestran que la norma estaba vigente en el siglo II. Ahora bien, como hemos visto *supra,* pp. 364s, el siglo II fue favorable a los samaritanos; por lo que es difícil que esta norma no haya aparecido hasta el siglo II.

templo [42] fue puesta en vigor la importantísima norma de considerar a los samaritanos «a partir de la cuna» (siempre, por consiguiente) como impuros en grado supremo y como causantes de impureza [43]; la ocasión que determinó esta disposición fue el deseo de impedir los matrimonios entre judíos y samaritanos. Sólo una vez durante el período posexílico oímos decir, a propósito de Herodes el Grande, que un judío tenía por mujer a una samaritana [44]; pero pudiera ser que Herodes fuera empujado a ese matrimonio por el deseo, del que hemos hablado [45], de tender un puente entre judíos y samaritanos. Hay que notar, por lo demás, que este matrimonio tuvo lugar antes de la tirantez de relaciones descrita anteriormente (pp. 364s).

Así, pues, antes del 70 d. C., la actitud de los judíos respecto a los samaritanos no difería fundamentalmente de la actitud respecto a los paganos. «No tienen ningún mandamiento, ni siquiera vestigio de un mandamiento; son, por tanto, despreciables y pervertidos» [46], declara Simeón Yojay (hacia el 150 d. C.), quien representa la antigua tradición respecto

[42] R. Najman asegura, en b. *Shab.* 16ᵇ-17ᵃ, que esta norma era una de las dieciocho ordenanzas promulgadas en la azotea de la casa Jananya ben Jizquiyya ben Garon a raíz de una deliberación común entre hillelitas y hammaítas. Esta deliberación tuvo lugar antes del 48 d. C. Paul Billerbeck, un poco antes de su muerte, acaecida el 23 de diciembre de 1932, me explicó de viva voz que él, como yo, situaba estas célebres discusiones antes del Concilio Apostólico (el 48). Según M. Hengel, *Die Zeloten,* (Leiden y Colonia 1961) p. 207 y n. 4, las famosas dieciocho ordenanzas no fueron promulgadas hasta el tiempo de la primera rebelión contra los romanos. Sin embargo, incluso en este caso hay que tener en cuenta una posibilidad: estas ordenanzas han podido ser ya observadas en parte antes de ser elevadas a rango de una *halaká* obligatoria.

[43] Se trata de la norma de considerar a las samaritanas «como menstruosas desde la cuna» y a sus maridos como perpetuamente manchados por las menstruosas (cf. Lv 15,24), *Nidda* IV 1, Tos. *Nidda* V 1 (645, 21). En virtud de esta disposición, todo lecho en el que había reposado un samaritano era considerado levíticamente impuro *(ibíd.);* la impureza se comunicaba a los alimentos y a las bebidas que entraban en contacto con aquel lecho. Por consiguiente, el que, en un viaje a través de territorio samaritano, aceptaba de ellos alimento y bebida, no podía saber nunca si estaban manchados. Además, en virtud de esta disposición, todo esputo de samaritana era considerado impuro; si, pues, había en una ciudad una sola samaritana, todos los esputos eran considerados como impuros, *Tohorot* V 8. Por la razón indicada en la penúltima nota, una disposición análoga transmitida por la Misná pertenece probablemente al siglo I: los samaritanos eran sospechosos de desembarazarse de los fetos, en casos de abortos, en los «sitios impuros de casa» *(bêt hatumʾôt,* «excusado»), de forma que estos lugares manchaban con una impureza de cadáver al que allí entrase *(Nidda* VII 4). Podremos comprender el ofensivo rigor de tales disposiciones al recordar que, si los samaritanos (lo que es probable, cf. *supra,* p. 364) habían tenido acceso al atrio interior del templo hasta el 8 a. C. aproximadamente, es que hasta esa fecha no había habido razón levítica para excluirlos del templo.

[44] Maltacé. *B. j.* I 28, § 562: *Samareîtis, Ant.* XVII 1,3, § 20: *ek toū Samareōn ethnous.* H. Willrich, *Das Haus des Herodes* (Heidelberg 1929) 172, duda que Maltacé «haya pertenecido a la secta religiosa de los samaritanos»; pero esta duda no tiene fundamento.

[45] Véase *supra,* p. 364.

[46] j. *Pes.* I 1, 27ᵇ 51 (III/2, 5).

a los samaritanos[47]. Al menos en el sector del pueblo judío que observaba las prescripciones fariseas sobre la pureza, las relaciones con los samaritanos, antes del 70, eran tan difíciles como con los paganos. La constatación del antiguo glosador de Jn 4,9 es exacta[48]: «Los judíos no tienen relaciones con los samaritanos». Sólo partiendo de este trasfondo de la situación contemporánea podremos apreciar plenamente la postura del NT respecto a los samaritanos, midiendo, por ejemplo, hasta qué punto las palabras de Jesús debieron de parecer duras a sus oyentes: puso ante los ojos de sus compatriotas a un samaritano como modelo, humillante para ellos, de agradecimiento (Lc 17,17-19) y de amor al prójimo que triunfa del odio nacionalista de tan viejas raíces (Lc 10,30-37).

[47] Según Schürer, II, 23, los samaritanos, desde el punto de vista de la legislación religiosa, estaban colocados en el mismo plano que los saduceos. Este juicio se funda en pasajes de la Misná que reflejan las disposiciones favorables a los samaritanos existentes en amplios sectores durante el siglo II de nuestra Era. Pero es falso respecto al siglo I.

[48] Esta frase falta en א* D a b d e.

CAPITULO VII

SITUACION SOCIAL DE LA MUJER[1]

En Oriente no participa la mujer en la *vida pública;* lo cual es también válido respecto al judaísmo del tiempo de Jesús, en todo caso respecto a las familias fieles a la Ley. Cuando la mujer judía de Jerusalén salía de casa, llevaba la cara cubierta con un tocado que comprendía dos velos sobre la cabeza, una diadema sobre la frente con cintas colgantes hasta la barbilla y una malla de cordones y nudos; de este modo no se podían reconocer los rasgos de su cara[2]. Por eso una vez, según se dice, un sacerdote principal de Jerusalén no reconoció a su propia mujer al aplicarle el procedimiento prescrito para la mujer sospechosa de adulterio[3]. La mujer que salía sin llevar la cabeza cubierta, es decir, sin el tocado que velaba el rostro, ofendía hasta tal punto las buenas costumbres que su marido tenía el derecho, incluso el deber[4], de despedirla, sin estar obligado a pagarle la suma estipulada, en caso de divorcio, en el contrato matrimonial[5]. Había incluso mujeres tan estrictas que tampoco se descubrían en casa,

[1] Entre la abundante literatura, citemos a Krauss, *Tal. Arch.*, II; M. S. Zuckermandel, *Die Befreiung der Frauen von bestimmten religiösen Pflichten nach Tosefta und Mischna,* separata de *Festschrift zu Israel Lewys* 70. *Geburtstag* (Breslau 1911); S. Krauss, *Die Ehe zwischen Onkel und Nichte,* en *Studies in Jewish Literature, issued in Honour of Prof. K. Kohler* (Berlín 1913) 165-175; J. Neubauer, *Beiträge zur Geschichte des biblisch-talmudischen Eheschliessungsrechts. Eine rechtsvergleinchend-historische Studie* (Mitteilungen der vorderasiatischen Gesellschaft, I-II; Leipzig 1920); J. Leipoldt, *Jesus und die Frauen* (Leipzig 1921); V. Aptowitzer, *Spuren des Matriarchats im jüdischen Schrifttum:* HUCA 4 (1927) 207-240, 5 (1928) 261-297, especialmente 4, 232ss (matrimonio con una sobrina), y 281ss (derecho de compra, derecho de sucesión, endogamia); Billerbeck IV (1928), «mujer» en el índice; S. Bialoblocki, *Materialen zum islamischen und jüdischen Eherecht* (Giessen 1928); M. Friedmann, *Mitwirkung von Frauen beim Gottesdienst:* HUCA 8-9 (1931-1932) 231-329; Schlatter, *Theologie,* 162-170; S. Zucrow, *Women, Slaves and the Ignorant in Rabbinic Literature* (Boston, Mass. 1932); A. Gulak, *Das Urkundenwesen im Talmud im Lichte der griechisch-ägyptischen Papyri und des griechischen und römischen Rechts* (Jerusalén 1935); J. Leipoldt, *Die Frau in der antiken Welt und im Urchristentum* (Leipzig 1955). Respecto a la Palestina actual, H. Granqvist, *Marriage Conditions in a Palestinian Village* I-II (Helsinki 1931-1935) da una bibliografía más abundante.

[2] Billerbeck III, 427-434; cf. Dn 13,32; 1 Cor 11,5; *Ant.* III 11, 6, § 270.

[3] *Pesiqta rabbati* 26, 129[b].

[4] Tos. *Sota* V 9 (302, 7s).

[5] *Ket.* VII 7.

como aquella Qimjit que, según se dice [6], vio a siete hijos llegar a sumos sacerdotes, lo que se consideró como una recompensa divina por su austeridad: «Que venga sobre mí (esto y aquello) si las vigas de mi casa han visto jamás mi cabellera» [7]. Sólo el día del matrimonio, si la esposa era virgen y no viuda, aparecía ésta en el cortejo con la cabeza desnuda [8].

Según esto, las mujeres debían pasar en público inadvertidas. Es referida la sentencia de uno de los más antiguos escribas que conocemos, Yosé ben Yojanán de Jerusalén (hacia el 150 a. C.): «No hables mucho con una mujer», y después se añadía: «(Esto vale) de tu propia mujer, pero mucho más de la mujer de tu prójimo» [9]. Las reglas de la buena educación prohibían encontrarse a solas con una mujer [10], mirar a una mujer casada [11] e incluso saludarla [12]; era un deshonor para un alumno de los escribas hablar con una mujer en la calle [13]. Una mujer que se entretenía con todo el mundo en la calle, o que hilaba en la calle, podía ser repudiada sin recibir el pago estipulado en el contrato matrimonial [14].

Se prefería que la mujer, especialmente la joven antes de su matrimonio, no saliese. He aquí lo que dice Filón [15]: «Mercados, consejos, tribunales, procesiones festivas, reuniones de grandes multitudes de hombres, en una palabra: toda la vida pública, con sus discusiones y sus negocios, tanto en la paz como en la guerra, está hecha para los hombres. A las mujeres les conviene quedarse en casa y vivir retiradas. Las jóvenes deben estarse en los aposentos retirados, poniéndose como límite la puerta de comunicación (con los aposentos de los hombres) [16], y las mujeres casadas, la puerta del patio como límite». Las mujeres judías de Alejandría, dice en otra parte Filón [17], están recluidas; «no sobrepasan la puerta del patio. En cuanto a las jóvenes, están confinadas en los aposentos de las mujeres y evitan por pudor la mirada de los hombres, incluso de los parientes más cercanos». Tenemos algunas pruebas de que esta reclusión de la mujer, desconocida en la época bíblica, era corriente en otras partes, no sólo en el judaísmo alejandrino. «Yo era una joven casta que no sobrepasaba el

[6] Véase *supra*, p. 213.

[7] j. *Meg.* I 12, 72ª 53 (no traducido en IV/1, 220, donde se remite al par. III/2, 164); j. *Hor.* III 5, 47ᵈ 15 (no traducido en VI/2, 274); j. *Yoma* I 1, 38ᵈ 9 (III/2, 164).

[8] *Ket.* II 1.

[9] *P. A.* I 5. Véase la historia relatada en b. *ʿEr.* 53ᵇ y la observación de Josefo (*B. j.* I 24, 2, § 475): Antípater, con Salomé, se habría «entretenido como si hubiese sido su propia mujer».

[10] *Qid.* IV 12; b. *Qid.* 81ª; Jn 4,27.

[11] Billerbeck I, 299-301; Schlatter, *Gesch. Isr.*, 161s y n. 145 (p. 417); Schlatter, *Der Evangelist Matthäus* (Stuttgart 1929) 175s.

[12] b. *Qid.* 70ª⁻ᵇ.

[13] b. *Ber.* 43ª bar.

[14] *Ket.* VII 6. Sobre el contrato matrimonial, véase *infra*, pp. 378s, n. 73s, y p. 380.

[15] *De spec. leg.* III, § 169.

[16] Filón tiene ante los ojos una casa helenística.

[17] *In Flaccum* 11, § 89. Respecto a Filón, véase I. Heinemann, *Philons griechische und jüdische Bildung*, 233-235.

umbral de la casa paterna», dice la madre de los siete mártires a sus hijos [18].

Los datos siguientes nos llevan a Jerusalén y nos muestran las estrictas costumbres que se observaban en las casas de los notables. Cuando Ptolomeo Filopátor, en el 217 a. C., quiso entrar en el Sancta sanctorum, «las jóvenes encerradas en los aposentos se precipitaron fuera junto con sus madres; cubrieron su cabellera de ceniza y polvo y llenaron las calles con sus lamentos» [19]. Parecidas manifestaciones de gran irritación se repitieron en el 176 a. C.; oyendo que Heliodoro, canciller del rey Seleuco IV, intentaba apoderarse del tesoro del templo, «las jóvenes encerradas en casa corrían unas a las puertas, otras se subían sobre los muros, algunas se asomaban a las ventanas», y las mujeres se aglomeraban en las calles vestidas de luto (2 Mac 3,19). Constituyó un espectáculo absolutamente sin precedentes [20] el que, en el 29 a. C., la reina madre Alejandra, olvidándose de las buenas formas, recorriese las calles de Jerusalén injuriando a grandes gritos a su hija Mariamme condenada a muerte [21]. A este propósito, el Talmud ve en las palabras del Sal 45,14: «Toda resplandeciente está la hija del rey en el interior», la descripción de la vida retirada de las mujeres, las cuales no abandonan sus aposentos [22]. Como vemos, la joven de una familia de notables de Jerusalén que observase estrictamente la Ley tenía la costumbre, antes de su matrimonio, de permanecer lo más posible en casa; y la mujer casada, de salir solamente con el rostro velado con su tocado [23].

Pero en verdad no hay que generalizar. En las cortes de los gobernantes ordinariamente se preocuparon poco de tal costumbre. Pensemos en la reina Alejandra, que durante nueve años (76-67 a. C.) mantuvo en sus manos con prudencia y energía las riendas del poder, sin distinguirse en nada de las princesas de los Ptolomeos o de los Seléucidas [24], o en la hermana de Antígono (último rey macabeo, 30-37 a. C.), que defendió la torre Hircania contra las tropas de Herodes el Grande [25] Recordemos también a Salomé, que bailó delante de los huéspedes de Herodes Antipas (Mc 6,22; Mt 14,6). Además, incluso allí donde era observada la cos-

[18] IV *Mac.* XVIII 7. Cf. el Pseudo-Focílides 215 (ed. E. Diehl, *Anthologia lyrica graeca* (col. Teubner), fasc. 2 [Leipzig ³1950] 107): «Guarda a la joven en aposentos bien cerrados con llave». La misma recomendación en Eclo 26,10; 42,11-12.

[19] III *Mac.* I 18, cf. v. 19.

[20] *Ant.* XV 7, 5, § 232s.

[21] Cf. también *Actus vercellenses (= Hechos de Pedro),* cap. 17 (ed. L. Vouaux, *Les Actes de Pierre* [París 1922] 331): la noble Eubola no había aparecido jamás en público; por eso su aparición suscitó gran admiración. La historia sucede en Judea, o sea, en Jerusalén; pero no es suficiente, con todo, para hacernos conocer la situación en Palestina.

[22] b. *Yeb.* 77ª. El mismo texto bíblico es aplicado a Qimjit (sobre ella, véase *supra,* p. 372) en j. *Yoma* I 1, 38ᵈ 11 (III/2, 164).

[23] Esta severa costumbre permite comprender, con I. Heinemann, *op. cit.,* 235, por qué el Talmud juzga tan desfavorablemente «el orgullo» de las profetisas Débora y Hulda, b. *Meg.* 14ᵇ.

[24] H. Willrich, *Das Haus des Herodes* (Heidelberg 1929) 49.

[25] *B. j.* I 19, 1, § 364.

tumbre estrictamente, había excepciones. Dos veces al año, el 15 de ab y el día de la expiación, había danzas en las viñas de los alrededores de Jerusalén; las muchachas se hacían valer ante los jóvenes [26]. Según el Talmud de Palestina, participaban también en estas danzas las muchachas de las mejores familias [27].

Pero, sobre todo, los ambientes populares no podían llevar una vida tan retirada como la de la mujer de elevado rango que estaba rodeada de servidumbre, y eso principalmente por razones económicas; en estos ambientes, por ejemplo, la mujer debe ayudar al marido en su profesión, tal vez como vendedora [28]. No hay duda de que en dichos ambientes más bajos no eran tan estrictas las costumbres, como podemos deducir también de la descripción de las fiestas populares que tenían lugar en el atrio de las mujeres durante las noches de la fiesta de los Tabernáculos: la multitud estaba allí tan despreocupada, que finalmente se hizo necesario construir galerías para las mujeres con el fin de separarlas de los hombres [29]. Además, en el campo reinaban relaciones más libres. Allí, la joven va a la fuente [30], la mujer se une a su marido y a sus hijos en el trabajo del campo [31], vende aceitunas a la puerta [32], sirve la mesa [33]. Nada indica que las mujeres observaran tan estrictamente en el campo como en la ciudad la costumbre de velarse la cabeza; más bien existía, desde este punto de vista, una diferencia, entre la ciudad y el campo, semejante a la que vemos entre la población árabe de la Palestina actual. Una mujer, sin embargo, no debía estar sola en los campos [34], y no era corriente, incluso en el campo, que un hombre se entretuviese con una mujer extraña [35].

La *situación de la mujer en casa* correspondía a esta exclusión de la vida pública. Las hijas, en la casa paterna, debían pasar después de los muchachos; su formación se limitaba al aprendizaje de los trabajos domésticos, coser y tejer particularmente; cuidaban también de los hermanos y hermanas pequeños [36]. Respecto al padre, tenían ciertamente los mismos deberes que los hijos: alimentarlo y darle de beber, vestirlo y cubrirlo,

[26] *Ta'an.* IV 8; b. *Ta'an.* 31ª bar. R. Eisler: *Archiv für Religionswissenschaft,* 27 (1929) 171ss, quería considerar estas danzas como una pervivencia de los ritos de los misterios dionisíacos; W. Wittekindt, *ibid.,* 28 (1930) 385-392, ha demostrado que estas danzas en medio de los viñedos eran una pervivencia de los ritos de la fiesta del matrimonio de Marduk, fiesta celebrada en Babilonia por el Año Nuevo.

[27] j. *Ta'an.* IV 11, 69ᶜ 47 (IV/1, 197): incluso la hija del rey y del Sumo Sacerdote.

[28] *Ket.* IX 4.

[29] Tos. *Sukka* IV 1 (198, 6). Abin (hacia el 325 d. C.) decía: «La plaga del año (desde el punto de vista moral) es la fiesta», b. *Qid.* 81ª.

[30] *Ket.* I 10; *Gn. R.* 49 sobre 18,20 (103ᵇ 9).

[31] *B. M.* I 6. Una mujer «viene de la siega», *Yeb.* XV 2; *'Ed.* I 12.

[32] b. *B. Q.* 119ª.

[33] Mc 1,31 y par.; Lc 10,38-42; Jn 12,2.

[34] b. *Ber.* 3ᵇ.

[35] Eso es lo que indica la extrañeza de los discípulos de Jesús al verlo en conversación con la samaritana, Jn 4,27.

[36] b. *B. B.* 141ª; b. *Nidda* 48ᵇ bar.

sacarlo y meterlo cuando era viejo, lavarle la cara, las manos y los pies [37]. Pero no tenían los mismos derechos que sus hermanos; respecto a la herencia, por ejemplo, los hijos y sus descendientes [38] precedían a las hijas [39].

La *patria potestas* era extraordinariamente grande respecto a las hijas menores antes de su matrimonio; estaban totalmente en poder de su padre. Se distinguía más exactamente: 1.°, la menor (*qᵉtannah,* hasta la edad de «doce años y un día»); 2.°, la joven (*naʿarah,* entre los doce y los doce años y medio), y 3.°, la mayor (*bôgeret,* después de los doce años y medio). Hasta la edad de doce años y medio, el padre tiene toda la potestad [40]. Su hija no tiene derecho a poseer; el fruto de su trabajo y lo que encuentra pertenece a su padre [41]. La hija que no ha alcanzado los doce años y medio tiene también muy poco derecho a disponer de sí misma: su padre puede anular sus votos [42]; la representa en todos los asuntos legales [43]; especialmente, el aceptar o rechazar una petición de matrimonio está exclusivamente [44] en su poder o en el de su delegado [45]. Hasta la edad de doce años y medio una hija no tiene derecho a rechazar el ma-

[37] Tos. *Qid.* I 11 (336, 3).

[38] *B. B.* VIII 2; *Sifra* Nm 27,4, § 133 (23ᶜ 41) y sobre este punto K. G. Kuhn, *Sifré zu Numeri. Rabbinische Texte* II 3 (Stuttgart 1959) 539, n. 44; 542, n. 18.

[39] Si había hijos, eran ellos los únicos herederos. Sólo tenían la obligación de sostener con la herencia paterna hasta su matrimonio a las hermanas solteras (*B. B.* IX 1) y de darles una dote (*Ket.* VI 6). Este derecho de las hermanas tenía prioridad; por eso se dice que, si los bienes son escasos, las hijas deben ser alimentadas aunque los hijos se vean obligados a ir a mendigar por las puertas, *B. B.* IX 1. Los saduceos, en verdad, habían pretendido que la hija del difunto fuese equiparada al menos a la hija de su hijo (o sea, a la nieta del difunto) en lo tocante al derecho sucesorio, b. *B. B.* 115ᵇ; pero, en ese punto, no se impusieron a los fariseos. En esta cuestión, véase V. Aptowitzer, *Spuren des Matriarchats im jüdischen Schrifttum:* HUCA 5 (1928) 283-289 (Excursus 5: el derecho sucesorio de las hijas entre los saduceos).

[40] A no ser que la hija, aunque menor, estuviese ya prometida o separada; el matrimonio la sustraía entonces a la potestad paterna (por ejemplo, b. *Ket.* 40ᵃ y *passim).*

[41] *Ket.* IV 4; b. *Ket.* 40ᵇ y *passim.* Asimismo, pertenece al padre el dinero del castigo, de la humillación, de la degradación y de la indemnización por una desfloración, Dt 22,29; *Ket.* IV 1; III 8; b. *Ket.* 29ᵃ, 40ᵇ y *passim.*

[42] *Sifré* Nm 30,4, § 153 (26ᵃ 37ss), cf. K. G. Huhn, *Sifré zu Numeri,* 616ss.

[43] J. Neubauer, *Beiträge zur Geschichte des biblisch-talmudischen Eheschliessungsrechts* II, 159ss.

[44] «Si una menor (*qᵉtannah,* por debajo de los doce años), viviendo su padre, se ha prometido o casado, los esponsales no son esponsales, y el matrimonio no es matrimonio (ambas cosas son inválidas)», Tos. *Yeb.* XIII 2 (256, 27). Véase una excepción *supra,* n. 40.

[45] *Ket.* IV 4; *Qid.* II 1. Si el padre moría, el derecho pasaba a los parientes más próximos, generalmente a la madre o a los hermanos. Esa es, por ejemplo, la situación supuesta en Cant 8,8-10, donde los hermanos deliberan acerca de cómo podrán sacar más provecho del matrimonio de su hermana. Cf. S. Krauss, *Die Rechtslage im biblischen Hohenliede:* MGWJ 80 (1936) 330-339; véase además Josefo, *C. Ap.* II 24, § 200 y *Ant.* XX 7, 1, § 140: Agripa II da (hacia el 53 d. C.) a su hermana Mariamme a Arquelao, «a quien su padre, Agripa (I, muerto en el 44), la había anteriormente prometido». Pero la menor a la que su madre o sus hermanos habían prometido o casado después de la muerte de su padre tenía el derecho de anular el matrimonio, declarando que lo rechazaba, *Yeb.* XIII 1-2.

trimonio decidido por su padre [46]; puede incluso casarla con un deforme [47]. Aún más, el padre puede incluso vender a su hija como esclava, según hemos visto [48], pero sólo hasta la edad de doce años. Sólo la hija mayor (por encima de doce años y medio) es autónoma; sus esponsales no pueden ser decididos sin su consentimiento [49]. Sin embargo, aunque la joven fuera mayor, la dote matrimonial que la prometida debía pagar en el momento de sus esponsales era cosa del padre [50]. Esta amplísima potestad del padre podía naturalmente llevar a considerar a las hijas, en especial a las menores, principalmente como una capacidad de trabajo o una fuente de provecho; «algunos casan a su hija y se meten en gastos por ello; otros la casan y reciben dinero por ello», dice una lacónica frase [51].

Los *esponsales* [52], que tenían lugar a una edad extraordinariamente temprana según nuestro modo de ver, pero no según el de Oriente, preparaban el paso de la joven del poder del padre al del esposo. La edad normal de los esponsales para las jóvenes era entre los doce y los doce años y medio [53]; pero nos constan con certeza esponsales y matrimonios aún más precoces [54]. Era muy corriente prometerse con una pariente [55], y no sólo en los círculos elevados, en los que, al mantener a las hijas separadas del mundo exterior, era difícil el conocimiento entre los jóvenes. Así, pues, oímos decir, por ejemplo, que un padre y una madre disputaron porque cada uno quería casar a la hija con un joven de su propia parentela [56]. Cuando las hijas, al no haber hijos, eran herederas, la Torá había orde-

[46] Sólo puede manifestar el deseo de permanecer en la casa paterna hasta ser mayor (la pubertad).

[47] b. *Ket.* 40[b]. Podía también suceder que un padre aturdido olvidase a quién había prometido su hija, *Qid.* III 7.

[48] *Supra,* p. 325. No se tiene ya el derecho de vender a la *naʿarah* (entre doce y doce años y medio) y a la hija mayor, *Ket.* III 8.

[49] b. *Qid.* 2[b], 79[a].

[50] b. *Ket.* 46[b]; b. *Qid.* 3[b].

[51] j. *Ket.* VI 6, 30[d] 36 (V/1, 87). Cf. también b. *Qid.* 18[b] bar., donde la entrega de la menor al prometido es llamada «venta de la hija para el matrimonio», expresión que conserva vestigios de un antiguo derecho.

[52] Sobre el aspecto jurídico, véase J. Neubauer, *Beiträge zur Geschichte des biblisch-talmudischen Eheschliessungsrechts* I-II (Leipzig 1920); Billerbeck II, 384ss; A. Gulak, *Das Urkundenwesen im Talmud* (Jerusalén 1935).

[53] Billerbeck II, 374.

[54] Véase *supra,* p. 375, n. 40. Agripa I, antes de morir, había prometido sus dos hijas Mariamme (nacida en el 34-35) y Drusila (nacida en el 38-39), *Ant.* XIX 9, 1, § 354. Como su muerte ocurrió en el 44, Mariamme no tenía más de diez años cuando tuvieron lugar sus esponsales, y Drusila no más de seis.

[55] El matrimonio dentro de la tribu y de la familia es normal y recomendable, j. *Ket.* I 5, 25[c] 34 (V/1, 14); j. *Qid.* IV, 65[d] 46 (V/2, 282). Teniendo en cuenta Nm 36,1-12, Filón declara que el que tiene la autoridad debe casar a las hijas de los difuntos con parientes. Josefo dice en su *C. Ap.* II 24, § 200 (según la mayoría de los testigos): conforme a la prescripción de la Ley, el que quiere casarse debe pedir «su (de la novia) mano al que es dueño de dársela y (pedir) la que conviene por su parentesco» (ms. L: *tēn epitēdeion.* Eusebio, *Praep. Ev.* VIII 8, 33 [GCS 48, 1, p. 439], ms. I: *epitēdeion. Latín:* oportunam. Lectura de los mss. B O N: *epitēdeion,* «al que es calificado por el parentesco»).

[56] b. *Qid.* 45[b].

nado ya que se casasen con parientes (Nm 36,1-12). El libro de Tobías (6,10-13; 7,11-12) nos hace conocer un caso en el que fue aplicada esta prescripción; por lo demás, está todavía en uso en nuestros días en Palestina [57]. Los sacerdotes, en especial, tenían la costumbre, como hemos visto [58], de escoger a sus mujeres entre las familias sacerdotales; matrimonios de laicos con parientes están constatados, por ejemplo, en Tob 1,9; 4,12; Jue 8,1-2. En este punto, el libro de los *Jubileos* parece recomendar el matrimonio con la prima; en efecto, cuenta frecuentemente, yendo más allá del relato bíblico, que los patriarcas, antes y después del diluvio, desposaron a las hijas de la hermana [59] o del hermano [60] de su padre. La época posterior ha presentado el matrimonio con la sobrina [61], o sea, con la hija de la hermana, como recomendable [62] e incluso como una obra piadosa [63]; así, pues, en varias ocasiones oímos decir que un joven desposa a la hija de su hermana [64]. Tampoco era raro el matrimonio con la hija del hermano [65]; hemos visto anteriormente que tales matrimonios se realizaban también entre las familias sacerdotales de elevado rango [66]. La violenta polémica del *Documento de Damasco* en contra del matrimonio con la sobrina, tanto si se trata de la hija del hermano como de la hija de la hermana [67], confirma la frecuencia de tales uniones. Finalmente, los datos de

[57] H. Granqvist, *Marriage Conditions* I (Helsinki 1931) 76ss.

[58] *Supra,* p. 174, n. 61 y pp. 234s.

[59] *Jubileos* IV 15.16.20.27.28.33; X 14.

[60] *Ibíd.,* VIII 6; XI 7.

[61] S. Krauss, *Die Ehe zwischen Onkel und Nichete,* en *Studies issued in Honour of Prof. K. Kohler* (Berlín 1913) 165-175; A. Büchler: JQR n. s. 3 (1912-1913) 437-442; S. Schechter: JQR n. s. 4 (1913-1914) 454s; V. Aptowitzer, *Spuren des Matriarchats:* HUCA 4 (1927) 232ss.

[62] Tos. *Qid.* I 4 (334, 32): «No tome mujer un hombre antes de que la hija de su hermana se haya hecho grande».

[63] b. *Sanh.* 76[b] bar.; b. *Yeb.* 62[b]: un matrimonio con la hija de la hermana trae como consecuencia que la oración sea escuchada.

[64] *Ned.* VIII 7 discute el caso del que está obligado a desposar a la hija de su hermana. IX 10: R. Ismael († hacia el 135 d. C.) induce a un hombre, después de una primera negativa, a desposar a la hija de su hermana. Por consejo de su madre, R. Eliezer ben Hircanos (hacia el 90 d. C.) se casó con la hija de su hermana (j. *Yeb.* XIII 2, 13[c] 50; *ARN* rec. A cap. 16, 63[a] 33). Lo mismo R. Yosé el Galileo (antes del 135 d. C.), *Gn. R.* 17,3 sobre 2,18 (35[a] 9).

[65] Abbá se casó con la hija de su hermano Rabbán Gamaliel II, b. *Yeb.* 15[a]. Véanse además las discusiones de b. *Yeb.* 15[b]-16[a], particularmente al comienzo de 16[a]. V. Aptowitzer, *art. cit.,* 211s, cita también b. *Sanh.* 58[b], donde Gn 20,12 (Abrahán dice de Sara que es medio hermana suya por parte paterna) es interpretado así: «Era la hija de su hermano». Respecto a la cuestión sobre la antigüedad del matrimonio con la sobrina, especialmente con la hija del hermano, es importante la observación de S. Krauss, *op. cit.,* 169: en hebreo, «tío paterno» se dice *dôd,* o sea, «amado».

[66] *Supra,* pp. 234s; cf. p. 112, n. 95.

[67] El *Documento de Damasco* V 7ss fundamenta la prohibición aplicando a las mujeres las prohibiciones de Lev 18 sobre el incesto. Las afirmaciones de S. Krauss, *op. cit.,* 172, son insostenibles: en el *Doc. de Damasco,* dice, la prohibición del matrimonio con la sobrina procede de círculos saduceos; hicieron esa prohibición con motivo de una ley romana, del 49 d. C., que permitía a una mujer casarse con el hermano de su padre, pero no con el hermano de su madre. Esta construcción de

Josefo acerca de los matrimonios en la familia real de Herodes [68] muestran igualmente cuán extendido estaba el matrimonio entre parientes; la mayor parte de las uniones mencionadas por Josefo se realizan entre parientes, a saber: con la sobrina (hija del hermano [69] o de la hermana [70]), con la prima carnal [71] y con la prima en segundo grado [72].

Los esponsales, que precedían a la petición en matrimonio y a la estipulación del contrato matrimonial [73], significaban la «adquisición» *(qin-*

Krauss se basa en la errónea opinión que hace del *Documento de Damasco* un escrito saduceo (véase *supra,* p. 274, en contra de esta opinión), suponiendo, por otra parte, una datación excesivamente tardía de este texto (véase *supra, ibíd.*: procede aproximadamente del 100 antes de nuestra Era).

[68] Cf. el árbol genealógico de la familia de Herodes al final del estudio de Otto, *Herodes*.

[69] Hubo los siguientes enlaces:

Herodes el Grande — la hija (de nombre desconocido) de un hermano.

Herodes (hijo de Herodes el Grande) — Herodías (nieta de Herodes el Grande).

Herodes Antipas (hijo de Herodes el Grande) — Herodías (nieta de Herodes el Grande).

Herodes Filipo (hijo de Herodes el Grande) — Salomé (nieta de Herodes el Grande).

Herodes de Calcis (nieto de Herodes el Grande) — Berenice (bisnieta de Herodes el Grande).

[70] Herodes el Grande se casó con una hija (de nombre desconocido) de su hermana Salomé. En el matrimonio de José, tío de Herodes el Grande, con su sobrina Salomé, no sabemos si esta última era hija del hermano de José o de su hermana.

[71] Hubo los siguientes enlaces:

Fasael (sobrino de Herodes el Grande) — Berenice (nieta de Herodes el Grande).

Aristóbulo (hijo de Herodes el Grande) — Berenice (nieta de Herodes el Grande).

Antípater (sobrino de Herodes el Grande) — Kypros (hija de Herodes el Grande).

José (sobrino de Herodes el Grande) — Olimpías (hija de Herodes el Grande).

Un hijo de Feroras (sobrino de Herodes el Grande) — Roxaná (hija de Herodes el Grande).

Un hijo de Feroras (sobrino de Herodes el Grande). — Salomé (hija de Herodes el Grande).

Aristóbulo (bisnieto de Herodes el Grande) — Salomé (bisnieta de Herodes el Grande).

[72] Hubo los siguientes enlaces:

Agripa I (nieto de Herodes el Grande) — Kypros (nieta de Fasael, hermano de Herodes el Grande).

Herodes de Calcis (nieto de Herodes el Grande) — Mariamme (nieta de José, hermano de Herodes el Grande).

[73] La fundamental importancia del contrato matrimonial consistía en la reglamentación de las relaciones jurídicas entre los esposos en cuestiones financieras. Las principales disposiciones eran: *a)* Fijación de lo que debía pagar el padre de la novia: bienes extradotales *(niksê m^{e}log* = bienes en usufructo, o sea, bienes cuya

yan) de la novia por el novio, constituyendo así la formalización válida del matrimonio; la prometida se llama «esposa», puede quedar viuda, es repudiada mediante un libelo de divorcio y condenada a muerte en caso de adulterio [74]. Es indicativo de la situación legal de la prometida [75] el que «la adquisición» de la mujer y la de la esclava pagana son puestas en parangón: «Se adquiere la mujer por dinero, contrato y relaciones sexuales» [76]; asimismo, «se adquiere la esclava pagana por dinero, contrato y toma de posesión *(hazaqah,* consistente, respecto a la esclava, en realizar para su nuevo dueño un servicio propio de los deberes de la esclava)» [77]. Surge así la cuestión a la que se responde negativamente [78]: «¿Existe acaso alguna diferencia entre la adquisición de una mujer y la de una esclava?».

Pero sólo con *el matrimonio,* que ordinariamente tenía lugar un año después de los esponsales [79], la joven pasaba definitivamente del poder del padre al de su marido [80]. La joven pareja iba ordinariamente a vivir con la familia del esposo [81], lo cual significaba para la esposa, la mayoría de las veces muy joven aún, el pesado y frecuentemente penoso deber de introducirse en una comunidad familiar que le era extraña y que, con frecuencia, mostraba hacia ella sentimientos hostiles [82]. Jurídicamente, la esposa se distinguía de una esclava en primer lugar porque conservaba el derecho de poseer los bienes (no de disponer de ellos) que había traído de su casa como bienes extradotales [83]; en segundo lugar, por la seguridad que

propiedad pertenecía a la mujer y de los que el marido sólo tenía el usufructo) y dote *(niksê sôn barsel* = bienes en hierro, o sea, bienes que pasaban a propiedad del marido, pero cuyo equivalente debía ser devuelto a la mujer en caso de ruptura matrimonial). *b)* Estipulación de la garantía matrimonial, *k^etûbbah,* es decir, de la suma que percibiría la mujer en caso de separación o de muerte del marido. Cf. Billerbeck II, 384-393; S. Bialoblocki, *Materialien zum islamischen und jüdischen Eherecht;* A. Gulak, *Das Urkundenwesen im Talmud* (la distinción de Gulak entre acta de esponsales, 36ss, y contrato matrimonial, 52ss, no encaja en la Palestina del tiempo de Jesús).

[74] Billerbeck II, 393ss.

[75] S. Bialoblocki, *op. cit.,* 26s.

[76] *Qid.* I 1. En la época de la Misná, los esponsales se hacían ordinariamente entregando un regalo de esponsales a la prometida.

[77] *Qid.* I 3. En tercer lugar, tanto para la mujer como para el esclavo, figura una acción que forma parte de los nuevos deberes de aquel o aquella que son adquiridos.

[78] j. *Ket.* V 4, 29[d] 52; j. *Shebiit* VIII 8, 38[b] 51 (II/1, 409).

[79] *Ket.* V 2.

[80] *Ned.* X 5.

[81] Krauss, *Talm. Arch.,* II, 40. Esa es la costumbre aún actualmente, H. Granqvist, *Marriage Conditions in a Palestinian Village,* II (Helsinki 1935) 141ss. Mc 1, 29-31 difícilmente puede ser interpretado en el sentido de una habitación de Pedro en casa de su suegra.

[82] En principio, las disposiciones legales suponen que la suegra (de la esposa) y sus hijas, la concubina, la cuñada (de la esposa) y la hija política (hija del esposo y de otra mujer) están celosas de la esposa, *Yeb.* XV 4; *Sota* VI 2; *Git.* II 7. Cf. Granqvist, *op. cit.,* II, 145ss.

[83] Sobre los bienes extradotales, véase *supra,* p. 378, n. 73. Estos, durante la vida conyugal, podían crecer por regalos o herencias, Billerbeck II, 384s. El marido generalmente (excepciones en b. *B. B.* 51[b]) podía gozar del usufructo de estos bienes, pero la mujer continuaba siendo siempre la única propietaria, S. Bialoblocki, *Materialien zum islamischen und jüdischen Eherecht,* 25.

le daba el contrato matrimonial, *k^e^tubbah:* fijaba la suma que había que pagar a la mujer en caso de separación o de muerte del marido [84]. «¿Cuál es la diferencia entre una esposa y una concubina? R. Meír (hacia el 150 después de Cristo) decía: La esposa tiene un contrato matrimonial, y la concubina no» [85].

En la *vida conyugal,* es decir, después del matrimonio, la mujer tenía el derecho de ser sostenida por su marido, pudiendo exigir su aplicación ante los tribunales [86]. El marido tenía que asegurarle alimentación, vestido y alojamiento y cumplir el deber conyugal; además estaba obligado a rescatar a su mujer en caso de eventual cautiverio [87], a procurarle medicamentos en caso de enfermedad [88] y la sepultura en su muerte: incluso el más pobre estaba obligado a procurarse al menos dos flautistas y una plañidera; además, donde era costumbre hacer un discurso fúnebre en el entierro de las mujeres, tenía también que proveerlo [89].

Los deberes de la esposa consistían en primer lugar en atender a las necesidades de la casa. Debía moler, coser, lavar, cocinar, amamantar a los hijos, hacer la cama de su marido y, en compensación de su sustento [90], elaborar la lana (hilar y tejer) [91]; otros añadían el deber de prepararle la copa a su marido, de lavarle la cara, las manos y los pies [92]. La situación de sirvienta en que se encontraba la mujer frente a su marido se expresa ya en estas prescripciones; pero los derechos del esposo llegaban aún más allá. Podía reivindicar lo que su mujer encontraba [93], así como el producto de su trabajo manual, y tenía el derecho [94] de anular sus votos [95]. La mujer estaba obligada a obedecer a su marido como a su dueño (el marido era llamado *rab)* y esta obediencia era un deber religioso [96]. Este deber de obediencia era tal, que el marido podía obligar a su mujer a hacer votos; pero los votos que ponían a la mujer en una situación indigna daban a esta última derecho a exigir la separación ante el tribunal [97]. También las rela-

[84] Billerbeck II, 387-392. La suma comprendía, además de una tasa básica (con suplementos), la dote aportada por la mujer (distinta de los bienes extradotales, cf. *supra,* p. 378, n. 73). El marido tenía que responder, mediante una hipoteca general de todos sus bienes, de la suma fijada en el contrato matrimonial, b. *Ket.* 82^b^ bar.; *Ket.* IV 7; *Yeb.* VII 1. Esta reglamentación ha sido influida sin duda por el derecho helenístico (constataciones para el Egipto de la época ptolomaica y romana en A. Gulak, *Urkundenwesen im Talmud,* 57s).

[85] j. *Ket.* V 2, 29^d^ 16 (V/1, 69), cf. b. *Sanh.* 21^a^.

[86] b. *Ket.* 77^a^, 107^a^.

[87] *Ket.* IV 4.8-9; Tos. *Ket.* IV 2 (264, 7).

[88] *Ket.* IV 9.

[89] Tos. *Ket.* IV 2 (264, 7); *Ket.* IV 4.

[90] b. *Ket.* 58^b^.

[91] *Ket.* V 5. En V 9 se prescribe incluso una medida semanal de tejido que la mujer del pobre debe realizar; sólo se disminuye cuando la mujer amamanta a un hijo.

[92] b. *Ket.* 61^a^, cf. 4^b^, 96^a^.

[93] *B. M.* I 5: la mujer en este punto es igual al esclavo pagano, véase *supra,* p. 357.

[94] En virtud de Nm 30,7-9.

[95] *Yeb.* X 1.

[96] Josefo, *C. Ap.* II 24, § 201.

[97] *Ket.* VII 1ss, véase *supra,* p. 320s.

ciones entre los hijos y los padres estaban determinadas por la obediencia que la mujer debía a su marido; los hijos estaban obligados a colocar el respeto debido al padre por encima del respeto debido a la madre, pues la madre, por su parte, estaba obligada a un respeto semejante hacia el padre de sus hijos [98]. En caso de peligro de muerte, había que salvar primero al marido [99].

Hay dos hechos significativos respecto al grado de dependencia de la mujer con relación a su marido.

a) La poligamia estaba permitida [100]. La esposa, por consiguiente, debía tolerar la existencia de concubinas junto a ella. Ciertamente, no se puede omitir que, por razones pecuniarias, la posesión de varias mujeres no era muy frecuente. Siempre oímos hablar de maridos que tomaban una segunda mujer cuando no se entendían con la primera y no podían repudiarla por la elevada suma del contrato matrimonial [101]. Hay una constatación que constituye una referencia numérica para determinar la frecuencia de la poligamia: en 1927, en la localidad de Artas, cerca de Belén, sobre un total de 112 hombres casados, doce tenían varias mujeres, o sea, en números redondos, el 10 por 100; once tenían dos y uno tres [102]. Naturalmente, estas cifras hay que tomarlas como punto de referencia y no aplicarlas sin más a la época de Jesús.

b) El derecho al divorcio estaba exclusivamente [103] de parte del hombre; los pocos casos en que la mujer tenía derecho a exigir la anulación jurídica del matrimonio han sido mencionados anteriormente (págs. 320s). En la época de Jesús (Mt 19,3), los shammaítas discutían con los hillelitas acerca de la exégesis de Dt 24,1, donde se menciona como razón que permite al hombre despedir a su mujer el caso de que éste encuentre en ella «algo vergonzoso», *ʿerwat dabar*. Los hillelitas, a diferencia de la exégesis de los shammaítas concordante con el sentido del texto, explicaban este pasaje de la forma siguiente: 1.º, una impudicia *(ʿerwat)* de la mujer, y 2.º, cualquier cosa *(dabar)* que desagrade al marido le dan derecho a despedir a su mujer [104]. Así, pues, la opinión hillelita reducía a pleno

[98] b. *Qid.* 31ª, afirmación de R. Eliezer (hacia el 90 d. C.); *Ker.* VI 9.

[99] *Hor.* III 7. Excepto cuando la castidad de la mujer está amenazada *(ibíd.)*.

[100] Véanse *supra,* pp. 106, 112s, testimonios de poligamia en Jerusalén. Cf. Schlatter, *Theologie,* 165. La violenta lucha contra la poligamia por parte de los esenios emigrados de Jerusalén *(Doc. Damasco* IV 21 y *passim)* es una prueba de su existencia en Jerusalén. En Mc 10,6-9, Jesús parece apuntar, rechazándola, a la poligamia: en Mc 10,6 (Mt 19,4) cita Gn 1,27, es decir, el mismo pasaje en que se apoya el *Doc. de Damasco* IV 21 para rechazar la poligamia; en Mc 10,8 (Mt 19,5) cita Gn 2,24 bajo su forma antipoligámica, es decir, con las palabras *hoi duo,* que se encuentran sólo en la versión de los LXX, la Siríaca, la Vulgata y el Targum del Pseudo-Jonatán; cf. J. Leipoldt, *Jesus und die Frauen* (Leipzig 1921) 60.

[101] b. *Yeb.* 63ᵇ. Véase además *infra,* p. 383, n. 114.

[102] H. Granqvist, *Marriage Conditions in a Palestinian Village* II (Helsinki 1935) 205.

[103] Cuando Salomé, hermana de Herodes el Grande, envió el libelo de divorcio a su marido, Costábaro *(Ant.* XV 7,19, § 259s), actuaba, como expresamente constata Josefo, en contra de las leyes judías, las cuales sólo concedían al marido el derecho de dar libelo de divorcio.

[104] *Sifré* Dt 24,1, § 269 (51ᵇ 23); b. *Git.* 90ª bar.

capricho el derecho unilateral al divorcio que tenía el marido. Se desprende de Filón [105] y de Josefo [106], quienes no conocen más que el punto de vista hillelita y lo defienden, que éste debió de prevalecer a partir de la primera mitad del siglo I de nuestra Era. Podía ocurrir que se juntasen nuevamente los esposos separados [107]. Como consecuencia del divorcio, podía afectar al marido una mancha pública, lo mismo que a la mujer y a los niños [108]. Por otra parte, en caso de divorcio, el marido estaba obligado a devolver a la mujer la suma estipulada en el contrato matrimonial. En la práctica, estas dos cosas han podido obstaculizar frecuentemente precipitados despidos de la esposa [109]. En cuanto a la mujer, podía eventualmente tomarse la justicia por ella misma y volver a casa de su padre, por ejemplo, a causa de injurias recibidas [110]. A pesar de todo esto, el punto de vista hillelita representaba una gran degradación de la mujer. Sin embargo, al sacar de las disposiciones legales conclusiones relativas a la práctica, por ejemplo, respecto al número de divorcios, será conveniente mostrarse extremadamente reservados. H. Granqvist ha constatado que, en el pueblo de Artas, cerca de Belén sobre un total de 264 matrimonios celebrados en cien años, desde 1830 aproximadamente hasta 1927, sólo once, o sea, un 4 por 100, habían sido rotos por el divorcio [111]. Lo cual constituye una seria advertencia para no sobrevalorar el número de divorcios. Si, como hay que suponer [112], los hijos quedaban con el padre en caso de divorcio, eso constituía la más dura prueba para la mujer que se divorciaba.

¿Era considerada la mujer como propiedad del marido hasta el punto

[105] *De spec. leg.* III, § 30.

[106] *Ant.* IV 8,23, § 253. Cf. el mismo comportamiento de Josefo, quien despidió a su mujer porque estaba «descontento de su conducta», *Vita* 76, § 426.

[107] Tos. *Yeb.* VI 4 (247, 8): «La repudiada puede volver a su marido»; *M. Q.* I 7 y *passim.* Pero esto no estaba permitido si en el intervalo ella se había vuelto a casar (Dt 24,1-4; Jr 3,1; *Yeb.* VI 5) o si el divorcio había sido porque era sospechosa de adulterio o porque había hecho frecuentemente votos contra la voluntad de su marido *(Git.* VII 7). Los doctores, sin embargo, no estaban de acuerdo sobre todos los puntos, por ejemplo, sobre los votos (Billerbeck, I, 310s). Se desprende de lo que ha sido dicho *supra,* p. 234, que los sacerdotes no tenían derecho a volver a tomar a la esposa repudiada.

[108] *Ned.* IX 9.

[109] b. *Yeb.* 89ª, 63ᵇ; b. *Pes.* 113ᵇ. *Gen. R.* 17,3 sobre 2,18 (35ª 10ss) es significativo: R. Yosé el Galileo (antes del 135 d. C.) tenía una mujer mala, pero no podía despedirla, pues la suma fijada en el contrato matrimonial era muy elevada. Pero sus alumnos le proporcionaron el dinero necesario.

[110] Tos. *Yeb.* VI 6 (247, 18), b. *Ket.* 57ª. En el ambiente helenizado de las principescas familias herodianas sucedía frecuentemente que la mujer abandonase a su marido. Así, Herodías abandonó a Herodes *(Ant.* XVIII 5,4, § 136; Mc 6,17 [donde por error es mencionado Filipo en lugar de Herodes]). Del mismo modo, las hijas de Agripa I abandonaron las tres a sus maridos: Berenice abandonó a Polemón de Cilicia *(Ant.* XX 7,3, § 146); Drusila, a Azizos de Emesa (XX 7,2, § 142); Mariamme, a Julio Arquelao (XX 7,3, § 147). Recordemos que, en dos últimos casos, los esponsales tuvieron lugar siendo niñas (véase *supra,* p. 376, n. 54). Cf. también *supra,* p. 381, n. 103.

[111] H. Granqvist, *op. cit.,* II, 268.

[112] Es lo que sucede actualmente entre los árabes de Palestina, *ibíd.,* II, 287.

de poder ser vendida como esclava para reparar un robo cometido por él? Como hemos visto *supra* (p. 324), esto era extremadamente dudoso.

Naturalmente, dentro de estos límites la situación de la mujer variaba según los casos particulares. Había dos factores que tenían especial importancia. Por una parte, la mujer encontraba apoyo en sus parientes de sangre, especialmente en sus hermanos, lo cual era capital para su situación en la vida conyugal. Era recomendado como meritorio el matrimonio con una sobrina (véase *supra*, p. 377), lo que tiene relación con el hecho de que la mujer encontrase allí una mayor protección a causa de su parentesco con el marido [113]. Por otra parte, el tener niños, especialmente varones, era muy importante para la mujer. La carencia de hijos era considerada como una gran desgracia, incluso como un castigo divino [114]. La mujer, al ser madre de un hijo, era considerada: había dado a su marido el regalo más precioso.

La mujer viuda quedaba también en algunas ocasiones vinculada a su marido: cuando éste moría sin hijos (Dt 25,5-10; cf. Mc 12,18-27). En este caso debía esperar, sin poder intervenir en nada ella misma, que el hermano o los hermanos de su difunto marido contrajesen con ella matrimonio levirático o manifestasen su negativa, sin la cual no podía ella volver a casarse [115].

Estas condiciones descritas se reflejan igualmente en las prescripciones de la legislación religiosa de la época. *Desde el punto de vista religioso*, especialmente en su posición ante la Torá [116], la mujer tampoco era igual al hombre. Estaba sometida a todas las prohibiciones de la Torá [117] y a

[113] *Ibíd.*, I, 67ss. La mujer venida de lejos recibe más débil protección, I, 94. Cf. también II, pp. 144, 218ss. Véase además *supra*, p. 382.

[114] b. *Pes.* 113ᵇ; Lc 1,25; IV *Esd.* IX 45. Cf. Lc 23,29. Después de diez años de vida conyugal sin hijos, el marido está obligado a tomar una segunda esposa, *Yeb.* VI 6.

[115] La ejecución de la «negativa» (*ḥalisah*, «descalzamiento»; cf. Dt 25,9-10) es relatada con frecuencia (K. H. Rengstorf, *Jebamot* [col. Die Mischna, Giessen 1929] 31*s). En cuanto a la celebración misma de un matrimonio levirático en la Jerusalén del tiempo de Jesús, está constatada en tres casos (*Yeb.* VIII 4; Tos. *Yeb.* I 10 [241, 24]); cf. «Theol. Literaturzeitung» 54 (1929) col. 583. Siguiendo a J. Wellhausen (*Das Evangelium Marci* [Berlín ²1909] p 5), K. H. Rengstorf, *Die Tosefta. Seder Naschim, Rabbinische Texte* I 3, fasc. 1 (Stuttgart 1933) 18ss, ha pretendido, por el contrario, que el matrimonio levirático estaba totalmente fuera de uso en la época de Jesús; su demostración no me ha convencido. Según Rengstorf, el *ben mᵉgûsat* mencionado en *Yeb.* VIII 4 es un prosélito, pues es llamado por el nombre de su madre; la ley del levirato, por tanto, no ha podido aplicarse a su viuda. Esta explicación no es cierta; nada impide considerar *mᵉgûsat*, con Dalman, *Handwörterbuch*, 224a, como nombre masculino de persona. Y sobre todo, Rengstorf debe tomar el verbo *yibbem* en *Yeb.* VIII 4 en el sentido general de «desposar a la cuñada», lo cual es contrario al uso establecido (cf. Rengstorf mismo en su edición de *Jebamot* [col. Die Mischna, Giessen 1929] 3*) y el contexto de *Yeb.* VIII 4, donde *yibbem* tiene el sentido técnico ordinario de «contraer matrimonio levirático con la viuda de un hermano muerto sin descendiente varón».

[116] Respecto a lo que sigue, véase Billerbeck, III, 558-562.

[117] Excepto las tres prohibiciones concernientes sólo a los hombres, Lv 19,27a; 19,27b; 21,1-2 (*Qid.* I 7).

todo el rigor de la legislación civil y penal [118], comprendida la pena de muerte [119]. Pero respecto a los preceptos de la Torá, estaba vigente lo siguiente: «Los hombres están obligados a todos los preceptos vinculados a un determinado tiempo; las mujeres, por el contrario, están liberadas de ellos» [120]. En virtud de esta fórmula, que no es completamente exacta [121], se cita una serie de preceptos a los que la mujer no está obligada: ir en peregrinación a Jerusalén por las fiestas de Pascua, Pentecostés y los Tabernáculos [122], habitar en las tiendas [123] y agitar el *lûlab* en la fiesta de los Tabernáculos [124], hacer sonar el *sopar* el día de Año Nuevo [125], leer la *m*ᵉ*gillah* (el libro de Ester) en la fiesta de los Purîm [126], recitar diariamente el *s*ᵉ*ma*ᶜ [127], etc. Además, la mujer no estaba sometida a la obligación de estudiar la Torá; R. Eliezer (hacia el 90 d. C.), el enérgico representante de la tradición antigua, acuñó esta sentencia: «Quien enseña la Torá a su hija, le enseña el libertinaje (hará mal uso de lo que ha aprendido)» [128]. La idea de que también se debe enseñar la Torá a las hijas [129] y de que sólo estaba prohibido transmitirles la tradición oral [130] no representa la tradición antigua. En todo caso, las escuelas eran exclusivamente para los muchachos y no para las jóvenes [131]. De las dos partes de la sinagoga mencionadas en la ley de Augusto, *sabbateīon* y *andrōn* [132], la primera, dedicada al servicio litúrgico, era accesible también a las mujeres; por el contrario, la otra parte, destinada a las lecciones de los escribas, sólo era accesible a los hombres y a los muchachos, como ya indica su mismo nombre. En las familias de elevado rango, sin embargo, se daba a las hijas una formación profana, por ejemplo, haciéndoles aprender el griego, «pues es un ornato para ellas» [133].

[118] Hay un solo punto dudoso: no sabemos si, en la época antigua, la mujer era vendida a causa de un robo; cf. *supra*, pp. 324s; la Misná prohíbe venderla, *Sota* III 8.

[119] b. *Qid.* 35ᵃ; b. *Pes.* 43ᵃ.

[120] *Qid.* I7; cf. Tos. *Sota* II 8 (295, 14).

[121] Billerbeck, III, 559; véase *supra*, p. 359, n. 48. Hay preceptos de los que la mujer está libre aunque no estén vinculados a un determinado tiempo, por ejemplo, el de estudiar la Torá, deber que vamos a mencionar a continuación.

[122] *Hag.* I 1. Muy corrientemente, sin embargo, las mujeres participaban en ellas voluntariamente (sobre todo en la peregrinación de la Pascua), Lc 2,41; Tos. *Ned.* V 1 (280, 14); b. *R. H.* 6ᵇ y también b. *ᶜEr.* 96ᵃ bar. Sobre la tentativa de armonizar teoría y práctica, véase Billerbeck, II, 141s.

[123] *Sukka* II 8; Tos. *Qid.* I 10 (335, 29).

[124] Tos. *Qid.* I 10 (335, 29).

[125] Tos. *R. H.* IV 1 (212, 10).

[126] Tos. *Meg.* II 7 (224, 1).

[127] *Ber.* III 3; el *s*ᵉ*ma*ᶜ se componía de Dt 6,4-9; 11,13-21; Nm 15,37-41.

[128] *Sota* III 4. He aquí otra sentencia del doctor: «Vale más quemar la Torá que transmitirla a las mujeres», j. *Sota* III 4, 19ᵃ 7 (IV/2, 2161).

[129] *Ned.* IV 3. *Sota* III 4, sentencia de ben Azzay (hacia el 110 d. C.). Cf. también b. *Qid.* 29ᵇ, 34ᵃ; b. *Sanh.* 94ᵇ.

[130] Krauss, *Talm. Arch.* II, 468, n. 373c.

[131] M. S. Zuckermandel, *Die Befreiung der Frauen von bestimmten religiösen Pflichten* (Breslau 1911) 22.

[132] *Ant.* XVI 6,2, § 164.

[133] j. *Pea* I 1, 15ᶜ 16 (II/1, 8).

Los derechos religiosos de las mujeres, lo mismo que los deberes, estaban limitados. Según Josefo, las mujeres sólo podían entrar en el templo al atrio de los gentiles y al de las mujeres [134]; durante los días de la purificación mensual y durante un período de cuarenta días después del nacimiento de un varón (cf. Lc 2,22) y ochenta después del de una hija [135], no podían entrar siquiera en el atrio de los gentiles [136]. No era usual que las mujeres impusiesen la mano sobre la cabeza de las víctimas [137] y sacudiesen las porciones del sacrificio [138]; cuando se menciona ocasionalmente que ha sido permitido a las mujeres imponer la mano, se añade: «No es que esto fuese usual entre las mujeres, sino para calmarlas» [139]. En virtud de Dt 31,12, las mujeres, lo mismo que los hombres y los niños, podían entrar en la parte de la sinagoga utilizada para el culto [140]; pero había unas barreras y un enrejado que separaban el lugar destinado a las mujeres. Más tarde [141] se llegó incluso a construir para ellas una tribuna con entrada particular. En el servicio litúrgico, la mujer se limitaba únicamente a escuchar. Ciertamente no parece excluido que en la época antigua hayan sido llamadas mujeres a leer la Torá, pero, ya en la época tannaíta, no era usual que se prestasen a hacer la lectura [142]. La enseñanza estaba

[134] *Ant.* XV 11,5, § 418s; *B. j.* V 5,2, § 199. Según Tos. *'Ar.* II 1 (544, 14), podían también entrar en el atrio interior, pero sólo para ofrecer un sacrificio; cf. G. Dalman: PJB 5 (1909) 34, y sus *Itinéraires,* 387 y n. 5.

[135] Lv 12,2-5; Billerbeck, II, 119s.

[136] Josefo, *C. Ap.* II 8, § 133; *Kel.* I 8.

[137] Tos. *Men.* X 13 (528, 8): no es lo usual. Según la Misná *Men.* IX, 8, no está permitido.

[138] Tos. *Men.* X 17 (528, 15): no es usual. La inmolación hecha por una mujer (tampoco es lo usual) es válida según *Zeb.* III 1.

[139] b. *Hag.* 16[b].

[140] b. *Hag.* 3.ª bar., y par. j. *Hag.* I 1, 74[d] 35 (IV/1, 257) y *passim.* Igualmente, Filón, *De spec. leg.* III, § 171; *De vita cont.*, § 69. Los judíos de Sardes, por ejemplo, se reúnen en su local sagrado «con mujeres y niños» *(Ant.* XIV 10,24, § 260).

[141] La sinagoga mesopotámica de Dura-Europos, descubierta en 1932, data del 245 d. C.; no tiene tribuna. Según C. H. Kraeling: «Bull. of the American Schools of Oriental Research» 54 (abril de 1934) 19, tenemos en ella un tipo de sinagoga más antiguo que el de las sinagogas de Galilea, construidas desde el siglo III al VII. C. Watzinger, *Denkmäler Palästinas* II (Leipzig 1935) 108, hace remontar hasta la época helenística el tipo de sinagogas con tribuna. Se apoya en la descripción que hace el Talmud de la gran sinagoga de Alejandría llamada «diplostoon», término que, según Watzinger, significaría «de los pisos, es decir, con tribunas sobre las naves laterales». Pero como indica el mismo texto del pasaje del Talmud (se trata de Tos. *Sukka* IV 6 [198, 20]), el término *diplostôn* significa «doble columnata» y quiere presentar la sinagoga como un edificio de cinco naves (con dos filas de columnas a cada lado).

[142] Tos. *Meg.* IV 11 (226, 4): «Todos son contados en el número de los siete (que deben leer en la Torá en la mañana del sábado), incluso un menor, incluso una mujer. (Pero) no se permite a una mujer salir a leer (la Torá) en público». De b. *Meg.* 23[a] bar. I. Elbogen, *Der jüdische Gottesdienst in seiner geschichtlichen Entwicklung* (Francfort [3]1931, reimpreso en Hildesheim 1962) 170, concluye que, primitivamente, la mujer en realidad era llamada a leer la Torá. Billerbeck, III, 467, supone, por el contrario, que se llamaba a las mujeres para hacer la lectura de la Torá sólo por honor, pero que no ejercía dicha función. Sólo en la diáspora, como consecuencia de influencias extranjeras, se llega a dar a mujeres el título honorífico de *archisynagōgos* (Schürer, II, 512).

25

prohibida a las mujeres [143]. En casa, la mujer no era contada en el número de las personas invitadas a pronunciar la bendición después de la comida [144]. Finalmente hay que mencionar aún que la mujer no tenía derecho a prestar testimonio [145], puesto que, como se desprende de Gn 18,15, era mentirosa [146]. Se aceptaba su testimonio sólo en algunos casos concretos excepcionales, en los mismos casos [147] en que se aceptaba también el de un esclavo pagano: por ejemplo, para volver a casarse una viuda bastaba el testimonio de una mujer acerca de la muerte del primer marido [148].

En conjunto, la situación de la mujer en la legislación religiosa está muy bien reflejada en una fórmula que se repite sin cesar: «Mujeres, esclavos (paganos) y niños (menores)» [149]; la mujer, igual que el esclavo no judío y el niño menor, tiene sobre ella a un hombre como dueño [150], lo cual limita también su libertad en el servicio divino. Es por ello por lo que, desde el punto de vista religioso, se halla en inferioridad ante el hombre [151].

Añadamos a todo esto que no faltan juicios desdeñosos acerca de la mujer [152]; resulta sorprendente constatar que éstos superan a los juicios favorables, los cuales, en verdad, tampoco faltan [153]. Es significativo que el nacimiento de un varón sea motivo de alegría [154], mientras que el nacimiento de una hija se ve frecuentemente acompañado de indiferencia, incluso de tristeza [155]. Tenemos, pues, la impresión de que también el

[143] *Qid.* IV 13. 2 Tim 3,14 supone que Timoteo ha sido instruido en la Escritura desde la más tierna edad; por lo que, naturalmente, tuvo que hacerlo su piadosa madre y abuela (1,5). Pero se trata aquí de una enseñanza en casa; por lo demás, era una situación especial, ya que el padre de Timoteo era pagano (Hch 16,3).

[144] *Ber.* VII 2.

[145] *Shebu.* IV 1; *Sifré* Dt 19,17, § 190 (46d 52); b. *B. Q.* 88a; *Ant.* IV 8,15, § 219.

[146] *Yalqut Shimeoni* I, § 82, ed. de Vilna (1898) 49a abajo. Josefo, *Ant.* IV 8,15, § 219: «A causa de la ligereza y temeridad de su sexo».

[147] *R. H.* I 8.

[148] *Yeb.* XVI 7.

[149] *Ber.* III 3; *R. H.* I 8; *Sukka* II 8; *B. M.* I 5 y *passim.*

[150] b. *Qid.* 30b. Billerbeck, III, 562.

[151] He aquí una oración que se recomienda rezar todos los días: «Alabado (sea Dios) por no haberme hecho mujer» (Tos. *Ber.* VII 18 [16, 22.24]). J. Leipoldt, *Jesus und Paulus* (Leipzig 1936) 37, repite una observación de R. Meyer: ni el AT ni la Misná conocen la forma femenina de los adjetivos hebreos *hasîd* (piadoso), *saddîq* (justo), *qados* (santo).

[152] J. Leipoldt, *Jesus und die Frauen* (Leipzig 1921) 3ss. Abundante documentación en Billerbeck, véase el índice, IV, 1226s. Filón, en sus juicios sobre la mujer, es aún más severo que el Talmud.

[153] Billerbeck, *ibíd.*

[154] Jr 20,15; *Mek.* Ex. 12,6 (3c 49) pone como primer ejemplo de una «buena noticia» el anuncio del nacimiento de un hijo; b. *Nidda* 31b.

[155] b. *Nidda* 31b. b. *Qid.* 82b (par. b. *Pes.* 65a bar.): «¡Desdichado de aquel cuyos hijos son niñas». Las palabras de R. Hisda: «Los hijos no son más queridos que las hijas» (b. *B. B.* 141a) resultaron tan incomprensibles a los comentaristas posteriores, que recurrieron a explicaciones sorprendentes: tuvo más suerte con sus hijas, pues sus hijos habían muerto (Rashi); sus hijas se habrían desposado con doctores distinguidos (según los tosafistas), etc.; cf. S. Zucrow, *Women, Slave and the Ignorant* (Boston 1932) 34s.

judaísmo del tiempo de Jesús tenía en poca consideración a la mujer, lo cual es corriente en Oriente, donde es estimada sobre todo por su fecundidad, manteniéndola lo más posible alejada del mundo exterior y sometida a la potestad del padre o del esposo y donde, desde el punto de vista religioso, no es igual al hombre [156].

Sólo partiendo de este trasfondo de la época podemos apreciar plenamente la postura de Jesús ante la mujer. Lc 8,1-3; Mc 15,41 y par. (cf. Mt 20,20) hablan de mujeres que siguen a Jesús; es un acontecimiento sin parangón en la historia de la época. El Bautista había predicado (Mt 21, 32) y bautizado a mujeres [157], y Jesús cambia conscientemente la costumbre ordinaria al permitir a las mujeres que le siguiesen. Si puede obrar así es porque exige a sus discípulos una actitud limpia ante la mujer, la actitud que vence el deseo: «Todo el que mira a una mujer (casada) deseándola, ya ha adulterado con ella en su corazón» (Mt 5,28). Jesús no se contenta con colocar a la mujer en un rango más elevado que aquel en que había sido colocada por la costumbre; en cuanto Salvador enviado a todos (Lc 7,36-50), la coloca ante Dios en igualdad con el hombre (Mt 21, 31-32).

Además, la postura de Jesús respecto al matrimonio representa una novedad sin precedentes. No se contenta con pronunciarse a favor de la monogamia [158]; prohíbe totalmente [159] el divorcio a sus discípulos (Mc 10, 9), y no vacila en criticar la Torá por permitir el divorcio a causa de la dureza del corazón humano (Mc 10,5) [160]. El matrimonio es para él de tal modo indisoluble, que considera como adulterio el nuevo matrimonio de los divorciados, hombre o mujer [161], puesto que subsiste el primer matrimonio. Jesús, con esta valoración del matrimonio y con esta forma de santificarlo que no tienen precedentes, toma en serio las palabras de la Escritura en las que se declara que el matrimonio es una disposición creadora de Dios [162].

[156] *C. Ap.* II 24, § 201: «La mujer es en todo inferior *(cheirōn)* al hombre».

[157] *Evangelio de los Nazarenos:* «Ecce mater domini et fratres eius dicebant ei: Joannes Baptista baptizat in remissionem peccatorum; eamus et baptizemur ab eo» (Jerónimo, *Dial, adv. Pelag.* III 2 *[P. L.* 23, col. 570]). Véase sobre este punto J. Leipoldt, *Jesus und die Frauen* (Leipzig 1921) 15s.

[158] Véase *supra,* p. ..., n. 100.

[159] La excepción *parektos logou porneias* se encuentra solamente en Mt (5,32; cf. 19,9); no figura, por el contrario, ni en Mc 10,11 ni en Lc 16,18. Como Pablo tampoco conoce esta limitación, hay que considerarla como secundaria.

[160] b. *Sanh.* 99ª bar. es tal vez un eco de esas palabras de Jesús: «Si alguno dice: "Toda la Torá es del cielo menos aquel (único) verso que Moisés, no Dios, ha pronunciado de su propia boca", a ése se le aplica (el texto): "Ha menospreciado la palabra de Dios" (Nm 15,31)».

[161] Mt 5,32; 19,9; Mc 10,11-12; Lc 16,18.

[162] Gn 1,27; 2,24; Mc 10,6-7.

BIBLIOGRAFIA

1. *Obras frecuentemente citadas*

Bacher, *Ag. Tann.* = W. Bacher, *Die Agada der Tannaiten,* I (Estrasburgo [2]1903); II (Estrasburgo 1890).

Billerbeck = (H. L. Strack et) P. Billerbeck, *Kommentar zum Neuen Testament aus Talmud und Midrasch,* 6 vol. (Munich 1922-1961).

Büchler, *Priester* = A. Büchler, *Die Priester und der Cultus im letzten Jahrzehnt des jerusalemischen Tempels* (Viena 1895).

BZAW = *Beihefte zur Zeitschrift für die alttestamentliche Wissenschaft* (Giessen, luego Berlín 1890ss).

CCL = *Corpus Christianorum. Series Latina* (Turnhout).

CIJ = *Corpus Inscriptionum Judaicarum,* I-II *(Sussidi allo studio delle antichità cristiane* 1 y 3), ed. J.-B. Frey (Roma 1936 y 1952).

CSEL = *Corpus Scriptorum Ecclesiasticorum Latinorum* (Viena, Praga, Leipzig).

Dalman, *Handwörterbuch* = G. Dalman, *Aramäisch-neuhebräisches Handwörterbuch zu Targum, Talmud und Midrasch* (Gotinga [3]1938).

Dalman, *Itinéraires* = G. Dalman, *Les itinéraires de Jésus. Topographie des Évangiles* (París 1930).

Delitzsch, *Jüd. Handwerkerleben* = F. Delitzsch, *Jüdisches Handwerkerleben zur Zeit Jesu* (Erlangen [2]1875).

Derenbourg, *Essai* = J. Derenbourg, *Essai sur l'histoire et la géographie de la Palestine d'après les Thalmuds et les autres sources rabbiniques* (París 1867).

Festchrift Schwarz = *Festschrift A. Schwarz zum siebzigsten Geburtstag,* ed. por S. Krauss (Berlín-Viena 1917).

GCS = *Die Griechischen Christlichen Schriftsteller der ersten Jahrhunderte* (Leipzig, luego Berlín).

Gottheil, JE VII = M. Gottheil, *Jerusalem,* en *Jewish Encyclopedia,* vol. VII (Nueva York 1904).

Guthe, PRE VIII = H. Guthe, *Jerusalem,* en *Realencyklopädie für protestantische Theologie und Kirche,* vol. VIII (Leipzig [3]1900).

Guthe, *Griech.-röm. Städte* = H. Guthe, *Die griechisch-römischen Städte des Ostjordanlandes* (Leipzig 1918).

Hirschensohn = J. C. Hirschensohn, *Sepher šebhaʿ ḥokmoth* (Lemberg 1883).

HThR = «Harvard Theological Review» (Cambridge, Mass. 1908ss).

HUCA = «Hebrew Union College Annual» (Cincinnati 1924ss).

JE = *The Jewish Encyclopedia,* 12 vols. (Nueva York 1901-1906).

Jeremias, *Sabbathjahr* = J. Jeremias, *Sabbathjahr und neutestamentliche Chronologie:* ZNW 27 (1928) 98-103; publicado también en J. Jeremias, *Abba. Studien zur neutestamentlichen Theologie und Zeitgeschichte* (Gotinga 1966) 233-238.

JQR = «Jewish Quarterly Review» (Londres 1889ss).

Krauss, *Talm. Arch.* = S. Krauss, *Talmudische Archäologie,* 3 vols. (Hildesheim [2]1966).

Levy, *Wörterbuch* = J. Levy, *Neuhebräisches und chaldäisches Wörterbuch über die Talmudim und Midraschim,* 4 vols. (Darmstadt [2]1963).

MGWJ = «Monatsschrift für Geschichte und Wissenschaft des Judent(h)ums» (Dresde, luego Leipzig, etc. 1851ss).

Meyer, *Ursprung,* II = E. Meyer, *Ursprung und Anfänge des Christentums,* II (Darmstadt [2]1962)

Mitteis-Wilcken, I/1 = L. Mitteis/U. Wilcken, *Grundzüge und Chrestomathie der Papyruskunde,* I/1 (Leipzig 1912).

Neubauer, *Géogr.* = A. Neubauer, *La géographie du Talmud* (París 1868).

Otto, *Herodes* = W. Otto, *Herodes. Beiträge zur Geschichte des letzten jüdischen Königshauses* (Stuttgart 1913). Reimpresión del artículo *Herodes* en Pauly-Wissowa, *Real-Encyclopädie der classischen Altertumswissenschaft,* Suplemento, vol. II (Stuttgart 1913) col. 1-200.

PJB = *Palästinajahrbuch* (Berlín 1905ss).

RB = «Revue biblique» (París 1892ss).

REJ = «Revue des études juives» (París 1880ss).
Schlatter, *Gesch. Isr.* = A. Schlatter, *Geschichte Israels von Alexander dem Grossen bis Hadrian* (Stuttgart [3]1925).
Schlatter, *Joch. b. Zak.* = A. Schlatter, *Jochanan ben Zakkai, der Zeitgenosse der Apostel* (Gütersloh 1899); publicado también en A. Schlatter, *Synagoge und Kirche bis zum Bar-Kochba-Aufstand* (Stuttgart 1966) 175-237.
Schlatter, *Tage* = A. Schlatter, *Die Tage Trajans und Hadrians* (Gütersloh 1897); publicado también en A. Schlatter, *Synagoge und Kirche bis zum Bar-Kochba-Aufstand* (Stuttgart 1966) 9-97.
Schlatter, *Theologie* = A. Schlatter, *Die Theologie des Judentums nach dem Bericht des Josefus* (Gütersloh 1932).
Schürer = E. Schürer, *Geschichte des jüdischen Volkes im Zeitalter Jesu Christi* 3 tomos (Leipzig 1901-1909; traducción española: *Historia del pueblo judío en tiempos de Jesús,* Ed. Cristiandad, Madrid, realizada de la edición puesta al día de los profesores G. Vermes y F. Millar, Edimburgo 1973ss).
Smith = G. A. Smith, *Jerusalem. The Topography, Economics and History from the Earliest Times to A. D. 70,* 2 vols. (Londres 1908).
Strack, *Einleitung* = H. L. Strack, *Einleitung in Talmud und Midrasch*[5] (Munich [2]1961).
Weber, *Religionssoziologie,* III = M. Weber, *Gesammelte Aufsätze zur Religionssoziologie,* III (Tubinga 1921).
Wellhausen, *Pharisäer* = J. Wellhausen, *Die Pharisäer und die Sadducäer. Eine Untersuchung zur inneren jüdischen Geschichte* (Gotinga [3]1967).
ZAW = «Zeitschrift für die alttestamentliche Wissenschaft» (Giessen, luego Berlín 1881ss).
ZDPV = «Zeitschrift des Deutschen Palästina-Vereins» (Leipzig, luego Wiesbaden 1878ss).
ZNW = «Zeitschrift für die neutestamentliche Wissenschaft» (Giessen, luego Berlín 1900ss).

2. *Publicaciones recientes*

Baron, S. W., *A social and Religious History of the Jews* I (Nueva York [2]1952).
Barret, C. K., *Die Umwelt des NT* (trad. del inglés, Tubinga 1969).
Bekker, J., *Das Heil Gottes. Heils-und Sündenbegriffe in den Qumrantexten und im NT* (Gotinga 1964).
Bonsirven, J., *Le judaïsme palestinien aux temps de Jésus-Christ* I-II (París 1935).
Braun, H., *Studien zum NT und seiner Umwelt* (Tubinga 1962).
De Vaux, R., *Les institutions de l'Ancien Testament* I-II (París 1958-60; trad. española, Barcelona [2]1976).
Finkelstein, L., *The Pharisees* I-II (Filadelfia [3]1962).
Foerster, W., *Neutestamentliche Zeitgeschichte* I: *Das Judentum Palästinas zur Zeit Jesu* (Hamburgo [2]1955).
Hengel, M., *Die Zeloten. Untersuchungen zur jüdischen Freiheitsbewegungen in der Zeit von Herodes I. bis 70. n. Chr.* (Colonia 1961).
Jeremias, J., *Heilsgräber im Jesu Umwelt* (Gotinga 1958).
Leipoldt, J./Grundmann, W., *El mundo del Nuevo Testamento.* 3 tomos: I. *Estudio histórico-cultural;* II. *Textos y documentos;* III. *El NT en el arte* (Madrid 1973-1976).
Safrai, S./Stern, M. (eds.), *The Jewish People in the First Century. Historical, Political History. Social, Cultural and Religious Life and Institution* (Compendia rerum judaicarum ad Novum Testamentum; Assen 1974-75).

INDICE DE CITAS BIBLICAS

Génesis

Exodo

Levítico

Números

Deuteronomio

Josué

Samuel I

Samuel II

Reyes I

Reyes II

Crónicas I

Crónicas II

Esdras

Nehemías

Macabeos I

Macabeos II

Rut

Tobías

Judit

Ester

Isaías

Jeremías

Marcos

Lucas

Juan

Hechos de los Apóstoles

Romanos

1 Corintios

2 Corintios

INDICE ANALITICO

EL MUNDO DEL NUEVO TESTAMENTO

Dirigido por J. LEIPOLDT y W. GRUNDMANN

3 tomos, encuadernados en tela

I. *Estudio histórico-cultural.* 541 págs.
II. *Textos y documentos de la época.* 447 págs.
III. *El mundo del NT en el arte.* 80 págs. y 323 ilustr.

Se roza ligeramente esta obra con «Jerusalén en tiempos de Jesús». Trata su mismo tema, pero ampliado a gran escala en el tiempo —siglos I a. C.-I d. C.— y en el campo doctrinal, estudiando no sólo el aspecto socioeconómico, sino todo el mundo político, religioso, cultural y artístico. El tomo II es de la máxima importancia. Recoge por vez primera todos los textos que son fuente y base para el objetivo conocimiento de esa época intertestamentaria: textos judíos, romanos y cristianos; textos históricos, políticos y religiosos. Algo semejante no existía ni en nuestro idioma ni en ninguna otra lengua latina.

Otro tanto cabe decir del tomo III, que estudia el arte de esos dos siglos —pintura, escultura, códices iluminados— en cuanto nos descubre los sentimientos y modos de pensar de sus gentes.

J. JEREMIAS

LA ULTIMA CENA

Palabras de Jesús

314 págs. (Biblia y Lenguaje, 7)

J. Jeremias (1900-1979) sólo escribió libros importantes y éste es uno de ellos, el más próximo a su anhelo de fijar las *ipssisima verba Jesu*. ¿Tenemos en el relato de la cena esas palabras directas del Maestro y en su originario sentido? ¿Qué influencia pudo tener en ellas la primitiva liturgia cristiana? ¿Tuvo la cena carácter pascual? Contesta el libro a tales interrogantes estudiando el entorno religioso y cultural, según acostumbra, del momento en que esa cena se celebra.

EDICIONES CRISTIANDAD